DIE BLV ENZYKLOPÄDIE DER HUNDE

DIE BLV ENZYKLOPÄDIE DER HUNDE

DR. BRUCE FOGLE

Übersetzung und Bearbeitung der deutschen Ausgabe:
Dr. Siegfried Schmitz

Fotos: Tracy Morgan

BLV

Die Deutsche Bibliothek – CIP-Einheitsaufnahme

Die **BLV Enzyklopädie der Hunde** /
Bruce Fogle. Übers. und Bearb. der dt. Ausg.:
Siegfried Schmitz. Fotos: Tracy Morgan. –
2., durchges. Aufl., Sonderausg. –
München ; Wien ; Zürich : BLV, 1999
Einheitssacht.: The encyclopedia of the dog <dt.>
ISBN 3-405-15780-3

Ein Dorling-Kindersley-Buch

Sonderausgabe

Zweite, durchgesehene Auflage

BLV Verlagsgesellschaft mbH
München Wien Zürich
80797 München

Titel der englischen Originalausgabe:
The Encyclopedia of the Dog

Übersetzung aus dem Englischen: Dr. Siegfried Schmitz
Lektorat: Dr. Friedrich Kögel
Satz und DTP: Satz + Layout Fruth GmbH
Einbandgestaltung: Studio Schübel, München
Titelfotos: Tracy Morgan, Jane Burton

Printed in Spain
ISBN 3-405-15780-3

Inhalt

5
BANI
SORICAR
POSTA
ROMANA

LIRE 2
LEVRIERE RUSSO
REPUBBLICA DI S.MARINO

Einführung

Jahrtausendelang folgte der Wolf, der Ahne des Haushundes, den Horden der Frühmenschen und ernährte sich von deren Abfällen. Als jedoch unsere fernen Vorfahren halb seßhaft wurden, ereignete sich etwas Einmaliges in der Geschichte der Evolution. Eine gesellige Raubtierart beschloß, fortan in unmittelbarer Nähe einer anderen »räuberischen« Art zu leben. So begann eine ungemein fruchtbare Beziehung, die noch heute besteht. Es ist so oft gesagt worden, daß es fast zu einem Klischee geworden ist, aber es ist wahr: Der Hund ist unser bester Freund. Ohne seine Unterstützung als Bewacher der Lagerplätze, als Jagdgehilfe, als Hüter der Herden und als Zugtier wäre die Entwicklung der Menschheit wahrscheinlich anders verlaufen. Ebenso ist es wahrscheinlich, daß wir Menschen in vielen Weltregionen nicht überlebt hätten.

Berner Laufhund
Langköpfige Laufhunde mit Hängeohren sind zuerst in Asien entstanden, wurden aber im mittelalterlichen Europa ausgiebig weitergezüchtet. Die Vorfahren dieses Berner Laufhundes trafen vermutlich vor mehr als 2000 Jahren auf dem Balkan, in Italien oder Südfrankreich ein. Als Begleiter von Kaufleuten, Reisenden oder Wandergruppen gelangten sie dann in das Berner Oberland.

Zwergschnauzer
Durch selektive Zucht wurde der Hundekörper vergrößert oder verkleinert. Die Verkleinerung begann schon früh, und zwar vor mindestens 5000 Jahren in China. Dieser fast weiße Zwergschnauzer ist vor nicht allzu langer Zeit durch eine »Verzwergung« des Mittelschnauzers entstanden, aus dem seinerseits der Riesenschnauzer erzüchtet wurde.

Eine lange Beziehung

Als dominante und mächtigste Spezies der Welt gehen wir ganz selbstverständlich davon aus, daß unsere Vorfahren den Wolf bewußt domestiziert und damit den folgsamen Haushund geschaffen haben. Es spricht jedoch mehr dafür, daß der Hund, genauso wie die Hauskatze, sich selbst domestiziert hat, daß also seine Ahnen vor 1000 Generationen anpassungsfähig genug waren, um zu erkennen, wie vorteilhaft es war, im Umkreis der halbpermanenten menschlichen Lagerplätze zu leben. Der Hund besetzte diesen neuen potentiellen Lebensraum, und mit der Zeit schwanden seine Angst und sein Mißtrauen vor den Menschen. Diese Beziehung begann vor mehr als 15 000 Jahren, und vor 12 000 Jahren hatte sich der »modifizierte« Wolf – den wir heute Hund nennen – entwickelt. Der primitive Hund war kleiner als der Wolf, besaß einen gewölbteren oder welpenähnlicheren Kopf, kleinere, enger stehende Zähne und einen kürzeren Darmtrakt. Er war außerdem verspielter und fügsamer als der Wolf.

Regionale Unterschiede

Unser Verhältnis zu den Hunden weist gewaltige Unterschiede auf und ist nachhaltig vom jeweiligen kulturellen Umfeld geprägt. Die alten Chinesen entwickelten eine große Hochachtung vor den Fähigkeiten des Hundes. Der Islam hingegen erklärte den Hund für »unrein« – eine vernünftige hygienische Maßnahme in einer Region, in der die Tollwut grassierte, doch auch eine, die in den traditionell islamischen Ländern zu einer starken Abneigung gegen die vierbeinigen Begleiter geführt hat. Allerdings ist die Mensch-Hund-Beziehung älter als alle modernen Religionen. So wird zwar die Hundehaltung in vielen arabischen Ländern aus kulturellen Gründen mißbilligt, aber die ältesten Renn- und Jagdhunde, die Rassen mit den längsten Stammbäumen – der Saluki und der Sloughi –, sind in Arabien entstanden. Eine ähnliche ambivalente Einstellung zum Hund existiert im Fernen Osten. In Hongkong, Taiwan und Singapur ist die Hundehaltung beliebt und nicht durch übertriebene Vorschriften eingeschränkt. In der Volksrepublik China und vor allem in Peking andererseits wird die Hundeliebhaberei durch sehr hohe Abgaben reglementiert. Gleichwohl halten sich viele Chinesen nach wir vor einen Hund als Hausgenossen.

Sloughi
In Australasien, auf dem asiatischen Festland, im Nahen Osten und in Nordafrika haben die verwilderten Haushunde häufig einen langgestreckten, hageren und leichten Körperbau. Der Sloughi wurde gezielt aus den schnellsten und folgsamsten Hunden dieses Typs herausgezüchtet.

Kanarische Dogge
Massige, muskelstarke Doggenschläge sind möglicherweise in Zentralasien entstanden. Von dort aus haben sie sich ostwärts nach China und Japan und westwärts nach Europa und schließlich nach Amerika ausgebreitet. Die Kanarische Dogge wurde auf den Kanarischen Inseln als Hüte- und Kampfhund verwendet.

Der Hund in der Gesellschaft

Die Entfaltung unserer Beziehung zum Hund wird deutlich, wenn man untersucht, wie er in Folklore und Religion, in Literatur und Kunst dargestellt wird. Welche Rolle der Hund in früheren und heutigen Kulturen und Gesellschaften spielt, erkennt man, wenn man seine Einbindung in unser Alltagsleben erforscht – in Landwirtschaft, Sport, Polizei- und Sicherheitswesen. Seine Rollen und Aufgaben sind sehr mannigfaltig, weil seine physischen und psychischen Anlagen so hervorragend sind. Er ist ein robustes Raubtier mit hochentwickelten Sinnesorganen, die den unseren vielfach überlegen sind. Physisch ist er so anpassungsfähig, daß er bei unterschiedlicher Ernährung überleben kann. Was seine Beziehung zu uns Menschen angeht, ist sein ausgeprägtes Sozialverhalten seine wichtigste Eigenschaft. Hunde sind, wie wir auch, gesellige Wesen, Rudeltiere. Sie lieben Gesellschaft, und da wir uns auf eine Weise verständigen, die sie verstehen, geben wir für sie akzeptable Ersatzkumpane ab.

Österreichischer Pinscher
Die Ästhetik spielt erst in neuerer Zeit eine wichtige Rolle in der Hundezucht. Die meisten Rassen sind aus praktischen Gründen entstanden. Der mittelgroße, kompakte, muskulöse und derbe Österreichische Pinscher ist ein typischer schlichter Mehrzweckhund, der als pflegeleichter Wachhund, Viehtreiber und Rattenvertilger gezüchtet wurde.

Vielfalt und Funktion

Der Hund ist ein Mitglied der Familie Hunde (Canidae), und innerhalb dieser Familie gibt es auffallende Größenunterschiede, vom winzigen Fennek bis zum mächtigen kanadischen Timberwolf. Der Haushund hat das genetische Potential zur Variation zwischen diesen Größen mitbekommen, und durch unsere Eingriffe haben wir Rassen hervorgebracht, die sich in ihrer Körpergröße wie auch in anderen Merkmalen erheblich voneinander unterscheiden. Manche werden als urtümlich oder »primitiv« bezeichnet, obwohl sie in Wahrheit nicht älter sind als viele andere. Sichthetzer (Windhunde) sind schlank und muskulös und haben ihren gemeinsamen Ursprung in Hunden, die das Wild mit dem Gesichtssinn jagten. Fährtenhunde (Laufhunde) sind in Größe und Gestalt sehr unterschiedlich, besitzen aber eine gemeinsame Eigenschaft: eine überdurchschnittliche Befähigung, Duftspuren am Boden und in der Luft zu verfolgen. Hunde des Spitztyps haben ein dickes Fell, das sie vor dem harten Winterklima des Nordens schützt. Die meisten Terrier stammen von Wild- und Raubzeugjägern ab, zeigen jedoch beträchtliche Größenunterschiede – von den typischen kleinen, stämmigen Terriern bis zum großen, hochläufigen und muskulösen Airedale-Terrier. Die Jagdgebrauchshunde sind als Helfer des Weidmanns erst ziemlich spät in Europa und Amerika entstanden. Hütehundrassen, die ursprünglich zum Bewachen und später zum Treiben der Herden gezüchtet wurden, sind in der ganzen Welt beliebt. Aus den ursprünglichen Wachhunden sind die Kriegs-, Kampf- und modernen Schutzhunde hervorgegangen.

Es gibt mehr als 400 Hunderassen. Viele Rassehunde und eine Vielzahl von Mischlingen haben ein besonders freundliches Wesen und werden fast ausschließlich als Begleit- oder Gesellschaftshunde gehalten. Es ist unsere Pflicht, dafür zu sorgen, daß sie ein hundewürdiges Leben führen können.

Lucas-Terrier
Praktisch alle kleinen Terrier stammen von Ratten- oder Kleintierjägern ab. In unserem Jahrhundert werden jedoch viele Terrier ausschließlich als Familienhunde gezüchtet, die teilweise ihre ursprünglichen Fähigkeiten eingebüßt haben. Beim Lucas-Terrier war das Zuchtziel die Wiederbelebung der Meutejagd.

Erstes Kapitel

DIE ENTWICKLUNG DES HAUSHUNDES

Der Haushund ist eine Nachkomme von fleischfressenden Säugetieren, die vor vielen Jahrmillionen ihr unverwechselbares Raubtiergebiß mit Reiß- und Fangzähnen ausgebildet haben. Vor etwa 2 Millionen Jahren hatten sich innerhalb der Gruppe der Hundeartigen etwa 10 Raubtierformen entwickelt. Die Gattung der Hunde umfaßte die Kojoten, Schakale und Wölfe. Nach der Seßhaftwerdung des Menschen schloß sich der Wolf ihm an und veränderte seine Lebensweise. Dadurch ergaben sich die Voraussetzungen für die selektive Zucht, aus der der Haushund hervorgegangen ist.

Die Evolution der Hunde

Die Entstehung der Säugetiere vor etwa 200 Millionen Jahren ist uns nur bruchstückhaft bekannt, aber vor 54 bis 38 Millionen Jahren entwickelte sich eine einzigartige Gruppe von fleischfressenden Säugern. Das waren die Raubtiere, die sich von allen anderen Fleischfressern durch ein gemeinsames Merkmal unterschieden: den Besitz von 4 Fangzähnen. Viele andere Beutegreifer verzehren Fleisch, doch nur die Raubtiere haben Zähne, die ursprünglich zum Zermalmen und Zerkauen angelegt waren (die 4 oberen Vorbackenzähne und die ersten unteren Backenzähne) und sich dann zum Zerschneiden von Fleisch weiterentwickelt haben. Die Evolution des Hundes läßt sich anhand der fossilen Gebißüberreste seiner ausgestorbenen Vorfahren zurückverfolgen.

Ahnenreihe des Hundes

Urraubtiere Die Urraubtiere (Creodonta) waren kleine fleischfressende Tiere.	*Vor 100–50 Millionen Jahren*	**Urraubtiere**
Miacis Fossile Zähne bezeugen, daß dieses Raubtier im Eozän lebte. Diese kleinen Tiere besaßen Spreizfüße, was vermutlich auf eine baumbewohnende Lebensweise hindeutet.	*Vor 54–38 Millionen Jahren*	 **Miacis**
Hesperocyon Dieser womöglich direkte Vorfahre der Hundeartigen entstand vor 38 bis 26 Jahrmillionen in Nordamerika. Es ist die älteste Gattung mit einer Innenohranatomie, die typisch für die Caniden ist.	*Vor 38–26 Millionen Jahren*	 **Hesperocyon**
Tomarctus Fleischfressende Säugetiere entwickelten sich unabhängig voneinander in verschiedenen Weltgegenden. *Tomarctus* entstand in Eurasien und galt als Vorläufer des Hundes, doch diese Auffassung wird durch neuere Forschungen in Frage gestellt.	*Vor 19 Millionen Jahren*	 **Tomarctus**
Leptocyon Im Miozän vor 26 bis 7 Millionen Jahren hatten sich 42 hundeähnliche Raubtiergattungen herausgebildet. Eine dieser Gattungen, *Leptocyn,* wird heute als wahre Stammform des Hundes und aller anderen modernen Raubtiere angesehen.	*Vor 12 Millionen Jahren*	 **Leptocyon**
Moderne Caniden Am Ausgang des Pliozäns und zu Beginn des Pleistozäns, vor rund 2 Millionen Jahren, hatte sich der Grundstock aller modernen Raubtiere entwickelt. Die bisherigen 42 Canidengattungen verringerten sich auf die etwa 10 heutigen. Die größte ist *Canis,* die Wölfe, Kojoten, Schakale und Haushunde umfaßt. Die zweitgrößte ist *Vulpes* (Echte Füchse) mit 8 Arten.	*Vor 2 Millionen Jahren*	**Canidae** 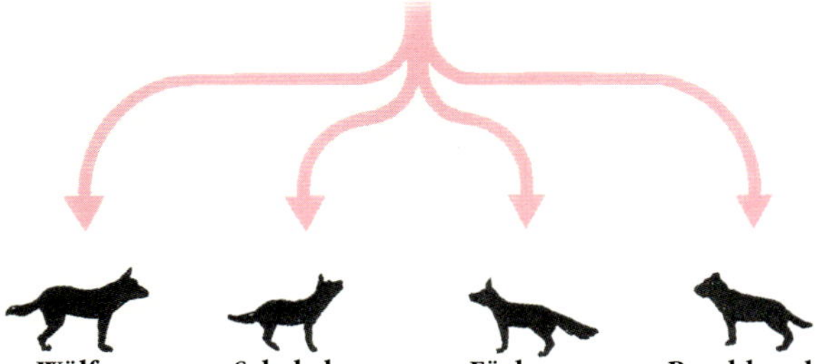

Die ersten Raubtiere

Die Vorfahren der modernen Säugetiere entwickelten sich so, daß sie in ihrer damaligen Umwelt überleben konnten. Die meisten frühen Säuger waren ausschließlich Pflanzenfresser. Dann entstanden die Fleischfresser, die sich von diesen Vegetariern ernährten. Vor rund 50 Millionen Jahren, als die längst ausgestorbene Gruppe namens Miacis in Erscheinung trat, bildete sich die Gebißform der heutigen Raubtiere heraus. In den folgenden 25 Jahrmillionen hatte die wachsende Vielfalt der Pflanzennahrung eine Zunahme der Pflanzenfresser zur Folge. Dies zog eine ebenso explosionsartige Vermehrung der Raubtierformen nach sich. Viele Experten nehmen an, daß die fernsten Ahnen der Hunde in Nordamerika lebten und der ausgestorbenen Gattung *Hesperocyon* angehörten, einer Raubtiergruppe, die sich weit auseinanderfächerte.

Duftmarkieren
Soziale Verständigung ist unerläßlich für Arten, die gemeinsam jagen. Alle Caniden besitzen eine Duftmarkierungsdrüse auf der Oberseite des Schwanzes. Die Drüse hinterläßt überall dort, wo der Schwanz vorbeistreicht, eine Duftmarke.

Visuelle Verständigung
Alle Caniden verfügen über eine differenzierte Körpersprache, mit der sie sich untereinander verständigen. Die Schwanzhaltung und die Form der Schwanzhaare senden unmißverständliche Botschaften aus.

Halbstarre Hinterläufe
Die Hinterläufe sorgen für Schubkraft und Ausdauer. Die Gelenke sind flexibel und gestatten dem Tier ansehnliche Sprünge.

Wanderbewegungen der Hundevorfahren

Während sich die Vorfahren der heutigen Raubtiere in Nordamerika entwickelten, vollzog sich eine ähnliche Raubtierevolution in Eurasien. Eine Gruppe von Raubtieren mit Namen Amphicyon beherrschte Eurasien jahrmillionenlang; *Tomarctus* galt lange als Vorläufer der Hunde, doch die Amphicyon-Gruppe starb wahrscheinlich aus, so daß *Hesperocyon,* der Vertreter einer anderen Familie, sich zu den modernen Raubtieren weiterentwickelte. Ein Canide *(Canis davisi)* ging vor 10 Millionen Jahren aus dieser Familie hervor und breitete sich über die Bering-Landbrücke nach Asien, Europa und Afrika aus. In den nachfolgenden 8 Jahrmillionen verteilte er sich über ganz Eurasien, und es entwickelten sich abermals verschiedene Arten, die Ahnen der modernen Caniden. Nach Abschluß dieser Evolution kehrten mehrere der neuen Arten nach Nordamerika zurück.

Wanderwege der frühen Caniden

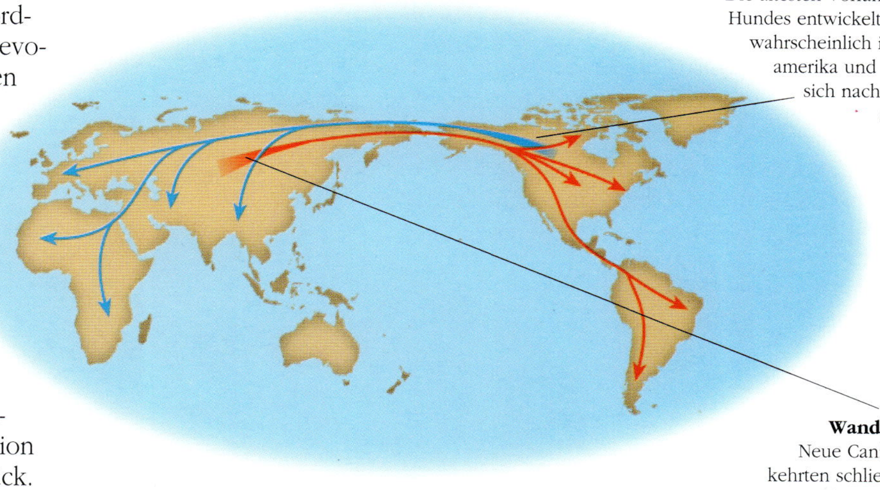

Frühe Wanderungen
Die ältesten Vorfahren des Hundes entwickelten sich wahrscheinlich in Nordamerika und breiteten sich nach Eurasien aus.

Spätere Wanderungen
Neue Canidenarten kehrten schließlich aus Eurasien nach Nordamerika zurück.

Körpermerkmale des Wolfs

Wärmeschutz
Das dichte, doppelte Fell aus harschen Deckhaaren und weicheren, feineren Unterhaaren bietet Schutz bei schlechtem Wetter.

Ausgezeichnetes Gehör
Tief im Innenohr hat der Schädel große Hohlräume ausgebildet, die das Hörvermögen verbessern.

Große Hirnkapazität
Im Schädel ist Platz für eine hochentwickelte Großhirnrinde, die für die Koordinierung von Gruppenaktivitäten notwendig ist.

Einzigartiges Gebiß
Große Fangzähne zum Ergreifen und Festhalten der Beute bildeten sich heraus. Die unteren Backenzähne und oberen Vorbackenzähne dienen zum Zerreißen und Zerschneiden der Nahrung.

Langer Schädel
Der typische Raubtierschädel ist lang und beherbergt große und kräftige Wangenmuskeln, die für das Festhalten, das Töten und den Verzehr der Beute notwendig sind.

Kraftvolle Gliedmaßen
Speiche und Elle sind »fixiert«. Diese eingeschränkte Beweglichkeit der Vordergliedmaßen garantiert beim Laufen eine hervorragende Stabilität.

Kompakte Pfoten
Zum Beutefang benötigen die Caniden Standfestigkeit. Sie wird gewährleistet durch weiche Sohlenballen, geschlossene Zehen und nicht einziehbare Krallen.

Canidenmerkmale

Der vom Wolf abstammende Hund ist entfernt verwandt mit vielen anderen Fleischfressern.

Alle 7 rezenten Raubtierfamilien – Katzen (Felidae), Waschbären (Procyonidae), Marder (Mustelidae), Hyänen (Hyaenidae), Schleichkatzen (Viverridae), Bären (Ursidae) und Hunde (Canidae) – haben gemeinsame Ahnen. Noch vor 20 bis 10 Millionen Jahren gehörten die Bären und die Hunde zur selben Familie; als sie sich auseinanderentwickelten, begann die neuere »Familiengeschichte« der Hunde. Diese altertümlichen Raubtiere hatten zahlreiche Merkmale gemeinsam, die wir noch bei modernen Caniden wie etwa dem Wolf antreffen: langer Schädel, halbstarre, kräftige Hinterbeine und geschmeidige, lockere Vordergliedmaßen. Wie der Wolf besaßen sie ein ausgezeichnetes wärmeisolierendes Fell, kompakte Pfoten, große Zähne zum Ergreifen, Festhalten und Zerreißen der Beute, eine große Hirnkapazität sowie, nach dem Knochenbau des Schädels zu urteilen, ein hervorragendes Hör- und Witterungsvermögen. Die Hundevorfahren entwickelten sich in Anpassung an Klimaveränderungen und andere Umweltbedingungen. Die fernen Ahnen des Hundes waren wohl solitär lebende Jäger. Vor etwa 2 Millionen Jahren, als die tropischen Wälder und Savannen durch offene Savannen und baumlose Steppen verdrängt wurden, schlossen sich die Pflanzenfresser zu großen Herden zusammen. Die Hundeahnen hatten entweder schon eine Sozialstruktur herausgebildet oder konnten nun die sozialen Beziehungen entwickeln, die für die Rudeljagd und die Überwältigung von Tieren, die viel größer waren als sie selbst, erforderlich waren. Die Befähigung des Hundes zu sozialen Bindungen ist die Grundlage für den Erfolg der Art.

Entfernte Verwandte

Der Haushund und alle anderen Caniden haben sich zu erfolgreichen Jägern in der offenen Graslandschaft entwickelt. Der Haushund ist ein Vertreter der Gattung *Canis,* einer der 10 Gattungen der Canidae. Die anderen Mitglieder der Gattung *Canis* – Wölfe, Schakale und Kojote – sind seine nächsten Verwandten. Die Angehörigen der anderen 9 Gattungen sind die entfernten rezenten (noch heute verbreiteten) Verwandten des Hundes. Sie umfassen 21 Fuchsarten, den Afrikanischen Wildhund, den Rothund, den Mähnenwolf, den Buschhund und den Marderhund. Sie alle haben eine gemeinsame Entwicklungsgeschichte und eine Vielzahl von ähnlichen Verhaltensformen.

Löffelhunde (links)
Wir unterscheiden zwei getrennte Populationen dieser Art; die eine erstreckt sich von Südsambia bis zur Südspitze Afrikas, die andere von Tansania bis Äthiopien. Die Jungen werden nach einer Tragzeit von 60 Tagen geboren und sind mit 4 Monaten voll ausgewachsen.

Die Ohren sind extrem groß im Verhältnis zum Kopf und Körper

Eisfuchs (unten)
Die Fellfarbe verändert sich vom Weiß im Winter zu Dunkelbraun im Sommer; das wird durch ein einziges Gen bewirkt. Manche Eisfüchse haben ein stahlgraues oder »blaues« Winterfell. Das ist selten in Kanada und auf dem alaskischen Festland; bei isolierten Populationen ist der Blauanteil höher.

Die Ohren sind klein und dicht behaart

Anpassungsfähige Opportunisten

Die Spannweite der Haushundverwandten reicht vom 1,5 kg schweren Fennek aus der nordafrikanischen, arabischen und Sinai-Wüste bis zum 80 kg schweren Grauwolf der kanadischen Tundra. Kurioserweise finden sich diese Größenunterschiede innerhalb der Canidenfamilie auch bei den Haushunden wieder, wo das Spektrum vom 2 kg schweren Chihuahua bis zum 86 kg schweren Mastiff reicht. Das ist kein Zufall, sondern beruht auf der Fähigkeit der Caniden zur Anpassung an unterschiedliche Umweltbedingungen, die zur Folge hatte, daß sich diese Tiergruppe zur erfolgreichsten rezenten Landraubtierfamilie entwickelt hat. Alle entfernten Haushundverwandten sind zwar in Aussehen und Größe verschieden, haben aber eine Eigenschaft gemeinsam – ein opportunistisches und anpassungsfähiges Verhalten.

Die Füchse

Die 21 Fuchsarten bilden die größte Gruppe innerhalb der Familie Canidae. Der Rotfuchs *(Vulpes vulpes)* Eurasiens und Nordamerikas entstand in Eurasien und überquerte die Bering-Landbrücke zum amerikanischen Kontinent. Früher kam er in Nordamerika südlich des 40. Breitengrads vermutlich nicht vor, doch das änderte sich, als im 18. Jahrhundert europäische Rotfüchse durch Anhänger der Fuchsjagd nach Neuengland eingeführt wurden. Noch größere Veränderungen gab es in Australien, wo der Rotfuchs, den man ursprünglich für Jagdzwecke importiert hatte, sich stark vermehrte und zu einer Plage wurde. Dank seiner Fähigkeit zur Verhaltensanpassung wird seine Zahl sicherlich noch weiter zunehmen.

Der Eisfuchs *(Alopex lagopus)* ist leichter als der Rotfuchs und war wahrscheinlich nicht imstande, sein arktisches Verbreitungsgebiet zu verlassen und in die vom kräftigeren Rotfuchs besetzten Regionen vorzudringen. Die südamerikanischen Füchse der Gattung *Dusicyon* verteilen sich ebenfalls nach ihrer Größe. Der große Anden- oder Magellanfuchs *(D. culpaeus)* ernährt sich von großen Nagetieren, während der kleinere Argentinische Graufuchs *(D. griseus)* von kleineren Nagern, Vögeln und Vogeleiern lebt. Die südamerikanischen Indios domestizierten diese Füchse, die somit die Rolle der Haushunde übernahmen, bis sie durch die Hunde ersetzt wurden, die Europäer nach Südamerika mitbrachten.

Der Marderhund wurde früher als Pelzlieferant in Farmen gehalten

Marder- oder Waschbärhund
Beobachtungen haben gezeigt, daß sich diese Art mit einem kleinen Territorium begnügt und kaum Kontakt zu anderen Sozialgruppen unterhält.

Wenn der Mähnenwolf auf sich aufmerksam machen will, richtet er die Schulterhaare auf und zeigt seinen weißen Nackenfleck

Die langen, schlanken Beine sind mit auffälligen, dunklen Haaren bedeckt

Mähnenwolf
Der an die Jagd im hohen Gras angepaßte Mähnenwolf stellt Pakas, kleinen Nagern, Kaninchen und gelegentlich Fischen oder Insekten nach. Die langen Läufe gleichen Stelzen, so daß er aus größerer Höhe seine Beutetiere erspähen kann.

Das Fell ist von Natur aus leuchtend rot gefärbt

Rotfuchs
Diese anpassungs- und wandlungsfähige Art mit ihren Farbvarianten hat sich auf natürlichem Wege in allen Kontinenten ausgebreitet. Durch menschlichen Eingriff ist sie auch in Ostaustralien heimisch geworden.

Hals- und Wangenmuskulatur sind für das Niederreißen großer Beutetiere kräftig ausgebildet

Busch- oder Waldhund
Die adulten Tiere verständigen sich durch Heultöne – ein praktisches Mittel, um im dichten Urwald den Gruppenkontakt aufrechtzuerhalten.

Die beweglichen, aufgerichteten Ohren fangen Laute auf und verstärken sie

Rothund
Rothunde jagen bei Tage, zuweilen aber auch in mondhellen Nächten. Die Beute wird durch Geruch geortet. Einzelne Tiere stellen sich manchmal auf die Hinterbeine, um zu wittern. Große Beutetiere werden von hinten angegriffen und am Unterleib aufgerissen.

Verhaltensmerkmale

Obwohl Füchse Einzeljäger sind, haben sie verschiedene Verhaltensweisen mit anderen Caniden gemeinsam. Untersuchungen mit Hilfe von Funkortung haben ergeben, daß Füchse oft in Gruppen von 3–6 Tieren leben, die sich aus einem Rüden und mehreren blutsverwandten Fähen zusammensetzen. Wie die Haushunde heben männliche wie weibliche Füchse das Bein, um Urinmarken an senkrechten Gegenständen abzusetzen, vor allem an wichtigen Stellen in ihrem Territorium. Sie benutzen auch ihre Afterdrüsen, um ihren Kot zu markieren. Während der Haushund nur eine verkümmerte Drüse auf dem Schwanz besitzt, ist die Drüse des Fuchses sehr aktiv und als schwarzer Fleck sichtbar. Ihr Duftstoff wird an Sträuchern abgesetzt, die mit dem Schwanz in Berührung kommen. Füchse kläffen, heulen, bellen, winseln und jaulen wie Haushunde. Der einzige Fuchs, der Säugetierbeute weitgehend verschmäht, ist der termiten- und käferfressende Löffelhund *(Otocyon megalotis)* der afrikanischen Steppen. Auch er verfügt über ein abwechslungsreiches Sozialverhalten; beobachtet wurde zum Beispiel das gemeinschaftliche Säugen der Welpen.

Weitere entfernte Verwandte

Alle Caniden (außer dem Buschhund) haben je 4 Zehen an den Pfoten. Alle (mit Ausnahme des Afrikanischen Wildhunds) haben an den Vorderpfoten eine rückgebildete erste Zehe, doch nur die Haushunde (einschließlich der Dingos) besitzen an den Hinterläufen verkümmerte erste Krallen, die sogenannten Afterkrallen. Alle Caniden haben einen langen, dünnen Penisknochen, der den »Zusammenhalt« bei der Paarung sichergestellt. Auch der Afrikanische Wildhund *(Lycaon pictus)* besitzt diese Merkmale, ist aber in vieler Hinsicht der extremste Canidentyp, mit einem kraftvollen, furchterregenden Gebiß aus Reißzähnen und stark rückgebildeten letzten Backenzähnen. Er stimmt mit den *Canis*-Arten auch darin überein, daß er Futter für seine Jungen auswürgt, gemeinschaftlich jagt, Harn und Kot zur Markierung seines Territoriums verwendet und nur einen Östruszyklus im Jahr kennt, bei einer Tragzeit von etwa 9 Wochen. Er ruht, jagt und frißt im Rudel. Das Rudel geht mindestens einmal täglich auf die Jagd, tötet die Beute durch Aufreißen des Bauchs und tut sich gemeinsam an ihr gütlich. Die Jagdtechniken werden von einer Generation zur nächsten weitergegeben. Die Rothunde *(Cuon alpinus)* in Indien jagen ebenfalls gemeinschaftlich, machen aber einander das Futter durch hastiges Fressen streitig. Man beobachtet häufig, wie ein Rothund vom Riß mit einem Stück Fleisch wegrennt, um es ungestört zu verspeisen. Diese sandfarbenen Jäger, die im Schnitt 17 kg wiegen, halten durch Pfeiftöne Kontakt zueinander.
Der Marderhund *(Nyctereutes procyonoides)* besiedelt den östlichsten Teil des Rothund-Lebensraums in Ostasien und gilt als der einzige Canide, der nicht bellen kann. Ansonsten zeigt er ein typisches Hundeverhalten: Er benutzt seinen Schwanz und Duftdrüsen als Verständigungsmittel, »hängt« bei der Paarung und verwendet Kotplätze wie andere Caniden auch.
Der hochbeinige Mähnenwolf *(Chrysocyon brachyurus)* in Südamerika macht Jagd auf Kleinsäuger, frißt aber auch Früchte. In Brasilien und weiter nördlich bis Panama ist der Buschhund *(Speothos venaticus)* heimisch, der im Rudel größere Tiere jagt.
Mit der etwaigen Ausnahme der südamerikanischen Füchse stehen die entfernten Verwandten des Haushunds diesem stammesgeschichtlich zu fern, um sich erfolgreich mit den Vertretern der Gattung *Canis* paaren zu können.

Große Ohren dienen zum besseren Hören, als Signalgeber für Rudelgenossen und zur Regulierung der Körpertemperatur

Afrikanischer Wildhund
Dieser kraftvolle Jäger gilt inzwischen als vom Aussterben bedroht. Die Gesamtpopulation besteht vermutlich aus nicht mehr als 10 000 Tieren.

Nahe Verwandte

Der Wolf ist, nach dem Menschen, das am weitesten verbreitete soziale Raubtier; er lebt in Europa, Asien und Nordamerika. Der kleinere Kojote hat ebenfalls ein großes Verbreitungsbebiet, allerdings nur in Nordamerika, während die 4 Schakalarten Afrika, den Nahen und Mittleren Osten sowie Indien bewohnen. All diese Arten sind nah miteinander verwandt: Sie haben die gleiche Chromosomenzahl und können sich untereinander fortpflanzen. Goldschakal und Kojote haben ähnliche Jagdmethoden; sie jagen einzeln oder paarweise. Der Wolf ist weitaus geselliger als Schakale und Kojote, und diese Besonderheit stützt die Annahme, daß er die Stammform aller heutigen Hunderassen darstellt.

Kojote und Schakale

Abessinischer Schakal
Dieser oft als »Abessinischer Fuchs« bezeichnete Schakal ist klein, schlank und hundeähnlich, aber sehr geschmeidig und muskulös.

Der Kojote *(Canis latrans)* ist ein typischer opportunistischer Canide. Als der Mensch die Wolfspopulation in den USA dezimiert hatte, breiteten sich die Kojoten von den Great Plains nach Norden und Osten aus. Ihr Verbreitungsgebiet erstreckt sich heute von Mexiko bis Alaska und von der Pazifikküste bis Zentralkanada und Neuengland. Der Schabrackenschakal, der Abessinische Schakal und der Streifenschakal *(C. mesomelas, C. simensis* und *C. adustus)* kommen in fast ganz Afrika vor. Der Goldschakal *(C. aureus)* ist vom Balkan bis Birma verbreitet. Kojoten und Schakale können sich sowohl mit Wölfen als auch mit Haushunden paaren, und möglicherweise sind auch solche Einkreuzungen vorgekommen.

Kojote
Den Kojoten stellt man sich meist als einsamen Jäger vor, doch er lebt mit Blutsverwandten in einem Rudel, das das Territorium und die gerissene Beute verteidigt. Die extensive Schafhaltung in Nordamerika wird durch diesen anpassungsfähigen Caniden beeinträchtigt, weshalb die Farmer ihre Schafe neuerdings durch europäische Schäferhunde beschützen lassen.

Der Nordamerikanische Wolf
Wie alle anderen Artgenossen hat sich dieser größte Wolfstyp im Eurasien entwickelt, von wo er vor Jahrmillionen nach Nordamerika ausgewandert ist. Er verfügt über eine ausgeklügelte Sozialstruktur mit einer fein abgestuften Rangordung.

Der normalerweise grau gefärbte Wolf ist als Beutegreifer hervorragend ausgerüstet

Rotwolf (unten)
Bis vor kurzem wurde dieser leichte, kleine und schlanke Wolf, der 15–30 kg wiegt, als eigenständige Art angesehen und als *Canis rufus* bezeichnet. Die Zoologen betrachten ihn heute lediglich als eine Farb- und Größenvariante von *Canis lupus.* Wenn solche Abweichungen in der Natur vorkommen, spricht man von Unterarten. Ist die Variante durch menschliche Zuchtwahl entstanden, heißt das Ergebnis Rasse. Die Unterart Rotwolf ist als echter Wolf in freier Wildbahn wahrscheinlich ausgestorben. Wolfähnliche Tiere, die man im Südosten der USA antrifft, sind höchstwahrscheinlich Hybriden aus Rotwölfen und ostwärts abgewanderten Kojoten.

Der Kopf ist flach und hat eine lange Schnauze

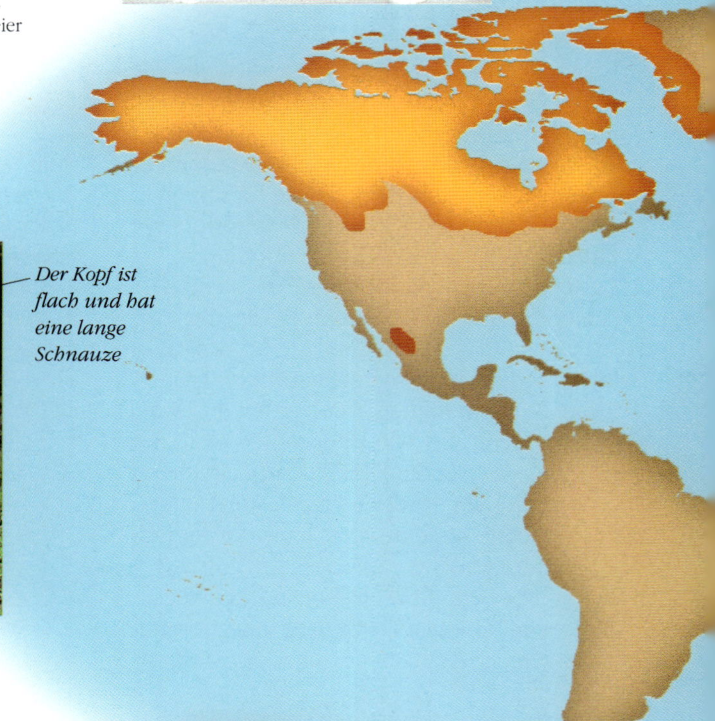

Mexikanischer Wolf (rechts)
Der kleine Mexikanische Wolf hat als eigene Unterart in den Bergen Zentralmexikos überlebt. Seine Existenz läßt den Schluß zu, daß alte Eingeborenenvölker wie die Azteken und Inka über die zur Hundezucht erforderlichen Wildformen verfügten.

Der Mexikanische Wolf ist klein, aber robust

Kenai-Wolf
Dies war eine der größten Unterarten des Wolfs; sie wog selten weniger und oft erheblich mehr als 45 kg. Sie lebte auf der Halbinsel Kenai in Alaska und erlosch 1915.

Das üppige Winterfell diente der Tarnung

Weißer Neufundland-Wolf
Die Regierung von Neufundland setzte 1842 eine Abschußprämie auf diesen Wolf aus. 1911 wurde er als erster von vielen nordamerikanischen Unterarten des Wolfs ausgerottet.

Japanischer Wolf
Die vielleicht kleinste Unterart des Wolfs überdauerte bis in 20. Jahrhundert. Sie lebte auf Honshu, Hokkaido und den Japan vorgelagerten Kurileninseln. Der letzte Vertreter dieser Unterart wurde 1905 getötet.

Der Schwanz war lang, dick und buschig

Die Verbreitung des Wolfs auf der Erde

Arktischer Wolf
Diese Unterart besiedelt die kanadische Arktis bis hinauf zur Insel Ellesmere. Weil hier Futtermangel herrscht, besetzt jedes Rudel ein ausgedehntes Territorium. Weiter südlich in Kanada, wo das Nahrungsangebot größer ist, sind die Rudelgebiete kleiner.

Europäischer Wolf
Diese einst dominierende Unterart des Wolfs ist in Westeuropa fast vollständig ausgerottet worden. Restbestände haben auf der Iberischen Halbinsel, in Skandinavien und in Mittel- und Osteuropa überlebt.

Wolfswelpe
Beim Wolf entwickelt sich das Bindungsverhalten ähnlich wie beim Hund. Wölfe eignen sich allerdings nicht als Hausgenossen.

Die Ohren sind viel größer als bei anderen Wölfen

Asiatisch-arabischer Wolf
Diese kleinwüchsige Unterart ist wahrscheinlich der Stammvater vieler europäischer und asiatischer Haushunde. Der in ganz Asien verbreitete, anpassungsfähige und gesellige Wolf bewohnte auch jene Regionen, in denen die ersten Haushunde entstanden. Seine chinesischen, europäischen und amerikanischen Verwandten leisteten ihren Beitrag zum Genpool des Haushundes.

Der Wolf

Die Ahnenreihe des Haushundes ist seit mehr als 100 Jahren von Anatomen und Verhaltensforschern gründlich untersucht worden, und heute wird allgemein angenommen, daß der Wolf *(Canis lupus)* sein direkter Vorfahre ist. Von allen Caniden variieren die Wölfe in ihrem Sozialgefüge, ihrer Größe und selbst in der Fellfarbe am stärksten. Bevor sie durch den Menschen dezimiert wurden, waren sie die am weitesten verbreiteten Landraubtiere. Man kann als sicher annehmen, daß der opportunistische, aasfressende Wolf seit mindestens 40 000 Jahren, seit dem Aufstieg des *Homo sapiens,* im Umkreis menschlicher Lagerplätze anzutreffen war, wo er von Abfällen lebte oder Nahrung stahl. Wo auch immer Menschenhorden auf der Nordhalbkugel umherzogen, wurden sie wahrscheinlich von Wölfen begleitet. Die Menschen nahmen vermutlich Wolfswelpen zu sich, nachdem deren Eltern getötet worden waren. (Kojoten und Schakale sind in ihrem Verhalten nicht so flexibel wie der Wolf.) Der Prozeß der Zähmung und Domestikation begann, und wir wissen heute, daß er sehr viel schneller abläuft, als man früher glaubte. Obwohl der Kojote und die Schakale gelegentlich ihre Gene zur Entwicklung des Haushunds beigetragen haben können, spricht alles dafür, daß die heutigen Haushunde direkt vom Wolf abstammen.

Zweites Kapitel

HUND UND MENSCH

Die ersten Hunde waren zwar eigentlich selbstdomestizierte Wölfe, aber unsere fernen Ahnen fanden diese »zahmen« Wildcaniden dennoch sehr nützlich. Hundebelege in Religion und Folklore sowie Hundedarstellungen in der Kunst der Frühzeit bezeugen, welche Rolle diese Tiere im Leben der Menschen gespielt haben. Der Hund gehörte zum Kriegswesen, zur Jagd und zur Landwirtschaft. In neuerer Zeit wurde er zu einem Thema der Literatur, der Kunst und des Films. Seine Bedeutung für den Menschen nimmt weiter zu und spiegelt den gesellschaftlichen Wandel in der ganzen Welt.

Die ersten Haushunde

Es ist unwahrscheinlich, daß der Haushund infolge einer gezielten Zuchtwahl aus dem Wolf hervorgegangen ist. Wahrscheinlicher ist, daß er sich »selbst domestizierte«, daß also Veränderungen in Größe, Physiologie und Verhalten durch eine natürliche Auslese zustande kamen. Vor mindestens 12 000 Jahren wurden Wölfe von den ersten Wohnstätten der seßhaft gewordenen Menschen angezogen. Diese neue Umwelt begünstigte den Fortbestand kleiner, anhänglicher Tiere. Zweifellos holten sich die Menschen Wolfswelpen aus deren Höhlen und zogen sie auf. Die Hunde, die sich daraus entwickelten, bewachten die Lagerplätze, halfen bei der Jagd und lieferten Fleisch in Zeiten der Beuteknappheit. Gleichzeitig behielten sie die wolfstypischen körperlichen und verhaltensmäßigen Eigenschaften.

Moderne Hunde und ihre Vorfahren

Nordamerikanischer Wolf
Dies ist die wichtigste Stammform nordamerikanischer Rassen, etwa des Alaskan Malamute und des Eskimohundes. Wölfe aus China überquerten vermutlich die Bering-Landbrücke und trugen mit ihren Genen zur Entwicklung der frühen nordamerikanischen Hunde bei.

Chinesischer Wolf
Chinesische Rassen wie der Chow-Chow und der Pekinese leiten sich von asiatischen Wölfen her, die in China lebten. Wölfe aus Nordindien und Tibet waren an den frühen Züchtungen ebenfalls beteiligt.

Indischer Wolf
Asiatische Wölfe aus ganz Indien und aus der Region von Persien bis zum Nahen Osten trugen zur Entwicklung der mannigfaltigsten Hunderassen bei.

Europäischer Wolf
Die großen Europäischen Wölfe trugen wahrscheinlich ihr Erbgut zu den Hunden bei, die aus asiatischen Wölfen hervorgegangen waren. Es ist fast unmöglich, irgendeine heute existierende Hunderasse direkt auf eine bestimmte Unterart des Wolfs zurückzuführen.

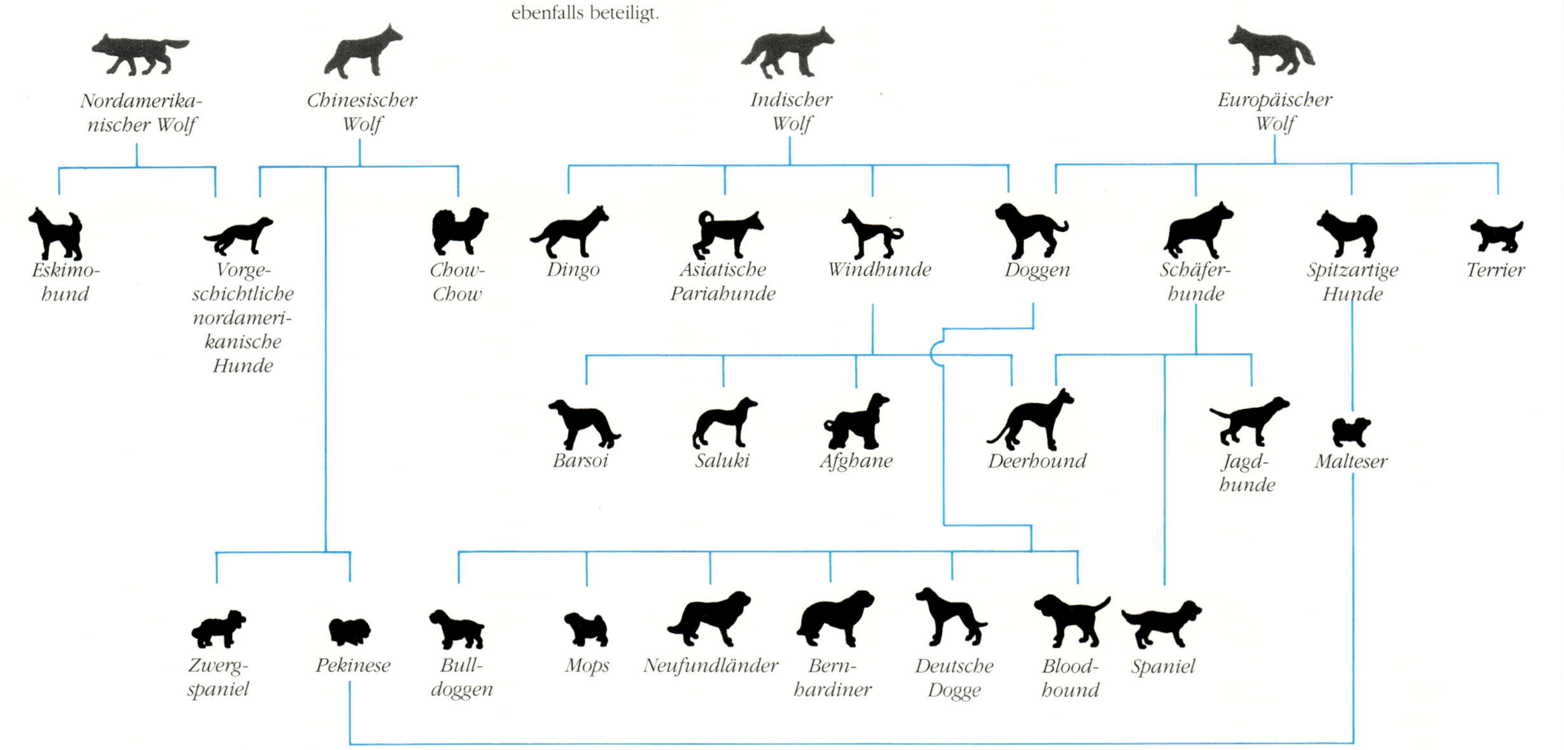

Moderne Hunde

Unter dem Druck der Umwelt wurde der Wolf kleiner, menschenfreundlich und anhänglich, doch erst nach generationenlanger Auslesezucht durch den Menschen entstand die große Vielfalt der Hunderassen. Eine intensive Selektion verstärkte das Bellen, das als Warnsignal wichtig war. Hängeohren und eine andere Schwanzhaltung wurden ebenfalls herausgezüchtet, damit sich die domestizierten Hunde von den Wildcaniden unterschieden. Die Größe der Stirnbeinhöhle nahm aus unerfindlichen Gründen zu – vielleicht um dem Hund ein »intelligenteres« Aussehen zu geben. Zunächst verkleinerte man die Körpergröße der Hunde, und es entstanden Zwerg- und Kleinrassen. Später zielte man auf eine Körpervergrößerung ab.

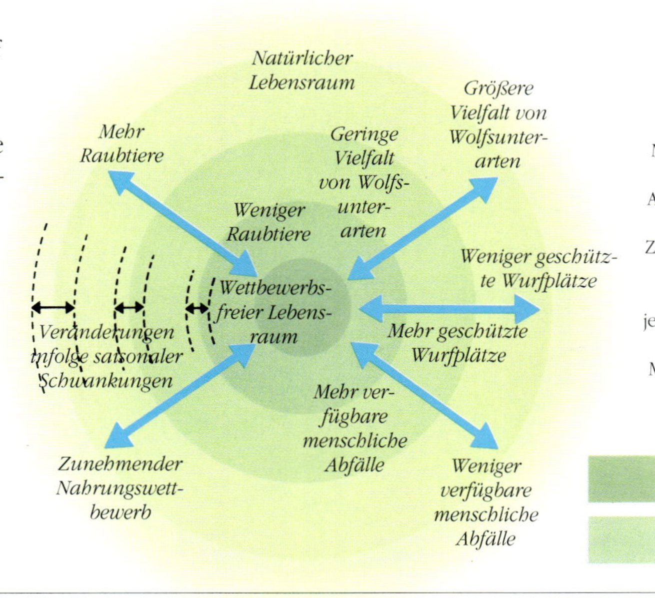

Ökologische Zonen um einen Lagerplatz

Selbstdomestikation
Merkmale, die sich am Anfang der Hundedomestikation entwickelten, wurden bestimmt durch längere Aufenthalte der Wölfe im Umkreis menschlicher Siedlungen. Die Siedlungstätigkeit schuf ökologische Zonen, die von natürlichen Lebensräumen in unnatürliche, langfristig bewohnte Plätze übergingen. Die Entwicklungsmöglichkeiten des Wolfs variierten je nach der Besiedlungsdichte. Zum Beispiel nahm die Aufspaltung der Spezies Wolf in geringfügig vom Menschen genutzten Arealen zu, wo der Wettbewerb mit anderen Raubtieren größer war.

Zentralasiatischer Schäferhund
Durch die Selbstdomestikation verringerte sich zunächt die Größe der Hunde. Doch später kam es durch gezielte Zucht zu einer Körpervergrößerung, und es entstanden mächtige Schutzhunde wie dieser asiatische Schäferhund.

Abfallfresser am Lagerplatz

Alle Caniden fressen Aas und Abfälle, wenn sie Hunger haben, doch Hunde sind in dieser Hinsicht besonders findig. So wie sich die Rentiere in Nordeuropa selbst domestizierten, indem sie das Salz aus dem menschlichen Harn rings um die Lagerplätze der Samen aufnahmen, fanden Hunde Freßbares in den Abfällen von Lagerplätzen in aller Welt.

Überlebenskünstler

Menschliche Siedlungen waren von stark genutzten ökologischen Zonen umgeben, wo die meisten Wildtierarten nur in sehr geringer Zahl existieren konnten. Die Vegetation wurde oft immer spärlicher, und in Dürrezeiten verendete das Vieh. Der Hund konnte unter diesen Umweltbedingungen besser überleben als andere domestizierte Tiere.

Wächter und Hüter

Aufgrund seines Rudeltriebs warnt der Hund andere Rudelmitglieder vor Gefahren. Weil Hunde sich bereitwillig ins Menschenrudel einfügen und hervorragend hören und riechen können, warnten sie anfangs die Menschen vor Eindringlingen. Als von rund 10 000 Jahren die Viehhaltung aufkam, war der Hund bereits auf die Aufgabe vorbereitet, andere Haustiere gegen Raubtiere zu verteidigen.

Dingo
Der Dingo gelangte vor etwa 3000 Jahren mit Seefahrern nach Australien, nachdem er bereits anderswo domestiziert worden war. Er half den Aborigines nur selten bei der Jagd, hielt jedoch ihre Lagerplätze sauber.

Chow-Chow
Der moderne Chow-Chow wurde in Europa als Ausstellungshund gezüchtet, doch seine Vorfahren lebten in China, wo sie ursprünglich aus Not und später als Delikatesse verspeist wurden.

Brasilianische Dogge
Fährtenhunde wie der Bloodhound entstanden vor mindestens 5000 Jahren in Asien und im Nahen Osten. Die Brasilianische Dogge vereint das Witterungsvermögen des Bloodhound mit der imposanten Körpergröße des Doggentyps.

Bepelzte Wärmespender

Die Anthropologen haben entdeckt, daß es ein universales Bedürfnis des Menschen ist, junge, felltragende Tiere zu füttern und zu hätscheln. Der Hund ist dafür besonders prädestiniert. Weil er eine Reihe von sozialen Verhaltensweisen mit uns gemeinsam hat, spendet er uns Trost und Sicherheit. Wahrscheinlich hat er seit Beginn seiner Domestikation seine Besitzer in kalten Nächten gewärmt. Erst in diesem Jahrhundert ist es seine Hauptaufgabe, Gefährte und Freund des Menschen zu sein.

Jagdgefährten

Der Hund ist ein Rudeljäger. Als sich unsere Jagdtechniken entwickelten, wurde die Naturbegabung des Hundes zum Aufspüren und Apportieren des Wildes immer wichtiger. Hunde jagen sowohl mit den Augen als auch mit der Nase. Als sich später in den menschlichen Gemeinwesen soziale Schichten herausbildeten, wurde die Jagd mit Hunden zu einer bedeutenden gesellschaftlichen Freizeitbeschäftigung.

Papillon
Das Verhaltens- und Größenspektrum der Hunde spiegelt die wölfische Entwicklung vom Welpen zum ausgewachsenen Tier wider. Gesellschaftshunde wie der Papillon haben die attraktive Gestalt, Größe und Verhaltensformen eines Jungtiers beibehalten.

Der Hund in Folklore und Religion

Obwohl die Menschen den Hund seit mehr als 10 000 Jahren nutzen, hat er erst relativ spät Eingang in die Folklore und Religion gefunden. In den drei großen Weltreligionen, Judentum, Christentum und Islam, kommen Hunde selten vor, und wenn, dann meist unter negativen Aspekten. Zwei rühmliche Ausnahmen gibt es jedoch: das alte Persien und China, wo es in der Folklore und im Volksaberglauben von Hunden wimmelt; ja, sie durften sogar regelmäßig bei religiösen Zeremonien auftreten. Nicht zufällig sind dies die Regionen, in denen einige der ältesten und wichtigsten Hundezüchtungen entstanden sind.

Ein Glücksbringer
Es gibt viele chinesische Überlieferungen, in denen Hunde vorkommen. Diese Seidenstickerei aus dem 19. Jahrhundert zeigt den »Fu-Hund«, der angeblich Glück und Wohlstand brachte.

Ein französischer Werwolf
Das »Untier von Gévaudan«, ein wilder Werwolf, soll über 80 Menschen in der Gegend von Gévaudan umgebracht haben. Hier ist sein Abbild nach einer mittelalterlichen Handschrift zu sehen.

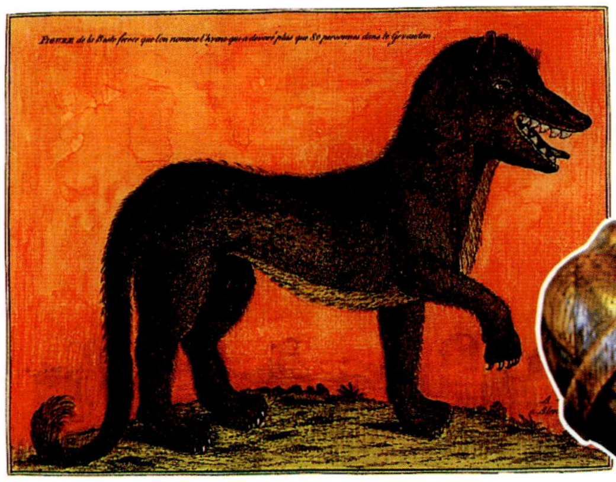

Biblische Hunde

Die Volkskunde, die Stammesüberlieferungen unserer realen oder vermeintlichen Vorfahren, gibt uns Aufschluß über das Leben und Denken der Menschen, die vor Jahrtausenden gelebt haben. Die jüdische Bibel – das Alte Testament – erzählt in oft intimen Details die Stammesgeschichte eines uralten Volkes. Sie enthält rund 30 Hinweise auf Hunde, die jedoch alle bis auf zwei negativ getönt sind. Aus dem Alten Testament wissen wir, daß Hunde die Herden der Stämme Israels gehütet haben, aber nichts deutet darauf hin, daß zwischen beiden ein Band der Zuneigung bestanden hätte; die Hunde galten zweifellos nur als schmutzige Aasfresser. Das alte Judentum duldete keine Tierdarstellungen, doch im nahen Ägypten, wo man Tiere verehrte, haben Künstler vielerlei Hundetypen abgebildet. Diese spielten jedoch in der Religion oder Folklore keine nennenswerte Rolle. Der ägyptische Gott Anubis, der die Seelen der Abgeschiedenen in die Unterwelt geleitete, wird als Mensch mit einem hundeähnlichen Kopf dargestellt. Wahrscheinlich handelt es sich aber nicht um einen Hunde-, sondern einen Schakalkopf. Herodot berichtet zwar, daß die Ägypter tote Hunde und Katzen betrauerten, aber nach der großen Zahl der mumifizierten Katzen und den sehr wenigen Hundemumien zu schließen, war diese Praxis, soweit es die Hunde betrifft, wohl eher die Ausnahme als die Regel. Im Mittleren Osten lassen Steinbildwerke den Schluß zu, daß die Babylonier große doggenartige Kriegshunde züchteten. Im benachbarten Assyrien verwendete der Adel Hunde für die Jagd. Ein hervorragendes Basrelief im Londoner Britischen Museum zeigt den Assyrerkönig Assurbanipal auf der Jagd mit großen Hunden des Doggentyps. Hunde scheinen allerdings in der Folklore dieser Region keine große Rolle gespielt zu haben.

Hundegottheit
Der schakalköpfige ägyptische Gott Anubis ist typisch für die traditionelle Verehrung von Gottheiten, die halb Mensch und halb Hund (oder Schakal) waren.

Griechische Mythologie

In vielen altgriechischen Sagen treten Hunde auf. Xanthippos, der Vater des Perikles, besaß angeblich einen Hund, der neben der Galeere seines Herrn bis zur Stadt Salamis schwamm, als die Athener zur Aufgabe ihrer Stadt gezwungen waren. Der Hund wurde neben seinem Herrn an einer Stätte begraben, die fortan Kynossema (»Hundegrab«) hieß. Alexander der Große soll die Stadt Peritas gegründet und nach seinem Hund benannt haben.

Die Grenze zwischen Folklore und früher Literatur ist schwer zu ziehen. Homer benutzte Gestalten der griechischen Mythologie und historische Begebenheiten, um seine großen Epen zu schaffen. Seine herrliche Beschreibung des klugen und getreuen Hundes Argos, der als einziger den heimkehrenden Odysseus wiedererkannte, und seine einfühlsame Darstellung der Hunde des Schweinehirten Eumaios bezeugen, daß sich Homer mit dem Hundeverhalten auskannte.

In der griechischen Religion spielte der Hund meist die Rolle des Opfertiers. Im Asklepios-Heiligtum von Epidauros gab es Hundezwinger, und Asklepios wurde manchmal in Begleitung eines Hundes dargestellt, der Kranke durch Belecken zu heilen vermochte. Viel häufiger indes wurden Hunde geopfert, weil sie reichlich vorhanden, billig und fügsam waren.

Der Hund im Christentum
Dieser holzgeschnitzte Aufsatz einer Kirchenbank aus dem englischen Swaffham erinnert an eine Ortssage über einen Hausierer, der Geld für den Wiederaufbau einer Kirche spendete.

Ein frühchristlicher Brauch
In der frühchristlichen Tradition wird der heilige Christopherus bisweilen mit einem Hundekopf dargestellt, wie diese byzantinische Ikone bezeugt.

Römische Mythologie

Die alten Römer opferten ebenfalls Hunde. So wurde beispielsweise beim jährlichen Robigalia-Fest am fünften Meilenstein der Via Claudia ein Hund getötet. Gleichwohl waren die Römer den Hunden sehr zugetan, und ihre Volksüberlieferung enthält viele Geschichten, die vom Mut und der Treue des Hundes erzählen.

Regionale Einflüsse

Die christlichen und islamischen Kulturen übernahmen die Einstellung zum Hund von ihrer angestammten Religion. Diese Einstellung wurde jedoch modifiziert durch die Volksüberlieferungen und Traditionen der Regionen, in denen sich die jeweilige Religion entwickelt hatte. In Europa wurde das Christentum durch regionale und römische Folklore beeinflußt. Geschichten über die Anhänglichkeit der Hunde durchdringen die gesamte nordeuropäische Überlieferung. Die nordische Sage von Olaf Triggvason enthält Berichte über die Treue von Hunden, und ebenso ist die Rede von Cavall, dem Lieblingshund des englischen Königs Arthur. Typisch ist die Erzählung von Gelert, dem großen Jagdhund des Waliser Prinzen Llewellyn, der den Sohn des Prinzen mit Erfolg gegen einen Wolf verteidigte.

Im Islam dagegen galt der Hund als »unrein«. Dies hängt mit den islamischen Hygienevorschriften zusammen. In einer Region, in der die Tollwut verbreitet war und ist, dient die Verpflichtung der Muslime, sich nach der »Besudelung« durch Hundespeichel einer Waschung zu unterziehen, offenkundig der öffentlichen Gesundheit. In der jüngeren Tradition der amerikanischen Urbevölkerung ist überliefert, daß Hunde in ganz Amerika geopfert wurden.

Der »Fu-Hund«
Der »Fu-Hund« oder »Löwenhund«, ein althergebrachtes chinesisches Symbol, ist hier in Keramik abgebildet.

Allegorische Darstellung
Von jeher hat man Hunde zur Darstellung menschlicher Charaktere benutzt. In dieser antikatholischen Allegorie aus dem 16. Jahrhundert spielen Hunde die Rolle von Priestern.

Positive Aspekte

In der hochstehenden und ältesten Zivilisation überhaupt, in China, kommt dem Hund in Religion, Folklore und Mythologie eine besondere Bedeutung zu. Die Rolle, die im europäischen Aberglauben die schwarzen Katzen spielen, übernahmen im alten China die schwarzen Hunde. Mehr als 4000 Jahre alte Schriftzeugnisse belegen, daß Hundelehrer im hohem Ansehen standen und daß Zwingerherren ganze Scharen von Hunden betreuten. Der »Fu-Hund«, in der chinesischen Kultur ständig wiederkehrendes Motiv, besitzt die Gabe, Glück und Wohlstand zu bringen.

Die frühe Haustierwerdung des Hundes hat sich zum großen Teil im alten China abgespielt. Hier fand wahrscheinlich die »Verzwergung« statt, aus der die Schoßhunde hervorgegangen sind. Hier wurden auch die ersten Hunde für die Meutejagd gezüchtet.

Ein anderer antikes Volk mit einer breitgefächerten Hundemythologie waren die Parsen in Persien. Die zoroastrische Religion wurde auf dem Boden des heutigen Iran vor etwa 2750 Jahren durch Zarathustra eingeführt. Ein Band der »Zend Avesta«, der sieben heiligen Bücher dieser Religion, ist der Pflege und Zucht von Hunden gewidmet, und in einem Abschnitt werden die vielen unterschiedlichen Eigenschaften des Hundes beschrieben.

Gefäß in Hundegestalt
Dieses Terrakottagefäß aus der Zeit um 100 v. Chr., das man im mexikanischen Bundesstaat Colima entdeckt hat, könnte den Mexikanischen Nackthund darstellen. Die ursprünglich für Nahrungszwecke gezüchtete Rasse war in Colima besonders beliebt.

Der Hund in der Kunst

Die ältesten europäischen Bilder von Hunden und hundeähnlichen Tieren finden sich in den Höhlenmalerein in Spanien, die weit über 12 000 Jahre alt sind. Als vor 6600 Jahren die ägyptischen Wandgemälde und Hieroglyphen entstanden, hatten sich bereits bestimmte Hundetypen herausgebildet, die Ähnlichkeit mit heutigen Windhunden und Doggen haben. Später wurden auch spitz- und terrierartige Hunde dargestellt. In der klassischen griechischen Kunst erscheinen stilisierte Abbilder von Hunden in Keramik und Plastik. Heute sind Hundedarstellungen in allen Kunstformen weltweit verbreitet.

Der Hund in der indischen Kunst (links)
Für die Mogulkaiser Indiens war die Jagd ein wichtiges Freizeitvergnügen. Hier wird Akbar (1542–1605) mit salukiähnlichen Hunden bei der Antilopenjagd gezeigt.

Die Jagd im Europa des 18. Jahrhunderts (unten)
Im 18. Jahrhundert führte der englische Adel die Jagd im großen Stil ein, wie auf diesem Bild von George Stubbs zu sehen.

Frühe europäische Kunst

In der griechischen Kunst wurde der Hund häufig dargestellt; wir nennen nur Kerberos (Cerberus), den dreiköpfigen Hund, der den Eingang zur Unterwelt bewachte, oder die Jagdhunde, die Diana, die Göttin der Jagd, begleiteten. Hundebilder gab es in Hülle und Fülle, doch in römischer Zeit verschwanden sie fast völlig. Nach dem Untergang Roms und der Ausbreitung des Christentums in Europa tauchten Hunde nur noch selten in der Kunst auf, abgesehen vielleicht von den Hundeminiaturen in illuminierten Handschriften, etwa im berühmten »Stundenbuch« des Duc de Berry. Um 1066 kamen Hunde wieder in Mode, wie die damaligen Gobelinbilder bezeugen. Der »Teppich von Bayeux« zeigt beispielsweise König Harold von England, der mit 5 Hunden auf die Beizjagd geht.

Der Hund im Mittelalter (links)
Der »Luttrell-Psalter« enthält köstliche Detailschilderungen wie etwa diesen Hund, der durch einen Reifen springt. Diese Randzeichnungen gewähren uns einen seltenen Einblick in das Alltagsleben des Mittelalters.

Der Haushund
Auf diesem italienischen Gemälde des 17. Jahrhunderts ist ein Hund als Zentralfigur einer häuslichen Szene dargestellt.

Hunde in der Satire
Der viktorianische Maler Sir Edwin Landseer verband in seinen populären Hundebildern Anekdotisches und Vermenschlichung.

Hundeporträts
Nicht wenige stolze Hundebesitzer ließen im 18. Jahrhundert ihren vierbeinigen Hausgenossen liebevoll porträtieren, wie hier von dem französischen Künstler L. L. Boilly.

Renaissance und Barock

In der Renaissance erscheinen überall in Europa Hundeporträts in der mythologischen, allegorischen und religiösen Kunst als Zutaten zum Hauptbildgegenstand. Im Bildnis des Giovanni dell'Acquaviva malte Tizian (ca. 1487–1576) mit erstaunlichem Realismus einen nachdenklichen retrieverähnlichen Hund. Veronese (1528–1588) stellte akkurat kleine Spanieltypen, Windhunde und salukiartige Jagdhunde dar, allerdings stets als Beiwerk und nie als Hauptsujet. Leonardo da Vinci fertigte detaillierte anatomische Studien des Hundes an, freilich eher als Wissenschaftler denn als Künstler. In Spanien porträtierten Antonio Moro (1517–1575) und Diego Velázquez (1599–1660) gerne Hunde, vor allem in Gesellschaft von Kindern.

Auch in Mitteleuropa tauchen Hunde auf vielen Gemälden auf. Der große flämische Maler Jan van Eyck (1390–1441) verewigte einen temperamentvollen Griffon-Terrier in »Die Hochzeit von Giovanni Arnolfini und Giovanna Cenami«. Albrecht Dürer (1471–1528) verdanken wir mehrere anatomisch perfekte Darstellungen von Wind- und Jagdhunden.

In Frankreich schufen Alexandre-François Desportes (1661–1743), der offizielle Jagdmaler Ludwigs XIV., und Jean-Baptiste Oudry (1686–1755) sehr farbenprächtige Hundedarstellungen.

Hundeporträtkunst

Zu Beginn des 18. Jahrhunderts wurden Tierporträts immer beliebter. In England erreichte diese Kunst ihren Höhepunkt in den anatomisch ausgefeilten Werken von George Stubbs (1724–1806), im Naturalismus von Thomas Gainsborough (1727–1788) und vor allem in den romantischen Genrebildern von Sir Edwin Landseer (1802–1873).

In den USA spiegelt sich die Geschichte der Nation in der Volkskunst. Wandernde Porträtmaler zogen von Stadt zu Stadt und erhielten Aufträge von wohlhabenden Familien. Auf ihren Gemälden wurden vielfach Hunde abgebildet, oft zu Füßen des Porträtierten. Amni Phillips, einer der erfolgreichsten Maler dieser Kategorie, verwendete den gleichen ruhenden Hund auf vielen Porträts, zum Beispiel bei »Mädchen im roten Kleid mit Katze und Hund« (ca. 1834). Die volkstümlichen Maler stellten auch die Beziehungen zwischen schwarzen Amerikanern und deren Hunden dar. In »Die Ausbeute einer ganzen Woche« (ca. 1842) malte William Henry Brown eine Szene, in der Hund und Herr gleichermaßen erschöpft erscheinen.

Der Hund in der ägyptischen Kunst
Diese Szene, in der Hunde eine Hyäne hetzen, wurde zwischen 1555 und 1080 v. Chr. in Ägypten in Kalkstein graviert.

Die neuere Kunst

In Europa und Amerika dauerte die romantische Verklärung des Hundes bis in unser Jahrhundert an. Impressionisten wie Auguste Renoir (1841–1919) schufen Bilder wie »Tama, der japanische Hund«, auf dem die Hunde wie flauschige Fellbündel dargestellt sind, während etwa Henri de Toulouse-Lautrec (1864–1901) in »Bouboule: die Bulldogge vom Mme. Palmyre« den Hund als ein Spiegelbild der Persönlichkeit seines Frauchens wiedergab.

In der Moderne werden die Hunde in gewagte künstlerische Experimente einbezogen. Pablo Picasso (1881–1973) verwandelte sie in Scherenschnitte; Otto Dix (1891–1969) malte sie ebenso grotesk wie die Menschen; Joan Miró (1893–1993) verfremdete sie zu surrealen und ziemlich unheimlichen Wesen, und Alberto Giacometti (1901–1966) bezog den Hund in seine ungewöhnlichen Skulpturen ein. Realismus herrschte in Nordamerika vor, zum Beispiel bei Andrew Wyeth (geb. 1917) in den USA und Alex Colville (geb. 1920) in Kanada. Ihre Hundegemälde zeigen eher das Elend der Kreatur.

Andere Künstler des 20. Jahrhunderts, darunter Roy Lichtenstein, Andy Warhol, Alex Katz und David Hockney, benutzen den Hund als Mittel zum Ausdruck ihrer Gefühle. Auch in der künftigen Kunst wird der Hund ohne Zweifel weiterhin eine wichtige Rolle spielen.

Jagdgefährten
Auf diesem mitteralterlichen flämischen Gobelin sind die Hunde als Gefährten des Jägers dargestellt.

Kunstgewerbe und Kitsch

Die Rollen der Hunde in Folklore, Religion, Kunst und Literatur dokumentieren, wie diese Tiere in den verschiedenen Kulturen und in den verschiedenen Phasen der Mensch-Hund-Beziehung aufgefaßt und behandelt wurden. Anfangs wurden Hunde für die Jagd gezüchtet, und die Hundemeuten, die sich nach und nach entwickelten, symbolisierten Macht, Reichtum und Prestige. Der Hund fand Eingang in die Heraldik, sein Bild zierte königliche und andere Wappen. In der Folgezeit wurde er in allen möglichen Formen abgebildet – auf vergoldeten Helmzieren, Porzellanbechern, Fingerhüten, Glückwunschkarten, Aschenbechern usw. Darüber hinaus werden Hundebilder werbewirksam für vielerlei Produkte eingesetzt.

Hundeköpfige Mumie
Die ägyptische Hundemumie stellt Anubis, den Gott des Totenreichs, dar.

Zigarettenbildchen
Auf diesem Zigarettenbildchen aus dem zwanziger Jahren macht ein Hund Reklame für eine bestimmte Marke.

Beständigkeit, Treue und Sicherheit

Seit Jahrtausenden gilt der Hund als Inbegriff der Beständigkeit, Treue und Sicherheit. Anubis, der hundeähnliche Totengott, wurde im alten Ägypten auf Trinkgefäßen und anderen Gebrauchsgegenständen abgebildet. Anubis bereitete die Seelen der Verstorbenen auf die geheimnisvolle Reise ins Jenseits vor. Im alten Rom symbolisierte der Hund vor allem Wachsamkeit. Auf Mosaiken von Syrien bis Britannien verteidigt der Hund mit gespitzten Ohren und festem Blick Haus und Hof. »Cave canem« lautete seine Botschaft: »Hüte dich vor dem Hund!«
Mittelalterliche Ritter wurden vielfach mit kleinen, treuen Hunden zu ihren Füßen dargestellt, die Damen des Hauses andererseits mit Schoßhündchen. Noch 1986 malte Michael Leonard die englische Königin Elisabeth II. anläßlich ihres 60. Geburtstags in Begleitung ihres allgegenwärtigen Corgi. Diese Bild wurde später popularisiert in Form von königlichen Souvenirs, auf Postern, Geschirrtüchern und Platzdeckchen.

Der Hund als Denkmal

Denkmäler der Hundetreue sind in den meisten Zivilisationen anzutreffen. In der Regierungszeit des römischen Kaisers Hadrian berichten jüdische Legenden von einem Schäferhund, der beobachtet, wie eine Schlange des Essen des Schäfers vergiftet. Der Hund bellt zur Warnung, doch als der Schäfer dies ignoriert und zu essen anfangen will, wirft sich der Hund dazwischen, verschluckt das Gift und stirbt. Aus Dankbarkeit errichtet der Schäfer seinem Hund ein Denkmal. Die Lieblingshunde von Aristokraten wurden zuweilen nach ihrem Tod in Stein verewigt, entweder zusammen mit ihrem Herrn oder einzeln. In Edinburgh hielt der Skye-Terrier »Bobby« auf dem Friedhof Old Greyfriar's von 1858–1872 Wache und wartete auf die Rückkehr seines toten Besitzers. Als der Hund starb, wurde ihm ein Denkmal gesetzt. Ein ähnliches Denkmal zu Ehren eines treuen Shiba Inu findet sich in Tokio. In einigen Ländern zeugen regelrechte Tierfriedhöfe von der Zuneigung der Menschen zu ihren vierbeinigen Lieblingen. Der Hundefriedhof im Londoner Hyde Park ist zu Recht berühmt, doch er ist keineswegs der einzige. Der toten Hunde gedenkt man überall auf der Welt. Im Atsugi-Tiergedächtnispark in Tokio begrüßen lebensgroße bemalte Gipsmodelle von Hunden den Besucher, wenn er das Gelände betritt.

Hundegravur
Im vorigen Jahrhundert verzierten die berühmten Londoner Büchsenmacher Purdy and Sons ausgewählte Stücke mit Abbildungen von Jagdhunden.

Der popularisierte Hund

Gebrauchsgegenstände und Ornamente in Hundeform sind von jeher beliebt. Die Römer stellten als Hundeköpfe gestaltete Bronzelampen her und erfreuten sich an rein dekorativen Hundefigurinen aus Bronze. Der Antiquitätensammler braucht nicht weit zu gehen, um Spaniel-Spardosen aus Delfter Porzellan, emaillierte goldene Schnupftabakdosen in Brackenform aus der Schweiz oder Porzellanhunde aus Meißen, Staffordshire oder Chelsea zu finden. Kitschige Glücksbringerhunde aus Steingut, die unbewußt die chinesischen »Fu-Hunde« imitieren, wurden in englischen, französischen, deutschen und holländischen Manufakturen massenhaft produziert und in alle Welt exportiert. Seit dem 19. Jahrhundert erscheinen Hunde auch auf Glückwunschkarten, entweder stark vermenschlicht oder phantasievoll ausgeschmückt. Anerkannte Hundemaler wurden engagiert, um dieser trivialen Massenware

Römisches Mosaik
Überall im Römischen Reich wurden Mosaiken vielfach mit Hundedarstellungen geschmückt – zuweilen mit der zusätzlichen Inschrift: »Cave canem« (»Hüte dich vor dem Hund!«).

Der Hund als Zeitschriftentitel
In den zwanziger Jahren verwendete Harrision Fisher gern Hunde auf den Titelbildern der Zeitschrift »Cosmopolitan«.

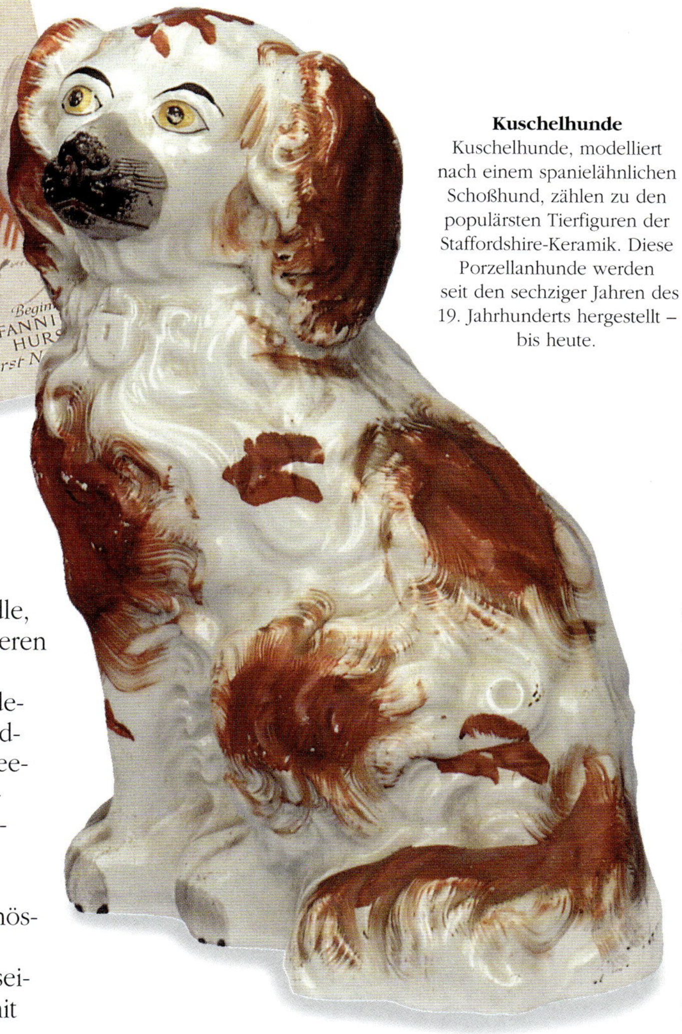

Kuschelhunde
Kuschelhunde, modelliert nach einem spanielähnlichen Schoßhund, zählen zu den populärsten Tierfiguren der Staffordshire-Keramik. Diese Porzellanhunde werden seit den sechziger Jahren des 19. Jahrhunderts hergestellt – bis heute.

Vermenschlichte Hunde
Auf dieser Glückwunschkarte des 19. Jahrhunderts sind die beiden Hunde zu einem romantischen Tanzpaar vermenschlicht.

einen künstlerischen Anstrich zu geben. Einer dere bekanntesten war Arthur Wardle, dessen gefühlvolle Hundepastelle des öfteren auf Auktionen auftauchen.

In unserem Jahrhundert erleben die Hundedevotionalien einen Boom: schicke Jugendstil-Bronzestatuetten für die elegante Kaffeetafel, vernickelte und verchromte Korkenziehergriffe nach dem Vorbild von Hundekarikaturen und Wandteller mit weichgezeichneten, süßlichen Darstellungen von anrührenden Welpengruppen. Der zeitgenössische amerikanische Fotograf William Wegmann schuf herrlich kitschige Bilder seines geliebten Weimaraners, eingestäubt mit Mehl, angetan mit Frauenkleidern, umhertollend mit einem Ball oder behängt mit Lametta. Viele Länder haben im übrigen eine Reihe von Hunderassen auf Briefmarken abgebildet.

Hunde auf Ansichtskarten
In dieser humoristischen Szene tragen vermenschlichte Hundecharaktere einen heftigen Familienstreit aus.

Der Hund in der Werbung

Vielfach wurden Hunde auch als »Verkaufshilfen« in der Werbung benutzt, insbesondere auf den Zigarettenbildchen der zwanziger und dreißiger Jahre. Später bedienten sich auch mehrere Teehersteller der gleichen Masche. Die Tabakwarenfirmen produzierten zahlreiche Serien mit bis zu 50 Bildchen, auf denen jeweils eine andere Rasse oft sehr reizvoll dargestellt war. Sie erfreuten sich großer Beliebtheit und werden noch immer eifrig gesammelt. Das berühmte Markenzeichen der Plattenfirma »His Master's Voice« entstand nach einem Gemälde, das Francis Barraud 1898 von dem Hund »Nipper« geschaffen hatte. Ein Scottish und ein West Highland White Terrier machten zu Beginn des Jahrhunderts Reklame für den Black and White Whisky und waren eine Zeitlang das wohl bekannteste Hundeduo der Welt. In Modezeitschriften verwendet der Designer Versace einen munteren kleinen Yorkshire-Terrier als Blickfang, während sich die schlanken, eleganten und eisgekühlten Models von Christian Lacroix am liebsten mit schlanken Afghanen zeigen.

Der Heimtiermarkt

Hunde werden heutzutage meist als Hausgenossen und nicht mehr als Arbeitstiere gehalten. In den westlichen Ländern befriedigt ein großer Industriezweig die Bedürfnisse der Tiere und ihrer Besitzer. Gebrauchsartikel wie Halsbänder, Leinen, Pflegeutensilien, Futter- und Trinknäpfe werden in den verschiedensten Formen und Größen hergestellt. Seit Jahrhunderten schon hat man viel Zeit und Mühe auf die Fertigung von dekorativen Hundehalsbändern verwendet, etwa jene verschwenderisch verzierten Exemplare, die zu Beginn des Jahrhunderts in Paris produziert wurden. Heute wird der Markt überschwemmt mit Zubehör für die verhätschelten Lieblinge: Umhänge mit eingesticktem Monogramm, Himmelbetten, Spielzeug und Leckerbissen aller Art. Vieles davon ist entbehrlich, doch es beweist, daß die Menschen ihre vierbeinigen Freunde über alles lieben und daß der Hund in der ganzen Welt als wichtiges »Familienmitglied« gilt.

DER HUND IN DER LITERATUR

Die Beziehung des Menschen zum Hund ist älter als die zu allen anderen Haustieren, doch erst in neuerer Zeit hat sich die Literatur mit dem engen Freundschaftsverhältnis zwischen Mensch und Hund befaßt. Die älteste Literatur begnügte sich damit, die Funktion und die Bedürfnisse der Tiere zu beschreiben. Auch Fabeln, in denen Hunde menschliche Charaktere verkörpern, existieren in vielen Kulturen. Hundegeschichten wurden ursprünglich vorwiegend für Kinder geschrieben, aber in den letzten 200 Jahren entstand dann eine Hundeliteratur für Erwachsene, die dem Leser die einzigartige Mensch-Hund-Beziehung nahebringt.

Ein Aquarell von Emily Brontë
Die bedeutende Schriftstellerin Emily Brontë gehört zu den vielen viktorianischen Erzählern, die Hunde liebten. Ihrem 1838 entstandenen Aquarell gab sie den Titel »Keeper, nach den Leben gemalt«.

Hunde in der Dichtung
Hundegedichte gibt es in der Literatur aller Länder. Rudyard Kiplings »Almanac of Twelve Sports«, eines der vielen Bücher, in denen Hunde als Jagdgefährten auftreten, wurde von Sir William Nicholson illustriert.

FRÜHE LITERATUR

Die älteste erhaltene Hundeschrift wurde vor mehr als 2000 Jahren von Marcus Terentius Varro verfaßt, einem Offizier in der spanischen Armee, der zugleich Dichter und Philosoph war. In »De re rustica« beschreibt Varro verschiedene Hundetypen und erläutert, wie man ihre Gesundheit überprüft, wo man sie kaufen kann und wie man sie füttern, züchten und erziehen soll.

Sein Buch ist längst nicht so bekannt wie die »Historia naturalis« des römischen Schriftstellers Plinius d. Ä., aber sehr viel direkter und praktischer. Plinius zitiert bei der Darstellung der Tollwurt den Spanier Columella: »Die Wut bei Hunden ist gefährlich für Menschen, wenn der Hundestern Sirius scheint, denn dann verursacht sie Hydrophobie (Tollwut). Deshalb ist es an diesen Tagen eine weise Vorsichtsmaßnahme, Kot, vielleicht mit dem von Geflügel, in das Hundefutmischen oder auch Nieswurz, wenn die Krankheit bereits ausgebrochen ist.« Columella versichert, daß der Schwanz des Hundes, wenn er 40 Tage nach der Geburt gekürzt und das Ende abgebissen wird, nicht wieder nachwächst und das Tier dann gegen Tollwurt gefeit ist. Dies ist möglicherweise der Ursprung der unsinnigen Praxis des Schwanzkupierens bei Hunden. Der Römer Gratius schrieb ungefähr gleichzeitig seine »Cynegetica«, in der er Hunde mit ihren Besitzern verglich. Er meinte, Hunde ähnelten den Bewohnern ihres Herkunftslandes. Umbrische Hunde aus Norditalien, erklärte er, liefen vor ihren Feinden davon, während Tatarenhunde ein wildes Temperament besäßen. Arkadische Hunde seinen fügsam und keltische Hunde kämpften ohne entsprechende Ausbildung. Er empfiehlt auch die Kreuzungszucht: »Eine umbrische Hündin verleiht dem begriffsstutzigen Gallier eine lebhafte Intelligenz; die Gelonier erben Mut von einem hyrkanischen Rüden, und der von einem Molosserrüden gezeugte Kalydonier verliert seinen größten Mangel, eine närrische Zunge.«

LITERATUR AB DEM MITTELALTER

Nach dem Zusammenbruch des Römischen Reiches kommen Hunde in der Literatur jahrhundertelang kaum noch vor. Ihre Rolle in verschiedenen Ländern ist uns jedoch aus Gesetzestexten bekannt, die gegen Wilderer und zum Schutz des Wildes erlassen wurden. Im 14. Jahrhundert schrieb Guillaume Twici »L'Art de Vénerie« und Alfonso XI., König von Kastilien und León, das »Libro de la Monteria«, die ersten Bücher, die sich mit dem Jagdsport in Frankreich bzw. Spanien befaßten. Das erste Buch in englischer Sprache, in dem Hunde behandelt wurden, war »The Master of Game«, verfaßt von Edward, Herzog von York, zu Beginn des 15. Jahrhunderts. Erst im späten 16. Jahrhundert erschien von Dr. John Caius (oder John Keys), dem Leibarzt mehrerer Könige und Königinnen, das Werk »De Canibus Britannicis«, das einen Versuch zur Klassifizierung der Hunde unternimmt. Im übrigen Europa beschränkte sich das Hundeschrifttum auf die Jagdliteratur. In Romanen tauchen damals Hunde nur gelegentlich auf. Shakespeare erwähnt anachronistisch

Äsops Tiergeschichten
Seit vielen Jahrhunderten erfreuen die Fabeln des Äsop Leser in aller Welt. »Der Hund und der Wolf«, illustriert von Charles Bennett 1857, ist eine der vielen Tiergeschichten, die in dem Buch enthalten sind.

Der Hund in der Trivialliteratur
Die amerikanischen »Weird Tales« sind eines der vielen Beispiele für die Popularisierung des Werwolfs in der Trivialliteratur. Die Ausstattung des Groschenromans stammt von A. R. Tilburns.

Shakespeare und die Hunde
Hunde kommen in mehreren Shakespeare-Dramen vor. Eine der gerissensten und einprägsamsten Hundegestalten Shakespeares ist »Crab«, der dem Diener Lanz in »Die beiden Veroneser« gehört.

Spaniels (»Antonius und Kleopatra«), Beagles (»Was ihr wollt«), Windhunde (»Die lustigen Weiber von Windsor«), Mischlinge (»Macbeth«) und Bracken (»Sommernachtstraum«). Sein einfühlsamstes Hundeporträt findet sich in »Die beiden Veroneser«, wo der Diener Lanz von seiner Liebe zu seinem Hund Crab erzählt. In seinen »Erinnerungen aus einem Totenhaus« schildert Fjoder Dostojewskij das Elend des Gefangenendaseins und berichtet von dem Gefängnishund Sharik, mit dem er sich anfreundet. Zwei weitere schöne Hundegeschichten der russischen Literatur stammen von Iwan S. Turgenjew (»Mumu«) und Anton Tschechow (»Kaschtanka«). Was die deutschsprachige Literatur des vorigen Jahrhunderts angeht, so ist vor allem Marie von Ebner-Eschenbach mit den Novellen »Die Spitzin« und »Krambambuli« zu nennen.

Aus dem Leben eines Foxterriers (links)
»Das Leben eines Foxterriers« ist ein Frühwerk des tschechischen Schriftstellers Karel Čapek.

Populärer Wolfshund
Jack Londons beliebte Erzählung »Weißzahn«, die 1905 in den USA erschien, ist die Geschichte eines Tieres, das halb Wolf und halb Hund ist.

Die Literatur des 20. Jahrhunderts

Mut, Treue, Liebe und Anhänglichkeit kennzeichnen die Hundeliteratur unseres Jahrhunderts. Jack London und Zane Grey rühmen in ihren Erzählungen vor allem den mutigen Einsatz der vierbeinigen Gefährten des Menschen. In dem weltberühmten Kinderbuch »Peter Pan« berichtet J. M. Barrie von der Familie Darling, die zu arm ist, um sich eine Kinderfrau leisten zu können, und deshalb eine Neufundländerhündin namens Nana als Betreuerin ihrer Kinder engagiert. Nach seiner Karriere als bedeutender sozialkritischer Romancier reist John Steinbeck mit seinem Hund durch die Vereinigten Staaten und beschreibt seine Erlebnisse in dem Buch »Travels with Charley«. »Natürlich ist sein Horizont begrenzt«, sagt er über ihn, »aber wie weit ist der meine?« Die witzigsten Hundebücher unseres Jahrhunderts kommen aus Amerika und stammen von E. B. White und James Thurber. Humorvoll charakterisiert Thurber beispielsweise seine Pudelhündin: »Sie ist keine Jägerin und keine Mörderin, sondern eine interessierte Beobachterin des Lebens der niederen Tiere, denen sie sich selbst nicht zugehörig fühlt.« Von den deutschen Autoren sei Thomas Mann genannt, der die traurige Hundenovelle »Tobias Mindernickel« schrieb und seinem geliebten Mischlingshund Bauschan in dem Erinnerungsbuch »Herr und Hund« ein unvergängliches Denkmal gesetzt hat.

Die Neufundländerin »Nana«
»Nana«, die liebenswerte Neufundländerhündin, die sich in J. M. Barries »Peter Pan« um die Darling-Kinder kümmert, hatte ihr Vorbild in »Luath«, dem Hund des Autors.

Hunde im Film

Seit Jahrhunderten ziehen Schausteller mit Hunden umher, um das Volk zu belustigen. Im 18. Jahrhundert erfreuten Hundegruppen die breite Masse im Zirkus und die Reichen in ihren Privathäusern. Die Hunde demonstrierten ihre Geschicklichkeit, indem sie durch brennende Reifen sprangen, einen Salto rückwärts vollführten oder auf den Vorderpfoten umherliefen. Hunde im Film auftreten zu lassen war dann der folgerichtige nächste Schritt. Die Produzenten und Werbemanager erkannten schnell, daß die Vierbeiner beim Publikum gut ankamen. Ja, einige Schauspieler weigerten sich sogar, mit Hunden zu arbeiten, weil sie wußten, daß die Tiere ihnen die Schau stehlen würden.

Die Anfänge in Hollywood

Hollywoods erster und vielleicht größter Hunde-Superstar war »Rin Tin Tin«, ein Deutscher Schäferhund, der als Meldehund im Krieg verwundet und später von dem amerikanischen Soldaten Lee Duncan adoptiert wurde. Duncan lebte in der Nähe von Hollywood, und ein Jahr später vollbrachte »Rin Tin Tin« in Stummfilmen Meisterleistungen tierischer Intelligenz und Ausdauer. In seiner 14jährigen Karriere spielte er die Hauptrolle in 22 Schwarzweißfilmen. Sein Tod machte 1932 Schlagzeilen. »Der berühmteste Hund der Welt ist in die ewigen Jagdgründe eingegangen«, schrieb die United Press in einem Nachruf. Als 15 Jahre danach das Fernsehen aufkam, wurde »Rin Tin Tin« in einer wöchentlichen Serie von halbstündigen Episoden wiederbelebt.
Ein sanfter Deutscher Schäferhund gehört zu den Rassen, die sich am leichtesten abrichten lassen, aber es ist sehr wahrscheinlich, daß die internationale Beliebtheit dieser Rasse unmittelbar auf die »Rin-Tin-Tin«-Filme und die Fernsehserie zurückgeht. 1940 kaufte Hollywood die Filmrechte an dem Roman »Lassie Come Home« auf. 300 Hunde wurden für die Rolle getestet.

Eine einmalige Freundschaft
Im Jahr 1958 wurde in den USA der Film »The Littlest Hobo« gedreht, der im Fernsehen ein internationaler Erfolg war.

Der beste Freund
In den vierziger und fünfziger Jahren wurden zahllose Filme wie »A Dog's Best Friend« gedreht, die die innige Freundschaft zwischen Hunden und Kindern kultivierten.

Einer davon, ein Collie namens »Pal«, war für 5 Dollar verkauft worden, weil er seiner Familie zu lebhaft war. Obwohl »Pal« ein Rüde war, erhielt er die Rolle der »Lassie«; sein üppiges langes Fell kaschierte erfolgreich seine Männlichkeit. In den folgenden Jahren wurde eine ganze Reihe von Lassie-Filmen produziert. »Pal« alias »Lassie« hatte sein eigenes Appartement, arbeitete höchstens 7 Stunden am Tag und ließ sich in gefährlichen Szenen von Stunthunden doubeln. Nach seinem Tod wurde die Filmreihe weitergeführt; andere Collies spielten »Lassie«, doch nie mehr so brillant wie das Original.

Attraktive Leinwandstars

Während Hollywood echte Hunde in lebensechten Situationen auftreten ließ, schuf Walt Disney eine neue Unterhaltungsform, den »ausgewachsenen« Zeichentrickfim. Der Erfolg seiner kurzen Trickfilme hatte ihm bewiesen, daß Hunde wie »Pluto« das Publikum zu fesseln vermochten. Doch in »The Lady and the Tramp« und »One Hundred and One Dalmatians« wurden die Hunde zu Menschen mit all den Gefühlen und Emotionen der Zuschauer. »Tramp« war männlich, anmaßend und unzugänglich, bis Liebe und Vaterschaft ihn verwandelten. »Lady« war die mit den Wimpern klimpernde Unschuld – kokett und rührend. Disney zog die gleichen Gefühlsregister, als er echte Hunde in Filmen

Das perfekte Team
Der amerikanische Erfolgsfilm »Turner and Hooch«, der 1989 in die Kinos kam, handelt von der Beziehung zwischen einem Polizisten und einem großen Hund, die gemeinsam einen Mörder zur Strecke bringen.

Ein vierbeiniger Polizist
Der amerikanisch Streifen »K9« von 1988 schildert die ungewöhnliche Zusammenarbeit zwischen einem Drogenfahnder und einem Deutschen Schäferhund.

Eine rührende Geschichte
»Der Laden an der Hauptstraße«, ein tschechischer Film von 1965, beschreibt die Freundschaft zwischen einem Schreiner, einer alten jüdischen Dame und einem Hund während der deutschen Invasion in der Tschechoslowakei.

wie »The Incredible Journey« verwendete, der Geschichte eines empfindsamen Labrador-Retrievers, eines welterfahrenen Bullterriers und einer Katze, die auf dem Weg nach Hause alle Hindernisse überwinden. Disneys Verfilmung einer populären kanadischen Story brachte die Zuschauer in der ganzen Welt zum Weinen. Die andauernde Beliebtheit der Disney-Filme hat einen nachhaltigen Einfluß auf unsere Einstellung zum Hund ausgeübt.

Der »Hush-Puppy-Hund«
Dies ist ein hervorragendes Beispiel für die große Zugkraft von Hunden in der Produktwerbung.

Treue, Beständigkeit und Zuverlässigkeit waren schon im vorigen Jahrhundert Hauptthemen der Hundeliteratur. »Hier ruhen die sterblichen Überreste eines Wesens, das Schönheit ohne Eitelkeit, Kraft ohne Überheblichkeit, Mut ohne Grausamkeit und alle Tugenden des Menschen ohne dessen Laster besaß«, heißt es in Lord Byrons Grabschrift für seinen Hund »Boatswain«. Hollywood und Disney haben diese Emotionen erneuert. In den vierziger und fünfziger Jahren waren Hunde im Film häufig als Freunde der Kinder zu sehen. Doch in letzter Zeit hat sich in Hollywood die Rolle des Hundes gewandelt. Bis in die achtziger Jahre traten Hunde, anders als in Trick-, Kinder- oder Kitschfilmen, nur als »Zubehör« der Darsteller auf. Neuerdings hat sich ein neuer Typ des Hollywood-Films – der Hund als Kumpel – entwickelt. In Filmen wie »Turner and Hooch« und »K9« ist der Hund der treue Freund des Stars.

Hunde als Werbeträger

Die Zuneigung des Hundes zum Menschen ist das in der Werbung am häufigsten benutzte Motiv. Das bereits erwähnte Emblem von »His Master's Voice« des viktorianischen Künstlers Francis Barraud (1856–1924) gehört zu den meistreproduzierten Bildern der Welt. Die Gramophone Company, die die Bildrechte besitzt, erklärte in den fünfziger Jahren in einer Werbebroschüre: »Der große Anreiz des Bildes liegt wahrscheinlich in der Treue des Hundes. Damit wird zum Ausdruck gebracht, daß diese Treue (das Klangs) schon immer das Anliegen von His Master's Voice gewesen ist.«

In der Filmreklame und seit einigen Jahrzehnten in der Fernsehwerbung spielen Hunde eine immer größere Rolle. In zahllosen Werbespots machen Golden Retriever, West Highland White Terrier und insbesondere niedliche Welpen Reklame für alle möglichen Produkte – offensichtlich mit großem Erfolg, weil der Hund als treuester Freund des Menschen den Eindruck von Zuverlässigkeit, Behaglichkeit und Lebensfreude vermittelt.

Ein Pensionär und sein Hund
Der italienische Film »Umberto D« von 1952 analysiert die Beziehung zwischen einem mittellosen pensionierten Beamten und seinem geliebten Hund.

Hunde im Sport

Der Hund hat sich sportlich betätigt, seitdem die Menschen sich diesem Freizeitvergnügen widmen. Jagdsport wurde schon von den Aristokraten im alten China, Indien, Persien und Ägypten betrieben. Er wurde von den vornehmen Römern übernommen und breitete sich in ganz Europa aus. Einen Höhepunkt erreichte er in Frankreich, wo König Karl I. von Lothringen 800 königliche Parks einrichtete, in denen Jagdhunde gezüchtet und abgerichtet wurden. Die Hetzjagd auf vielerlei Tiere kam in der Römerzeit auf. Die Bullen- und Bärenhatz hielt sich bis ins 19. Jahrhundert. In einigen Ländern finden noch heute illegale Hundekämpfe statt. Hunderennen und Schlittenhundwettbewerbe gibt es allenthalben, und Geschicklichkeitsprüfungen werden immer

Fasanenjagd
Der speziell abgerichtete Apportierhund hat die Aufgabe, das erlegte Wild im Wasser oder Gebüsch aufzuspüren und zu bringen.

Meutejagd

Hunde haben dem Jäger seit Jahrtausenden geholfen und brauchen dazu nur wenig Training. Als Marco Polo im 13. Jahrhundert aus Asien heimkehrte und von den Jagdunternehmungen des tatarischen Großkhans berichtete, bei denen Meuten von bis zu 5000 Hunden mitwirkten, zogen auch die europäischen Feudalherren schon mit Hunderten von Hunden auf die Jagd. Nachdem Feuerwaffen Pfeil und Bogen, Beizvögel und Netze verdrängt hatten, waren neuartige Hundefertigkeiten – das Vorstehen und Apportieren – gefragt. Hunde für diese Aufgaben wurden auf der Iberischen Halbinsel gezüchtet und breiteten sich rasch in ganz Europa aus. Als die Jagd in Europa und Nordamerika zu einem Breitensport wurde, entstanden neue Rassen für die Bedürfnisse der Freizeitjäger. Neuerdings entwickeln sich neue Sportarten, bei denen es nicht um das Töten von Tieren geht: Die Hunde jagen nicht mehr Füchse oder Waschbären, sondern verfolgen nur noch eine künstliche Duftfährte.

Hirschjagd
Im mittelalterlichen Europa hielten die Herrscher Meuten von bis zu 800 Spür- und Jagdhunden, die das Wild in den königlichen Wäldern hetzten.

Kämpfe und Hetzjagden

Die grausamen Hundekämpfe und Hetzjagden appellieren an die Raubtierinstinkte des Menschen. Für diese dubiosen Aktivitäten wurden Hunde gezielt gezüchtet. Die Römer benutzen Doggenschläge in den Gladiatorenkämpfen mit Tieren und Menschen. Die Bullenhatz verdrängte die bis dahin beliebte Bärenhatz, und schon bald wurden riesige Doggen, Abkömmlinge von Kriegshunden, speziell für diesen Zweck gezüchtet. Im Altenglischen heißen diese Hunde »Bandogges«, ein Name, der neuerdings in den USA zur Bezeichnung von großen Kampfhunden wiederaufgelebt ist. Kampfhunde wie der Bulldog sind in Europa und Amerika aus Bullenhetzern hervorgegangen, während sie in anderen Ländern aus Doggen und Hütehunden herausgezüchtet wurden. Andere Hundezüchtungen hatten die Aufgabe, Ratten in eingezäunten Gruben zu töten. Dazu benutzte man ursprünglich große Terrier, doch im 19. Jahrhundert entstanden daneben kurzläufige Rassen für sportliche Rattenjagdwettbewerbe. 1689 verbot Holland als erstes Land solche Tierkämpfe. Großbritannien und Frankreich erließen erst 150 Jahre später ähnliche Gesetze. Hundekämpfe sind in den meisten Ländern verboten, werden aber insgeheim weiterhin betrieben.

Hasenhatz und Hunderennen

Das Hasenhetzen entwickelte sich schon vor mindestens 1800 Jahren zu einem Sport. Der römische Schriftsteller Flavius Arrianus (95–175) beschreibt diesen Sport in einem Sinne, der sehr modern anmutet: »Das Ziel des wahren Sportsmannes ist nicht das Ergreifen des Hasen, sondern besteht darin, ihn zu einem Wettrennen oder Duell zu bewegen, und man freut sich, wenn es ihm gelingt zu entkommen.« Arrianus empfiehlt dafür den »gallischen Hund«, einen Vorläufer der heutigen Windhunde. Die Hasenhatz hat sich in Europa bis heute gehalten, und man verwendet dazu Greyhound, Whippet und Lurcher. Der erste einschlägige Verband wurde 1858 in Großbritannien gegründet, doch seine Regeln sind fast identisch mit jenen, die 300 Jahre früher unter Elisabeth I. festgelegt wurden. Whippet-Rennen wurden ebenfalls im 19. Jahrhundert populär; als Köder

Otterjagd (unten)
Früher einmal gehörte es zu den Pflichten eines Königs, dafür zu sorgen, daß die Otter keine Fische fraßen. Doch im 19. Jahrhundert entwickelte sich die Otterjagd zu einem Sport, der heute verboten ist.

Hütewettbewerb
In diesem Jahrhundert entwickelten sich die Hütehundprüfungen, die ursprüglich der Abrichtung neuer Hunde dienten, zu einem Sportereignis. Die Hunde müssen die Schafe finden und zusammentreiben, wobei lautlose Arbeit mit Punkten belohnt und allzu energisches Eingreifen mit Punktabzügen bestraft werden.

diente ein Taschentuch, das der Besitzer schwenkte.

Greyhounds schickte man erstmals 1876 auf die Rennstrecke, wo sie Jagd auf einen künstlichen Hasen machten, doch die Bahn war gerade und das Tempo der Hunde so ausgeglichen, daß sich Wetten nicht lohnten. Der Sport starb aus, aber kurz nach dem Ersten Weltkrieg wurde O. P. Smith, ein Farmer aus Oklahoma, bestraft, weil er in einem Gehege seine Hunde auf Hasen gehetzt hatte – das war in den USA verboten. Smith entdeckte dann ein altes Patent für einen mechanischen Hasen und baute in Oklahoma City einen Rundkurs. Greyhound-Rennen breiteten sich in den USA rasch aus, und 1924 führte der Amerikaner Charles Munn diesen Rennsport in Großbritannien wieder ein.

In Indien, Spanien und Ungarn hatte man schon seit langem Schauwettrennen mit schlanken Laufhunden betrieben, doch diese Lokalrassen hielten keinen Vergleich mit den amerikanischen und britischen Greyhounds stand. Hunde ganz anderer Art werden für Schlittenrennen verwendet. In den ersten Wettbewerben vor mehr als 100 Jahren setzte man Eskimohunde und Alaskan Malamutes ein, aber schon bald gewannen importierte Sibirian Huskys die meisten Rennen. Heute werden Schlittenrennen auch noch nach der Schneeschmelze veranstaltet; die Hundeteams ziehen dabei Schlitten, die auf Rollen montiert sind.

Windhundrennen
Rennhunde laufen schon seit Jahrhunderten auf geraden Strecken um die Wette. Nach der Erfindung der Hasenattrappe zu Beginn unseres Jahrhunderts wurden Windhundrennen in vielen Ländern zu einem Volkssport.

Geschicklichkeitsprüfungen

Hütewettbewerbe, Gebrauchsprüfungen und Leistungskonkurrenzen kamen zu Beginn unseres Jahrhunderts auf. Wettbewerbe mit Frisbeescheiben und Bällen gibt es seit etwa 2 Jahrzehnten. In Großbritannien, Irland, Neuseeland, Australien, Kanada und USA werden Wettkämpfe ausschließlich für Schäferhunde organisiert, bei denen es darum geht, daß die Hunde Schafe aufspüren und auf einer bestimmten Route in einen Pferch treiben. Punkte werden für Konzentration, Lautlosigkeit, Geschwindigkeit und Effizienz vergeben. Jagdhundgebrauchsprüfungen dienten ursprünglich dazu, die Leistungsfähigkeit von Jagdhunden zu testen, sind aber in diesem Jahrhundert zu Sportereignissen besonderer Art geworden. Geprüft werden die jagdlichen Fähigkeiten – Vorstehen, Verweisen, Apportieren usw. – bestimmter Rassen; Apportierhunde, Pointer und Spaniels müssen sich getrennten Prüfungen unterziehen. Wegen der Beliebtheit dieses Sports werden Hunde inzwischen speziell für solche Veranstaltungen gezüchtet. Diese Hunde können sich durchaus von jenen unterscheiden, die entweder für die Jagd oder als Begleithunde gezüchtet worden sind. Die neuesten Hundesportarten umfassen Geschicklichkeits- und Gehorsamstests für alle Hunde, für Rassetiere wie Mischlinge. Papillons, die nicht gerade auf Gehorsam gezüchtet werden, erweisen sich beispielsweise als besonders erfolgreich bei Gehorsamsprüfungen, während sich Mischlinge genauso geschickt anstellen wie Rassehunde.

Schlittenrennen
Die Inuit (Eskimos) in Alaska, Kanada und Sibirien benutzen seit langem Schlittenhunde als Zugtiere. Schlittenhundwettbewerbe kamen im späten 19. Jahrhundert auf und sind heute in Nordamerika und Europa überall beliebt.

Flugballwettbewerbe
An den neuartigen Hundesportdisziplinen können sich alle Hunde beteiligen. Beim Flugballwettbewerb setzt der Hund durch Betätigung eines Hebels ein »Flugobjekt« frei, das er dann auffangen und zur Startlinie zurückbringen muß.

Hunde im Dienste des Menschen

Seitdem Hunde im Umkreis des Menschen leben, haben sie seinen Bedürfnissen gedient. Zunächst wurden sie als Wachhunde benutzt, doch schon bald begleiteten sie die Jäger bei der Verfolgung des Wildes. Die Schafhirten verwendeten Hunde zum Beschützen und später zum Hüten der Herden. Auf der Nordhalbkugel setzte man Hunde als Zugtiere für Karren und Schlitten ein. Jahrhundertelang mußten Hunde auch vielerlei militärische Aufgaben erfüllen. Heute sind ihnen neue Aufgaben zugewachsen. Hunde werden dazu abgerichtet, für Blinde zu sehen, für Taube zu hören, Behinderten zu helfen, Drogen aufzuspüren und Verschüttete zu retten.

Rettungshund
Bernhardiner haben angeblich schon viele Lawinenopfer gerettet.

Trüffelsuche (unten)
Hunde spüren Trüffel auf, weil es ihnen Spaß macht. Sie haben kein Interesse daran, die Feinschmeckerdelikatessen zu verspeisen.

Bewachen und Beschützen

Hunde haben menschliche Siedlungen bewacht, seitdem die Menschen erkannten, daß sich das Bellvermögen des Wolfs durch gezielte Zucht steigern ließ. Als die ersten Hochkulturen im Nahen Osten, in Assyrien, Babylonien und Ägypten entstanden, wurden Hunde nicht nur als Beschützer, sondern auch als Kriegshunde verwendet. Während des ganzen Mittelalters waren Hunde weiterhin im Kriegseinsatz. Selbst in unserem Jahrhundert werden sie noch für verschiedene militärische Zwecke verwendet – als Melde-, Wach- und Minenhunde. Der Polizeihund ist aus dem Kriegshund hervorgegangen und erfüllt heute vielerlei Aufgaben. Deutsche und belgische Schäferhunde, Briards, Labrador-Retriever und andere Rassen werden dazu abgerichtet, Fährten zu verfolgen und auf Kommando anzugreifen oder zu apportieren. Vor Jahrtausenden haben Hirtenvölker in einer Region zwischen China und Persien festgestellt, daß man bestimmten Hunden das Hetzen von Schafen beibringen konnte, ohne daß sie diese angriffen oder töteten. Das waren die Vorläufer der heutigen Hütehunde.

Ziehhunde

Früher wurden in vielen Gegenden Europas sowie in arktischen und antarktischen Breiten Hunde als Zugtiere verwendet. Doggen schleppten Lasten auf dem europäischen Festland, Huskys taten das gleiche in Nordamerika, Spitze in Skandinavien und Laiki in Rußland. In Europa werden Hunde nur noch selten vor Karren gespannt. In manchen Gegenden Zentralasiens müssen Hunde jedoch noch immer Kurbeln oder Wasserräder drehen. Der ausgestorbene Turnspit Tyke erfüllte diese Aufgabe in England bis zur Mitte des 19. Jahrhunderts.

Dienst mit der Nase

Hunde sind seit Jahrtausenden Jagdgehilfen des Menschen, doch sie dienen ihm mit ihrer Nase auch noch auf andere Weise. Schweine durchwühlen den Boden auf der Suche nach Trüffeln, weil sie sie verspeisen wollen. Trüffelhunde tun das gleiche und werden nur mit einem Klaps auf den Kopf belohnt. Während Militärhunde zum Aufspüren von Geschützstellungen abgerichtet werden, erschnuppern Zoll- und Drogenhunde verbotene Chemikalien. Springer- und Cocker-Spaniel, Labrador-Retriever und Schäferhunde erweisen sich als besonders tüchtig bei der Suche nach speziellen Substanzen, etwa Kokain oder Marihuana. Die »Beagle-Brigade« des amerikanischen Landwirtschaftsministeriums fahndet auf Flughäfen nach illegal eingeführtem Obst oder Fleisch. In Skandinavien spüren Labrador-Retriever Schimmel in Holzlagern auf, und in England können Hunde aufsteigende Feuchtigkeit in Wohnhäusern entdecken. Auf der ganzen Welt, besonders in Europa und Nordamerika, werden Hunde bei Rettungsarbeiten

Ziehhunde
In ganz Europa, vor allem in Belgien, haben große Hunde früher Milchkarren vom Bauernhof zum Markt gezogen. Heute tun sie das nur noch selten, ausschließlich als Touristenattraktion.

eingesetzt. In Frankreich helfen Neufundländer bei der Rettung von Schiffbrüchigen, doch im Gebirge arbeitet man lieber mit leichteren Hunden. Deutsche Schäferhunde, Border-Collies, Springer-Spaniels und andere Rassen verfolgen Duftspuren von Lawinen- und Erdbebenopfern auf dem Boden und in der Luft, desgleichen bei der Suche nach abgestürzten Bergsteigern.

Weltraumhund
Seit Jahrhunderten stehen Hunde im Dienst der Wissenschaft, was gewöhnlich ihren Tod zur Folge hatte. Bevor die Russen einen Menschen in den Weltraum schickten, versuchten sie es mit einem Hund vom Laikatyp.

Hunde als Helfer

Am Ende des Ersten Weltkriegs ließ die deutsche Regierung die ersten Führhunde für Kriegsblinde ausbilden. Von dieser humanitären Maßnahme erfuhr die in der Schweiz lebende Amerikanerin Mrs. Harrison Eustis, die »L'Oeil Qui Voit« gründete, den ersten Weltverband für Blindenführhunde. Um 1930 wurde ein ähnliches Ausbildungsprogramm in Großbritannien eingeführt, wenig später auch in den USA. Heute werden Hunde in aller Welt als sehende Helfer von Blinden abgerichtet. Neuerdings lernen Hunde auch, für Gehörlose zu hören. Die Ausbildung begann in den siebziger Jahren in den USA und wurde in den Achtzigern in Großbritannien weiterentwickelt. Organisationen, die »Hörhunde« ausbilden, gibt es inzwischen in Nordamerika und Europa, ebenso in Südafrika, Japan, Australien und Neuseeland. Anderswo lernen Hunde, Behinderten beizustehen, die an den Rollstuhl gefesselt sind; sie öffnen Türen für sie oder heben Gegenstände auf, die sie fallen gelassen haben.

Alle diese Hunde haben eine doppelte Funktion: Ihre offensichtlichste Aufgabe ist es, ihren Besitzern körperlich zu helfen und ihnen verlorengegangene Sinnesorgane oder Fertigkeiten zu ersetzen. In den siebziger Jahren erkannten Sozialarbeiter, daß diese Hunde noch eine andere, ebenso wichtige Aufgabe erfüllen: Sie geben den behinderten Besitzern ihr Selbstwertgefühl zurück. Die Besitzer sind verantwortlich für die weitere Ausbildung ihrer vierbeinigen Helfer und haben somit das Gefühl, gebraucht zu werden. Ein besseres Verständnis dieser sublimen Dienstleistungen des Hundes hat dazu geführt, daß Hunde in Altersheimen, Krankenhäusern, Hospizen und sogar Gefängnissen als Mitbewohner zugelassen werden. Außerdem dürfen sorgfältig ausgewählte Hunde regelmäßig die Insassen solcher Anstalten besuchen. Der stumme, aber einfühlsame Hund kann auf diese Weise oft therapeutische Wunder wirken.

Kriegshelden
In Anerkennung der Rolle, die der Hund als Meldegänger und bei der Suche nach Verwundeten gespielt hatte, vergaben die Briten nach dem Ersten Weltkrieg einen Kriegsorden für Hunde.

Der »Hörhund« trägt ein Spezialgeschirr

Spürhunde (links)
Hunde verfolgen Duftfährten von Natur aus. Das Militär macht sich in aller Welt dieses Talent zunutze, um Geschützstellungen oder feindliche Eindringlinge ausfindig zu machen.

Hunde im Sozialdienst
Hunde werden für neue Dienstleistungen gebraucht. Wachsame Mischlinge ersetzen Tauben das Gehör, während sanftmütige, sensible Tiere wie der Labrador- oder Golden Retriever oder auch Retrievermischlinge ideale Blindenführhunde abgeben.

Hunde als Gefährten

Seit mindestens 12 Jahrtausenden ist der Hund ein Gefährte des Menschen. Doch vor dem 20. Jahrhundert war dies nur eine Nebenrolle des Hundes – seine Hauptrolle war die eines Arbeitstiers. Heute wird er allerdings vor allem als Gesellschafts- und Familienhund geschätzt. Viele Menschen sind zwar durch die Vermassung in Europa, Nordamerika, Australien und Japan sowie in den Großstädten Asiens und Südamerikas der Natur entfremdet worden, aber der Hund hat sie auch in die Städte begleitet. Seine Zukunft als Hausgenosse ist sowohl in der Stadt als auch auf dem Lande gesichert.

Auf seinem Bett fühlt sich der Hund einfach wohl

Freude am Beobachten (oben)
Das Verhalten des Hundes ist echt – seine Gefühle sind ehrlich und unkompliziert. Es macht Spaß, Hunde zu beobachten, denn wir wissen, daß ihre Regungen und Aktivitäten einfach, unverfälscht und frei von menschlichen Hintergedanken sind.

Gegenseitiger Vorteil

Nur ein glücklicher Zufall hat dafür gesorgt, daß nach der letzten Eiszeit die beiden erfolgreichsten Beutejäger der nördlichen Hemisphäre begriffen, daß sie im Miteinander nicht nur besser überleben, sondern sich sogar besser behaupten konnten. Hunde schließen sich uns Menschen bereitwillig an, weil sie die Autorität eines Rudelführers brauchen, weil sie die ständige Verfügbarkeit von Futter, Wärme und Geborgenheit zu schätzen wissen und weil es ihrer Natur entspricht, ein umgrenztes Territorium zu verteidigen. Außerdem haben wir ihnen einfache Spiele (die ihnen lebenslang Spaß machen) und physischen Kontakt zu bieten. Wir fitieren andererseits reichlich von unseren vierbeinigen Gefährten. Hunde geben uns das Gefühl, geliebt, beschützt und wichtig zu sein, und sie bringen uns zum Lachen. Wir streicheln sie gern, weil wir die Berührung als angenehm empfinden. Wir reden gern mit ihnen, obgleich die meisten von uns einsehen, daß Hunde nur wenig von dem verstehen, was wir sagen. Wir reden auch gern über sie – über etwas zu reden, was wir lieben, tut uns wahrscheinlich gut. Wir freuen uns, wenn wir unseren Hunden beim Herumtollen zuschauen, und es gefällt uns, wenn ein Hund auf uns zukommt und uns freundlich begrüßt. Wir spüren eine große Befriedigung, wenn wir unsere Hunde füttern, bürsten, ausführen und in jeder Hinsicht umsorgen.

Betreuerinstinkt (unten)
Die meisten Menschen haben ein unwiderstehliches Bedürfnis, ein Lebewesen wie etwa einen Hund zu betreuen und zu umsorgen.

Der Hund wird von seinem »Rudelchef« gebadet

Hundespielzeug gibt es in vielen Formen und Größen; benutzen Sie nie eines, das das Gebiß schädigen könnte

Fangspiele sind lustig und hervorragende Übungen für schlanke, muskelstarke Hunde

Gemeinsames Training
Hunde brauchen täglich körperliche Betätigung – Menschen ebenfalls. Internationale Untersuchungen haben gezeigt, daß Hundehalter weniger an kleineren Gesundheitsbeschwerden leiden und weniger anfällig für Herzkrankheiten sind als Menschen, die keinen Hund haben. Wahrscheinlich spielt das Gassigehen mit dem Hund dabei eine große Rolle.

Emotionale Bindung

Neuerdings wird die Rolle, die der Hund als Gefährte spielt, auch wissenschaftlich untersucht. Hunde sind die bevorzugten Heimtiere überhaupt, unabhängig von der jeweiligen Kultur und den wirtschaftlichen Verhältnissen. In Simbabwe und Südafrika wird in über 40 Prozent der Haushalte ein Hund gehalten. Die Berichte von Anthropologen aus allen Kontinenten bezeugen, daß die Heimtierhaltung ein internationales menschliches Phänomen ist. Wissenschaftler haben zum Beispiel festgestellt, daß die athapaskischen Ureinwohner in Nordwestkanada »gehemmt, verklemmt und unterdrückt« sind, außer im Umgang mit Kindern und Hundewelpen. Die jungen Hunde werden verhätschelt, umsorgt, mit Leckerbissen verwöhnt und nur sehr selten ausgeschimpft oder bestraft, bis sie erwachsen werden; dann hört die Zuwendung praktisch auf. Die Forscher meinen, daß der ständige Kontakt mit immer neuen Welpen ein Ventil für latente natürliche Gefühle darstellt, die kulturell unterdrückt werden.
Die große gefühlsmäßige Befriedigung, die wir den Hunden verdanken, zeigt sich in vielen Wohlstandsgesellschaften auf unterschiedliche Weise. In Europa zeigen die Menschen der nördlicheren Kulturen Skandinaviens, Großbritanniens, Nordfrankreichs und

Praktische Tierkunde
Noch vor wenigen Generationen kamen die meisten Kinder automatisch mit vielerlei Tieren in Kontakt. Heute haben nur wenige Stadtkinder Gelegenheit, irgendwelche Tierarten unmittelbar kennenzulernen, abgesehen von Heimtieren.

Kinder sollten lernen, wie sie einen fremden Hund ansprechen, anfassen oder streicheln sollen

Die Hundemutter liegt auf der Seite und läßt den Welpen reichlich Platz zum Saugen und zum Körperkontakt

Angewandte Biologie
Erwachsene und Kinder können gleichermaßen etwas über die Geheimnisse der Natur erfahren, wenn sie einer Hündin bei der Geburt und bei der Aufzucht der Neugeborenen zuschauen.

Das weiche Fell anzufassen macht Spaß

Weiches Fell
Die Berührung des weichen und warmen Fells ist ein sinnliches Vergnügen. Die Hunde genießen diesen Kontakt ebenfalls.

Deutschlands ihre Gefühle nicht so offen wie in den südlicheren Kulturen Spaniens, Südfrankreichs, Italiens und Griechenlands. Dennoch nimmt man die Hundeliebhaberei in Nordeuropa ernster als in Südeuropa. Der amerikanische Psychiater Dr. Aaron Katcher ist der Meinung, daß das Streicheln von Hunden und das zärtliche Sprechen mit ihnen für die Menschen – insbesondere die Männer – akzeptable Möglichkeiten sind, öffentlich Zärtlichkeiten auszutauschen, wenn Gefühlsäußerungen gegenüber anderen Menschen als anstößig gelten.

Kulturelle Unterschiede

Neuere Hundepopulationsstatistiken belegen, daß die Hundehaltung im östlichen Mitteleuropa und in Osteuropa im Schnitt erheblich verbreiteter ist als in vielen wohlhabenden westeuropäischen Ländern. In über einem Drittel aller Haushalte in den USA, in Australien, Belgien und Frankreich leben Hunde. Anderswo – in Kanada, Neuseeland, Japan und im übrigen Westeuropa – beträgt der Anteil nur 10–25 Prozent. In Ungarn, der Tschechischen und der Slowakischen Republik, den baltischen Staaten und vor allem in Polen ist die Hundehaltung eine weitverbreitete Liebhaberei; nahezu 50 Prozent aller polnischen Familien besitzen einen Hund. Die meisten Mittel- und Osteuropäer leben heute in Städten, aber viele haben die Bindung an das Landleben nicht aufgegeben und halten einen Hund, weil Hunde schon immer ein Teil des Lebens waren.

Dieser schwere Hund muß vorsichtig hochgehoben werden

Verantwortungsvoller Umgang
Zum Umgang mit einem Hund gehört die Verantwortung für seine Gesundheit und sein Wohlergehen.

Hunde als Therapeuten

Hunde beurteilen uns nicht; sie sind treu, stellen keine Fragen und üben keine Kritik. Sie trösten und schützen uns – eine ungewöhnliche Kombination.

Die Kulturanthropologin Constance Perin bietet eine faszinierende Begründung an, weshalb wir den Hunden so starke Emotionen entgegenbringen. Sie sind von uns abhängig – wir sind die Betreuer und ziehen Befriedigung aus dieser »Elternschaft«. Unsere Beziehung zu ihnen ist freilich sehr viel komplizierter. Wenn wir einen Hund streicheln, kann das zur Folge haben, daß unser Blutdruck sinkt, unser Puls sich verlangsamt und unsere Angst schwindet. Hunde sind zudem bedingungslos treu – sie wollen uns verteidigen und beschützen. Die meisten Menschen fühlen sich in der Nähe eines Hundes sicher. Nach Perin kann der Hund als Betreuer und der Mensch als der Betreute aufgefaßt werden. Dadurch entsteht ein tiefes Gefühl der Bindung an den Hund, und dies erklärt das zuweilen rätselhafte Verhalten mancher Hundehalter. Es läßt sich zwar nicht beweisen, daß ein Hundebesitzer länger lebt, aber vieles spricht dafür, daß sich seine Lebensqualität erhöht. Aus amerikanischen Forschungen der siebziger Jahre geht hervor, daß Infarktpatienten, die auf einer Intensivstation behandelt wurden, noch nach einem Jahr am Leben sind, wenn sie in einen Haushalt mit Heimtieren zurückkehren – nicht aber in einem heimtierlosen Haushalt. Australische Untersuchungen der neunziger Jahre haben ergeben, daß für Hundehalter das Risiko einer Herzkrankheit geringer ist als für Personen, die keinen Hund haben. Englische Forscher haben nachgewiesen, daß Hundebesitzer weniger anfällig sind für Bagatellkrankheiten wie Erkältungen, Heiserkeit, Kopf-, Magen- und Rückenschmerzen.

Bislang deutet nichts darauf hin, daß Hunde unmittelbar verantwortlich sind für gesundheitliches Wohlergehen. Wissenschaftlich erwiesen ist jedoch, daß man ein erfüllteres Leben führt, wenn man ein Tier besitzt, das man betreuen, mit dem man spielen und das man lieben und beobachten kann. Hunde sind herrliche Gefährten, und die Wohltaten, die wir von ihnen empfangen, können gar nicht hoch genug eingeschätzt werden.

Spiele mit dem Hund
Menschen bewahren sich ein Leben lang die Freude am Spielen. Und sie haben Hunde gezüchtet, die die gleiche Eigenschaft beibehalten haben.

Bei diesem »Tauziehen« muß der Mensch das Spiel kontrollieren

Drittes Kapitel

DER KÖRPERBAU DES HUNDES

Der Hund besitzt einen kräftig bemuskelten Körper, ein leistungsfähiges Herz und eine ebensolche Lunge, ein Gebiß, das sich hervorragend zum Ergreifen, Festhalten und Zerreißen der Beute eignet, und einen hochentwickelten Geruchssinn, der unser Vorstellungsvermögen weit übersteigt. Sein Nahrungserwerb ähnelt zwar noch immer dem eines opportunistischen Jägers und Aasfressers, aber sein Fortpflanzungszyklus ist durch die Domestikation »verbessert« worden. Das Nervensystem, das alle Körperfunktionen koordiniert und das Gefühlsleben reguliert, ist ungemein anpassungsfähig und wird durch eine wirksame Gruppe von Hormonen zusätzlich gestützt.

DAS SKELETT

Das Skelett des Hundes bildet ein ausgezeichnetes Gerüst. Ein robuster Schädel mit tiefen, schützenden Höhlen für Augen und Ohren umhüllt das Gehirn. An zarten Knochen innerhalb der Schnauze ist die gefaltete Riechschleimhaut befestigt. Die Hals- und Rückenwirbel haben Fortsätze, an denen kräftige Muskeln ansetzen. Die Schulterblätter sind mit dem übrigen Skelett nicht verbunden, eine Voraussetzung für die große Flexibilität bei der Fortbewegung. Lange Rippen bilden einen Korb, der Herz, Lunge und Leber schützt. Schulter- und Hüftgelenke ermöglichen ebenso elegante wie präzise Gliedmaßenbewegungen. Das System wird zusammengehalten durch starke, elastische Bänder und Sehnen sowie einen auf Ausdauer angelegten Muskelapparat.

SKELETTSTRUKTUR

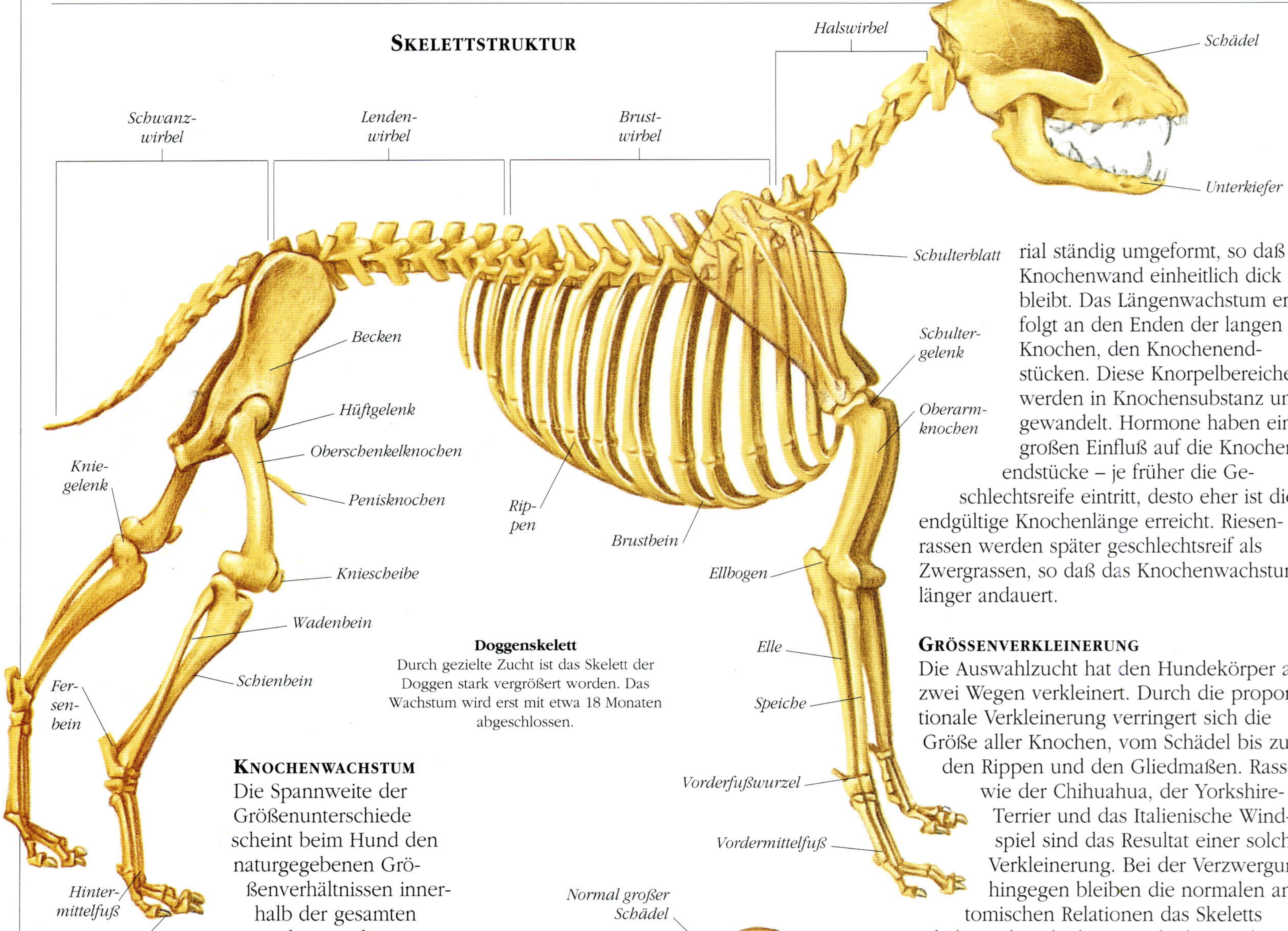

Doggenskelett
Durch gezielte Zucht ist das Skelett der Doggen stark vergrößert worden. Das Wachstum wird erst mit etwa 18 Monaten abgeschlossen.

KNOCHENWACHSTUM

Die Spannweite der Größenunterschiede scheint beim Hund den naturgegebenen Größenverhältnissen innerhalb der gesamten Familie Canidae zu entsprechen. Die ersten Hunde waren so groß wie der Dingo und beendeten ihr Skelettwachstum mit etwa 10 Monaten. Vor 5500 Jahren waren durch Selektionszucht Doggentypen entstanden, deren Skelett erst mit 18 Monaten ausgewachsen war. Ein langer Gliedmaßenknochen ist beim Welpen als ein hohles, röhrenförmiges Knorpelgebilde angelegt. Beim Heranwachsen wird der Knorpel durch Knochen ersetzt. Die Oberfläche dieses Röhrenknochens produziert neue Knochenzellen, und dadurch nimmt die Knochenstärke zu. An der Innenseite wird altes Knochenmaterial ständig umgeformt, so daß die Knochenwand einheitlich dick bleibt. Das Längenwachstum erfolgt an den Enden der langen Knochen, den Knochenendstücken. Diese Knorpelbereiche werden in Knochensubstanz umgewandelt. Hormone haben einen großen Einfluß auf die Knochenendstücke – je früher die Geschlechtsreife eintritt, desto eher ist die endgültige Knochenlänge erreicht. Riesenrassen werden später geschlechtsreif als Zwergrassen, so daß das Knochenwachstum länger andauert.

GRÖSSENVERKLEINERUNG

Die Auswahlzucht hat den Hundekörper auf zwei Wegen verkleinert. Durch die proportionale Verkleinerung verringert sich die Größe aller Knochen, vom Schädel bis zu den Rippen und den Gliedmaßen. Rassen wie der Chihuahua, der Yorkshire-Terrier und das Italienische Windspiel sind das Resultat einer solchen Verkleinerung. Bei der Verzwergung hingegen bleiben die normalen anatomischen Relationen das Skeletts erhalten, aber die langen Gliedmaßenknochen werden verkürzt und die Gelenke vergrößert. Der Basset Hound und die Dachsbracken sind typische Zwergrassen. Beide

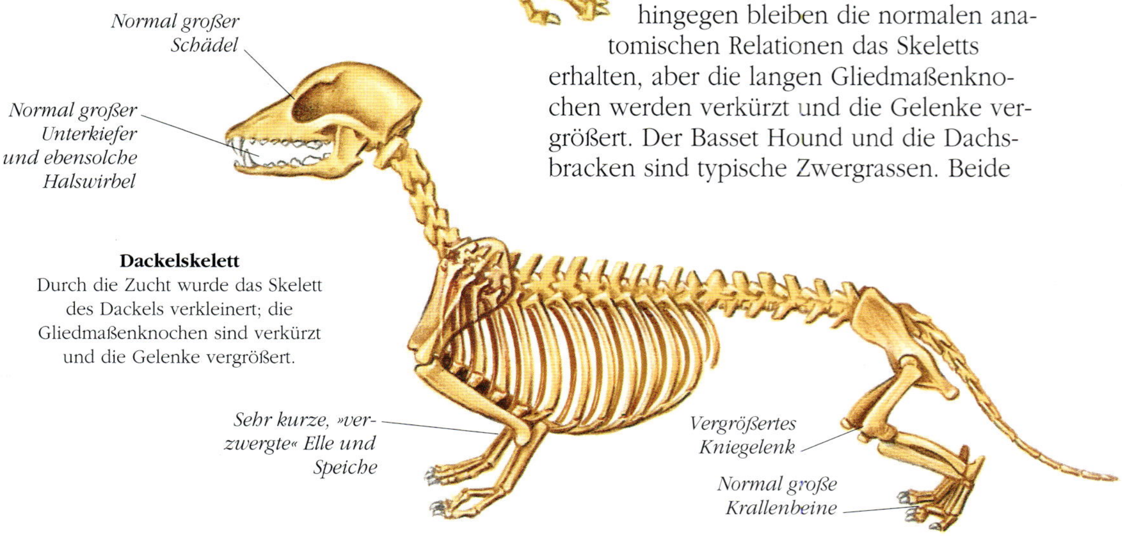

Dackelskelett
Durch die Zucht wurde das Skelett des Dackels verkleinert; die Gliedmaßenknochen sind verkürzt und die Gelenke vergrößert.

Schädelformen

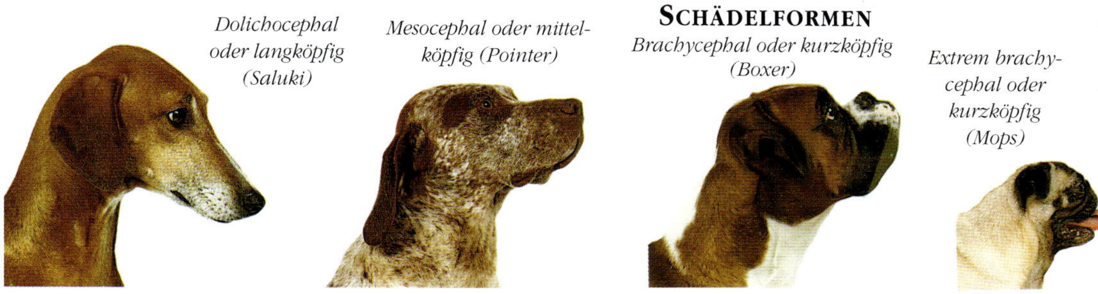

Wir unterscheiden grundsätzlich drei Schädelformen. Der Wolfsschädel wurde zum Langkopf des Salukis verlängert und beim mittellangen Kopf des Pointers verkürzt. Beim kurzköpfigen Boxer wurde er weiter verkürzt. Bei extremer Kurzköpfigkeit verschwindet der Schnauzenteil fast völlig, wie etwa beim Mops.

Formen der Größenreduzierung können gleichzeitig vorkommen und dann Rassen wie den Zwergdackel hervorbringen. Sowohl Verzwergung als auch proportionale Verkleinerung sind natürliche Vorgänge, die durch Auslesezucht verstärkt wurden.

Knochenbau

Das Knochengerüst besteht aus Knochenstäben und mit Schmiere versehenen Gelenken, die durch fasrige Bänder, elastische Sehnen und kräftige Muskeln zusammengehalten werden. Der Knochen selbst ist ein Netzwerk aus harten, kalkhaltigen Bälkchen, dessen Hohlräume mit Knochenmark ausgefüllt sind. Knochen brauchen Nahrung, und die wird ihnen durch Blutgefäße zugeführt. Das Knochenendstück wird durch zahlreiche winzige Arterien versorgt. Wenn ein Knochen bricht, erzeugt die Knochenhaut (Periost) neue Knochenzellen, um die Lücke zu überbrücken.

Gelenke

Knochen werden durch knorpelige Gelenke, die als Stoßdämpfer dienen, miteinander verbunden. Jedes Gelenk ist von einer Gelenkkapsel umhüllt, die mit Gelenkschmiere (Synovia) angefüllt ist. Die Knorpelenden der Knochen haben eine perlmuttartige, glatte Oberfläche, die eine leichte Beweglichkeit erlaubt und die Stöße auffängt, wenn der Hund beim Lauf auftritt. Die Gelenkflächen der Knochen beziehen ihre Nahrung aus der Blutversorgung der Endstücke und aus der Gelenkschmiere. Ein Gelenk kann sich entzünden (Arthritis), oder es kann durch Verletzung, Krankheit oder sogar allergische Reaktionen zu einer Überproduktion von Gelenkschmiere kommen (Synovitis).

Bänder und Sehnen

Bänder verknüpfen Knochen miteinander und gestatten Bewegungen in bestimmten Richtungen, doch zugleich verhindern sie Überdehnungen, die zu Verletzungen führen könnten. Eine übermäßige Belastung bewirkt Spannungen in manchen Bändern und kann dazu führen, daß sie reißen. Sehnen sind die elastischen Verbindungsstücke zwischen Muskeln und Knochen. Die Sehnen des Hundes sind hervorragend konstruiert und Sehnenverletzungen deshalb selten.

Skelett- und Gelenkprobleme

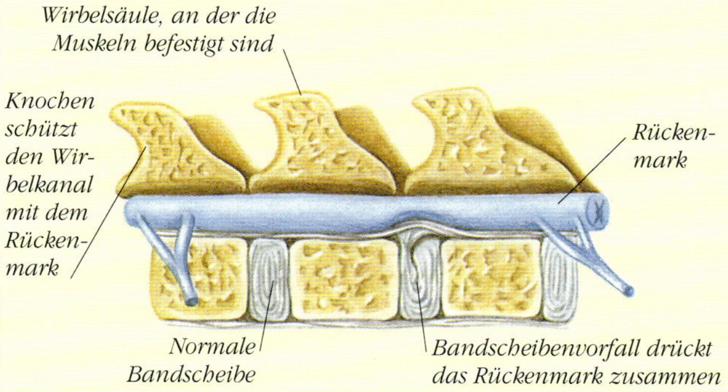

Bandscheibenvorfall

Das Rückgrat ist eine Röhre aus Wirbelknochen, die durch Bänder zusammengehalten und durch stoßdämpfende Faserpolster, die Zwischenwirbel- oder Bandscheiben, gegeneinander abgepuffert werden. Durch dieses hervorragend geschützte Rohr verläuft das Rückenmark. Im Alter werden die Scheiben, vor allem bei Zwergrassen, unelastisch und spröde und können nach oben auf das Rückenmark drücken, also einen Bandscheibenvorfall verursachen.

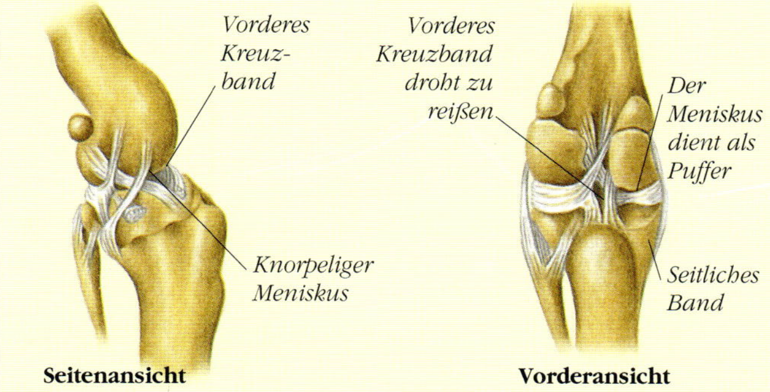

Gerissene Kniebänder

Die anatomische Schwachstelle der Hinterläufe sind die Knie, wo zwei Kreuzbänder das Gelenk zusammenhalten. Seitliche Bänder sichern die Kniescheibe. Wird auf die Kreuzbänder ständig ein übermäßiger Druck ausgeübt, kann das vordere Band mit der Zeit gezerrt oder abgerissen werden. Das hat wenig oder keine Schmerzen zur Folge, aber das Bein kann nicht mehr belastet werden, und der Hund hinkt. Übergewichtige Hunde mittleren Alters leiden am häufigsten darunter.

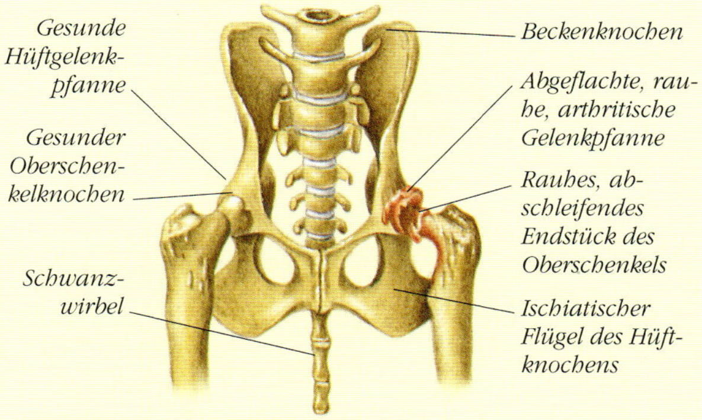

Hüftgelenksdysplasie (HD)

Dies ist eine Verformung des Hüftkugelgelenks. Sie kommt häufig bei großen und sehr großen Rassen vor, kann aber auch kleine Rassen heimsuchen. Der rauhe Oberschenkelkopf sitzt nicht richtig in der Gelenkpfanne des Beckens. Schließlich nutzt sich der Knorpel des Oberschenkelkopfs an den unebenen Rändern des Hüftgelenks ab, und es entsteht eine schmerzhafte Entzündung (Arthritis). Bei einigen Rassen ist die Anfälligkeit für dieses Leiden erblich bedingt.

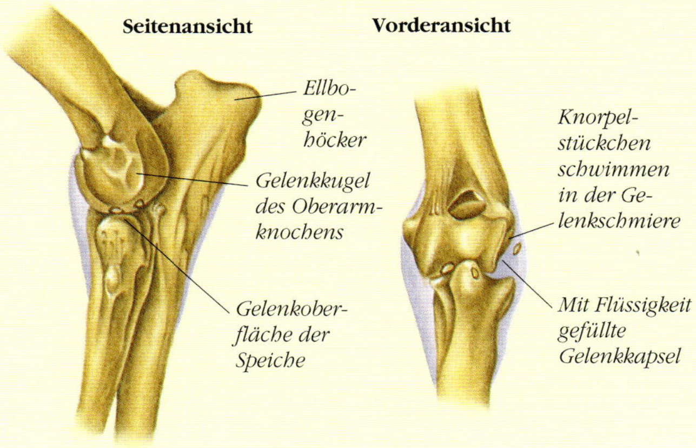

Ellbogenbeschwerden

Bei schnellwüchsigen Rassen wie dem Berner Sennenhund kann ein Stück der Knorpelschicht des Ellbogengelenks teilweise »absterben« und sich ablösen; es schwimmt dann in der Gelenkkapsel. Die Folgen sind Lahmheit und Schmerzen, manchmal auch Schwellungen und Fieberhitze. Es handelt sich bei manchen Rassen offenbar um ein Erbleiden. Das lose Knorpelstück muß unter Umständen durch einen chirurgischen Eingriff entfernt werden.

Gehirn und Sinnesorgane

Das Gehirn sammelt und interpretiert alle Informationen, die es über die Sinne empfängt, und reagiert entsprechend. Obwohl das Gehirn des Durchschnittshundes weniger als ein Prozent seines Körpergewichts ausmacht, braucht es sehr viel Nahrung, und deshalb erhält es über 20 Prozent des Blutes, das vom Herzen in den Körper gepumpt wird. Die Gehirntätigkeit ist teilweise durch die in den Genen verankerten Informationen vorprogrammiert. So ist das Hundegehirn prädestiniert, die Auswertung von Düften zu erlernen. Ein großer Teil des Gehirns ist dafür zuständig. Es kann aber auch Informationen der anderen Sinne deuten – des Tast-, Geschmacks-, Gehör- und Gesichtssinns.

Koordination der Sinne

Hören

Die sehr beweglichen Ohren fangen Laute auf und leiten sie wie ein Trichter zum Trommelfell. Ein Hund spitzt oft ein Ohr, um den ersten Ton auszumachen, und benutzt dann beide Ohren, um möglichst viele Schallwellen einzufangen. Experimentell wurde nachgewiesen, daß der Hund eine Schallquelle in einer sechshundertstel Sekunde orten kann.

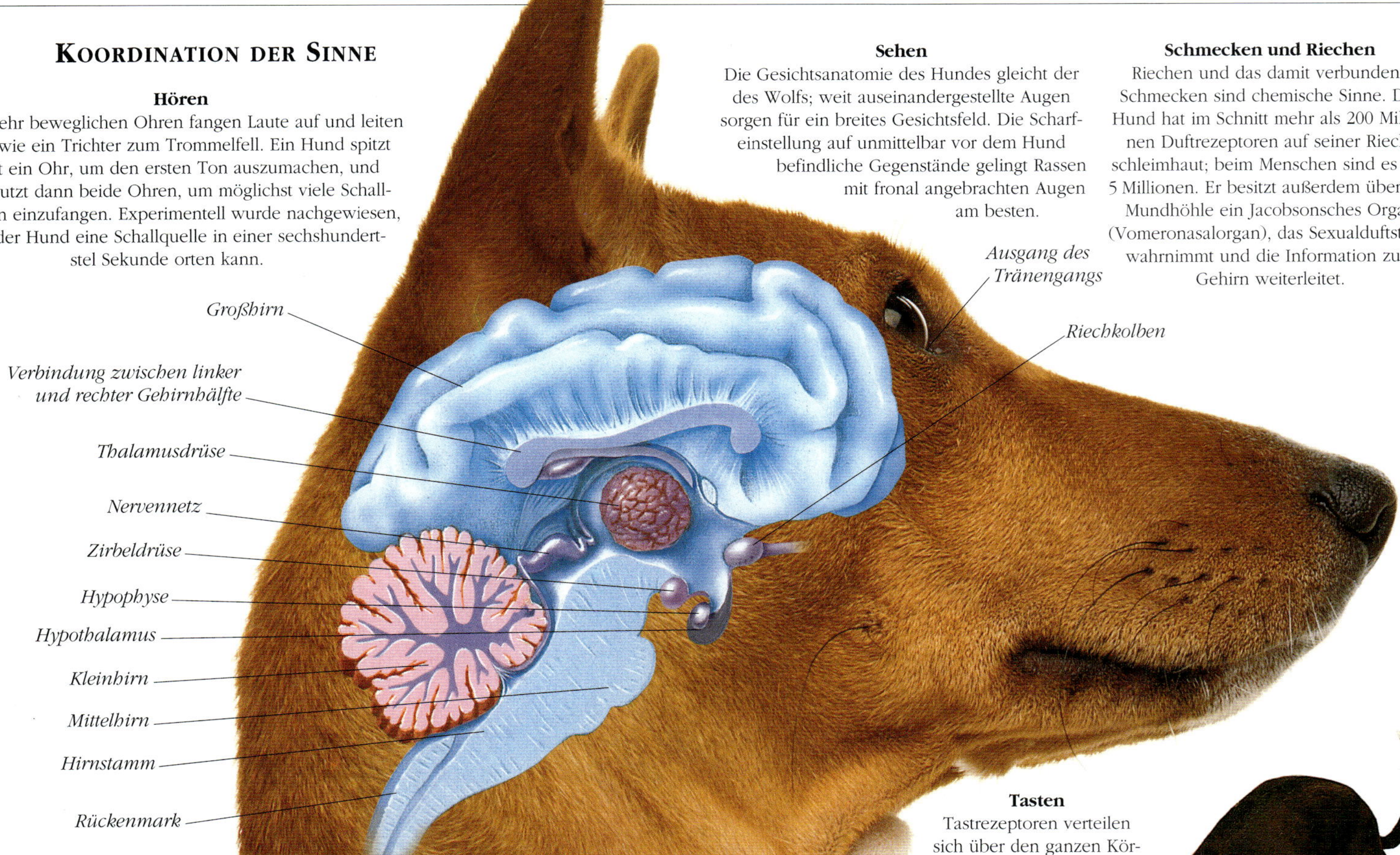

Das Gehirn

Alle Sinneswahrnehmungen werden in den Sinnesnerven in chemische Botschaften umgewandelt und zur Auswertung an das Gehirn weitergeleitet. Einige dieser Botschaften beeinflussen die Zirbeldrüse (Epiphyse), die sämtliche Körperrhythmen synchronisiert.

Sehen

Die Gesichtsanatomie des Hundes gleicht der des Wolfs; weit auseinandergestellte Augen sorgen für ein breites Gesichtsfeld. Die Scharfeinstellung auf unmittelbar vor dem Hund befindliche Gegenstände gelingt Rassen mit fronal angebrachten Augen am besten.

Schmecken und Riechen

Riechen und das damit verbundene Schmecken sind chemische Sinne. Der Hund hat im Schnitt mehr als 200 Millionen Duftrezeptoren auf seiner Riechschleimhaut; beim Menschen sind es nur 5 Millionen. Er besitzt außerdem über der Mundhöhle ein Jacobsonsches Organ (Vomeronasalorgan), das Sexualduftstoffe wahrnimmt und die Information zum Gehirn weiterleitet.

Tasten

Tastrezeptoren verteilen sich über den ganzen Körper, finden sich aber vor allem an den Pfoten.

Wie das Gehirn funktioniert

Das Hundegehirn verarbeitet Informationen auf doppelte Weise – es wird entweder konditioniert, oder es kann des Gelernte speichern. Beide Reaktionen hängen vom Informationsspeichersystem des einzelnen Hundes ab und sind teilweise genetisch bestimmt. Das Gehirn besteht aus Milliarden von Nervenzellen (Neuronen), die jeweils bis zu 10 000 Verbindungen zu anderen Zellen unterhalten können. Die Zellen kommunizieren chemisch durch Neurotransmitter miteinander. Die Geschwindigkeit dieser Übermittlungen beruht zum Teil auf einer fettigen Substanz namens Myelin. In der Jugend werden Botschaften sehr schnell weitergegeben, doch wenn das Gehirn altert, verlangsamt sich der Vorgang. Das Großhirn steuert das Lernen, die Emotionen und das Verhalten, das Kleinhirn kontrolliert die Muskulatur, und der Hirnstamm ist mit dem peripheren Nervensystem gekoppelt (siehe S. 42). Jedes Sinnesorgan versorgt das Gehirn durch seine eigenen speziellen Nerven. Ein Netzwerk von Zellen (das limbische System) koordiniert mit großer Effektivität Instinkte und Lernen. Der Konflikt zwischen dem, was ein Hund instinktiv tun möchte, und dem, was wir ihm befehlen, findet wahrscheinlich im limbischen System statt. Der Mensch kann dieses System überwinden, indem er den Hund dafür belohnt, daß er seinem Besitzer und nicht seinen »Instinkten« folgt.

Wie die Sinnesorgane arbeiten

Die Sinnesorgane des Hundes funktionieren ähnlich wie die des Menschen. Sinnesinformationen werden in das Gehirn geleitet, wo sie entweder eine körperliche Reaktion bewirken oder Hormone aktivieren. Wenn der Hund beispielsweise auf etwas tritt und Schmerz empfindet, weicht er sofort zurück – eine körperliche Reaktion. Riecht er aber einen Artgenossen, tritt die Zirbeldrüse im Gehirn in Aktion und löst einen Hormonschub aus.

Gesichtssinn

Hundeaugen sind flacher als Menschenaugen; der Hund kann zwar die Linsenform verändern und dadurch die Brennweite einstellen, aber das kann er nicht so effektiv wie der Mensch. Hundeaugen sind licht- und bewegungsempfindlicher als Menschenaugen, doch ihr Auflösungsvermögen ist entsprechend geringer. Das bedeutet, daß ein Mensch einen im Gras liegenden Tennisball leichter entdecken kann als ein Hund, wohingegen der Hund leichter aus den Augenwinkeln kleine Bewegungen wahrnehmen kann.

Gehörsinn

Mit seinen beweglichen Ohren erfaßt der Hund Geräusche in seiner Umgebung. Dazu benutzt er manchmal nur ein Ohr, dann aber beide Ohren, um die Schallwellen aufzufangen und zu bündeln. Ein Hund kann viel höhere Töne wahrnehmen als ein Mensch, und er hört Geräusche in einer viermal größeren Entfernung als der Mensch.

Tastsinn

Der Tastsinn ist der erste Sinn, den der Hund erwirbt, und er bleibt für ihn lebenslang besonders wichtig. Tasthaare (Vibrissen), die feine Luftbewegungen wahrnehmen können, wachsen über den Augen, an der Schnauze und unter dem Unterkiefer. Der gesamte Körper, einschließlich der Pfoten, ist von tastempfindlichen Nervenenden überzogen.

Geschmacks- und Geruchssinn

Hunde besitzen weit weniger Geschmacksknospen als der Mensch; das Verhältnis beträgt ungefähr eins zu sechs. Gleichwohl können sie die Geschmacksqualitäten süß, sauer, bitter und salzig wahrnehmen, aber wahrscheinlich empfindet der Hund Geschmackseindrücke nur als angenehm, indifferent oder unangenehm. Der Geruchssinn ist beim Hund am höchsten entwickelt; ein großer Teil des Gehirns ist für die Auswertung von Dufteindrücken zuständig. Daneben besitzt er im Munddach ein Vomeronasalorgan (Jacobsonsches Organ) für die Aufnahme von Sexualduftstoffen. Dieses Organ leitet die Informationen an das limbische System, das das emotionale Verhalten steuert.

Anatomie der Sinnesorgane

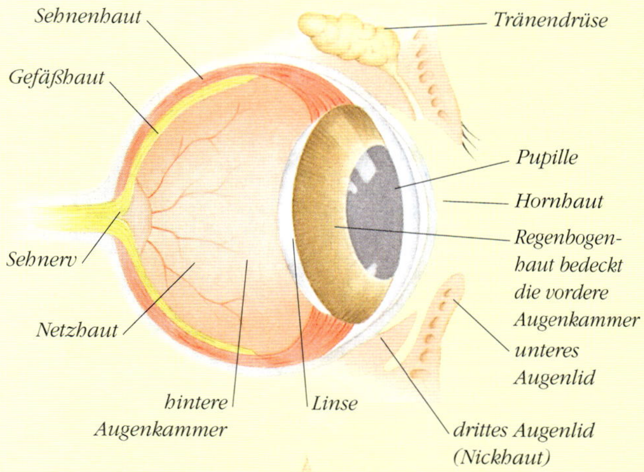

Die Augen

Das Auge besteht aus der Hornhaut, einer mit Flüssigkeit gefüllten vorderen Kammer und der dreiteiligen Gefäßhaut mit Regenbogenhaut, Ziliarkörper und Linse. Hinter der Linse befinden sich die große, ebenfalls flüssigkeitsgefüllte hintere Kammer sowie die lichtempfindliche Netzhaut, die die Informationen über den Sehnerv an das Gehirn weiterleitet. Das dritte Lid, die Nickhaut, die vom unteren Lid verdeckt wird, wischt das Auge sauber. Die Tränendrüse erzeugt Tränen, die die Hornhaut feucht halten. Die Tränenflüssigkeit wird durch den Tränengang in die Nasenhöhle abgeleitet. Der Gang kann verstopfen, was eine »Überschwemmung« zur Folge hat.

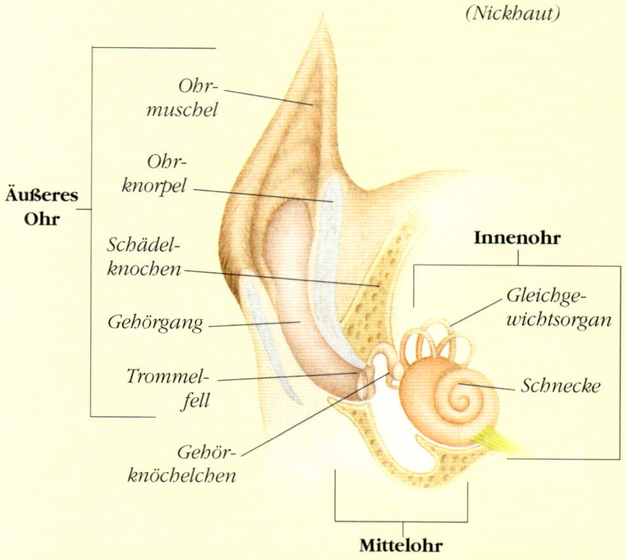

Die Ohren

Die knorpelige Ohrmuschel (äußeres Ohr) fängt den Schall auf und leitet ihn durch den äußeren Gehörgang zum Trommelfell. Die Schwingungen des Trommelfells stimulieren die Gehörknöchelchen im Mittelohr – Hammer, Amboß und Steigbügel, die den Schall verstärken und weitergeben, während sie gleichzeitig das Innenohr vor zu starken Vibrationen schützen. Die Schnecke nimmt den Schall auf und wandelt ihn für das Gehirn in chemische Signale um. Auf der Schnecke sitzen die Bogengänge mit Sacculus und Utriculus – das Gleichgewichtsorgan des Innenohrs, das das Gehirn mit Informationen über die Position des Kopfes versorgt.

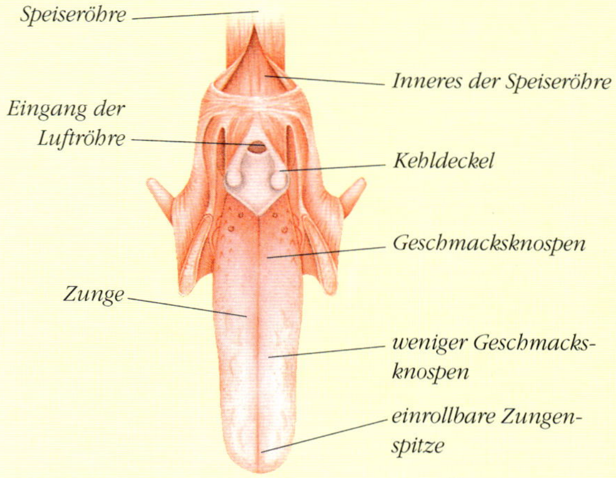

Die Geschmacksknospen

Die meisten Geschmacksknospen sitzen auf dem hinteren Teil der Zunge und sind empfindlich für süße, saure, bittere und salzige Geschmacksqualitäten. Andere Nervenenden dienen als Tast- oder Texturrezeptoren. Die typische Hundezunge weist zwar vermutlich weniger als 2000 Geschmacksrezeptoren auf, aber als »chemischer« Sinn arbeitet der Geschmack mit dem unendlich viel empfindlicheren Geruchssinn des Hundes zusammen. Der Hund wird zunächst durch den Geruch zur Nahrung gelockt, dann werden Geschmacks- und Tastrezeptoren aktiv.

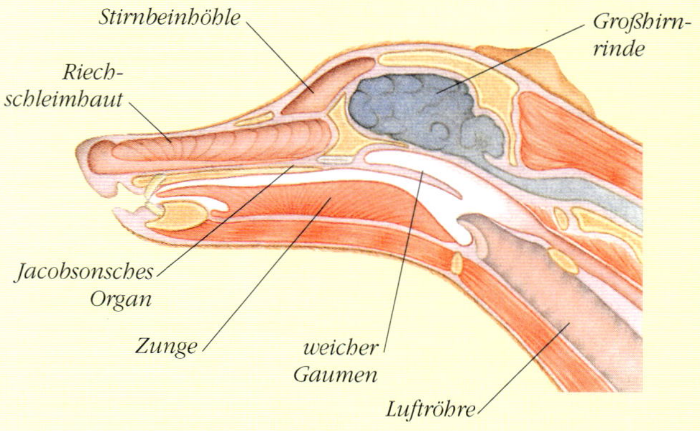

Die Duftrezeptoren

Die feuchte Hundenase verbessert die Aufnahme von Duftstoffen, die zur Riechschleimheut weitergeleitet werden, welche die Nasen- und Siebbeinmuscheln überzieht. Diese Knochen sind vielfach gefaltet, damit auch nicht die kleinste Menge Duftstoff verlorengeht. Dieses Riechfeld ist dicht mit Sinneszellen besetzt, die den Duft in chemische Botschaften für die Riechkolben des Gehirns umwandeln. Andere Gerüche werden vom Jacobsonschen Organ aufgefangen und zu anderen Gehirnabschnitten weitergeleitet.

Nerven, Muskeln und Fortbewegung

Das Zentralnervensystem des Hundes besteht aus dem Gehirn und dem Rückenmark. Das periphere Nervensystem umfaßt zum einen 12 Nervenpaare, die vom Gehirn ausgehen und den Kopf und die Halsregion versorgen. Weitere Spinalnerven kommen jeweils aus Öffnungen zwischen den Wirbeln hervor und versorgen den gesamten Körper; die Zellen dieser Nerven (Neuronen) befinden sich im Rückenmark, Nervenfortsätze (Axonen) außerhalb des Rückenmarks. Wenn sich ein Hund bewegt, sendet sein Gehirn Botschaften über die peripheren Nerven zu verschiedenen Muskeln, die die Anweisung erhalten, sich entweder zusammenzuziehen oder zu entspannen. Das vegetative (autonome) Nervensystem (VNS), steuert die unwillkürlichen Aktivitäten des Hundes.

Das Rückenmark

Das durch die Wirbelsäule geschützte Rückenmark zieht sich beim Hund vom Gehirn über den Rücken bis fast zum Schwanzansatz. Es ist eingebettet in die Gehirn-Rückenmark-Flüssigkeit. Ob der Hund schläft oder wach ist, stets wandern riesige Informationsmengen aus den Nervenrezeptoren der Haut, der Muskeln und Gelenke durch die peripheren Nerven zum Rückenmark und weiter zum Gehirn. Die meisten Informationen werden zur künftigen Verwendung einfach gespeichert, doch ein Teil erreicht das Bewußtsein des Tiers und löst eine Bewegung aus. Der effiziente Muskelgebrauch setzt ein »Training« der peripheren Nerven voraus, damit sie so reibungslos funktionieren, daß sie auf Reize scheinbar fast unfreiwillig reagieren. Ein Hund muß beispielsweise durch Versuch und Irrtum lernen, wie schnell er laufen soll und wo er sich befinden muß, um eine Frisbeescheibe oder einen Ball mit der Schnauze aufzufangen, aber sobald er das einmal begriffen hat, erscheint seine Reaktion fast instinktiv.

Das vegetative Nervensystem

Unbewußte Aktivitäten
Im Rückenmark befinden sich vegetative Nerven, die für die unwillkürlichen Körpervorgänge verantwortlich sind.

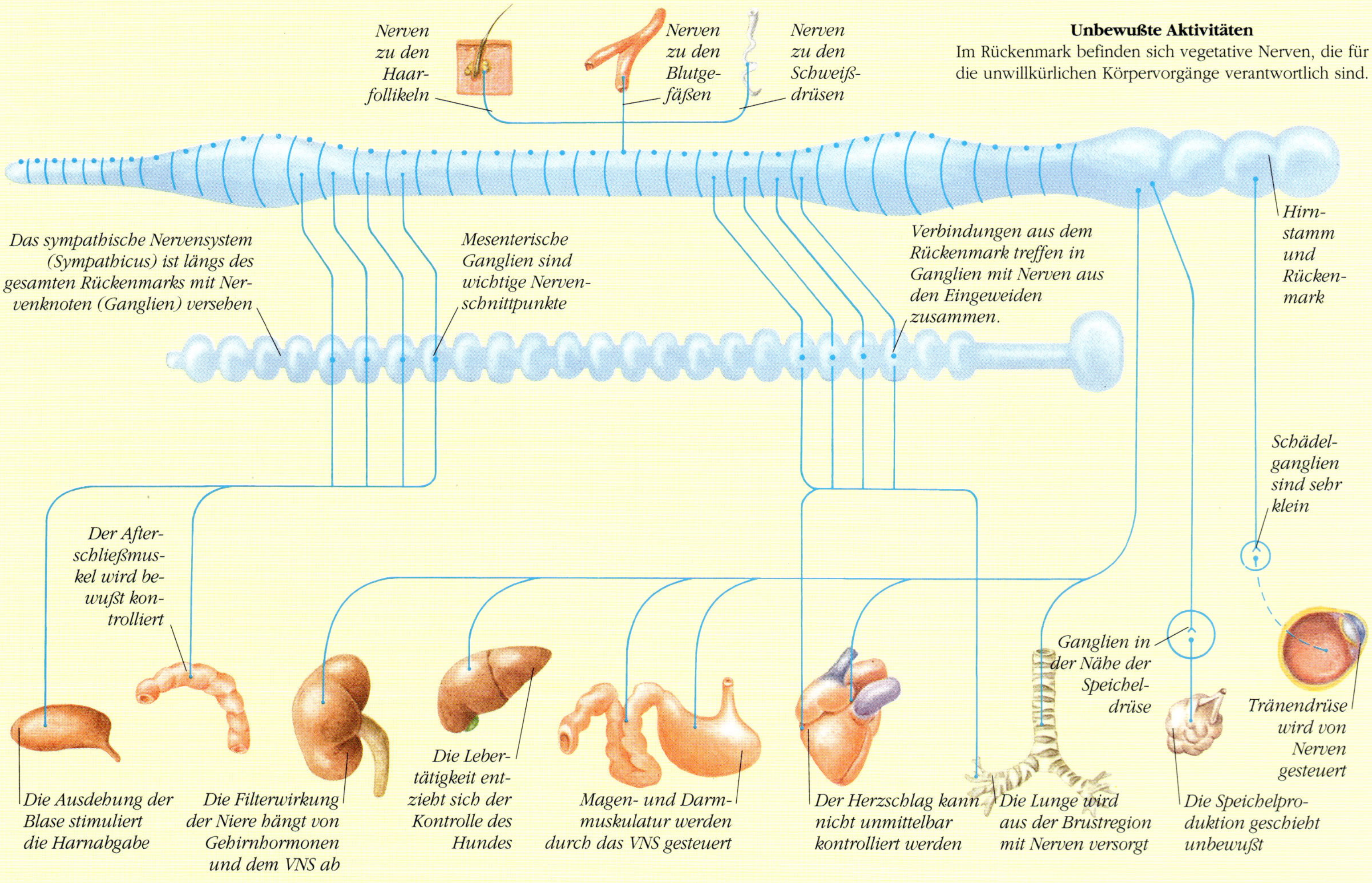

Die vegetativen Nerven versorgen die glatten Muskeln der Blutgefäße, des Herzens, des Darms, die Drüsen des Verdauungs-, Atmungs- und Urogenitalapparats sowie den Kopf und die Haut. Zum vegetativen System gehört der Sympathicus. Er bildet eine Kette von Nervenknotenpunkten oder Ganglien. Die sympathischen Nerven gehen von den Zwischenwirbelräumen aus, führen zu den Ganglien des Sympathicus und dann weiter zu den verschiedenen Körperteilen. Werden diese Nerven geschädigt, verlieren die von ihnen versorgten Organe ihre Steuerung. Eine Verletzung in der mittleren Lendenregion des Rückgrats kann zum Beispiel die vegetativen Nerven der Blase schädigen, was zur Harninkontinenz führt.

Muskeltypen

Der Hund besitzt 3 Muskeltypen. Die glatten Muskeln sind für die Eingeweide zuständig, der Herzmuskel macht den größten Teil des Herzgewebes aus und die Skelettmuskeln bilden den Rest. Der Hund kann die Skelettmuskeln kontrollieren, denn ihre Kontraktionen sind seinem Willen unterworfen. Unter dem Mikroskop erscheinen die Skelettmuskeln quergestreift, die glatten Muskeln dagegen nicht. Die meisten Muskeln bestehen aus Bündeln von langen Zellen und Muskelfasern.

Die Muskulatur

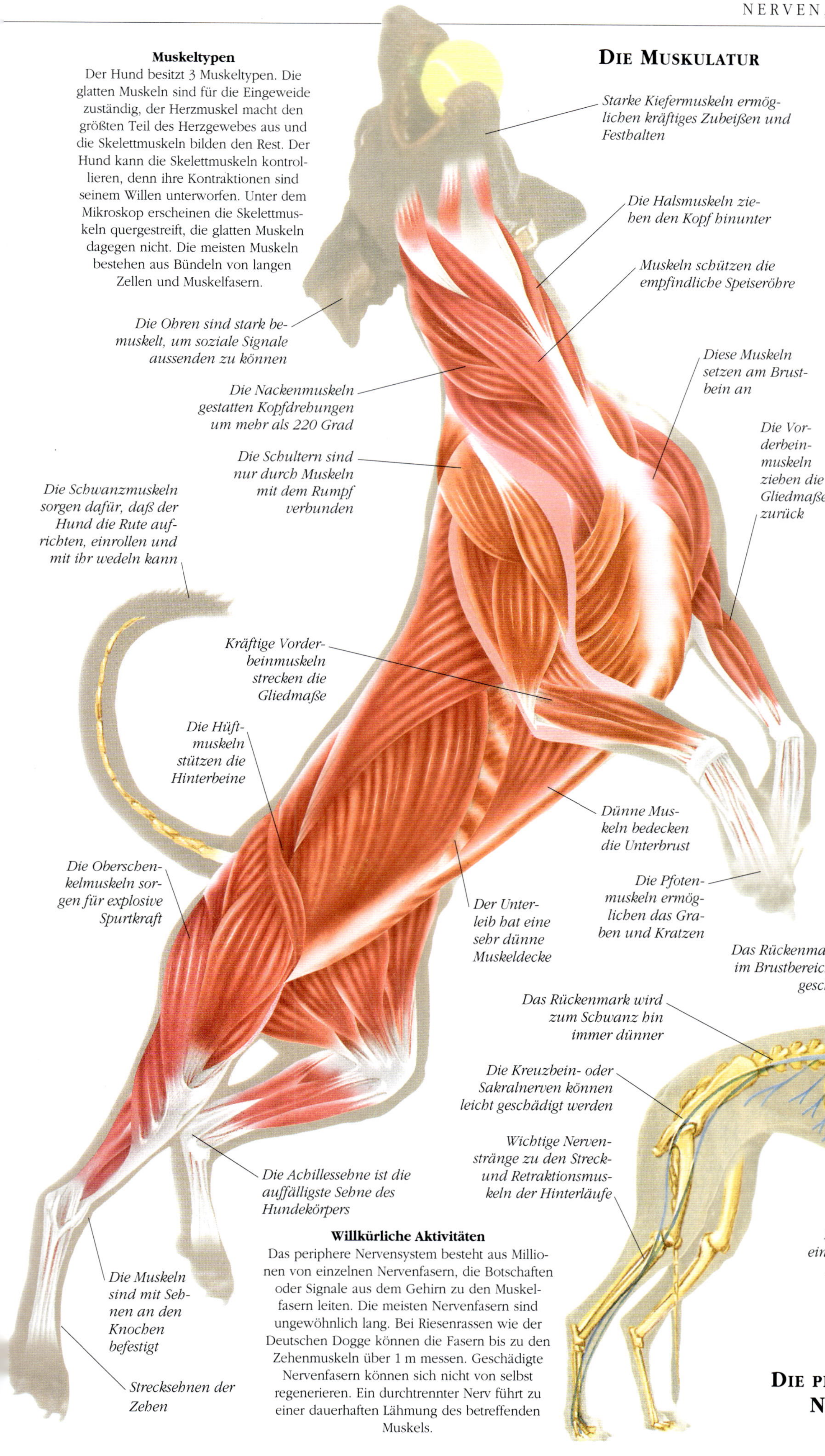

Muskeln und Bewegung

Ein gesunder Hund hat einen perfekt koordinierten Bewegungsapparat und einen harmonischen Gang. Eine gestörte Koordination und eine partielle oder gar vollständige Lähmung sind am häufigsten Anlaß für eine neurologische Untersuchung. Diese Beschwerden können durch Muskel- oder Nervenschäden verursacht sein. Durch eine Schädigung der Rückenmarks- oder peripheren Nerven büßen die Muskeln die Fähigkeit ein, Botschaften zuverlässig auszusenden oder zu empfangen. Spastische Bewegungen deuten oft auf einen Rückenmarks- oder gar Gehirnschaden hin. Eine Muskelstarre kann auftreten, wenn ein Muskel nicht mehr mit Blut versorgt wird. Muskelschrumpfung kann darauf zurückzuführen sein, daß die Muskeln nicht mehr benutzt werden oder ihre Nerven beschädigt sind.

Regelmäßige körperliche Betätigung ist die Voraussetzung für einwandfreie Muskelfunktionen. Vor allem junge Hunde brauchen ein tägliches Training mit einer Kombination von Gehen, Traben und Galoppieren. Springen ist eine ausgezeichnete Übung für schlanke Hunde, aber möglicherweise gefährlich für alte, schwere Tiere. Das Rückenmark kann geschädigt werden, wenn ein übergewichtiger Hund zu heftig auf dem Boden landet. Bestimmte Zwergrassen sind anfällig für eine Stauchung der Wirbelsäule. Eine erblich bedingte zunehmende Degeneration des Rückenmarks kann bei anderen Rassen, etwa beim Deutschen Schäferhund, einen immer stärkeren Torkelgang zur Folge haben.

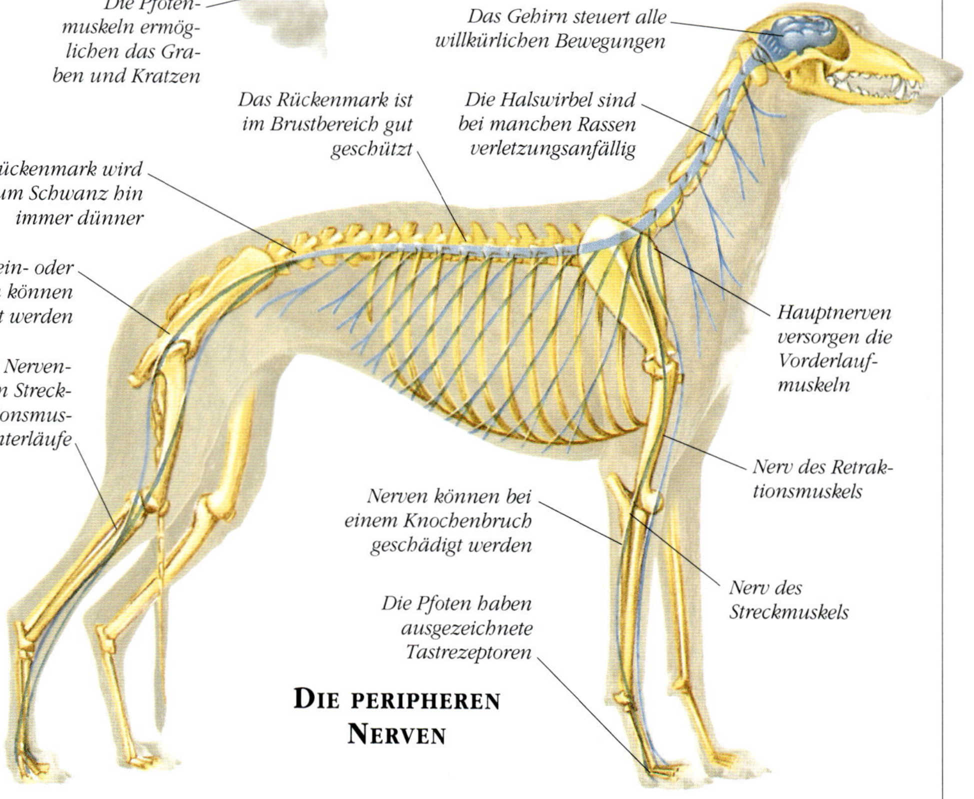

Die peripheren Nerven

Willkürliche Aktivitäten

Das periphere Nervensystem besteht aus Millionen von einzelnen Nervenfasern, die Botschaften oder Signale aus dem Gehirn zu den Muskelfasern leiten. Die meisten Nervenfasern sind ungewöhnlich lang. Bei Riesenrassen wie der Deutschen Dogge können die Fasern bis zu den Zehenmuskeln über 1 m messen. Geschädigte Nervenfasern können sich nicht von selbst regenerieren. Ein durchtrennter Nerv führt zu einer dauerhaften Lähmung des betreffenden Muskels.

Herz und Lunge

Der Hund besitzt ein für Säugetiere typisches effizientes Herz-Kreislauf-System. Das Blut befördert Nahrung in Form von Sauerstoff durch den ganzen Körper. Die Leber reinigt das Blut, während die Lunge Kohlendioxid gegen frischen Sauerstoff austauscht. Milz und Knochenmark erzeugen und speichern Zellen, die für den Transport von Sauerstoff verantwortlich sind.

Wenn sich ein Hund sehr anstrengt, benötigt er sehr viel Sauerstoff, und es entstehen Kohlendioxid und Abfallprodukte in großen Mengen. Das Atmungs- und Kreislaufsystem des Hundes reagiert darauf automatisch, indem es den Blutstrom durch Herz und Lunge steigert. Blut wird dann von Regionen wie den Därmen zu den Muskeln abgezweigt und verleiht dem Hund damit zusätzliche Kraft.

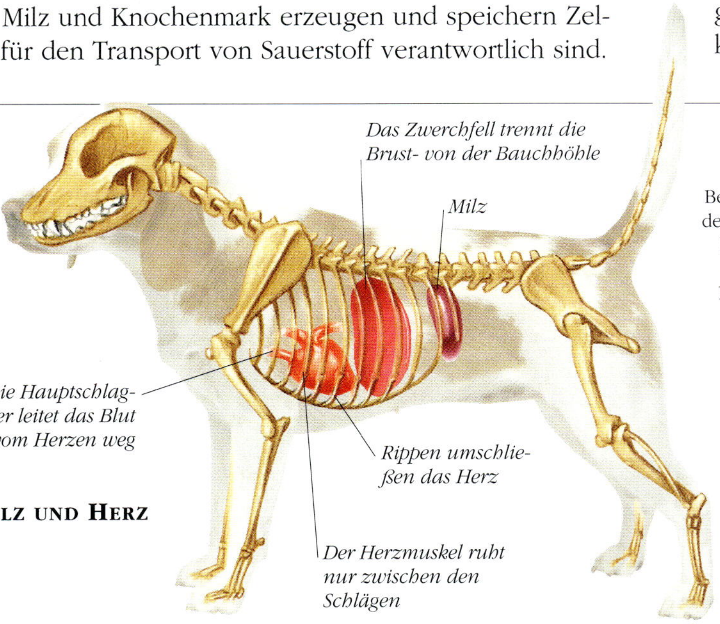

Milz und Herz

Blutbildung

Organe der Blutbildung

Beim neugeborenen Welpen werden Blutzellen in der Leber und der Milz (wo Blut bereits im Mutterleib gebildet wird) produziert, doch im frühen Erwachsenenalter werden bereits nahezu alle Blutzellen des Tiers im Knochenmark gebildet, vor allem in den Rippen, den Wirbeln, dem Schädel und dem Becken. Alle 3 Blutzellentypen werden im Knochenmark hergestellt: rote Blutkörperchen, die den eingeatmeten frischen Sauerstoff oder Kohlendioxid (das dann ausgeatmet wird) befördern; Blutplättchen, die für die Blutgerinnung wichtig sind; weiße Blutkörperchen, die für die Abwehr von Mikroben und Parasiten zuständig sind. Die Milz speichert Blut und schüttet zusätzliche Zellen aus, wenn es notwendig ist.

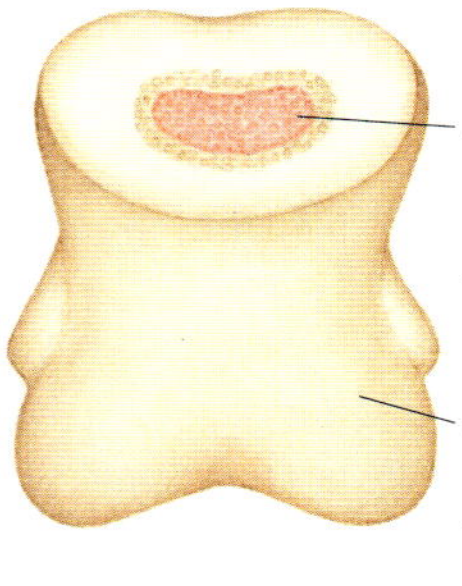

Knochenquerschnitt

Herz und Blutkreislauf

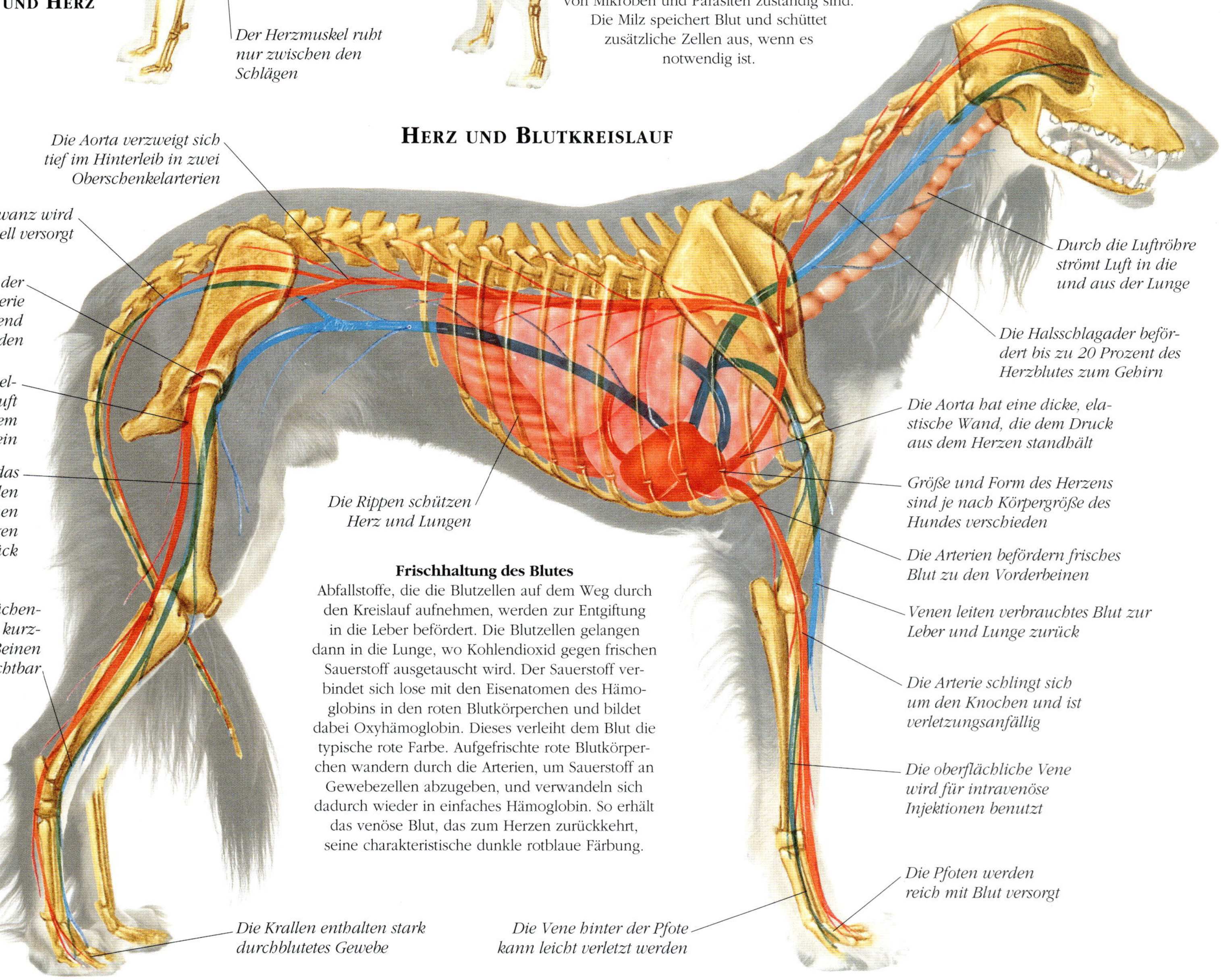

Frischhaltung des Blutes

Abfallstoffe, die die Blutzellen auf dem Weg durch den Kreislauf aufnehmen, werden zur Entgiftung in die Leber befördert. Die Blutzellen gelangen dann in die Lunge, wo Kohlendioxid gegen frischen Sauerstoff ausgetauscht wird. Der Sauerstoff verbindet sich lose mit den Eisenatomen des Hämoglobins in den roten Blutkörperchen und bildet dabei Oxyhämoglobin. Dieses verleiht dem Blut die typische rote Farbe. Aufgefrischte rote Blutkörperchen wandern durch die Arterien, um Sauerstoff an Gewebezellen abzugeben, und verwandeln sich dadurch wieder in einfaches Hämoglobin. So erhält das venöse Blut, das zum Herzen zurückkehrt, seine charakteristische dunkle rotblaue Färbung.

Blutkreislauf

Die einzelnen Körperteile des Hundes benötigen zu verschiedenen Zeiten unterschiedliche Nahrungsmengen. Obwohl sein Gehirn im Vergleich zum übrigen Körper relativ klein ist, erhält es 15–20 Prozent des vom Herzen ausgepumpten Blutes. Bei großer Anstrengung verändert sich der Kreislauf dramatisch. Die Blutzufuhr zum Gehirn bleibt zwar konstant, aber der Herzmuskel erhält viermal und die Körpermuskulatur zwanzigmal soviel Blut wie im Ruhezustand. Etwa 90 Prozent des vom Herzen ausgeschütteten Blutes können dann zu den Muskeln abgezweigt werden. Gleichzeitig nimmt die Blutzufuhr zu den anderen Körperteilen ab.

Steuerung des Blutstroms

Die Fähigkeit, die Menge des Blutes zu verändern und es zu den am dringendsten benötigten Regionen umzuleiten, wird reguliert durch Nerven und Hormone, die die Muskeln in den kleinsten Arterien, den Arteriolen, kontrahieren oder entspannen. Jede Steigerung der lokalen Gewebsaktivitäten bewirkt eine Ausweitung der lokalen Arteriolen. Die Blutzufuhr zu der Region nimmt daraufhin zu; die Ausdehnung der elastischen Arteriolen kann den potentiellen Blutstrom durch das Gefäß bis zu 256fach gegenüber dem Ruhezustand erhöhen. Während eines normalen Trainings steigert der Kreislauf des Hundes die Blutzufuhr zu den Muskeln um das 20- bis 30fache.

Blutdruck

Der Blutkreislauf ist ein geschlossenes System, und der Druck innerhalb dieses Systems schwankt an den verschiedenen Körperstellen. Der Blutdruck ist am höchsten in den Gefäßen, die vom Herzen wegführen, und am niedrigsten in denen, die zum Herzen zurückführen. Die Gefäße, die Blut vom Herzen ableiten (Arterien und Arteriolen), haben elastische Wände, die sich ausdehnen und zusammenziehen können. Gefäße, die Blut zum Herzen zurücktransportieren (Venen), sind dünnwandiger, und der Druck in ihnen ist geringer.

Austausch in den Haargefässen

Der Kreislauf des Hundes schickt frisches Blut aus Leber und Lungen durch Arterien in winzige Gefäße (Haargefäße oder Kapillaren) wo Substanzen durch Diffusion durch Zellwände ausgetauscht werden. Hochkonzentrierte Moleküle wie Sauerstoff gehen durch die Haargefäße in Gewebsflüssigkeiten über. Kohlendioxid aus der Gewebsflüssigkeit diffundiert andererseits durch die Gefäßwände in die Blutgefäße, um durch die Venen zur Leber und Lunge zurückgeleitet zu werden.

Herz, Zwerchfell und Lunge

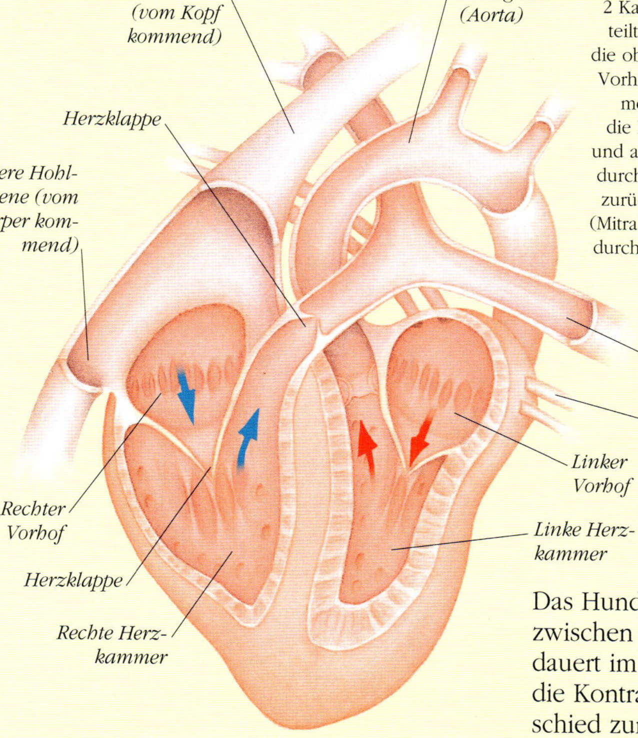

Das Herz

Die Herzkammern

Das Herz besteht aus 4 Muskeln und ist in 2 Kammern mit jeweils einem Vorhof unterteilt. Das Blut kehrt aus dem Körper durch die obere und untere Hohlvene in den rechten Vorhof zurück. Es gelangt in die rechte Kammer, die es durch die Lungenarterien in die Lunge pumpt. Befreit von Kohendioxid und angereichert mit Sauerstoff, kehrt das Blut durch die Lungenvenen in den linken Vorhof zurück. Es fließt durch die linke Herzklappe (Mitralklappe) in die linke Herzkammer, die es durch die Aorta in den ganzen Körper pumpt.

Das Hundeherz ruht nur in der Pause zwischen den Schlägen. Diese Pause dauert im Schnitt ungefähr so lange wie die Kontraktionsphase, aber im Unterschied zum menschlichen Herzen schwankt die Dauer der Ruhephase normalerweise erheblich. Hunde leiden nur selten an einer Blockade der Herzkranzgefäße, aber bei einigen Rassen, vor allem beim Dobermann, sind Herzmuskelerkrankungen nicht selten. Das bei weitem häufigste Herzleiden bei Hunden betrifft die Herzklappen, die die Vorhöfe von den Herzkammern trennen. Aus genetischen Gründen schließen diese Klappen bei Rassen wie dem Cavalier King Charles Spaniel nicht einwandfrei. Wenn sich die Kammern zusammenziehen, wird nicht das gesamte Blut aus dem Herzen, sondern teilweise wieder zurück in die Vorhöfe gepumpt, woher es gekommen ist.

Zwerchfell und Lunge

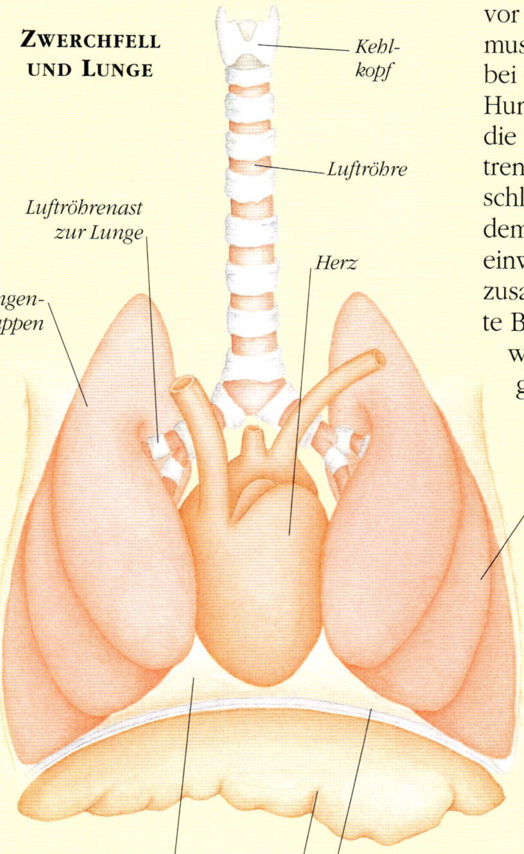

Lunge und Zwerchfell

Die Lunge gleicht einem aufgeblasenen Ballon. Der Raum, in dem die Lunge liegt, ist die Brusthöhle. Wenn sich das Zwerchfell zusammenzieht, wird die Luft in die Lunge gesogen, die sich daraufhin ausdehnen muß. In der Lunge – auf einer Fläche, die bei einem typischen Hund 50 m^2 groß ist – wird das vorhandene Kohlendioxid gegen frischen Sauerstoff ausgetauscht. Wenn sich das Zwerchfell entspannt und die Lunge sich wieder zusammenzieht, wird das Kohlendioxid durch die Nase ausgestoßen.

Die Verdauungsorgane

Die Verdauungsorgane gestatten dem Hund eine unregelmäßige, aber reichliche Nahrungsaufnahme. Das Gebiß eignet sich zum Töten der Beute und zum Zerreißen des Fleisches. Die Nahrung wird kaum gekaut – sie wandert meist gleich durch die Speiseröhre in den Magen, der in Abständen große Portionen an den Darm weiterleitet. Enzyme aus der Bauchspeicheldrüse und der Leber unterstützen die Aufspaltung der in der Nahrung enthaltenen Proteine, Kohlenhydrate und Fette in einfache Moleküle, die durch die Dünndarmwände absorbiert und im Blutkreislauf zu den Körperzellen weiterbefördert werden. Im Dickdarm werden aus den Überresten Wasser und Salze aufgenommen. Innerhalb von 36 Stunden nach dem Fressen verwandelt sich der unverdauliche Rest in Kot.

Der Verdauungskanal

Der Verdauungskanal ist zwar einfach gebaut, erfüllt aber komplexe Aufgaben. An einem Ende wird das Futter aufgenommen, das auf dem Weg durch die Röhre in Nährstoffe zerlegt wird, die der Körper absorbieren kann. Der Abfall wird am Ende der Röhre ausgeschieden. Zähne, Kiefer und Zunge zerkleinern das Futter und schieben es in den Rachen zum Schlund; dort wird es über den Kehlkopf gehoben und gelangt in die Speiseröhre, zum Weitertransport in den Magen. Die Speiseröhre ist sehr elastisch und läßt auch große Fleischstücke passieren. Leider können deshalb auch ungenießbare Gegenstände wie Knochen oder Spielsachen verschluckt werden. Am Magen öffnet sich ein dichtes Ventil, der Magenmund, für jede Nahrungsportion und schließt sich dann wieder. Die Nahrung verläßt den Magen durch ein anderes Ventil, den Pförtner, und gelangt in den Dünndarm, wo Kontraktionen der Darmmuskeln (Peristaltik) den Futterbrei zugleich durchmischen und weiterbefördern. Der Dickdarm hat einen großen Durchmesser und dient als Auffangbehälter. Die Ausweitung des Mastdarms stimuliert den Hund zum Kotabsetzen.

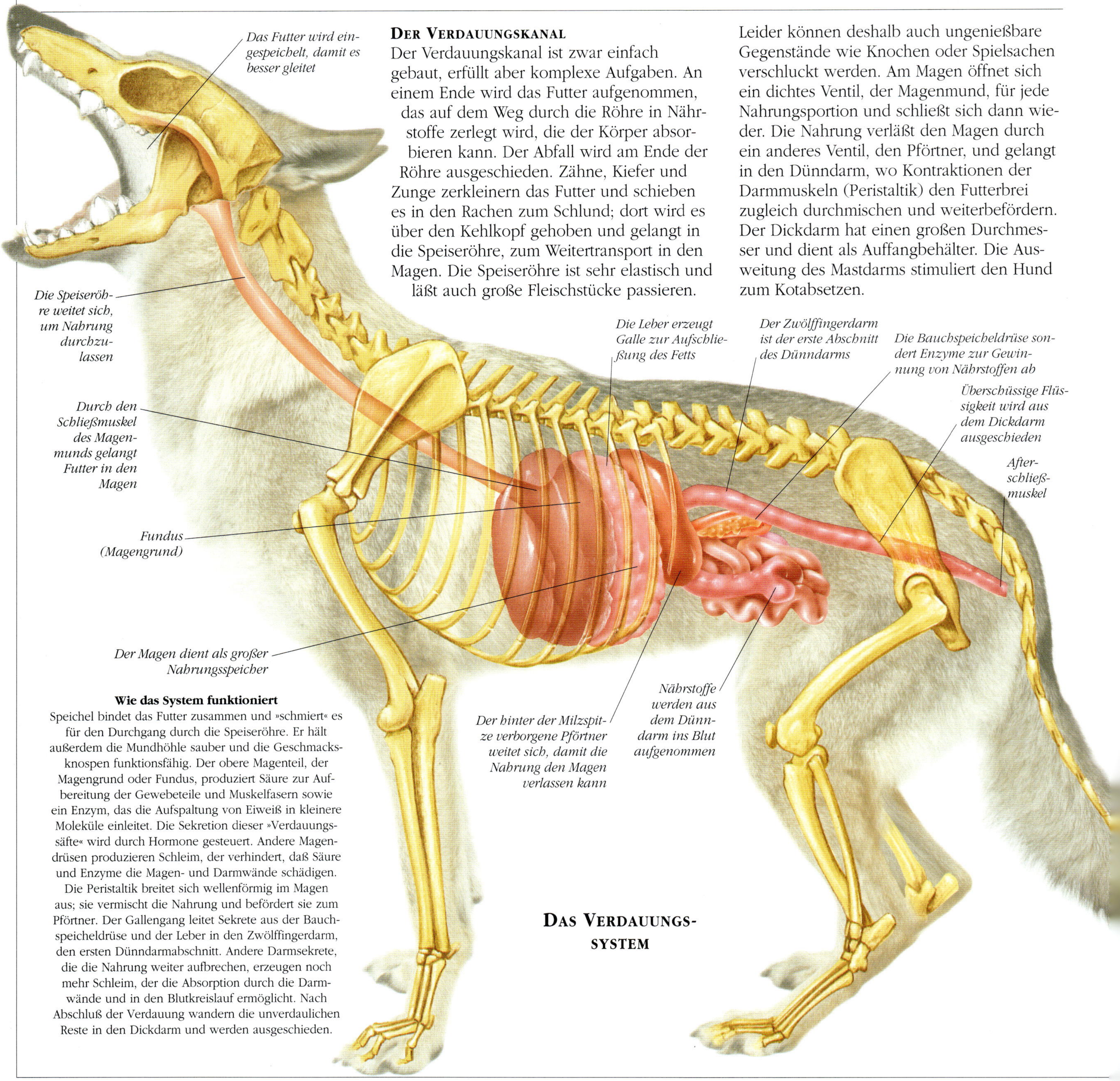

Das Verdauungssystem

Wie das System funktioniert

Speichel bindet das Futter zusammen und »schmiert« es für den Durchgang durch die Speiseröhre. Er hält außerdem die Mundhöhle sauber und die Geschmacksknospen funktionsfähig. Der obere Magenteil, der Magengrund oder Fundus, produziert Säure zur Aufbereitung der Gewebeteile und Muskelfasern sowie ein Enzym, das die Aufspaltung von Eiweiß in kleinere Moleküle einleitet. Die Sekretion dieser »Verdauungssäfte« wird durch Hormone gesteuert. Andere Magendrüsen produzieren Schleim, der verhindert, daß Säure und Enzyme die Magen- und Darmwände schädigen. Die Peristaltik breitet sich wellenförmig im Magen aus; sie vermischt die Nahrung und befördert sie zum Pförtner. Der Gallengang leitet Sekrete aus der Bauchspeicheldrüse und der Leber in den Zwölffingerdarm, den ersten Dünndarmabschnitt. Andere Darmsekrete, die die Nahrung weiter aufbrechen, erzeugen noch mehr Schleim, der die Absorption durch die Darmwände und in den Blutkreislauf ermöglicht. Nach Abschluß der Verdauung wandern die unverdaulichen Reste in den Dickdarm und werden ausgeschieden.

Wie die Gallenblase funktioniert

Die Gallenblase ist ein Teil der Leber und speichert Gallensäuren. Diese emulgieren Fett und verhindern, daß die fettverdauenden Enzyme der Bauchspeicheldrüse ihren Dienst versagen. Die von der Leber erzeugten Gallensäuren helfen auch bei der Aufbereitung der fettlöslichen Vitamine. Die Gallenblase konzentriert Galle und führt sie während des Verdauungsvorgangs durch den Gallengang dem Zwölffingerdarm zu.

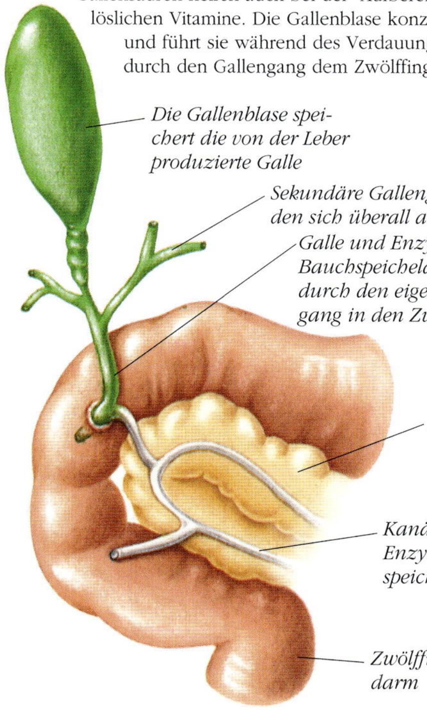

Die Bauchspeicheldrüse

Die Bauchspeicheldrüse produziert alkalisches Bikarbonat, das die in den Zwölffingerdarm eintretende Magensäure neutralisiert. Sie erzeugt außerdem Verdauungsenzyme, die Eiweiß, Kohlenhydrate, Fett, elastisches und Bindegewebe und sogar die Nukleinsäuren einzelner Zellen aufspalten. Diese Substanzen wandern durch den Bauchspeicheldrüsengang zum Gallengang und gelangen zusammen mit Lebergalle in den Darm. Kleine Bereiche der Bauchspeicheldrüse erzeugen Insulin, mit dessen Hilfe Glukose in die Körperzellen eindringt. Ohne Insulin gelangt die Glukose nicht in die Zellen, baut sich im Blutstrom auf und geht über die Nieren in den Urin über; die Folge ist Diabetes. Insulinmangel führt zu vermehrtem Durst, Harndrang und körperlichem Verfall.

Die Eingeweide

Enzyme aus der Leber und Bauchspeicheldrüse spalten die Nahrung auf, während Kontraktionswellen die Nahrung vermischen und die Peristaltik der Darmmuskeln den Nahrungsbrei weiterbefördert. Sehr viel Wasser passiert die Därme. Der nicht benötigte Rest wird durch die Dünn- und Dickdarmwände absorbiert. Der Dickdarm wird von Bakterien in riesigen Mengen besiedelt. Diese setzen die Infektionsanfälligkeit des Körpers herab, synthetisieren Vitamine und zersetzen Ausscheidungsprodukte.

Das Gebiss des Hundes

Oberkiefer

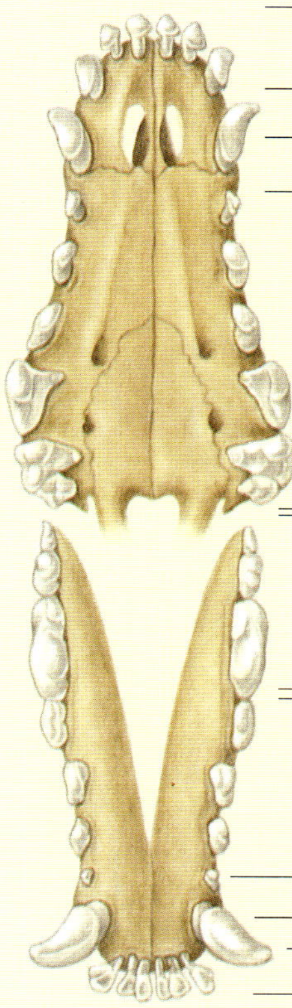

Unterkiefer

Die Schnauze (Fang) des Hundes ist der Nahrung eines Raubtiers und Aasfressers ideal angepaßt. Sie ist lang und tief, hat große Fangzähne zum Erdolchen, Ergreifen und Festhalten der Beute, kleine Schneidezähne zum Abknabbern von Knochen und zur Haut- und Fellpflege, sowie Vorbacken- und Backenzähne, die sich zum Zerreißen und Zerschneiden von Fleisch, aber auch zum Zermahlen und Kauen der Rauhfutteranteile der Allesfressernahrung – etwa Wurzeln oder Gras – eignen. Das Futter wird nach dem Zerkauen eingespeichelt, damit es leichter in den Verdauungstrakt gleitet. Die Fangzähne sind stabil und kräftig, können aber beim Knochenknabbern splittern oder abbrechen. Viel häufiger sind jedoch bakterielle Erkrankungen des weichen und harten Gewebes, das die Zähne umgibt und stützt (Periodontitis). Dies ist wohl die häufigste, aber verhinderbare Zahnkrankheit bei Familienhunden; rund 70 Prozent der über vierjährigen Tiere sind davon befallen. Der Periodontitis kann durch regelmäßige Zahnhygiene vorgebeugt werden.

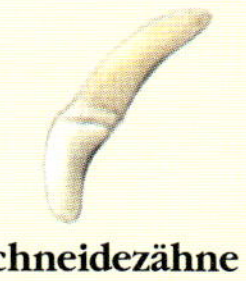

Schneidezähne
Diese 12 kleinen Zähne können schneiden, knabbern, putzen und beißen. In einem Scherengebiß treffen die oberen und unteren Schneidezähne gewöhnlich genau aufeinander.

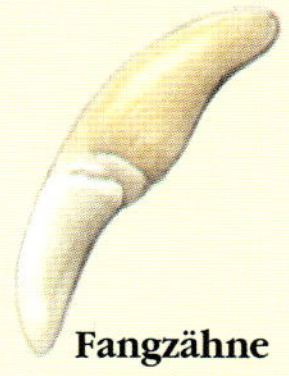

Fangzähne
Die 4 Fangzähne sind die größten Zähne des Hundegebisses. Weil ihre Funktion das Festhalten und Zerreißen der Nahrung ist, haben sie extrem lange Wurzeln.

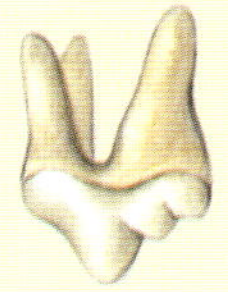

Vorbackenzähne
Die 16 Vorbackenzähne (Prämolaren) werden zum Zertrennen, Zerschneiden und Festhalten verwendet. Der obere vierte Prämolar und der untere erste Molar heißen Reißzähne.

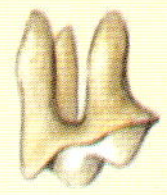

Backenzähne
Die 10 Backenzähne (Molaren) des Hundes sind oben mäßig abgeflacht und eignen sich besonders für das Zerkauen und Zermahlen der nicht fleischigen Bestandteile des Futters.

Seitenansicht des Schädels

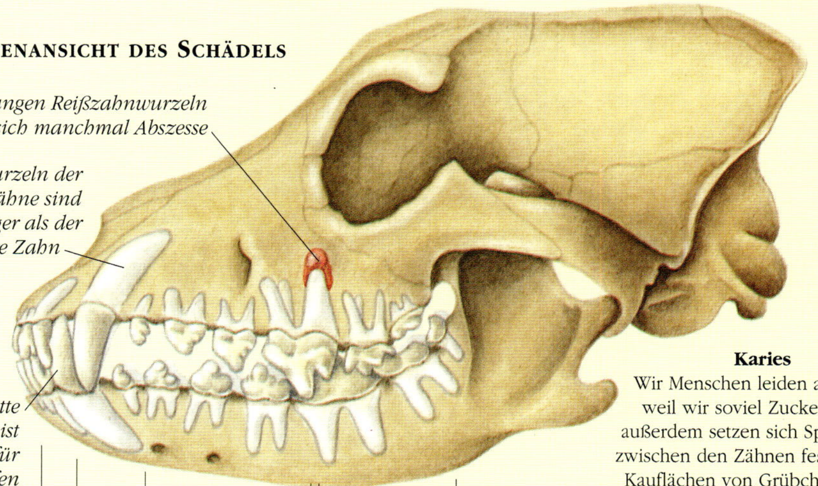

Karies
Wir Menschen leiden an Karies, weil wir soviel Zucker essen; außerdem setzen sich Speisereste zwischen den Zähnen fest, deren Kauflächen von Grübchen und Spalten durchzogen sind. Die Hundezähne stehen dagegen nicht so dicht nebeneinander, so daß sich Nahrung nicht festsetzen kann. Auch haben sie weniger Grübchen und Spalten, in denen Futterreste verfaulen könnten.

AUSSCHEIDUNGS- UND GESCHLECHTSORGANE

Die Ausscheidungs- und Geschlechtsorgane des Hundes sind in typischer Säugetiermanier angelegt. Die von den letzten Rippen geschützten beiden Nieren hängen am Bauchhöhlendach. Sie filtern aus dem Blut unerwünschte oder potentiell giftige Substanzen heraus. Die gereinigten Ausscheidungsprodukte werden ins Nierenbecken geleitet und gelangen dann in peristaltischen Wellen durch die beiden Harnleiter in die Blase. Eine einzige Harnröhre scheidet den Urin durch den Penis bzw. die Vagina aus. Das Fortpflanzungssystem ist mit dem hinteren Teil des Ausscheidungssystems verbunden. Samenstränge leiten beim Rüden das Sperma aus den Hoden in die Harnröhre. Bei der Hündin führt die Vagina in die Vulva, wo sich die Harnröhre entleert.

Hormonale Einflüsse

Der Rüde paart sich, wenn sich eine Gelegenheit bietet. Er ist ständig sexuell aktiv und wird durch den Geruch der hormonal akiven Hündin angezogen (siehe S. 52). Der Geruch stimuliert die Hirnanhangdrüse (Hypophyse) an der Basis seines Gehirns, die seine Hoden anweist, mehr männliche Hormone und Samenzellen zu produzieren. Die Hündin hat in der Regel 2 hormonal aktive Fortpflanzungszyklen im Jahr. In der Vorbrunst, die etwa 12 Tage dauert, schwillt ihre Vulva an und sondert einen Ausfluß ab. Während des etwa fünftägigen Östrus hört der Ausfluß auf, und die Eierstöcke entlassen Eier in die Eileiter. Nur dann läßt sie eine Begattung zu.

Die richtige Deckzeit

Eine Hündin paart sich bereitwillig in der ersten Läufigkeit, aber emotionale und physische Unreife führen oft dazu, daß der Wurf klein bleibt und die Hündin ihre Mutterpflichten vernachlässigt. In den nachfolgenden Läufigkeiten ist die Paarung meist produktiver. Der Ovulationszeitpunkt ist verschieden, doch bei den meisten Hündinnen findet der Eisprung zwischen dem 10. und 12. Tag nach dem Zyklusbeginn statt. Die Züchter lassen ihre Hündinnen gern zweimal decken, am 10. und 12. oder am 11. und 13. Tag. Die mikroskopische Untersuchung des Scheidenabstrichs verrät ziemlich genau, wann der Eisprung erfolgt ist. Exaktere Hinweise erhält man durch die Überprüfung des Hormonspiegels im Blut.

Die Paarung

Meist geben sich die Geschlechter vor der Paarung einem Vorspiel hin. Wenn die Hündin paarungsbereit ist, wendet sie den Schwanz zur Seite und hält still. Der Rüde besteigt sie, dringt in sie ein, führt Beckenstöße aus und ejakuliert. Dabei schwillt sein Penis an, und er »hängt« etwa 20 Minuten an der Hündin. Findet eine Befruchtung nicht statt, kommt es bei der Hündin zu einem etwa achtwöchigen Metöstrus, in dem sich die Gebärmutterschleimhaut rückbildet, und zu einer sexuellen Ruhephase von 15 Wochen (Anöstrus) – bis zur nächsten Läufigkeit.

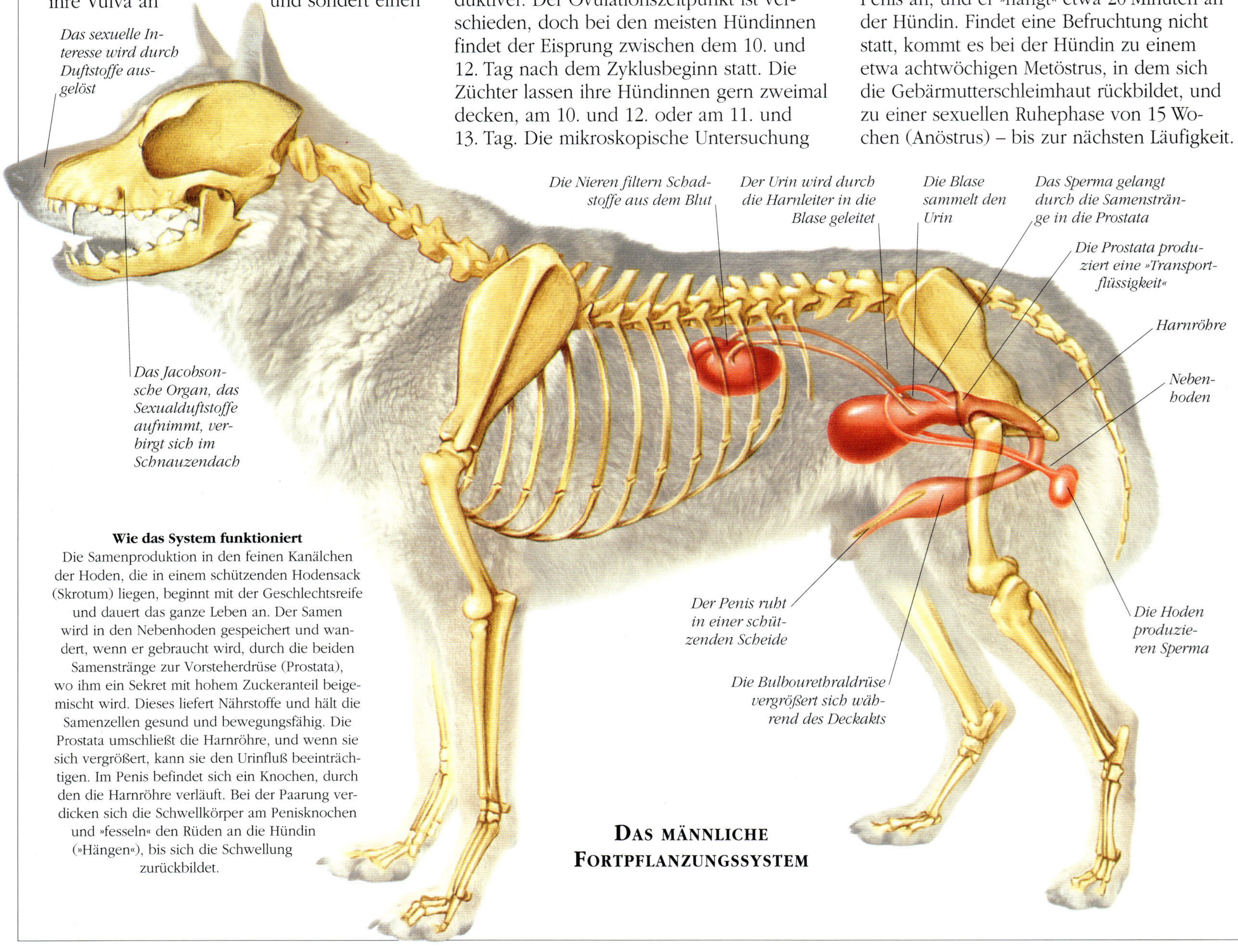

Wie das System funktioniert

Die Samenproduktion in den feinen Kanälchen der Hoden, die in einem schützenden Hodensack (Skrotum) liegen, beginnt mit der Geschlechtsreife und dauert das ganze Leben an. Der Samen wird in den Nebenhoden gespeichert und wandert, wenn er gebraucht wird, durch die beiden Samenstränge zur Vorsteherdrüse (Prostata), wo ihm ein Sekret mit hohem Zuckeranteil beigemischt wird. Dieses liefert Nährstoffe und hält die Samenzellen gesund und bewegungsfähig. Die Prostata umschließt die Harnröhre, und wenn sie sich vergrößert, kann sie den Urinfluß beeinträchtigen. Im Penis befindet sich ein Knochen, durch den die Harnröhre verläuft. Bei der Paarung verdicken sich die Schwellkörper am Penisknochen und »fesseln« den Rüden an die Hündin (»Hängen«), bis sich die Schwellung zurückbildet.

Das männliche Fortpflanzungssystem

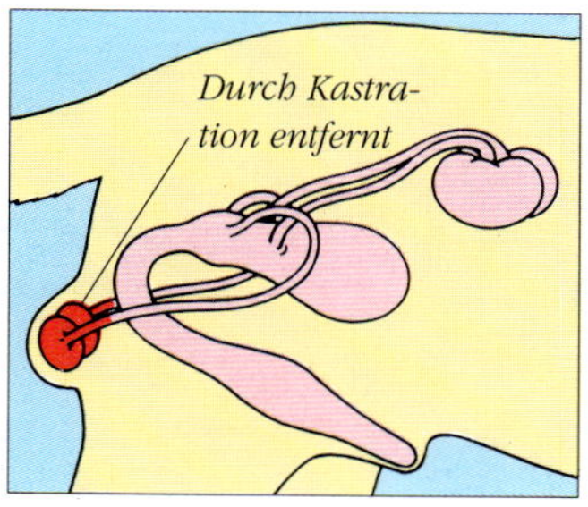

NICHTKASTRIERTER RÜDE

Die Kastration

Die Kastration des Rüden ist ein relativ einfacher Eingriff. Unmittelbar vor dem Hodensack wird ein kleiner Einschnitt gemacht, und die Hoden werden herausgezogen und entfernt, wodurch sich auch die Hormonproduktion reduziert. Die Kastration der Hündin ist komplizierter. Durch einen Bauchschnitt wird der Fortpflanzungstrakt von den Eierstöcken bis zum Muttermund entfernt. Dadurch werden weitere Läufigkeiten unterbunden und die entsprechenden Verhaltensveränderungen gemildert.

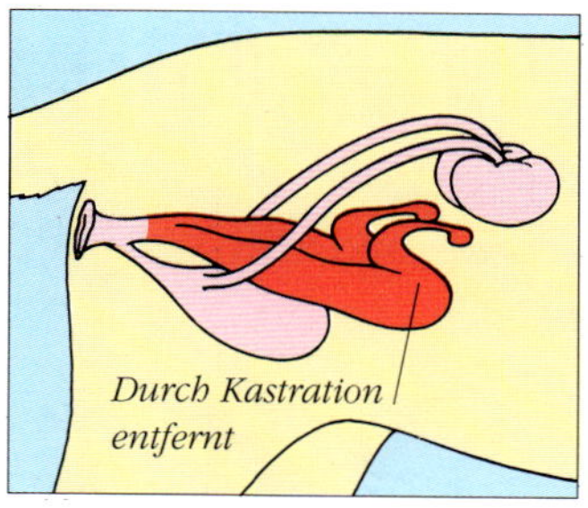

NICHTKASTRIERTE HÜNDIN

BLASENSTEINBILDUNG

Mineralien im Urin kristallisieren manchmal zu Körnchen aus, die Blasensteine bilden. Das kann auch im Nierenbecken passieren, und es entstehen schmerzhafte Nierensteine. Letztere kommen selten vor, doch Blasensteine sind recht häufig. Die mineralischen Ablagerungen reizen die Auskleidung der Blase, was mühsames und häufiges Harnen, zuweilen mit Blutbeimengung, zur Folge hat. Die Blasensteinbildung wird letztlich durch die Ernährung ausgelöst.

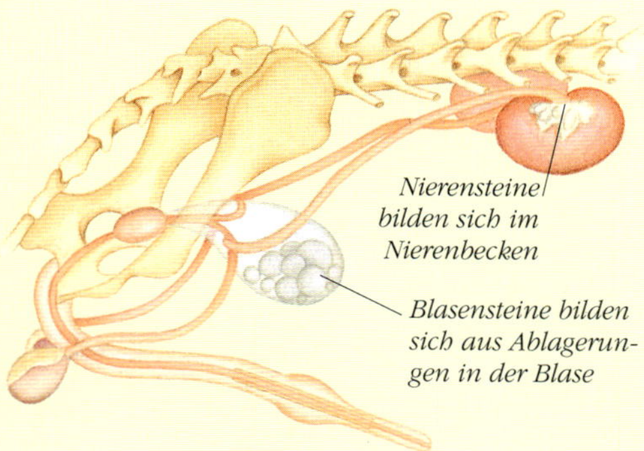

DAS WEIBLICHE FORTPLFANZUNGSSYSTEM

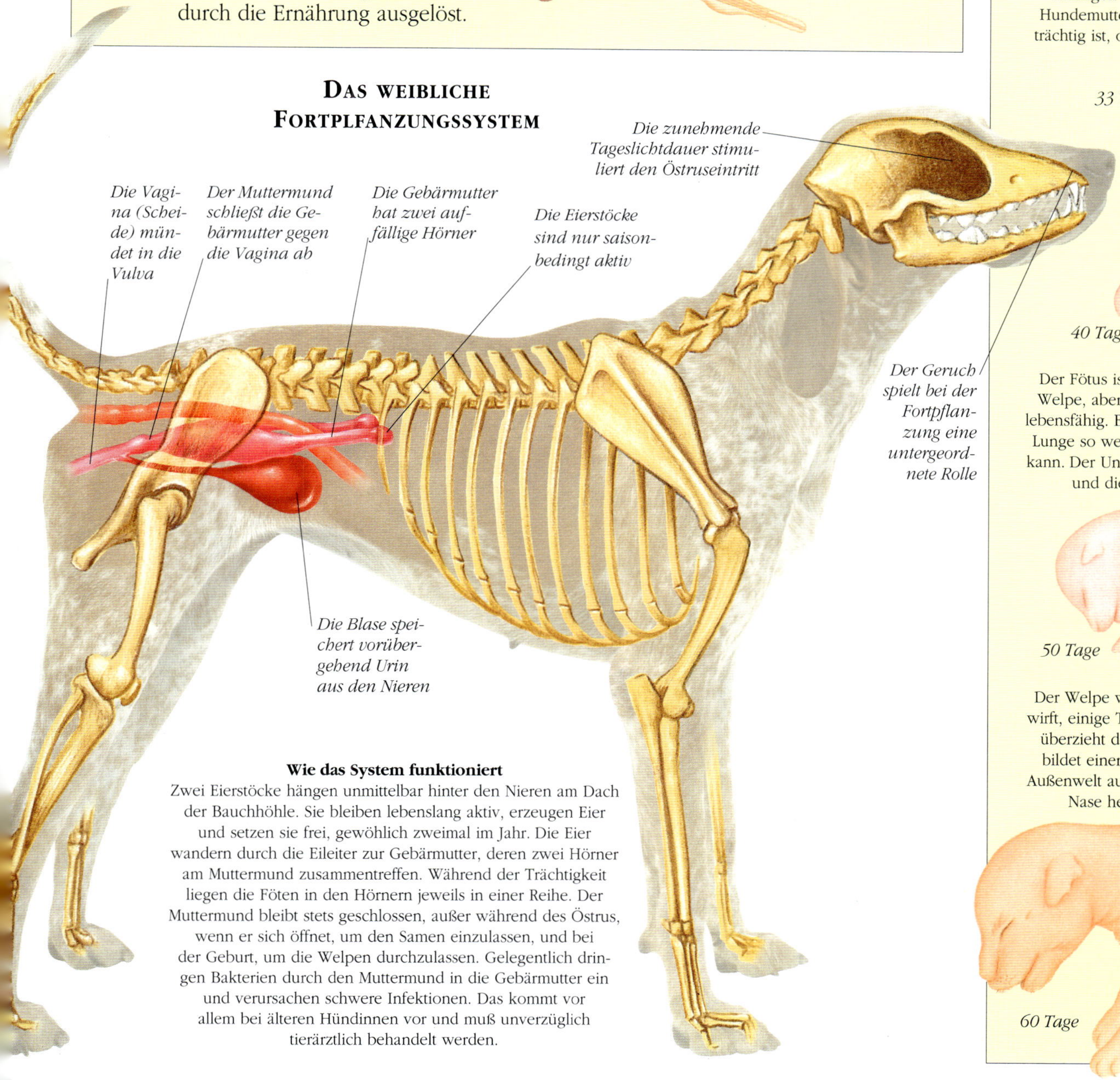

Wie das System funktioniert

Zwei Eierstöcke hängen unmittelbar hinter den Nieren am Dach der Bauchhöhle. Sie bleiben lebenslang aktiv, erzeugen Eier und setzen sie frei, gewöhlich zweimal im Jahr. Die Eier wandern durch die Eileiter zur Gebärmutter, deren zwei Hörner am Muttermund zusammentreffen. Während der Trächtigkeit liegen die Föten in den Hörnern jeweils in einer Reihe. Der Muttermund bleibt stets geschlossen, außer während des Östrus, wenn er sich öffnet, um den Samen einzulassen, und bei der Geburt, um die Welpen durchzulassen. Gelegentlich dringen Bakterien durch den Muttermund in die Gebärmutter ein und verursachen schwere Infektionen. Das kommt vor allem bei älteren Hündinnen vor und muß unverzüglich tierärztlich behandelt werden.

ENTWICKLUNG DES FÖTUS

Die Tragzeit dauert etwa 63 Tage. Alle Hündinnen kennen eine hormonale Trächtigkeit, ob sie nun trächtig sind oder nicht. Die Föten stecken anfangs in Fruchthüllen. Wenn sie 7 Wochen alt sind, enthalten ihre Knochen so viel Kalk, daß sie auf dem Röntgenschirm sichtbar werden. 2 Wochen später weitet sich der Muttermund, und die Wehen beginnen.

Nach 28 Tagen

Zunächst wird der Fötus aus einem Dottersack ernährt, doch nach 28 Tagen kommt die Nahrung aus dem Mutterkuchen (Plazenta). In diesem Stadium entwickeln sich Kopf, Augen und Gliedmaßen. Die heikelste Phase, in der Medikamente und andere Fremdstoffe großen Schaden anrichten können, ist überstanden.

28 Tage

Nach 33 Tagen

Der Fötus ist immer noch winzig, aber alle lebenswichtigen Komponenten sind vorhanden. Die Hundemutter gibt erst jetzt zu erkennen, daß sie trächtig ist, obwohl sich die Form ihres Unterleibs nicht verändert hat.

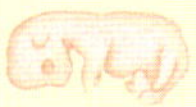

33 Tage

Nach 40 Tagen

Der Fötus ist wesentlich größer, und die inneren Organe funktionieren. Die Zitzen der Mutter sind rosig, und ihr Unterleib verändert seine Form.

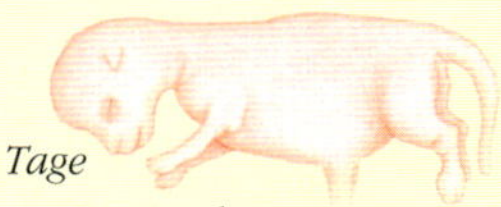

40 Tage

Nach 50 Tagen

Der Fötus ist jetzt ein voll ausgebildeter, winziger Welpe, aber außerhalb des Mutterleibs noch nicht lebensfähig. Erst nach einer weiteren Woche ist seine Lunge so weit entwickelt, daß er selbständig atmen kann. Der Unterleib der Hündin ist stark ausgedehnt, und die Milchproduktion hat eingesetzt.

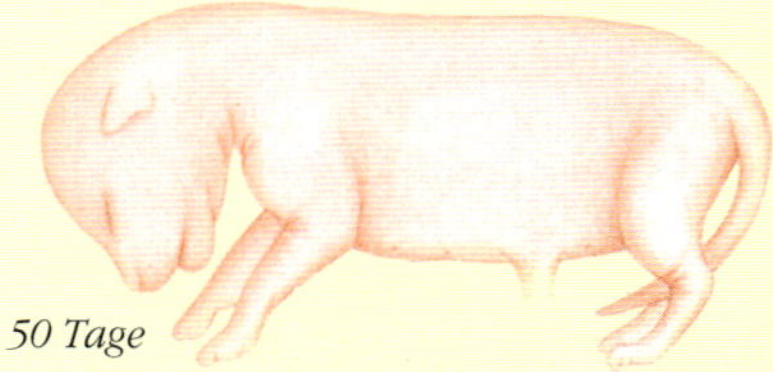

50 Tage

Nach 60 Tagen

Der Welpe wird überleben, wenn die Hündin jetzt wirft, einige Tage vor dem üblichen Termin. Ein Fell überzieht den gesamten Körper des Kleinen und bildet einen Wärmeschutz, wenn er erstmals der Außenwelt ausgesetzt wird. Wärmerezeptoren in der Nase helfen ihm, seine Mutter zu finden.

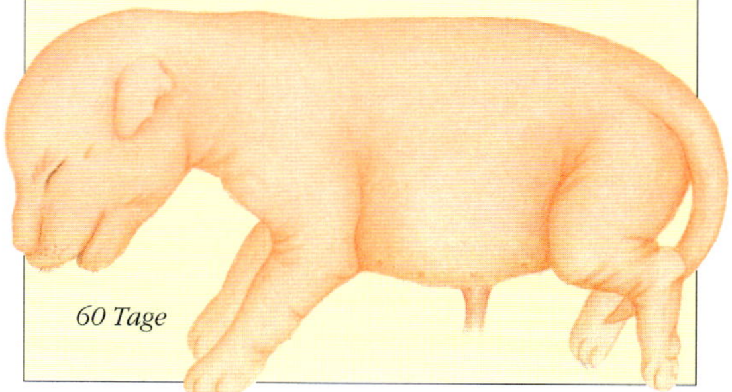

60 Tage

HAUT UND HAARKLEID

Die Haut und das Fell des Hundes bilden eine physische Barriere, die verhindert, daß schädliche Chemikalien und Mikroben in den Körper eindringen. Durch Aufrichten oder Anlegen der Haare wird auch die Wärmeabgabe gesteigert oder verringert. Drüsen in der Haut scheiden Substanzen aus, die dem Fell Glanz verleihen und die Haut nähren. Einzelne Hautzellen signalisieren Gefahren, die dem Körper drohen, und beeinflussen die Immunreaktion bei Verletzungen. Bestimmte Hautpartien sind für spezielle Funktionen modifiziert – die Pfoten für Dauerbelastung, die Ohren für die soziale Kommunikation und die Afterdrüsen für die Duftmarkierung.

Haarlos
Haarlosigkeit ist eine seltene genetische Mutation, die durch Eingriff des Menschen entstanden ist. Nahezu alle Nackthundrassen haben teilweise behaarte Nachkommen.

HAARFOLLIKEL

Das Haarkleid ist beim Hund sehr viel variabler als bei den meisten anderen Haustieren, weil viele Haare unterschiedlicher Textur aus einem einzelnen Haarfollikel oder -balg hervorwachsen können. Das zentrale Haar des Follikels ist umgeben von bis zu 5 Primärhaaren, die jeweils mit einer eigenen Schweißdrüse, Talgdrüse und einem Haarbalgmuskel versehen sind. Diese festen und robusten Primärhaare sind manchmal von kleinen Sekundärhaaren umgeben. Jedes Sekundärhaar hat eine Talgdrüse, aber keine Schweißdrüse und keinen Muskel, weshalb es sich auch nicht aufrichten kann.

FELLTEXTUR

Die Primärhaare werden vielfach als Leit-, Deck- oder Fellhaare bezeichnet, die Sekundärhaare als Beihaare oder Unterwolle. Die Dichte dieser Haare und deren Verteilung sind die entscheidenden Faktoren bei der Bestimmung des Felltyps. Die Dichte schwankt beträchtlich. Ein Yorkshire-Terrier besitzt vielleicht 100 Haare pro Quadratzentimeter, ein Finnenspitz aber etwa 600. Bei Wildcaniden wie dem Wolf und Kojoten und in Haushundrassen wie dem Deutschen Schäferhund sind die derben Primärhaare von zahlreichen feinen Sekundärhaaren umgeben. Rassen wie der Cairn-Terrier weisen eine hohe Primärhaardichte und weniger Sekundärhaare auf, während Rassen mit weichem, kurzen Fell weniger Primärhaare und mehr Sekundärhaare besitzen.

Drahthaar
Drahthaarrassen besitzen ein Fell mit einer vermehrten Zahl und Dichte der harschen Leithaare. Diese bilden eine physische Barriere, die nicht nur vor Kälte, sondern auch vor Bissen und sperriger Vegetation schützt.

Hartes, drahtiges Fell aus dickem Primärhaar

HAARWACHSTUM

Das Hundehaarkleid wächst in Zyklen. Auf eine aktive Wachstumsphase folgt eine Übergangs- und dann eine Ruhephase. Die Haare werden abgestoßen, sobald neue Haare nachschieben. Der Wachstumszyklus wird gesteuert oder modifiziert durch vielerlei Nebenfaktoren: Umgebungstemperatur, Tageslichtlänge, Körperhormone, Ernährung, Streß und genetische Einflüsse. In der Regel haart der Hund am stärksten im Frühjahr ab, wenn die dichte Winterunterwolle nicht mehr gebraucht wird, und abermals im Herbst, wenn das kurze Sommerfell durch ein langes, dichtes Haarkleid ersetzt wird und neue Beihaare wachsen. Während des Winters machen das gesamte Deckhaar und 50 Prozent der Unterwolle meist eine Ruhephase durch. Weil so viele Hunde in zentralgeheizten Räumen oder in Regionen mit ziemlich konstanter Außentemperatur leben, ändert sich häufig diese natürliche Abfolge des saisonal bedingten Haarwachstums und -verlusts. Viele Tiere sind das ganze Jahre über im Haarwechsel. Schwankungen in der Hormonproduktion von Hirnanhang-, Schild- und Nebennierendrüse wirken sich nachhaltig auf die Felltextur und Felldichte aus. Das gleiche gilt für die Sexualhormone. Männliche Hormone bewirken eine größere Haardichte, weibliche haben einen gegenteiligen Effekt. Neben den normalen Körperhaaren gibt es zwei spezialisierte Haartypen. Einzelhaare verteilen sich über die gesamte Hundehaut, und am Kopf und Hals wachsen dicke, steife Haare, die Tasthaare oder Vibrissen. Beide Typen dienen als Tastrezeptoren.

Anliegendes Fell
Hunderassen, die sich in warmen Klimazonen entwickelt haben, besitzen oft ein kurzes, eng anliegendes Fell, in dem feine Sekundärhaare die Primär- oder Leithaare überwiegen.

Ein kurzes, wasserabweisendes Haarkleid von großer Dichte bietet eine gute Wärmeisolierung

Übertriebene Haarlänge

Üppiges Haarkleid
Eine verlängerte Wachstumsphase des Haars hat man durch Selektion wahrscheinlich nicht nur deshalb angestrebt, um einen besseren Wärmeschutz zu erreichen, sondern auch aus ästhetischen Gründen. Dieser Aspekt spielt seit der Entstehung von Zuchtvereinen eine immer größere Rolle.

Die Haut

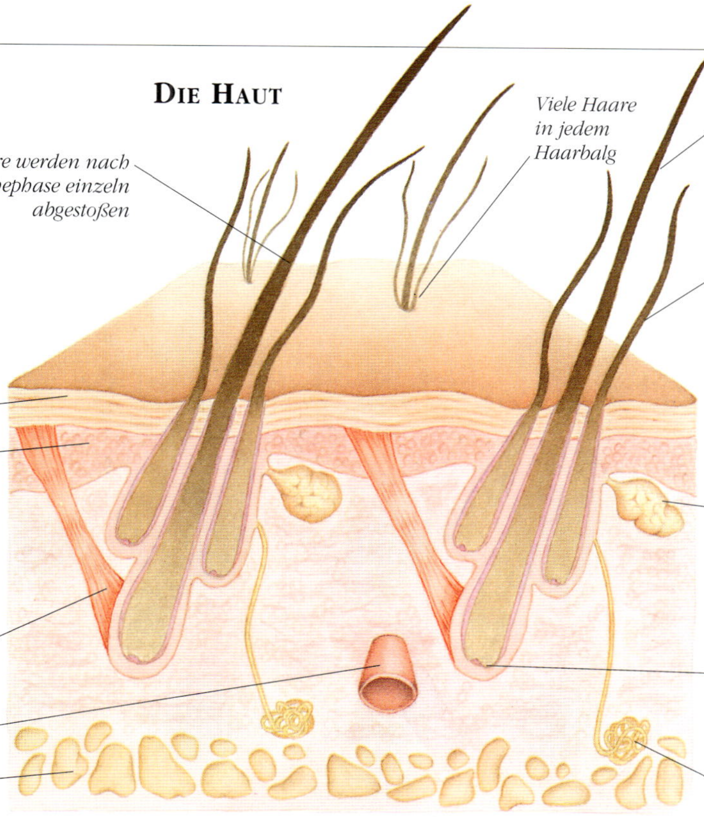

Die Struktur der Haut
Die Haut besteht aus zwei Hauptschichten. Die Oberhaut (Epidermis) ist nicht besonders fest, behält aber ihre Schutzfunktion und Geschlossenheit, indem sie ständig neue Zellen anlegt und durch Drüsensekrete genährt und »geschmiert« wird. Die unter der Oberhaut liegende kräftige, elastische und flexible Lederhaut sorgt für Festigkeit und zugleich für die Blut- und Nervenzufuhr zur Oberhaut. In der Lederhaut finden sich zahlreiche Hautdrüsen, die an den einzelnen Körperpartien unterschiedlich ausgebildet sind. Am verbreitetsten sind die röhrenförmigen Talgdrüsen, die in den Haarbalg münden und ihn nähren und »schmieren«. Im Gehörgang sind die Talgdrüsen für die Ausscheidung von Ohrenschmalz umgestaltet. Manche Haarbälge haben auch Schweißdrüsen; diese sind am häufigsten an den Pfotenballen und in den Gehörgängen. An anderen Stellen, zum Beispiel um den After und auf dem Schwanz, sitzen modifizierte Talgdrüsen, die vermutlich der sozialen Wahrnehmung dienen.

Die Analbeutel

Die Analbeutel gehören zur Haut des Hundes. Talg- und Schweißdrüsen entleeren sich in diese Beutel, die ihrerseits Substanzen ausscheiden, die bei der Reviermarkierung und bei der sozialen Wiedererkennung eine Rolle spielen. Wenn der Hund Kot absetzt, pressen Muskeln, die die Analbeutel umgeben, die Beutel gegen die Ausscheidungen, so daß ein paar Tropfen einer klebrigen Flüssigkeit abgegeben werden. Bei weichem Kot können die Analbeutel eingeklemmt und ihr Inhalt dick und breiig werden.

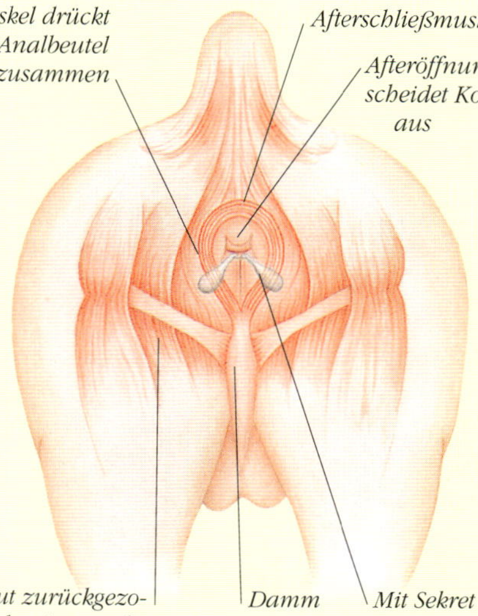

Vielfalt der Ohrenformen

Natürliche (Wolfs-)Ohren

Stehohren vom Typ Deutscher Schäferhund

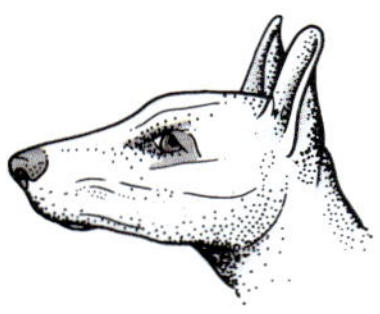
Kupierte und dadurch aufrechte Hängeohren

Stehende, abgerundete Fledermausohren

Halb aufrechte Überfallohren

Nach hinten drehbare Rosenohren

Behänge, dicht anliegende Hängeohren

Seitlich herabhängende Rosenohren

Kippohren mit hängenden V-förmigen Spitzen

Durch die selektive Zucht sind die Ohren des Hundes stärker verändert worden als fast alle anderen Körperteile. Die natürliche Form, die der Wolf zeigt, sind bewegliche, straffe Stehohren. Viele Rassen besitzen solche wolfsähnlichen Ohren, die besonders aufmerksam wirken. Der Dobermann hat von Hause aus Hängeohren, die in manchen Ländern durch einen chirurgischen Eingriff gekürzt werden, damit sie »gefährlicher« aussehen. Andere Rassen haben Rosenohren, die aufgerichtet oder beim Rennen nach hinten angelegt werden können. Die Spürhunde haben oft Hängeohren oder »Behänge«, die den Boden berühren, wenn eine Duftspur verfolgt wird. Durch die Zucht sind bei einigen Rassen Ohrhautprobleme entstanden. Die Gehörgänge sind von Natur aus nicht behaart, doch durch Hautveränderungen hat sich auch das geändert. Bei mehreren Rassen wachsen im Innenohr Haare, die ausgerupft werden sollten.

Die Pfoten

Die Krallen und Ballen der Pfote sind umgestaltete Hautgebilde. Die Krallen werden durch spezialisierte Fortsätze der Oberhaut gebildet. Die Ballen besitzen eine dicke, schützende und isolierende Hautschicht und enthalten Schweißdrüsen, die sie elastisch halten. Die Ballen sind sehr viel weniger wärme- und kälteempfindich als andere Hautpartien.

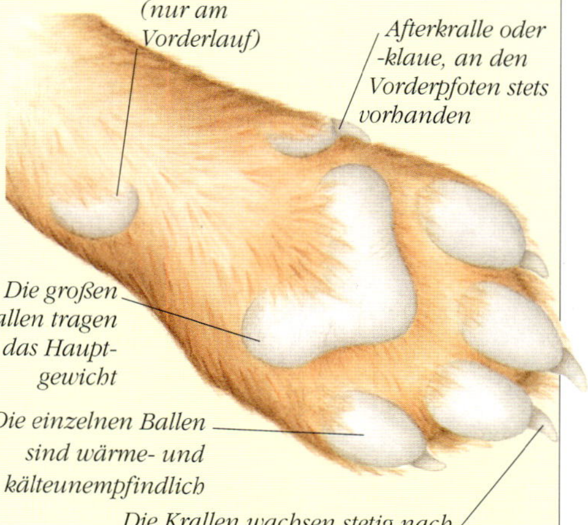

Biofeedback

Unter Biofeedback versteht man die Steuerung von Aktivitäten mittels chemischer Botschaften, die auf dem Blutweg übermittelt werden. Ein Anblick, ein Laut, ein Geruch oder sogar eine Stimmung löst die Freisetzung von Hormonen aus. Diese wandern durch den Blutkreislauf zu anderen Drüsen und regen sie zur Produktion von anderen Hormonen an. Die neuen Hormone gelangen ebenfalls ins Blut, wandern zu der Drüse zurück, die die ersten Hormone ausgeschüttet hat, und stellen sie ab. Das ganze System wird kontrolliert von der »Hauptdrüse«, der Hirnanhangdrüse oder Hypophyse. Diese Drüse wird ihrerseits kontrolliert von der Hypothalamusdrüse, einer »chemischen Fabrik« im Gehirn, die gleich oberhalb der Hypophyse liegt.

Integration des Körpers

Die Hormone aus den endokrinen Drüsen des Hundes sind verantwortlich für die Steuerung und Aufrechterhaltung der Körperfunktionen und der Reaktionen auf innere und äußere Reize. Das hormonale Biofeedback-System ist abhängig vom Nervensystem. Nervenbahnen im Gehirn münden in den Hypothalamus, der die Hypophyse kontrolliert. Die Hypophyse produziert wiederum Hormone, die Vorgänge im übrigen Körper anregen.

Hypophysenhormone

Die Hypophyse stellt das Thyreotrope Hormon (Thyreotropin) in relativ gleichbleibenden Mengen her. Das von der Schilddrüse erzeugte Schilddrüsenhormon hat einen »negativen« Rückkopplungseffekt auf die Hypophyse und verhindert eine übermäßige Thyreotropinproduktion. Die Oberfläche der Nebennierendrüsen wird stimuliert durch das Adrenocorticotrope Hormon (ACTH). Das von der Nebennierenrinde produzierte Cortisol wirkt zurück auf die Hypophyse und verhindert einen ACTH-Überschuß. Manchmal versagt dieses System. Die Hypophyse schüttet weit mehr ACTH aus, als die Nebennierenrinde verkraften kann; die Folge ist ein Krankheitsbild, das als Cushing-Syndrom bezeichnet wird. Der Hund trinkt und harnt übermäßig, bekommt einen »Hängebauch« und verliert Körperhaare. Die Hypophyse produziert auch verschiedene geschlechtsspezifische Hormone, etwa das Luteinisierende Hormon, das den Eisprung bei der Hündin und die Herstellung von Sexualhormonen beim Rüden aktiviert.

Die Funktionsweise der Hormone

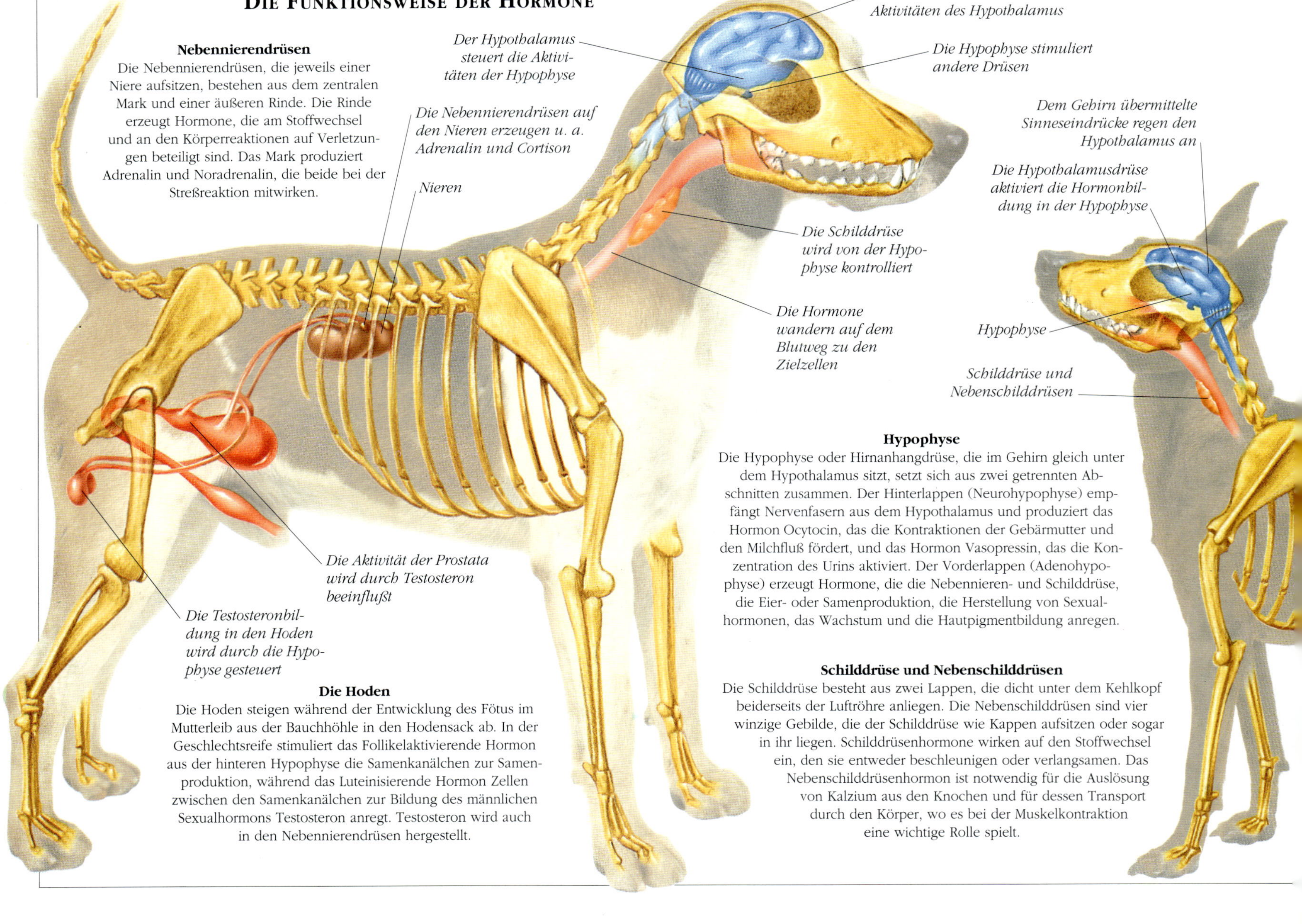

Nebennierendrüsen
Die Nebennierendrüsen, die jeweils einer Niere aufsitzen, bestehen aus dem zentralen Mark und einer äußeren Rinde. Die Rinde erzeugt Hormone, die am Stoffwechsel und an den Körperreaktionen auf Verletzungen beteiligt sind. Das Mark produziert Adrenalin und Noradrenalin, die beide bei der Streßreaktion mitwirken.

Hypophyse
Die Hypophyse oder Hirnanhangdrüse, die im Gehirn gleich unter dem Hypothalamus sitzt, setzt sich aus zwei getrennten Abschnitten zusammen. Der Hinterlappen (Neurohypophyse) empfängt Nervenfasern aus dem Hypothalamus und produziert das Hormon Ocytocin, das die Kontraktionen der Gebärmutter und den Milchfluß fördert, und das Hormon Vasopressin, das die Konzentration des Urins aktiviert. Der Vorderlappen (Adenohypophyse) erzeugt Hormone, die die Nebennieren- und Schilddrüse, die Eier- oder Samenproduktion, die Herstellung von Sexualhormonen, das Wachstum und die Hautpigmentbildung anregen.

Die Hoden
Die Hoden steigen während der Entwicklung des Fötus im Mutterleib aus der Bauchhöhle in den Hodensack ab. In der Geschlechtsreife stimuliert das Follikelaktivierende Hormon aus der hinteren Hypophyse die Samenkanälchen zur Samenproduktion, während das Luteinisierende Hormon Zellen zwischen den Samenkanälchen zur Bildung des männlichen Sexualhormons Testosteron anregt. Testosteron wird auch in den Nebennierendrüsen hergestellt.

Schilddrüse und Nebenschilddrüsen
Die Schilddrüse besteht aus zwei Lappen, die dicht unter dem Kehlkopf beiderseits der Luftröhre anliegen. Die Nebenschilddrüsen sind vier winzige Gebilde, die der Schilddrüse wie Kappen aufsitzen oder sogar in ihr liegen. Schilddrüsenhormone wirken auf den Stoffwechsel ein, den sie entweder beschleunigen oder verlangsamen. Das Nebenschilddrüsenhormon ist notwendig für die Auslösung von Kalzium aus den Knochen und für dessen Transport durch den Körper, wo es bei der Muskelkontraktion eine wichtige Rolle spielt.

Negatives Feedback

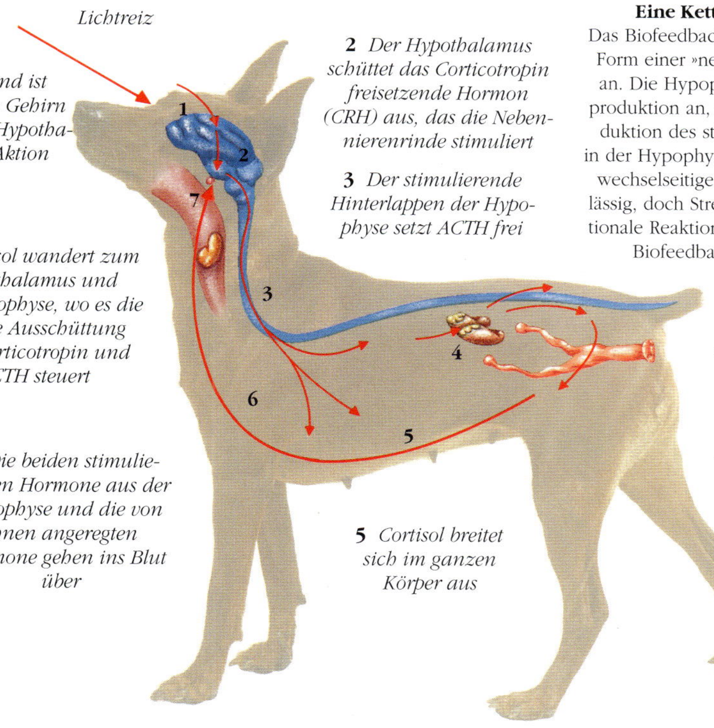

Eine Kette von Vorgängen
Das Biofeedback nimmt gewöhnlich die Form einer »negativen Rückkopplung« an. Die Hypophyse regt die Hormonproduktion an, die andererseits die Produktion des stimulierenden Hormons in der Hypophyse verringert. Eine solche wechselseitige Kontrolle erfolgt unablässig, doch Streß oder gesteigerte emotionale Reaktionen können das normale Biofeedback beeinträchtigen.

Adrenalinschub

Das Nebennierenmark unterliegt primär der Kontrolle des Nervensystems. Wenn der Hund gestreßt oder sexuell erregt ist, schüttet das Mark Adrenalin aus, eine Komponente des Kampf- oder Fluchtmechanismus.

Schilddrüsen- und Nebenschilddrüsenprodukte

Die Schilddrüse produziert drei Hormone. T4 (Thyroxin) und T3 (Triiodothyroxin) regen den Stoffwechsel in den Körperzellen an; Calcitonin setzt den Kalziumspiegel im Blut herab und regelt im Verein mit dem Nebenschilddrüsenhormon Parathormon den Kalziumhaushalt in Körperzellen und -flüssigkeiten.

Insulin der Bauchspeicheldrüse

Kleine Gewebsinseln in der Bauchspeicheldrüse produzieren Insulin, das für die Senkung des Blutzuckerspiegels unerläßlich ist. Eine Zunahme des Blutzuckers löst in der Bauchspeicheldrüse die Insulinausschüttung aus. Das System funktioniert als negatives Feedback. Wenn der Zucker zunimmt, nimmt auch der Insulinausstoß zu. Fällt daraufhin der Blutzuckerspiegel, geht auch die Insulinproduktion zurück.

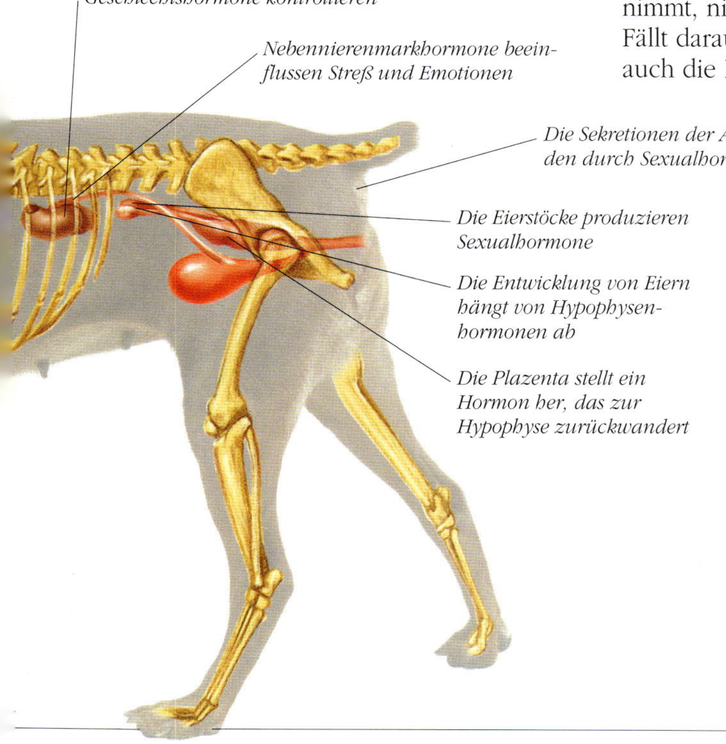

Die Eierstöcke
Die Eierstöcke befinden sich im Unterleib, gleich hinter den Nieren. Nach der Geschlechtsreife aktivieren das Follikelstimulierende und das Luteinisierende Hormon aus dem Vorderlappen der Hypophyse die Entwicklung von Eibläschen oder -follikeln in den Eierstöcken. Eine Follikelschicht erzeugt das weibliche Sexualhormon Östrogen. Die Östrogenproduktion steigert sich mit der Größenzunahme des Follikels; durch Rückkopplung mit der Hypophyse wird diese veranlaßt, das Luteinisierende Hormon auszuschütten, das eine andere Follikelschicht zur Herstellung des Hormons Progesteron anregt. Dieses Hormon bewirkt, daß der Follikel aufreißt und sein Ei in den Eileiter entläßt.

Der Einfluss der Hormone

Säugen beruhigt die Hundemutter
Während der Säugezeit (Laktation) wird der normale Kampf- oder Fluchtmechanismus der Hündin unterdrückt. Ihr natürlicher Drang, vor potentiellen Gefahren zu fliehen, könnte ihre Welpen gefährden. Das Biofeedback und der Einfluß der Hormone, die den Milchfluß aktivieren, stärken ihr Selbstvertrauen und wirken entspannend. Diese Verhaltensweise bleibt gewöhnlich nur so lange erhalten, wie die hormonalen Veränderungen das mütterliche Verhalten beeinflussen.

Spielen fördert das Biofeedback
Frühe Erfahrungen sind für Welpen sehr wichtig. Der gesamte Welpenkörper ist noch in einer aktiven Entwicklung begriffen. Der Welpe lernt sich selbst und seine Umgebung kennen. Im Spiel trainiert er seine Muskeln und seine Sinne, etwa den Gleichgewichtssinn, aber dadurch wird auch die normale Hormonrückkopplung gefördert. Frühe Erfahrungen verfeinern die Biofeedback-Mechanismen. Der Welpe erreicht eine bessere Kontrolle seiner emotionalen Reaktionen, die in das hormonelle Biofeedback integriert werden.

Erziehung verbessert das Biofeedback
Durch Erziehung lernt der Hund, die natürlichen hormonalen Biofeedback-Mechanismen zu kontrollieren. Natürliche Hormonschübe kommen zwar noch vor, werden aber schnell durch eine hochentwickelte Biofeedback-Reaktion abgeschwächt. Ein ausgebildeter Führhund wird beim Anblick eines anderen Hundes nach wie vor erregt; doch dank seiner Erziehung wird diese Erregung durch »negatives Feedback«, die Dämpfung der hormongesteuerten Körperreaktion, rasch überwunden. Gehorsamstraining bei Hunden ist in Wahrheit ein Gehorsamstraining ihrer Biofeedback-Mechanismen.

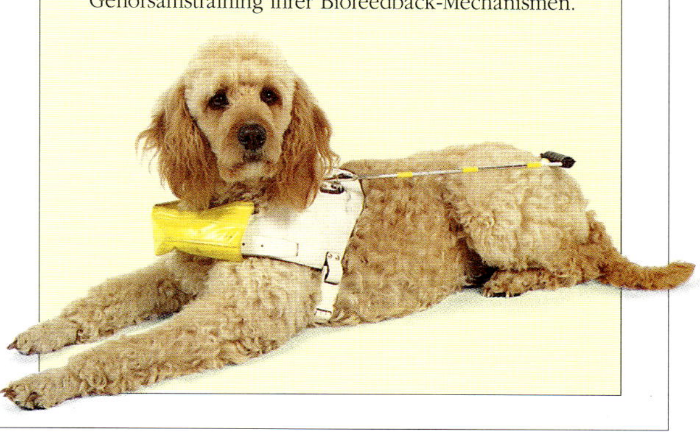

Viertes Kapitel

DAS VERHALTEN DES HUNDES

Der Hund ist ein Rudeltier. Er bellt zwar mehr als der Wolf, aber seine komplexe »Sprache« ist meist stumm. Der Hund kommuniziert sowohl mit uns als auch mit anderen Hunden durch seine Sinne und eine ausgeklügelte Körpersprache. Schon sehr früh im Leben lernt der Hund, wie Zuneigung und Aggressivität durch die Körpersprache ausgedrückt werden. Er benutzt den Geruch, um sein Territorium abzustecken, um einen Geschlechtspartner anzulocken und um andere präzise Informationen mitzuteilen.

Werbung, Paarung und Geburt

Wie bei allen anderen Tieren wird auch beim Hund das Überleben durch erfolgreiche Fortpflanzung gesichert. Während die Rüden stets sexuell aktiv sind, kennen die Hündinnen normalerweise nur zwei kurze Perioden im Jahr, in denen sie läufig sind und sich bereitwillig paaren. Der Rüde leistet nach der Kopulation keinen weiteren Beitrag mehr, aber die Hündin muß danach ein geschütztes Wurflager finden, gebären, die Neugeborenen und das Lager säubern und die Welpen ernähren und beschützen. Sie kann aggressiv werden, wenn sie ihre Jungen bedroht glaubt.

Diese Hündin gibt sich sehr entspannt

Das »Hängen«
Bei der Paarung schwillt ein ballonähnlicher Schwellkörper an der Penisbasis an und »verbindet« die Tiere fest miteinander.

Während des »Hängens« kann kein anderer Rüde die paarungsbereite Hündin besteigen

Weil der Rüde größer ist, hat es die Hündin bequemer, wenn sie ein Hinterbein anhebt

Die Paarung
Die Paarung geschieht fast beiläufig: Die Hündin hält still und gestattet es dem Rüden, sie zu besteigen. Er stützt sich auf ihrem Rücken auf, umklammert ihren Körper mit den Vorderpfoten und stößt mit seinem Becken. Die Ejakulation erfolgt fast unmittelbar und dauert nur wenige Sekunden.

Der Rüde führt Beckenstöße aus. Sein Penis ist durch den Penisknochen versteift, wodurch sich die Wahrscheinlichkeit des erfolgreichen Eindringens erhöht

Die Vorderläufe klammern sich fest; wenn die Hündin das nicht mag, schnappt sie nach dem Rüden

Die Hündin bleibt während der Kopulation ganz willig, aber passiv

Der Schwanz des Rüden ist aufgerichtet – ein Zeichen seiner Erregung

Der Schwanz ist aufgebogen und zur Seite gedreht

Kurze Werbung
Wenn die Hündin den Rüden als Geschlechtspartner akzeptiert, bleibt sie still stehen, wendet den Schwanz zur Seite und erwartet willig die Begattung. Dieses hormongesteuerte Verhalten tritt nur dann auf, wenn der Eisprung erfolgt und eine Trächtigkeit wahrscheinlich ist.

Werbung

Der Rüde ist ganzjährig sexuell aktiv und wird vom Geruch einer jeden läufigen Hündin angezogen. Diese ist die meiste Zeit des Jahres hormonell inaktiv, doch unter dem Einfluß der zweimal im Jahr erfolgenden Ausschüttung des Sexualhormons Östrogen interessiert sie sich für Sex. Ihre Vulva (Scham) schwillt an, um die Einführung des Penis zu erleichtern. Die Eierstöcke setzen Eier frei, die durch die Eileiter zur Gebärmutter absteigen. Die oft kurze Werbung ist durch ein stereotypes Verhalten geprägt. Die Hündin will häufig »spielen«, und wenn sie noch nicht paarungsbereit ist, wälzt sie sich auf den Rücken. Dann beriecht sie die Vorhaut des Rüden und läßt sich von ihm die Vulva belecken. Nach diesen Ritualen kann die Kopulation erfolgen.

Paarung

Die Paarung ist kurz. Während die Hündin fest auf dem Boden steht, besteigt der Rüde ihren Rücken, umklammert ihren Körper mit den Vorderpfoten und stößt mit dem Becken. Die Steifheit seines ohnehin festen, aber jetzt vergrößerten Penis sowie ihre geweitete Vulva garantieren eine mühelose Einführung. Der Rüde ejakuliert, doch bei der Kopulation schwillt der Penis knotenförmig an, so daß er nicht zurückgezogen werden kann.
Obwohl die Übergabe des Samens schnell erledigt ist, bleibt das Paar noch etwa eine halbe Stunde fest miteinander verbunden; dies bezeichnet man als »Hängen«. In dieser Zeit steigt der Rüde von der Hündin herunter. Die beiden bleiben vereint, kehren aber einander die Hinterteile zu. In dieser Phase sind sie ziemlich wehrlos, aber in ihrer Schwanz-zu-Schwanz-Position können sie sich besser verteidigen. Mit der Zeit geht die Penisschwellung zurück, und das Paar trennt sich.

Trächtigkeit

Die Hündin macht nun ein zweimonatiges Trächtigkeitsstadium durch, ob sie nun befruchtet wurde oder nicht. Nach dem Eisprung produzieren die Eierstöcke das Schwangerschaftshormon Progesteron, das unter anderem die Milchproduktion anregt. Ist die Hündin nicht trächtig, spricht man von einer Scheinträchtigkeit. Eine echte Trächtigkeit dauert etwa 2 Monate. Anzeichen einer Trächtigkeit kann eine Appetit- und Gewichtszunahme sein, doch in der ersten Hälfte bemerkt man an der Hündin kaum körperliche Veränderungen.

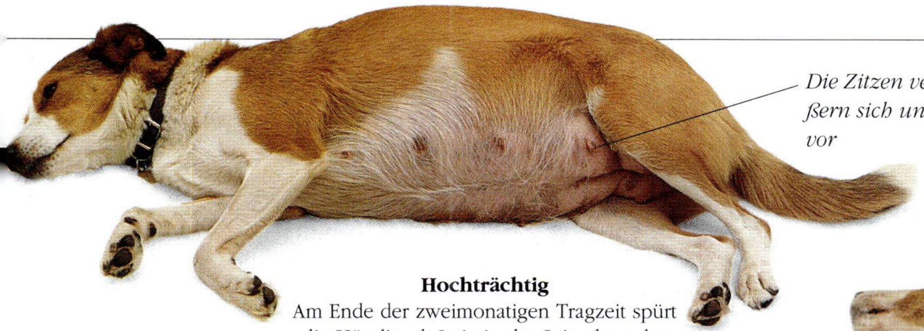

Die Zitzen vergrößern sich und stehen vor

Hochträchtig
Am Ende der zweimonatigen Tragzeit spürt die Hündin, daß sie in der Seitenlage das Gewicht der sich entwickelnden Welpen in ihrem Unterleib besser verteilen kann.

Geburtsvorgang
Die Mutter kontrahiert ihre Bauchmuskeln und treibt einenWelpen in seiner Fruchthülle aus.

Dieser Welpe kommt mit dem Schwanz voran zum Vorschein; er steckt in einer schützenden Hülle, die die Mutter von seinem Kopf und Körper ableckt

Geburt

Wenn die Geburt näherrückt, verändert sich das Verhalten der Hündin. Sie wird ruhiger und interessiert sich weniger fürs Spielen. Etwa 24 Stunden vor Wehenbeginn hört sie mit dem Fressen auf. Sie verbringt mehr Zeit als sonst an ihrem auserwählten Wurfplatz. Wenn die Wehen nahen, wird sie unruhig. Kleine Kontraktionen setzen ein, und die erste Fruchtwasserhülle wird in den Geburtskanal getrieben und zerplatzt, wobei sich eine Pfütze bildet. Die Wehen werden stärker und rhythmischer. Der erste Welpe erscheint in den beiden nächsten Stunden. Gewöhnlich werden die Welpen mit dem Kopf voran geboren, doch auch die Hinterendlage ist nicht selten. Die meisten Hündinnen liegen auf der Seite und legen die Welpen auf dem Boden ab, doch manche gebären lieber im Stehen.

Die stärksten Kontraktionen (Preßwehen) sind nötig, um den Kopf und die Schultern der Welpen auszutreiben. Sobald diese sichtbar sind, folgt der übrige Körper leicht nach. Jeder Welpe steckt in einer Fruchthülle, die die Mutter von seinem Kopf und Körper ableckt. Die Massage durch ihre Zunge regt den Welpen zum ersten Atemholen an und trocknet ihn außerdem, wodurch die Gefahr einer Unterkühlung verringert wird. Nach jeder Austreibung stößt die Mutter eine Plazenta, die Nachgeburt, aus. Im Mutterleib war dies der Nahrungsspeicher des Welpen, der mit seinem Nabel verbunden war. Die Mutter verzehrt gewöhnlich die Nachgeburt und beißt die Nabelschnur ab. Nach einer halben Stunde setzen die Wehen wieder ein, und der nächste Welpe samt Nachgeburt wird ausgetrieben. Gesunde Welpen bleiben dicht bei ihrer Mutter, angezogen durch deren Körperwärme. Erst nach der Geburt des letzten Welpen entspannt sich die Mutter, die jetzt Milch für die Neugeborenen bereithält. Sie exponiert dazu ihre Zitzen, die sie in den letzten Trächtigkeitsphasen gesäubert hat. In den folgenden 24 Stunden verlassen die meisten Mütter ihre Kleinen nicht. Deren Greinen alarmiert die Mutter: Greinen bedeutet meist Hunger, und sie legt sich rasch bereit, um die Jungen zu säugen. Sie beleckt die After- und Geschlechtsgegend der Kleinen, um sie zum Harnen und Koten anzuregen, und verspeist ihre Ausscheidungen, um die Spuren ihrer Anwesenheit zu beseitigen.

Mögliche Probleme

Die Geburt ist eine heikle Angelegenheit für die Mutter und ihren Nachwuchs. Wenn sie nicht in guter Verfassung ist, hat sie womöglich nicht die Kraft, die Welpen auszutreiben. Übersensible Hündinnen können ihre Jungen nach der Geburt im Stich lassen, bei anderen kommt vielleicht der Milchfluß nicht in Gang. Hier muß der Tierarzt eingreifen.

Säuberung des Wurfplatzes
Die Mutter leckt die Fruchthülle des Welpen ab, so daß er zum erstenmal seine Lunge blähen und selbständig atmen kann. Sie frißt alle Überreste der Nachgeburt auf und hält das Wurflager so sauber wie möglich, vielleicht, um alle Spuren zu tilgen, die Räuber auf die hilflosen Neugeborenen aufmerksam machen könnten.

Die erste Mahlzeit
Erst nachdem alle Welpen geboren, gesäubert und getrocknet sind, legt sich die Mutter entspannt auf die Seite und bietet ihnen eine erste Milchportion an. Wärmesensoren in der Nase zeigen den Kleinen den Weg zu den mütterlichen Zitzen und zu dieser ersten und wichtigsten Mahlzeit.

Die Welpen besitzen bereits einen Geruchssinn; sie ergreifen eine Zitze und saugen Milch

Heranwachsen

Ein Hund wird zwar mit einer ganzen Reihe von natürlichen Instinkten und Fähigkeiten geboren, aber deren Gebrauch wird durch frühe Erfahrungen erlernt und verfeinert. Die Beziehung des Welpen zu seiner Mutter und seinen Wurfgeschwistern hat einen entscheidenden Einfluß auf seine »Persönlichkeit«. Lernen verbessert die Nutzung seiner Sinnesorgane und seines Biofeedback-Systems. Der Welpe lernt, Probleme zu lösen; er lernt die Grenzen des akzeptablen Benehmens gegenüber anderen Lebewesen kennen. Je mehr frühe Erfahrungen er macht, desto anpassungsfähiger wird er als erwachsener Hund sein.

Experimente mit Gegenständen
Sobald der Welpe laufen kann, beginnt er, seine Umwelt zu erkunden. Unter Einsatz aller Sinne beobachtet, belauscht, betastet und vor allem riecht und schmeckt er die Welt außerhalb des Wurflagers. Beim Spiel mit Gegenständen beginnt er seine körperlichen Fertigkeiten zu entdecken.

Die Mutter säugt im Stehen und beleckt dabei hin und wieder die Welpen

Abhängigkeit
Die erste Lehrmeisterin ist die Mutter. Sie bietet Nahrung, Geborgenheit und Sicherheit. In den ersten 3 Lebensmonaten der Welpen wird das beruhigende Lecken der Mutter allmählich durch unsere streichelnde Hand und ihre Milch durch das Futter ersetzt, das wir im Napf bereitstellen.

Natürliche Dominanz
Das Gehirn des männlichen Welpen wird kurz vor der Geburt »vermännlicht«, wenn es für kurze Zeit ein männliches Geschlechtshormon produziert. Die Dominanz beruht allerdings nicht allein auf Hormonen. Dieser weibliche Welpe besteigt ein Wurfgeschwister, nur um seine Überlegenheit zu demonstrieren.

Während die kleine Hündin sich mit ihrem ganzen Gewicht auf den Rücken des männlichen Welpen legt, führt sie sexuell anmutende Beckenstöße aus

Der dominante Welpe umklammert den Körper des anderen

Der Einfluss der Mutter

Welpen erben ein großes Inventar von Instinkten, doch viele davon werden unmerklich durch das Verhalten der Mutter beeinflußt. In den ersten 3 Wochen liefert sie Milch; in den folgenden 3 Wochen liefert sie weiterhin Milch, aber sie kann dann auch schon Futter für die Kleinen auswürgen oder ihnen etwas von ihrer festen Nahrung überlassen. In den anschließenden Wochen säugt sie die Welpen noch, damit sie sich geborgen und sicher fühlen. Wenn sich ein Kleiner allzu zudringlich aufführt, wird er von der Mutter mit einem kontrollierten Biß zurechtgewiesen. Die Welpen lernen von ihrer Mutter und machen sich deren spezifische Fertigkeiten zu eigen.

Kritische Phasen

Die Kindheit eines Hundes gliedert sich in »kritische Phasen«, wie sie zuweilen genannt werden. Die erste Phase beginnt bereits im Mutterleib. Wenn eine Hündin während der Trächtigkeit unter Streß leidet, ist es durchaus möglich, daß ihre Jungen nervöser werden als typische Hundekinder. In den ersten beiden Wochen nach der Geburt ist der Welpe ganz und gar auf seine Mutter angewiesen. In dieser nachgeburtlichen Periode entwickeln sich seine Sinne sehr schnell. Neuere Forschungen deuten darauf hin, daß sogar das regelmäßige Anfassen der neugeborenen Welpen durch den Menschen eine positive Auswirkung auf ihre spätere emotionale Entwicklung hat. In den folgenden 2 Wochen tritt der Welpe in eine Übergangsphase ein, in der er sich aus der völligen Abhängigkeit von der Mutter zu lösen beginnt. Zum erstenmal knurrt und bellt der Welpe und wedelt mit dem Schwanz. Sein Temperaturkontrollmechanismus verbessert sich so weit, daß er erstmals die schützende Wärme der Mutter verlassen kann.

Sozialisation

Das Sozialleben des Hundes beginnt im Alter von etwa 4 Wochen, wenn er die Kommunikation mit anderen Hunden und mit Menschen aufnimmt. Er fängt an zu spielen, und im Spiel lernt er das Rudelverhalten, Dominanz und Unterwerfung, kennen. Der Welpe benutzt das Spiel, um sich gefahrlos und in ritualisierter Form mit seinen »Gegnern« zu messen. Das Spiel fördert das kooperative Verhalten und verbessert die Körperbeherr-

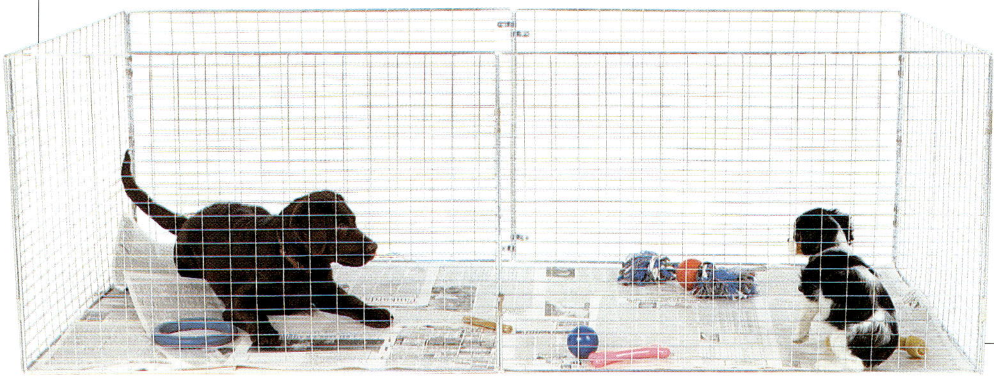

Training
Wenn ein Welpe in den ersten 3 Monaten an eine Drahtbox gewöhnt wird, betrachtet er sie zeitlebens als ein sicheres Refugium.

Die Vaterrolle
Der Vater spielt im Leben der Hundekinder eine untergeordnete Rolle. Manche Rüden belecken und putzen gelegentlich die Welpen, aber sie würgen, im Unterschied zur Hündin, nur gelegentlich Futter für sie aus. Die Väter neigen eher dazu, die Welpen durch leichte Bisse zurechtzuweisen, wenn sie allzu übermütig werden.

Der Vater interessiert sich für den Geruch seines Kindes und beschnuppert dessen Gesicht und Ohren

Der aufgerichtete Schwanz deutet darauf hin, daß der Vater sich intensiv für den Geruch interessiert, den er bei seinem Sprößling entdeckt

Mütterliche Aufsicht
Dank ihrer Größe und Reife behält die Mutter stets die Oberhand. Die Welpenzähne sind sehr spitz, und wenn die Kleinen sie im Spiel zwicken, reagiert sie darauf, indem sie sie ebenfalls zwickt und tadelt. Damit stellt sie klar, daß das Benehmen der Welpen Grenzen hat, die sie nicht überschreiten dürfen.

Die Ohren der Mutter sind entspannt

Der aufgerichtete Wedelschwanz verrät, daß die Mutter aktiv und aufmerksam ist

Dieser Welpe ist nicht so lernbereit wie die anderen

Der Welpe nimmt bei seiner Mutter eine Unterwerfungshaltung ein

Zusammenleben mit anderen Hunden
Die Feinheiten der Beziehungen werden im Spiel entdeckt. Das Spielverhalten gibt den Welpen Gelegenheit zum Experimentieren. Sie verfügen über eine angeborene Körpersprache, mit der sie ihre Gefühle und Stimmungen deutlich ausdrücken können, und im Spiel lernen sie aktiv, wie diese Gebärdensprache am günstigsten einzusetzen ist.

Beim Kopfkauen lernt der Welpe, daß er sich beim Beißen zurückhalten muß

Der dominante Welpe stellt sich auf die Hinterbeine, um dadurch eine höhere und dominantere Position einzunehmen

schung. Welpen, die in der Sozialisationsphase (4.–12. Lebenswoche) nicht spielen können, zeigen im Erwachsenenalter oft absonderliche Verhaltensweisen. Diese Welpen haben mehr Angst vor Menschen, Tieren und Geräuschen und sind ungeselliger als solche, die in dieser entscheidenden Phase unbehindert miteinander und mit Menschen herumtollen dürfen.

Angeborenes und erworbenes Verhalten

Ein Welpe kommt mit den Instinkten eines Rudeltiers zur Welt. Er verfügt über ein spezielles Repertoire von sensorischen »Bausteinen«, muß aber erst lernen, diese Anlagen zu gebrauchen, um sich an bestehende Lebensbedingungen anzupassen. Diese Fähigkeit ist der eigentliche Grund, warum sich der Hund so erfolgreich in die Umweltverhältnisse einer anderen Spezies integrieren kann. Welpen ziehen größeren Nutzen aus der Beobachtung ihrer Mutter als aus der Beobachtung anderer Hunde. Frühes Lernen sorgt dafür, daß sie als erwachsene Tiere imstande sind, gemeinschaftlich zu jagen und auch ein Territorium gemeinschaftlich zu verteidigen. Der frühe, tägliche Umgang mit Menschen in den ersten 6 Wochen gewährleistet, daß der Hund sich nicht vor Menschen fürchtet und daß er sein Leben lang in der Lage ist, von Menschen zu lernen. In den folgenden 6 Wochen bleibt das Jungtier offen für alle möglichen Erfahrungen. Je mehr es riecht, sieht, schmeckt, hört und berührt, je häufiger es mit anderen Arten zusammenkommt und unterschiedliche Situationen erlebt, desto anpassungsfähiger wird es im späteren Leben sein.

Intelligenz

Wir reden oft von der Intelligenz des Hundes, doch gewöhnlich ohne volles Verständnis dessen, was dieser Begriff bedeutet. Im Vergleich zu den Affen hat der Hund ein begrenztes Problemlösungsvermögen. Wenn ein Hund lernt, eine Tür mit der Klinke zu öffnen, dann gelingt ihm das anfangs eher per Zufall als durch Überlegung. Hunde sind verschieden, was ihre angeborenen Fähigkeiten angeht – zum Beispiel die Fähigkeit, Schafe zu hüten, Wild zu apportieren oder Neues zu lernen. Bei unseren Hunden verwechseln wir häufig Instinktverhalten, Erziehbarkeit oder Gehorsam mit Intelligenz.

Spielen mit Menschen
Am besten lernt ein Hund, wenn er noch sehr jung ist. Durch den frühen Kontakt mit Menschen wird seine Einstellung zu uns fürs ganze Leben geprägt. Positive und lustvolle frühe Erfahrungen sind die Voraussetzung für eine dauerhafte Beziehung.

Das Rudel

Die Bereitschaft, ja das Verlangen des Hundes, mit anderen Hunden gesellig zusammenzuleben, basiert auf dem vom Wolf ererbten Rudeltrieb. Ein Rudel arbeitet zusammen, um Nahrung zu beschaffen und um sowohl die Nahrung als auch das Rudelterritorium gegen Artgenossen und Aasfresser zu verteidigen. Das Rudelverhalten ist genau festgelegt; ein Anführer – fast immer ein Rüde – und seine fast ebenso dominanten Gefährten bestimmen die allermeisten Rudelaktivitäten. Die übrigen Rudelmitglieder folgen ihrem Anführer, auch wenn dieser zuweilen von dominanten Untergebenen herausgefordert wird. Wir Menschen werden zum Rudelführer, und unsere Hunde gehorchen uns bereitwillig, und zugleich verteidigen sie das Revier ihres Rudels.

Frauen und Männer können gleich gute Rudelführer sein

Ein Teil der Familie
Wenn Hunde vom Welpenalter an bei Menschen aufwachsen, betrachten sie diese als vollwertige Rudelgenossen. Sie sind glücklich, wenn sie an den Aktivitäten ihres Menschenrudels teilhaben dürfen. Diese Golden Retriever nehmen gern mit ihren Besitzern auf dem Sofa Platz, wenn sie die Gelegenheit dazu haben.

Das Wildrudel

Das angestammte Rudelverhalten des Hundes ist wohl der Hauptgrund, weshalb er sich so erfolgreich überall auf der Welt in die menschliche Gesellschaft integriert hat. Das Rudelverhalten ist innerhalb der Familie Canidae unterschiedlich stark ausgeprägt. Füchse haben beispielsweise nach dem Verlassen ihrer Mütter nur noch geringe Neigung, mit Artgenossen gesellig zusammenzuleben. Wölfe dagegen bleiben lebenslang ungewöhnlich soziale Wesen. Daraus ist das Rudel entstanden, eine Gruppe von blutsverwandten Individuen, die für die gemeinsame Sache zusammenarbeiten. Sie jagen gemeinsam, teilen sich die Nahrung und halten einander warm, was eine mannigfaltige Kommunikation voraussetzt.

Der Haushund erlebt wenige Monate lang natürliche Rudelaktivitäten, und zwar von der Geburt bis zum Verlassen des Wurfs und zum Übergang in ein »Menschenrudel«, dessen Mitglied er nun wird. In der frühen Kindheit lernt jeder Welpe, wie er sich gegenüber seinen Wurfgeschwistern und seiner Mutter zu benehmen hat. Die Mutter ist die Anführerin. Mit etwa 3 Wochen beginnen die Welpen, miteinander zu spielen. Das Spiel bietet den erwünschten Kontakt mit anderen Welpen und gleichzeitig Lernerfahrungen, die für die Körperbeherrschung wichtig sind. Ebenso wichtig ist, daß die Welpen spielerisch den Umgang mit anderen Hunden lernen. Den Spieltrieb bewahren sich Rudeltiere ein Leben lang.

Das Menschenrudel

Vor mehr als 10 000 Jahren entdeckten die Menschen, daß der Hund in den ersten 3–4 Monaten am formbarsten und aufnahmefähigsten ist. Wenn ein Welpe mit 8–12 Wochen seine Wurfgeschwister verläßt und bei Menschen untergebracht wird, überträgt er seine angestammte Rudelmentalität ganz selbstverständlich auf diese völlig andere Spezies. Weil die Menschen ihm Nahrung, Wärme und Sicherheit bieten, werden sie als Rudelführer betrachtet. Der Welpe bettelt natürlicherweise um Futter. Er springt hoch, um dem Menschen das Gesicht zu lecken, genauso, wie er es bei seiner Mutter tun würde – eine Verhaltensform, die bei Wölfen und anderen Caniden die Mutter auffordert, halbverdaute Nahrung für ihre Jungen auszuwürgen.

Der heranwachsende Welpe behandelt auch weiterhin sein Menschenrudel als akzeptablen Ersatz für das Canidenrudel, das er verlassen hat. Wenn ein Welpe in einem Wildrudel zu fest zubeißt, wird er zurechtgewiesen, von seinem Wurfgeschwister durch ein Jaulen und den Abbruch des Spiels, von der Mutter durch einen kontrollierten Biß.

Der zweibeinige Rudelführer
Schlittenhunde bilden eine Rangordnung aus. Der dominante Rüde erhält von seinem Halter den ersten Futterhappen, aber selbst dieser vierbeinige Rudelführer anerkennt die Überlegenheit des menschlichen Rudelchefs.

Der Rudelführer richtet sich auf, ohne daß die anderen ihn daran zu hindern versuchen

Die Mutter betreibt Körperpflege bei ihren Welpen und weist sie zurecht, wenn sie zu fest zubeißen

Einübung des Rudelverhaltens
Das Rudelverhalten wird fast sofort nach der Geburt erlernt. Die Mutter bestimmt und kontrolliert nahezu alle Aktivitäten der Welpen. Die Wurfgeschwister konkurrieren insgeheim um die ergiebigste Milchquelle.

Revierverteidigung
Der Rudeltrieb veranlaßt die meisten Hunde, das übrige Rudel vor einer potentiellen Gefahr innerhalb des Rudelterritoriums zu warnen. Die Markierungen, mit denen wir unser eigenes Territorium abstecken, etwa Zäune, werden von den Hunden als die Grenzen ihres Territoriums akzeptiert, das es zu schützen und zu verteidigen gilt.

Rangordnung im Rudel

Wenn der Junghund heranreift, entwickelt sich sein Rudelverhalten, das am Ende geprägt wird durch die gesammelten Erfahrungen und, in der Pubertät, durch die einsetzende Produktion von Geschlechtshormonen. Bestimmte Rassen hat man bewußt so gezüchtet, daß sie als Rudel oder Meute zusammenarbeiten. Meutehunde verfolgen gemeinsam Duftfährten, fressen gemeinsam aus großen Futtertrögen und sehen im zweibeinigen Meuteführer ihren Anführer.

In einem typischen menschlichen Haushalt sucht sich der erwachsene Hund aufgrund seines Rudeltriebs eine ihm gemäße Nische innerhalb der Familie. Die Geschlechtsreife wird schon früh, gewöhnlich zwischen dem 6. und 12. Monat, erreicht, aber die emotionale Reife ist erst ein Jahr später abgeschlossen, ungefähr zur gleichen Zeit wie beim Wolf. Ein dominanter Hund, vor allem ein Rüde, kann die ihm zugewiesene Position im Menschenrudel jederzeit zwischen der sexuellen und emotionalen Reife in Frage stellen. Das geschieht dadurch, daß er sich weigert, die von einem anderen Rudelmitglied gegebenen Anweisungen zu befolgen, oder daß er irgend jemanden bewußt herausfordert. Der Hund sucht sich dafür meist das vermeintlich schwächste Mitglied des Rudels aus. Er kann zum Beispiel ein Kind im Streit um ein Spielzeug beißen oder einen Befehl, den die Mutter des Kindes gegeben hat, verweigern, aber gleichwohl denselben Befehl ausführen, wenn ihn der Vater mit seiner tieferen und energischeren Stimme ausspricht.

Das Territorialverhalten

Alle Mitglieder eines Rudels sind gleichermaßen für die Sicherheit ihres Territoriums oder Reviers verantwortlich. Dies ist natürlich einer der ersten Gründe gewesen, warum unsere Ahnen den Wölfen den Aufenthalt in der Umgebung und dann innerhalb des Lagerplatzes gestattet haben. Wenn vier- und zweibeinige Familiengruppen ein Territorium gemeinsam bewohnen, warnen sie einander vor potentiellen Gefahren. Nach dem Geselligkeitsbedürfnis ist das Sicherheitsbedürfnis das wichtigste Motiv der Hundehaltung.
Der Territorialtrieb des Hundes hat seinen Ursprung im Rudelverhalten. Fast jeder Hund wird aufmerksam und neugierig, wenn er etwas Fremdes hört, sieht oder riecht. Die meisten Hunde warnen dann ihre Rudelgenossen durch zuweilen aggressives Bellen, doch ebenso häufig wollen sie das übrige Rudel lediglich darauf aufmerksam machen, daß sich irgend jemand oder irgend etwas dem gemeinsamen Wohnbereich nähert.
Einige Rudelmitglieder verteidigen diesen Bereich aktiv, während die meisten es vorziehen, dem Rudelführer die Initiative zu überlassen. Jedes Rudelmitglied hat nicht nur ein gemeinsames Territorium, sondern auch einen »persönlichen« Bereich in diesem Territorium. Das ist oft der dem Hund zugewiesene Schlafplatz, doch manche Tiere suchen sich selber ein eigenes Plätzchen aus – einen Sessel, ein Sofa oder eine »Höhle« unter dem Tisch –, das sie gegen andere Rudelgenossen, auch gegen zweibeinige, verteidigen.

Natürliches Rudelverhalten
Die Aktivitäten des Wolfsrudels, das einem dominanten Anführer untersteht, sind genau festgelegt. Die Herrschaft über das Rudel gibt dem Anführer das Recht, sich zu paaren. Für ein Hunderudel gelten ähnliche Grundsätze.

Einzelgänger

In manchen Regionen Mittel- und Südamerikas, Osteuropas, Asiens und Afrikas bilden Pariahunde unabhängige Rudel, die gemeinsam Nachwuchs zeugen, fressen und umherziehen. In Nordamerika, Mittel- und Nordeuropa schließen sich Hunde nur selten zu Rudeln zusammen. Streunende Hunde (die zwar Menschen gehören, aber frei umherstreifen dürfen) bilden niemals soziale Rudel und kommen nur dann zusammen, wenn sie einer läufigen Hündin folgen. Keine wissenschaftliche Untersuchung hat bei Streunergruppen irgendein territoriales Rudelverhalten nachweisen können, wahrscheinlich, weil bei solchen Hunden kein Bedarf besteht, eine Futterquelle oder sich selbst zu verteidigen. In Gruppen umherstreunende Hunde sind keine kohärenten Einheiten, sondern einfach Individuen mit verantwortungslosen menschlichen Rudelführern.

Ein privater Bereich
Neben dem Rudelrevier möchte sich jedes Rudelmitglied natürlich einen eigenen persönlichen Bereich sichern. Diese beiden Golden Retriever besitzen jeweils einen eigenen Schlafkorb.

Aggression und Zuneigung

Die meisten Tiere verfügen über eine ausgeklügelte Körpersprache, die entweder defensives Verhalten oder unverhohlene Aggressivität ausdrückt, doch nur gesellige Arten wie unsere Hunde besitzen auch eine Körpersprache der Vertraulichkeit, die wir gern als Zuneigung oder Liebe deuten. Wir neigen nämlich dazu, unsere eigene Körpersprache mit der des Hundes gleichzusetzen. Infolgedessen können sich Hunde mit uns erstaunlich gut verständigen, wenn man bedenkt, daß Menschen und Hunde zwei so unterschiedlichen Arten angehören. Die Tiere scheinen unsere Gefühle und Emotionen zu verstehen. Ihr scheinbares Verständnis beruht auf ihrem eigenen komplexen Sozialverhalten. Hunde verhalten sich untereinander in vielerlei Formen, von der passiven Unterwerfung über die Gleichgültigkeit bis zur ausgeprägten Dominanz.

Unterwerfung unter die Mutter
Während die Welpen hinsichtlich ihrer Ernährung noch völlig auf die Mutter angewiesen sind, bedrängen sie sie, um Futter zu bekommen. Diese Welpen springen hoch, um die mütterliche Schnauze zu belecken – ein Auslösereiz, der sie veranlaßt, eine Portion für die Kleinen auszuwürgen.

Frühes Lernen

Der Grad der Dominanz oder Unterwürfigkeit, den der Hund entwickelt, hängt sowohl von seinem genetischen Potential als auch von seinen Jugenderfahrungen ab. In einem frühen Stadium lernt der Welpe, wie er andere Welpen durch Zähnefletschen, Aufstellen der Nackenhaare und Bellen einschüchtern kann. Er führt manchmal auch Scheinangriffe aus. Dieses Verhalten wirkt auf uns drollig, ist aber bedeutsam: Der Welpe erlernt die Körpersprache der Dominanz und Unterwerfung.

Welpen erlernen mit etwa 12 Wochen die Droh- und Freundschaftssignale. Macht und Selbstbewußtsein äußern sich darin, daß sie steifbeinig auf ihre Wurfgeschwister losgehen. Mit gesenktem Kopf und Schwanz, aber mit angehobenem Hinterteil und aufgerichteten Ohren nähert sich ein solcher Welpe seinem Gegenüber, um es zu jagen und aus dem Hinterhalt zu attackieren. Oder er umkreist den anderen und wedelt dabei gebieterisch mit dem steifen Schwanz. Vielleicht stellt er sich auch quer über den Gegner. Andere Formen des Drohverhaltens unter Welpen sind Boxen, Schulterstöße, Sträuben des Rückenfells, Zähnefletschen, Besteigen und Beckenstöße. Ein direktes Anstarren ist eine direkte Drohung. Ebenso wichtig sind Unterwerfungs- und Demutsgebärden: zwischen den Beinen eingeklemmter Schwanz, Vermeidung des Blickkontakts, hängende Ohren, zu einem »Lächeln« zurückgezogene Lippen, gesenkter Kopf, Seiten- oder Rückenlage, Darbietung des Bauchs und der Genitalien und sogar Urinieren. Zwischen diesen Extremen liegen die kooperativen Verhaltensweisen, die wir als gesellig-freundlich auffassen: gegenseitige Fellpflege, Beschnuppern, Nasenkontakt, gemeinsames Bellen, Fressen, Schlafen, Hinlegen, Laufen und insbesondere Spielen.

Unterordnung unter Menschen
Obwohl dieser Leonberger so groß und schwer ist wie sein Besitzer, sprigt er an ihm hoch, um unterwürfig sein Gesicht zu belecken; das ist eine Wiederholung des Verhaltens, das er als Welpe gegenüber seiner Mutter gezeigt hat. Das jugendliche Unterordnungsverhalten bleibt in der Mensch-Hund-Beziehung bestehen.

Um das Gesicht seines Herrn zu erreichen, springt der Hund hoch und wirft ihn dabei fast um

Umgang mit Menschen

Hunde übertragen dieses Verhaltensrepertoire von Artgenossen auf Menschen. Sie begreifen, daß wir uns von ihnen unterscheiden, können sich uns gegenüber aber nur genauso verhalten wie gegenüber anderen Hunden. Diese Schwierigkeit betrifft uns gleichermaßen. Wir wissen, daß Hunde einer ganz anderen Spezies angehören, doch auch wir verfügen über ein angeborenes Spektrum von Verhaltensmustern, aufgrund dessen wir unsere Hunde auf die gleiche Weise behandeln wie unsere Mitmenschen. Deshalb nehmen wir sie bereitwillig als Familienmitglieder an und können sie lieben, aber deswegen können wir sie auch mißhandeln. Potentiell kann der Hund sein gesamtes Verhaltensinventar im Umgang mit Menschen ausspielen. Doch indem wir ihm beibringen, die Menschen als Rudelführer zu betrachten, lernt er, seine Aggressionen zu zügeln und seine soziale Zuneigung und Unterwerfung zu demonstrieren. Die Selektionszucht spielt dabei eine wichtige Rolle. Einigen Rassen wie dem Kaukasischen Schäferhund wurde ein gesteigertes Dominanzverhalten angezüchtet, während bei anderen Rassen, etwa dem Labrador-Retriever, das Zuchtziel eine gesteigerte »Bindungsfähigkeit« oder soziale Zuwendung ist. Diese Zuwendung und Zuneigung, die der Fachmann

Dies scheint der Schwächere zu sein, doch vielleicht ist seine Unterwerfung nur gespielt

Jugendliche Experimentierlust
Die wichtigsten Lektionen über den Umgang mit anderen Hunden lernen die Tiere im Welpenalter. Diese beiden Welpen scheinen selbstvergessen zu spielen, doch in Wirklichkeit lernen sie ihre jeweiligen Fähigkeiten und Schwächen kennen. In dieser Spielphase ist der obere Hund dominant, aber die Rollen werden oft blitzschnell vertauscht.

Wettstreitverweigerung
Die Körpersprache kann viele Verhaltensformen ausdrücken, von der selbstbewußten Dominanz bis zur völligen Unterwerfung. Dieser Whippet hat die Ohren angelegt, den Schwanz zwischen die Beine eingezogen, sich hingelegt, die Augen von einem Hund abgewandt, den er für überlegen hält, und ist gerade dabei, ein Bein anzuheben, um seine Unterwürfigkeit sehr deutlich kundzutun.

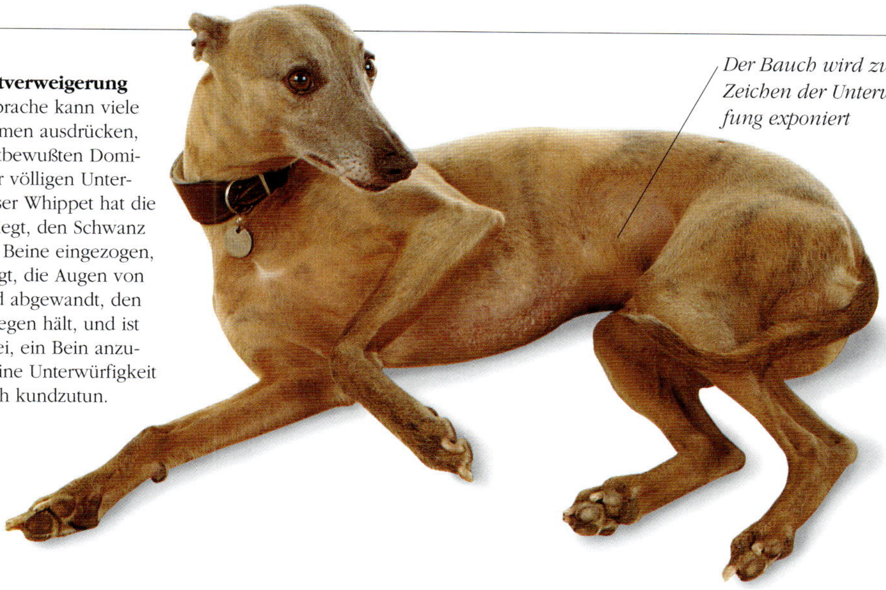

Der Bauch wird zum Zeichen der Unterwerfung exponiert

als allelomimetisches Verhalten bezeichnet, ist die Basis des Gehorsamkeitstrainings, und deshalb sind Hunde, die das größte Potential, solche »Zuneigung« zu zeigen, besitzen, vielfach am leichtesten zu erziehen. Dem Hund ist das gleiche Repertoire von aggressiven und liebevollen Verhaltensformen eigen wie dem Wolf. Durch die Zuchtwahl haben wir jedoch einige Verhaltensformen verstärkt und andere abgeschwächt. Durch die Erziehung werden diese dann weiter beeinflußt.

Formen der Aggression

Die Hunde haben sich eine ganze Reihe von theatralischen Droh- und Aggressionsgebärden zugelegt, die allesamt darauf abzielen, den Gegner einzuschüchtern und dabei jedes Blutvergießen zu vermeiden. Hunde drohen eine Aggression an durch Anstarren, Körperhaltung oder Knurren und Bellen. Die unterschiedlichen aggressiven Ausdrucksformen werden beeinflußt durch das Geschlecht, das Alter, manchmal auch durch die Größe, den Hormonstatus, das Territorium, die Stellung in der Rangordnung und frühere Erfahrungen des Individuums.

In der Aggression drückt sich generell der Wettstreit um das Futter, das Territorium, den Schlafplatz oder merkwürdigerweise unsere Zuneigung aus. Manche Hunde kämpfen miteinander um das Vorrecht, als erster vom menschlichen Rudelchef gestreichelt oder angesprochen zu werden. Dominanz ist eine angeborene Form der Aggressivität und kommt meist bei Rüden im Alter von 2–2½ Jahren zum Vorschein, die den Menschen nicht gehorchen oder sie bedrohen. Erziehungsmaßnahmen sind dann angezeigt (siehe S. 306/307). Manche Hunde hüten aggressiv Objekte wie Futternäpfe oder Spielsachen. Aggression aus Angst ist defensiv und kennzeichnend für unterwürfige Hunde, wohingegen Aggressionen, die durch den Schutztrieb ausgelöst werden, wohl mit der Revierverteidigung zusammenhängen. Aggressivität zwischen Rüden ist mit dem sexuellen Status verknüpft und wahrscheinlich die einzige Aggressionsform, die durch Kastration verändert wird.

Unterwerfung und Zuneigung

So wie die selektive Zucht bei einigen Rassen verschiedene Aggressionstypen gesteigert hat, hat sie auch bei anderen das soziale »Miteinander« gefördert. Alle Hunderassen spielen gern, unterwürfige allerdings häufiger als dominante. Offenkundige Dominanz und offenkundige Unterwürfigkeit sind einfach die beiden Extreme des Hundeverhaltens. Die meisten Hunde sind zwischen den beiden Extremen einzuordnen, in eine Kategorie, die man auch »Subdominanz« nennt. Diese Hunde sind zufrieden mit ihrer Position in einer Rangordnung, die aus anderen Hunden oder aus Menschen gebildet wird. Sie spielen gern mit beiden. Das Spiel dient mannigfaltigen Zwecken. Es erhält die körperliche und mentale Fitneß aufrecht und aktiviert die Findigkeit und das Problemlösungsvermögen.

Wenn Hunde mit uns spielen, gebärden sie sich zuweilen dominant, etwa beim Tauziehen oder Versteckspiel, doch sie benehmen sich dabei bewußt übertrieben oder gehemmt. Die Betätigung ist unverkennbar »spielerisch«. Bei Spielaktivitäten sollten wir dominieren, das heißt »gewinnen«, falls der betreffende Hund allzu selbstbewußt ist. Einen unsicheren Hund sollten wir dagegen manchmal gewinnen lassen. Letztlich müssen sich jedoch alle Hunde ihrem zweibeinigen Rudelführer unterordnen.

Der typische vierbeinige Gefährte ist ein »subdominanter« oder unterwürfiger Hund. Er folgt dem Menschen. Er sucht auch die Gesellschaft des Menschen; er bringt beispielsweise ein Spielzeug und fordert uns zum Spielen auf. Wir deuten dieses Verhalten der »Zuneigung«, was es ja wohl auch ist.

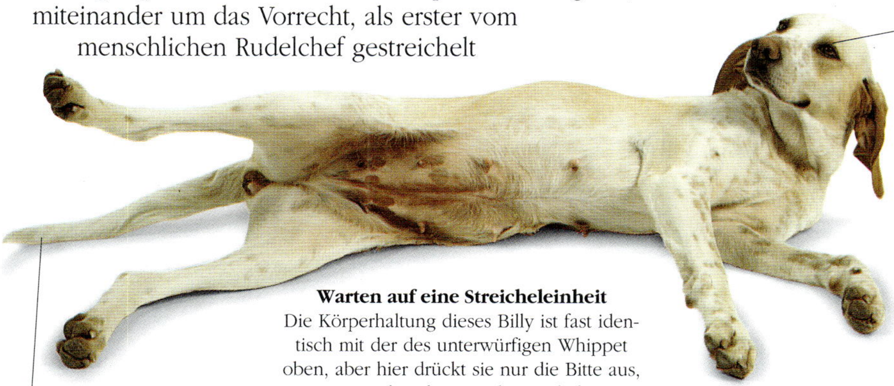

Der Hund blickt seinen Besitzer direkt an

Der Schwanz ist entspannt, nicht zwischen den Beinen eingeklemmt

Warten auf eine Streicheleinheit
Die Körperhaltung dieses Billy ist fast identisch mit der des unterwürfigen Whippet oben, aber hier drückt sie nur die Bitte aus, man möge ihm den Bauch streicheln. Wir nennen so etwas »Zuneigung«, doch vielleicht ist es eine Unterwerfungsgeste.

Die Ohrenstellung verrät kämpferische Nervosität

Die Körperhaltung deutet auf eine gewisse Aggressivität hin

Aggressive Dominanz
Die Aggression kann viele Formen annehmen. Dieser Rüde bellt warnend. Es kann sich um einen von Natur aus dominanten Hund oder auch einen nervösen handeln. Vielleicht verteidigt er sein Revier. Vielleicht ist es auch eine sexspezifische Drohgebärde. Wie dem auch sei, die aggressive Drohung wird von Artgenossen und artfremden Tieren sofort verstanden.

Verständigung

Die geselligen Hunde verfügen über mannigfaltige und oft subtile Mittel, sich untereinander zu verständigen. Sie benutzen ihre Stimme, um Warnungen oder Freude auszudrücken. Der Hund setzt mit seinem Harn und Kot Duftmarken, vor allem um anderen Hunden mitzuteilen, ob er männlich oder weiblich ist, wahrscheinlich aber auch, um eine ganze Reihe weiterer Fakten zu vermitteln, die sich der menschlichen Wahrnehmung entziehen. Manchmal scharrt er in der Nähe seiner Duftmarken den Boden auf, um durch ein zusätzliches optisches Zeichen auf den Kommunikationsort hinzuweisen. Schließlich verständigt er sich besonders elegant mittels seiner Körpersprache. Durch feine Veränderungen der Ohren- und Schwanzstellung drückt er anschaulich seine Gefühle aus.

Lautäusserungen

Die lautliche Kommunikation des Hundes ist ungemein effektiv. Die Hundemutter lernt sehr schnell die unterschiedlichen Stimmen ihrer Welpen kennen und versteht die Laute, die Hunger, Schmerz oder Wohlbehagen ausdrücken. Wir können bei Hunden 5 Typen von Lautäußerungen unterscheiden: kindliches Greinen, Wimmern und Winseln; warnendes Knurren und scharfes Bellen; aufmerksamkeitheischendes klagendes Bellen und Heulen; schmerzliches Jaulen und Aufschreien; wonnevolles Stöhnen.
Eingehende Schallanalysen des Wolfsgeheuls haben gezeigt, daß jeder Wolf einen individuellen Heulton verwendet, so unverwechselbar wie ein Fingerabdruck. Manche Hunde können heulend »singen«, und bestimmte Musik scheint diese Freudentöne zu stimulieren. Hunde heulen weniger als Wölfe und bellen dafür mehr – ein Merkmal, das durch die Domestikation verstärkt worden ist. Das Warnbellen des Hundes war vielleicht eines der ersten Merkmale, die unsere Vorfahren herausgezüchtet haben.

Reviermarkierung

Der Hund hinterläßt in seinem Revier oder Territorium optische und geruchliche Markierungen, gleichsam als Visitenkarten, die Auskunft über den Status des Urhebers geben. Hunde produzieren Duftstoffe, sogenannte Pheromone, die im Speichel, Kot und Urin sowie in den Vaginal- und Vorhautsekreten vorhanden sind. Indem sie ihre Ausscheidungen mit diesen chemischen Stoffen vermischen oder imprägnieren, benutzen sie die Abfallprodukte als Informationsträger. Nachdem der Hund sich entleert hat, preßt eine Muskelkontraktion des Afters 2 Tropfen einer pheromonhaltigen Substanz aus den beiden Analbeuteln (kleine traubenförmige Drüsen beiderseits des Afters) und lagert diese starkriechende Duftmischung auf dem Kot ab. Das Analdrüsensekret enthält mindestens 12 unterschiedliche Stoffe. Wenn man den feinen Geruchssinn des Hundes bedenkt, ist es sehr wahrscheinlich, daß das Analdrüsensekret eine Fülle von Informationen übermittelt. Den After umgeben weitere Perineal- oder Dammdrüsen. Die genaue Funktion dieser Drüsen beim Hund ist nicht bekannt, aber bei anderen Arten erzeugen sie geschlechtsspezifische Pheromone. Im Urin enthaltene Pheromone geben Auskunft über die Fortpflanzungsbereitschaft der Hündin und

Duftmarkieren
Duftstoffe im Urin geben Auskunft über das Geschlecht und den Status. Rüden heben das Bein, um Urinmarken möglichst in Augenhöhe anderer Hunde anzubringen.

Urin wird in kleinen Mengen an senkrechten Gegenständen abgesetzt

Körperdrüsensekrete
Der Basenji informiert sich über das Geschlecht und vielleicht sogar die Familienzugehörigkeit des Spinone, indem er Duftstoffe aus den Anal- und Perinealdrüsen aufnimmt.

Der Spinone nimmt eine unterwürfige Körperhaltung ein

Der aufgerichtete Schwanz ist ein Zeichen von Selbstbewußtsein

Hoch und nach vorn gerichtete Ohren verraten selbstsichere Dominanz

Körpersprache
Durch Anheben des Kopfes, gespitzte Ohren und aufgerichteten Schwanz teilt dieser Junghund dem anderen Welpen mit, daß er dominant ist. Der Eindringling senkt den Kopf und drückt damit aus, daß er diese Körpersprache verstanden hat.

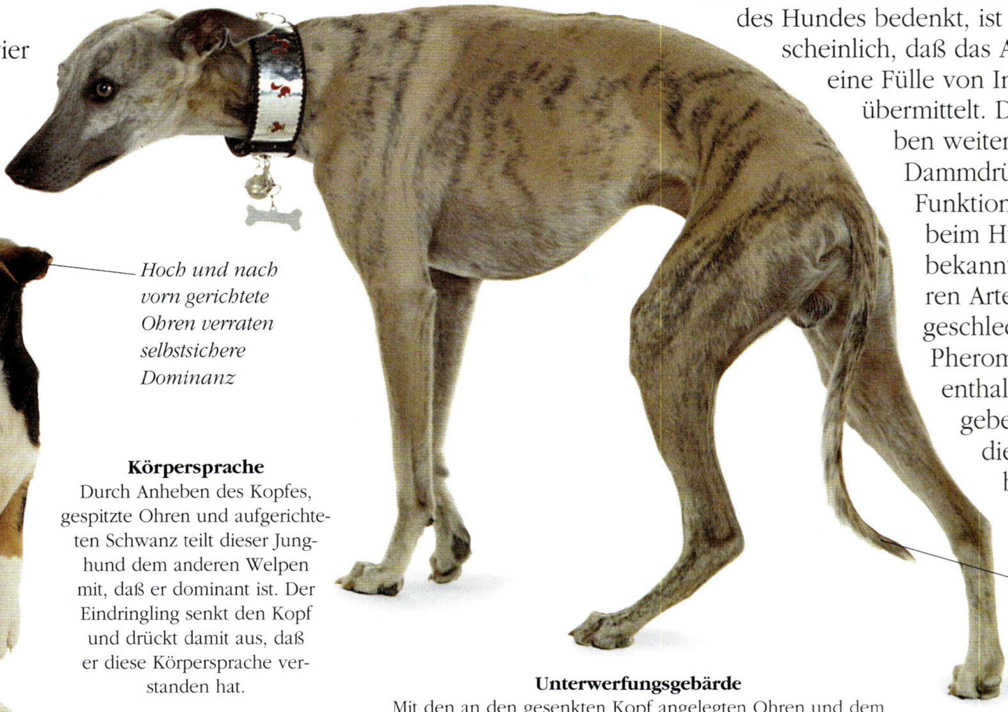

Der für die Verständigung wichtige Schwanz hängt schlaff herab und wird zwischen die Hinterläufe eingezogen

Unterwerfungsgebärde
Mit den an den gesenkten Kopf angelegten Ohren und dem herabhängenden Schwanz gibt diese Whippethündin deutlich zu verstehen, daß sie keine Bedrohung darstellt.

Mit hochgerecktem Kopf und fest zusammengezogenen Lippen wird eine kummervolle Wehklage angestimmt

Meinungsäußerungen
Die lautliche Kommunikation ist vielfach von einer spezifischen Körperhaltung begleitet. Das Heulen dient dem Hund oft dazu, anderen Rudelmitgliedern seinen Standort mitzuteilen. Manche Hunde drücken Verlassenheit, Hochstimmung oder Alarm durch unterschiedliche Heultöne aus. Gesellige Spürhunde heulen häufiger als unabhängige Rassen.

Spielaufforderung
Die Körpersprache ist dem Hund angeboren, so wie die Wortsprache in uns Menschen angelegt ist. Dieser Welpe macht einen »Kniefall« – eine eindeutige Geste, die stumm, aber beredt einen anderen Hund zum Spielen auffordert.

Direkter Blickkontakt und gespitzte, aufmerksame Ohren

Das Hinterteil bleibt angehoben, während der Vorderkörper auf den Boden sinkt

den Rang und die Autorität des Rüdens. Rüden sind bestrebt, an Markierungsstellen in Nasenhöhe möglichst viele Informationen über sich selbst zu hinterlassen. Es ist nicht ungewöhnlich, daß ein Rüde innerhalb von 4 Stunden 80 verschiedene Stellen mit seinem Urin markiert. Je sauberer die Umgebung, desto weniger Duftmarken muß er setzen. Stadthunde, die ihre Territorien, etwa Parkanlagen, mit vielen anderen Hunden teilen müssen, markieren häufiger als ihre ländlichen Artgenossen. Hündinnen setzen weniger Duftmarken als Rüden, doch manche Weibchen versuchen, erhöhte Marken zu hinterlassen, indem sie beim Harnen ein Hinterbein leicht anheben. Beide Geschlechter scharren zuweilen neben ihrem Kot und Urin den Boden auf. Diese Scharrstellen sind wie Pfeile, die auf die Duftmarken hinweisen, aber gleichzeitig sind sie auch selbst Duftmarken, die mit den Schweißdrüsensekreten der Pfoten imprägniert werden.

Körpergerüche

Körpergerüche werden im Speichel, den Ohrensekreten, den Analbeuteln, den Vaginal- und Vorhautsekreten und in Hautdrüsen am After und auf der Schwanzoberseite erzeugt. Alle diese Duftstoffe senden Botschaften aus. Hunde beschnuppern einander an Lippen und Ohren, um Informationen aufzunehmen. Vor allem die Ohrengerüche scheinen Duftstoffe zu enthalten, die den sexuellen Status verraten. Die Schwanzdrüse ist eine rudimentäre Duftdrüse. Andere Caniden, zum Beispiel Wölfe und Kojoten, besitzen auf dem Schwanz aktivere Drüsen, die dazu dienen, Duftstoffe an Sträuchern abzusetzen, wenn diese mit dem Schwanz gestreift werden.

Körpersprache

Der Hund äußerte seine Gefühle und Wünsche mit Hilfe einer komplizierten Körpersprache. Kleine Veränderungen in der Stellung der Ohren, des Schwanzes, des Gesichts, der Schnauze, der Haare und in der Körperhaltung vermitteln eine Fülle von Informationen. Der Blickkontakt ist besonders aufschlußreich. Der dominante Hund starrt, der unterwürfige vermeidet den direkten Blickkontakt, indem er die Augen abwendet. Ebenso wichtig ist die Körperhaltung. Der dominante Hund steht aufrecht, der unterwürfige macht sich klein.

Die Körpersprache des Hundes reagiert auf wechselnde Stimmungen und Emotionen. In der Ruhe sind Schwanz und Ohren entspannt, doch wenn der Hund aufmerkt, werden beide aufgerichtet. Wird er aggressiv, stellt er das Nacken- und Rückenhaar auf, hebt den Schwanz noch mehr an und zieht die Lippen zurück, um die Zähne zu entblößen. Bei gesteigerter Aggressivität lehnt er sich nach vorne und knurrt. Wird er erschreckt, legt er die Ohren nach hinten an und senkt den Schwanz und den Körperumriß. Wenn er sich völlig überwältigt fühlt, wirft er sich auf den Boden, wendet die Augen ab, hebt ein Hinterbein an und uriniert.

Durch Selektionszucht oder chirurgische Eingriffe werden diese Ausdrucksmöglichkeiten manchmal beschnitten. Die nichtverbale Kommunikation ist beeinträchtigt, wenn Haare die Augen verdecken oder so lang wachsen, daß das Nackenfell nicht mehr gesträubt werden kann. Auch kupierte Ohren und Schwänze behindern die Kommunikation. Das Kupieren der Ohren ist in Deutschland und einigen anderen Ländern ohnehin verboten.

Komfortverhalten
Welpen belecken das Gesicht ihrer Mutter, um von ihr gefüttert oder gepflegt zu werden. Ausgewachsene Hunde behalten diese Form des Komfortverhaltens bei, indem sie an ihrem Besitzer hochspringen und versuchen, sein Gesicht abzuschlecken.

Der Hund stellt sich auf die Hinterläufe, um näher an das Gesicht seines Herrchens heranzukommen

Das Drohbellen soll das Eindringen in das Territorium des Hundes verhindern

Lautstarke Entschlossenheit
Knurren und Bellen sind die Warnlaute des Hundes. Greinen, Winseln, Jaulen und Stöhnen sind weitere Ausdrucksmittel. Dieser Hund verteidigt das Auto als sein Kleinterritorium.

Fünftes Kapitel

HAUSHUND-RASSEN

Es gibt auf der ganzen Welt mehr als 400 anerkannte Rassen und Schläge, doch diese Zahl ist nicht statisch. Rassen – Gruppen von Hunden, die Nachkommen mit gleichem Aussehen und Verhalten hervorbringen – kommen und gehen. Viele Rassen sind in diesem Jahrhundert erloschen, während neue erzüchtet wurden. Diese Veränderungen werden weitergehen. Man teilt die Rassen nach ihrer Zweckbestimmung, ihrem Körperbau oder ihren Herkunftsländern in Kategorien ein, doch diese Klassifikationen sind völlig willkürlich. Letztlich haben alle Hunde eine gleich lange Ahnenreihe.

Die selektive Zucht

Die Vielfalt der Rassen bezeugt die genetische Elastizität des Hundes, aber auch die klugen Entscheidungen, die hochbegabte Züchter vor Jahrtausenden getroffen haben. Alle wesentlichen Aspekte der Selektionszucht – Zwergwuchs, Riesenwuchs, Schnelligkeit, Witterungsvermögen, Hüteeigenschaften usw. – werden seit mindestens 5000 Jahren durch Zuchtwahl befördert. In einer späteren Zeit wurden dem Hund durch bis dahin »schlummernde« Verhaltensformen, wie Verweisen, Vorstehen und Apportieren, neue Aufgaben erschlossen. Heute werden die meisten Hunde nicht mehr für Arbeitszwecke, sondern nach den Standards der Zuchtvereine gezüchtet. Eine Folge davon ist, daß heutige Rassen vielfach ihren Vorfahren nicht mehr ähnlich sehen.

Moderne Englische Bulldogge
Diese Englische Bulldogge hat einen liebenswürdigen Charakter, doch infolge vieler ererbter Defekte ist ihre Lebenserwartung mindestens 20 Prozent geringer als bei den meisten anderen Hunden dieser Größe. Der Selektionszucht verdankt sie einen verlängerten weichen Gaumen, der Atem- und Herzbeschwerden nach sich zieht, eine zu dichte Bezahnung, die Zahnfleisch- und Zahnerkrankungen zur Folge hat, und Hautfalten, die für chronische Infektionen anfällig sind.

Die Beine stehen weit auseinander, so daß das Gehen beschwerlich ist; Atembeschwerden verschlimmern die Sache noch

Der Körperbau gestattet es dem Hund, sich frei zu bewegen

Frühe Englische Bulldogge
Dieser Kupferstich aus dem frühen 19. Jahrhundert zeigt, wie die Bulldogge aussah, bevor sie nach einem festgelegten Rassestandard gezüchtet wurde. Die Beine stehen unter dem Brustkorb, nicht seitlich davon. Der Kopf ist proportional zum übrigen Körper und sitzt auf einem deutlich erkennbaren Hals. Der Hund hat weniger infektionsanfällige Hautfalten als die heutige Bulldogge und einen schlanken, langen und nicht korkenzieherförmigen Schwanz.

Gestalt und Verhalten

Die ungewöhnlich tüchtigen Züchter im alten China, Zentralasien, Persien und Nahen Osten züchteten ihre Hunde aus utilitaristischen Motiven. Einige wurden als bellfreudige Wachhunde gezüchtet, andere sollten entweder ein Territorium oder die Viehherden vor Räubern schützen. Ohne Kenntnis der wissenschaftlichen Genetik haben die Züchter mit Erfolg bestimmte Körperformen und Verhaltensweisen herausgezüchtet, indem sie Hunde mit diesen Eigenschaften miteinander verpaarten. Die Verpaarung eines großen Rüden mit einer großen Hündin steigerte die Körpergröße; die Verpaarung von zwei Tieren, die das Warnbellen beherrschten, verstärkte diese Eigenschaft. Durch gezielte Zucht zu einem speziellen Zweck begannen sich bestimmte Typen herauszubilden.
Nordische und Gebirgshunde haben ein dichtes, wärmeisolierendes Fell. Orientalische, nordafrikanische, indische und südostasiatische Rassen besitzen ein kurzes Haarkleid, das sehr wenig Wärme hält. Aus Varianten, die durch Klima und kulturelles Umfeld bedingt waren, sowie aus solchen, die durch Selektion zustande kamen, gingen Hundegruppen mit ähnlichem Äußeren und ähnlichen Eigenschaften hervor. Erst in neuerer Zeit legt man in der Hundezucht mehr Wert auf das Aussehen, auf »Schönheit«.

Der Einfluss der Herrscherhäuser

Jahrtausendelang haben die Kaiser von China, die indischen Moguln, die europäischen Könige und andere Herrscher die Jagd zu ihrem Vergnügen betrieben und mit Stolz auf ihre Jagdhunde geblickt. Diese Hunde wurden zwar noch immer auf ihre jagdlichen Fertigkeiten selektiert, aber auch auf ihr Aussehen. Die Herrscher und ihr Hofstaat setzten Modemaßstäbe für ihre wohlhabenderen Untertanen. Als die Königshäuser anfingen, bei der Hundezucht mehr auf das Aussehen und die Wesenseigenschaften der Tiere zu achten, taten es ihnen die Landbesitzer und Aristokraten nach. Viele Damen an den Höfen Asiens und Europas hielten kleine Hunde als Gefährten und Schoßtiere. Deren Zucht zielte auf Fellbeschaffenheit, Färbung, Kleinheit und Anschmiegsamkeit ab.

Die Rolle der Zuchtverbände

Um die Mitte des 19. Jahrhunderts war die Haltung von selektiv gezüchteten Hunden bei den reichen Leuten in ganz Europa allgemein verbreitet. Die erste Hundeausstellung war ein gesellschaftliches Ereignis, das von englischen Aristokraten zu Wohltätigkeitszwecken inszeniert wurde. 1860 entstand der erste Hundeschauverein im englischen Birmingham. 3 Jahre später veranstaltete die Société d'acclimatation die erste Hundeausstellung auf dem europäischen Kontinent in Paris, wo eine Reihe von Rassen gezeigt

Der ursprügliche Pudel
Der wahrscheinlich von Hütehunden abstammende Pudel hatte früher ein dichtes, wärmeisolierendes Schnürenfell. Die Rasse entwickelte sich zu einem Wasserhund, der dem Jäger erlegtes Wassergeflügel und verschossene Pfeile apportierte. Bis ins 19. Jahrhundert hat er sein derbes, gelocktes und sehr funktionelles Fell beibehalten, wie auf dieser Illustration von 1867 zu sehen ist.

Das praktische Haarkleid ist eine hervorragende, wasserdichte Isolierschicht und bleibt ungeschoren

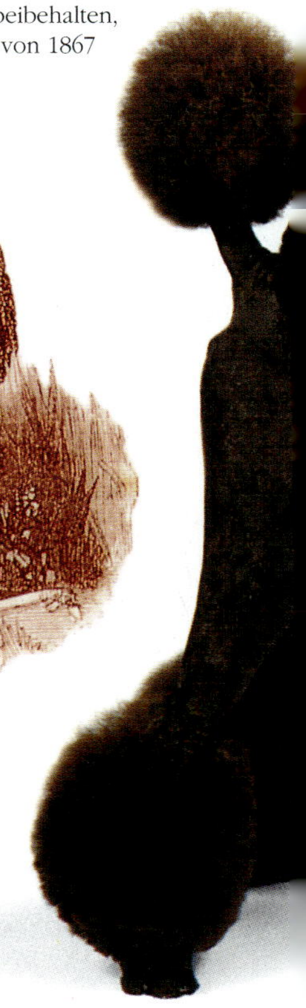

Der elegante Ausstellungspudel (rechts)
Durch die selektive Zucht ist das Pudelfell weicher und zugleich üppiger geworden. Seine Dichte wird durch eine Schur betont, wie sie von den Zuchtverbänden vorgeschrieben ist. Die Schur hat ihren Ursprung in der ehemaligen Funktion der Rasse als Wasserhund. Haare isolierten die Brust, wurden aber an den Hüften und Hinterläufen abgeschnitten, um die Bewegung im Wasser nicht zu behindern.

Frühe Afghanen
Der Afghanische Windhund trat erst in unserem Jahrhundert auf Hundeausstellungen auf und wurde in den späten zwanziger Jahren anerkannt. Diese Afghanen, die sich 1933 mit ihrem Züchter ablichten ließen, sind typisch für die ersten hochwertigen Ausstellungshunde.

Das Fell ist kurz und »selbstreinigend« – eine Notwendigkeit für Hunde, die in Afghanistan für die Jagd verwendet wurden

Ein hochgezüchtetes Supermodell
Die siebzigjährige Selektionszucht, die auf die seidige Textur und Üppigkeit des Fells abzielte, hat eine erstaunliche Veränderung bewirkt. Der Afghane besitzt heute einen stattlichen Bart und an Ohren, Beinen und Schwanz lange Fransen. Die Läufe sind so dicht behaart, daß sie nicht mehr sichtbar sind.

Die tiefe Brust dieses Rennhundes ist mit einem dichten, wärmeisolierenden Haarkleid bedeckt

In dem dicken, langen Haar, das die Pfoten bedeckt, verfangen sich leicht Schmutz und Pflanzenteile

Das Haar ist so dicht, das es von selbst steht, und nicht mehr zur Seite fällt

Pudel kennen keinen Haarwechsel; das Fell wird vor einer Ausstellung geschoren

Das Haar bleibt lang und wird kugelförmig geschoren

wurde; die Definition einer »Rasse« war freilich nicht genau festgelegt. 1873 wurde in Großbritannien ein Zuchtverein gegründet, der ein Zuchtbuch vorlegte, in dem die Stammbäume von 4000 Hunden, unterteilt in 40 Rassen, aufgeführt waren. 1880 entschied dieser Verein, daß auf einer nach den Vereinsregeln durchgeführen Hundeschau nur solche Tiere ausgestellt werden dürften, die beim Kennel Club registriert waren. Diese Bestimmung hatte auf die künftige Selektionszucht weltweit einen größeren Einfluß als alle anderen Faktoren, denn sie definierte die Rasse als eine Gruppe von Hunden, die von einem Zuchtverband anerkannt worden ist.

Als 1911 die Fédération Cynologique Internationale (FCI) unter der Schirmherrschaft der belgischen, deutschen, französischen, niederländischen und österreichischen Züchtervereinigungen entstand, erließ sie ähnliche Vorschriften.

Die Zuchtverbände haben die Entwicklung der Hunderassen seit der ursprünglichen Einteilung der Hunde nach ihrer Zweckbestimmung am nachhaltigsten beeinflußt. Die Englische Bulldogge wurde beispielsweise einst dazu gezüchtet, Bullen anzugreifen und im Genick zu packen. Später wurden Bulldoggen für das Volksvergnügen der Bullenhatz verwendet. Mitte des vorigen Jahrhunderts wurde dieser »Sport« verboten, aber die Bulldoggen behielten zum Teil das Erscheinungsbild ihrer »arbeitenden« Vorfahren bei. Die Standards der Zuchtverbände legten jetzt besonderen Wert auf die Kopfgröße. Um auf Ausstellungen bestehen zu können, wurden den Bulldoggen mit immer größeren Köpfen gezüchtet, bis diese so groß gerieten, daß bei vielen Geburten ein Kaiserschnitt nötig war, weil die Welpenköpfe nicht mehr in den Geburtskanal paßten. Bei anderen Rassen mußten die Länge und Textur des Fells den Standards angepaßt werden. Der Afghane, einst ein unabhängiger Gebirgshund, besitzt heute ein üppiges Haarkleid, hat aber die Instinkte eingebüßt, die für die Jagd auf Gazellen und Wölfe erforderlich wären.

Vernünftige Hundezucht

In einer Zucht, die sich von der ursprünglichen Hundenatur entfernt, werden manchmal extreme Merkmale wie ein kurzer Gesichtsschädel, übertriebene Gesichtsfalten oder kurze, krumme Beine gefördert. Überläßt man die Fortpflanzung der Natur, werden Eigenschaften, die die Vitalität und Überlebensfähigkeit des Hundes beeinträchtigen, einfach deshalb eliminiert, weil solche Tiere mit körperlich robusteren Hunden nicht konkurrieren können. Was die Natur als Fehler wertet, wird jedoch in der Selektionszucht zuweilen gerade als »erwünscht« bezeichnet. Die Zucht von Hunden nach Rassestandards, die Krankheiten und Behinderungen zur Folge haben, ist eine inhumane Qualzucht – und jeder Standard, der eine solche Qualzucht möglich macht, sollte modifiziert werden.

Heute sind sich viele Züchter dieser Gefahren bewußt, und Zuchtvereine sind dabei, die Standards zu revidieren, um die schlimmsten Auswüchse zu beseitigen.

Erläuterungen zum Rassenteil

Die Klassifikationen von Rassen und Schlägen sind willkürlich. Die Römer teilten ihre Hunde in Haus-, Schäfer- und Jagdhunde ein. Die letztere Gruppe wurde in Kriegshunde, Sichthetzer und Spürhunde unterteilt. In neuerer Zeit, zum Beispiel in der ehemaligen Sowjetunion, hat man die Rassen in nur 2 Gruppen gegliedert: Gebrauchs- und Liebhaberhunde. Die Gebrauchshunde erfüllten bestimmte Aufgaben als Hüte-, Schutz- oder Jagdhunde, als Liebhaberhunde galten nur die ausgesprochenen Gesellschafts- und Begleithunde. Rassen kommen und gehen je nach unseren Modelaunen. Viele Rassen sind in diesem Jahrhundert erloschen, doch in mehreren Ländern bemühen sich Organisationen um die Erhaltung von gefährdeten Restbeständen.

Der Aufbau der Rassenbeschreibungen

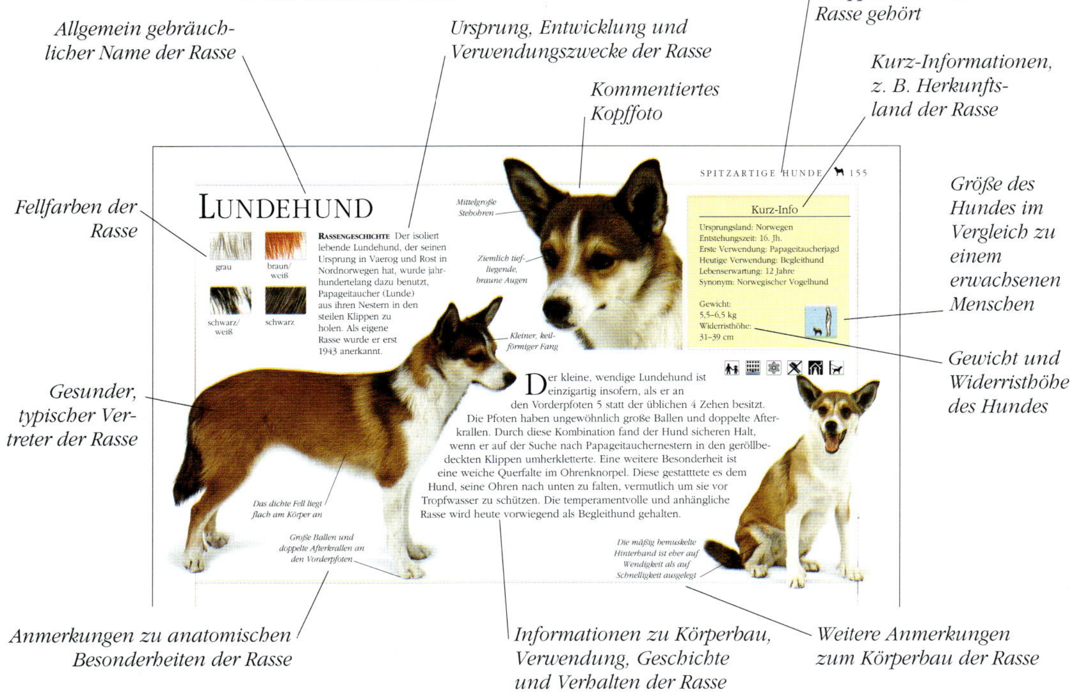

Einteilungssysteme
In dieser Enzyklopädie wird ein einfaches und logisches Klassifikationssystem verwendet, das freilich, wie viele andere auch, willkürlich ist. Kein Versuch, das römische Einteilungsprinzip zu verbessern, wurde bis zum späten Mittelalter unternommen, als der Engländer Dr. John Caius die Hunde in 3 Gruppen gliederte: Jagdhunde, Haushunde und Arbeitshunde. Er unterteilte die Jagdhunde in Terrier, Hasenhunde (Harrier), Bluthunde, Sichtjäger, Windhunde, Spaniels, Setter und Wasserspaniels. Die Haushunde wurden unterteilt in sanfte Spaniels und Schoßhunde, die Arbeitshunde in Schäferhunde, Doggen und Bullenbeißer. 2 Jahrhunderte danach, im 17. Jahrhundert, veröffentlichte der schwedische Gelehrte Carl von Linné sein »Systema naturae«, in dem er 35 Hunderassen aufführte. Der französische Naturforscher Buffon teilte sie nach Körpergestalt und Verhalten in 5 Gruppen ein. Im späten 19. Jahrhundert gingen deutsche Fachleute wissenschaftlicher

Die Körperteile des Hundes

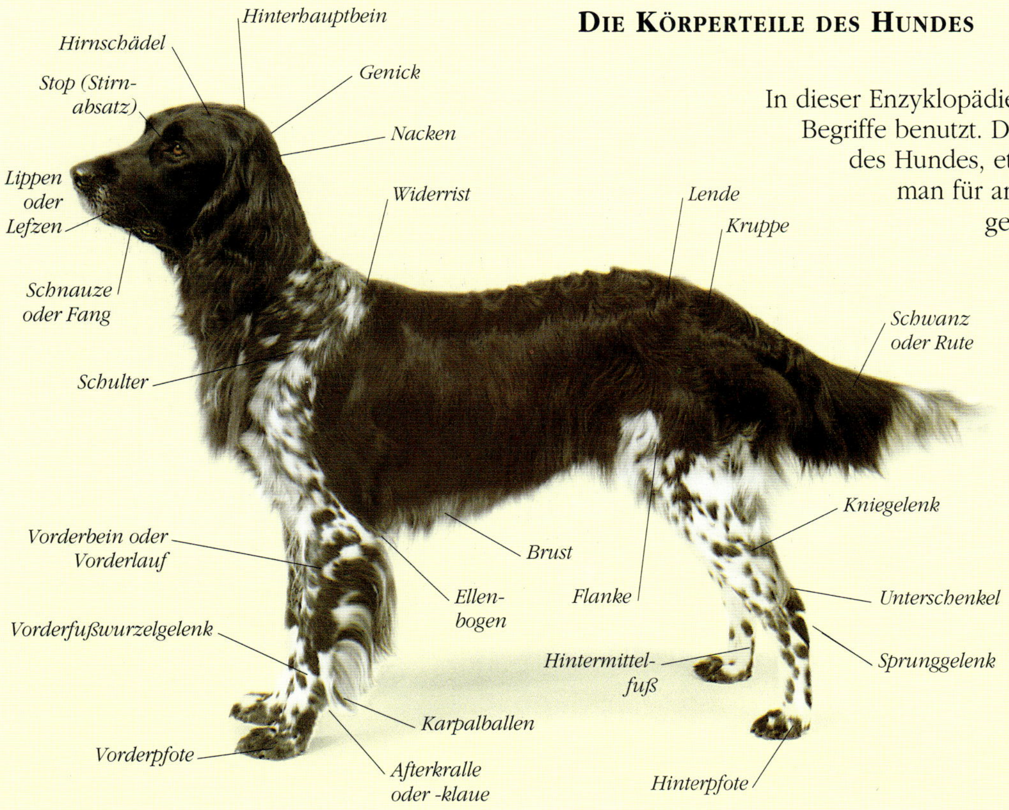

In dieser Enzyklopädie werden möglichst allgemeinverständliche Begriffe benutzt. Die meisten Bezeichnungen für die Körperteile des Hundes, etwa Schulter oder Rücken, gleichen denen, die man für andere Tiere, einschließlich des Menschen, gebraucht. Andere Fachausdrücke, die für vierbeinige Tiere zutreffen, etwa Widerrist, verstehen sich meist von selbst, werden aber in den Begriffserläuterungen (S. 308) genauer erklärt. Die Wörter, die man für die Beschreibung des Hundekopfes benutzt, könnten Verwirrung stiften. Der Kopf besteht aus der Nase und der Fang genannten Schnauze, die sich bis unmittelbar vor oder zwischen die Augen erstreckt. Dort befindet sich ein Absatz oder Stop, der bei manchen Rassen stark ausgeprägt ist und bei anderen fehlt. Der Hirnschädel schließt sich an und erreicht seinen höchsten Punkt in der Scheitelleiste. In allen Rassenbeschreibungen wird die Höhe am Widerrist gemessen, der die höchste Stelle der Schulter hinter dem Nacken darstellt.

an die Klassifikation heran. Professor Fitzinger beschrieb aufgrund äußerer Merkmale 180 Rassen und Varietäten. 1901 teilte der Schweizer Zoologe Theophil Studer alle Hunde nach stammesgeschichtlichen Gesichtspunkten neu ein, und zwar auf der Grundlage von Knochen- und Schädelfunden. Das war ein kühnes Unterfangen, doch leider erwiesen sich viele Argumente als irrig.

Offizielle Klassifikationen

Gegen Ende des 19. Jahrhunderts waren in vielen Ländern Zuchtvereine entstanden, die jeweils eigene Klassifikationen einführten. Um sie zu vereinheitlichen, gründeten die Verbände mehrerer europäischer Länder die Fédération Cynologique Internationale (FCI). Sie schuf eine eigene Hundenomenklatur und unterteilte alle Rassen in 10 Gruppen und zahlreiche Untergruppen. Dies ist jedoch eher ein politisches Dokument als eine überzeugende Rasseneinteilung.

Alternative Klassifikationen

Die ursprünglichen Zuchtverbände behalten das Recht, die Standards ihrer eigenen Rassen festzulegen, doch alle Verbände, die der FCI angeschlossen sind (das sind die meisten der Welt), reichen ihre Standards diesem Tribunal zwecks internationaler Anerkennung ein. In den verschiedenen Ländern können die Standards unterschiedlich ausgelegt werden, was dazu geführt hat, daß Rassen in den einzelnen Ländern auffällig voneinander abweichen können. Im vorliegenden Buch bilden die FCI-Standards die Norm, aber Varianten gemäß den nationalen Standards werden ebenfalls berücksichtigt. Weil die Rasseneinteilung der FCI ziemlich kompliziert ist, verwenden wir eine vereinfachte Version, die sich teils auf die Herkunft und Körpermerkmale und teils auf das Wesen und Verhalten der jeweiligen Rasse stützt. Die 8 Kategorien – Primitivhunde, Windhunde, Laufhunde, spitzartige Hunde, Terrier, Jagdhunde, Hirten- und Hütehunde und Begleithunde – sind letztlich aber doch willkürlich. Manche Rassen, insbesondere Kreuzungen verschiedener Typen, könnten genauso gut in einer anderen Kategorie untergebracht werden.

Untergang und Erhaltung

Im 19. Jahrhundert, als es noch keine Zuchtvereine gab, existierten kurioserweise viel mehr Hunderassen als heute. Züchter in aller Welt mußten zusehen, daß Regionalrassen vom Aussterben bedroht waren, und haben gerade noch rechtzeitig deren Merkmalsunterschiede registriert. Dennoch sind in der letzten Generation verschiedene Rassen beinahe oder völlig erloschen, etwa der belgische Braque Belge, der französische Braque Dupuy, Levesque und Chambry, der deutsche Harlekinpinscher und der Schafpudel sowie der kanadische Tahl Tan Bear Dog. In Dänemark ist der Broholmer ausgestorben, konnte aber durch raffinierte Kreuzung von Hunden mit ähnlichem Aussehen und Wesen »wiedererschaffen« werden. Jeder Verlust einer regional erfolgreichen Rasse ist unnötig.

Verwendete Symbole

In den Rassenbeschreibungen kommen bis zu 6 Symbole vor. Diese Zeichen verweisen auf einige wichtige Eigenschaften der betreffenden Rasse.

A B
A Im allgemeinen kinderfreundlich
B Für Kinder nicht geeignet

A B
A Geeignet für Stadtwohnungen
B Ungeeignet für Stadtwohnungen

A B
A Geeignet für heiße, sonnige Klimazonen
B Leidet unter zu großer Hitze

A B
A Fühlt sich in kaltem Klima wohl
B An große Kälte schlecht angepaßt

A B
A Braucht sehr viel Fellpflege
B Braucht nur wenig Fellpflege

A B
A Lebt und schläft gern im Freien
B Kann nicht im Freien gehalten werden

A B
A Läßt sich leicht zum Gehorsam erziehen
B Läßt sich nicht leicht zum Gehorsam erziehen

A B
A Verträgt sich gut mit anderen Hunden
B Kommt mit anderen Hunden nicht gut zurecht

A B
A Braucht sehr viel Auslauf
B Begnügt sich mit mäßiger körperlicher Betätigung

A B
A Guter Wachhund
B Nicht immer sehr wachsam

Die Fellfarben sind so mannigfaltig, daß sich vielfach nicht mit einem Wort umschreiben läßt, was das Auge sieht. Jedes Kästchen im Buch stellt eine Farbengruppe dar. Die daruntergesetzten Begriffe bezeichnen die Farbe oder Farben, in denen die Rasse vorkommt. »Rot, loh« bedeutet rot oder lohfarben, »schwarz/loh« bedeutet schwarz und lohfarben, und »gelbrot« bedeutet einen Farbton zwischen Gelb und Rot. Nachfolgend sind die jeweils in den Kästchen enthaltenen Farbtöne aufgeführt.

lang **kurz**

creme
Weiß und helle Töne wie elfenbein, blond und zitronengelb

grau
Alle Farbtöne von silber bis blauschwarzgrau und grau

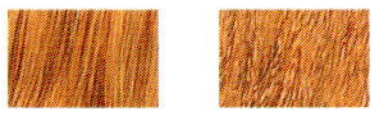
golden
Rotgolden, rehfarben, apricot, weizengelb und gelbbraun

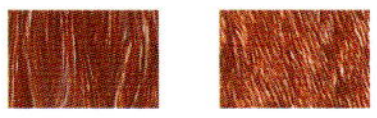
rot
Rot, rotgelb, kastanienbraun, orangerotbraun und kastanienrotbraun

Erläuterung der Fellfarbenkästchen

lang **kurz**

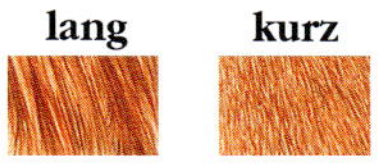
leber
Alle rötlichbraunen und zimtfarbenen Töne

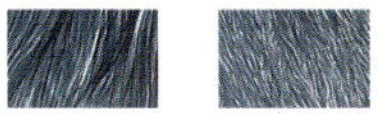
blau
Merle (blaugrau) und blaugefleckt (mit schwarz)

dunkelbraun
Mahagoni- und schwärzliches Braun

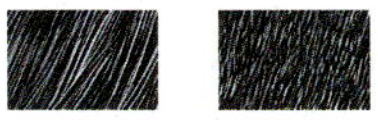
schwarz
Manche Rassen sind tiefschwarz, werden im Alter aber um den Fang grau

schwarz und loh
Deutlich abgegrenztes Schwarz und Loh mit gutem Kontrast

blau, gemischt mit loh
Blau oder blauschwarz mit Lohfarbe

leber und loh
Eine Kombination von zwei rötlichen Farbtönen

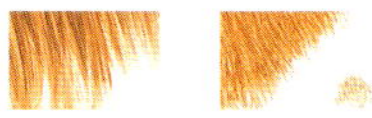
golden und weiß
Weiß mit zitronengelben, goldenen oder orangefarbenen Flecken

lang **kurz**

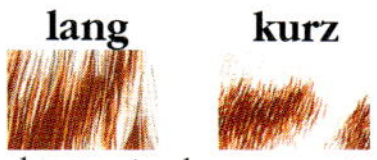
kastanienbraun, rot und weiß
Kombinationen von Weiß mit Orange, Rehbraun, Rot und Kastanienbraun

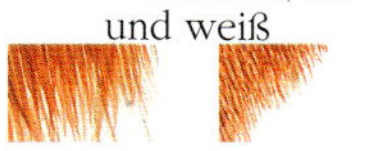
leber und weiß
Eine Färbung, die bei Jagdhunden häufig ist

loh und weiß
Eine Farbkombination, die für viele Laufhunde typisch ist

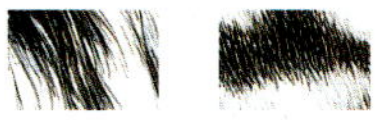
schwarz und weiß
Schwarz oder schwarzgescheckt mit Weiß

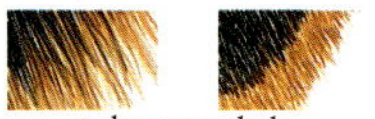
schwarz, loh und weiß
Auch als trikolor (dreifarbig) bezeichnet

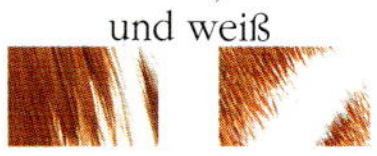
rotgefleckt
Umfaßt auch orange- oder mahagonifarbene Scheckung, Stromung oder Tigerung

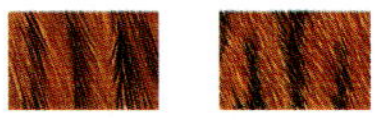
schwarzgefleckt
Auch schwarzgestromt und -getigert sowie »Pfeffer und Salz«, eine Mischung von Grau und Schwarz

viele bzw. alle Farben
Mehr als 6 Farbkategorien bzw. alle Farben erlaubt

PRIMITIVHUNDE

Als »primitiv« bezeichnet man etwas willkürlich eine kleine Gruppe von Hunden, die sich vom sogenannten Südwolf *(Canis lupus pallipes)* herleiten. Einige Vertreter der Gruppe, etwa der Australische und Neuguinea-Dingo, sind tatsächlich primitiv insofern, als sie auf einer frühen Domestikationsstufe stehengeblieben sind. Andere, so der Mexikanische Nackthund und der Basenji, stammen zwar von denselben Vorfahren ab, wurden aber durch menschliche Eingriffe in das Fortpflanzungsgeschehen stark verändert.

Der Körper ist gestreckt, der Hals leicht gebogen und die nackte, feste Haut anfällig für Sonnenbrand

Mexikanischer Zwergnackthund
Dies ist eine der anerkannten Größen des Mexikanischen Nackthunds, der auch in einem kleineren Toy-Schlag (siehe rechte Seite) und einem Standardschlag vorkommt.

Balearen-Laufhund
Dieser Hund gleicht fast den 5000 Jahre alten Hundedarstellungen, die man in Ägypten entdeckt hat.

Lange, gerade Läufe verleihen dieser Rasse eine phantastische Geschwindigkeit. Sie zählt zu den schnellsten Jagdhundrassen

Erste Wanderbewegungen

Die Fachleute sind sich ziemlich sicher, daß wandernde Menschengruppen vor 10 000–15 000 Jahren aus Südwestasien auszogen und von Pariahunden begleitet wurden. Der Hund hat den Nahen Osten und Nordafrika vor mindestens 5000 Jahren erreicht, und zwar auf den Wander- und Handelsrouten. Bilder der ältesten uns bekannnten »Rasse«, des Pharaonenhundes, schmücken die Gräber der altägyptischen Pharaonen. Dieser Hund war vermutlich ein Abkömmling eines Hundetyps, der »phönizischer Hund« genannt wird. Die Phönizier handelten mit Hunden im gesamten Mittelmeerraum und begründeten die Rassen, die heute Kanaanhund, Cirneco dell'Etna und Balearen-Laufhund heißen.

Frühe Entwicklungen

Die Hunde breiteten sich schließlich ins innere Afrika aus. Der Basenji ist zwar die einzige afrikanische Primitivrasse, die heute allgemein anerkannt ist, aber bis vor kurzem existierten noch viele ähnliche Züchtungen. In Westafrika entstand der Liberianische Hund, ein terrierartiges, zierliches rötlichbraunes Tier; in Kenia fand der Ostafrikanische Hund, ein größerer Typ mit kräftigerem Fang, eine Nische als Aasfresser und Jagdhelfer. Der Bagirmi-Hund war von ähnlicher Größe und Gestalt, hatte aber ein geflecktes Fell, während der Bantu-Hund, der als Wach- und Jagdhund verwendet wurde, viel schlanker und spitzschnauzig war. In Südafrika diente der kleine, kräftige Zulu-Hund mit rehbraunem Fell und vierkantigem Fang ebenfalls als Jagd- und Wachhund. In Zaire hielten die Pygmäen den langköpfigen, spitzohrigen Busch-Hund, und die Hottentotten besaßen einen spitzähnlichen Hund mit buschiger Rute. Der fuchsartige Kabylen- oder Douar-Hund wurde als Hüte- und Wachhund und der ringelschwänzige, hochläufige Baganda-Hund als Lasttier verwendet. Alle diese miteinander verwandten »Rassen« existierten in reiner Form bis in unser Jahrhundert. Während einige Pariahunde nach Westen wanderten, begleiteten andere die Menschen auf dem Weg nach Osten. Viele gelangten mit den Menschen über die Landbrücke, die in der heutigen Beringstraße bestand, in die Neue Welt. Ein Teil dieser asiatischen Pariahunde vermischte sich mit nordamerikanischen Wölfen, doch Fossilien belegen, daß sich »reinrassige« Hunde vom Dingotyp zunächst in den Südwesten Nordamerikas (heute Arizona) und dann weiter nach Südosten (Georgia und South Carolina) ausgebreitet haben. Der kanadische Tahl Tan Bear Dog, der erst vor kurzem ausgestorben ist, könnte ein

Peruvian Inca Orchid
Dieser peruanische Nackthund könnte von asiatischen Hunden abstammen, die vor 12 000 Jahren nach Amerika gelangten; er könnte allerdings auch erst viel später aus Afrika gekommen sein.

Die Ohren sind am kleinen Kopf tief angesetzt; auf dem Oberkopf wächst zwischen den Ohren gewöhnlich etwas Haar

Die Läufe haben dünne Knochen und sind mit empfindlicher Haut bedeckt; durch die natürliche Wärmeabgabe wird der Hund gleichsam zu einer Wärmeflasche

Cirneco dell' Etna
Der Cirneco, kleiner als der Pharaonenhund und der Balearen-Laufhund, stammt ebenfalls von asiatischen Primitivhunden ab, die im Mittelmeerraum gehandelt wurden.

Die sehr beweglichen Ohren sind dreieckig und am Ansatz breit – gute Voraussetzungen für ein scharfes Gehör

Der leicht gebogene, lange und muskulöse Hals ist mit einem glatten, kurzen rötlichen Fell bedeckt

Die Brustbehaarung ist dichter als bei anderen Primitivhunden

Kanaanhund
Dieser mittelgroße, robuste Hund stammt von den Pariahunden des Nahen Ostens ab.

Rauhhaariger Podengo Medio
Von den 3 Schlägen des portugiesischen Podengo ist der Medio viel kleiner als der Standardschlag, der die ursprüngliche Größe verkörpert. Dank seiner geringen Größe kann er besser unter harten Umweltbedingungen überleben.

Das feste, wärmeisolierende Rauhhaar erwies sich als überlebenswichtig

Glied in dieser Kette gewesen sein, desgleichen der ausgestorbene Kentucky Shell Harp Dog und Basketmaker Dog. Der Ursprung der mittel- und südamerikanischen Hunde wird wohl auf immer im dunkeln bleiben. Die dort heimischen Hunde sind möglicherweise haarlose Nachkommen asiatischer Pariahunde, die mit Wandervölkern und Händlern weiter nach Süden vordrangen. Ebenso wahrscheinlich ist, daß es sich um jüngere Abkömmlinge afrikanischer Pariahunde handelt, die europäische Kaufleute nach Mittel- und Südamerika mitgebracht haben. Falls das zutrifft, wären die Nackthunde mit dem afrikanischen Basenji näher verwandt als mit dem Carolina Dog.

Australasiatische Hunde

Der in Südostasien verbreitete Dingo traf vor nur 4000 Jahren in Australien ein, also gut ein Jahrtausend nach der Zeit, in der in Ägypten bereits der Pharaonenhund verehrt wurde. Ein Parasit, der an australischen Beuteltieren schmarotzt, befällt auch manche Wildhunde in Asien, was den Schluß zuläßt, daß der Handel mit Dingos in beiden Richtungen betrieben wurde. Vielleicht reiste er mit den Seefahrern hin und her, die ihn nach Australien einführten, um dort Beuteltiere zu jagen. Die ältesten Hundefossilien, die in Neuguinea gefunden wurden, sind nur 2000 Jahre alt, was darauf hindeutet, daß der Neuguinea-Dingo erst relativ spät diese Insel erreichte. Die neuseeländischen Maori brachten einst ihre Kuri-Hunde als Opfergaben dar, schätzen sie freilich auch als Wach- und Begleithunde.

Den großen, breiten und sehr beweglichen Stehohren verdankt die Rasse ihr unverwechselbares Aussehen

Pharaonenhund
Der Pharaonenhund, der eine auffallende Ähnlichkeit mit dem ägyptischen Schakalgott Anubis hat, wurde auf Malta isoliert weitergezüchtet, bis ihn europäische Züchter in den sechziger Jahren unseres Jahrhunderts entdeckten.

Mit seinen Stirnfalten und spitzen Ohren wirkt der Hund etwas griesgrämig

Basenji
Der Basenji ist der einzige afrikanische Primitivhund, der außerhalb seiner Heimat populär geworden ist. Wie der Wolf und der Dingo wird er nur einmal im Jahr läufig.

Die Läufe sind lang im Verhältnis zum Körper

Natürliche Selektion

Mit der Entwicklung der Primitivhunde ging bis zu einem gewissen Grad auch eine Selbstdomestizierung einher. Unter dem Umweltdruck wurden natürlicherweise kleinere Formen selektiert. Als die Zahl der Hunde im Umkreis menschlicher Siedlungen zunahm, überlebten am ehesten kleine Hunde, die weniger Nahrung benötigten. Evolutionäre Veränderungen vollziehen sich sehr viel schneller, als man früher annahm; das gleiche gilt auch für die Geschwindigkeit, mit der eine Art Neuland zu besiedeln vermag. Vermutlich dauerte es weniger als 500 Jahre, bis der Dingo ganz Australien kolonisiert hatte. Mit Ausnahme des Dingos sind Pariahunde leicht zum Gehorsam zu erziehen. Sie sind stets auf der Hut und oft ziemlich zurückhaltend. Manche verharren auf einer niedrigen Domestikationsstufe, und es fehlt ihnen an angezüchteten Eigenschaften, als da sind ein verbessertes Seh- und Witterungsvermögen oder ein zutrauliches Wesen.

Mexikanischer Toy-Nackthund
Die Toy- oder »Spielzeug«-Version, der kleinste Schlag des Mexikanischen Nackthunds, ist am zerbrechlichsten und anfällig für Unterkühlung, vor allem in einem kalten nördlichen Klima.

Der elegante Hals ist lang und leicht gebogen

Die Läufe sind gerade und parallel gestellt

Der Pequeño mit seinen leuchtenden Augen ist ein reizender Hausgenosse

Kurzhaariger Podengo Portugueso Pequeño
Diese verkleinerte Ausgabe des ursprünglichen primitven Podengo ist ein ausgezeichneter Rattenjäger.

Neuguinea-Dingo
Dieser Hund ist in Neuguinea heimisch, obwohl anthropologische Zeugnisse belegen, daß er erst vor 2000 Jahren auf die Insel gekommen ist.

Die Zähne stehen enger zusammen als bei seinem Vorfahren, dem Südwolf

Dingo

Die Farbe der stechenden Augen schwankt zwischen Gelb und Orange

Die typische Fellfarbe ist ein rötliches bis blasses Gelb, aber auch Schwarz und Weiß kommen vor

Die mittellange Rute wird locker hängend getragen

Sehr bewegliche, natürliche Stehohren

Das Hinterteil ist schlank und muskulös

Kurz-Info

Ursprungsland: Australien
Entstehungszeit: Altertum
Erste Verwendung: Lagerbewacher
Heutige Verwendung: Selten gehalten
Lebenserwartung: 10 Jahre
Synonyme: Australischer Dingo, Maliki, Warrigal, Noggum, Mirigung, Boolomo

Gewicht: 10–20 kg
Widerristhöhe: bis 53 cm

Alle reingezüchteten Dingos haben weißbehaarte Pfoten

Rassengeschichte
Der Dingo, ein verwilderter Haushund, kam vor rund 4000 Jahren nach Australien, und seine Ankunft fiel zusammen mit dem Niedergang des fleischfressenden Beutelwolfs, der auf dem australischen Kontinent heimisch war.

viele Farben

Der Australische Dingo ist nie völlig domestiziert worden. Das ist teils auf seine Abgeschiedenheit und Isolation, aber auch auf fehlende menschliche Eingriffe zurückzuführen. Er weist nicht die enge Bezahnung und Kieferverkürzung auf, die andere Hunderassen von ihrer Stammform, dem Südwolf, unterscheiden. Wie der Wolf wird auch die Dingohündin nur einmal im Jahr läufig. Die ursprünglich von einigen australischen Aboriginesgruppen als Haustiere gehaltenen Dingos dienten auch als Wächter, Abfallbeseitiger und Nahrungsquellen in Notzeiten. Heute wird der Dingo nur sehr selten als Hausgenosse gehalten.

Neuguinea-Dingo

Stehohren

Die Kieferstruktur ist weiter entwickelt als beim Australischen Dingo

Kurz-Info

Ursprungsland: Neuguinea
Entstehungszeit: Altertum
Erste Verwendung: Aas- und Abfallfresser
Heutige Verwendung: Abfallfresser, Begleithund
Lebenserwartung: 10–12 Jahre
Synonym: New Guinea Singing Dog
Gewicht: 8–10 kg
Widerristhöhe: 35–38 cm

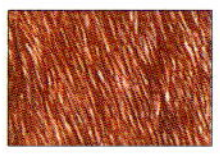

verschiedene Rottöne

Kleine Augen

Schlankes Hinterteil

Ansatz der kleinen, beweglichen Ohren in Augenhöhe

Das Fell ist rötlich bis gelb gefärbt, oft mit Weiß

Die Pfoten sind stets weiß behaart

Rassengeschichte
Dieser Dingo steht den altertümlichen Hunden nahe, die vor 10 000–15 000 Jahren aus asiatischen Wölfen hervorgegangen sind und domestiziert wurden.

Forschungsreisende des 19. Jahrhunderts berichten, daß Hunde in den Flachlanddörfern Neuguineas unterschiedlich beliebt waren – in manchen wurden sie verhätschelt, in anderen mißhandelt. In unserem Jahrhundert ist der bodenständige Neuguinea-Dingo durch Kreuzung mit importierten Hunden nahezu ausgestorben. In den fünfziger Jahren wurden jedoch 2 reinrassige Tiere im abgeschiedenen Lavanni-Tal im südlichen Bergland entdeckt und schließlich dem Taronga Park Zoo im australischen Sydney übergeben. In den siebziger Jahren hat man im Eipomak-Tal, das zu Indonesien gehört, ein zweites Paar eingefangen. Praktisch alle Neuguinea-Dingos in Europa und Nordamerika stammen von diesen beiden Paaren ab. Die lautfreudigen Hunde lassen ein merkwürdiges Singsanggeheul hören, das seltsam kummervoll klingt.

KANAANHUND

weiß sandfarben

braun schwarz

Die Augen sind dunkel und ganz leicht schräggestellt

Die tief angesetzten Stehohren haben eine breite Basis und abgerundete Spitzen

Bei Aufmerksamkeit wird die buschige Rute auf den Rücken gerollt

Der Kanaanhund wurde ursprünglich von den Beduinen als Hüte- und Wachhund in der Negev-Wüste verwendet. Die heutige Rasse, die in den 1930er Jahren entstand, hat sich als ungemein vielseitig erwiesen. Im Zweiten Weltkrieg wurden diese Tiere als Minensuchhunde abgerichtet; nach dem Krieg dienten einige Exemplare sogar als Blindenhunde: Der Kanaanhund wird heute als Hüte-, Wach-, Fährten-, Such- und Rettungshund eingesetzt. Er ist zwar ziemlich abweisend, gibt aber einen guten Gefährten ab. Die in ihrer Heimat zunehmend beliebte Rasse hat sich inzwischen auch in den USA durchgesetzt.

Die Stirn wirkt breit

Kräftiger Körper mit mäßig tiefer Brust

RASSENGESCHICHTE Der Kanaanhund, ursprüglich ein Pariahund, existiert im Nahen Osten seit Jahrhunderten. In den dreißiger Jahren führte die israelische Kynologin Dr. Rudolphina Menzel in Jerusalem ein Reinzuchtprogramm durch und schuf damit die robuste, vielseitig verwendbare Rasse von heute.

Das Fell ist straff und harsch

Kurz-Info

Ursprungsland: Israel
Entstehungszeit: Altertum
Erste Verwendung: Aas- und Abfallfresser
Heutige Verwendung: Hüte-, Fährten-, Such-, Rettungs-, Begleithund
Lebenserwartung: 12–13 Jahre
Synonyme: Kelef K' naani, Canaan Dog
Gewicht: 16–25 kg
Widerristhöhe: 48–61 cm

PODENCO CANARIO

golden-weiß rötlich-orange

In Ruhe wird die tief angesetzte Rute niedrig getragen

Die Brust ist tief und schmal

Kleine, schräggestellte Augen mit wachem Ausdruck

Leicht gewölbter, muskulöser Hals

Hasenpfoten mit gespreizten Zehen

RASSENGESCHICHTE Diese isolierte Rasse steht dem Balearen-Laufhund sehr nahe und ist der größte der drei portugiesischen Podencos. Sie ist wahrscheinlich ebenso alt wie die Verwandten des iberischen Festlands.

Die steifen Ohren sind gewöhnlich nach vorn gerichtet

Langer, schmaler Kopf mit rosiger Nase

Der Podenco Canario gelangte erst in den letzten 400 Jahren vom iberischen Festland aus auf die Kanarischen Inseln. Er ist vermutlich ein Nachfahre der antiken Hunde, die mediterrane Händler vor Jahrtausenden nach Spanien brachten. Ungewöhnlich ist, daß dieser Windhund bei der Beutesuche ebenso sein Gehör und seine Nase wie seine Augen benutzt. Nicht minder ungewöhnlich, daß er bei der Kaninchenjagd in der Meute mit den Jägern zusammenarbeitet – er kann vorstehen und apportieren. Diese Anpassung an die Meutejagd auf dem vulkanischen Boden der Kanaren ist ein Beweis für die erstaunliche Elastizität des Hundeverhaltens, das in Angleichung an die jeweiligen Gegebenheiten seine Funktionen zu verändern vermag.

Das Fell ist glatt, kurz und hart

Lange, gerade Vorderläufe

Kurz-Info

Ursprungsland: Kanarische Inseln
Entstehungszeit: Altertum
Erste Verwendung: Kaninchenjagd
Heutige Verwendung: Jagd- und Begleithund
Lebenserwartung: 12–13 Jahre
Synonym: Kanarischer Windhund
Gewicht: 16–22 kg
Widerristhöhe: 53–64 cm

BASENJI

RASSENGESCHICHTE Die Ursprünge der Rasse liegen im dunkeln, aber ähnliche Hunde sind in ägyptischen Gräbern seit der Vierten Dynastie abgebildet. Der heutige Basenji stammt von Hunden ab, die in den dreißiger Jahren unseres Jahrhunderts aus Zaire (Kongo) zu uns kamen.

Die kurz behaarten Stehohren erleichtern die Wärmeabstrahlung, was in einem heißen Klima wichtig ist

Die dunklen haselnußbraunen Augen blicken durchdringend

Der Fang verjüngt sich von den Augen zur Nasenkuppe hin, die gewöhnlich schwarz ist

Der Ringelschwanz wird dicht auf dem Körper getragen

Die lockere Haut ist mit einem kurzen, seidigen Fell bedeckt

Die langen, schlanken Läufe gestatten einen freien Gang, der dem Trab des Pferdes ähnelt

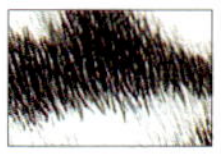

schwarz/weiß

loh/weiß

schwarz

Dieser stille und anmutige Hund ist typisch für die Rassen, die sich in warmen Klimazonen entwickelt haben. Die Lohfarbe ist eine gute Tarnung, und die weißen Flecken sowie die kurze Behaarung der Ohren und des Körpers vergrößern die Hitzeverträglichkeit. Diese Merkmale sowie die Lautlosigkeit bei der Wildverfolgung machen den Basenji zu einem tüchtigen Jagdhund. Die meisten Hunderassen haben zwei Fortpflanzungszyklen im Jahr, doch der Basenji hat wie andere Wildcaniden, etwa der Wolf, nur einen. Wie der Wolf bellt er auch nur selten. Vielmehr heult er in seltsamen Tönen, die an Jodeln erinnern. Er ist anhänglich, neigt aber zum Streunen.

Hautfalten verleihen dem Hund einen überraschten Gesichtsausdruck

Die Brust ist nur mäßig tief und breit

Der lange Fang ist typisch für die meisten uralten Rassen

Die Ohren sind weithin sichtbar und sehr beweglich

Der Hals ist ziemlich lang und muskulös; der Nacken steht vor

Kurz-Info

Ursprungsland: Zentralafrika
Entstehungszeit: Altertum
Erste Verwendung: Jagdhund
Heutige Verwendung: Begleithund
Lebenserwartung: 12–13 Jahre
Synonyme: Basendschi, Congo Dog

Gewicht:
9,5–11 kg
Widerristhöhe:
42–43 cm

Peruvian Inca Orchid

Kurz-Info

Ursprungsland: Peru
Entstehungszeit: Altertum
Erste Verwendung: Begleithund
Heutige Verwendung: Begleithund
Lebenserwartung: 11 – 12 Jahre
Synonyme: Moonflower Dog, Perro Flora

Gewicht: 12–23 kg
Widerristhöhe: 50–65 cm

Diese schlanke, feingliedrige und graziöse Rasse bezeugt die Faszination, die das Ungewöhnliche und Bizarre auf den Menschen ausübt. Die Haarlosigkeit ist ein genetischer »Unfall«; ohne den Schutz und die Wärmeisolation des Fells sind Hunde viel krankheitsanfälliger. Die alten Inkas kultivierten diese ruhige und intelligente Rasse, die zwar recht selten wurde, aber bis in unser Jahrhundert in Peru weitergezüchtet wurde. Dann gelangte sie nach Nordamerika und Europa. Der Inca Orchid leidet häufig an Zahn-, Augen- und Hautkrankheiten, die allesamt tierärztlich behandelt werden müssen.

viele Farben

Rassengeschichte Die spanischen Entdecker, die zu Beginn des 16. Jahrhunderts nach Peru vorstießen, fanden diese Hunde in den Häusern des Inka-Adels vor.

Inka-Nackthund

viele Farben

Die Gestalt des Inka-Nackthundes ähnelt der von Windhunden. Er wurde in 3 Größen gezüchtet. Kleine Tiere (4–8 kg) haben ursprünglich wohl ideale Bettwärmer abgegeben, während mittelgroße (8–12 kg) und große Schläge (12–25 kg), vor allem die behaarten Varietäten, vermutlich als Sichthetzer verwendet wurden. Die Existenz dieser Züchtungen vor der Ankunft der Spanier läßt den Schluß zu, daß sie entweder aus nordamerikanischen Timberwölfen hervorgegangen sind oder daß sie vor der Entdeckung Südamerikas durch die Europäer von Asiaten, Polynesiern oder Nordafrikanern dorthin eingeführt wurden.

Rassengeschichte Die Inkas erkannten, daß dieser Hundetyp nur überdauern konnte, wenn zwischendurch behaarte Generationen gezüchtet wurden.

Kurz-Info

Ursprungsland: Peru
Entstehungszeit: Altertum
Erste Verwendung: Begleithund
Heutige Verwendung: Begleithund
Lebenserwartung: 11–12 Jahre
Synonyme: Peruanischer Nackthund, Peruvian Hairless

Gewicht: 4–25 kg
Widerristhöhe: 25–71 cm

Carolina Dog

Kurz-Info

Ursprungsland: USA
Entstehungszeit: Altertum
Erste Verwendung: Wach- und Jagdhund
Heutige Verwendung: Begleithund
Lebenserwartung: 12–14 Jahre
Synonym: North American Native Dog

Gewicht: 13,5–18 kg
Widerristhöhe: 55,5–56,5 cm

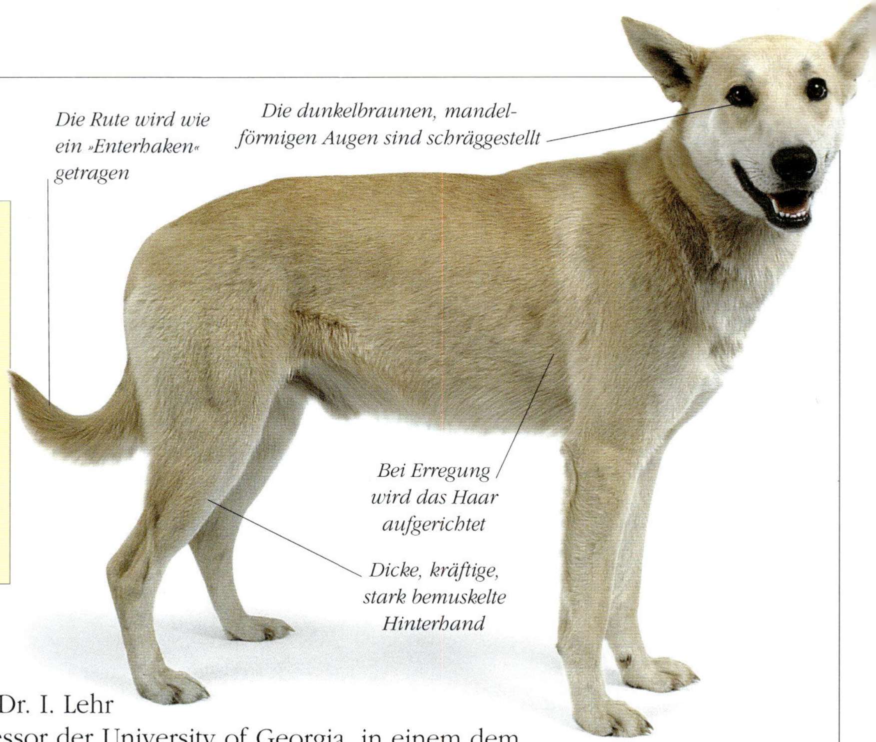

Der Carolina Dog wurde von Dr. I. Lehr Brisbin, einem Biologieprofessor der University of Georgia, in einem dem amerikanischen Energieministerium unterstehenden Gelände am Savannah River in South Carolina entdeckt. Dies ist ein entlegenes und öffentlich nicht zugängliches Gebiet, und die verwilderten Hunde, die dort seit Jahrhunderten lebten, hatten kaum die Möglichkeit, sich mit Haushunden zu paaren. Brisbin erkannte, daß diese Hunde äußerlich fast identisch mit dem Dingo waren. Andere Wissenschaftler stellten fest, daß die Skelettstruktur des Carolina Dog sehr den fossilen Knochen von neusteinzeitlichen Hunden ähnelten, die in jahrtausendealten Grabstätten der nordamerikanischen Ureinwohner entdeckt worden waren.

Rassengeschichte Diese Hunde gelten als direkte Nachkommen der ursprünglichen Pariahunde, die Asiaten vor rund 8000 Jahren über die Bering-Landbrücke mitgebracht haben. Sie sind meist extrem scheu und müssen behutsam behandelt werden.

Mexikanischer Nackthund

Wie diese Rasse nach Mexiko kam, wird wohl immer ein Rätsel bleiben. Darstellungen von nackthundähnlichen Tieren fand man in aztekischen Ruinen; wahrscheinlicher ist jedoch, daß es sich dabei um irgendein anderes einheimisches Säugetier handelt; die Azteken »schufen« offenbar nackte Tiere, indem sie mit einem Harz Meerschweinchen enthaarten, die dann als Nahrung und Bettwärmer dienten. Die wachsame, lebhafte und anhängliche Rasse wird vielfach mit alten afrikanischen Pariahunden oder mit europäischen Terriern verglichen. Im Körperbau erinnert sie an klassische Windhunde, während sie im Wesen oft sehr einem Foxterrier ähnelt.

Kurz-Info

Ursprungsland: Mexiko
Entstehungszeit: Unbekannt
Erste Verwendung: Begleithund, Bettwärmer
Heutige Verwendung: Begleithund
Lebenserwartung: 12–15 Jahre
Synonyme: Standard Mexican Hairless, Xoloitzcuintli, Tepeizeuntli
Gewicht: 9–14 kg
Widerristhöhe: 41–57 cm

Rassengeschichte
Den meisten Belegen zufolge existierte dieser Nackthund in Mexiko bereits im frühen 16. Jahrhundert, als die Spanier das Land eroberten. Er wurde wahrscheinlich von spanischen Kaufleuten nach Mittel- und Südamerika eingeführt.

Mexikanischer Zwergnackthund

Rassengeschichte Die Ursprünge dieses Zwerghunds sind ungeklärt, doch er traf entweder gleichzeitig mit dem Standardschlag in Mexiko ein, oder er wurde erst später aus diesem herausgezüchtet. Die Haarlosigkeit ist bei Hunden eine seltene Mutation, kommt aber auch bei anderen Tierarten vor.

Kurz-Info

Ursprungsland: Mexiko
Entstehungszeit: Unbekannt
Erste Verwendung: Begleithund, Bettwärmer
Heutige Verwendung: Begleithund
Lebenserwartung: 12–15 Jahre
Synonyme: Miniature Mexican Hairless, Xoloitzcuintli, Tepeizeuntli

Gewicht: 6–10 kg
Widerristhöhe: 30–38 cm

Dieser Schlag ist sehr viel häufiger als der Standardschlag und erfreut sich in Nordamerika und Mexiko zunehmender Beliebtheit. Etwa jeder dritte Welpe wird mit einem feinen flaumigen Fell geboren. Diese »Puderquasten«-Variante wird von den Zuchtverbänden nicht anerkannt und darf nicht ausgestellt werden, gibt aber gleichwohl einen ausgezeichneten Hausgenossen ab und wird in Zuchtprogrammen verwendet, um die Gesundheit und Vitalität der Stämme zu verbessern. Die Haut muß, wie bei allen Mexikanischen Nackthunden, sorgfältig gepflegt werden, damit sie geschmeidig und gesund bleibt.

schiefergrau

leberbraun/bronze

kohlschwarz

Mexikanischer Toy-Nackthund

Kurz-Info

Ursprungsland: Mexiko
Entstehungszeit: 1950er Jahre
Erste Verwendung: Begleithund
Heutige Verwendung: Begleithund
Lebenserwartung: 12–15 Jahre
Synonyme: Toy Mexican Hairless, Xoloitzcuintli, Tepeizeuntli

Gewicht: 4–8 kg
Widerristhöhe: 28–31 cm

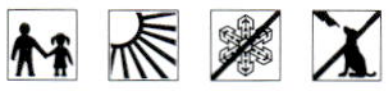

Rassengeschichte Diese Miniaturausgabe des Nackthunds ist das Ergebnis eines Zuchtprogramms, das der mexikanische Dachverband in den fünfziger Jahren eingeleitet hat.

schiefergrau

leberbraun/bronze

kohlschwarz

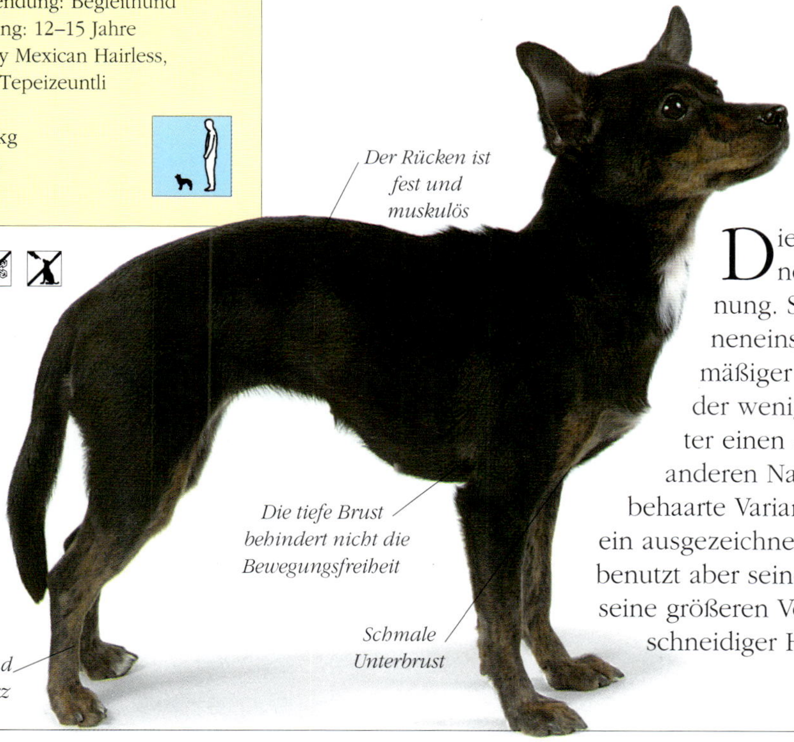

Die empfindliche Haut ist anfällig für Sonnenbrand, Abschürfungen und Austrocknung. Sie darf nicht der direkten starken Sonneneinstrahlung ausgesetzt und muß auch vor mäßiger Kälte geschützt werden – dies ist einer der wenigen Hunde, die bei unfreundlichem Wetter einen »Strickmantel« brauchen. Wie bei vielen anderen Nackthundrassen gibt es auch hier eine behaarte Variante (Foto links). Der Toy-Nackthund ist ein ausgezeichneter Wächter; er gibt nicht unnötig Laut, benutzt aber seine Stimme als effiziente Alarmanlage. Wie seine größeren Verwandten ist er ein recht ruhiger und schneidiger Hund.

Welpe

PHARAONENHUND

Kurz-Info

Ursprungsland: Malta
Entstehungszeit: Altertum
Erste Verwendung: Jagd mit Augen, Nase und Gehör
Heutige Verwendung: Begleit- und Jagdhund
Lebenserwartung: 12–14 Jahre
Synonyme: Pharaoh Hound, Kelb-tal Fenek (Kaninchenhund)
Gewicht: 20–25 kg
Widerristhöhe: 53–64 cm

Knochenfunde bezeugen, daß Jagdhunde vom Typ des Pharaonenhundes seit mindestens 5000 Jahren im Nahen Osten existieren. Nach dem Einfall der Römer in Ägypten vor 2000 Jahren breiteten sich ähnliche Hunde rings um das ganze Mittelmeer aus, vermutlich durch phönizische und karthagische Händler. Als eigenständige »Rassen« überdauerten sie besonders gut in relativ isolierten Regionen, etwa auf Malta, den Balearen und Sizilien, aber auch in Frankreich und Italien. Wegen seiner schönen, rötlichen Färbung und dank seiner Wiederentdeckung durch die Züchter in den 1960er Jahren ist der Pharaonenhund, der stets gepflegt aussieht, zum beliebtesten Vertreter dieser Nachkommen der »ägyptischen Hunde« geworden. Im Unterschied zu den Windhunden, die nur mit den Augen jagen, verläßt sich der Pharaonenhund auf Augen, Nase und Gehör.

Rassengeschichte Die eleganten, würdevollen Pharaonenhunde stammen wahrscheinlich von dem kleinen, geschmeidigen Wolf ab, der die Arabische Halbinsel bewohnte. Phönizische Händler brachten sie vor etwa 2000 Jahren auf die Inseln Malta und Gozo, wo der Zuchtstamm in der Isolation rein erhalten blieb.

CIRNECO DELL' ETNA

RASSENGESCHICHTE Der Cirneco dell'Etna, ein weiterer klassischer Abkömmling der ägyptischen stehohrigen Laufhunde, wird in Sizilien, wo er vor rund 2000 Jahren eintraf, relativ isoliert typgerecht weitergezüchtet.

Kurz-Info

Ursprungsland: Italien
Entstehungszeit: Altertum
Erste Verwendung: Jagd mit Augen, Nase und Gehör
Heutige Verwendung: Kleintierjagd
Lebenserwartung: 12–14 Jahre
Synonym: Sizilianische Bracke

Gewicht: 8–12 kg
Widerristhöhe: 42–50 cm

Diese wachsame und athletische italienische Rasse ist deutlich kleiner als der Pharaonenhund und der Balearen-Laufhund und außerhalb Italiens und speziell außerhalb Siziliens kaum bekannt. Sie besitzt wie die beiden anderen die Fähigkeit, mit den Augen und der Nase zu jagen. Wie viele altertümliche Rassen braucht der Cirneco sehr viel Auslauf, weshalb er in der Stadt schwer zu halten ist. Er ist nicht leicht zu erziehen und paßt sich nicht ohne weiteres an Kinder oder andere Hunde an. Im warmen Klima schläft er problemlos im Freien, wo er als Wachhund Dienst tut.

Wachsamer, neugieriger Gesichtsausdruck und breite Stehohren

Die an der Basis dicke Rute verjüngt sich bis fast zum Sprunggelenk

Geschlossene Pfoten mit lohfarbenen Ballen

Das kurze, glänzende und derb wirkende Fell ist nicht befedert

Die langen, sehnigen Vorderläufe eignen sich ideal zum Rennen

Die feste Oberschenkelmuskulatur, die unter der Haut sichtbar ist, sorgt für große Sprungkraft

BALEAREN-LAUFHUND

RASSENGESCHICHTE Händler brachten den Hund vor Jahrtausenden auf die Mittelmeerinseln. Die Rasse breitete sich bis Südfrankreich aus, wo sie Charnique genannt wurde.

Kurz-Info

Ursprungsland: Balearen
Entstehungszeit: Altertum
Erste Verwendung: Jagdhund
Heutige Verwendung: Begleit-, Apportier- und Jagdhund
Lebenserwartung: 12 Jahre
Synonyme: Podenco Ibicenco, Ca Eibisenc

Gewicht: 19–25 kg
Widerristhöhe: 56–74 cm

Das Haarkleid kann drahtig, kurz oder lang sein und ist unterschiedlich gefärbt. Die Rasse ist zwar nach den Baleareninseln benannt, gelangte aber schon vor langer Zeit auf das spanische Festland, wo sie als Jagdhund und für die Kaninchen- und Hasenhatz verwendet wurde. Die Hunde sind ihrem Besitzer gegenüber anhänglich und zuverlässig, Fremden gegenüber aber manchmal abweisend.

Kräftige, trockene und spurtstarke Hinterhand

Steile und ziemlich kurze Schulterpartie über langen, geraden Vorderläufen

Die großen Ohren auf dem langen, flachen Schädel dienen bei der Jagd als »Schalltrichter«

Gut gewölbte Zehen mit hellen Krallen

Die bernsteinfarbenen Augen sind klar und wachsam

Der fleischfarbene Nasenspiegel wird heller, wenn sich das Tier unwohl fühlt

weiß

rehbraun

rehbraun/weiß

rot

rot/weiß

Die Rute ist lang und tief angesetzt

Podengo Portugueso Medio

Dieser lebhafte und wachsame mittelgroße Laufhund, dessen nächster Verwandter, der Podengo Grande, inzwischen recht selten geworden ist, ist ein beliebter Vierbeiner geblieben, vor allem in ländlichen Gegenden Nordportugals, wo er noch immer für die Niederwildjagd eingesetzt wird. Durch Zuchteingriffe wurde der Medio verkleinert, während andere Merkmale erhalten blieben. Farbe und Fellbeschaffenheit sind relativ unwichtig: Manche Tiere sind einfarbig, andere tragen weiße Abzeichen; manche haben ein kurzes, glänzendes Fell, andere ein langes und rauhes. Weil man vergleichsweise wenig in die Zucht eingegriffen hat, leidet der Podengo nur sehr selten an den üblichen Erbkrankheiten.

Kurzhaariger Schlag

Rassengeschichte Für die portugiesischen Podengos kommen zwei Vorfahren in Betracht. Der Grande, aus dem der Medio und der Pequeño hervorgegangen sind, ähnelt den lohfarbenen Sichthetzern vom Typ des Pharaonenhunds, die sich von Nordafrika aus bis zur Iberischen Halbinsel ausbreiteten. Der Podengo könnte aber auch ein Nachfahre kleiner iberischer Wölfe sein.

Rauhhaariger Schlag

Kurz-Info

Ursprungsland: Portugal
Entstehungszeit: Altertum
Erste Verwendung: Kaninchen- und Hasenjagd
Heutige Verwendung: Begleit- und Jagdhund
Lebenserwartung: 12–14 Jahre
Synonym: Mittlerer Portugiesischer Laufhund
Gewicht: 16–20 kg
Widerristhöhe: 39–56 cm

Podengo Portugueso Pequeño

Kurz-Info

Ursprungsland: Portugal
Entstehungszeit: Altertum/17. Jh.
Erste Verwendung: Rattenjagd, Wildaufscheuchen
Heutige Verwendung: Begleithund, Rattenjagd
Lebenserwartung: 12–14 Jahre
Synonym: Kleiner Portugiesischer Laufhund
Gewicht: 4–6 kg
Widerristhöhe: 20–31 cm

Sehr bewegliche, dreieckige Stehohren

Leicht schräggestellte, gelbbraune Augen

gelb | loh | schwarz

Die Schultern sind gut bemuskelt

Die straffe Haut ist ziemlich fein und fest anliegend

Kurzhaariger Schlag

Die Vorderläufe sind für die geringe Größe des Hundes kräftig

Die runden Pfoten haben starke, harte Ballen

Der lange, kräftige Hals hat keine Wamme

Wie der Podengo Portugueso Medio wird der Pequeño allein auf geringe Größe, nicht auf Farbe oder Beschaffenheit des Fells gezüchtet, das alle Spielarten des größeren Schlags aufweisen kann. Die kurzhaarige Varietät ähnelt dem Chihuahua, doch zwischen beiden besteht keine stammesgeschichtliche Beziehung. Der Rauhhaarschlag gleicht sehr einem kleinen Terrier. Der lebhafte Pequeño geht manchmal zusammen mit dem Medio auf die Kaninchenjagd. Er scheucht die Kaninchen aus dem Bau, und der schnellere Medio jagt sie auf dem Boden. Der Pequeño verträgt sich gut mit Kindern und anderen Hunden und ist leicht zu erziehen, weshalb er sich als Hausgenosse, vor allem in der Stadt, eignet. Trotz seiner Kleinheit braucht der temperamentvolle Hund viel Bewegung.

Die Befederung des Gesichts und Fangs sind ein auffälliges Kennzeichen

Die Stehohren sind dicht behaart

Rauhhaariger Schlag

Rassengeschichte Der Pequeño ist lediglich eine verkleinerte Ausgabe des ursprünglichen greyhoundgroßen Grande. Obwohl er nach wie vor zum Aufscheuchen von Kleinwild verwendet wird, gilt er seit mindestens 3 Jahrhunderten als Stadthund. In seinen Bildern der einfachen Leute von Sevilla hat Bartolomé Esteban Murillo (der 1617 in dieser Stadt geboren wurde) Hunde dargestellt, die dem heutigen Pequeño auffallend ähnlich sehen.

Der Rücken ist lang und ziemlich gerade

Befederte Vorderläufe

In Ruhe hängt die Rute herab

WINDHUNDE

Die auf Schnelligkeit gezüchteten Windhunde mit ihrem aerodynamisch geformten Körper, der wie ein Pfeil hinter der Beute herfliegt, sind fast immer groß, langgestreckt, schlank und geschmeidig gebaut. Sie sind das Resultat einer jahrtausendealten Selektionszucht, die ebenso raffiniert war wie die heutige. Einige Windhunde sind augenscheinlich nahe Verwandte der Primitivhunde, etwa der Balearen-Laufhunde und der Pharaonenhunde, und die Unterscheidung zwischen den beiden Gruppen ist ganz und gar willkürlich. Alle Windhunde haben ihren Ursprung in Südwestasien.

Die runden Augen blicken sanft und neugierig

Kurzhaariger Lurcher
Dieser Lieblingswindhund der irischen und englischen Zigeuner ist aus einer Kreuzung zwischen einem Collie und einem Greyhound hervorgegangen.

Rampur-Windhund
Der Rampur ist außerhalb seiner Heimat selten zu sehen, doch inzwischen gibt es einige Exemplare in Kanada.

Die Läufe sind starkknochig und fest bemuskelt

Runde, geschlossene Pfoten mit kräftigen Ballen

ANTIKE URSPRÜNGE

Arabien ist die Urheimat der nachweisbar ältesten Windhunde. Der Saluki und der Sloughi werden dort bereits seit mindestens 5000 Jahren zu dem Zweck gezüchtet, Wüstengazellen bis zur Erschöpfung zu hetzen. Im alten Persien existierte der Saluki einst in 16 Varietäten; eine davon war der Tadschi. Heute kommt in Kasachstan, Usbekistan und Turkmenistan eine andere Varietät, der Tasy, in vielerlei Fellfarben vor. Da sich kein Zuchtverband um die Erhaltung der Tasys kümmert, geht ihre Zahl leider zurück. In seinem Heimatland Afghanistan hatte der Afghanische Windhund ursprünglich die Aufgabe, tagsüber Wüstenfüchse und Gazellen zu jagen und nachts die Zelte zu bewachen. Dort existiert er noch immer in zwei Schlägen, als dichtbehaarter nördlicher Schlag, von dem sich der elegante, blonde Ausstellungshund herleitet, und als leichtbehaarter Schlag, der im Westen selten zu sehen ist, aber in Pakistan noch immer als Gebrauchshund verwendet wird. Ein nahverwandter Windhund, der Taigan, lebt in den Tien-Shan-Bergen Kirgisiens, wo er für die Fuchs- und Hasenjagd eingesetzt wird. Der russische Dachverband hat sowohl den Tasy als auch den Taigan anerkannt und versucht, Zuchttiere für eine Erhaltungszucht ausfindig zu machen.

HISTORISCHE EINFLÜSSE

In Rußland wurde der Chortaj oder Russische Steppenwindhund aus zwei inzwischen erloschenen Rassen, dem Krymskaja- und Gorskaja-Windhund, herausgezüchtet. Nach der Oktoberrevolution von 1917 verpaarte man Chortajs aus den aufgelassenen Zwingern des russischen Adels mit Lokalschlägen und schuf so den heute anerkannten Südrussischen Steppenwindhund. Nach dem Zusammenbruch der Sowjetunion interessieren sich die Züchter heute mehr für die vorrevolutionären Rassen, wodurch dieser eifrige, zuverlässige Hasenjäger auszusterben droht. Der populärste und markanteste Windhund Rußlands, der elegante Barsoi, war in der Zarenzeit in zahlreichen Formen verbreitet. Russische Züchter bemühen sich derzeit um die Regenerierung vieler untergegangener Barsoischläge.

Windhunde florierten auch weiter südlich, in Indien, und dort gibt es sie immer noch; allerdings werden nur der Rampur aus Nordindien und der Mahratta und Banjara der Banjara-Nomaden vom indi-

Greyhound
Der erfolgreichste vierbeinige »Profisportler« der Welt kam vor mindestens 2900 Jahren nach Großbritannien,.

Hals und Vorderhand sind muskulös, was explosive Spurts ermöglicht

Der Bart ist ein Rassemerkmal

Irish Wolfhound
Dieser eingefleischte Wolfsjäger, die größte Hunderasse der Welt, wäre beinahe ausgestorben und wurde mit Hilfe von Deerhound-Blutlinien regeneriert.

Spanischer Windhund
Die teilweise von nach Spanien eingeführten Primitivhunden abstammende Rasse besitzt heute einen stattlichen Anteil von Greyhoundblut.

Der Kopf ist lang und schmal, und die Ohren fallen nach hinten

Afghanischer Windhund
Der Afghane, der im späten 19. Jahrhundert von Soldaten, die aus dem Krieg heimkehrten, nach Europa gebracht wurde, erfreut sich im Westen seit der Jahrhundertwende großer Beliebtheit.

Durch Selektionszucht ist das Fell üppiger geworden

Die Ohren sind meist klein und halb aufgerichtet; ihre Größe schwankt jedoch erheblich

Rauhhaariger Lurcher
Der Rauhhaarige Lurcher ist an die Hasenjagd bei schlechtem Wetter gut angepaßt. Dieser Schlag wurde immer schon auf Gebrauchstüchtigkeit und nicht auf Schönheit gezüchtet. Deshalb gibt es für ihn auch keinen Rassestandard.

Azawakh
In Mali in der südlichen Sahara züchten die Tuareg seit Jahrhunderten diesen Windhund für die Gazellenjagd.

Die tiefe und kraftvolle Brust hat gut gewölbte lange Rippen

Die kräftigen Läufe sind sehr lang und erlauben Sprints mit hoher Geschwindigkeit

schen Kennel Club anerkannt. In Südindien lebt noch der Hasenhetzer Chippiparai, ebenso der aus der Umgebung von Madras stammende Poligar und der Mudhol, der Windhund von Maharashtra. Diese kraftvollen, schnellen Windhunde wurden für die Jagd auf Schakale und Hasen geschaffen. Windhunde wurden wahrscheinlich von phönizischen Händlern in das mediterrane Europa und Afrika eingeführt. Die mittlerweile selten gewordenen griechischen und albanischen Windhunde ähneln dem Saluki, und der große, athletisch wirkende Spanische Windhund steht dem Podenco sehr nahe. Der Ungarische Windhund ist deutlich kleiner. Aus Windhunden entstand auch, vermutlich durch spanische Züchter, das zierliche Italienische Windspiel.

Vornehme Verbindungen

Möglicherweise haben die Phönizier, die mit Zinn handelten, auch die Windhunde vor mehr als 2500 Jahren auf die Britischen Inseln gebracht. Hier wurden die Tiere selektiv gezüchtet und dann mit Doggenschlägen gekreuzt; so entstand der muskelstarke und ausdauernde Irish Wolfshound, der mit den Augen jagende Hund des Adels. Ähnlich entwickelte sich der schlankere Deerhound zum begehrten Sichthetzer der Stammeshäuptlinge im Schottischen Hochland. Der englische Greyhound, heute der König der Rennbahn, gelangte wohl mit den Kelten nach Großbritannien, um dort Hasen und Füchse zu hetzen. In neuerer Zeit wurde der Whippet als Windhund des kleinen Mannes erzüchtet, ebenso der Lurcher. Außerhalb Europas und Asiens gibt es nur wenige Windhundrassen. Der Brasilianische Windhund ist mit ziemlicher Sicherheit eine Kreuzung zwischen Greyhound und Foxhound, während der kraftvolle Australische Windhund von ungewöhnlich muskulösen Greyhounds abstammt.

Jagen mit den Augen

Viele Windhunde werden heutzutage ausschließlich als Begleithunde gehalten, doch früher wurden sie allesamt vorwiegend für die Jagd mit den Augen gezüchtet: Sie nahmen die Bewegungen des Wildes wahr und hetzten, fingen und töteten es dann. In fundamentalistischen islamischen Gesellschaften werden Hunde zwar verachtet, aber die Windhunde unterliegen nicht diesem Tabu. Das ist vermutlich darauf zurückzuführen, daß die Beziehung zwischen Jägern und Windhunden älter ist als der Islam. Windhunde gedeihen nur, wenn sie sich körperlich betätigen können, und brauchen deshalb sehr viel Auslauf. Im allgemeinen haben sie ein freundliches, aber reserviertes Wesen. Sie sind leise, durchweg kinderlieb und zeigen keinen großen Territorialtrieb.

Saluki
Früher gab es im Iran mehr als ein Dutzend Salukivarietäten. Dieser hochläufige Gazellenhund wird von den Beduinen seit mehr als 2000 Jahren gezüchtet.

Die langen, beweglichen Ohren sind mit langem Haar bedeckt

Der Kopf ist zwischen den Ohren am breitesten, die Augen sind schwarz gesäumt

Deerhound
Diese Rasse wurde in Schottland für die Hirschjagd entwickelt. Das dichte, zottige Haarkleid schützt vor den Unbilden des Wetters.

Der Whippetkopf ist typisch für alle Windhunde: schmal und stromlinienförmig

Whippet
Der Whippet war anfangs in Großbritannien der Rennhund der kleinen Leute, doch heute findet man ihn eher auf dem Teppich vor dem Kamin.

Durch die schwarze Pigmentierung der Lefzen erhält das Gesicht ein markantes Aussehen

Sloughi
Diese marokkanische Rasse wird in ihrer Heimat nach wie vor als Hüte- und Jagdhund verwendet. Sie hat ihren Ursprung wahrscheinlich in Saudi-Arabien oder im Jemen und ist ein kurzhaariger naher Verwandter des Saluki.

GREYHOUND

Der elegante Greyhound, der ein Tempo bis zu 70 km/h vorlegen kann, ist der bekannteste Rennhund der Welt. Der erstaunlich sanftmütige Hund setzt seine Geschwindigkeit und seine Augen ein, um die Beute einzuholen, sei es ein lebendiges Tier im Gelände oder eine Hasenattrappe auf der Rennbahn. Als Hausgenosse ist der Greyhound reizend und angenehm; »pensionierte« Rennhunde neigen allerdings dazu, alles, was sich bewegt, zu verfolgen.

Kurz-Info

Ursprungsland: Ägypten/Großbritannien
Entstehungszeit: Altertum
Erste Verwendung: Hochwildjagd
Heutige Verwendung: Renn-, Hetz- und Begleithund
Lebenserwartung: 10–12 Jahre
Gewicht: 27–32 kg
Widerristhöhe: 69–76 cm

Der Kopf ist lang und mäßig breit, der Schädel abgeflacht

Die geräumige Brust bietet reichlich Platz für Herz und Lunge

Die langen, geraden Vorderläufe haben starke Knochen

Kleine, schön geformte Rosenohren

Feines, dicht anliegendes Haar auf dem langen, gebogenen und muskulösen Hals

RASSENGESCHICHTE Ein 4900 Jahre altes Relief auf einem ägyptischen Grab bezeugt das hohe Alter dieser Rasse. Der nach Spanien, China, Persien usw. exportierte Windhund wurde in Großbritannien zum modernen Greyhound weiterentwickelt. Sein Name leitet sich vom altsächsischen »grei« her, das soviel wie schön bedeutet.

BARSOI

In Rußland bezeichnet »borsoi« allgemein den Windhund; auch Tasy, Taigan, Südrussischer Steppenwindhund und Chortaj gelten als »Borsois«. Dank seiner Größe, Schnelligkeit, Kraft und Ausgewogenheit ist der Barsoi ein hervorragender Jäger. Die Wolfshatz war im alten Rußland beim Adel sehr beliebt. Die Barsois konnten die meisten Wölfe einholen; wenn sie paarweise arbeiteten, packten sie ihre Beute hinter den Ohren und hielten sie am Boden fest. Fast ein Jahrhundert lang wird die Rasse außerhalb Rußlands ausschließlich als Begleithund gezüchtet. Sie hat ihre Jagdpassion und -eigenschaften eingebüßt und ist zu einem liebenswürdigen und angenehmen Begleithund für Menschen jeden Alters geworden.

Kurz-Info

Ursprungsland: Rußland
Entstehungszeit: Mittelalter
Erste Verwendung: Wolfsjagd
Heutige Verwendung: Begleithund
Lebenserwartung: 11–13 Jahre
Synonyme: Borsoi, Russischer Windhund

Gewicht: 35–48 kg
Widerristhöhe: 69–79 cm

RASSENGESCHICHTE Der Barsoi, der ursprünglich zur Abwehr von Wölfen gezüchtet wurde, stammt wahrscheinlich vom Saluki, dem Greyhound und einem schlanken russischen Schäferhundschlag ab.

Die mandelförmigen Augen stehen ziemlich eng

Die langen Hasenpfoten sind mit kurzem, anliegendem Haar bedeckt

Die Schultern liegen dicht am Rumpf an

alle Farben

Afghanischer Windhund

Die dunkelgoldenen Augen sitzen in fast dreieckigen Höhlen

Der lange Kopf ist nicht allzu schmal

Die großen, kräftigen Pfoten sind üppig behaart

Das lange Brustfell hat eine sehr feine Textur

Der Gesichtsschädel ist sehr lang und elegant

Rassengeschichte Es ist ungeklärt, wie diese Rasse aus dem Nahen Osten nach Afghanistan gelangt ist. Dort kommt sie in 3 Schlägen vor: kurzhaarig wie der kirgisische Taigan, fransig behaart wie der Saluki und lang und dicht behaart wie der echte Gebirgshund, der erstmals 1907 im Westen zu sehen war.

Wenn der Afghane rennt, sticht er jede andere Rasse durch Schönheit, Anmut, Eleganz und Würde aus. Im Westen ganz auf Aussehen und nicht auf Gebrauchstüchtigkeit gezüchtet, ist er ein prachtvoller Mode- und Ausstellungshund, der überall eine Aura von Exklusivität verbreitet. In Afghanistan wird dieses schöne und sensible Tier jedoch noch immer zum Hüten von Schafen und Ziegen und zur Jagd auf Wölfe und Füchse verwendet. Das dicke, lange Haarkleid schützt vor der Kälte im Bergland des Nordens. Wird der Afghane als Hausgenosse gehalten, muß das Fell täglich gebürstet werden, damit es nicht verfilzt. Wie die meisten anderen Windhunde hat die Rasse einen starken Unabhängigkeitsdrang und braucht deshalb von klein auf ein gründliches Gehorsamkeitstraining.

alle Farben

Kurz-Info

Ursprungsland: Afghanistan
Entstehungszeit: Altertum/17. Jh.
Erste Verwendung: Großwildjagd
Heutige Verwendung: Begleit-, Hüte- und Jagdhund
Lebenserwartung: 12–14 Jahre
Synonyme: Afghane, Tazi, Balutschi-Windhund

Gewicht: 23–27 kg
Widerristhöhe: 65–74 cm

Tief angesetzte und spärlich befederte Rute

Das Haar wird im Nacken kurz und liegt auf dem Rücken an

Die Vorderläufe sind gerade und sehr starkknochig

Die Ohren sind tief und ziemlich weit hinten angesetzt und liegen am Kopf an

Saluki

Kurz-Info

Ursprungsland: Iran (Persien)
Entstehungszeit: Altertum
Erste Verwendung: Gazellenjagd
Heutige Verwendung: Begleit- und Rennhund
Lebenserwartung: 12 Jahre
Synonyme: Persischer Windhund, Gazellenhund
Gewicht: 14–25 kg
Widerristhöhe: 58–71 cm

Die Ohren sind sehr lang behaart

Rassengeschichte Der Saluki, der große Ähnlichkeit mit den in Pharaonengräbern abgebildeten Hunden hat, war der Jagdgehilfe der nomadischen Beduinenstämme. Er wird möglicherweise seit längerer Zeit selektiver gezüchtet als jede andere Hunderasse.

Im fundamentalistischen Islam gelten Hunde als unrein. Die Salukis erhielten jedoch einen speziellen Dispens, so daß sie auch von Strenggläubigen gehalten werden durften. Bei der Jagd verwendeten die Beduinen Beizvögel, die über dem Wild kreisten und es abbremsten, so daß der Saluki es einholen und stellen konnte. Ursprünglich wurde der Hund auf einem Kamel zur Jagd getragen, damit seine Pfoten vor dem glühendheißen Sand geschont blieben. Heute fährt er meist im Auto zur Jagd.

Tiefe Brust, auf Ausdauer angelegt

Beinmuskulatur weniger gut entwickelt als beim Greyhound

Tiefliegende kleine Augen, haselnußfarben bis braun

Lange, schlanke und gerade Vorderbeinknochen, mit dünner Haut überzogen

Spanischer Windhund

Das schützende rauhhaarige Fell ist heute selten geworden

Muskulatur eher wie beim Sloughi als beim Greyhound

Die langen, kräftigen Läufe befähigen zu einer Geschwindigkeit von etwa 50 km/h

Sehr lange, dünne Rute, fast immer tief getragen

Dunkle, ovale Augen mit lebhaftem, aber seelenvollem Ausdruck

Nach hinten fallende Rosenohren

Kurz-Info

Ursprungsland: Spanien
Entstehungszeit: Altertum
Erste Verwendung: Jagen mit den Augen
Heutige Verwendung: Begleit-, Jagd- und Rennhund
Lebenserwartung: 12 Jahre
Synonym: Galgo Español
Gewicht: 20–30 kg
Widerristhöhe: 60–70 cm

Rassengeschichte Zu den Vorläufern der Rasse gehört mit ziemlicher Sicherheit der nordafrikanische Sloughi, der die Mauren begleitete, als diese vor mehr als 1000 Jahren Spanien eroberten.

Der etwas scheue, aber fast immer unabhängige Spanische Windhund leidet weniger an Erbkrankheiten als die meisten jüngeren Rassen. Er ist kleiner als der Greyhound und auch nicht so schnell. In Spanien wird die Rasse von den Züchtern als Ausstellungs- und Begleithund erhalten, doch zum Gebrauch als Jagd- und Rennhund züchtet man gewöhnlich Greyhounds ein. Er ist zwar ein freundlicher Hausgenosse, aber ziemlich reserviert. Er braucht einen großen Auslauf, neigt ein wenig zum Schnappen und ist manchmal nur schwer zum Gehorsam zu erziehen.

SLOUGHI

Kurz-Info

Ursprungsland: Nordafrika
Entstehungszeit: Altertum
Erste Verwendung: Hüte- und Jagdhund
Heutige Verwendung: Begleithund
Lebenserwartung: 12 Jahre
Synonyme: Arabischer Windhund, Slughi

Gewicht:
20–27 kg
Widerristhöhe:
61–72 cm

Wie der Saluki wurde der Sloughi in seiner Heimat wie ein Familienmitglied behandelt, und man trauerte um ihn, wenn er starb. Die Rasse ähnelt im Körperbau und Verhalten sehr dem Saluki, hat aber ein kurzes, eng anliegendes Haarkleid. Seine Sandfarbe war eine ideale Tarnung bei der Jagd auf Wüstentiere, etwa Gazellen, Hasen und Fenneks. Der von Natur aus wachsame Sloughi kann Fremden gegenüber aggressiv werden. Für eine Familie mit Kindern ist er weniger geeignet; wegen seines nervösen Temperaments fühlt er sich in einer ruhigen Umgebung am wohlsten.

Das feine, glatte, anliegende Fell hält keine Wärme

Großer Brustkorb beherbergt eine leistungsfähige Lunge

Das Sprunggelenk ist tief herabgelassen, aber nicht stark gewinkelt

Die langen, schlanken Pfoten sind leichter als beim Greyhound

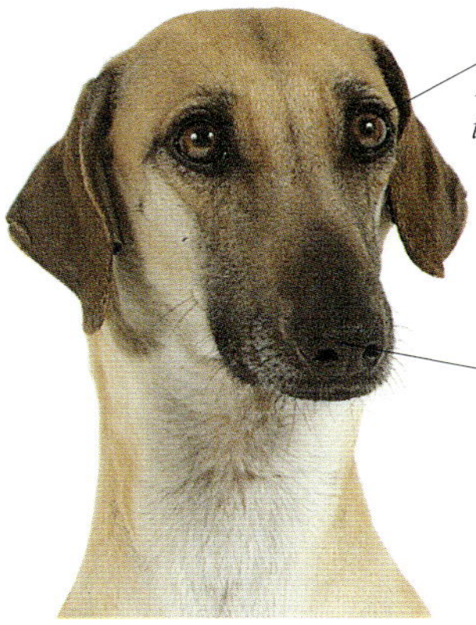

Große, dunkle Augen mit sanftem, traurigem Ausdruck

Schwarzer Nasenspiegel mit großen, offenen Nüstern

RASSENGESCHICHTE Der Sloughi begleitete wahrscheinlich die arabischen Nomadenstämme, die vor über 1000 Jahren nach Nordwestafrika vordrangen. Er stammt möglicherweise aus der jemenitischen Stadt Saloug.

AZAWAKH

Kurz-Info

Ursprungsland: Mali
Entstehungszeit: Altertum
Erste Verwendung: Wach- und Jagdhund
Heutige Verwendung: Begleit-, Wach- und Jagdhund
Lebenserwartung: 12 Jahre
Synonyme: Tuareg-Windhund, Berber-Windhund
Gewicht: 17–25 kg
Widerristhöhe:
58–74 cm

Der Azawakh besitzt einen natürlichen Beschützertrieb. In Mali findet man die Hunde häufig schlafend auf den niedrigen Strohhütten ihrer Besitzer. Wenn sich eine Hyäne oder ein anderes nachtaktives Raubtier nähert, springt der erste Azawakh vom Dach herunter, und rasch schließen sich ihm die anderen an; sie bilden ein Rudel und vertreiben oder töten den Eindringling. Die Hunde sind unabhängig, wachsam und ungewöhnlich schnell; sie erreichen eine Spitzengeschwindigkeit von 65 km/h.

Die gut entwickelte Nase befähigt auch zur Jagd mit dem Geruchssinn

Der flache Kopf ist etwas schwerer als der des Greyhound

Die Brust ist nicht breit, aber tief und reicht bis zum Ellbogen

Die Oberschenkel sind gut herabgelassen und flach

Die kompakten Ellbogen sind zur Brust hin ausgeprägt; die Knochen sind flach und die Sehnen deutlich sichtbar

Weiches, kurzes Fell, typisch für Hunde aus heißen Klimazonen

Die Vorderläufe sind lang, schlank, gerade und gut bemuskelt

RASSENGESCHICHTE Dieser afrikanische Windhund, den die Tuaregstämme der Südsahara als Jagd- und Wachhund erzüchtet haben, ist heute auch außerhalb seiner Heimat anzutreffen. Der auf Hasen und Gazellen angesetzte Azawakh hetzt seine Beute so lange, bis der Jäger eintrifft.

Irish Wolfhound

Rassengeschichte Diese edle Rasse, die in Irland vor fast 2000 Jahren heimisch wurde, wäre Mitte des 19. Jahrhunderts fast völlig erloschen, konnte aber durch den britischen Offizier G.A. Graham erneuert werden.

Kurz-Info

Ursprungsland: Irland
Entstehungszeit: Altertum/19. Jh.
Erste Verwendung: Wolfsjagd
Heutige Verwendung: Begleithund
Lebenserwartung: 11 Jahre
Synonym: Irischer Wolfshund
Gewicht:
40–55 kg
Widerristhöhe:
71–90 cm

Der ursprünglich von den Kelten für die Wolfsjagd verwendete Hunderiese wurde vermutlich von den Römern nach Irland eingeführt. In der zweiten Hälfte des vorigen Jahrhunderts wurde die Rasse erfolgreich regeneriert, und zwar mit Zuchtstämmen, die mit dem alten Wolfhound verwandt waren. Der anhängliche und treue moderne Wolfhound gibt einen ausgezeichneten Begleit- und Wachhund ab. Wegen seiner gewaltigen Größe braucht er sehr viel Platz und eignet sich deshalb kaum für ein Leben in der Stadt.

Tiefe Brust und langer Rumpf

Muskulöse Vorderhand mit festen, geraden Knochen

viele Farben

Die Schenkel sind, wie beim Greyhound, lang und gerade

Langer Kopf mit geringem Stop

Das rauhe, widerstandsfähige Deckhaar ist über den Augen und unter dem Unterkiefer besonders struppig und lang

Deerhound

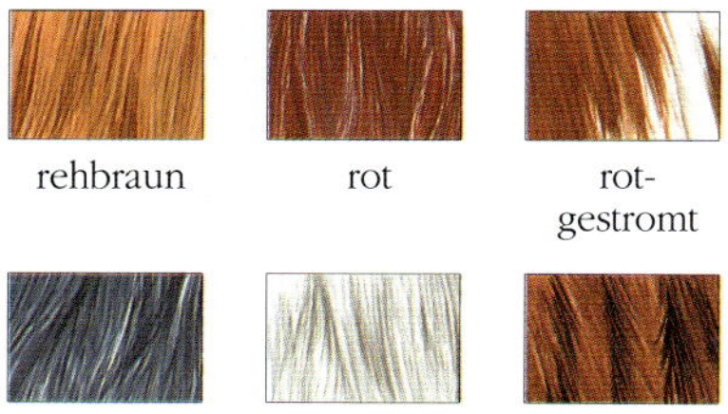

rehbraun | rot | rot-gestromt
blaugrau | grau | schwarz-gestromt

Der lange Kopf verjüngt sich leicht bis zu den Augen, dann stark bis zur Nase

Rücken und Seiten sind harscher und struppiger behaart als der Bauch

Die an der Wurzel dicke Rute verjüngt sich zur Spitze hin und reicht fast bis zum Boden hinab

Die Pfoten sind kompakt und zwischen den Zehen nur kurz behaart

Kurz-Info

Ursprungsland: Großbritannien
Entstehungszeit: Mittelalter
Erste Verwendung: Hirschjagd
Heutige Verwendung: Begleithund
Lebenserwartung: 11–12 Jahre
Synonym: Scottish Deerhound
Gewicht:
36–45 kg
Widerristhöhe:
71–76 cm

Rassengeschichte Die dokumentierte Geschichte des Deerhound beginnt im Mittelalter, als schottische Stammeshäuptlinge ihn für die Jagd verwendeten. Der Zusammenbruch des Clansystems 1746 bedrohte den Fortbestand der Rasse, die durch den einheimischen Züchter Duncan McNeil erneuert wurde.

Schwarzgesäumte dunkelblaue Augen mit sanftem Ausdruck

Der kräftige Hals ist stark entwickelt

Der Besitz des stattlichen und sanftmütigen Deerhound war einst dem schottischen Adel vorbehalten; damals verwendete man die Rasse für die Hirschhatz in den dichten Wäldern des Schottischen Hochlands. Mit der Abholzung der Wälder und der Einführung des Jagdgewehrs büßte sie ihre Beliebtheit ein. Heute ist dieser würdevolle Hund am häufigsten in Südafrika anzutreffen, während sein Bestand in Schottland recht klein ist. Er ist ein typischer Windhund, besitzt aber ein dichtes, wetterfestes Fell. Die gutmütige Rasse verträgt sich gut mit anderen Hunden.

WHIPPET

Die kleinen, schön geformten Rosenohren sind sehr beweglich

Die lange, spitz zulaufende Rute wird in Ruhe zwischen die Hinterläufe eingezogen

alle Farben

Kurz-Info

Ursprungsland: Großbritannien
Entstehungszeit: 19. Jh.
Erste Verwendung: Hetz- und Rennhund
Heutige Verwendung: Begleit- und Rennhund
Lebenserwartung: 13–14 Jahre
Gewicht: 12,5–13,5 kg
Widerristhöhe: 43–51 cm

Leuchtende, aufmerksame braune Augen mit ruhigem, reserviertem Ausdruck

Der graziöse Whippet ist für einen Rennhund ideal gebaut – auf kurze Distanz erreicht er Spitzengeschwindigkeiten bis 65 km/h. Auf den ersten Blick wirkt er ausgesprochen zerbrechlich, und sicherlich genießt er es, wenn er sich auf dem Sofa oder Bett zusammenrollen kann, aber im Gelände wandelt er sich zu einem robusten, furchtlosen und erfolgreichen Hetzhund. Die Rasse ist sanftmütig und anhänglich und hat eine überdurchschnittliche Lebenserwartung. Das kurze Haarkleid braucht sehr wenig Pflege, die dünne Haut ist allerdings verletzungsanfällig.

RASSENGESCHICHTE Im 19. Jahrhundert war die Hasenhatz ein beliebter Sport in Nordengland. Um die dabei verwendeten Terrier schneller zu machen, kreuzte man gute Jagdterrier mit kleinen Greyhounds, und so entstand der graziöse Whippet von heute.

Der lange, schmale Kopf verjüngt sich zur Nase hin

Die Läufe sind gut bemuskelt und starkknochig und mit sehr dünner Haut bedeckt

UNGARISCHER WINDHUND

alle Farben

Der außerhalb Ungarns und Westrumäniens nur selten anzutreffende Windhund wird in Ungarn noch immer für die Hasenjagd und für Langstreckenrennen eingesetzt. Im Wesen ähnelt er seinem nahen Verwandten, dem Greyhound: Er ist leise, zurückhaltend und kein guter Wachhund, aber ein temperamentvoller Jäger. Bei der Hetzjagd verhält er sich wie ein klassischer Sichthetzer: Er verläßt sich fast immer auf seine Augen und nur selten auf seine Witterung, wenn er Hasen und größere Wildtiere verfolgt. Der anhängliche und gelehrige Begleithund neigt nicht zum Schnappen oder Beißen und kommt im allgemeinen mit anderen Hunden gut aus. Das kurze Haarkleid bietet nur wenig Wetterschutz.

Ovale, klare und leuchtende Augen mit sanftem Ausdruck

Der lange, muskulöse Hals ist sanft gebogen

Der Fang verjüngt sich zur markanten Nase hin; die Nüstern sind groß

Die Kippohren werden halb aufgestellt, wenn etwas die Aufmerksamkeit des Hundes erregt

Kurz-Info

Ursprungsland: Ungarn
Entstehungszeit: Altertum
Erste Verwendung: Kleintierjagd
Heutige Verwendung: Begleit- und Hetzhund
Lebenserwartung: 12–14 Jahre
Synonym: Magyar Agár

Gewicht: 22–31 kg
Widerristhöhe: 64–70 cm

Das kurze, glatte Fell ist im Winter merklich länger

RASSENGESCHICHTE
Die Vorläufer der Rasse begleiteten die Magyaren im 10. Jahrhundert auf dem Weg ins heutige Ungarn und Rumänien. In den folgenden Jahrhunderten wurden asiatische Windhunde und Greyhounds eingekreuzt.

AMERICAN STAGHOUND

viele Farben

Rauhes, hartes Deckhaar über dichter, feiner Unterwolle

Der lange und leicht zugespitzte Fang hat einen nur angedeuteten Stop

Die lange Rute reicht über das Sprunggelenk hinab

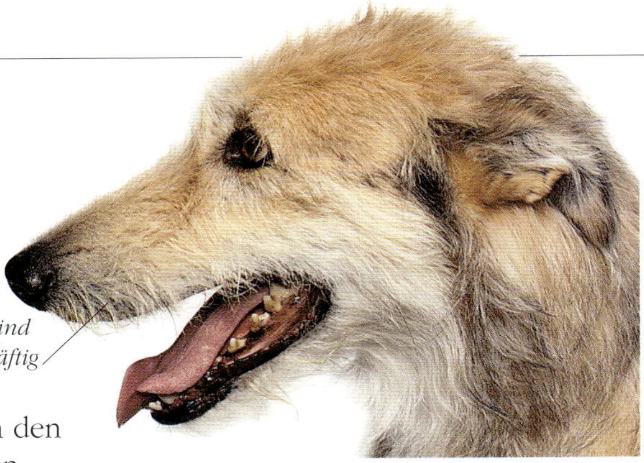

Die Kiefer sind lang und kräftig

Als die Siedler im 19. Jahrhundert in den »Wilden Westen« vorstießen, stellten Wölfe und Kojoten eine Gefahr für Mensch und Tier dar. Der American Staghound ging aus britischen Hetzhunden hervor, die groß genug waren, um es mit einem ausgewachsenen Wolf aufnehmen zu können. Diese Hunde begleiteten die Jäger, die das Land von Raubtieren »säuberten«. Nach der Besiedlung wurde die Jagd als Sport weiterbetrieben. Die robusten, muskelstarken Staghounds (»Hirschhunde«) wurden auf Gebrauchstüchtigkeit, aber auch auf Verträglichkeit und Zusammenarbeit mit anderen Hunden gezüchtet. Nach Aussage von Jägern ist der Staghound so schnell, daß er selbst die größten Hirsche einholen und überwältigen kann. Heute wird die Rasse ausschließlich für die Hirschjagd verwendet; sie wird aber auch als Begleithund immer beliebter.

RASSENGESCHICHTE Dieser derbe Windhund, der einem grauhaarigen Greyhound ähnelt, stammt vom Deerhound, Greyhound und Irish Wolfhound ab, die allesamt im späten 19. Jahrhundert in die USA eingeführt wurden.

Kurz-Info

Ursprungsland: USA
Entstehungszeit: 19. Jh.
Erste Verwendung: Hochwildjagd
Heutige Verwendung: Jagd- und Begleithund
Lebenserwartung: 10–12 Jahre
Gewicht: 29,5–45 kg
Widerristhöhe: 63,5–84 cm

LURCHER

RASSENGESCHICHTE Der auf den Britischen Inseln von Zigeunern und Kesselflickern gezüchtete Lurcher hat seinen Namen ursprünglich von dem Zigeunerwort »lur« (Dieb). Am begehrtesten war der hauptsächlich von Greyhounds abstammende kurzhaarige Schlag, der zum Wildern von Kaninchen und Hasen eingesetzt wurde.

Der Lurcher (»Lauerer«), der außerhalb Irlands und Großbritanniens kaum jemals zu sehen ist und nicht nach einem bestimmten Standard gezüchtet wird, ist in seiner Heimat noch immer sehr häufig. Früher war er ein Kreuzungsprodukt zwischen Greyhounds und Collies oder Terriern. Heute wird die Zucht systematischer betrieben: Lurcher werden untereinander verpaart, damit ihre Tüchtigkeit als Kaninchen- und Hasenhetzer erhalten bleibt. Der menschenfreundliche Lurcher ist ein angenehmer Begleithund, aber er muß sich austoben können und ist deshalb für die Stadt kaum geeignet. Er rennt gern und verfolgt und tötet jedes kleine Wild.

Langhaariger Schlag

Die kleinen, runden, dunklen Augen blicken aufmerksam

Die kleinen, rauh behaarten Ohren sind hoch angesetzt

Das Fell ist kurz und glatt; die Unterwolle wird im Winter dicker

Beine sind lang und gerade

Kurzhaariger Schlag

viele Farben

Tiefe Brust mit großer Lungenkapazität

Kurz-Info

Ursprungsland: Großbritannien/Irland
Entstehungszeit: 17. Jh.
Erste Verwendung: Hasen- und Begleithund
Heutige Verwendung: Hetz- und Begleithund
Lebenserwartung: 13 Jahre
Gewicht: 27–32 kg
Widerristhöhe: 69–76 cm

Rampur-Windhund

Rassengeschichte Der auf dem indischen Subkontinent entstandene Windhund ist vielleicht mit dem Afghanen verwandt, aber sein kurzes Haarkleid läßt vermuten, daß er dem Sloughi sehr nahesteht. Das Erscheinungsbild des Hundes wurde im vorigen Jahrhundert durch die Einführung von Greyhoundblut stark verändert.

Die Rute ist lang und dünn

Die tiefe Brust bietet viel Platz für ein großes Herz und eine große Lunge

Die dicke Hinterhand liefert Kraft für rasante Beschleunigung

Die trittsicheren Pfoten sind ziemlich klein

Die kleinen Augen stehen vorne und sind sehr scharfsichtig

Flacher Gesichtsschädel mit markantem Stop

Kurz-Info

Ursprungsland: Indien
Entstehungszeit: Altertum
Erste Verwendung: Hetzhund
Heutige Verwendung: Hetzhund
Lebenserwartung: 10–12 Jahre
Synonym: Rampur-Hund

Gewicht:
23–32 kg
Widerristhöhe:
56–76 cm

Diese Rasse, eine der 3 verbliebenen Windhundformen Indiens (die anderen sind der Banjara- und der Mahratta-Windhund), ist nach dem indischen Staat Rampur benannt, wo sie wahrscheinlich ihren Ursprung hat. Sie ist außerhalb ihrer Heimat nur selten anzutreffen. Als klassischer Windhund wird der Rampur auf Sehschärfe, Schnelligkeit und Kraft gezüchtet. Er ist ein geborener Hetzhund und wird selten als Begleithund gehalten. Sein markanter Kopf hat einen ausgeprägten Stop und helle Augen, die ihm ein unverwechselbares und attraktives Aussehen verleihen. Der kraftvolle Hund ist für die Stadt ungeeignet.

Das Fell ist kurz und glatt

Welpe

Italienisches Windspiel

Kleine, hoch angesetzte Kippohren

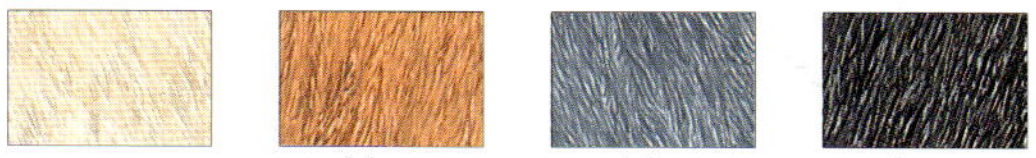

creme rehbraun blau schwarz

Dieser zierliche, hochläufige Windhund war der Gefährte der ägyptischen Pharaonen, der römischen Kaiser und der europäischen Könige und Königinnen, etwa des »Alten Fritz«. Der kluge, etwas schüchterne und reservierte, aber gleichwohl selbstbewußte und energische Hund ist ein idealer Begleithund für den anspruchsvollen Liebhaber. Das kurze, anliegende Fell haart sehr wenig und ist nahezu geruchlos. Die Haltung ist nicht schwierig, doch das Windspiel liebt die Annehmlichkeiten des Lebens. Das hochgezüchtete, feingliedrige Geschöpf wirkt zwar ziemlich zerbrechlich, aber seine guten Eigenschaften sind eine Empfehlung für jeden Hundefreund.

Hirnschädel und Fang, getrennt durch große Augen, sind gleich lang

Das kurze, feine, anliegende Haarkleid bedeckt eine dünne, straffe Haut

Kurz-Info

Ursprungsland: Italien
Entstehungszeit: Altertum
Erste Verwendung: Begleithund
Heutige Verwendung: Begleithund
Lebenserwartung: 13–14 Jahre
Synonym: Piccolo Levriero Italiano
Gewicht:
3–5 kg
Widerristhöhe:
33–38 cm

Die dünne Rute ist tief angesetzt

Die tiefe Brust ist ein Beweis für Ausdauer, die aber selten voll ausgeschöpft wird

Rassengeschichte Diese grazile Rasse geht auf die Zeit der alten Ägypter und Griechen zurück. Es ist ein perfekter Windhund en miniature, der vor Jahrtausenden als Begleithund aus größeren Windhunden herausgezüchtet wurde.

LAUFHUNDE

Während die Windhunde sich auf ihre Augen und ihre große Schnelligkeit verlassen, um die Beute zu fangen oder in die Enge zu treiben, benutzen die Laufhunde ihre Nase und ihre beharrliche Ausdauer, um das Wild zu ermüden und zu stellen. Der Bloodhound, dessen Riechschleimhaut eine größere Oberfläche als sein gesamter Körper hat, gilt als der tüchtigste Spürhund überhaupt. Hunde jagen zwar mit allen Sinnen, doch das Gehör ist bei Laufhunden von untergeordneter Bedeutung. Windhunde jagen lautlos; die Laufhunde bellen oder heulen, wenn sie auf die Duftspur des Beutetiers stoßen.

Die Hängeohren helfen dem Hund bei der Geruchswahrnehmung

Bloodhound
Der größte Spürhund der Welt entstand vor mehr als 1000 Jahren in Belgien und ist das Produkt der sorgfältigen Zuchtbemühungen der Mönche des St.-Hubert-Klosters.

Die robusten Läufe befähigen den Hund zum ausdauernden harten Arbeiten

Kerry-Beagle
Diese Züchtung, die als Meutelaufhund seit Jahrhunderten in Südirland kultiviert wird, ist nie formell anerkannt worden.

Basset Hound
Der Basset ist eine Zwergform mit normal langem Körper, aber kurzen Knochen und großen Gelenken.

Die krummen Beine sind mit dichtem Fell bedeckt

Jagdgefährten

Kein Land hat eine größere Vielfalt an Laufhunden hervorgebracht als das mittelalterliche Frankreich. Hunderte von Meuten, die bisweilen bis zu 1000 Hunde umfaßten, arbeiteten in den französischen Parks und Wäldern zum Vergnügen des Königs und der Hofgesellschaft. Manche Laufhunde waren kurzhaarig, andere dagegen rauhhaarig – wie die Griffons. Wieder andere, die sogenannten Bassets, wurden kurzläufig gezüchtet, damit die Jäger ihnen zu Fuß folgen konnten. Ein Jahrtausend lang, bis zur Französischen Revolution von 1789, lieferten die Äbte des Benediktinerklosters St. Hubert dem französischen König alljährlich 6 Hubertushunde. Der heutige Bloodhound ist ein Nachkömmling dieser Rasse.

In Frankreich entstanden weitere große Laufhunde, darunter der Grand Bleu des Gascogne, der Grand Gascon Saintongeois, der Grand Griffon Vendéen, der Grand Griffon Nivernais, der Billy und der Poitevin. Einige Formen, etwa der Chambray und der Levesque, sind heute extrem selten oder ausgestorben. Kleine Jagdhunde, die man Harrier nennt (nach dem normannischen Verb »harier« = jagen), entstanden in derselben Zeit: Ariégeois, Porcelaine, Briquet Griffon Vendéen, Petit Bleu und Petit Griffon Bleu des Gascogne sowie Griffon Bleu de Bretagne. Zu den in Frankreich erzüchteten Bassetrassen gehören der Basset Bleu de Gascogne, der Basset Fauve de Bretagne, der Grand und Petit Basset Griffon Vendéen und der Basset Artésien-Normand, aus dem der beliebte englische Basset Hound hervorgegangen ist. Der britische Adel erwarb regelmäßig französische Laufhunde; desgleichen entwickelten französische Züchter eine ganze Reihe von anglo-französischen Laufhunden, von denen viele noch heute existieren.

Alle Spürhunde wurden auf Gebrauchstüchtigkeit und nicht auf Aussehen oder Körperform gezüchtet. In Großbritannien erreichte die in Frankreich begonnene Zuchtarbeit mit der Entwicklung des Basset Hound, des Beagle-Foxhound, des Otterhound, des Staghound und des Harrier die höchste Verfeinerung. Nachkommen dieser Hunde wurden in die USA eingeführt und bildeten dort den Genpool, aus dem der American Foxhound und praktisch alle amerikanischen Coonhounds hervorgegangen sind.

Spezialisierte Fertigkeiten

Deutschland hat einen ungewöhnlich großen Beitrag zur Gruppe der Laufhunde geleistet. Der Dachshund

Der Kopf ist rundlich und elegant

Porcelaine
Der »Porzellanhund« gilt als die älteste französische Laufhundrasse und ist ein Nachkomme des ausgestorbenen Montaimboeuf. Er hat eine feine Nase und eine verblüffend »musikalische« Stimme.

Ein kompakter Hund mit muskulösem Gebäude und tiefer Brust

Steirische Rauhhaarige Hochgebirgsbracke
Diese freundliche Rasse, einer der besten Fährtenhunde Österreichs, wird fast ausschließlich von Jägern gehalten und ist außerhalb der Reviere, in denen er arbeitet, nur selten anzutreffen.

Die Augen sind oft durch Gesichtshaare geschützt

Briquet Griffon Vendéen
Dieser mittelgroße französische Laufhund arbeitet entweder einzeln oder in der Meute.

Basset Bleu de Gascogne
Der Basset Bleu de Gascogne, ein typischer Gebrauchshund und kein Ausstellungshund wie der Basset Hound, hat gerade Läufe und kräftige ovale Pfoten.

Sehr lange Hängeohren (Behänge)

Poitevin
Dieser beim Adel beliebte Meutehund wäre in der Französischen Revolution beinahe ausgestorben.

Das Fell dieses typischen Laufhunds ist kurz und dicht

Dobermann
Friedrich Louis Dobermann benutzte verschiedene Ausgangsrassen (Rottweiler, Pinscher und andere), um diese elegante Rasse zu schaffen.

Die Ohren wurden früher kupiert, um dem Hund ein gefährlicheres Aussehen zu geben

Istrianer Kurzhaarige Bracke
Diese Rasse, der älteste Laufhund des Balkans, geht wahrscheinlich auf die Primitivhunde zurück, die die Phönizier in das Gebiet des heutigen Sloweniens gebracht haben.

Die Rasse hat einen ruhig-heiteren Gesichtsausdruck

Catahoula Leopard Dog
Diese amerikanische Rasse aus Catahoula in Louisiana wird noch immer dazu benutzt, Schweine und Rinder zusammenzutreiben.

oder Dackel ist ein verkleinerter Laufhund, doch da er gezielt auf Schärfe und für die Arbeit unter der Erde gezüchtet wurde, stellt man ihn besser zu den Terriern oder »Erdhunden«. Durch die Kreuzung von Dachshunden mit hochläufigen deutschen Laufhunden entstand jedoch eine einzigartige Rassengruppe, die Dachsbracken. Der schwedische Drever wurde aus Dachsbracken, die man aus Deutschland importierte, herausgezüchtet. Vor allem in Bayern züchtete man Spürhunde, die eine »kalte«, also einige Tage alte Fährte zu verfolgen vermochten und damit diese spezielle Nische des Jagdwesens ausfüllten. Der Dobermann, der als moderner Schutzhund erzüchtet wurde, ist ein direkter Nachfahre der deutschen Schwarz-Loh-Bracken.

In der Schweiz begleiten die Jäger ihre Hunde im allgemeinen zu Fuß, und deshalb entwikkelte man dort robuste, aber kurzläufige Rassen, zum Beispiel die Niederlaufhunde. In Österreich-Ungarn hingegen jagte der Adel zu Pferde. Um die Bedürfnisse der Jäger zu befriedigen, züchtete man in den Karpaten, in der Steiermark und überall in den Bergregionen des Balkans hochläufige Gebirgsbracken.

Berner Niederlaufhund
Der Berner Niederlaufhund, ein Vertreter der vielen schweizerischen Laufhunde, ist eine »verzwergte« oder kurzläufige Form des Berner Laufhundes.

Die Beine wurden wie bei einer typischen Zwergform kurz gezüchtet

Neuere Rassen

In Nord- und Osteuropa entwickelten norwegische, schwedische, finnische und polnische Züchter im 19. Jahrhundert eine Reihe von tüchtigen Laufhunden, und dazu benutzten sie Zuchtstämme aus Mitteleuropa und Rußland. Der norwegische Dunker ist der lebende Nachfahre der inzwischen ausgestorbenen russischen Harlekinbracke. Russische Spürhunde wie der Tataren-Laufhund, die rotgefärbte Russische Bracke und der schwarz-rehbraune Russische Laufhund arbeiteten im Tandem mit dem Barsoi zusammen, doch die meisten dieser Rassen sind nach der Russischen Revolution erloschen. Neue Rassen wie der Estnische und Lettische Laufhund entstanden ebenfalls im vorigen Jahrhundert, und nachdem die Baltischen Staaten unabhängig geworden sind, werden die Bestände dieser Rassen vermutlich wieder zunehmen.

Allgemeine Charakteristik

Laufhunde sind durchweg freundliche Tiere, die sich besser miteinander vertragen als andere Hunde. Ihr phantastisches Witterungsvermögen übersteigt die menschliche Vorstellungskraft. Sie verfügen über bestimmte körperliche Merkmale, die sie befähigen, auch feinste Gerüche wahrzunehmen: ihre herabhängenden und meist langen Ohren (Behänge) erzeugen beispielsweise einen Luftstrom, der die Aufnahme von Duftstoffen erleichtert, und auch ihre feuchten Hängelefzen können Duftstoffe erfassen. Die Intensität, mit der diese Hunde arbeiten, ist fast unvorstellbar. Manchen Rassen fehlt der Tötungstrieb; sie überlassen die »schmutzige Arbeit« anderen Hunden, etwa Terriern, oder dem Menschen.

Segugio Italiano
Diese elegante, schlanke Rasse war im Italien der Renaissancezeit ein ungeheuer populärer Jagdhund. Sie erlebte einen Niedergang, wird aber heute in Italien und anderswo erfreulicherweise erneuert.

Die dicke Haut hängt in Falten vom Hals herab; es existiert auch noch ein viel seltenerer rauhhaariger Schlag.

BLOODHOUND

RASSENGESCHICHTE Jahrhundertelang haben die Mönche des belgischen Klosters St. Hubert hervorragende Spürhunde gezüchtet. Gleichzeitig wurden praktisch identische Laufhunde in Großbritannien erzüchtet. Beide Formen hatten einen gemeinsamen Ursprung – die Vorfahren begleiteten vermutlich die Kreuzfahrer, die aus dem Nahen Osten nach Europa heimkehrten.

Die herunterhängenden Unterlider enthüllen einen Teil der Bindehaut

Die Augen sind tief eingesetzt

Der stets schwarze Nasenspiegel sitzt an der Spitze des langen Fangs

Der Körper ist mit kurzem und ziemlich hartem Fell bedeckt; auf dem Kopf und an den Ohren fühlt sich das Haar weicher an

Gut entwickelte Sprunggelenke an den robusten, geraden Hinterläufen

Der Hirnschädel ist sehr hoch und gewölbt

Die extrem langen und anmutigen Behänge sind tief angesetzt

Die Vorderläufe sind gerade, stabil und muskulös

Die Pfoten sind im Verhältnis zur Körpergröße kompakt und geschlossen

rot | leber/loh | schwarz/loh

Kurz-Info

Ursprungsland: Belgien
Entstehungszeit: Mittelalter
Erste Verwendung: Spürhund
Heutige Verwendung: Begleit- und Schweißhund
Lebenserwartung: 10–12 Jahre
Synonyme: Bluthund, Sankt-Hubertus-Hund, Chien de Saint-Hubert
Gewicht: 36–50 kg
Widerristhöhe: 58–69 cm

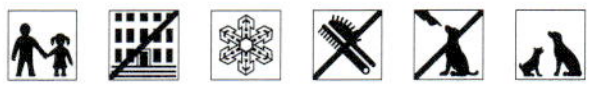

Die Unterlefze hängt 5 cm unter dem Kieferknochen

Die kräftigen Schultern erlauben es dem Hund, stundenlang ohne Pause zu arbeiten

Die Rute wird im eleganten Bogen über der Rückenlinie getragen

Überall in der Welt lassen sich Rassen wie die Jura-Laufhunde, der Fila Brasiliero, der Bayerische Gebirgsschweißhund usw. auf diesen uralten Fährtenhund zurückführen. Heute sind alle Bloodhounds schwarz und loh, leberbraun und loh oder rot gefärbt, doch im Mittelalter kamen sie auch in anderen Farben vor. Die weiße Varietät, die im mittelalterlichen Europa verbreitet war, wurde als Talbot bezeichnet. Im 17. Jahrhundert starb dieser Schlag aus, doch seine Gene blieben in so unterschiedlichen Hunden wie dem weißen Boxer oder dem dreifarbigen Basset Hound erhalten. Der Bloodhound liebt das Verfolgen und nicht das Töten des Wilds (das »Blut« in seinem Namen hat nichts mit »Blutdurst« zu tun); daher wurde und wird er dazu verwendet, Tiere, Verbrecher, entlaufene Sklaven und verirrte Kinder aufzuspüren. Heute ist diese Rasse mit dem schwerfälligen Gang und der lautstarken Stimme Schweiß- und Begleithund gleichermaßen. Trotz seines liebenswürdigen Wesens ist er nicht leicht zu erziehen.

Der Hals ist sehr stark bemuskelt und hat eine herabhängende Wamme

Der Rücken ist im Verhältnis zur Körpergröße ungewöhnlich kräftig

Harrier

Es ist historisch belegt, daß schon 1260 im Westen Englands eine Harriermeute, die sogenannte Penistone-Meute, existierte. Aus späteren Dokumenten geht hervor, daß der Harrier auch in Wales ein beliebter Meutehund war. Doch in diesem Jahrhundert wäre die Rasse in ihrem Ursprungsland beinahe ausgestorben. Sie wurde durch Foxhound-Blut aufgefrischt; der heutige Harrier, ob als Leopardenjäger in Sri Lanka, als Fuchsjäger im Osten der USA oder als Fährtenhund in den Bergen Kolumbiens, ist eine gelungene Mischung aus Foxhound- und Beagle-Eigenschaften. Er fühlt sich wohl in der Gesellschaft von seinesgleichen und verträgt sich gut mit andersrassigen Hunden. Er ist auch ein ausgezeichneter Begleithund, und seine Zukunft liegt in Europa und Amerika wahrscheinlich eher in der Familie als in der Meute.

Welpe

Rassengeschichte Der Harrier entstand vor mindestens 800 Jahren in Westengland und stammt wahrscheinlich von Kreuzungen zwischen Bloodhounds und den Vorfahren des modernen Beagle ab. Sein Name leitet sich vom normannisch-französischen »harier« ab, das soviel wie Jagdhund bedeutet. Der Fortbestand der Rasse ist sowohl in Großbritannien als auch in den USA gesichert.

viele Farben

Kurz-Info

Ursprungsland: Großbritannien
Entstehungszeit: Mittelalter
Erste Verwendung: Hasenjagd
Heutige Verwendung: Hasen- und Fuchsjagd
Lebenserwartung: 11–12 Jahre

Gewicht: 22–27 kg
Widerristhöhe: 46–56 cm

Grand Anglo-Français Blanc et Noir

Rassengeschichte Die Großen Anglo-Franzosen kommen in 3 Farbschlägen vor: dreifarbig, schwarz und weiß sowie orange und weiß. Sie werden als 3 eigenständige Rassen anerkannt und sind aus Kreuzungen zwischen English Foxhound und französischen Laufhunden hervorgegangen.

Kurz-Info

Ursprungsland: Frankreich
Entstehungszeit: Ende 19. Jh.
Erste Verwendung: Hochwildjagd
Heutige Verwendung: Hirsch-, Wildschwein-, Fuchsjagd
Lebenserwartung: 10 Jahre
Synonym: Großer Schwarz-Weißer Anglo-Franzose
Gewicht: 34,5–35,5 kg
Widerristhöhe: 62–72 cm

Der Kopf ist relativ flach

Die langen Behänge sind in Augenhöhe angesetzt

Die mäßig dicke Rute wird mit aufgebogener Spitze hängend getragen

Die oberen Lefzen sind ziemlich straff und bedecken nicht die unteren

Die schwarz-weiße Fellfarbe unterscheidet diese Rasse von der dreifarbigen

Gerade Hinterläufe wie beim Foxhound

Die Augen haben stets einen sanften Ausdruck

Der Große Schwarz-Weiße Anglo-Franzose stimmt praktisch mit seinem dreifarbigen Vetter (Tricolore) überein. Vermutlich steht er dem Bleu de Gascogne und dem Gascon Saintongeois nahe. Der kräftige, starkknochige Hund ist ungewöhnlich ausdauernd und wird für die Jagd auf großes Wild, etwa Rothirsch, Reh und Wildschwein, eingesetzt. Er ist weniger populär als der Tricolore und wird nur sehr selten als Begleithund gehalten.

Grand Anglo-Français Tricolore

Die sich verjüngende Rute wird in Ruhe bis zum Sprunggelenk hängend und in der Erregung über der Rückenlinie getragen

Dreifarbiges doppellagiges Fell aus kurzem, dichtem Deckhaar und feiner, weicher Unterwolle

Die mäßig großen Augen haben einen sanften Ausdruck

Der Große Dreifarbige Anglo-Franzose ist die beliebteste große französische Laufhundrasse und stammt zum Teil vom Poitevin und dem English Foxhound ab. Das Tier sieht zwar durchaus wie ein französischer Laufhund aus, aber die englische Foxhound-Herkunft zeigt sich im stämmigen Gebäude und im schwach skulptierten Kopf. Seine attraktive Erscheinung und sein freundliches Wesen haben ihm auch Freunde außerhalb der Jägerschaft verschafft, und so wird er zuweilen auch als Begleithund gehalten. Er ist jedoch vorwiegend ein Gebrauchshund, der am liebsten in der Meute arbeitet.

Die großen Behänge sind leicht gefaltet; bei Aufmerksamkeit werden die Ohrenansätze in Augenhöhe angehoben

Der lange und mäßig breite Kopf hat einen auffälligen Stop

Kurz-Info

Ursprungsland: Frankreich
Entstehungszeit: 19. Jh.
Erste Verwendung: Hochwildjagd
Heutige Verwendung: Jagd- und Begleithund
Lebenserwartung: 10 Jahre
Synonym: Großer Dreifarbiger Anglo-Franzose
Gewicht: 34,5–35,5 kg
Widerristhöhe: 62–72 cm

Die Augenfarbe ist variabel

Rassengeschichte Wie der Große Schwarz-Weiße Anglo-Franzose stammt auch diese Rasse von alten französischen Laufhunden ab, die mit English Foxhounds gekreuzt wurden. Der dritte Farbschlag (Orange und Weiß) ist heute extrem selten. Für alle 3 Schläge wurden eigene Standards aufgestellt.

Français Blanc et Noir

Die Rute ist am Ansatz dick und wird bei Erregung hoch getragen

Der Hals ist lang und ziemlich kräftig

Lange Hinterläufe mit muskulösen Oberschenkeln

Großer, schwarzer Nasenspiegel mit großen, gut geöffneten Nüstern

Dichtes, derbes, kurzes Fell mit einen ausgedehnten schwarzen Mantel

Der Oberkopf ist nur leicht gewölbt

Die tief angesetzten Behänge reichen bis zur Nasenspitze

Rassengeschichte Der französische Züchter Henri de Falandre schuf diesen klassischen schwarz-weißen Laufhund, indem er Foxhounds mit dem Bleu de Gascogne und anderen großen französischen Laufhunden kreuzte.

Dieser Laufhund hat ein würdevolles Aussehen, ein reizvolles Fellmuster und eine hervorragende Stimme. Sein kraftvolles Gebäude und seine robuste Skelettstruktur erinnern an seinen nahen Verwandten, den Gascon Saintongeois. Der allgemein für die Niederwildjagd verwendete Hund ist sehr arbeitsfreudig und besitzt eine unerschöpfliche Energie. Wie die Großen Anglo-Franzosen hat er ein freundliches, sanftes Wesen; er ist kinderlieb und leicht zum Gehorsam zu erziehen, und er schnappt nur sehr selten nach Menschen. Er ist jedoch nicht für ein Leben in der Stadt bestimmt.

Kurz-Info

Ursprungsland: Frankreich
Entstehungszeit: 20. Jh.
Erste Verwendung: Niederwildjagd
Heutige Verwendung: Niederwildjagd
Lebenserwartung: 10 Jahre
Synonym: Französischer Schwarz-Weißer Laufhund

Gewicht: 34,4–35,5 kg
Widerristhöhe: 65–72 cm

Français Tricolore

Große, aufmerksame Augen

Die Behänge sind in Augenhöhe angesetzt und an der Spitze einwärts gefaltet

Großer, schwarzer Nasenspiegel mit weit geöffneten Nüstern

Rassengeschichte Diese Rasse, eine Neuschöpfung eines historischen Meutehundes, wurde ebenfalls von Henri de Falandre geschaffen, der Poitevin, Billy, Saintongeois und möglicherweise Bleu de Gascogne mit dem English Foxhound kreuzte. Der Français Tricolore wurde 1965 offiziell anerkannt.

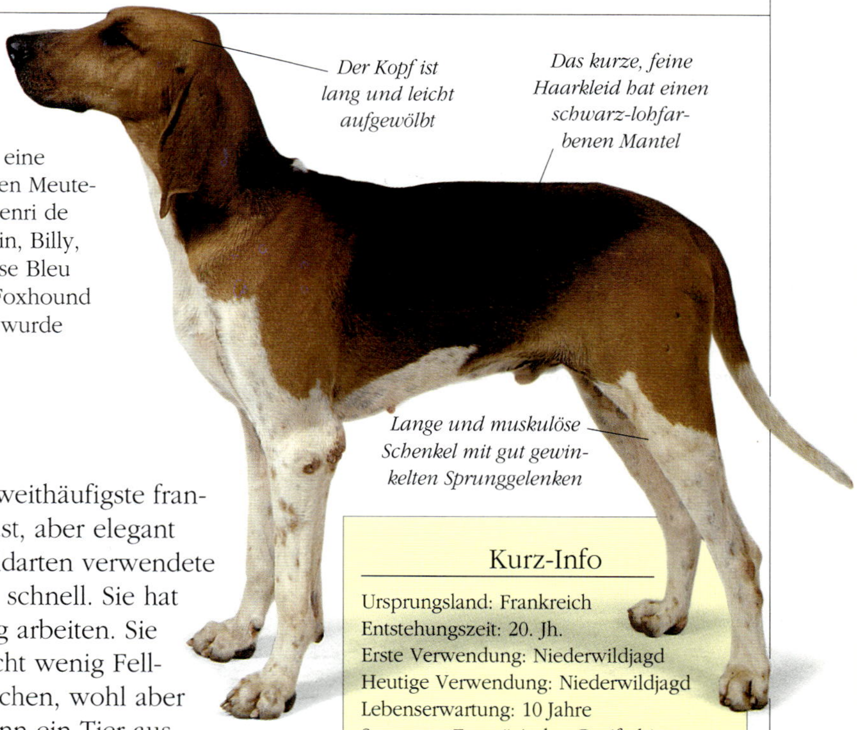

Der Kopf ist lang und leicht aufgewölbt

Das kurze, feine Haarkleid hat einen schwarz-lohfarbenen Mantel

Lange und muskulöse Schenkel mit gut gewinkelten Sprunggelenken

Der Français Tricolore, der zweithäufigste französische Laufhund, ist robust, aber elegant gebaut. Die für die Jagd auf alle kleinen Wildarten verwendete Rasse ist in unterschiedlichem Gelände sehr schnell. Sie hat immense Ausdauer und kann stundenlang arbeiten. Sie kann im Freien gehalten werden, braucht wenig Fellpflege und schnappt kaum nach Menschen, wohl aber manchmal nach anderen Hunden. Wenn ein Tier aus einer Jagdmeute herausgeholt wird, gibt es einen schlechten Wach- und einen ebenso schlechten Begleithund ab. Wird ein Welpe in einer Familie aufgezogen, kann er sich zu einem leidlichen Hausgenossen entwickeln. Der Hund braucht jedoch sehr viel Auslauf und ist am glücklichsten, wenn er eine Wildfährte verfolgen kann.

Kurz-Info

Ursprungsland: Frankreich
Entstehungszeit: 20. Jh.
Erste Verwendung: Niederwildjagd
Heutige Verwendung: Niederwildjagd
Lebenserwartung: 10 Jahre
Synonym: Französischer Dreifarbiger Laufhund

Gewicht: 34,5–35,5 kg
Widerristhöhe: 62–72 cm

Grand Bleu de Gascogne

Rassengeschichte Die Ursprünge dieser alten Rasse liegen vielleicht in Windhundformen, die phönizische Händler nach Frankreich gebracht haben. Es handelt sich sicherlich um einen der ältesten Laufhunde, deren Ahnenreihe sich nicht zurückverfolgen läßt.

Ovale, wolfsartige Pfoten mit schlanken Zehen

Gut bemuskelte Vorderläufe stützen die massigen Schultern

Die Nase ist schwarz und gut entwickelt und hat einen langen, kräftigen Rücken

Die sehr tief angesetzten Behänge sind leicht gewellt

Die dunkel kastanienbraunen Augen blicken bekümmert, aber sanft

Das Haarkleid ist ziemlich dick, recht lang und üppig

Diese aus dem trockenheißen Midi Südwestfrankreichs stammende Rasse ist heute in den USA, wo sie seit dem 18. Jahrhundert gezüchtet wird, weiter verbreitet als in seiner Heimat. Beiderseits des Atlantiks wird der elegante und majestätische Grand Bleu fast ausschließlich als spursicherer Jagdgebrauchshund verwendet. Er ist nicht besonders schnell, aber ungemein ausdauernd. Der Bestand ging zurück, als in Frankreich die Wölfe ausgerottet wurden. Die Tiere, die vor 100 Jahren auf französischen Ausstellungen zu sehen waren, waren überwiegend schwarz gefärbt.

Kurz-Info

Ursprungsland: Frankreich
Entstehungszeit: Mittelalter
Erste Verwendung: Hirsch-, Wildschwein-, Wolfsjagd
Heutige Verwendung: Jagdhund, zuweilen Meutehund
Lebenserwartung: 12–14 Jahre
Synonym: Großer Blauer Gascogner
Gewicht:
32–35 kg
Widerristhöhe:
62–72 cm

Petit Bleu de Gascogne

Rassengeschichte Die Rasse wurde selektiv aus dem Grand Bleu de Gascogne herausgezüchtet und so verkleinert, daß sie für die Niederwildjagd taugte.

Kurz-Info

Ursprungsland: Frankreich
Entstehungszeit: Mittelalter
Erste Verwendung: Kaninchenjagd
Heutige Verwendung: Jagdhund für Kaninchen und Hasen
Lebenserwartung: 12 Jahre
Synonym: Kleiner Blauer Gascogner
Gewicht:
18–22 kg
Widerristhöhe:
50–60 cm

Der Petit Bleu ist seltener als der Grand Bleu und noch am häufigsten in Südwestfrankreich anzutreffen. Klein ist er nur dem Namen nach. Dank seiner hervorragenden Nase ist er imstande, selbst die schwächste Hasenspur zu verfolgen. Es ist eine widerstandsfähige und energische Rasse, die sich relativ leicht zum Gehorsam erziehen läßt und sich ausgezeichnet mit anderen Hunden verträgt. Das dichte, dicke Fell ist ein wirksamer Wetterschutz. Wir haben es primär mit einem Jagdgebrauchshund zu tun, der sich in ländlicher Umgebung wohlfühlt.

Der feingeschnittene Kopf ist lang, leicht und zierlich

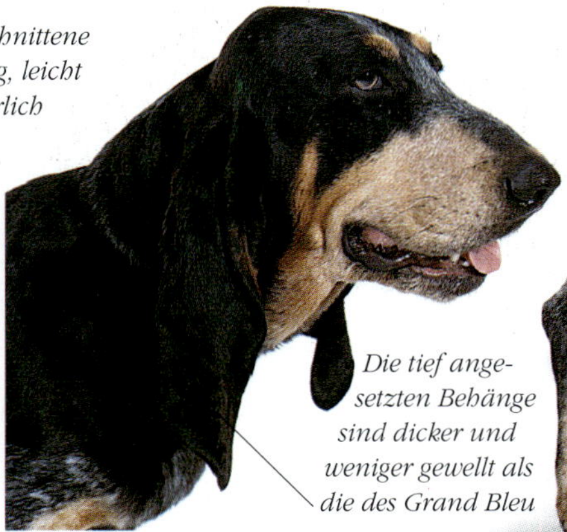

Die tief angesetzten Behänge sind dicker und weniger gewellt als die des Grand Bleu

Die ziemlich flachen Oberschenkel sind kräftig bemuskelt

Die tiefe Brust bietet viel Platz für eine große Lunge

Die Vorderläufe sind im Verhältnis zum übrigen Körper erstaunlich kräftig

Ovale, ziemlich lange Pfoten mit schwarzen Ballen und meist lohfarbener Behaarung

Petit Griffon de Gascogne

Kurz-Info

Ursprungsland: Frankreich
Entstehungszeit: 18. Jh.
Erste Verwendung: Hasenjagd
Heutige Verwendung: Jagdhund für kleines und mittelgroßes Wild
Lebenserwartung: 12 Jahre

Gewicht:
18–19 kg
Widerristhöhe:
43–52 cm

Der große, markante Nasenspiegel ist stets tiefschwarz

Die in Augenhöhe angesetzten Ohren hängen flach herab

Das leicht wellige Fell ist nie wollig oder gekräuselt

Rassengeschichte Das derbe Äußere dieser seltenen Rasse ist vermutlich das Ergebnis einer Kreuzungszucht zwischen dem etwas größeren Petit Bleu des Gascogne und dem rauhhaarigen Korthals-Griffon. So entstand ein Hund von ähnlicher Größe und Färbung wie der Petit Bleu.

Die hellen goldenen Augen sind weniger auffällig als beim Petit Bleu

Diese Rasse hat die Farbstellung des Petit Bleu beibehalten – schieferblauer Körper mit schwarzen Abzeichen und Lohfarbe an Kopf und Pfoten –, aber das derbe, buschige Haarkleid des Griffon hinzubekommen. Im Wesen ähnelt sie dem Petit Bleu: gutartig, arbeitsam, willig und eifrig. In einer Meute gehalten, kann der Hund allerdings aggressiv werden. Trotz seiner Gebrauchstüchtigkeit und seinem angenehmen Aussehen und Charakter ist er erstaunlich selten.

Die abfallenden Schultern sind gut bemuskelt.

Runde, geschlossene Pfoten mit harten, schwarzen Krallen

Basset Bleu de Gascogne

Rassengeschichte Der Ursprung der Rasse ist unbekannt; der heutige Basset Bleu de Gascogne ist eine Wiederherstellung des ursprünglichen Typs durch den französischen Züchter Alain Bourbon.

Kurz-Info

Ursprungsland: Frankreich
Entstehungszeit: Mittelalter/19. Jh.
Erste Verwendung: Jagdhund
Heutige Verwendung: Begleit- und Jagdhund
Lebenserwartung: 12–13 Jahre

Gewicht:
16–18 kg
Widerristhöhe:
34–42 cm

Die dunkelbraunen Augen haben einen sanften, melancholischen Ausdruck

Die langen, dünnen, gefalteten Behänge sind so lang wie der Fang

Die Lefzen sind gut entwickelt; das Mauldach ist schwarz

Der Basset Bleu ist ein ausgezeichneter Begleit- und Jagdhund, geeignet für Stadt und Land. Er ist nicht schwer zum Gehorsam zu erziehen und kann mit etwas Nachhilfe ein recht guter Wachhund werden. Wegen seines ziemlich kurzen Fells ist er etwas kälteempfindlich. Französischen Züchtern zufolge ist er anfällig für die lebensgefährliche Magendrehung, die entsteht, wenn sich der Magen, gewöhnlich nach einer reichlichen Mahlzeit, plötzlich in der Längsachse verdreht. Der Basset Bleu hat eine gute Stimme und eine feine Nase.

Die Stirn ist lang und leicht geschwungen; die Abzeichen sind immer symmetrisch

Die Läufe wurden »verzwergt«, um das Tempo des Hundes herabzusetzen

Die tiefe Brust ist die Voraussetzung für große Ausdauer

Die ovalen Pfoten haben harte, schwarze Krallen und feste, schwarze Ballen

CHIEN D'ARTOIS

RASSENGESCHICHTE Ein anderer Name dieser sehr alten französischen Laufhundrasse lautet Biquet – vielleicht abgeleitet von »braquet« (kleine Bracke). Die Rasse wäre im letzten Jahrhundert beinahe erloschen, wurde aber durch den Prince de Conde in fast reiner Form erhalten.

Hunde, die diesem mittelgroßen Laufhund ähneln, finden sich in französischen Darstellungen der königlichen Jagden aus dem 15. Jahrhundert. Wegen ihrer geringen Größe haben sie die Wirren der Französischen Revolution besser überdauert als die hochläufigen Rassen. Um die Mitte des 19. Jahrhunderts wurden diese Meutehunde für die Niederwildjagd eingesetzt; sie bewährten sich am besten im dichten Unterholz. Mit ihrer Beliebtheit ging jedoch eine unkontrollierte Kreuzungszucht mit englischen Jagdhunden einher. Nur in wenigen Meuten blieb der originale Typ erhalten, der dann zu Beginn des Jahrhunderts durch engagierte Züchter wiederhergestellt wurde. Die Rasse braucht eine strenge Ausbildung; die Rüden können sich dominant gebärden.

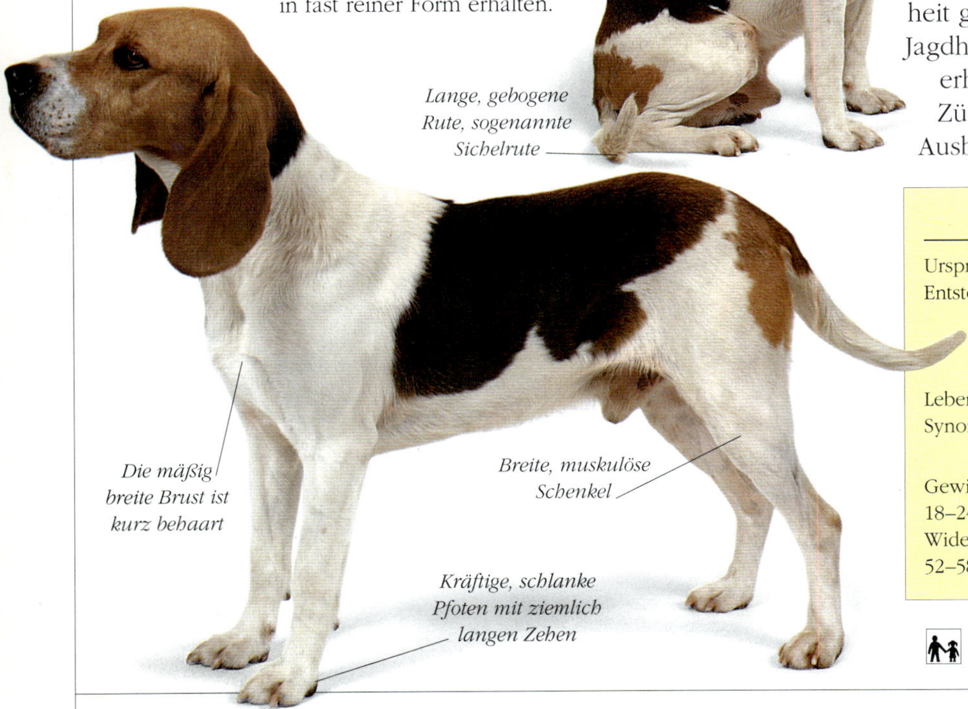

Kurz-Info

Ursprungsland: Frankreich
Entstehungszeit: 15. Jh.
Erste Verwendung: Hasenjagd
Heutige Verwendung: Begleit- und Jagdhund
Lebenserwartung: 12–14 Jahre
Synonym: Briquet

Gewicht: 18–24 kg
Widerristhöhe: 52–58 cm

ARIÉGEOIS

RASSENGESCHICHTE Diese Rasse ist wahrscheinlich aus einer Kreuzung zwischen dem Chien d'Artois mit dem Bleu de Gascogne und/oder dem Gascon Saintongeois hervorgegangen. Sie wurde erstmals 1912 anerkannt, ist aber außerhalb Frankreichs nur selten anzutreffen.

Kurz-Info

Ursprungsland: Frankreich
Entstehungszeit: 20. Jh.
Erste Verwendung: Niederwildjagd
Heutige Verwendung: Niederwildjagd
Lebenserwartung: 12 Jahre

Gewicht: 25–30 kg
Widerristhöhe: 53–61 cm

Dieser ruhige und anhängliche Spürhund, der mit Kindern und anderen Hunden gut auskommt, hat den Wandel vom Meutehund zum Hausgenossen mit Erfolg geschafft. Der Ariégeois ist jedoch in erster Linie ein Jagdhund, der Hasen und anderes kleines Wild mit seiner feinen Nase und wohlklingendem Spurlaut verfolgt, wenn er Gelegenheit dazu erhält. Wegen seiner Herkunft aus dem südwestfranzösischen Ariège eignet er sich besonders für ein wärmeres Klima. Die relativ junge Rasse ähnelt in Aussehen und Funktion dem alten Petit Bleu de Gascogne.

Griffon Nivernais

Rassengeschichte Rauhhaarige, hochläufige Laufhunde gibt es in Frankreich seit mindestens 800 Jahren. Diese Rasse stammt wohl vom ausgestorbenen Gris de St. Louis (ein von Karl IX. in »La Chasse Royale« beschriebener Windhund) und dem Chien de Bresse, einem Lokalschlag, ab.

Der Griffon Nivernais läßt sich vermutlich auf rauhhaarige Laufhunde zurückführen, die von mediterranen Händlern nach Mitteleuropa gebracht wurden. Die Nachkommen dieser Hunde gediehen besonders gut in den mittelfranzösischen Regionen Nivernais und Vendée. Diese rustikale Rasse wurde in der Französischen Revolution dezimiert und zerstreut, aber von Züchtern um die Jahrhundertwende erneuert. Der Griffon Nivernais braucht eine strenge Erziehung und erweist sich zuweilen als nicht sehr gehorsam. Er wird auf Ausdauer und nicht bloß auf Schnelligkeit gezüchtet und neigt dazu, alles, was sich bewegt, zu verfolgen.

Kurz-Info

Ursprungsland: Frankreich
Entstehungszeit: 13. Jh.
Erste Verwendung: Hochwildjagd
Heutige Verwendung: Jagd- und Begleithund
Lebenserwartung: 12 Jahre
Synonyme: Grand Griffon Nivernais, Chien de Pays
Gewicht: 23–25 kg
Widerristhöhe: 53–64 cm

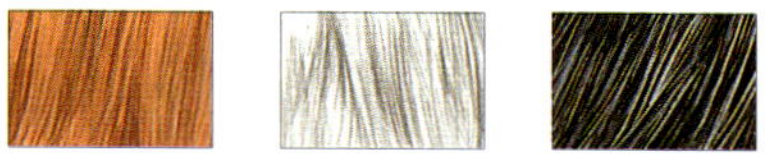

Basset Artésien-Normand

Rassengeschichte Dieser kurz-, aber geradläufige Hund aus dem Artois und der Normandie ist der Vorfahre des krummbeinigeren und beliebteren englischen Basset Hound. Die Bestände wurden in den beiden Weltkriegen dezimiert, doch der französische Züchter Leparoux de Combrée rettete die Rasse vor dem Untergang.

Bassets sind Niederlaufhunde, die die Rumpflänge ihrer Vorfahren beibehalten haben, aber einen vergrößerten Kopf, verkürzte Gliedmaßenknochen und größere Gelenke besitzen. Dank ihrer Kurzläufigkeit kann der Jäger ihnen leicht zu Fuß folgen. Bis zur Jahrhundertwende wurde die Rasse in 2 Schlägen gezüchtet: Jagdhunde mit geraden Läufen und Begleit- und Ausstellungshunde mit krummen Beinen und schlaffen Behängen. Um 1900 schuf der französische Züchter Léon Verrier den heutigen Standard, der Eigenschaften beider Schläge miteinander vereint. Die Rasse gibt einen reizenden Hausgenossen ab, der sich in der Stadt und auf dem Land wohl fühlt und sich leicht zum Gehorsam erziehen läßt.

Kurz-Info

Ursprungsland: Frankreich
Entstehungszeit: 17. Jh.
Erste Verwendung: Spürhund für Hase, Kaninchen und Reh
Heutige Verwendung: Begleit- und Jagdhund
Synonym: Basset Artois
Gewicht: 14,5–15,5 kg
Widerristhöhe: 25–36 cm

Grand Gascon Saintongeois

Rassengeschichte In den 1840er Jahren kreuzte Baron Joseph de Caryon Latour de Virelade unter sorgfältiger Auswahl des Zuchtmaterials den Grand Bleu de Gascogne mit dem Santongeois und dem Ariégeois und schuf damit diese Rasse.

Kurz-Info

Ursprungsland: Frankreich
Entstehungszeit: 19. Jh.
Erste Verwendung: Rehwildjagd
Heutige Verwendung: Jagd- und Begleithund
Lebenserwartung: 11–12 Jahre
Synonym: Virelade
Gewicht:
30–32 kg
Widerristhöhe:
63–71 cm

Dieser muskulöse, hochläufige Laufhund ist ein geborener Jäger und wird nach wie vor für die Jagd auf Reh- und anderes größeres Wild verwendet. Außerhalb Frankreichs kommt er praktisch nicht vor, doch er bleibt ein geschätzter Meutehund, vor allem im Südwesten des Landes. Der Grand Gascon Santongeois ist kinderlieb und verträgt sich gut mit anderen Hunden; er schnappt oder beißt nur selten. Er wurde nie ausschließlich als Begleithund gezüchtet, aber wenn er in einer Familie aufgezogen wird, gibt er einen recht guten Hausgenossen ab. Er lernt leicht Gehorsam und braucht viel Auslauf.

Anglo-Français de Petite Vénerie

orange/weiß | schwarz/weiß | dreifarbig

Die früher einfach Petit Anglo-Français genannte Rasse ist, im Unterschied zu den Anglo-Franzosen und den französischen Laufhunden, das Produkt einer geplanten Zucht. Sie entstand in der ersten Hälfte unseres Jahrhunderts aus Kreuzungen zwischen Poitevin, Porcelaine und Beagle oder Beagle-Harrier und wird weiterhin gezüchtet als ein Meutehund, der auf die Fährten von kleinem Wild (Fasane, Wachteln, Kaninchen usw.) angesetzt wird. Er hat sich als angenehmer Hausgenosse bewährt, der etwas reserviert, aber ansonsten gehorsam und willig ist. In den frühen Zuchtphasen fielen einige rauhhaarige Welpen an, doch dieser Felltyp ist inzwischen verschwunden. Es ist sehr gut möglich, daß die Popularität dieser Rasse als Begleithund sehr bald zunehmen wird.

Kurz-Info

Ursprungsland: Frankreich
Entstehungszeit: 1970er Jahre
Erste Verwendung: Niederwildjagd
Heutige Verwendung: Jagd- und Begleithund
Lebenserwartung: 12 Jahre
Synonym: Kleiner Anglo-Franzose
Gewicht:
16–20 kg
Widerristhöhe:
48–56 cm

Rassengeschichte Diese kleinere Version der großen anglo-französischen Laufhunde ist der jüngste Neuzugang zu den französischen Laufhunden und entstand aus Kreuzungen zwischen dem Beagle oder Beagle-Harrier mit mittelgroßen, kurzhaarigen französischen Laufhunden. Der erste Standard wurde 1978 aufgestellt.

Griffon Fauve de Bretagne

Rassengeschichte Der für die Wolfsjagd verwendete Fauve de Bretagne wird 1570 von Karl IX. in »La Chasse Royale« als einer von vier französischen Laufhunden erwähnt. Der Griffon Fauve und der Basset Fauve sind direkte Nachkommen dieser Rasse, die auch mit dem Welsh Foxhound verwandt sein kann.

weizengelb, golden, rehbraun

rot

Kurz-Info

Ursprungsland: Frankreich
Entstehungszeit: Mittelalter
Erste Verwendung: Wolfsjagd
Heutige Verwendung: Begleit- und Jagdhund
Lebenserwartung: 12–13 Jahre

Gewicht: 18–22 kg
Widerristhöhe: 48–56 cm

Der Griffon Fauve de Bretagne, eine alte Rasse, ist ein hervorragender Spürhund geblieben – die bretonischen Bauern benutzten ihn früher für die Jagd auf Wölfe. 1885 wäre die Rasse beinahe erloschen. Um sie aufzufrischen, kreuzten die Züchter Blut des Briquet Griffon Vendéen ein. In Frankreich ist die Gebrauchstüchtigkeit nach wie vor ein integrierender Bestandteil des Standards, obwohl der Hund heute häufiger für die Einzel- als die Meutejagd verwendet wird. Mit seinem langen Fang und dem kräftigen Gebäude ist der Hund ein tüchtiger Jäger. Er gibt auch einen freundlichen Begleithund ab, ist aber, wie die meisten Laufhunde, ein schlechter Wachhund.

Basset Fauve de Bretagne

rehbraun

rot

Kurz-Info

Ursprungsland: Frankreich
Entstehungszeit: 19. Jh.
Erste Verwendung: Niederwildjagd
Heutige Verwendung: Begleit- und Jagdhund
Lebenserwartung: 12–14 Jahre

Gewicht: 16–18 kg
Widerristhöhe: 32–38 cm

Der Basset Fauve, ein typischer Basset mit langem Rumpf und kurzen Läufen, hat weder das glatte Fell des Basset Artésien-Normand noch das rauhe Haarkleid des Griffon Vendéen, sondern eher ein derbes, hartes Fell. Der zähe und ausdauernde Hund verfolgt die Wildfährte und scheucht das Wild aus der Deckung, und bei der Arbeit in schwierigem Gelände fühlt er sich am wohlsten. Traditionsgemäß jagte dieser Basset in vierköpfigen Meuten, doch heute jagt er meist einzeln oder mit einem Partner. Es ist eine lebhafte, eigensinnige Rasse, schwerer zu erziehen als der Griffon Fauve. Sie gibt zwar einen guten Begleithund ab, läßt sich aber nicht gern einsperren und braucht viel Bewegung.

Rassengeschichte Der aus einer Kreuzung zwischen Griffon Fauve de Bretagne und Niederlaufhunden aus der Vendée hervorgegangene Basset Fauve de Bretagne ist außerhalb Frankreichs noch immer selten anzutreffen, abgesehen von Großbritannien, wo viele Züchter ihn ins Herz geschlossen haben.

Grand Griffon Vendéen

weiß, creme

weizen-orange

dreifarbig

Rassengeschichte Die Rasse, die vor Jahrhunderten in der Vendée entstand, stammt vom italienischen St.-Hubertus-Hund und dem Griffon Nivernais ab.

Kurz-Info

Ursprungsland: Frankreich
Entstehungszeit: Mittelalter
Erste Verwendung: Wildschweinjagd
Heutige Verwendung: Jagd auf Reh- und Schwarzwild
Lebenserwartung: 12 Jahre

Gewicht: 30–35 kg
Widerristhöhe: 60–66 cm

Diese alte Rasse war am Ende des Zweiten Weltkriegs in Frankreich fast völlig verschwunden. Sie wurde durch die Einkreuzung von Blutlinien der Anglo-Franzosen und des Billy erneuert. Das Ergebnis ist ein Hund mit einem rauhen, drahtigen Deckhaar und dicker Unterwolle. Dank dieser Kombination eignet er sich hervorragend für die Wasserarbeit; es bedeutet aber auch, daß das Fell regelmäßig gepflegt werden muß, wenn man den starken natürlichen Hundegeruch vermeiden will. Die Rasse hat eine sehr gesunde Konstitution, doch sie ist die seltenste der Vendéen-Jagdhundrassen, und ihre Zukunft ist ungewiß.

Briquet Griffon Vendéen

Rassengeschichte Der Briquet wurde für die Niederwildjagd aus dem Grand Griffon Vendéen herausgezüchtet. Griffon leitet sich vom altfranzösischen »greffier« (Schreiber) her. Einer der Erstzüchter war der Sekretär des französischen Königs.

Diese alte und niemals häufige Rasse wurde im Zweiten Weltkrieg arg dezimiert. Der selbst in Frankreich relativ unbekannte Briquet neigt zum Eigensinn und braucht eine fachkundige Abrichtung, wenn er für die Jagd verwendet werden soll. Dank seinem dichten, wasserabstoßenden Fell ist er ein idealer Jagdhund für jedes Wetter und Terrain, auch für die Wasserarbeit. Der Briquet gibt einen passablen Wachhund ab und paßt sich an das Leben in der Stadt an, wenn er dort aufgewachsen ist. Manche Tiere neigen zur Bissigkeit, doch im allgemeinen gilt die Rasse als kinderfreundlich.

creme

dreifarbig

weiß/orange

Kurz-Info

Ursprungsland: Frankreich
Entstehungszeit: 17. Jh.
Erste Verwendung: Jagdhund
Heutige Verwendung: Jagd- und Begleithund
Lebenserwartung: 12 Jahre

Gewicht: 22–24 kg
Widerristhöhe: 50–55 cm

GRAND BASSET GRIFFON VENDÉEN

weiß | grau | schwarz/weiß | loh/weiß | dreifarbig

RASSENGESCHICHTE Die Rasse wurde selektiv durch den Franzosen Paul Desamy erzüchtet. Ihre Blutlinie war Mitte der 1940er Jahre etabliert.

Kurz-Info

Ursprungsland: Frankreich
Entstehungszeit: 19. Jh.
Erste Verwendung: Jagdhund, Hasenhatz
Heutige Verwendung: Begleit- und Jagdhund
Lebenserwartung: 12 Jahre

Gewicht:
18–20 kg
Widerristhöhe:
38–42 cm

Der Grand Basset, der größer ausfällt als die meisten Bassets, ist ein schöner und unabhängiger Hund mit einem starken Willen. Er ist zwar eigensinnig, aber nicht gefährlich und recht anhänglich, und er neigt kaum zum Schnappen oder Beißen. Der Grand Basset arbeitet gern einzeln oder in der Meute, und bei sachverständiger Abrichtung gibt er einen guten Kaninchen- und Hasenjäger ab. Er fühlt sich auch in der Stadt wohl; sein dichtes Fell benötigt regelmäßige Pflege.

PETIT BASSET GRIFFON VENDÉEN

Der Petit Basset, der beliebteste aller Vendéen-Griffons, hat sich die Zuneigung von Züchtern und Hundeliebhabern in vielen Ländern erworben. Dieser aufgeweckte, enthusiastische Hund, in seinem Erscheinungsbild ein echter Basset, ist allerdings anfällig für Rückenbeschwerden. Rüden tragen gern Rangordnungskämpfe aus, um von ihrem Halter als »Alpha-Hund« anerkannt zu werden. Die Rasse fühlt sich in einem frischen, kühlen Klima wohler als in einem schwülen und warmen.

RASSENGESCHICHTE Der Petit Basset hat seinen Ursprung in der französischen Vendée. Seine Merkmale und Eigenschaften wurden 1947 durch den französischen Züchter Abel Desamy festgelegt.

weiß | orange/weiß | dreifarbig

Kurz-Info

Ursprungsland: Frankreich
Entstehungszeit: 18. Jh.
Erste Verwendung: Hasenjagd
Heutige Verwendung: Begleit- und Jagdhund
Lebenserwartung: 12 Jahre

Gewicht:
14–18 kg
Widerristhöhe:
34–38 cm

ENGLISH FOXHOUND

Ein guter Spurlaut, eine feine Nase, eine robuste Konstitution und Verträglichkeit mit anderen Hunden sind Kennzeichen des English Foxhound. Früher unterschieden sich die Hunde innerhalb Großbritanniens durch ihre Gestalt und Größe. Tiere aus Yorkshire waren am schnellsten, während die aus Staffordshire größer und langsamer waren und eine tiefere Stimme hatten. Heute sind die meisten English Foxhounds in Erscheinungsbild und Wesen einander ähnlich. Obwohl die Rasse nur selten als Hausgenosse gehalten wird, gibt sie einen ausgezeichneten Begleithund und dank ihrer kräftigen Stimme und Aufmerksamkeit auch einen guten Wachhund ab. Sie ist sanftmütig, anhänglich und ausgeglichen, allerdings ziemlich schwer zum Gehorsam zu erziehen. Sie besitzt außerdem einen starken Jagdtrieb und hetzt und tötet Tiere bis Fuchsgröße.

RASSENGESCHICHTE Im 15. Jahrhundert wurde in Großbritannien die Fuchsjagd populär, die einen Bedarf an schnellen Hunden schuf. Aus importierten französischen Laufhunden und einheimischen Zuchtstämmen gingen schließlich schnelle, schlanke Fuchshunde hervor.

zweifarbig

dreifarbig

Kurz-Info

Ursprungsland: Großbritannien
Entstehungszeit: 15. Jh.
Erste Verwendung: Fuchsjagd
Heutige Verwendung: Fuchsjagd
Lebenserwartung: 11 Jahre
Synonym: Englischer Fuchshund
Gewicht:
25–34 kg
Widerristhöhe:
58–69 cm

OTTERHOUND

RASSENGESCHICHTE Der Otterhound könnte vom Bloodhound abstammen, aber auch aus einer Kreuzung zwischen großen, rauhhaarigen Terriern, alten Fuchshunden und dem französischen Griffon Nivernais hervorgegangen sein.

Kurz-Info

Ursprungsland: Großbritannien
Entstehungszeit: Altertum
Erste Verwendung: Otterjagd
Heutige Verwendung: Begleithund
Lebenserwartung: 12 Jahre
Synonym: Otterhund
Gewicht:
30–55 kg
Widerristhöhe:
58–69 cm

alle Laufhundfarben

Großbritannien hat mehrere Laufhunde für verschiedene Wildarten hervorgebracht, so den Foxhound für Füchse, den Harrier für Hasen und den Bloodhound für Wildschweine. Der Otterhound hatte die Aufgabe, einen Otter selbst in kältesten Flüssen bis zu dessen Bau zu verfolgen. Da Otter heute nicht mehr als Schädlinge gelten, hat der Otterhound seine ursprüngliche Funktion verloren. Glücklicherweise hat er ein fröhliches Wesen, und er liebt den Umgang mit Menschen und kommt recht gut mit Kindern und mit anderen Tieren aus. Die Rasse erweist sich jedoch als stur und eigenwillig, vor allem wenn sie Wasser sieht oder wittert.

BASSET HOUND

Der oft eigensinnige, aber durchweg sanfte und gutmütige Basset war einst ein hervorragender Jagdhund. Seine Hängeohren erwiesen sich als nützlich für die Aufnahme von Witterung, insbesondere an einem feuchten Morgen. Auch heute noch nehmen Bassets mit leichteren Knochen, etwas längeren Läufen und schlankerem Rumpf an Geländewettbewerben teil, doch der typische Familienhund-Basset ist schwer, lang und niedrig gebaut. Heute ist die Rasse ein Lieblingsmotiv der Karikaturisten und Werbegrafiker. In den USA verkörpert die Cartoonfigur »Fred Basset« humorvolle Komik, und weltweit symbolisiert der Basset die Bequemlichkeit von Schuhwerk.

Rassengeschichte Der Basset Hound stammt möglicherweise von »verzwergten« Bloodhounds ab. Er hat seinen Ursprung zwar in Frankreich, aber heute ist er in Großbritannien und den USA besonders beliebt.

Die tiefliegenden Augen blicken sanft

Das Gewicht ist gleichmäßig auf die Mitte der Pfoten, die keine Spreizzehen haben, verteilt

Die dicke Rute wird leicht gebogen getragen

dreifarbig

zitrone/weiß

Die Obren sind lang und tief angesetzt

Die Ellbogen liegen an der tiefen Brust an

Gerade Sprunggelenke und nach vorn gerichtete Hinterläufe

Kurz-Info

Ursprungsland: Frankreich
Entstehungszeit: 16. Jh.
Erste Verwendung: Kaninchen- und Hasenjagd
Heutige Verwendung: Begleit- und Jagdhund
Lebenserwartung: 12 Jahre
Gewicht: 18–27 kg
Widerristhöhe: 33–38 cm

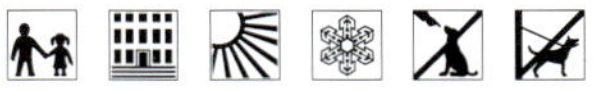

Großer und langer Kopf

Locker gefaltete Behänge

BEAGLE

Kurz-Info

Ursprungsland: Großbritannien
Entstehungszeit: 14. Jh.
Erste Verwendung: Kaninchen- und Hasenjagd
Heutige Verwendung: Begleit- und Jagdhund
Lebenserwartung: 13 Jahre
Synonym: English Beagle
Gewicht: 18–27 kg
Widerristhöhe: 33–41 cm

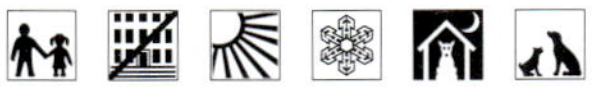

Obwohl der Beagle eigenwillig ist und sich gerne selbständig macht, ist er ein beliebter Begleithund, weil er ein liebenswertes Wesen hat und kaum zu Aggressionen neigt. Eine reizende Besonderheit der ruhigen Rasse ist die recht angenehme Stimme. Größe und Aussehen unterscheiden sich von Land zu Land beträchtlich. Einige Zuchtverbände lösen dieses Problem durch die Anerkennung verschiedener Schläge. Früher führten berittene Jäger in England kleine Beagles in den Satteltaschen mit.

Die langen, feinen Ohren hängen in anmutigen Falten herab

Die aufrecht getragene Rute hat eine weiße Spitze

Glattes Fell, kann auch drahtig sein

Leicht aufgewölbter Hirnschädel

Mäßig tiefe Brust mit gut gewölbten Rippen

In den Oberschenkeln steckt sehr viel Schubkraft

Kompakte, aber kräftige Pfoten mit ausgeprägten Ballen

Die bei der Geburt dunkle Nase wird oft braunrosa

Gut herabhängende Lefzen

alle Laufhundfarben

Rassengeschichte Der Beagle stammt wohl von Harrier und altenglischen Laufhunden ab. Kleine Laufhunde, die Hasenjäger zu Fuß begleiteten, sind seit dem 14. Jahrhundert belegt.

DUNKER

Kurz-Info

Ursprungsland: Norwegen
Entstehungszeit: 1850er Jahre
Erste Verwendung: Hasenjagd
Heutige Verwendung: Begleithund, Hasenjagd
Lebenserwartung: 12 Jahre
Synonym: Dunker-Bracke
Gewicht: 16–22 kg
Widerristhöhe: 47–57 cm

RASSENGESCHICHTE Wilhelm Dunker, ein norwegischer Züchter, schuf diese ruhige, gutmütige Rasse, indem er die das Merle-Gen tragende russische Harlekinbracke mit anderen zuverlässigen Laufhunden kreuzte.

Norwegen ist zwar relativ dünn besiedelt, hat aber eine große Jagdtradition, und so entstanden mehrere nordische Jagdhundrassen, die den Bedarf deckten. Der Dunker ist dafür ein klassisches Beispiel; er wurde »entworfen«, um Hasen mit der Nase und nicht mit den Augen zu verfolgen und zu apportieren. Es handelt sich um eine anstellige und freundliche Rasse mit einem geschmeidigen und ausgewogenen Gebäude, aber auch mit enormer Ausdauer. Hüftgelenksdysplasie kommt gelegentlich vor, doch im übrigen ist der Dunker ein gesunder Hund, der sich bei der Jagd auf sehr unterschiedlichem Terrain bewährt hat. Mit seinem attraktiven Aussehen und seinem liebenswürdigen Naturell ist er auch ein begehrter Hausgenosse.

HALDEN-STÖVARE

Wie alle anderen norwegischen Laufhunde ist der Halden-Stövare kein Meutehund – er jagt einzeln mit seinem Herrn. Und wie andere norwegische Laufhunde hat auch diese Rasse ein ruhiges und angenehmes Wesen. Sie ist oft ungemein anhänglich und schnappt nur selten, doch man sollte auf sie aufpassen, wenn sie mit fremden Kindern zusammenkommt. Das prachtvolle dreifarbige Fell mit den auffälligen schwarzen und lohfarbenen Abzeichen trägt zur Attraktivität des Hundes bei. Sein Fell braucht wenig Pflege, doch es ist nicht so dick wie das der Nordlandspitze, und er sollte deshalb vor extremer Kälte geschützt werden.

Kurz-Info

Ursprungsland: Norwegen
Entstehungszeit: 20. Jh.
Erste Verwendung: Hasenjagd
Heutige Verwendung: Begleithund, Hasenjagd
Lebenserwartung: 12 Jahre
Gewicht: 23–29 kg
Widerristhöhe: 51–64 cm

RASSENGESCHICHTE Der selbst im übrigen Skandinavien ziemlich unbekannte Halden-Stövare entstand in Südnorwegen aus einer Kreuzung zwischen dem English Foxhound und Lokalschlägen. Die Rasse in ihrer heutigen Form hat sich in den 1950er Jahren fest etabliert.

Hygen-Hund

Rassengeschichte Der nach seinem Erstzüchter benannte Hygen-Hund entstand aus Kreuzungen zwischen Holsteiner Bracken und verschiedenen skandinavischen Laufhunden, unter anderem dem inzwischen ausgestorbenen Ringerike-Hund.

Die mittelgroßen, dunkelbraunen Augen blicken ernst

Schwarzer Nasenschwamm mit gut geöffneten Nüstern

Glattes, sehr dichtes, glänzendes Fell

Mäßig dicke, samtartige Behänge

Die Rute bildet eine Linie mit dem Rücken

Gerade, schlanke Vorderläufe

Haare zwischen den Zehen

Der kompakte, kurzrückige, aber kraftvolle Hygen-Hund wird primär für die Jagd verwendet; als Begleithund ist er nicht sehr beliebt. Er ist temperamentvoller als die anderen norwegischen Laufhunde und eignet sich ausgezeichnet für die Niederwildjagd. Er gibt einen zuverlässigen Wachhund ab, kommt mit Artgenossen recht gut zurecht, braucht sehr viel Auslauf und neigt zum Schnappen und Beißen. Er taugt nicht als Stadthund, und wenn das Wetter es erlaubt, bleibt er gerne im Freien; vor sehr großer Kälte muß er jedoch bewahrt werden. Außerhalb Norwegens ist die Rasse kaum vertreten.

kastanienbraun — gelbrot — schwarz/kastanienbraun

Kurz-Info

Ursprungsland: Norwegen
Entstehungszeit: 1830er Jahre
Erste Verwendung: Hasenjagd
Heutige Verwendung: Hasenjagd, Begleithund
Lebenserwartung: 12 Jahre
Synonym: Hygen-Bracke
Gewicht: 20–24 kg
Widerristhöhe: 47–58 cm

Finnenbracke

Die kräftige Rute wird unter der Rückenlinie getragen

Das ziemlich harsche, dichte Fell ist mittellang

Gerader Hals ohne Wamme

Kurz-Info

Ursprungsland: Finnland
Entstehungszeit: 18. Jh.
Erste Verwendung: Hirsch- und Hasenjagd
Heutige Verwendung: Begleit- und Jagdhund
Lebenserwartung: 12 Jahre
Synonyme: Finsk Stövare, Suomenajokoira
Gewicht: 20–25 kg
Widerristhöhe: 56–63 cm

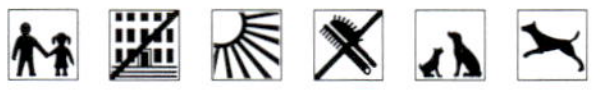

Hoch angesetzte, lange Behänge

Schräge, kraftvolle Schulterpartie

Stämmige Vordermittelfüße

Trockener, edel wirkender Kopf

Rassengeschichte Bracken für die Sommerjagd gibt es in Finnland zwar schon seit dem 18. Jahrhundert, doch die heutige Rasse entstand in einem Zuchtprogramm des 19. Jahrhunderts, an dem französische, deutsche und schwedische Laufhunde beteiligt waren. Die Finnenbracke wurde zum beliebtesten Gebrauchshund Finnlands.

Im Unterschied zu den norwegischen Laufhunden ist die Finnenbracke ein Spürhund, aber kein Apportierer; er führt allerdings die Jäger im dichten Wald zu erlegten Schnepfen und sonstigem Federwild. Diese große und sanfte Rasse braucht viel körperliche Betätigung, ist kinderlieb und schläft im skandinavischen Sommer gern draußen. Das anliegende Haarkleid ist kein guter Wetterschutz und braucht wenig Pflege. Wegen ihres ruhigen Wesens gibt die Rasse keinen besonders guten Wachhund ab. Rüden können jedoch mit fremden Rüden aneinandergeraten.

Hamilton-Stövare

Der schöne Hamilton-Stövare ist außerhalb Skandinaviens nahezu unbekannt, außer in Großbritannien, wo er sich rasch zu einem erfolgreichen Ausstellungs- und Gebrauchshund entwickelt hat. In Schweden zählt er zu den 10 häufigsten Rassen. Er jagt einzeln und nicht in der Meute und ist imstande, Wild aufzuspüren, zu verfolgen und aus der Deckung zu scheuchen. Er gibt nach Laufhundart Laut, wenn er ein weidwundes Tier entdeckt hat. Mit einem Fell, das im Winter erheblich dicker wird, arbeitet der Hamilton-Stövare gern in den verschneiten skandinavischen Wäldern.

Rassengeschichte Die von Adolf Patrick Hamilton, dem Gründer des Svenska Kennelklubben, geschaffene Rasse entstand durch Kreuzungen zwischen deutschen Bracken, English Foxhounds und schwedischen Laufhunden und wurde erstmals 1886 ausgestellt.

Kurz-Info

Ursprungsland: Schweden
Entstehungszeit: 19. Jh.
Erste Verwendung: Spürhund
Heutige Verwendung: Begleit- und Jagdhund
Lebenserwartung: 12–13 Jahre

Gewicht: 23–27 kg
Widerristhöhe: 51–61 cm

Småland-Stövare

Bilddokumente und Handschriften lassen den Schluß zu, daß der kompakte und stämmige Småland-Stövare schon im Mittelalter ein geschätzter schwedischer Arbeitshund war, doch erst 1921 wurde er vom Svenska Kennelklubben formell anerkannt. Der außerhalb seines Heimatlandes praktisch unbekannte Laufhund verläßt sich eher auf seine Ausdauer als auf seine Schnelligkeit, wenn er in den dichten Wäldern von Småland Kaninchen und Füchse jagt. In Schweden ist das Kupieren von Hundeschwänzen verboten; die kurze Rute des Småland-Stövare ist ein Resultat der Selektionszucht, die Baron von Essen im 19. Jahrhundert betrieb, indem er Lokalschläge mit dem Schiller-Stövare kreuzte.

Rassengeschichte Diese vielleicht älteste skandinavische Laufhundrasse hat ihren Ursprung im südschwedischen Småland, wo sie für die Arbeit in den Wäldern erzüchtet wurde. Ihr Standard wurde 1921 aufgestellt.

Kurz-Info

Ursprungsland: Schweden
Entstehungszeit: Mittelalter/19. Jh.
Erste Verwendung: Hasen- und Fuchsjagd
Heutige Verwendung: Begleit- und Jagdhund
Lebenserwartung: 12–14 Jahre

Gewicht: 15–18 kg
Widerristhöhe: 46–50 cm

Schiller-Stövare

Rassengeschichte Lokale Gebrauchshundschläge existieren in ganz Schweden seit dem Mittelalter. Im 19. Jahrhundert importierte der Bauer Per Schiller, der einen leichten und leichtfüßigen Laufhund brauchte, Bracken aus Deutschland, kreuzte sie mit lokalen Laufhunden und schuf so die Rasse, die heute seinen Namen trägt. Sie wurde 1952 offiziell anerkannt.

Kurz-Info

Ursprungsland: Schweden
Entstehungszeit: Mittelalter/19. Jh.
Erste Verwendung: Hasen- und Fuchsjagd
Heutige Verwendung: Begleit- und Jagdhund
Lebenserwartung: 12–14 Jahre

Gewicht: 18–24 kg
Widerristhöhe: 53–57 cm

Der Nasenspiegel ist groß und schwarz

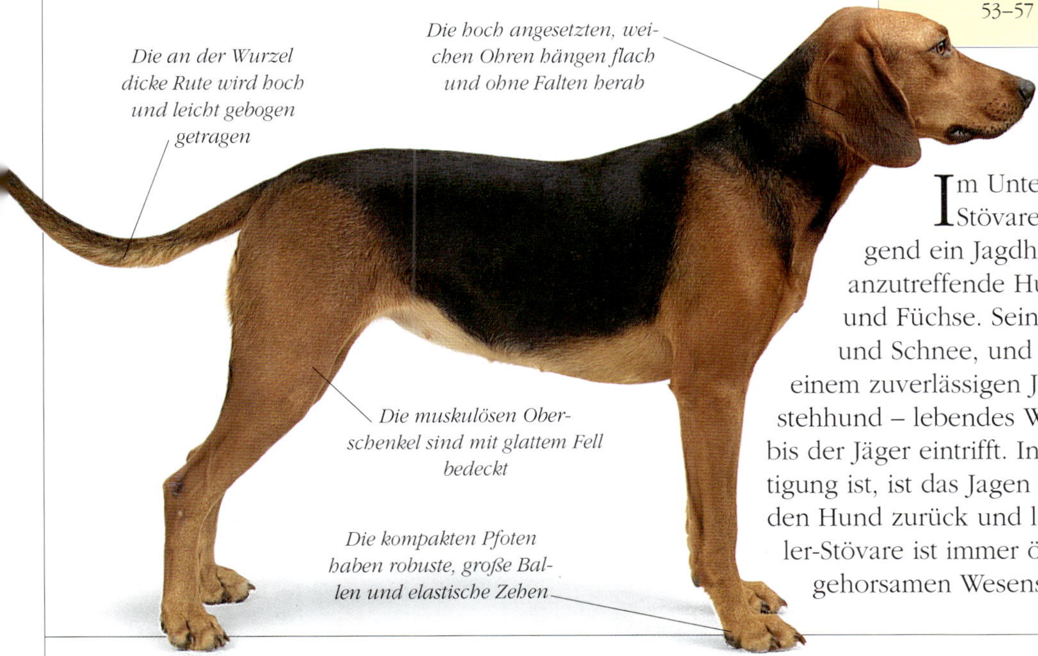

Die an der Wurzel dicke Rute wird hoch und leicht gebogen getragen

Die hoch angesetzten, weichen Ohren hängen flach und ohne Falten herab

Die muskulösen Oberschenkel sind mit glattem Fell bedeckt

Die kompakten Pfoten haben robuste, große Ballen und elastische Zehen

Im Unterschied zum Hamilton-Stövare ist diese Rasse vorwiegend ein Jagdhund geblieben. Der außerhalb Schwedens nur selten anzutreffende Hund ist ein hervorragender Spürhund für Schneehasen und Füchse. Sein harsches Winterfell bietet guten Schutz gegen Kälte und Schnee, und seine Schnelligkeit und Ausdauer machen ihn zu einem zuverlässigen Jagdgehilfen. Er ist ein typischer skandinavischer Vorstehhund – lebendes Wild rührt er nicht an, sondern er verbellt es nur, bis der Jäger eintrifft. In Schweden, wo die Jagd eine beliebte Freizeitbeschäftigung ist, ist das Jagen oft wichtiger als das Töten. Der Jäger ruft häufig den Hund zurück und läßt das Wild mit dem Leben davonkommen. Der Schiller-Stövare ist immer öfter auf Ausstellungen zu sehen und gibt wegen seines gehorsamen Wesens einen idealen Begleithund ab.

Drever

Rassengeschichte Der Drever, eine Neuschöpfung des kurzläufigen Laufhunds, der das Wild vor die Flinte trieb, ist aus der selten gewordenen Westfälischen Dachsbracke und lokalen Laufhundschlägen erzüchtet worden.

Das Fell ist dick, eng anliegend und auf dem Rumpf flach

Die Rute wird im Bogen hängend getragen

Die ziemlich kurzen Vorderläufe sind senkrecht und parallel gestellt

Kurz-Info

Ursprungsland: Schweden
Entstehungszeit: 20. Jh.
Erste Verwendung: Spürhund
Heutige Verwendung: Begleit- und Jagdhund
Lebenserwartung: 12–14 Jahre
Synonym: Schwedische Dachsbracke
Gewicht: 14,5–15,5 kg
Widerristhöhe: 29–41 cm

Der Kopf ist lang, groß und gut proportioniert

Die klaren, aufmerksamen Augen haben dünne, straffe Lider

Der Drever ist außerhalb Schwedens selten, doch in seiner Heimat fast so populär wie der Labrador-Retriever. In kurzer Zeit ist diese fleißige und widerstandsfähige Rasse zum beliebtesten Helfer der schwedischen Jäger geworden. Im Wesen entspricht sie anderen Dachsbracken und Dachshunden; zu kritisieren wäre allenfalls ihr Übereifer. Der energische und zähe Hund möchte oft noch seine Arbeit fortsetzen, nachdem sein zweibeiniger Gefährte seinen Jagdtrieb bereits gestillt hat. Der Drever hat ein erstklassiges Witterungsvermögen und ist ein zuverlässiger Spürhund. Wegen seiner kurzen Beine ist er langsamer als andere Laufhunde; deshalb eignet er sich ideal dazu, das Wild dem Jäger vor die Flinte zu treiben.

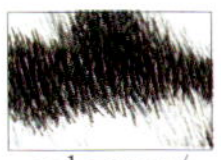

schwarz/weiß

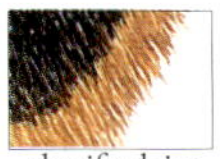

dreifarbig

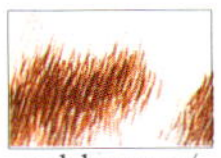

rehbraun/weiß

Die straffen oberen Lefzen liegen fest auf den unteren an

American Foxhound

alle Farben

Der Kopf ist ziemlich lang, der Hirnschädel mäßig gewölbt

Die Oberlefzen überragen den Unterkiefer

Das mitteldichte Fell ist hart und anliegend

Ziemlich weit auseinanderstehende Augen

Die langen Behänge sind in Augenhöhe angesetzt

Rassengeschichte Die erste Meute von English Foxhounds traf 1650 aus Großbritannien in Amerika ein. Irische Laufhunde vom Typ Kerry-Beagle und französische Laufhunde trugen zur Entstehung der schlanken und schnellen Rasse von heute bei.

Der American Foxhound ist größer und hat leichtere Knochen als sein europäisches Pendant, obwohl bis in unser Jahrhundert regelmäßig europäisches Blut eingekreuzt wurde. Bei der Arbeit neigen die Hunde eher zum Individualismus als zur Gruppenarbeit; jeder ist bereit, die Führung zu übernehmen. Die Fuchsjagd wird an der amerikanischen Ostküste unterschiedlich betrieben. In den nördlichen Staaten folgt sie dem europäischen Vorbild: Die Jagd findet am Tage statt, und der Fuchs wird getötet. In den südlichen Staaten kann eine Jagd tagsüber oder nachts stattfinden, und der Fuchs wird nicht unbedingt getötet. Jeder dieser energischen Hunde hat einen unverwechselbaren Spurlaut, den der Besitzer erkennen kann.

Kurz-Info

Ursprungsland: USA
Entstehungszeit: 19. Jh.
Erste Verwendung: Fuchsjagd
Heutige Verwendung: Fuchsjagd, Begleithund
Lebenserwartung: 11–13 Jahre
Synonym: Amerikanischer Fuchshund
Gewicht: 30–34 kg
Widerristhöhe: 53–64 cm

Catahoula Leopard Dog

Der Schädel ist breit und flach

Der nach einem Ort im nordöstlichen Louisiana benannte »Cat« wurde dazu verwendet, verwilderte Schweine und Rinder zusammenzutreiben, also Vieh, das ausgerissen war und in Wäldern und Sümpfen hauste. (Genauer gesagt: Der Hund forderte die Schweine zum Kampf heraus und wurde dann von ihnen gejagt.) Jäger benutzten den Catahoula manchmal dazu, Waschbären aufzuspüren und auf die Bäume zu jagen, doch diese selbstbewußte Rasse legt sich lieber mit widerborstigen Keilern an. Die Zucht basiert auf dem Prinzip vom Überleben des Tüchtigsten.

Die Rasse verdankt ihren Namen dem gefleckten »Leopardenfell«

Die Läufe sind stämmig und starkknochig

Tiefe Brust mit guter Herz- und Lungenkapazität

Rassengeschichte Der Catahoula entwickelte sich im tiefen Süden der USA und stammt wahrscheinlich von Kriegshunden, die die Spanier mitgebracht haben, oder von Hunden der Indianer ab. 1979 wurde die Rasse zum »Staatshund« von Louisiana gekürt.

merle

schwarz/loh

Kurz-Info

Ursprungsland: USA
Entstehungszeit: 18. Jh.
Erste Verwendung: Hirschjagd, Hütehund
Heutige Verwendung: Hüte- und Begleithund
Lebenserwartung: 12–13 Jahre
Synonyme: Catahoula Hog Dog, Catahoula Cur
Gewicht: 18–23 kg
Widerristhöhe: 51–66 cm

Plott Hound

blau

gestromt

Dieser große und gesellige Laufhund, der als der widerstandsfähigste Coonhound (»Waschbärhund«) überhaupt gilt, wird von der Familie Plott und ihren Nachkommen seit fast 250 Jahren gezüchtet, und zwar für die Jagd auf Bären und Waschbären in den Bergen im Osten der USA. Der Hund hat eine seltsam scharfe und hohe Stimme, ganz anders als die sonoren Lautäußerungen der anderen Coonhounds. Die gut bemuskelten und eher schmalgliedrigen Tiere sind so ausdauernd, daß sie den ganzen Tag und bis tief in die Nacht arbeiten können. Der Plott Hound besitzt die typisch tiefe Brust der amerikanischen Coonhounds. Er verschlingt sehr schnell große Futtermengen, weshalb er anfällig ist für die lebensbedrohliche Magendrehung. Außerhalb der Südstaaten ist die Rasse extrem selten, und sie wird nur selten als Haushund einzeln gehalten.

Kurz-Info

Ursprungsland: USA
Entstehungszeit: 18. Jh.
Erste Verwendung: Bärenjagd
Heutige Verwendung: Jagd- und Begleithund
Lebenserwartung: 12–13 Jahre
Gewicht: 20–25 kg
Widerristhöhe: 51–61 cm

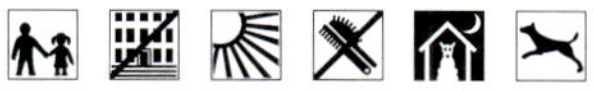

Rassengeschichte
Dieser einzige amerikanische Laufhund ohne britische Vorfahren ist Nachkomme von deutschen Laufhunden, die die Familie Plott in den 1750er Jahren nach North Carolina mitbrachte.

Treeing Walker Coonhound

Dieser tüchtige und zuverlässige Waschbär-, Eichhörnchen- und Opossumjäger hat das Erscheinungsbild seines Vorfahrens, des English Foxhound, beibehalten. Der Treeing Walker jagt seine Beute auf die Bäume (daher der Name) und klettert ihr zuweilen sogar nach, um an sie heranzukommen. Mit ein wenig Abrichtung erreicht man jedoch, daß er nur Laut gibt, um dem Jäger anzuzeigen, daß das Wild gestellt ist. Die Rasse wird auf Gebrauchstüchtigkeit gezüchtet und gibt einen angenehmen Begleithund ab, ist allerdings für die Stadt nicht geeignet.

Kurz-Info

Ursprungsland: USA
Entstehungszeit: 19. Jh.
Erste Verwendung: Waschbärjagd
Heutige Verwendung: Jagd- und Begleithund
Lebenserwartung: 12–13 Jahre
Gewicht: 23–32 kg
Widerristhöhe: 51–69 cm

Rassengeschichte
Der Treeing Walker, ein Abkömmling des English Foxhound, den Thomas Walker 1742 nach Virginia einführte, wurde als eigenständige Rasse erst 1945 anerkannt.

dreifarbig

zweifarbig

Black-and-tan Coonhound

Kurz-Info

Ursprungsland: USA
Entstehungszeit: 18. Jh.
Erste Verwendung: Waschbärjagd
Heutige Verwendung: Waschbärjagd
Lebenserwartung: 11–12 Jahre
Synonym: American Black-and-tan Coonhound

Gewicht:
23–34 kg
Widerristhöhe:
58–69 cm

Großer, schwarzer Nasenspiegel mit gut geöffneten Nüstern

Lohfarbe über den Augen

Haselnußbraune Augen mit wachsamem und freundlichem Ausdruck

Die Behänge sind ziemlich weit hinten angesetzt und hängen anmutig herab

Abfallender, muskulöser Hals von mittlerer Länge

Die langen, kräftigen Gliedmaßen sind für ausdauerndes Laufen und Schwimmen angelegt

Die Rasse ist anfällig für Hüftgelenksdysplasie

Die tiefe Brust garantiert Ausdauer

Die amerikanischen Coonhounds gehören zu den spezialisiertesten Rassen der Welt: Instinktiv verfolgen sie die Duftspuren eines Waschbären oder Opossums und treiben ihr Opfer auf einen Baum. Sobald die Beute gestellt ist, verändert der Hund seine Stimme. Er verharrt vor dem Baum und verbellt die Beute, bis der Jäger eintrifft. Der »Schwarz-Loh-Waschbärhund« ist der verbreitetste Coonhound; er ist selbstbewußt, wachsam und folgsam. Fellpflege, besonders an den Ohren, und viele Bewegung sind lebensnotwendig.

Rassengeschichte Ausgangsrassen waren der Bloodhound, der irische Kerry-Beagle und der Foxhound, insbesondere der Virginia Foxhound des 18. Jahrhunderts. Die Rasse könnte auch mit dem Talbot-Laufhund des 12. Jahrhunderts verwandt sein.

Bluetick Coonhound

Rassengeschichte Durch gezielte Kreuzungszucht von Foxhounds, Mischlingen, English Coonhounds und französischen Laufhunden entstand in Louisiana in diesem Jahrhundert der Bluetick Coonhound.

Kurz-Info

Ursprungsland: USA
Entstehungszeit: 20. Jh.
Erste Verwendung: Waschbärjagd
Heutige Verwendung: Waschbär- und Fuchsjagd
Lebenserwartung: 11–12 Jahre

Gewicht:
20–36 kg
Widerristhöhe:
51–69 kg

Die Rute ist dicht unter der Rückenlinie angesetzt

Gute Spürnase

Jeder Hund hat eine unverwechselbare »Stimme«, die der Besitzer erkennt

Die langen Hinterläufe sind sehnig und muskulös

Der Hund hat extrem gute Augen und kann deshalb auch nachts arbeiten

Der »Blaugesprenkelte Waschbärhund« ist ein ungewöhnlich elegantes Tier. Der Name ist nicht ganz korrekt, denn in Wirklichkeit handelt es sich um einen dreifarbigen Hund. Wie seine Verwandten jagt er Tiere instinktiv auf die Bäume. Waschbären sind in allen US-Staaten und in Kanada heimisch und werden seit Jahrhunderten bejagt. Jedes Jahr werden Hunderte von amtlich genehmigten »Nachtübungen« durchgeführt. Jeder Wettbewerb dauert etwa 3 Stunden und wird von 3 oder 4 Hunden ausgetragen. Punkte werden vergeben, wenn der Hund einen Waschbären aufspürt und auf einen Baum treibt. Mit Punkteabzug wird bestraft, wer ein anderes Wildtier als einen Waschbären stellt.

Am Hals wird die Lohfarbe durch eine elegante blaue Sprenkelung verdrängt

Die kompakten Pfoten mit den gut gewölbten Zehen haben die gleiche Lohfärbung wie der Fang

English Coonhound

alle Laufhund-farben

Kräftige Schultern und abfallender Rücken

Die tief angesetzte Rute wird bei der Arbeit frei getragen

Die starkknochigen Hinterläufe sind gerade und robust

Lange Behänge sind typisch für alle Coonhounds

Klare Augen ermöglichen gutes seitwärts- und räumliches Sehen

Die herabhängenden Lefzen erleichtern die Geruchswahrnehmung

Scharfes Gehör, doch die Behänge sind verletzungsanfällig

Der English Coonhound ist eine rein amerikanische Rasse, obgleich seine Vorfahren aus England und wahrscheinlich auch aus Frankreich stammen. Im Wesen ähnelt er den anderen Coonhound-Rassen. Er gilt als besonders kinderlieb. Das Fell dieses robusten Hundes, der 1903 vom United Kennel Club anerkannt wurde, ist gewöhnlich rot gefleckt und gesprenkelt, doch auch andere Farben sind erlaubt. Wie bei allen Coonhounds sind die Rüden oft erheblich größer als die Hündinnen.

Rassengeschichte Der im 19. Jahrhundert in Virginia, Tennessee und Kentucky selektiv gezüchtete English Coonhound sollte kleiner ausfallen als der Black-and-tan Coonhound und ist in erster Linie ein Jagdhund.

Kurz-Info

Ursprungsland: USA
Entstehungszeit: 19. Jh.
Erste Verwendung: Waschbärjagd
Heutige Verwendung: Waschbärjagd
Lebenserwartung: 11–12 Jahre
Synonym: Redtick Coonhound

Gewicht:
18–30 kg
Widerristhöhe:
53–69 cm

Redbone Coonhound

Kurz-Info

Ursprungsland: USA
Entstehungszeit: 19. Jh.
Erste Verwendung: Waschbärjagd
Heutige Verwendung: Waschbärjagd, Begleithund
Lebenserwartung: 11-12 Jahre
Gewicht:
23–32 kg
Widerristhöhe:
53–66 cm

Rassengeschichte Diese Rasse ist vermutlich nach einem frühen Züchter, Peter Redbone aus Tennessee, benannt, doch die Zucht erfolgte großenteils in Georgia.

In Aktion wird die Rute hoch getragen

Trockener, schön geformter Kopf mit mittelgroßem Stop

Die Behänge erstrecken sich bis zur Nasenspitze, wenn der Hund eine Fährte verfolgt

Die Haut ist kräftig rot gefärbt

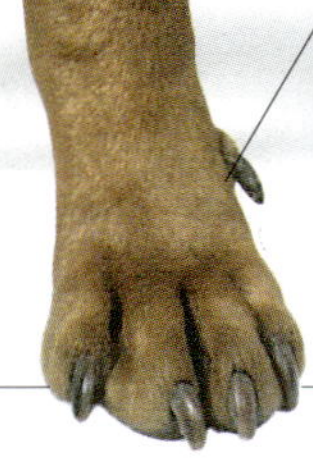

Die Pfoten sind geschlossen und katzenartig und haben dicke, kräftige Ballen

rot

rot/weiß

Obwohl einige Individuen Weißspuren an Pfoten oder Brust zeigen, ist dieser anhängliche, elegante Hund der einzige einfarbige Coonhound. Alle Coonhounds sind passionierte Jäger, und auch diese Rasse läßt sich leicht dazu abrichten, eine Beute zu verfolgen und auf einen Baum zu jagen. Der Redbone ist wie seine Verwandten aufmerksam und agil, und er kann bei jedem Wetter auch in schwierigem Gelände arbeiten. Er ist oft erstaunlich anhänglich und besitzt einen angenehm klingenden Spurlaut. Wird er im Haus aufgezogen, paßt er sich gut an seine Familie an.

Die lange Nase unterstützt die Geruchswahrnehmung

Kerry-Beagle

Der Kerry-Beagle, eine alte Rasse, stammt von südirischen Hirschhunden ab. Bis zum 19. Jahrhundert wurde er fast ausschließlich für die Hasenjagd eingesetzt, vor allem im südlichen Kerry; ein Jahrhundert später waren nur noch wenige Meuten übriggeblieben. Zu Beginn unseres Jahrhunderts nahmen irische Auswanderer ihre Kerry-Beagles in die USA mit, wo die Tiere zur Zucht von amerikanischen Laufhundstämmen beitrugen. In Irland haben Züchter das Interesse an diesen aktiven, freundlichen Hunden wiederbelebt. Die Rasse wird nach wie vor für die Hasenjagd verwendet, und die wachsende Beliebtheit von Schleppjagden hat in Irland für sie ein neues Betätigungsfeld eröffnet.

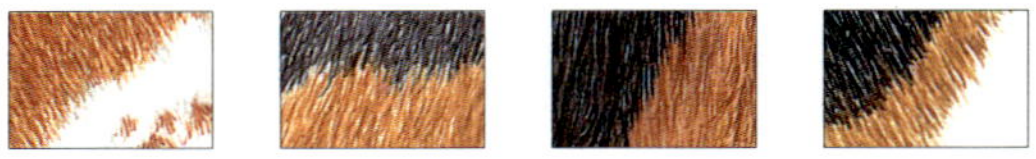

Rassengeschichte Der erste Namensteil der Rasse, die auf Hunde vom Bloodhoundtyp zurückgeführt wird, stammt von der irischen Grafschaft Kerry, wo sie als Meutehund verwendet wurde. Der zweite Teil ist irreführend – unter »Beagle« versteht man einen kleinen Hund, und das ist der Kerry-Beagle mit einer Höhe bis zu 66 cm sicherlich nicht.

Kurz-Info

Ursprungsland: Irland
Entstehungszeit: 16. Jh.
Erste Verwendung: Hasenjagd
Heutige Verwendung: Meute- und Begleithund
Lebenserwartung: 11–12 Jahre
Synonym: Pocadan
Gewicht:
20–27 kg
Widerristhöhe:
56–66 cm

Beagle-Harrier

Kurz-Info

Ursprungsland: Frankreich
Entstehungszeit: 19. Jh.
Erste Verwendung: Hasenjagd
Heutige Verwendung: Hasen-, Hirsch-, Fuchs-, Schwarzwildjagd, Begleithund
Lebenserwartung: 12 Jahre

Gewicht:
20–25 kg
Widerristhöhe:
45–50 cm

Der Beagle-Harrier wurde gegen Ende des 19. Jahrhunderts erzüchtet in der Absicht, den Beagle und den Harrier zu verbessern. Die Tatsache, daß er selten und außerhalb Frankreichs kaum anzutreffen ist, wo er in kleinen Meuten gehalten wird, läßt vermuten, daß der Versuch nicht sehr erfolgreich war. Das ist schade, denn dieser ruhige, sanfte Hund gibt einen guten Hausgenossen ab, verträgt sich mit anderen Hunden und mit Kindern; er schnappt oder beißt selten und läßt sich leicht erziehen. Wenn er Gelegenheit dazu bekommt, erweist er sich als ein passionierter und unermüdlicher Jagdhund, der auf Hasen, Hirsche, Füchse und sogar Wildschweine angesetzt wird.

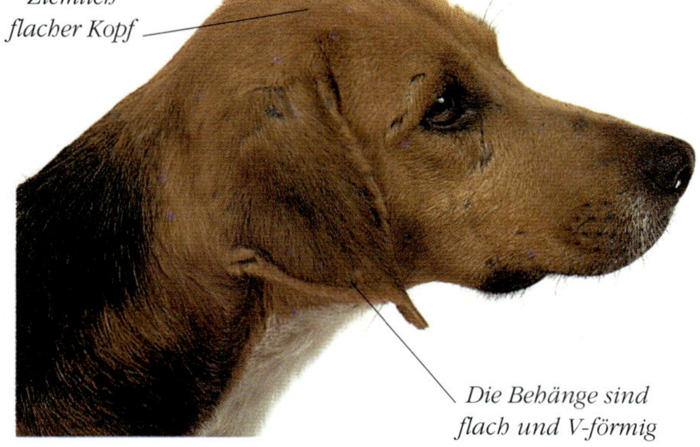

Rassengeschichte Diese Kreuzung von zwei englischen Rassen – dem stämmigen, robusten Beagle und dem leichtfüßigeren, schlankeren Harrier – wurde von dem französischen Jäger Baron Gérard betrieben, der im späten 19. Jahrhundert einen Hund für die Hasenjagd schaffen wollte.

American Water Spaniel

Kurz-Info

Ursprungsland: USA
Entstehungszeit: 19. Jh.
Erste Verwendung: Entenjagd
Heutige Verwendung: Entenjagd
Lebenserwartung: 12 Jahre

Gewicht:
11–20 kg
Widerristhöhe:
36–46 cm

leberbraun

dunkel schokoladenbraun

Dieser temperamentvolle, aktive Hund, der »Staatshund« von Wisconsin, erfüllt eine ähnliche Funktion wie der English Springer Spaniel, der Brittany und der Nova Scotia Duck Tolling Retriever. Er treibt das Wild, besonders Wassergeflügel, aus dem Wasser, oft durch Anspringen, und bringt es dem Jäger mit seinem typisch weichen Apportiererfang. Dank seines schlanken, leichten Körpers kann er den Jäger im Kanu oder Skiff begleiten und vom Vorfrühling bis zum Spätherbst in den kalten Sumpfgewässern von Michigan, Wisconsin und Minnesota aktiv werden. Blechfotografien aus den 1850er Jahren zeigen Hunde, die dieser Rasse ähnlich sehen, obwohl sie erst in den 1920er Jahren von Dr. F. J. Pfeifer, einem Arzt aus Wisconsin, in ihrer heutigen Form erzüchtet wurde. Der Hund, der kaum jemals außerhalb Nordamerikas anzutreffen ist, hat einen Vetter in South Carolina – den Boykin Spaniel, einen für die Truthahnjagd verwendeten Wasserhund, der ebenfalls von Irish Water und Field Spaniels abstammt.

Rassengeschichte Die im Bundesstaat Wisconsin im Mittelwesten erzüchtete Rasse stammt wahrscheinlich, zumindest teilweise, vom Irish Water Spaniel ab. Der Curly-coated Retriever und der Field Spaniel haben wohl auch einen Beitrag geleistet. Die Rasse wurde erstmals 1940 registriert.

Segugio Italiano

Die dünnen Lefzen sind weder hängend noch vorstehend

Die dunklen Augen sind leuchtend

Die auffälligen Behänge sind ein wenig unter Augenhöhe angesetzt

Rassengeschichte Ägyptische Kunstwerke aus der Pharaonenzeit belegen, daß der heutige Segugio den ägyptischen Laufhunden der Antike sehr ähnlich ist. Durch Einkreuzung von Doggenblut ist die Rasse fülliger geworden.

Die Ursprünge dieser ungewöhnlich attraktiven Rasse kann man vom Körperbau ablesen: Sie hat die langen Läufe eines Windhunds und das Gesicht eines Laufhunds. In der italienischen Renaissance war der Segugio wegen seiner Schönheit ein hochgeschätzter Begleithund. Heute ist er in ganz Italien als Jagdhund beliebt. Sein Witterungsvermögen ist außerordentlich, und sobald er eine Wildfährte aufgenommen hat, verfolgt er sie so beharrlich wie ein Bloodhound. Anders als der Bloodhound überwältigt und tötet er auch gerne die Beute. Als Gebrauchs- und Begleithund wird die Rasse außerhalb Italiens immer beliebter.

Das Fell ist dicht, kurz und glänzend

Die Rute ist auch am Ansatz zierlich und dünn

Die ovalen Hasenpfoten sind mit kurzem, dichtem Haar bedeckt

rehbraun

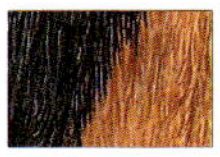

schwarz/rehbraun

Kurz-Info

Ursprungsland: Italien
Entstehungszeit: Altertum
Erste Verwendung: Jagdhund
Heutige Verwendung: Begleit- und Jagdhund
Lebenserwartung: 12–13 Jahre
Synonyme: Segusier, Italienischer Laufhund
Gewicht: 18–28 kg
Widerristhöhe: 52–58 cm

Sabueso Español

Kurz-Info

Ursprungsland: Spanien
Entstehungszeit: Mittelalter
Erste Verwendung: Spürhund
Heutige Verwendung: Jagd- und Begleithund
Lebenserwartung: 11–13 Jahre
Synonym: Spanischer Schmecker
Gewicht: 20–25 kg
Widerristhöhe: 46–56 cm

Die runde Lendenpartie ist ziemlich kurz

Die langen Behänge reichen bis zur Nasenspitze oder darüber hinaus

Die Vorderläufe sind gerade und kräftig, doch nicht stämmig

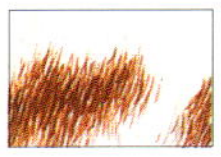

weiß/rot

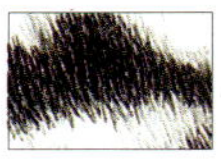

weiß/schwarz

Die kastanienbraunen Augen sind von straffen Lidern eingefaßt

Die Farbe des Nasenschwamms entspricht dem der Umgebungshaare

Rassengeschichte Die Doggenähnlichkeit des Sabueso deutet auf sein hohes Alter hin. Er entstammt derselben Quelle wie der Bloodhound und ist wahrscheinlich ein Nachkomme des ausgestorbenen weißen Talbot-Hundes. In der Isolation auf der Iberischen Halbinsel hat sich die Rasse rein erhalten.

Der Hals ist stark und muskulös

Bis vor kurzem kam diese Rasse in 2 Größen vor, doch der kleinere Lebrero ist heute nahezu ausgestorben. Selbst in der Standardform sind die Größenunterschiede erheblich; die Rüden sind 20 Prozent größer als die Hündinnen. Der Sabueso arbeitet selten in der Meute; er jagt gewöhnlich einzeln mit dem Jäger. Er liebt harte Arbeit und bleibt bereitwillig von Sonnenaufgang bis -untergang auf der Fährte. Er kann temperamentvoll sein und sollte mit Kindern und Fremden nur mit Vorsicht zusammengebracht werden; auch bei fremden Hunden kann es Ärger geben. Obwohl die Rasse nicht als Wachhund gezüchtet wird, leisten manche Individuen auf diesem Gebiet Erstaunliches.

OGAR POLSKI

Kurz-Info

Ursprungsland: Polen
Entstehungszeit: 18. Jh.
Erste Verwendung: Hochwildjagd
Heutige Verwendung: Begleit- und Jagdhund
Lebenserwartung: 12 – 14 Jahre
Synonyme: Polski Ogar, Polnischer Laufhund
Gesicht: 25–32 kg
Widerristhöhe: 56–66 cm

RASSENGESCHICHTE Die Geschichte dieser freundlichen Rasse ist unbekannt. Seine Gebäude und seine Herkunft lassen vermuten, daß er dem St.-Hubertus-Hund nahesteht und dann mit deutschen Bracken gekreuzt wurde. Eine kleinere Spielart, der Polski Pies Gonczy, ist im Zweiten Weltkrieg ausgestorben.

Die Ohren sind ziemlich tief angesetzt, hängen dicht am Kopf und sind an der Spitze abgerundet

Die Brust ist tief, breit und gut herabgelassen

Die großen, sanften Augen sind nicht sehr tief eingesetzt

Die Rumpffarbe ist Schwarz

Geschlossene Pfoten mit starken, harten Krallen und breiten, dicken Ballen

Wie so viele europäische Jagdhundrassen ist auch dieser Polnische Laufhund in den Kriegen unseres Jahrhunderts arg dezimiert worden. Nach dem Zweiten Weltkrieg fanden polnische Züchter noch genug Überlebende, um diesen unkomplizierten, rustikalen Hund zu erhalten. Er ist ein ausgezeichneter Spürhund, beharrlich und ausdauernd, fast so wie sein entfernter Verwandter, der Bloodhound. Die Rasse wird für großes Wild verwendet und verfolgt eine junge Fährte mit wohlklingendem Spurlaut. Er gibt auch einen angenehmen Begleithund ab, der sich im Haus sehr wohl fühlt. Im nachkommunistischen Polen hat die Rasse viele neue Liebhaber gefunden, die ihr Überleben sichern werden.

SLOVENSKY KOPOV

RASSENGESCHICHTE Die Reinzucht begann nach dem Zweiten Weltkrieg, als tschechische und slowakische Jäger selektiv einheimische Gebirgshunde für die Arbeit in rauhem, bergigem Gelände erzüchteten. Die Rasse wird auf großes Wild, insbesondere Schwarzwild, aber auch kleines Raubzeug angesetzt.

Der Fang endet in einer spitzen Nase

Tief eingesetzte Augen mit schwarzen Lidern

Die abgerundeten, mittellangen Behänge sind etwas über Augenhöhe angesetzt

Der ziemlich kurze Hals ist gut bemuskelt

Ovale Pfoten mit gut gewölbten Zehen

Gerade, trockene Vorderhand mit gut bemuskelten Schultern

Im Temperament ähnelt diese relativ junge Rasse einem Dobermann, obwohl dieser in der Zucht nur eine geringe oder gar keine Rolle gespielt hat. Jungtiere sind ungestüm, eigenwillig und frech; vor allem Rüden brauchen eine erfahrene Hand. Mit der Geschlechtsreife entwickeln sich scharfe Sinne und ein gutes Witterungsvermögen. Der Slovensky Kopov ist ein hervorragender Spürhund und gibt ausgiebig Laut, wenn er auf eine frische Wildfährte stößt. In der unabhängigen Slowakei betrachtet man diese heimische Rasse mit einem gewissen Nationalstolz, und sie wird immer zahlreicher auf lokalen Ausstellungen gezeigt, ist aber außerhalb ihrer Heimat nur selten anzutreffen. Der Standard wurde 1963 aufgestellt.

Kurz-Info

Ursprungsland: Slowakische Republik
Entstehungszeit: 1950er Jahre
Erste Verwendung: Wildschwein- und Raubzeugjagd
Heutige Verwendung: Wildschweinjagd
Lebenserwartung: 11–13 Jahre
Synonym: Slowakische Schwarzwildbracke
Gewicht: 15–20 kg
Widerristhöhe: 40–50 cm

Bosnischer Rauhhaariger Laufhund

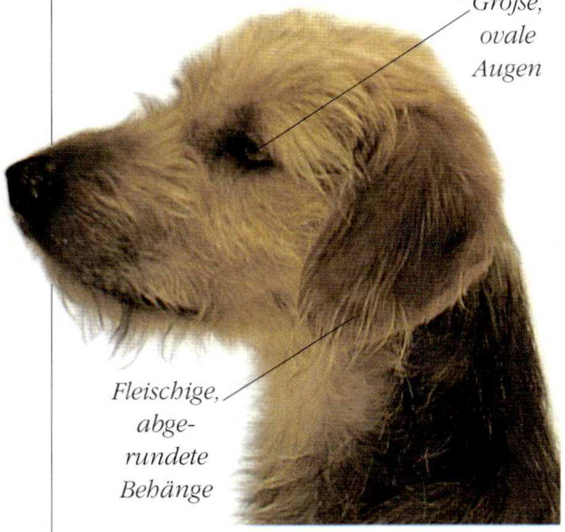

Kurz-Info

Ursprungsland: Bosnien
Entstehungszeit: 19. Jh.
Erste Verwendung: Jagdhund
Heutige Verwendung: Jagd- und Wachhund
Lebenserwartung: 12 Jahre
Synonym: Bosanski Ostrodlaki Goniči

Gewicht:
16–24 kg
Widerristhöhe: 46–55 cm

viele Farben

Das rauhe bosnische Bergland beherbergt vielerlei Wild, unter anderem Hasen, Füchse und Wildschweine. Die dort heimischen Jäger brauchten einen tüchtigen Spürhund und schufen so im 19. Jahrhundert diese Rasse, die sie aus vorhandenen Schlägen herauszüchteten. Der Bosnische Rauhhaarige Laufhund ist zäh und ausdauernd. Das drahtige, rauhe Haarkleid schützt ihn vor den Unbilden des Wetters. Er besitzt typische Laufhundeigenschaften und gibt auch einen hervorragenden Wachhund ab. Er verträgt sich gut mit Kindern und anderen Hunden, braucht viel Bewegung, schläft bereitwillig im Freien und schnappt oder beißt kaum. Trotz der Kriegswirren ist es den Jägern gelungen, die Rasse zu erhalten.

Rassengeschichte Dieser freundliche Laufhund, eine robuste Landrasse, stammt von schlanken, hochläufigen Windhunden, die mediterrane Händler vor Jahrhunderten auf den Balkan brachten, und von lokalen Pariahunden ab.

Istrianer Kurzhaarige Bracke

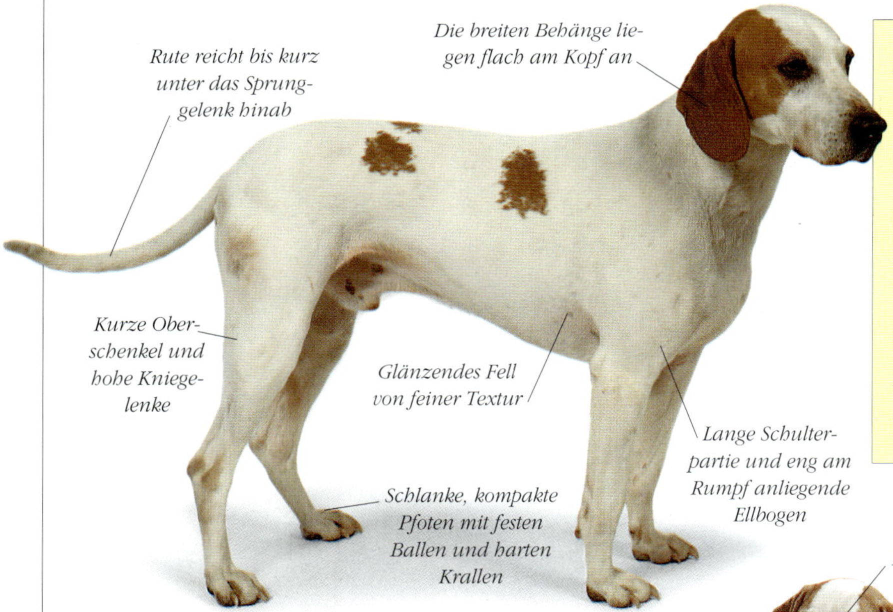

Kurz-Info

Ursprungsland: Slowenien
Entstehungszeit: Mittelalter
Erste Verwendung: Fuchs- und Kaninchenjagd
Heutige Verwendung: Fuchs- und Kaninchenjagd, Spür- und Begleithund
Lebenserwartung: 12 Jahre
Synonym: Istrski Kratkodlaki Goniči

Gewicht:
14–20 kg
Widerristhöhe:
44–56 cm

Rassengeschichte Diese schöne Rasse, der älteste Laufhund auf dem Balkan, entstand aus Kreuzungen zwischen asiatischen Windhunden, die vermutlich durch die Phönizier auf den Balkan gelangten, und europäischen Doggen und Laufhunden.

Dieser elegante Laufhund aus Istrien, das an Österreich und Italien angrenzt, wurde wahrscheinlich ursprünglich von Mönchen gezüchtet. In alten religiösen Dokumenten ist von kurzhaarigen Hunden die Rede, die aus dem heutigen Slowenien an französische Klöster geliefert wurden. Dieser Handel mit Gebrauchshunden zwischen den Klöstern erklärt zum Teil die Ausbreitung von Laufhunden innerhalb Europas.

Heute ist diese Bracke ein hervorragender Schweißhund, der auch die mehrere Tage alte Fährte eines angeschossenen Wildes bearbeiten kann.

Istrianer Rauhhaarige Bracke

Der derbere rauhhaarige Schlag der Istrianer Bracke ist für schlechtes Wetter besser ausgerüstet als sein kurzhaariger Vetter. Er hat auch ein etwas anderes Naturell. Er ist eigenwilliger und braucht deshalb eine längere Gehorsamkeitserziehung. Der attraktive, wetterfeste, vielseitige und gebrauchstüchtige Laufhund wird fast ausschließlich als Jagdhund und nur selten als Begleit- oder Familienhund gehalten. Mit dem Zerfall Jugoslawiens hat der Bestand in den südlichen Balkanstaaten abgenommen, während die Zahl der Hunde in Slowenien, ihrem Ursprungsland, gewachsen ist.

Kurz-Info

Ursprungsland: Slowenien
Entstehungszeit: 19. Jh.
Erste Verwendung: Fuchs- und Kaninchenjagd
Heutige Verwendung: Fuchs- und Kaninchenjagd
Lebenserwartung: 12 Jahre
Synonym: Istrski Ostrodlaki Goniči
Gewicht: 16–24 kg
Widerristhöhe: 46–58 cm

Rassengeschichte Mitte des 19. Jahrhunderts kreuzten Züchter die Istrianer Kurzhaarige Bracke mit dem französischen Griffon Vendéen, um den Spurlaut zu verbessern. Das Ergebnis war die Istrianer Rauhhaarige Bracke, die erstmals 1866 in Wien ausgestellt wurde.

Poitevin

Kurz-Info

Ursprungsland: Frankreich
Entstehungszeit: 17. Jh.
Erste Verwendung: Wolfsjagd
Heutige Verwendung: Fuchsjagd
Lebenserwartung: 12 Jahre
Synonym: Haut-Poitou

Gewicht: 29,5–30,5 kg
Widerristhöhe: 58–71 cm

weiß/orange
drei-farbig

Rassengeschichte Die meisten ursprünglichen Poitevins wurden in der Französischen Revolution umgebracht. Fünfzig Jahre später vernichtete eine Tollwutepidemie die überlebenden Meuten. Mit Hilfe des English Foxhound wurde die Rasse dann wiederaufgebaut.

Im Jahr 1692 erhielt der Marquis de Larrye im Haut-Poitou 12 Fuchshunde aus den Zwingern des französischen Dauphins. Indem er diese Tiere mit tüchtigen lokalen Laufhundschlägen kreuzte, schuf er den Poitevin. Diese Rasse erwies sich als hervorragender Jagdhund, der mit gut entwickeltem Witterungsvermögen, melodischem Spurlaut, Mut und Schnelligkeit Wölfe verfolgte und abwürgte, die damals in der Region häufig waren. Im 19. Jahrhundert entstanden neue Meuten im Haut-Poitou, doch die Tollwut raffte 1842 die meisten dahin. Die heutige seltene Rasse, aufgefrischt durch Foxhound-Blut, ist sanft, freundlich und aufgeweckt.

SAVE-BRACKE

Jagdhunde entstanden und gediehen in allen Küstenländern des Mittelmeers. Antike Sichthetzer blieben in den afrikanischen Ländern im Süden ihren Ursprüngen treu, während sich in den nördlichen Mittelmeerländern Laufhunde an das rauhe Gelände und Klima anpaßten. Die trittsichere Save-Bracke ist ein gutes Beispiel für eine solche Umweltanpassung. Lebhaft und aufgeweckt, ist sie ein zäher Spürhund, der sich ideal für die Jagd auf Niederwild, vor allem Hasen, eignet. Dank ihrem sanften Wesen gibt die Rasse einen guten Begleithund ab, was aber nicht ihre ursprüngliche Bestimmung ist.

RASSENGESCHICHTE Die Ursprünge aller Balkan-Laufhunde liegen im dunkeln. Möglicherweise brachten Händler Laufhunde aus Ägypten über die Adriahäfen in diese Region.

Kurz-Info

Ursprungsland: Ehemaliges Jugoslawien
Entstehungszeit: 18. Jh.
Erste Verwendung: Niederwildjagd
Heutige Verwendung: Niederwildjagd, Begleithund
Lebenserwartung: 12 Jahre
Synonyme: Posavski Goniči, Sawe-Bracke

Gewicht: 16–20 kg
Widerristhöhe: 43–59 cm

JUGOSLAWISCHER GEBIRGSLAUFHUND

In Kriegszeiten leiden nicht nur die Menschen, sondern auch die Hunde. In den jüngsten kriegerischen Auseinandersetzungen auf dem Balkan gerieten viele heimische Rassen in bestimmten Regionen an den Rand des Aussterbens. Der auffällig gefärbte und gutmütige Jugoslawische Gebirgslaufhund ist inzwischen in seiner Heimat selten geworden. Diese Rasse jagt im Bergland einzeln oder in der Meute. Das dicke, derbe schwarzlohfarbene Fell überzieht eine üppige Unterwolle. Die laute Stimme ist ideal für die Koppeljagd. Ausdauer und Wendigkeit bewähren sich in schwierigem Gelände. Das im Haus durchwegs sanfte und anhängliche Tier ist aber vor allem ein Gebrauchshund.

RASSENGESCHICHTE Alle Balkan-Laufhunde sind eng miteinander verwandt, da sie die gleichen Vorfahren haben. Diese Rasse entstand aus Hunden, die sich an die Arbeit in den Bergregionen des ehemaligen Jugoslawien angepaßt hatten.

Kurz-Info

Ursprungsland: Ehemaliges Jugoslawien
Entstehungszeit: 19. Jh.
Erste Verwendung: Jagdhund
Heutige Verwendung: Jagd- und Begleithund
Lebenserwartung: 12 Jahre
Synonym: Jugoslavenski Planinski Goniči

Gewicht: 20–25 kg
Widerristhöhe: 46–56 cm

Jugoslawischer Dreifarbiger Laufhund

Kurz-Info

Ursprungsland: Ehemaliges Jugoslawien
Entstehungszeit: 19. Jh.
Erste Verwendung: Jagdhund
Heutige Verwendung: Jagd- und Begleithund
Lebenserwartung: 12 Jahre
Synonym: Jugoslavenski Tribarvni Goniči

Gewicht:
20–25 kg
Widerristhöhe:
46–56 cm

Der attraktive Jugoslawische Dreifarbige Laufhund hat wie sein naher Verwandter, der Gebirgslaufhund, ein wetterfestes Fell und eine Vorliebe für die unermüdliche Arbeit in schwierigstem Gelände. Die hohen Läufe und das hervorragende Auge machen ihn zu einem guten Jagdhund. Wie die meisten Laufhunde ist er ein »Doppelwesen«: ruhig, gelassen und anhänglich im Haus, aber ungewöhnlich energisch, wenn er arbeiten darf. Er gibt einen liebevollen und gehorsamen Begleithund ab und ist stets darauf bedacht, seinem Besitzer zu gefallen. Die Rasse ist außerhalb ihres Ursprungslandes nahezu unbekannt und sieht einer ungewissen Zukunft mit der Gefahr des Aussterbens entgegen.

Der Hirnschädel ist flach und breit

Die straffen Lefzen sind schwarz gesäumt

Bräunlich-schwarze Augen mit sanftem Ausdruck

Kurzes, dichtes, glänzendes Fell

Die starken, geraden Vorderläufe sind weiß behaart

Rassengeschichte Der Jugoslawische Dreifarbige Laufhund wurde für die Jagd auf Nieder- und Hochwild gleichzeitig mit dem Gebirgslaufhund erzüchtet, war aber häufiger in der Nähe der Grenze zu Griechenland vertreten.

Die dicke Rute reicht bis zum Sprunggelenk

Balkanbracke

Bis vor kurzem machte die Balkanbracke noch häufiger in der Meute Jagd auf Hochwild, etwa Schwarzwild und Hirsch, oder Niederwild wie etwa Hasen. In Slowenien wird sie zuweilen noch immer für diesen Zweck eingesetzt. Die schöne Rasse, die ruhige Würde ausstrahlt, ist ein entschlossener Jäger. Dank ihrem stabilen Gebäude und insbesondere ihrer muskulösen Schulterpartie eignet sie sich ideal für die Spurensuche auf schwierigem Terrain. Ihre ziemlich hohen Spurlaute sind weit zu hören – eine nützliche Eigenschaft bei der Jagd. Wie bei anderen Lokalrassen haben die einheimischen Züchter den Gebrauchsstandard mit großem Erfolg aufrechterhalten.

Hellbraune Augen

Dünne, mittellange Behänge

Langer, keilförmiger Kopf mit breiter Stirn

Die gebogene Rute ist dick und kurz

Breit und ausreichend tiefe Brust

Dichtes, schwarzlohfarbenes Fell mit guter Unterwolle

Gut gewölbte Zehen mit ungewöhnlich starken Krallen

Rassengeschichte Die Bracke, vielleicht der erste Balkan-Laufhund, der sich zu einer eigenen Rasse entwickelte, war früher einmal von allen Regionalrassen am weitesten verbreitet. Sie ist seit mindestens 250 Jahren fast unverändert geblieben.

Kurz-Info

Ursprungsland: Ehemaliges Jugoslawien
Entstehungszeit: 18. Jh.
Erste Verwendung: Jagd- und Spürhund
Heutige Verwendung: Jagd- und Begleithund
Lebenserwartung: 12 Jahre
Synonym: Balkanski Goniči
Gewicht:
19,5–20,5 kg
Widerristhöhe:
43–53 cm

Alpenländische Dachsbracke

Rassengeschichte Die Alpenländische Dachsbracke entstand in den österreichischen Alpen für die langsame Suche und Hetze am Boden – sie verfolgt »kalte« Fährten von Schalenwild. Um die robuste, fleißige Rasse für die Arbeit im Hochgebirge zu schaffen, wurden lokale Laufhundschläge mit dem Kurzhaardackel gekreuzt.

Fang und Nase sind groß im Verhältnis zum Kopf

Runde Augen mit aufgewecktem Ausdruck

Die Rute wird leicht herabhängend oder aufgebogen getragen

Der Hals ist mäßig lang und muskulös

Rumpf hängt zwischen den Voderläufen etwas durch

Kompakte, derbe Vorderpfoten

Kurz-Info

Ursprungsland: Österreich
Entstehungszeit: 1850er Jahre
Erste Verwendung: Spürhund
Heutige Verwendung: Spürhund
Lebenserwartung: 12 Jahre
Synonyme: Alpenländisch-erzgebirgische oder Österreichische Dachsbracke

Gewicht:
15–18 kg
Widerristhöhe:
34–42 cm

Dachsbracken sind in den österreichischen und deutschen Alpen die tüchtigsten Spürhunde für die Suche nach angeschossenem Schalenwild. Der weidmännische Ehrenkodex bestimmt, daß angeschossenes Wild nicht sich selbst überlassen bleiben darf – es muß verfolgt und abgetan werden. In den österreichischen Alpen kreuzten Jäger unabhängig voneinander lokale Bracken mit Dachshunden und schufen so die Alpenländische Dachsbracke für die Nachsuche. Diese robuste Rasse besitzt die notwendige Ausdauer, Energie und Hingabe, um auch alte Wundfährten im oft schwierigen Hochgebirge zu verfolgen. Sie wird generell von Jägern und Förstern und nur selten als Hausgenosse gehalten.

Steirische Rauhhaarige Hochgebirgsbracke

Rassengeschichte Diese wetterfeste, widerstandsfähige Rasse entstand aus dem Hannoverschen Schweißhund und der Istrianer Rauhhaarigen Bracke

rot

weizenfarben

Langer Schädel mit nur leicht angedeutetem Stop

Dichter Schnurrbart

Die mittellangen Behänge sind unter Augenhöhe angesetzt

Diese robuste Rasse, die außerhalb Österreichs selten ist und auch dort nur von Jägern gehalten wird, hat die gute Stimme und die große Ausdauer, die für die Arbeit unter den extremen Wetterbedingungen in den Steirischen Alpen notwendig sind. Jäger im restlichen Österreich und gelegentlich auch im benachbarten Slowenien verwenden den Hund für die Schwarzwildjagd. Er kann Fährten lautlos oder mit kräftigem Spurlaut ausarbeiten. Gezüchtet wird auf jagdliche Eigenschaften und nicht auf Schönheit. Die Welpen gehen fast ausschließlich an heimische Jäger. Die Zucht begann 1870, und bis 1890 hatte K. Peintinger damit so viel Erfolg, daß die Rasse formell anerkannt wurde. Sie wird nur selten als Begleithund gehalten und gehört in die Hand des Jägers.

Kurz-Info

Ursprungsland: Österreich
Entstehungszeit: um 1880
Erste Verwendung: Jagdhund
Heutige Verwendung: Jagdhund
Lebenserwartung: 12 Jahre
Synonyme: Peintinger Bracke, Peinter
Gewicht:
15–18 kg
Widerristhöhe:
44–58 cm

JURA-LAUFHUND (BRUNO)

viele Farben

Massiger Kopf mit breitem Hirnschädel

Dieser Jagdhund entstand vor Jahrhunderten im Juragebirge an der schweizerisch-französischen Grenze. Durch den breiten Schädel, die auffallende Stirnfurche und die satte Färbung unterscheidet er sich von den anderen schweizerischen Gebirgslaufhunden. Der hervorragende Spürhund, der auf Füchse, Hasen und sogar kleine Hirsche angesetzt wird, kann die schwächste Duftspur im rauhen Gelände der Jura-Berge und -Täler verfolgen. Er gibt einen ausgeglichenen Hausgenossen ab, braucht aber eine starke Hand.

Die großen, schweren Behänge sind sehr tief angesetzt und gefaltet

Kräftige Schultern und Rippen über der breiten, tiefen Brust

Das auffällige Fell ist sehr kurz und glänzend

Ungewöhnlich kräftige Vorderläufe

Die Rute wird im Sitzen leicht geringelt

RASSENGESCHICHTE Diese regional verbreitete Rasse ist ähnlich groß wie die anderen schweizerischen Laufhunde, von denen er sich durch den breiten Kopf unterscheidet, und ähnelt auch sehr den benachbarten französischen Laufhunden, von denen er sehr wahrscheinlich abstammt. Mit dem Jura-Laufhund (Saint-Hubert) ist er nah verwandt.

Kurz-Info

Ursprungsland: Schweiz
Entstehungszeit: Mittelalter
Erste Verwendung: Niederwildjagd
Heutige Verwendung: Begleit- und Jagdhund
Lebenserwartung: 12–13 Jahre

Gewicht: 15–20 kg
Wiederristhöhe: 43–59 cm

JURA-LAUFHUND (SAINT-HUBERT)

viele Farben

Die mäßig lange Rute darf nicht über den Rücken gerollt werden

Langer, trockener Kopf mit ausgeprägtem Stop

Dieser robuste Gebirgs-»Gehhund« begleitet die schweizerischen Jäger, die dem Wild zu Fuß und nicht auf dem Pferderücken nachstellen. Er ist nur wenig größer als der Bruno-Schlag, unterscheidet sich von ihm aber durch die Lefzen und die Wamme; beide hängen deutlich herab. Im Erscheinungsbild ähnelt er dem belgischen St.-Hubertus-Hund so sehr, daß man von einer Verwandtschaft ausgehen kann. Eine geringere Größe war in den rauhen schweizerischen Bergen von Vorteil, während in Belgien der größere Hubertushund erhalten blieb. Es handelt sich um einen hervorragenden Spürhund von erstaunlicher Wendigkeit und Schnelligkeit. Er gibt einen reizenden Begleithund ab, braucht aber, wie der Bruno, eine feste Hand.

Kurz-Info

Ursprungsland: Schweiz
Entstehungszeit: Mittelalter
Erste Verwendung: Niederwildjagd
Heutige Verwendung: Begleit- und Jagdhund
Lebenserwartung: 12–13 Jahre
Gewicht: 15–20 kg
Widerristhöhe: 46–59 cm

RASSENGESCHICHTE Die Ursprünge des Jura-Laufhundes (Saint-Hubert) sind unbekannt. Da die Rasse jedoch in der Schweiz unweit der französischen Grenze heimisch ist, wurde sie wohl eindeutig von französischen Lokalrassen beeinflußt.

Langer Fang mit auffällig hängenden Oberlefzen

Die riesigen Behänge mit abgerundeter Spitze sind tief und ziemlich weit hinter den Ohren angesetzt.

Ungarische Bracke

Diese robuste Rasse, einst vom ungarischen Königshaus und Adel für die Wolfs- und Bärenjagd geschätzt, hat in der jüngsten Vergangenheit schwer gelitten. Im Zweiten Weltkrieg wäre sie fast erloschen, und die Tiere, die in den rumänischen Karpaten überlebten, wurden zusammen mit dem Ungarischen Windhund 1947 auf Anordnung der Regierung ausgerottet, weil sie an die ungarische »Besetzung« Rumäniens erinnerten. Zum Glück gab es einige Überlebende in der Slowakei und in Ungarn, und Züchter in diesen Ländern bemühen sich um die Erneuerung der Rasse. Dieser geschmeidige, etwas mißtrauische und beschauliche Hund kommt in einem kurz- und einem hochläufigen Schlag vor.

Rassengeschichte Diese Rasse hat sich in mehr als 1000 Jahren sehr wenig verändert. Sie gelangte wahrscheinlich mit Reisenden und Eroberern, die aus Rußland nach Westen oder durch den Balkan nordwärts zogen, in die Karpaten.

schwarz/loh

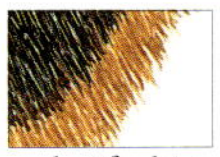
dreifarbig

Kurz-Info

Ursprungsland: Ungarn/Rumänien
Entstehungszeit: Mittelalter
Erste Verwendung: Bären- und Wolfsjagd
Heutige Verwendung: Jagd- und Wachhund
Lebenserwartung: 14 Jahre
Gewicht:
Hochläufig 30–35 kg
Kurzläufig 22–25 kg
Widerristhöhe
Hochläufig 55–65 cm
Kurzläufig 45–50 cm

Berner Laufhund

Die Vorfahren des Berner Laufhunds arbeiteten schon vor mindestens 900 Jahren mit Jägern in den Tälern des Berner Oberlands zusammen und wurden auf Rehe und kleineres Wild angesetzt. Das harte, dreifarbige Fell mit weicher Unterwolle schützt vor dem rauhen Bergklima. Der Berner Laufhund ist ein guter Arbeitshund, kinderfreundlich und durchwegs verträglich mit Artgenossen, solange er nicht gereizt wird. Er ist jedoch nicht immer gehorsam und benötigt eine sorgfältige Erziehung. Als Wachhund taugt er nicht viel.

Kurz-Info

Ursprungsland: Schweiz
Entstehungszeit: Mittelalter
Erste Verwendung: Jagdhund
Heutige Verwendung: Begleit- und Jagdhund
Lebenserwartung: 12–13 Jahre
Synonym: Schwarzschecke
Gewicht:
15–20 kg
Widerristhöhe:
46–58 cm

Rassengeschichte Diese Rasse, die den anderen schweizerischen Laufhunden ähnelt, ist nach den Alpen südlich von Bern benannt. Für die Jagd wird sie seit mindestens 900 Jahren verwendet. Der mittelgroße Hund steht dem Ariégeois nahe.

Luzerner Laufhund

Die schweizerischen Laufhunde sind allesamt relativ klein. Das ist teilweise darauf zurückzuführen, daß die Umweltbedingungen in den Bergen, wo diese Hunde entstanden, extrem hart sind, so daß Tiere mit geringem Energiebedarf besser überdauerten als größere Hunde; außerdem kommen kleine Hunde im zerklüfteten Gelände besser zurecht. Der Luzerner Laufhund wird für vielerlei Wild verwendet, vom Schwarzwild über das Reh bis zum Hasen. Obwohl das dichte Fell den Hund vor Kälte schützt und er gerne im Freien lebt, sucht er die Behaglichkeit; er fühlt sich deshalb auch in der Stadt wohl, sofern er genügend Auslauf hat. Es existiert eine fast identische Rasse mit kürzeren Läufen – der Luzerner Niederlaufhund.

Kurz-Info

Ursprungsland: Schweiz
Entstehungszeit: Mittelalter
Erste Verwendung: Hochwildjagd
Heutige Verwendung: Begleit- und Jagdhund
Lebenserwartung: 12–13 Jahre
Synonym: Blausprenkel
Gewicht: 15–20 kg
Widerristhöhe: 46–58 cm

Rassengeschichte Wie bei den anderen Laufhunden ist auch hier die Herkunft unbekannt. Das auffällige dreifarbige Fell mit blauer Sprenkelung deutet darauf hin, daß der Petit Bleu de Gascogne in der Rassenentwicklung eine Rolle gespielt haben kann.

Schweizer Laufhund

Kurz-Info

Ursprungsland: Schweiz
Entstehungszeit: Mittelalter
Erste Verwendung: Niederwildjagd
Heutige Verwendung: Begleit- und Jagdhund
Lebenserwartung: 12–13 Jahre
Synonym: Rotschecke
Gewicht: 15–20 kg
Widerristhöhe: 46–58 cm

Rassengeschichte Wie seine nächsten Verwandten weist auch dieser Hund Ähnlichkeiten mit benachbarten französischen Rassen auf. Er stammt vielleicht vom Porcelaine oder vom ausgestorbenen Français Blanc et Orange ab. Mit seinem schlanken, geschmeidigen Gebäude eignet er sich für die Arbeit in den Hochgebirgstälern.

weiß/ gelb

weiß/ orange

Mit ihrem zweifarbigen Fell unterscheidet sich diese Rasse von den übrigen Laufhunden. Wie jene entstand auch sie in der Nähe der französischen Grenze, und ihre Entwicklung ist eng mit den benachbarten französischen Laufhunden verbunden. Früher gab es auch Schweizer Laufhunde mit Drahthaarfell, doch dieser Schlag ist inzwischen ausgestorben. Der ausgesprochene Jagdhund gibt auch einen guten Hausgenossen ab, vor allem auf dem Lande. Er kann sich zwar dem Leben in der Stadt anpassen, bleibt aber selbstbewußt und anspruchsvoll und läßt sich nicht leicht zum Gehorsam erziehen. Mit Kindern und Artgenossen kommt er jedoch gut aus.

DOBERMANN

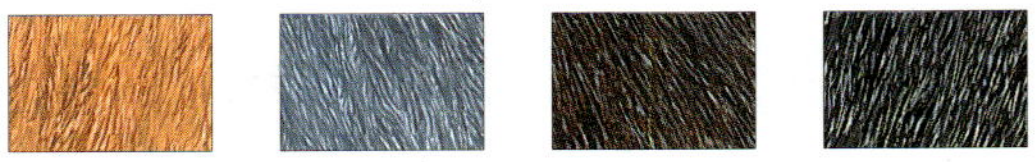

Der elegante, oft liebevolle Dobermann ist ein klassisches Beispiel für die erfolgreichen Zuchtprogramme, die im vorigen Jahrhundert in Deutschland durchgeführt wurden. Heute ist diese folgsame, aufgeweckte und kraftvolle Rasse als Begleit- und Diensthund in der ganzen Welt verbreitet. Bei verantwortungsloser Zucht können Nervosität und Angstbeißen bei manchen Idividuen auftreten. Gute Züchter sorgen jedoch dafür, daß ihre Hunde weder scheu noch bösartig, aber gut sozialisiert sind, bevor sie abgegeben werden. Herzkrankheiten werden leider bei dieser Rasse zunehmend zu einem Problem.

Markanter, keilförmiger Kopf mit straff aufliegender Haut

Wohlproportionierte Brust von guter Breite und Tiefe

Das dicke Haarkleid ist kurz, glänzend und hart

Die Pfoten sind klein, gut gewölbt und katzenartig und ermöglichen einen kraftvollen Gang

Der Hals ist schlank, aber gut bemuskelt und trägt den Kopf mit Würde

RASSENGESCHICHTE Der thüringische Steuereinnehmer K. F. L. Dobermann begann 1860 damit, diese Rasse aus Rottweiler, Pinscher, Weimaraner, Greyhound und Manchester-Terrier herauszuzüchten.

Kurz-Info

Ursprungsland: Deutschland
Entstehungszeit: 19. Jh.
Erste Verwendung: Schutzhund
Heutige Verwendung: Begleit- und Schutzhund
Lebenserwartung: 12 Jahre
Synonym: Dobermann-Pinscher (veraltet)
Gewicht:
30–40 kg
Widerristhöhe:
63–70 cm

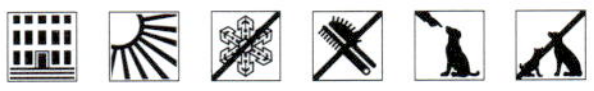

BAYERISCHER GEBIRGSSCHWEISSHUND

Kurz-Info

Ursprungsland: Deutschland
Entstehungszeit: 19. Jh.
Erste Verwendung: Spürhund
Heutige Verwendung: Jagd- und Begleithund
Lebenserwartung: 12 Jahre
Synonym: Bayerische Gebirgsbracke

Gewicht:
25–35 kg
Widerristhöhe:
45–50 cm

Dieser ausdauernde und eifrige Schweißhund, der die Schweißfährte (Blutspuren) des angeschossenen Wilds verfolgt, wird fast ausschließlich von Jägern und Förstern in Deutschland und in der Tschechischen und der Slowakischen Republik gehalten. Er arbeitet gewöhnlich selbständig mit seinem Herrn zusammen und wird oft für die Nachsuche eingesetzt, wenn weniger spursichere Hunde die Fährte des weidwunden Wilds verloren haben; in Mitteleuropa darf der Jäger ein angeschossenes Tier nicht einfach verenden lassen.

Das dicke, kurze, harte Fell ist am Kopf am feinsten

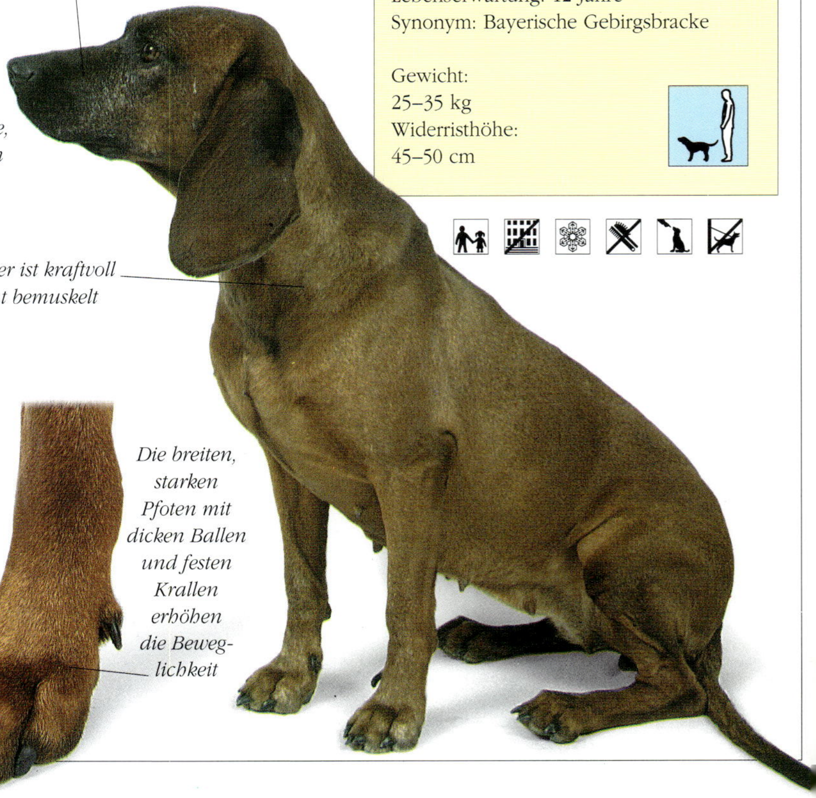

Kopf mit Maske, sanftem Gesichtsausdruck und langen Behängen

Der Körper ist kraftvoll und gut bemuskelt

rehbraun
rot
rotgestromt
schwarzgestromt

RASSENGESCHICHTE Für das Aufspüren von angeschossenem Schalenwild in den Bergen war ein stämmiger, wendiger Hund mit hervorragender Nase erforderlich. Aus dem Hannoverschen Schweißhund und kurzläufigen bayerischen Bracken ging dann diese Rasse hervor.

Die breiten, starken Pfoten mit dicken Ballen und festen Krallen erhöhen die Beweglichkeit

Rhodesian Ridgeback

Der Kopf ist mäßig lang, flach und breit zwischen den Ohren

Der kräftige Hals geht in die trockene, muskulöse Schulter über

Erhöhter Fellstreifen mit nach vorn wachsendem Haar

Der Standard für diesen stabilen Hund wurde 1922 auf einem Züchtertreffen in Bulawayo im Süden Rhodesiens (heute Simbabwe) aufgestellt; man kombinierte die besten Eigenschaften von fünf bestehenden Hundetypen. Südafrikanische Großwildjäger nahmen die Rasse mit nach Norden, ins »Löwenland«, das damalige Rhodesien. Trotz des Beinamens Löwenhund und vieler Legenden wurde dieser muskelstarke Hund nie gegen Löwen eingesetzt, sondern nur als echter Laufhund, der Großwild aufspürte und dann verbellte. Dank seiner Größe und Kraft konnte er sich gegen Angriffe verteidigen. Die treuen und anhänglichen Ridgebacks werden heute nur selten als Gebrauchshunde, sondern meist als Schutz- und Begleithunde gehalten.

Rassengeschichte Es ist belegt, daß die Hottentotten in Südafrika Ridgebacks (»Gratrücken«) als Jagd- und Begleithunde hielten. Im 19. Jahrhundert kreuzten die Buren ihre holländischen und deutschen Doggen und Laufhunde mit den bodenständigen Ridgebacks und schufen so die heutige Rasse.

Kurz-Info

Ursprungsland: Südafrika
Entstehungszeit: 19. Jh.
Erste Verwendung: Jagdhund
Heutige Verwendung: Begleit- und Schutzhund
Lebenserwartung: 12 Jahre
Synonym: Afrikanischer Löwenhund
Gewicht:
30–39 kg
Widerristhöhe:
61–69 cm

Das Fell ist kurz, dicht, glatt und glänzend; in kaltem Klima entwickelt sich eine dicke Unterwolle

Pfoten mit gut gewölbten Zehen und zähen, runden, elastischen Ballen

Hannoverscher Schweisshund

Wie sein kleiner Nachfahre, der Bayerische Gebirgsschweißhund, besitzt auch der Hannoveraner eine ungewöhnlich gute Nase, so daß er selbst alte Schweißfährten aufspüren kann. Er wird fast ausschließlich als Spürhund verwendet, der nur selten als Begleithund gehalten wird, sondern in Jägerhand gehört, um angeschossenes Wild und zuweilen auch verirrte Personen zu suchen. Dank seiner ausgezeichneten Witterung kann er auch gesundes Wild verfolgen. Der im allgemeinen ruhige, gelassene und gutmütige Hund wird geradezu besessen, wenn er seine Arbeit aufnimmt. Früher arbeitete er oft in der Koppel, heute fast immer einzeln.

Tief angesetzte Behänge

Schwere und hängende Lefzen mit Falten in den Winkeln

Kurzes, dichtes, glattes Fell mit seidigem Schimmer

Kurz-Info

Ursprungsland: Deutschland
Entstehungszeit: um 1800
Erste Verwendung: Spürhund
Heutige Verwendung: Jagd- und Begleithund
Lebenserwartung: 12 Jahre
Synonym: Hannoveraner

Gewicht:
38–44 kg
Widerristhöhe:
50–60 cm

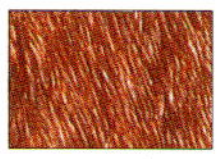
rot

schwarz-gestromt

braun

Die Vorderläufe sind gerade und mittellang

Die Vordermittelfüße sind gerade und starkknochig

Rassengeschichte In altdeutschen Rechtsbüchern des 9. Jahrhunderts ist von einem »Leithund« die Rede – einem leisen, eifrigen Spürhund, der an der langen Leine Wild aufspürte. So entstand schließlich die Leitbracke. Züchter in der Gegend von Hannover kreuzten sie mit anderen leichteren Lokalschlägen, etwa der Haidbracke und der Harzer Bracke, um ein deutschen Äquivalent zum französischen Hubertushund oder dem englischen Bloodhound zu schaffen.

Billy

Der Billy, der außerhalb Frankreichs kaum anzutreffen und selbst im Poitou selten ist, besitzt die Anmut des Céris, den stabilen Knochenbau des Montaimboeuf und die hervorragende Nase des Larrye. Der prachtvolle Jagdhund verfolgt größeres Wild wie Reh und Wildschwein mit kräftigem Spurlaut. Er ist ein recht umgänglicher Hund, freundlich zu Erwachsenen und Kindern, doch zuweilen unverträglich mit vierbeinigen »Rudelgefährten«. Wie die meisten Laufhunde schnappt oder beißt er kaum und gibt deshalb keinen guten Wachhund ab. Er spricht gut auf Gehorsamstraining an und braucht viel Bewegung. Wegen des extrem kleinen Genpools (nur 2 Exemplare überlebten den Zweiten Weltkrieg) ist die Rasse anfällig für Erbkrankheiten.

Kurz-Info

Ursprungsland: Frankreich
Entstehungszeit: 19. Jh.
Erste Verwendung: Hochwildjagd
Heutige Verwendung: Spür- und Begleithund
Lebenserwartung: 12–13 Jahre
Gewicht: 25–33 kg
Widerristhöhe: 58–70 cm

Rassengeschichte Die Rassen ist nach dem Château de Billy im Poitou benannt, dem Wohnsitz des Erstzüchters Monsieur Hublot du Rivault, der drei inzwischen ausgestorbene Rassen, Céris, Montaimboeuf und Larrye, zur Zucht dieses verfeinerten Meutehundes benutzte.

Porcelaine

Kurz-Info

Ursprungsland: Frankreich
Entstehungszeit: 17. Jh.
Erste Verwendung: Jagdhund
Heutige Verwendung: Jagd- und Begleithund
Lebenserwartung: 12–13 Jahre
Synonym: Chien de Franche-Comté
Gewicht: 25–28 kg
Widerristhöhe: 53–58 cm

Dieser elegante Laufhund mit einem Fell, das wie Porzellan schimmert, war vor der Französischen Revolution ein beliebter Meutehund. Die Revolution und die anschließenden Wirren der Schreckenszeit haben nur wenige Tiere überlebt. Züchter in der Schweiz, die als besonders tüchtig gelten, haben die Aufgabe übernommen, diese Rasse fortzuführen oder vielmehr neu zu schaffen. Um 1845 war sie in Frankreich wieder vertreten, aber auch heute sind die Bestände klein und auf Frankreich und die Schweiz beschränkt. Mit seiner schönen »musikalischen« Stimme ist dieser spursichere, aktive und freundliche Hund ein ausgezeichnetes Beispiel dafür, wie eine Rasse durch selektive Zucht »rekonstruiert« werden kann. Es ist ein angenehmer Begleit- und ein eingefleischter Spürhund.

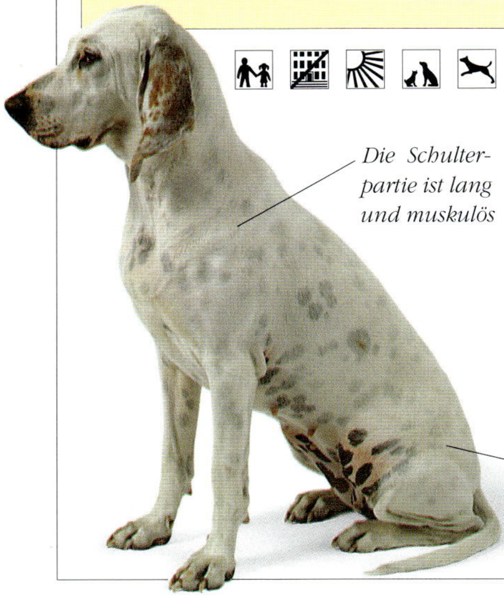

Rassengeschichte Nachdem der Porcelaine in der Französischen Revolution fast ausgestorben war, nahmen sich Züchter der verbliebenen Hunde an, die an der schweizerisch-französischen Grenze überlebt hatten, und kreuzten das Blut von schweizerischen Laufhunden ein. Diese Rasse hat zur Zucht vieler amerikanischer Laufhunde beigetragen.

NIEDERLAUFHUNDE

Berner Niederlaufhund

Ziemlich große, dunkle Augen

RASSENGESCHICHTE Die schweizerischen Laufhunde begleiteten Jäger, die zu Fuß unterwegs waren. Manche Jäger wünschten sich noch langsamere Hunde, und so wurden durch Kreuzungen zwischen den 4 einheimischen Laufhunden und importierten Dachsbracken oder »verzwergten« Laufhunden die kurzläufigen Niederlaufhunde geschaffen. Die Schweizer, Berner und Luzerner Laufhunde haben allesamt anerkannte kurzläufige und untersetzte Verwandte, deren Fortbestand durch die solide Arbeit der schweizerischen Züchter und der Société Cynologique Suisse gesichert ist.

Die großen Behänge sind unter Augenhöhe angesetzt

Die Rute wird fast gerade hängend getragen

Der Rumpf ist schlank; der Brustkorb reicht nicht unter die Ellbogen herab

Kurz-Info

Ursprungsland: Schweiz
Entstehungszeit: 19. Jh.
Erste Verwendung: Niederwildjagd
Heutige Verwendung: Niederwildjagd, Begleithund
Lebenserwartung: 12–13 Jahre

Gewicht:
9–14,5 kg
Widerristhöhe:
30–38 cm

Rauhhaariger Schlag

Die Behänge ähneln denen des Bloodhound

Der Berner ist der einzige Niederlaufhund mit einem rauhen oder drahtigen Fell

Die Gliedmaßenknochen sind verdickt und verkürzt

Der Kopf ist ganz leicht gewölbt und hat einen mäßigen Stop

Der Fang ist lang, trocken und robust

Die große, schwarze Nase verbessert das Witterungsvermögen

Die direkten Vorfahren der Niederlaufhunde, die Standard-Laufhunde (siehe S. 128/129), arbeiten seit Jahrhunderten als Spürhunde in den Bergtälern der Schweiz. Die Niederlaufhunde sind indes eine jüngere Entwicklung. Alle diese Hunde besitzen ein dickes, anliegendes Fell mit dichter, feiner Unterwolle, das sie vor der Winterkälte schützt. Der Berner Niederlaufhund kommt auch in einem ungewöhnlichen Rauhhaarschlag vor. Niederlaufhunde sind ausgezeichnete Fährtensucher mit lebhaftem Spurlaut; einzelne Tiere geben auch gute Wachhunde ab. Obwohl die Hunde in der Schweiz mit Erfolg gezüchtet werden, ist die Zahl sehr klein. Außerhalb der französisch-schweizerischen Grenzregion sind die Niederlaufhunde nur selten anzutreffen.

Schweizer Niederlaufhund

Der Rücken ist im Verhältnis zum übrigen Körper gut proportioniert

Die Vorderläufe sind manchmal nur wenig kürzer als die eines Laufhunds

Luzerner Niederlaufhund

Der Fang ist ebenso lang wie der gewölbte Hirnschädel

Kompakte Katzenpfoten

Die Läufe sind viel länger als bei den anderen Niederlaufhunden

Spitzartige Hunde

Keine Hundegruppe hat das Mensch-Hund-Verhältnis stärker geprägt als die spitzartigen Rassen (Spitze und Nordlandhunde), die sich in arktischen und subarktischen Breiten entwickelt haben, also in Skandinavien, Rußland, Alaska und Kanada. Die Beziehung zwischen den spitzartigen Hunden und vielen Völkern, die diese unwirtlichen Weltgegenden bewohnen, ist in hohem Maße ein Abhängigkeitsverhältnis: Wahrscheinlich hätten die Volksstämme am Nördlichen Eismeer, in der Tundra und auf den Nordpolarinseln ohne die Hilfe dieser vielseitig verwendbaren Caniden nicht überlebt.

Kompaktes Gebäude mit dichtem Dekhaar und ebensolcher Unterwolle

Karelischer Bärenhund
Dieser prachtvolle schwarz-weiße Hund, benannt nach der finnischen Provinz Karelien, wird für die Jagd auf großes Wild verwendet.

Das kleine fuchsähnliche Gesicht ist von dichten Haaren eingefaßt

Zwergspitz
Diese Rasse, die fast ausschließlich als Gesellschaftshund gezüchtet wird, ist ein Großspitz en miniature.

Ungewisse Ursprünge

Die genaue Herkunft der spitzartigen Hunde bleibt ungeklärt. Keine archäologischen Zeugnisse belegen die Übergangsphasen vom Nordwolf zu den dicht behaarten, muskulösen, kurzohrigen und ringelschwänzigen Spitzen und Nordlandhunden. Skelettfunde, die teilweise älter als 5000 Jahre sind, deuten vielmehr darauf hin, daß Pariahunde nordwärts gewandert sind und sich mit den größeren und robusteren Wölfen der Arktis gepaart haben. Zweifellos ist seit mindestens 5000 Jahren Wolfsblut bewußt oder zufällig eingekreuzt worden und hat die wolfsähnlichen spitzartigen Hunde von heute entstehen lassen.

Hundewanderungen

Vor Jahrtausenden sind spitzartige Hunde, Nachkommen von Hunden, die in arktische Regionen vorgedrungen waren und sich dort mit Wölfen vermischt hatten, aus der arktischen Tundra nach Süden in die gemäßigten Breiten Nordamerikas, Europas und Asiens abgewandert. Mit ihrem neuerworbenen genetischen Material kehrten sie in die Regionen zurück, durch die sie gekommen waren. Diese Wanderbewegungen führten zu einer Vermischung von Erbgut aus völlig verschiedenen Quellen, wodurch die Unterschiede zwischen den »Rassen« verwischt wurden. So konnte beispielsweise der afrikanische Basenji, eine Primitivrasse, die den Pariahunden Südostasiens nahesteht, anatomische Merkmale der spitzartigen Hunde erwerben. In Nordamerika blieben Rassen wie der Alaskan Malamute und der kanadische Husky oberhalb des Nordpolarkreises, doch in Europa wanderten spitzartige Hunde nach Süden. Prähistorische Hundeknochen aus der Schweiz, die älter als 2000 Jahre sind, bezeugen, daß Hunde vom Spitztyp seit Jahrtausenden in Mitteleuropa heimisch sind. Diese Hunde sind wahrscheinlich die Stammformen der vielen deutschen Spitze, des holländischen Keeshond und des belgischen Schipperke, vielleicht auch des Zwergspitzes und des italienischen Volpino. Andere spitzartige Hunde wanderten von Nordostasien nach China und Korea und entwickelten sich zum heutigen Chow-Chow und Jindo. Vor Jahrtausenden und nochmals von 1500 Jahren gelangten Spitztypen

Braune Mandelaugen; bei roten oder weißen Hunden sind sie heller

Die Rumpflänge übersteigt die Rumpfhöhe

Alaskan Malamute
Der schöne, vom Mahlemut-Stamm in Alaska erzüchtete Hund wird seit Jahrhunderten als Schlittenhund verwendet. Der Timberwolf hat zu seiner Entstehung beigetragen.

Die Stehohren sind auffallend groß, fest und üppig befranst

Papillon
Rute, Fell und Kopf dieser Rasse sind typisch für spitzartige Hunde, doch die »Schmetterlingsohren« sind eine Kreuzung zwischen den Hängeohren des Spaniels und den kleinen Stehohren der Spitze.

Rassetypische kleine Stehohren

Deutscher Mittelspitz
Diese Rasse, die zweitgößte der Deutschen Spitze, entstand im 19. Jahrhundert. Sie kommt in vielen Farben vor und ist in ganz Europa beliebt.

Chow-Chow
Seit Jahrtausenden wird der Chow-Chow in China als Ziehhund, Hüter von Haus und Hof und Fleischlieferant benutzt. Er und der Shar-Pei sind die einzigen Rassen mit blauer Zunge und blauem Zahnfleisch. Der Chow-Chow ist ein sogenannter Einmannhund.

Akita
Der robuste und würdevolle Akita wurde auf der japanischen Insel Honshu als Kampf- und Jagdhund erzüchtet.

Keeshond
Dieser Gefährte der holländischen Schiffer ist ein typischer Spitz mit dicht eingerollter Rute, üppigem Haarkleid und niedlichen kleinen Stehohren.

nach Japan, wahrscheinlich von Korea aus, und bildeten den Grundstock für die Hokkaido, Akita, Kai-Hund, Shiba und Shikoku. Der japanische Spitz ist vermutlich jünger und erst in den letzten 200 Jahren aus Samojedenstämmen hervorgegangen.

ARBEITSHUNDE
Die Spitze und Nordlandhunde wurden ursprünglich gezielt für drei Verwendungszwecke gezüchtet. Die stattlichen und lebhaften Tiere dienten als Hütehunde, Jagdhunde und Schlittenhunde. Die kraftvollsten und widerstandsfähigsten Züchtungen wurden zu »Großwildjägern«; ihre Nachfahren sind der Karelische Bärenhund, der Russisch-Europäische Laika und der Akita von heute. Andere halfen ebenfalls bei der Hochwildjagd, etwa auf Elche, und entwickelten sich zum modernen Norwegischen Elchhund und schwedischen Jämthund. Sowohl in Skandinavien als auch in Japan wurden bodenständige Hunde für die Nieder- und Federwildjagd verwendet. Zu ihren Nachkommen gehören der Finnenspitz, der Norrbottenspets, der Lundehund, die vier russischen Spitzrassen und alle mittelgroßen japanischen Hunde. Diese Hundegruppe stellt auch hervorragende Schlittenhunde.
Der größte der kraftvollen Zugtiere ist der Eskimohund, der oft über 55 kg schwer wird. Weitere Schlittenhunde sind der Alaskan Malamute, der Grönlandhund und in Rußland der Samojede, der Sibirian Husky, der Kamtschatka- und der Tschuktschen-Schlittenhund. Als am Ende des vorigen Jahrhunderts in Kanada und Alaska die Schlittenhundrennen aufkamen, entdeckte man, daß Kraft und Ausdauer nicht unbedingt von der Größe eines Hundes abhängig sind. In der Folgezeit hat sich gezeigt, daß der Sibirian Husky am besten Schnelligkeit und Ausdauer in sich vereint. Überall in Nordeuropa und Asien benutzten die dort heimischen Völker andere Spitztypen als Hütehunde für ihr Vieh. Die Russen verwendeten ihre Laiki, die Samen (Lappen) den Lappenhund oder Lappenspitz. Andere Rassen, darunter der Lappländische Rentierhund, der Norwegische Buhund und der Isländer Spitz, die allesamt Hütehundblut führen, wurden für die Arbeit auf den Bauernhöfen eingesetzt.

Kai-Hund
Der Kai, ein weiterer japanischer Spitzhund, entstand in der Präfektur Yamanashi, wo er für die Hochwildjagd verwendet wurde.

Norwegischer Buhund
Mit den typischen Spitzmerkmalen – untersetztes Gebäude, kleine Stehohren und hoch angesetzte Ringelrute – ist der Buhund eine klassische Spitzrasse.

Samojede
Alle freundlichen Samojeden, die in Europa und Nordamerika gehalten werden, stammen von weniger als 20 Tieren aus Sibirien ab.

Shiba Inu
Der beliebteste autochthone Hund Japans, der robuste Shiba Inu, ist arbeitsfreudig und unabhängig. Er hat den Körperbau eines typischen Spitzhunds.

KÖRPERMERKMALE
Die Spitze und Nordlandhunde sind dem rauhen Klima des hohen Nordens gut angepaßt. Die isolierende, wasserabweisende Unterwolle ist so dicht oder gar noch dichter als das Deckhaar. Die kleinen Ohren beugen unnötigen Wärmeverlusten vor und verringern die Gefahr des Erfrierens. Dickes Fell wächst zwischen den Zehen und bietet Schutz vor den messerscharfen Eiskanten.

Alaskan Malamute

Die mandelförmigen Augen blicken freundlich, interessiert und etwas verschlagen

Die dicht behaarte Rute wird in typischer Spitzmanier auf dem Rücken getragen

Die kleinen, gut behaarten Ohren geben wenig Wärme ab

Durch Hecheln kann Körperwärme abgegeben werden; wegen des dichten Fells ist die Rasse anfällig für Hitzschlag

Die schwer bemuskelten, starkknochigen Läufe eignen sich ideal für das Ziehen von schweren Lasten

Kurz-Info

Ursprungsland: USA
Entstehungszeit: Altertum
Erste Verwendung: Schlitten- und Jagdhund
Heutige Verwendung: Begleit- und Schlittenhund, Schlittenrennen
Lebenserwartung: 12 Jahre
Gewicht:
39–56 kg
Widerristhöhe:
58–71 cm

Trotz seines wolfsähnlichen Aussehens ist der Alaskan Malamute ein freundlicher Hund. Er ist zwar nicht überschwenglich, streift aber gern sein würdevolles Gehabe ab und spielt dann bereitwillig mit Menschen und Hunden, die er kennt. Der kraftvolle Hund hat eine tiefe Brust und eine ungeheure Ausdauer. Jack London berichtet in seinen Erzählungen aus Alaska zwar von der großen Kraft der Huskys, meint aber wahrscheinlich den Malamute. Die in Kanada und den USA als Hausgenosse beliebte Rasse braucht sehr viel Bewegung und leistet Hervorragendes in Schlittenhundwettbewerben.

Rassengeschichte Die nach den Mahlemut Inuit (Eskimostamm) an der Westküste Alaskas benannte Rasse wurde schon lange vor der Entdeckung Amerikas als Zugtier verwendet.

Hündin und Rüde

Die Hündinnen sind deutlich kleiner als die Rüden

Eskimohund

Kurz-Info

Ursprungsland: Kanada
Entstehungszeit: Altertum
Erste Verwendung: Schlittenhund, Schlittenrennen, Tragtier
Heutige Verwendung: Schlittenhund, Schlittenrennen
Lebenserwartung: 12–13 Jahre
Synoym: American Husky, Esquimaux
Gewicht:
27–48 kg
Widerristhöhe:
51–69 cm

Der Ausdruck der dunklen Augen ist freundlich und offen

Die dicht behaarte Rute wird eingerollt

Das dichte Haarkleid schützt den Hund vor Temperaturen weit unter dem Gefrierpunkt

Der Eskimohund tut alles – Fressen, Arbeiten, Trainieren und Streiten – mit sehr viel Energie. Er ist unabhängig und braucht eine strenge, konsequente Erziehung, um Respekt vor seinem menschlichen Rudelführer zu bekommen. Eskimohunde haben einen starken Rudeltrieb, tragen gern Rangordnungskämpfe aus und machen sich über alles Freßbare her. Auch andere Tiere betrachten sie ohne weiteres als Lebendfutter. Die Rasse kann sich an das Zusammenleben mit Menschen gewöhnen und ist zu typischer »Hundeliebe« fähig, eignet sich aber in erster Linie als Gebrauchshund.

Rassengeschichte Jahrtausendelang war dieser Hund das einzige Transportmittel der Inuit, die nördlich der Hudson Bay, in den heutigen Northwest Territories Kanadas, heimisch waren. Die Rasse ist urtümlich und zurückhaltend geblieben.

Der Kopf ist schön geformt und wolfsähnlich

Das Fell zwischen den Zehen schützt die Pfoten vor dem Erfrieren

alle Farben

Sibirian Husky

alle Farben

Die Rute ist buschig behaart und muß während des Fellwechsels gebürstet werden

Der elegante Sibirian Husky ist kleiner und leichter als die meisten anderen Schlittenhundrassen, aber wendig, athletisch und unermüdlich. Mit anderen alten Nordlandhunden hat er gemeinsam, daß er selten bellt, doch dafür widmet er sich gern dem Gemeinschaftsheulen, fast wie ein Wolf. Das Fell des in Kanada und den USA sehr beliebten Hundes kommt in vielerlei Farben vor, und er gehört zu den wenigen Rassen, die blaue, braune oder verschiedenfarbige Augen haben können. Er ist würdevoll und sanft und gibt einen angenehmen Hausgenossen ab.

Kurz-Info

Ursprungsland: Sibirien
Entstehungszeit: Altertum
Erste Verwendung: Schlittenhund
Heutige Verwendung: Begleithund, Schlittenrennen
Lebenserwartung: 11–13 Jahre
Synonyme: Sibirischer Husky, Arctic Husky
Gewicht: 16–27 kg
Widerristhöhe: 51–60 cm

Solche ungewöhnlichen Fellmuster sind rassetypisch

Rassengeschichte Der Sibirian Husky, der von den nomadischen Inuit als Zugtier verwendet wird, wurde per Zufall im vorigen Jahrhundert von Pelzhändlern entdeckt und 1909 nach Nordamerika gebracht.

Die muskulösen Läufe sind gerade und starkknochig

Geschlossene, dicht behaarte Pfoten mit polsterartigen Ballen

Die mittelgroßen, dreieckigen Stehohren werden bei Aufmerksamkeit parallel ausgerichtet

Grönlandhund

Kurz-Info

Ursprungsland: Grönland
Entstehungszeit:: Altertum
Erste Verwendung: Schlitten-, Schutz- und Wachhund
Heutige Verwendung: Schlittenrennen, Jagdhund
Lebenserwartung: 13 Jahre
Synonym: Grønlandshund
Gewicht: 30–32 kg
Widerristhöhe: 56–64 cm

Rassengeschichte Die Ahnenreihe dieser Rasse läßt sich vielleicht auf Hunde zurückführen, die vor mehr als 12 000 Jahren mit sibirischen Stämmen ins Land kamen. Die Nachfahren dieser Stämme, die Inuit, haben möglicherweise einheimische Wölfe für die Weiterzucht verwendet.

Die kleinen, dreieckigen Stehohren erfrieren nur selten

Die rassetypische Ringelrute wird seitlich auf dem Rücken getragen und schützt das Gesicht des Hundes, wenn er schläft

alle Farben

Die Fellfarbe ist individuell sehr verschieden

Die Kiefer sind ungewöhnlich kräftig

Der Kopf ist breit und keilförmig

Hunde vom Spitztyp sind seit dem Altertum im ganzen arktischen Raum verbreitet. Seit der Einführung moderner Transportmittel in unserem Jahrhundert sind die Bestände rapid zurückgegangen. Der Grönlandhund ist nicht so schwer wie der Eskimohund, doch oft ein wenig größer. Es gibt sich zwar reserviert und unabhängig, kann aber sehr anhänglich werden. In Norwegen und Schweden ist er als Wandergefährte beliebt geworden.

Die Läufe sind gut befedert und die mit großen, festen Ballen versehenen Pfoten dick behaart

Zwergspitz

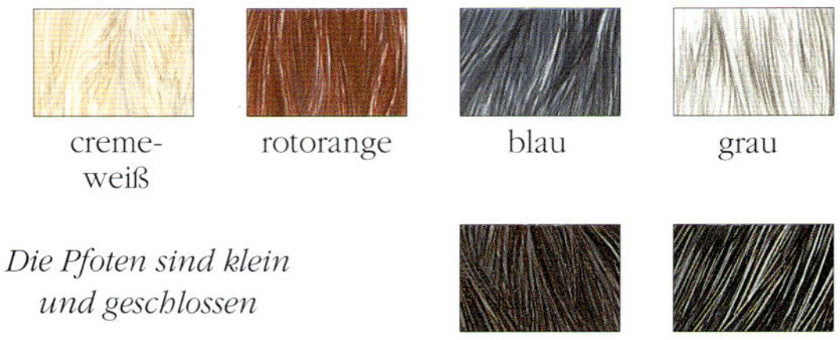

creme-weiß | rotorange | blau | grau | braun | schwarz

Kurz-Info

Ursprungsland: Deutschland
Entstehungszeit: Mittelalter/19. Jh.
Erste Verwendung: Begleithund
Heutige Verwendung: Begleithund
Lebenserwartung: 15 Jahre
Synonym: Deutscher Zwergspitz

Gewicht: 2–3 kg
Widerristhöhe: 22 cm

Die Halskrause ist typisch für alle arktischen Spitzhunde

Die Pfoten sind klein und geschlossen

Rassengeschichte Der kleinste deutsche Spitz wurde in Pommern (daher der englische Name Pomeranian) aus größeren Deutschen Spitzen herausgezüchtet. Die klassische Spitzgestalt und das orangefarbene Fell bezeugen seinen arktischen Ursprung.

In der Anfangszeit war der Zwergspitz sowohl größer als auch weißer als heute. Weiß war in der Regel gekoppelt mit ziemlich großen Hunden (bis 13 kg), und Züchter, die auf geringere Größe selektierten, brachten auch die heute vorherrschenden dunklen und orangeroten Farben hervor. Der Zwergspitz, eigentlich eine große Rasse, die erst vor kurzem verkleinert wurde, benimmt sich noch immer wie ein großer Hund. Er kläfft gern und ist somit ein ausgezeichneter Wachhund, der sich auch mit größeren Artgenossen anlegt. Als Hausgenosse ist er sehr beliebt.

Die kleinen Stehohren sind fuchsähnlich

Langes, gerades Deckhaar über dichter Unterwolle

Die Läufe sind feingliedrig und bis zum Sprunggelenk hinab gut befedert

Volpino

weiß | rehbraun | schwarz

Typische kleine Spitzohren

Die Rute wird geringelt flach auf dem Rücken getragen

Die Halskrause ist nicht so üppig wie beim Zwergspitz

Die feingliedrigen Vorderläufe sind mit einem doppellagigen Fell bedeckt

Zierliche, geschlossene Katzenpfoten

Der Volpino hat einen robusteren Kopf und größere Augen als der Zwergspitz und ist gewöhnlich weiß gefärbt. Der Fang ist kurz und gerade, fast wie bei einem Spaniel. Das Erscheinungsbild ist sehr fuchsähnlich (der Name ist von italienisch »volpe«, Fuchs, abgeleitet). Im Italien der Renaissance schmückte man diese lebhaften, anhänglichen Kleinhunde mit Armreifen aus Elfenbein. Der Volpino ist ein guter Wachhund und kann zum Gehorsam erzogen werden.

Die dicht behaarten, dreieckigen Ohren sind stets aufgerichtet

Die ockerfarbenen Augen haben einen munteren, wachsamen Ausdruck

Rassengeschichte Die Entwicklung des Volpino geht vermutlich der Entstehung des Deutschen Zwergspitzes voraus. Die Rasse war bei den italienischen Damen der Renaissance sehr beliebt.

Kurz-Info

Ursprungsland: Italien
Entstehungszeit:: 17. Jh.
Erste Verwendung: Begleithund
Heutige Verwendung: Begleit- und Wachhund
Lebenserwartung: 14–15 Jahre
Synonyme: Volpino Italiano, Italienischer Kleinspitz
Gewicht: 4–5 kg
Widerristhöhe: 27–30 cm

PAPILLON

Der zerbrechlich wirkende Papillon gleicht einer lebendigen Puderquaste. Mit den auffälligen Ohren, die an Schmetterlingsflügel erinnern (französisch »papillon« bedeutet Schmetterling), der geringen Größe und dem feinen, seidigen und reichlichen Haarkleid sieht der Zwerghund aus wie ein klassisches Schoßhündchen. Doch der Eindruck täuscht. Es handelt sich um eine gut gebaute, stabile Rasse, für Stadt und Land gleichermaßen geeignet. Bei richtiger Erziehung erweist sie sich als überaus gehorsam. Wie bei den meisten Zwergrassen neigt der Papillon zu Kniescheibenluxationen und zu übergroßer Anhänglichkeit.

Rassengeschichte Der Überlieferung zufolge stammt der Papillon vom Spanischen Zwergspaniel des 17. Jahrhunderts ab. Der Körperbau und das lange Fell deuten indes auf nordisches Spitzblut hin.

Kurz-Info	
Ursprungsland:	Kontinentaleuropa
Entstehungszeit:	17. Jh.
Erste Verwendung:	Begleithund
Heutige Verwendung:	Begleithund
Lebenserwartung:	13–15 Jahre
Synonym:	Schmetterlingshündchen
Gewicht:	4–4,5 kg
Widerristhöhe:	20–28 cm

PHALÈNE

Vom 16. bis frühen 19. Jahrhundert war dieses Hündchen ein Liebling des Adels. Der Épagneul Nain gehört möglicherweise zu den Vorfahren des Phalène wie des Papillon. Beide Rassen wurden von Goya, Rubens und van Dyck gemalt und von Marie Antoinette und Madame Pompadour gehalten. Die beiden Hunde werden in den USA und in Großbritannien als 1 Rasse mit 2 Schlägen (steh- und hängeohrig) geführt. Anderswo gelten sie gewöhnlich als 2 getrennte Rassen. Der Phalène ist ein tüchtiger Rattenjäger und wie eine Katze auf Reinlichkeit bedacht.

Kurz-Info	
Ursprungsland:	Kontinentaleuropa
Entstehungszeit:	17. Jh.
Erste Verwendung:	Begleithund
Heutige Verwendung:	Begleithund
Lebenserwartung:	13–15 Jahre
Synonyme:	Épagneul Nain Continenal, Kontinentaler Zwergspaniel
Gewicht:	4–4,5 kg
Widerristhöhe:	20–28 cm

Rassengeschichte Der Phalène wirkt mit seinen Hängeohren eher wie ein Spaniel, ist aber im übrigen identisch mit dem Papillon. Auch er vereint Spaniel- und Spitzmerkmale.

Russisch-Europäischer Laika

Rassengeschichte Bis zum 19. Jahrhundert wurden spitzartige Hunde in Rußland als Laiki bezeichnet. Mutige Elch- und Wolfsjäger aus Finnland wurden mit russischen Utschak-Hirtenhunden gekreuzt und brachten diese Rasse hervor.

Kurz-Info

Ursprungsland: Rußland/Finnland
Entstehungszeit:: 19. Jh.
Erste Verwendung: Hochwildjagd
Heutige Verwendung: Jagdhund
Lebenserwartung: 10–12 Jahre
Synonyme: Karelischer Bärenlaika, Russko-Europiskaja Laika

Gewicht:
21–23 kg
Widerristhöhe:
53–61 cm

Im Jahr 1947 erklärten die sowjetischen Behörden, daß Laiki nur innerhalb der Grenzen der UdSSR existierten. Folglich ignorierten sie den international anerkannten Karelischen Bärenhund aus Finnland, der zweifellos ein Laika war, und ersetzten ihn durch den schwarz-weißen Russisch-Europäischen Laika. Die russische Spielart ähnelt zwar sehr ihrem finnischen Verwandten, ist aber kräftiger und aggressiver – ihre unerschrockene Jagd auf großes Wild wie Elch, Bär und Wolf ist legendär. Diese große, athletische Rasse gibt keinen guten Begleithund ab.

Ostsibirischer Laika

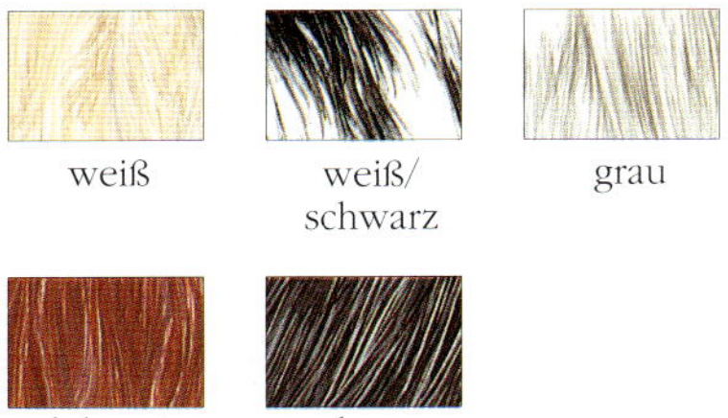

Kurz-Info

Ursprungsland: Rußland
Entstehungszeit:: 19. Jh.
Erste Verwendung: Hochwildjagd
Heutige Verwendung: Hochwildjagd, Begleithund
Lebenserwartung: 10–12 Jahre
Synonym: Vostotchno-Sibirskaja Laika

Gewicht:
18–23 kg
Widerristhöhe:
56–64 cm

Im 19. Jahrhundert züchteten russische Züchter die in Sibirien heimischen Spitze gezielt als Jagdhunde. So entstand der Ostsibirische Laika, der das Wild aufstöbert und in Schach hält und dann so lange verbellt, bis der Jäger eintrifft. Laiki können auch Flugwild auf Bäumen auf die gleiche Weise stellen. Trotz ihres wolfsähnlichen Aussehens ist diese Rasse ruhig und ausgeglichen. Sie gibt einen guten Begleithund ab, selbst in der Stadt. Auch Gehorsam kann man ihr beibringen.

Rassengeschichte Die Rasse ist aus den Schlitten- und Jagdhunden der Völker in der Hocharktis hervorgegangen. Ihr Typ wurde 1947 festgelegt.

Westsibirischer Laika

Kurz-Info

Ursprungsland: Rußland
Entstehungszeit: 19. Jh.
Erste Verwendung: Hochwildjagd
Heutige Verwendung: Hochwildjagd, Begleithund
Lebenserwartung: 10–12 Jahre

Gewicht:
18–23 kg
Widerristhöhe:
53–61 cm

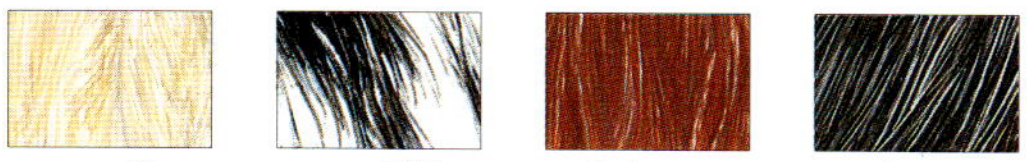

weiß | weiß/schwarz | loh, rot | schwarz

Der Westsibirische Laika, der etablierteste und populärste der russischen Laiki, wird vorwiegend für die Jagd auf großes Wild, etwa Rentiere, Elche und Bären, verwendet. Er ist jedoch ebenso bewährt als Schlittenhund, denn er kann schwere Lasten ziehen. Er läßt sich auch auf kleines Wild, etwa Hermelin oder Federwild, abrichten. Zu dieser Rasse gehörte wohl der Jagdhund, von dem Lenin 1897 seiner Mutter aus dem Exil in Sibirien berichtete. Die Sowjets benutzten viele Laiki für medizinische Experimente und in der Weltraumforschung. Der erste Hund, der die Erde in einem Raumschiff umkreiste, wurde Laika genannt, obwohl es sich dabei vermutlich um einen Samojeden handelte.

Rassengeschichte Diese Rasse ist der am häufigsten anzutreffende russische Laika. Jäger aus Khantu und Mansi im Ural haben die Rasse vermutlich als Gebrauchshund erzüchtet.

Karelischer Bärenhund

Kurz-Info

Ursprungsland: Finnland/Rußland
Entstehungszeit: 19. Jh.
Erste Verwendung: Hochwildjagd
Heutige Verwendung: Hochwildjagd
Lebenserwartung: 10–12 Jahre
Synonyme: Karjakankarhukoira, Björnhund
Gewicht:
20–23 kg
Widerristhöhe:
48–58 cm

Der karelische Bärenhund, der außerhalb seiner Heimat häufiger ist als alle russischen Laiki, wird in Finnland, Schweden und Norwegen von Elchjägern verwendet. Nachdem seine Zahl in den 1960er Jahren zurückgegangen war, hat er danach an Popularität gewonnen, und er wird heute in Nordamerika und vielen europäischen Ländern gezüchtet. Der robuste, zähe und kraftvolle Hund nimmt es bereitwillig mit praktisch allen Wildarten auf. Wie der Russisch-Europäische Laika besitzt die Rasse ein auffälliges schwarz-weißes Fell, was bei Spitz- und Nordlandhunden ungewöhnlich ist. Als Begleithund ist sie nicht leicht zu haben; für diesen Verwendungszweck muß sie gründlich ausgebildet werden.

Rassengeschichte Die dem Russisch-Europäischen Laika sehr ähnliche Rasse entstand in dem Teil Finnlands, der in diesem Jahrhundert lange Zeit zur Sowjetunion gehörte. Seit langem werden in Karelien ähnliche Hunde für die Jagd auf großes Wild gezüchtet.

FINNENSPITZ

Die Ringelrute bildet ab der Wurzel einen Bogen nach vorn und unten

Starke Vorderläufe gehen aus den relativ geraden Schultern hervor

RASSENGESCHICHTE Vorläufer des Finnenspitzes begleiteten wahrscheinlich die Vorfahren der heutigen Finnen auf dem Weg nach Finnland. Jahrhundertelang bewohnte diese Rasse den Ostteil Finnlands und die Karelische Region Rußlands. Nach der Oktoberrevolution wurden die in Karelien heimischen Tiere als Karelo-Finnischer Laika bezeichnet.

Kleine, spitze Stehohren

Die Brust ist tief und der Bauch leicht aufgezogen

Die kräftigen Hinterläufe haben kleine, runde Pfoten mit schützenden Haaren zwischen den Zehen

Dieser unabhängige, fast katzenartige Hund, in Finnland als arbeitsfreudiger Jagdhund beliebt, verfügt über eine gewaltige Stimme – ein Pluspunkt für seine hervorragende Wacheigenschaften. Er lauscht im Wald auf Flügelschläge, rennt dann zu dem Baum, auf dem der Vogel gelandet ist, und bellt so lange, bis der Jäger eintrifft. Eichhörnchen und Marder jagt er auf ähnliche Weise. Der energische Finnenspitz braucht viel Bewegung und arbeitet gern auch bei großer Kälte. Die mittelgroße, zurückhaltende, aber lebhafte Rasse ist in Großbritannien und Nordamerika recht verbreitet, und ihre Beliebtheit wird voraussichtlich noch wachsen.

Kurz-Info

Ursprungsland: Finnland
Entstehungszeit: Altertum
Erste Verwendung: Niederwildjagd
Heutige Verwendung: Jagd- und Begleithund
Lebenserwartung: 12–14 Jahre
Synonyme: Finsk Spets, Suomenpystykorvat
Gewicht: 14–16 kg
Widerristhöhe: 38–50 cm

Die mittelgroßen Augen sind dunkel und lebhaft

LAPPLÄNDER RENTIERHUND

schwarz/weiß

schwarz/loh

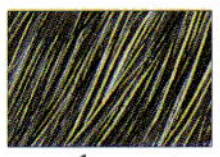

schwarz

RASSENGESCHICHTE Der Lappländer Rentierhund geht auf den finnischen Lapphund zurück, dem Rentierhüter der Samen (Lappen) im Norden Norwegens, Schwedens, Finnlands und Rußlands. Der heute gültige Standard wurde 1966 von Olli Korhonen, dem damaligen Präsidenten des Finnischen Kennelklubs,

Das mäßig lange Fell besteht aus geraden, derben Haaren

Der Fang ist kurz und dick

Die Vorderläufe sind sehr kräftig und stark bemuskelt

Die mäßig lange Rute ist dicht behaart

Spitze Stehohren

Der schwarze Nasenrücken ist gerade

Der Lappländer Rentierhund vereint die Wetterfestigkeit des Spitztyps mit dem Hütetrieb eines Schäferhunds. In unserem Jahrhundert wurden Deutsche Schäferhunde zur Verbesserung der Hütehundeigenschaften eingekreuzt. Vor der Einführung des Motorschlittens benutzten die Samen diese Hunde ausschließlich zum Hüten der Rentiere. Angesichts der steigenden Treibstoffkosten ist dieser Verwendungszweck kürzlich wiederaufgelebt. In Finnland existiert ein gut organisiertes Zuchtprogramm, das die Gebrauchstüchtigkeit der widerstandsfähigen, selbstbewußten Rasse sicherstellen soll.

Kurz-Info

Ursprungsland: Finnland
Entstehungszeit: 17. Jh.
Erste Verwendung: Rentierhüten
Heutige Verwendung: Begleit- und Hütehund
Lebenserwartung: 11–12 Jahre
Synonym: Lapinporokoira

Gewicht: 27–30 kg
Widerristhöhe: 48–56 cm

FINNISCHER LAPPHUND

RASSENGESCHICHTE Diese Rasse, der historische Hütehund der Samen, ist kleiner als der Lappländer Rentierhund, von dem sie abstammt. Sie ist ein Beispiel für die Kreuzung zwischen nordischen Spitzhunden und Hütehunden aus dem südlicheren Europa. Der ursprünglich zum Rentierhüten gezüchtete Hund wird heute meist für Schaf- und Rinderherden verwendet.

Die großen, dunkelbraunen Augen sitzen waagrecht

Der kompakte, leicht konische Kopf hat einen geraden Fang und einen tiefschwarzen Nasenspiegel

Das reiche Haarkleid ist an der Hinterhand besonders üppig

Der Fang ist relativ kurz und kegelförmig

Die Hinterseite der Vorderläufe ist ungewöhnlich lang behaart

Dichtes, wärmeschützendes Haar zwischen den gut gewölbten Zehen

viele Farben

Kurz-Info

Ursprungsland: Finnland
Entstehungszeit: 17. Jh.
Erste Verwendung: Rentierhüten
Heutige Verwendung: Begleit- und Hütehund
Lebenserwartung: 11–12 Jahre
Synonym: Lapinkoira

Gewicht:
20–21 kg
Widerristhöhe:
46–52 cm

Der Hirnschädel ist zwischen den Ohren breit und leicht gewölbt, der Wulst über den Augen ziemlich auffällig

Die Ringelrute wird nach Spitzart auf dem Rücken getragen

Die Vorderläufe wirken kurz im Verhältnis zum übrigen Körper

Die Hinterläufe sind sehr gerade und kaum gewinkelt

In Nordskandinavien und in der Karelischen Region Rußlands verwendeten die Samen Hunde zum Hüten und Treiben ihrer halb domestizierten Rentiere. Als das Interesse an bodenständigen Hunderassen erwachte, beanspruchten sowohl die Schweden als auch die Finnen die Rentierhunde der Samen für sich. Zur Vermeidung von Problemen wurden 2 Rassen international anerkannt: der Schwedische Lapphund oder Lappenspitz und der Finnische Lapphund oder Lapinkoira. Es handelt sich jedoch im wesentlichen um dieselbe Rasse in verschiedenen Ländern. In Finnland sorgt eine selektive Zucht dafür, daß die Hütehundeigenschaften der Rasse nicht verlorengehen. Anderswo wird sie dagegen häufiger als Begleithund gehalten. Der kräftig gebaute Hund hat ein dichtes, üppiges, doppellagiges Fell. Die Rasse hat sich zwar einen natürlichen Hütetrieb bewahrt, aber er wird geschwächt, weil mehr auf Felldichte und Farbe als auf Gebrauchstüchtigkeit gezüchtet wird.

Die kurzen, weit auseinandergestellten Stehohren sind am Ansatz breit

Der Körper ist länger als hoch und hat einen geraden Rücken

Die Ohren sind zum Schutz gegen Frost gut isoliert

Der mittelange, schlanke und kräftige Hals ist mit einem dichten Doppelfell bedeckt

Norwegischer Elchhund

Kurz-Info

Ursprungsland: Norwegen
Entstehungszeit: Altertum/19. Jh.
Erste Verwendung: Elchjagd
Heutige Verwendung: Begleit- und Jagdhund
Lebenserwartung: 12–13 Jahre
Synonyme: Norsk Elghund (Grå), Grahund, Dyrehund
Gewicht:
20–23 kg
Widerristhöhe:
49–52 cm

Rassengeschichte Diese Rasse, der »Nationalhund« Norwegens, existiert in Skandinavien seit mindestens 5000 Jahren. Die heutigen Standards wurden im späten 19. Jahrhundert erarbeitet.

Dieser beliebteste Vertreter der 3 skandinavischen Elchhundrassen ist robust, lebhaft und athletisch und hat eine kräftige Stimme, die er gern hören läßt, wenn er Beute erspäht. Er ist der klassische Spitzhund, dessen hohes Alter durch steinzeitliche Fossilien aus Norwegen bestätigt wird. Wenn er als Jagdhund arbeitet, hetzt er die Beute nicht, sondern er verfolgt sie wie ein Laufhund. Die ungewöhnlich vielseitige Rasse wird auf Luchse und Wölfe, aber auch auf Elche angesetzt und apportiert zuverlässig kleineres Wild wie etwa Kaninchen oder Füchse. Norwegische Bauern verwenden sie auch zum Hüten von Hühnern und Enten.

Schwarzer Norwegischer Elchhund

Dieser schöne Spitzhund ist hochläufig und recht zierlich gebaut und hat ein glattes, glänzendes Fell. Sein unabhängiges und reizbares Wesen läßt darauf schließen, daß sich seine Ahnenreihe von der seines bekannteren Namensvetters etwas unterscheidet. Bei der Arbeit stellt er sich jedoch ebenso geschickt an. Er kriecht lautlos an seine Beute heran, und dann bellt er und wehrt alle Attacken ab, bis der Jäger kommt. Mit seinem schwarzen Fell ist er für den Jäger zwischen den Bäumen und im Schnee gut zu erkennen. Die Rasse ist kraft- und würdevoll und ein ausgezeichneter Schutzhund.

Rassengeschichte Der Schwarze Norwegische Elchhund ist kleiner und wirkt agiler als sein grauer Namensvetter, blickt aber auf ein gleich hohes Alter zurück. Er stammt aus der Grenzregion zwischen Norwegen und Schweden und wurde erstmals 1877 als eigene Rasse anerkannt.

Kurz-Info

Ursprungsland: Norwegen
Entstehungszeit: Altertum/19.Jh.
Erste Verwendung: Elchjagd
Heutige Verwendung: Begleit-, Jagd- und Schutzhund
Lebenserwartung: 12–13 Jahre
Synonym: Norsk Elghund (Sort)
Gewicht:
17,5–18,5 kg
Widerristhöhe:
46–51 cm

Schwedischer Lapphund

Dies ist eine sehr alte Rasse, die sicherlich ebenso lange besteht wie die schlanken Windhunde Asiens, die stets als die ältesten Hunde überhaupt bezeichnet werden. Die historische Aufgabe des Lapphunds war es, die Rentierherden der Samen (Lappen) zu hüten und vor Raubtieren zu schützen. In den 1960er Jahren zeigte sich der Svenska Kennelklubben um die Hütehundeigenschaften der Rasse so besorgt, daß er ein Zuchtprogramm initiierte, um ihre Gebrauchstüchtigkeit zu verbessern. Sie ist außerhalb ihres Heimatlands kaum anzutreffen, allenfalls in Finnland und Rußland.

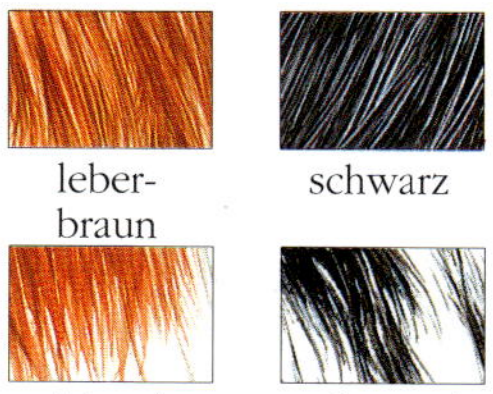

Rassengeschichte Die 7000 Jahre alten Skelettreste eines Hundes, die bei Varanger in Norwegen gefunden wurden, ähneln sehr dem heutigen Lapphund. Er steht den finnischen und russischen Laiki nahe.

Kurz-Info

Ursprungsland: Schweden
Entstehungszeit: Altertum/19. Jh.
Erste Verwendung: Rentierhüten
Heutige Verwendung: Begleithund, Schafe- und Rinderhüten
Lebenserwartung: 12–13 Jahre
Synonyme: Lapphund, Lappenspitz, Lapplandska Spets

Gewicht: 19,5–20,5 kg
Widerristhöhe: 44–49 cm

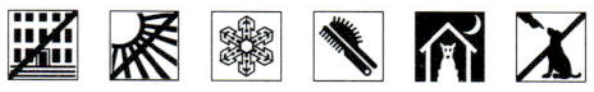

Jämthund

Rassengeschichte Früher hatte fast jedes Tal in Skandinavien seinen eigenen Elchhundschlag. Der Jämthund, benannt nach dem schwedischen Bezirk Jämtland, wurde schließlich offiziell anerkannt und ist heute der »Nationalhund« Schwedens.

Kurz-Info

Ursprungsland: Schweden
Entstehungszeit: Altertum/19. Jh.
Erste Verwendung: Hochwildjagd
Heutige Verwendung: Begleit- und Jagdhund
Lebenserwartung: 12–13 Jahre
Synonym: (Großer) Schwedischer Elchhund
Gewicht: 29,5–30,5 kg
Widerristhöhe: 58–64 cm

Der Jämthund, die größte Elchhundrasse, wurde wahrscheinlich einst für die Bärenjagd verwendet, doch als dafür kein Bedarf mehr bestand, wurde er zu einem eifrigen und erfolgreichen Luchs-, Wolfs- und Elchjäger. Er hetzte seine Beute über den Schnee, stellte sie und wartete auf den Jäger. Diese schwer gebaute, starkknochige und zähe Rasse ist ebenso vielseitig wie die norwegischen Elchhunde und wird als Hüte-, Wach-, Schlitten- und Militärhund verwendet. Als Gebrauchs- und Begleithund ist er in Schweden besonders beliebt. Immer häufiger ist er auch in Großbritannien, Holland und Nordamerika anzutreffen, und seine Popularität wird wohl sehr bald weltweit steigen.

KEESHOND

RASSENGESCHICHTE Der nach dem holländischen Freiheitskämpfer Cornelius (Kees) de Gijselaer benannte Keeshond war einst ein beliebter Schutzhund und Schadtierjäger in den südholländischen Provinzen Brabant und Limburg. In den angelsächsischen Ländern ist er der populärste große europäische Spitz.

Kurz-Info

Ursprungsland: Niederlande
Entstehungszeit: 16. Jh.
Erste Verwendung: Schifferhund
Heutige Verwendung: Begleit- und Wachhund
Lebenserwartung: 12–14 Jahre
Synonyme: Barkenspitz, Wolfsspitz
Gewicht:
25–30 kg
Widerristhöhe:
43–48 cm

Das üppige Haarkleid ist in der Halskrause am dichtesten

Dichtes Haar zwischen den Zehen, typisch für spitzartige Hunde

Die Pfoten sind klein und katzenartig

Eng stehende kleine Spitzohren

Der Keeshond und der Wolfsspitz werden in mehreren Ländern, darunter USA, Kanada und Großbritannien, als getrennte Rassen aufgefaßt, doch nach Ansicht der FCI sind beide identisch. Früher wurden diese Hunde als Wach- und Begleithunde von den holländischen Binnenschiffern gehalten, aber vor über 100 Jahren gingen sie für immer an Land. Der bellfreudige und sensible Keeshond gibt in der Stadt und auf auf dem Lande einen ausgezeichneten Wachhund und einen gutmütigen, anhänglichen Hausgenossen ab. Er braucht allerdings eine feste Hand. In Nordamerika erfreut sich die Rasse beständiger Beliebtheit.

Der Fang ist nicht zu lang und ziemlich schmal

Schwärzliche Haarspitzen

DEUTSCHER WOLFSSPITZ

Die mittellange Rute wird gerollt auf dem Rücken getragen

Die dunklen, mittelgroßen Augen sind leicht schräg gestellt

Die Ohren sind mit schützendem dichtem Haar bedeckt

Breiter, keilförmiger Schädel

Der Wolfsspitz und alle anderen Deutschen Spitze werden in ihrem Ursprungsland immer seltener. In Deutschland sind die verschiedenen Farbschläge des Wolfsspitzes mit bestimmten Regionen verbunden; der graue Schlag war beispielsweise am Rhein und in der Gegend von Stuttgart verbreitet. Die Rasse ist nicht leicht zum Gehorsam zu erziehen, doch wegen ihrer Lautfreudigkeit und imposanten Erscheinung gibt sie einen hervorragenden Wachhund ab. Bei Kindern ist Vorsicht geboten, da der Hund gern ohne Vorwarnung zuschnappt. Er ist jedoch anhänglich, anpassungsfähig und relativ extrovertiert und liebt die Gesellschaft des Menschen. Sein üppiges dichtes Haarkleid benötigt regelmäßige Pflege.

RASSENGESCHICHTE Diese temperamentvolle Rasse stammt von spitzartigen Hütehunden ab, die vermutlich vor über 1000 Jahren nach Deutschland gelangten. Der ursprünglich zum Hüten der Herden verwendete Wolfsspitz war ein agiler und tüchtiger Arbeitshund.

Üppiges Haar bedeckt die Brust, die Unterwolle ist ebenso dicht

Kurz-Info

Ursprungsland: Deutschland
Entstehungszeit: 16. Jh.
Erste Verwendung: Hütehund
Heutige Verwendung: Begleit-, Wach- und Schutzhund
Lebenserwartung: 12–14 Jahre
Synonyme: Wolfsspitz, Chien Loup
Gewicht:
27–37 kg
Widerristhöhe:
45–60 cm

DEUTSCHER SPITZ

viele Farben

Rute wird seitlich auf dem Rücken getragen

Vorderhand mit stämmigen, festen Knochen

Deutscher Großspitz

Einfarbiges, dichtes, langes und ziemlich barsches Fell auf der Brust

Die kompakten, dreieckigen und hoch angesetzten Ohren stehen eng nebeneinander

Kurz-Info

Ursprungsland: Deutschland
Entstehungszeit: 17. Jh.
Erste Verwendung: Begleithund (Groß- und Kleinspitz); Bauernhund (Mittelspitz)
Heutige Verwendung: Begleithund
Lebenserwartung:
12–13 Jahre (Großspitz);
13–15 Jahre (Mittelspitz);
14–15 Jahre (Kleinspitz)
Synonyme: Deutscher Großspitz, Deutscher Mittelspitz, Deutscher Kleinspitz
Gewicht:
17,5–18,5 kg (Großspitz);
10,5–11,5 kg (Mittelspitz);
um 3,5 kg (Kleinspitz)
Widerristhöhe:
bis 45 cm (Großspitz);
29–39 cm (Mittelspitz);
23–28 cm (Kleinspitz)

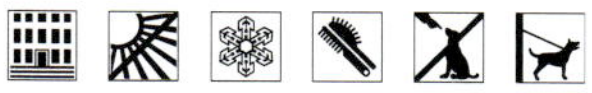

Deutscher Mittelspitz

Das Gesicht ist am kürzesten, aber, dennoch sehr dicht behaart

An der Rute sind die Haare am längsten

Der Kopf hat einen mäßigen Stop

Die zierlichen Pfoten sind zwischen den Zehen behaart

Der Deutsche Spitz kommt in 3 Schlägen vor: Groß-, Mittel- und Kleinspitz; hinzuzurechnen sind zum Großspitz noch der Wolfsspitz und zum Kleinspitz der Zwergspitz (S. 138). Die Groß- und Kleinspitze sind von jeher Begleithunde gewesen, während die häufigeren Mittelspitze früher tüchtige Bauernhunde waren. In der letzten Zeit hat die Beliebtheit der Rasse abgenommen; selbst der schneidige und anhängliche Kleinspitz wird von dem fast identischen Zwergspitz verdrängt. Dieser Popularitätsschwund kommt nicht überraschend: Spitze verlangen mehr Aufmerksamkeit als viele andere Rassen, und ihr Haarkleid muß regelmäßig gepflegt werden, damit es nicht verfilzt. Leider widersetzen sich die Spitze vielfach der Körperpflege, und manche, insbesondere Rüden, haben eine Abneigung gegen andere Hunde oder fremde Personen. Im Unterschied zu vielen Wach- und Schutzhunden ist der Spitz nicht leicht zum Gehorsam zu erziehen. Diese herrliche und selbstbewußte Rasse macht jedoch auf Ausstellungen eine gute Figur und gibt, wenn wohlerzogen, einen angenehmen Hausgenossen ab.

Der Kleinspitz ist in den Proportionen eine exakte Verkleinerung

Deutscher Kleinspitz

Die Augen sind verhältnismäßig groß

Die kleinen Ohren beugen Wärmeverlusten vor – ideal in kaltem Klima

RASSENGESCHICHTE Der Deutsche Spitz stammt wahrscheinlich von spitzartigen Hütehunden ab, die mit den Wikingern nach Mitteleuropa gelangten. Im deutschen Schrifttum wird der Spitz bereits 1450 erwähnt. Die verschiedenen Schläge des Deutschen Spitz haben einen ähnlichen Körperbau und unterscheiden sich nur durch Größe und Färbung. Der Großspitz kommt weiß, braun oder schwarz vor, während seine kleineren Verwandten eine größere Farbenvielfalt aufweisen. Die allbekannte Rasse ist inzwischen in den meisten europäischen Ländern vertreten.

AKITA INU

Relativ kleine, dicke, dreieckige Stehohren

Der Nasenschwamm ist groß und schwarz

Hartes Fell mit feiner Unterwolle

Die Ellbogen liegen dicht am Körper an

alle Farben

RASSENGESCHICHTE Diese größte japanische Hunderasse wurde ursprünglich für Hundekämpfe gezüchtet. Als dieser Sport aus der Mode kam, verwendete man den Hund für die Jagd. In den 1930er Jahren drohte die Rasse auszusterben, doch ihr Fortbestand wurde gesichert durch die Gründung der »Gesellschaft zur Erhaltung japanischer Rassen«.

Die ziemlich kleinen Augen sind dunkelbraun

Die stämmige, kräftige Rute wird auf dem Rücken getragen

Alle japanischen Rassen werden nach Größe klassifiziert: groß (»akita«), mittelgroß (»shika«) und klein (»shiba«); »inu« bedeutet Hund. Neben vielen mittelgroßen Rassen gibt es nur eine große, der Akita. Es ist ein imposantes, ehrfurchtgebietendes Tier. Viele Individuen haben ein ausgeglichenes Wesen, aber manche sind schwer zu führen. Von Natur aus ist die Rasse zurückhaltend und abweisend, so daß die Gehorsamserziehung mühsam ist. Vor allem die Rüden lassen sich gern in Hundekämpfe verwickeln. Wohlerzogene Exemplare sind jedoch ausgezeichnete Begleithunde und tüchtige Wachhunde. Der stattliche Akita sollte nur von erfahrenen Hundeliebhabern gehalten werden.

Kurz-Info

Ursprungsland: Japan
Entstehungszeit: 17. Jh.
Erste Verwendung: Hochwildjagd, Hundekämpfe
Heutige Verwendung: Begleit- und Schutzhund
Lebenserwartung: 10–12 Jahre

Gewicht:
34–50 kg
Widerristhöhe:
60–71 cm

AINU-HUND

viele Farben

RASSENGESCHICHTE Das Volk der Ainu, dessen Herkunft unbekannt ist, kam vor über 3000 Jahren nach Japan und brachte diesen spitzartigen Hund mit. Als die Ainu durch den Zustrom japanischer Stämme auf die Insel Hokkaido zurückgedrängt wurden, blieben ihre Hunde mehr und mehr auf diese Insel beschränkt.

Die kleinen Stehohren bilden einen rechten Winkel mit der Stirn

Kurz-Info

Ursprungsland: Japan
Entstehungszeit: Altertum
Erste Verwendung: Hochwildjagd
Heutige Verwendung: Begleithund
Lebenserwartung: 11–13 Jahre
Synonyme: Ainu Inu, Hokkaido-Hund, Hokkaido-Ken
Gewicht:
20–30 kg
Widerristhöhe:
46–56 cm

Die lebhaften, dunkelbraunen Augen sind fast dreieckig und recht klein

Gerader Nasenrücken mit dunklem Nasenspiegel

Die straffen Lefzen sind dunkel pigmentiert

Die Rute wird nach Spitzart eingerollt

Die gut bemuskelte Hinterhand ist mit einem wärmenden doppellagigen Fell bedeckt

Die Vorderläufe sind gerade und schlank

Dies ist ein typischer »shika inu« (mittelgroßer Hund) – eigensinnig, störrisch und aggresiv gegenüber Artgenossen, aber seiner Menschenfamilie treu ergeben. Einst wurde er von den Ainu, den Ureinwohnern Japans, für die Jagd verwendet. Heute ist er vorwiegend ein Begleithund, der draußen an einem Seil oder einer Kette gehalten wird und als bellfreudiger Wachhund dient. Viele Ainu-Hunde haben blauschwarze Zungen, ein Merkmal, das eine entfernte Verwandtschaft mit dem Chow-Chow und Shar-Pei vermuten läßt. Auf Betreiben der »Gesellschaft zur Erhaltung japanischer Rassen« wurde der Ainu-Hund 1973 zum »Japanischen Naturdenkmal« erklärt.

Das Deckhaar ist harsch und gerade

KAI-HUND

Die kleinen Augen sind dreieckig gefaßt und erlauben ein gutes räumliches Sehen

Die robuste Rute wird auf dem Rücken getragen

Die Hinterhand ist mit harschem Fell bedeckt

Die Ellbogen liegen dicht am Körper an

Schmaler Schädel und sich verjüngender Fang

Kurz-Info

Ursprungsland: Japan
Entstehungszeit: 18. Jh.
Erste Verwendung: Hochwildjagd
Heutige Verwendung: Begleithund
Lebenserwartung: 1–13 Jahre
Synonyme: Kai Inu, Tora Inu

Gewicht:
16–18 kg
Widerristhöhe:
46–58 cm

RASSENGESCHICHTE Diese Rasse mit dem Beinamen Tora Inu (Tigerhund) besteht seit dem Mittelalter im Bergland rings um die Präfektur Yamanashi. 1934 wurde der Kai, teilweise auf Veranlassung des engagierten Züchters Haruo Isogai, zu einem »Naturdenkmal« erklärt.

Nach dem Ersten Weltkrieg begannen japanische Züchter, verschiedene europäische Rassen einzuführen, was mit einem schwindenden Interesse an heimischen Rassen einherging. In den 1930er Jahren stellte der Hundeforscher Haruo Isogai eine gründliche Untersuchung an, deren Ergebnis die Klassifikation aller japanischen Rassen war. Der Kai-Hund ist ein typischer mittelgroßer Hund (»shika inu«). Von den anderen »shika inus« unterscheidet er sich durch seinen schmaleren Schädel und den sich etwas stärker verjüngenden Kopf. Der Einmannhund kann ziemlich aufsässig und eigensinnig sein und ist von allen japanischen Rassen am unfolgsamsten. Der Kai-Hund ist in den letzten Jahren nur in die USA gelangt.

Die Ohren sind dicht behaart

rot-gestromt

schwarz-gestromt

JINDO

RASSENGESCHICHTE Die Ursprünge dieser kompakten, dichtbehaarten Rasse sind unbekannt, doch der Körperbau läßt vermuten, daß sie vor Jahrhunderten auf der Insel Jindo (südwestlich vor Korea) eingetroffen ist und von nordischen Spitzen abstammt. 1938 erhob die koreanische Regierung sie zum »Nationalerbe«.

Das Deckhaar ist dicht und weich

Kurz-Info

Ursprungsland: Korea
Entstehungszeit: Mittelalter
Erste Verwendung: Jagd- und Wachhund
Heutige Verwendung: Jagd-, Wach- und Begleithund
Lebenserwartung: 11–12 Jahre

Gewicht:
16–18 kg
Widerristhöhe:
41–58 cm

Die kleinen Stehohren sind leicht nach vorne gerichtet

Die mandelförmigen Augen sind dreieckig gefaßt

Schwarze Nase und Lefzen am geraden Fang, der einen mäßigen Stop aufweist

Bis vor kurzem gab es außerhalb Koreas keinen einzigen Jindo. Auf dem koreanischen Festland vermischte sich die Rassse mit anderen Hunden, doch auf der Insel Jindo wird sie rein gezüchtet. Mit dem jüngsten Zustrom von koreanischen Immigranten in die USA ist die Rasse auch nach Nordamerika vorgedrungen, wo sie als Unikum geschätzt und verhätschelt wird. In Korea hingegen werden Hunde immer noch gelegentlich verspeist, und das war zweifellos auch das Schicksal vieler Jindos. Es ist ein typischer spitzartiger Hund, seiner Familie ergeben und Fremden gegenüber abweisend. Er hat sich einen starken Jagdtrieb bewahrt.

weiß

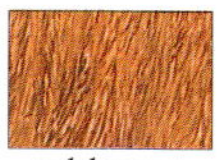

rehbraun

schwarz/weiß

Die geraden Vorderläufe mit anliegenden Ellbogen stehen auf Katzenpfoten

Japanischer Spitz

Kurz-Info

Ursprungsland: Japan
Entstehungszeit: 20. Jh.
Erste Verwendung: Begleithund
Heutige Verwendung: Begleit- und Schutzhund
Lebenserwartung: 12 Jahre
Gewicht:
5–6 kg
Widerristhöhe:
30–36 cm

Dieser wuschelige Kleinspitz ist ein typisches Produkt der Verkleinerungszucht. Er sieht dem Samojeden verblüffend ähnlich, doch er ist bis zu fünfmal kleiner als sein mutmaßlicher Vorfahre und in gewisser Weise fünfmal frecher. Die lebhafte und mutige Rasse wurde in den 1950er Jahren in Japan sehr populär, und während in seiner Heimat der Bestand zurückgegangen ist, wird er in Europa und Nordamerika immer beliebter, wo er als Beschützer des Hauses und als Wachhund gehalten wird. Der Japanische Spitz ist ein ausgesprochener Kläffer, doch durch Auswahlzucht hat sich diese Eigenschaft etwas abgeschwächt.

Rassengeschichte Alles am Japanischen Spitz deutet darauf hin, daß er einfach eine verkleinerte Ausgabe des Samojeden ist. Die nomadischen Samojeden führten den gleichnamigen Hund in die Mongolei ein, von wo aus er leicht nach Japan gelangt sein kann.

Samojede

Rassengeschichte Der widerstands- und anpassungsfähige Samojede begleitete jahrhundertelang die gleichnamigen Nomadenstämme, die in den nördlichen Breiten Asiens umherzogen. Die Rasse gelangte erst 1889 in den Westen.

Die heutige schneeweiße Rasse, ursprünglich ein Jagdhund und Rentierhüter, hat viele ursprüngliche Merkmale beibehalten. Der Samojede ist ungewöhnlich gutmütig und freundlich. Er fühlt sich in menschlicher Gesellschaft besonders wohl, ist kinderlieb und nicht aggressiv, gibt aber dennoch einen passablen Wachhund ab. Wie die meisten Spitze hält er nicht viel von Gehorsamserziehung; ein entsprechendes Training ist angeraten. Der Halter eines Samojeden muß einkalkulieren, daß er für die Pflege des langen, üppigen Haarkleides einige Zeit aufzuwenden hat.

Kurz-Info

Ursprungsland: Rußland
Entstehungszeit: Altertum/17. Jh.
Erste Verwendung: Rentierhüten
Heutige Verwendung: Begleithund
Lebenserwartung: 12 Jahre
Synonym: Samojedskaja

Gewicht:
23–30 kg
Widerristhöhe:
46–56 cm

Eurasier

rot | rehbraun | grau | schwarz | mahagoni

Die spitzen Stehohren sind dicht behaart

Die dunkel gefleckte Zunge stammt vom Chow-Chow

Dunkelbraune, freundliche Augen

Die dicht behaarte Rute ist nicht so lang wie beim Samojeden

Der Hals ist lang und muskulös

Die geschlossenen, breiten Pfoten sorgen für gute Bodenhaftung

Der Eurasier verdankt seinen Namen der Kombination von europäischen und asiatischen Rassen. Er ist das gelungene Endergebnis eines Versuchs, mit gesunden, ursprünglichen Ausgangsrassen einen attraktiven, modernen Familienhund zu schaffen, der freundlich, sensibel, wesensfest, pflegeleicht und wenig krankheitsanfällig ist. Die seit 1973 als Rasse anerkannte Neuzüchtung ist das Werk von Julius Wipfel aus Weinheim. Außerhalb Deutschlands ist der Eurasier vorerst noch selten, doch hierzulande erfreut er sich wachsender Beliebtheit.

Rassengeschichte Der Eurasier vereint die guten Eigenschaften von 3 Rassen. Zunächst wurden Chow-Chow und Wolfsspitz miteinander gekreuzt, später dann der Samojede eingekreuzt.

Kurz-Info

Ursprungsland: Deutschland
Entstehungszeit: 1950er Jahre
Erste Verwendung: Begleithund
Heutige Verwendung: Begleithund
Lebenserwartung: 12–14 Jahre

Gewicht:
18–32 kg
Widerristhöhe:
48–60 cm

Chow-Chow

Rassengeschichte Die Ursprünge des Chow-Chow liegen im dunkeln, doch seine Spitzabkunft steht außer Zweifel. Chronisten des frühen 18. Jahrhunderts beschreiben einen Hund mit schwarzer Zunge, der in China gegessen wurde. Der erste Chow-Chow gelangte 1780 nach England.

creme, weiß | rehbraun | rot | blau | schwarz

Kleine, dicke Stehohren, an der Spitze leicht abgerundet

Kleine, dunkle Augen; die engen Lider machen oft Probleme

Verhältnismäßig kleine Katzenpfoten

Kurz-Info

Ursprungsland: China
Entstehungszeit: Altertum
Erste Verwendung: Schutz-, Ziehhund, Fleischlieferant
Heutige Verwendung: Begleithund
Lebenserwartung: 11–12 Jahre
Gewicht:
20–32 kg
Widerristhöhe:
45–56 cm

Der Chow-Chow ist von Natur aus reserviert und eigenwillig. In der Mongolei und Mandschurei galt sein Fleisch früher als Delikatesse, und sein Fell wurde zu Pelzen verarbeitet. Sein Name bedeutet angeblich soviel wie »lecker-lecker«. Nach einer anderen Interpretation geht er auf den Begriff zurück, mit dem englische Seeleute im 19. Jahrhundert eine gemischte Schiffsfracht bezeichneten. Der Chow-Chow sieht zwar wie ein Teddybär aus, ist aber alles andere als ein Schmusetier. Er ist ein Einmannhund, der wie ein Terrier schnell schnappt oder beißt. Das üppige Haarkleid bedarf gründlicher Pflege

Die Zunge ist blauschwarz

Chinook

Der Chinook gleicht einem typischen Spitz – stets arbeitswillig, besonders beim Schlittenziehen. Er hat ein starkes, selbstbewußtes Naturell und braucht als Welpe eine feste Hand, damit er später nicht zum Raufer wird. Der Bestand ist klein und vom Aussterben bedroht, obwohl die Züchter ihn als einen hervorragenden Schutzhund rühmen. Manche Individuen sind allerdings ziemlich eigensinnig.

Rassengeschichte Indem der amerikanische Züchter Arthur Walden Eskimohunde mit kurzhaarigen Bernhardinern und belgischen Schäferhunden kreuzte, schuf er eine Rasse, die über gewaltige Zugkraft verfügt. Der nach Waldens Lieblingshund benannte Chinook ist sehr selten.

Kurz-Info

Ursprungsland: USA
Entstehungszeit: Frühes 20. Jh.
Erste Verwendung: Schlittenhund
Heutige Verwendung: Schlitten-, Begleit- und Schutzhund
Lebenserwartung: 13–14 Jahre

Gewicht:
29,5–41 kg
Widerristhöhe:
53–61 cm

Shikoku

Obwohl der japanische Shintoismus den Verzehr von Landsäugetieren verbietet, gingen die Bewohner entlegener Regionen früher auf die Jagd, bei der sie Hunde einsetzten. Der Shikoku ist ein Überlebender dieser Jagdhunde. Der eigensinnige Hund neigt dazu, andere Hunde zu dominieren, während er mit seinen zweibeinigen Gefährten freundlich umgeht. Die seltene Rasse ist außerhalb Japans kaum anzutreffen. Ihre Zucht wird von der »Gesellschaft zur Erhaltung japanischer Rassen« ständig überwacht.

Kurz-Info

Ursprungsland: Japan
Entstehungszeit: Altertum
Erste Verwendung: Jagdhund
Heutige Verwendung: Begleit- und Jagdhund
Lebenserwartung: 11–13 Jahre
Gewicht:
15–20 kg
Widerristhöhe:
46–55 cm

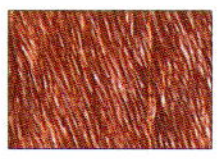
rot

rot-gefleckt

schwarz-gefleckt

Rassengeschichte Dieser Hund existiert in der Präfektur Kotschi seit dem Altertum und wurde einst für die Jagd verwendet. Er gehört zu den vielen regionalen »shika inus« (mittelgroße Hunde) und wurde 1937 zum »Naturdenkmal« erhoben.

SCHIPPERKE

Kurz-Info
Ursprungsland: Belgien
Entstehungszeit: Frühes 16. Jh.
Erste Verwendung: Niederwildjagd, Schifferhund
Heutige Verwendung: Begleithund
Lebenserwartung: 12–13 Jahre
Synonym: (Belgischer) Schifferspitz
Gewicht: 3–8 kg
Widerristhöhe: 22–33 cm

RASSENGESCHICHTE Der Ursprung dieses kleinen Schifferhunds ist unbekannt, liegt aber viele Jahrhunderte zurück. Anatomisch gesehen handelt es sich um einen klassischen Spitztyp, der wahrscheinlich mit anderen kontinentaleuropäischen Spitzen, etwa dem Deutschen Spitz, verwandt ist.

Der Schipperke (»kleiner Schiffer«) ist zwar klein, aber oho! Dieses kompakte Energiebündel verdiente früher seinen Lebensunterhalt auf Kanalschiffen in Flandern und Brabant, auf denen es die Ratten vertilgte und die Schiffer vor Eindringlingen warnte. Der Hund wurde auch an Land als tüchtiger Ratten-, Kaninchen- und Maulwurfsjäger verwendet. Wegen seiner Zierlichkeit und Robustheit gibt er einen idealen Hausgenossen ab.

SHIBA INU

viele Farben

Der Shiba, die beliebteste autochthone Rasse Japans, ist auch in Australien, Europa und Nordamerika immer häufiger anzutreffen. Früher neigten adulte Tiere zu einer schwachen Ausbildung des Dauergebisses, doch dieser Fehler wurde durch sorgfältige Zuchtwahl behoben. Wie der Basenji bellt der Shiba nur selten; meist läßt er einen ungewöhnlichen Schrei hören. Die robuste und recht unabhängige Rasse eignet sich sehr gut für einen erfahrenen und geduldigen Hundefreund.

RASSENGESCHICHTE Diese kleinste japanische Rasse existiert seit Jahrhunderten in der Region Sanin. Bei Ausgrabungen wurden über 2500 Jahre alte Knochenfossilien entdeckt.

Kurz-Info
Ursprungsland: Japan
Entstehungszeit: Altertum
Erste Verwendung: Niederwildjagd
Heutige Verwendung: Begleithund
Lebenserwartung: 12–13 Jahre
Gewicht: 8–10 kg
Widerristhöhe: 35–41 cm

Isländer Spitz

Kurz-Info

Ursprungsland: Island
Entstehungszeit: 9. Jh.
Erste Verwendung: Hütehund
Heutige Verwendung: Hüte- und Begleithund
Lebenserwartung: 12 Jahre
Synonyme: Islandsk Farehond, Friaar-Hund
Gewicht: 9–14 kg
Widerristhöhe: 31–41 cm

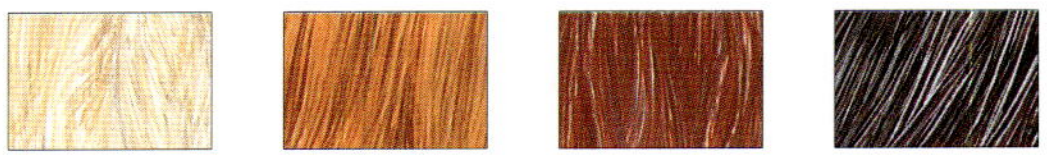
weißlich · rehbraun · kastanienbraun · schwarz

Dieser ausgezeichnete Hütespitz hat eine leidvolle Vergangenheit. Als es eine wirksame Wurmbehandlung noch nicht gab, wurden die Hunde regelmäßig von *Echinococcus*-Würmern befallen, die sie beim Verzehr von verseuchten Schafskadavern aufnahmen und auf ihre Besitzer übertrugen. Um die Ausbreitung des Hundebandwurms in der Bevölkerung zu unterbinden, wurden alle Hunde aus der Hauptstadt Reikjavik verbannt. Dieses Verbot besteht bis heute, obgleich die Parasiten inzwischen erfolgreich bekämpft werden können. Der Isländer Spitz ist ein zäher und lebhafter Hund, der sehr einer verkleinerten Ausgabe des grönländischen Huskys gleicht.

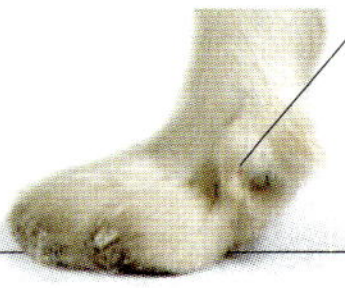

Rassengeschichte
Die Rasse, die aus von skandinavischen Siedlern eingeführten Hunden hervorgegangen ist, steht vermutlich dem Buhund nahe.

Norwegischer Buhund

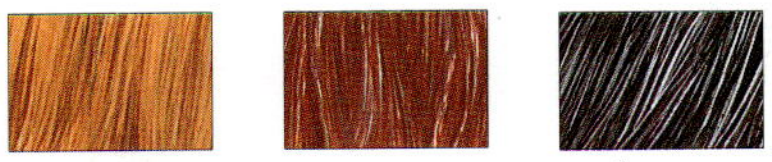
weizenfarben · rot · schwarz

Das norwegische Wort »bu« bedeutet Schuppen oder Stall – ein Hinweis auf die ursprüngliche Funktion dieser Rasse. Der Buhund besitzt einen starken Hütetrieb und braucht viel Bewegung. Er ist in Großbritannien immer beliebter geworden und wird in Australien mit Erfolg als Schäferhund verwendet, da er die Hitze recht gut verträgt. Genetisch bedingte Augen- und Hüftkrankheiten kommen allerdings zuweilen vor. Der ausgezeichnete Begleithund ist kinderlieb und schnappt nur zu, wenn er gereizt wird. Er gibt auch einen guten Wachhund ab und läßt sich leicht zum Gehorsam erziehen.

Rassengeschichte
Der Buhund wurde ursprünglich als Schlitten- und Jagdhund verwendet. Heutzutage dient er als Schutz- und Begleithund.

Kurz-Info

Ursprungsland: Norwegen
Entstehungszeit: Altertum
Erste Verwendung: Schafe- und Rinderhüten, Wachhund
Heutige Verwendung: Begleit-, Hüte- und Wachhund
Lebenserwartung: 12–15 Jahre
Synonym: Norsk Buhund

Gewicht: 24–46 kg
Widerristhöhe: 41–46 cm

LUNDEHUND

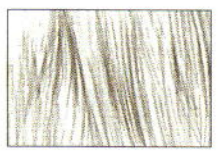
grau

braun/ weiß

schwarz/ weiß

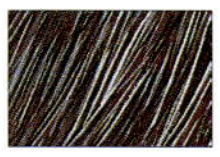
schwarz

RASSENGESCHICHTE Der isoliert lebende Lundehund, der seinen Ursprung in Vaerog und Rost in Nordnorwegen hat, wurde jahrhundertelang dazu benutzt, Papageitaucher (Lunde) aus ihren Nestern in den steilen Klippen zu holen. Als eigene Rasse wurde er erst 1943 anerkannt.

Mittelgroße Stehohren

Ziemlich tiefliegende, braune Augen

Kleiner, keilförmiger Fang

Kurz-Info

Ursprungsland: Norwegen
Entstehungszeit: 16. Jh.
Erste Verwendung: Papageitaucherjagd
Heutige Verwendung: Begleithund
Lebenserwartung: 12 Jahre
Synonym: Norwegischer Vogelhund

Gewicht:
5,5–6,5 kg
Widerristhöhe:
31–39 cm

Der kleine, wendige Lundehund ist einzigartig insofern, als er an den Vorderpfoten 5 statt der üblichen 4 Zehen besitzt. Die Pfoten haben ungewöhnlich große Ballen und doppelte Afterkrallen. Durch diese Kombination fand der Hund sicheren Halt, wenn er auf der Suche nach Papageitauchernestern in den geröllbedeckten Klippen umherkletterte. Eine weitere Besonderheit ist eine weiche Querfalte im Ohrenknorpel. Diese gestatttete es dem Hund, seine Ohren nach unten zu falten, vermutlich um sie vor Tropfwasser zu schützen. Die temperamentvolle und anhängliche Rasse wird heute vorwiegend als Begleithund gehalten.

Das dichte Fell liegt flach am Körper an

Große Ballen und doppelte Afterkrallen an den Vorderpfoten

Die mäßig bemuskelte Hinterhand ist eher auf Wendigkeit als auf Schnelligkeit ausgelegt

NORRBOTTENSPITZ

Diese schwedische Rasse, die in Größe und Funktion dem Finnenspitz entspricht, wurde für die Jagd auf Eichhörnchen verwendet, als deren Felle noch eine wertvolle Handelsware waren. Danach jagte man mit ihr Federwild, vor allem Rauhfußhühner. Der Hund lauscht auf den Flügelschlag der Vögel und wartet, bis er aufhört. Dann rennt er zu dem Baum, auf dem der Vogel gelandet ist, und harrt dort so lange aus, bis der Jäger eintrifft. Die Rasse wurde auch als Wachhund und als Zugtier für kleine Karren benutzt. Heute werden die meisten Norrbottenspitze als Begleithunde gehalten, jedoch fast ausschließlich in ihrer Heimat.

weiß/rot

weiß/ braun

Der keilförmige Kopf ist oben flach und an den Seiten gewölbt

Das dicke, rauhe Fell ist ziemlich lang

Die buschige Ringelrute wird seitlich auf dem Rücken getragen

Kleine, geschlossene Pfoten mit Haaren zwischen den Zehen

Kurz-Info

Ursprungsland: Schweden
Entstehungszeit: 17. Jh.
Erste Verwendung: Federwildjagd
Heutige Verwendung: Begleithund, Vogeljagd
Lebenserwartung: 12–14 Jahre
Synonyme: Norrbottenspets, Pohjanpystykorvat
Gewicht:
12–15 kg
Widerristhöhe:
41–43 cm

Die Stehohren berühren einander fast, wenn der Hund aufmerkt

Die mittelgroßen, dunklen Augen blicken aufmerksam und wachsam

RASSENGESCHICHTE Diese Rasse ist kleiner als die meisten nordischen Spitze und hat eine gewisse Ähnlichkeit mit dem Lundehund. Der gute Bauern- und Jagdhund wäre in unserem Jahrhundert fast ausgestorben, wurde aber durch schwedische Züchter gerettet.

Terrier

Die Terrier sind aus Laufhunden hervorgegangen: Im Erscheinungsbild ist der Dachshund ein klassisches Beispiel für einen Laufhund, der durch Selektionszucht verkleinert und »verzwergt« wurde. Die Zucht betraf auch das Wesen: Der Aggressionstrieb des Terriers wurde verstärkt, so daß er unerschrocken und effizient zu Werke ging und bei der Konfrontation mit einem Fuchs oder Dachs nicht zurückwich. Für das Einfahren in einen Bau ist keine Hundegruppe so geeignet wie die Terrier; diese schneidigen Hunde lassen sich noch immer bereitwillig auf einen Kampf mit unterirdischen Säugetieren auf deren Territorium ein.

Border-Terrier
Diese Rasse verdankt ihren Namen wohl der einst berühmten »Border Hunt« (»Grenzjagd« an der schottisch-englischen Grenze).

Die Textur des Bartes ist einmalig – eine Kombination von harten und weichen Haaren

Dandie-Dinmont-Terrier
Die Rasse, die auf das 17. Jahrhundert zurückgeht, wurde nach einer Figur in Sir Walter Scotts Roman »Guy Mannering« benannt.

Angelsächsische Wurzeln

Die Dachshunde und viele andere Erdhunde entstanden zwar in mehreren europäischen Ländern (der spanische Ca Rater stammt beispielsweise von kleinen Podencos ab), aber die meisten Terrierrassen der Welt haben ihren Ursprung in Großbritannien. Ihr Name leitet sich von lateinisch »terra« (Erde) her, auch wenn heute manche Terrierbesitzer ihre Vierbeiner gern liebevoll-ironisch als »Terroristen« bezeichnen. Alle Terrier sind vergleichsweise spät entstanden. Es gibt kaum Hinweise auf sie vor 1560, als der angesehene englische Schriftsteller Dr. John Caius erklärte, sie seien streitsüchtig, bissig und nur in Ställen zu halten. Damals gab es nur kurzläufige Terrier, die ausschließlich auf Fuchs- und Dachsbaue angesetzt wurden. Während die Dachshunde ein kurzes, glattes Haarkleid besaßen, hatten die Terrier, die von Dr. Caius und anderen englische Autoren etwa Thomas Bewick im 18. Jahrhundert, beschrieben wurden, ein rauhhaariges Fell, das gewöhnlich schwarz, lohfarben oder rehbraun war. Sie hatten Stehohren und ein hitziges Temperament. Diese robusten, muskelstarken Hunde machten Jagd auf alles – nicht nur auf Dachse und Füchse, sondern auch auf Ratten, Wiesel, Frettchen, Otter, Murmeltiere, Mäuse und Schlangen.

Keine anderen Hunde waren als »Tötungsmaschinen« so tüchtig wie die zähen Terrier, denen die Jagd in unterirdischen Gängen Spaß machte. Diese Arbeit unter der Erde erforderte eine geringe Körpergröße, aber auch unbedingte Furchtlosigkeit, Entschlossenheit und Beharrlichkeit. Diese Eigenschaften haben sich bis heute erhalten, und deshalb werden Terrier besser als alle anderen Hunde mit ernsten Krankheiten fertig. An Zählebigkeit sind sie kaum zu übertreffen.

Die großen, langen Stehohren sind mit kurzem, feinem Haar bedeckt

Zwergpinscher
Der muntere und freche Zwergpinscher, ein interessanter deutsche Beitrag zur Terriergruppe, neigt dazu, Fremde unverhofft ins Bein oder in die Hose zu »pinschen« (zwicken).

Dieser Haarschopf (Topknot) bleibt gewöhnlich ungeschoren

Bei Ausstellungstieren bleiben die Haarquasten an den Ohren stehen

Bedlington-Terrier
Diese Rasse, der einzige »Rennterrier«, wurde von Zigeunern im englischen Rothbury-Wald gezüchtet, wo er Jagd auf Dachse machte.

Der breite, lange Fang beherbergt ein prachtvolles Gebiß aus auffallend großen Zähnen

Lakeland-Terrier
Früher besaß jede englische Grafschaft seinen eigenen Terrier. Der Lakeland-Terrier entstand als Rattenfänger im Lake District (Seengebiet in Nordwestengland).

Allzweckhunde

Im 19. Jahrhundert begleiteten kurzläufige Terrier, untergebracht in Satteltaschen, die Foxhounds auf die Jagd. Nachdem die Laufhunde ihre Beute gestellt hatten, wurden die Terrier freigelassen, um dem belagerten Fuchs den »Gnadenstoß« zu geben. Terrier machten auf Bauernhöfen ebenso Jagd auf Raubzeug und Ernteschädlinge. Die tüchtigen und vielseitigen Hunde wurden auch im Sport eingesetzt: Patterdale- und Yorkshire-Terrier züchtete man vornehmlich für das »sportliche« Rattenbeißen. In sogenannten Ratodromen in Großbritannien und Irland ging es darum, wie viele Ratten ein Terrier in einer bestimmten

Der Hals ist gut bemuskelt und kräftig

Welsh Terrier
Der dem Lakeland- und Drahthaar-Foxterrier sehr ähnliche »Walisische Terrier« stammt wahrscheinlich direkt vom ausgestorbenen Black-and-tan-Terrier ab, der einst in ganz England verbreitet war.

Zeit abwürgen konnte. Die Bullenbeißer waren ursprünglich große Hunde des Doggentyps, doch man kreuzte Terrierblut ein, um ihre Aggressivität zu steigern, und brachte so den English- und Staffordshire-Bullterrier, den American Staffordshire und schließlich den American Pit-Bullterrier hervor. Obwohl der Pit-Bullterrier von allen Rassen den schlechtesten Ruf hat, ist er in der Hand eines verantwortungsbewußten Halters nicht gefährlicher als viele andere Hunde dieser Größe. Was die Bullterrier von anderen großen und kraftvollen Hunden unterscheidet, ist ihre Hartnäckigkeit. Wenn sie einmal zugebissen haben, lassen sie nicht mehr los.

Zu den Wangen nach vorn gefaltete Stehohren (Kippohren)

Drahthaar-Foxterrier
Dieser Terrier diente ursprünglich dazu, den Fuchs abzuwürgen, nachdem dieser von den Laufhunden gestellt worden war.

Der Scottish Terrier hat auffällige Augenbrauen und einen buschigen Bart

Scottish Terrier
Schottland hat eine Reihe von Terriern für die Dachs-, Kaninchen- und Rattenjagd hervorgebracht. Diese schwarze Varietät erhielt 1882 offiziell den Namen seines Heimatlandes.

Die Ohren wurden früher kupiert, um das Verletzungsrisiko im Kampfring zu reduzieren

Amerikanischer Staffordshire-Terrier
Diese Rassse wird als eine schwerere Variante des englischen Staffordshire-Terriers gezüchtet.

Regionale Unterschiede

Undifferenzierte kurzläufige Gebrauchsterrier gab es auf den Britischen Inseln schon lange, doch im 19. Jahrhundert begann die typgerechte Zucht, die regionale Spielarten hervorbrachte. In Schottland gingen daraus der Skye-, Scottish, Sealyham-, Dandie-Dinmont- und Cairn-Terrier hervor. Aus den weißen Cairns wurde der West Highland White Terrier. Einige Rassen wie der Paisley- und der Clydesdale-Terrier verschwanden, doch ihr Blut fließt wahrscheinlich in den Adern des Yorkshire-Terriers. Ähnliche Veränderungen gab es in England, Irland und Wales, und das Ergebnis sind die 29 britischen Rassen, die heute bestehen. Viele davon sind Nachkommen von Jagd- und Apportierhunden. Diese Rassen arbeiten nicht unter der Erde, sondern hetzen, fangen, töten und bringen ihre Beute. Außerhalb Großbritanniens füllen zwar Dachshunde, Zwergschnauzer, Deutsche, Österreichische und Affenpinscher und der holländische Smoushond die Nische der britischen Terrier aus, aber britische Rassen wurden eingeführt, um neue Rassen wie den Český Terrier zu erzüchten. Terrierrassen werden noch immer neugezüchtet, so der Kromfohrländer in Deutschland und der massige Schwarze Russische Terrier, der das Bestreben der ehemaligen Sowjetunion, das »Größte und Beste« zu produzieren, exemplifiziert. Auf der anderen Seite geht die Verkleinerungszucht weiter: Der Zwergpinscher, der English Toy Terrier, der Miniature English Bull Terrier, der Brabançon und der Zwergfoxterrier bezeugen den Erfolg der Terrier als Begleithunde.

Petit Brabançon
Der kleine Brabançon aus Belgien kommt in vielerlei Farben vor und ist ein munterer Gefährte.

Das Deckhaar ist kurz und hart; bei kaltem Wetter entwickelt sich eine weiche Unterwolle

Český Terrier
Der anhängliche, reizende Tschechische Terrier ist ein guter Gebrauchshund und ein vorzüglicher Hausgenosse. Er wird in den USA immer beliebter.

Unterhaltsame Hausgenossen

Als Familienhunde machen Terrier große Freude. Sie balgen sich gern, besitzen schier unbegrenzte Energie und sorgen ständig für Unterhaltung. Die meisten Terrier fühlen sich auch in der Stadt wohl; wenn man ihnen das übertriebene Kläffen schon früh abgewöhnt, geben sie hervorragende Wachhunde und loyale Beschützer von Haus und Hof ab.

Australischer Silky Terrier
Der temperamentvolle »Seidenterrier« entstand im 19. Jahrhundert in Australien.

Airedale-Terrier

Kleine V-förmige Ohren

Kopf, Ohren und Bart sind stets lohfarben

Die Vorderläufe sind ganz gerade und dick bemuskelt

Kleine, runde, geschlossene Pfoten mit gut gepolsterten Ballen und gewölbten Zehen

Das harte, dichte, drahtige Fell muß für Ausstellungszwecke fachmännisch gepflegt werden

Die Keulen sind muskulös und kraftvoll, die Kniegelenke gut gewinkelt

Rassengeschichte Der Airedale entstand in Yorkshire. Arbeiter in Leeds kreuzten den Old English Broken-haired Terrier mit dem Otterhound und schufen so diesen ungewöhnlich vielseitigen »König der Terrier«.

Der Bart bedeckt die kräftigen Kiefer

Kurz-Info

Ursprungsland: Großbritannien
Entstehungszeit: 19. Jh.
Erste Verwendung: Dachs- und Otterjagd
Heutige Verwendung: Begleit- und Schutzhund
Lebenserwartung: 13 Jahre
Synonym: Waterside-Terrier
Gewicht: 20–23 kg
Widerristhöhe: 56–61 cm

Obwohl der Airedale viel zu groß ist, um der Definition des französischen Begriffs »Terrier« (Erdhund) zu entsprechen, verkörpert er in jeder anderen Beziehung den Inbegriff eines Terriers. Der zähe, wetterfeste und treue Airedale, ein geborener Wachhund mit einem fatalen Hang zu Straßenkämpfen mit anderen Hunden, wird als Polizei-, Schutz- und Meldehund eingesetzt. Wäre er nicht von Haus aus so eigenwillig und stur, würde er einen beliebten und tüchtigen Gebrauchshund abgeben.

Terrieraugen sind scharf und wachsam

Irish Terrier

Kurz-Info

Ursprungsland: Irland
Entstehungszeit: 18 Jh.
Erste Verwendung: Wachhund, Raubzeugjagd
Heutige Verwendung: Begleit-, Sport- und Rennhund, Rattenbeißer
Lebenserwartung: 13 Jahre
Synonyme: Irish Red Terrier, Irischer Terrier
Gewicht: 11–12 kg
Widerristhöhe: 46–48 cm

Rassengeschichte Die in der Umgebung von Cork in Südirland erzüchtete temperamentvolle Rasse stammt wahrscheinlich von alten schwarz-lohfarbenen und weizengelben Terrierschlägen ab.

Die hoch angesetzte Rute ist nicht befedert

Kleine, dunkle Augen mit lebhaftem Ausdruck

Der mäßig lange Hals trägt gewöhnlich auf beiden Seiten eine Krause

Hartes, drahtiges Deckhaar mit weicher, feiner Unterwolle

Die geraden Läufe sind starkknochig und gut bemuskelt

Die Kippohren sind hoch gefaltet und weisen zu den Wangen hin

Der kleine, gepflegte Bart muß sorgfältig gestutzt werden

Die V-förmigen, kleinen Ohren sind mäßig dick

Die Kiefer sind lang und kräftig

Der Irish Terrier ist heute zwar in erster Linie ein Begleithund, aber in Irland werden seine überragenden jagdlichen Fähigkeiten nach wie vor genutzt. Er ist ein hervorragender Wasserhund und ein eifriger Raubzeugjäger. In den USA hat man diese Fertigkeiten durch Geländewettbewerbe und Schleppjagden erhalten. Mit seinem ausgreifenden Gang und seinem rassigen Gebäude ist er der vielleicht eleganteste Terrier überhaupt. Er ist ein guter Hausgenosse, aber anderen Hunden gegenüber ein wahrer »Terrorist«. Er weicht keinem Kampf aus und sollte an der Leine geführt werden, sofern er nicht zu absolutem Gehorsam erzogen worden ist.

Welsh Terrier

Kurz-Info

Ursprungsland: Großbritannien
Entstehungszeit: 18. Jh.
Erste Verwendung: Rattenbeißer
Heutige Verwendung: Begleithund
Lebenserwartung: 14 Jahre
Synonym: Waliser Terrier
Gewicht:
9–10 kg
Widerristhöhe
36–39 cm

Rassengeschichte Die in den 1760er Jahre in Nordwales entstandene Rasse stammt vermutlich direkt vom früher häufigen, aber inzwischen ausgestorbenen rauhhaarigen Old English Black-and-tan-Terrier ab.

Dieser lebhafte und eigensinnige Terrier braucht viel geistige und körperliche Betätigung. Der Welsh Terrier ist ein kompakter Hund, der sich als Begleithund eignet, aber auch immer noch als Raubzeugvertilger hervorragend bewährt. Der von Gebrauchshunden abstammende Terrier läßt sich leicht zum Gehorsam erziehen, doch einer Rauferei mit Artgenossen geht er kaum aus dem Wege.

Das ausgezeichnete Gebiß ist nicht anfällig für Zahnverfall und Zahnsteinbildung

Leicht gebogener, ziemlich dicker Hals

Kräftige, muskulöse Oberschenkel und Gliedmaßenknochen von guter Länge

Reiches, drahtiges Deckhaar über feiner Unterwolle

Kleine, runde Pfoten mit festen, schwarzen Krallen und ebensolchen Ballen

Kleine, dunkle und aufmerksame Augen

Langer Fang und großer, schwarzer Nasenspiegel

Der üppige Bart braucht tägliche Pflege

Kerry Blue Terrier

Rassengeschichte Diese Rasse, laut Regierungsdekret der Nationalhund Irlands, hat seinen Ursprung in der Grafschaft Kerry. Sie wurde 1922 international anerkannt, nachdem die britische Züchterin Mrs. Casey Hewitt den Standard ausgearbeitet hatte.

Die Welpen dieser Rasse sind schwarz, und das Haarkleid verfärbt sich zwischen dem 9. und 24. Monat blau. Je früher die Farbe wechselt, desto heller wird im allgemeinen das Fell. Der Kerry Blue, der keine Unterwolle besitzt und das Deckhaar nicht abstößt, ist ein angenehmer Hausgenosse und zugleich ein Allzweckterrier: ein ausgezeichneter Schutzhund, Rattenjäger und Apportierer aus dem Wasser und sogar ein brauchbarer Hütehund. In Irland wird mit der Rasse noch immer Ratten- und Kaninchenjagd betrieben.

Kurz-Info

Ursprungsland: Irland
Entstehungszeit: 18. Jh.
Erste Verwendung: Dachs-, Fuchs- und Rattenjagd
Heutige Verwendung: Begleithund, Ratten- und Kaninchenjagd
Lebenserwartung: 14 Jahre
Synonym: Irish Blue Terrier
Gewicht:
15–17 kg
Widerristhöhe:
46–48 cm

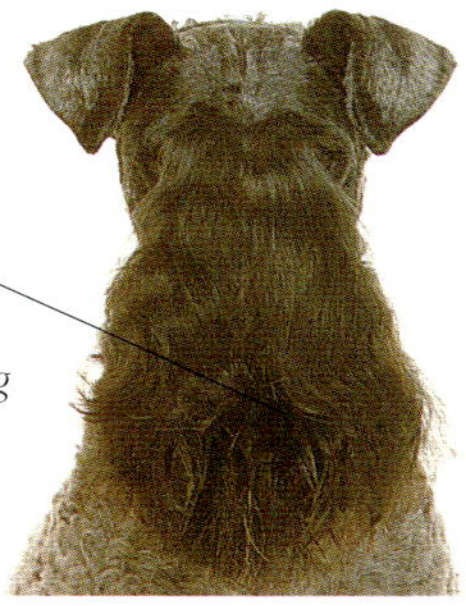

Der Bart ist ein Zeichen für die üppige Behaarung

Die Ohren werden nicht so hoch getragen wie bei manchen anderen Terriern

Der starke Hals geht in die abfallende Schulterpartie über

Der üppige Bart braucht ständige Pflege

Das weiche, seidige und reichliche Haarkleid sollte mit der Schere getrimmt werden

Kleine, reich behaarte Pfoten

Gewinkelte Kniegelenke und tief herabgelassene Sprunggelenke

Langer, schmaler Kopf mit kräftigem Hals und starken Kiefern

Border-Terrier

Der unkomplizierte Border-Terrier, der seine ursprüngliche Form kaum verändert hat, ist so klein gebaut, daß er einen Fuchs selbst im engsten Bau verfolgenen kann, und zugleich hochläufig genug, um mit berittenen Jägern Schritt halten zu können. Er ist als Ausstellungshund nie so populär geworden wie andere Terrier und deshalb seiner ursprünglichen Gestalt und Funktion treu geblieben. Sein derbes Fell schützt ihn vor den Unbilden des Wetters, und seine langen Läufe und seine Ausdauer befähigen ihn auch zu den anstrengendsten Aktivitäten. Mit seinem angenehmen Wesen gibt er einen hervorragenden Familienhund ab.

Rassengeschichte Die genauen Ursprünge der Rasse sind unbekannt. Es ist jedoch belegt, daß sie schon im späten 18. Jahrhundert im Grenzgebiet zwischen England und Schottland fast in der heutigen Form existierte.

Kurz-Info

Ursprungsland: Großbritannien
Entstehungszeit: 18. Jh.
Erste Verwendung: Rattenjagd, Austreiben von Füchsen aus dem Bau
Heutige Verwendung: Begleithund, Jagdbegleiter
Lebenserwartung: 13–14 Jahre
Gewicht:
5–7 kg
Widerristhöhe:
25–28 cm

Lakeland-Terrier

Kurz-Info

Ursprungsland: Großbritannien
Entstehungszeit: 18. Jh.
Erste Verwendung: Kleinsäugerjagd
Heutige Verwendung: Begleithund
Lebenserwartung: 13–14 Jahre

Gewicht:
7–8 kg
Widerristhöhe:
33–38 cm

Rassengeschichte Der unerschrockene, zierliche Lakeland-Terrier wurde ursprünglich von Bauern in Nordengland als Beschützer der Schafherden gezüchtet.

Der Lakeland-Terrier war ein wendiger, unerbittlicher Jäger, der sich für die Arbeit auf dem felsigen Terrain des Lake District (Seengebiet) bestens eignete. Er nahm es selbst mit Tieren auf, die weit größer waren als er selbst. Die Rasse stammt vermutlich von schwarz-lohfarbenen Terrierschlägen ab, aus denen auch der Welsh Terrier hervorgegangen ist. Der Lakeland war zeitweise als Ausstellungshund beliebt und hat in Großbritannien und den USA sogar Ausstellungssiege davongetragen, doch im Vergleich zu modischeren Rassen ist der Bestand klein. Der eigensinnige Terrier eignet sich am besten für einen Halter, der viel Geduld hat.

GLATTHAAR-FOXTERRIER

RASSENGESCHICHTE Früher wurden alle Hunde, die unter der Erde Füchse jagten, als Foxterrier bezeichnet. Erst 1850 begann die gezielte Zucht, die die heutige Rasse hervorbrachte.

weiß

weiß/loh

schwarz/loh

Einstmals hatte jede englische Grafschaft ihren eigenen »Fuchsterrier«. Die Gene der ausgestorbenen weißen Cheshire- und Shropshire-Terrier sind wahrscheinlich noch immer in dieser Rasse vorhanden, ebenso die des Beagle. Der Glatthaar-Foxterrier war früher ein typischer Arbeitshund, doch heute wird er vor allem als attraktiver, wenngleich oft eigensinniger Begleithund gehalten. Mit einiger Beharrlichkeit kann man ihm Gehorsam beibringen. Manche Tiere wurden sogar zum Vorstehen und Apportieren abgerichtet, andere zeigen Kunststücke in der Zirkusmanege. Der agile Hund, der sich gern ohne Leine austobt, eignet sich vor allem für das Landleben.

Kurz-Info

Ursprungsland: Großbritannien
Entstehungszeit: 18. Jh.
Erste Verwendung: Austreiben von Füchsen, Raubzeugvernichtung
Heutige Verwendung: Begleithund
Lebenserwartung: 13–14 Jahre
Gewicht:
7–8 kg
Widerristhöhe:
38,5–39,5 cm

DRAHTHAAR-FOXTERRIER

Der Drahthaar-Foxterrier, der beliebter ist als sein glatthaariger Vetter, trat erst in den 1870er Jahren, 20 Jahre nach seinem Vetter, auf Ausstellungen auf. Seine Popularität schwankte: In den 1930er Jahren war er ein Modehund, kam dann für einige Zeit aus der Mode und gilt jetzt wieder als eine »klassische« englische Rasse. Der Drahthaar-Fox benimmt sich fremden Menschen gegenüber eher reserviert; er ist kapriziös und mitunter ein bißchen frech. Ein Instinktverhalten der Rasse, das sie sich über die Jahre hinweg bewahrt hat, ist die Freude am Graben und Wühlen. Fast ebenso groß ist ihr Hang, sich mit anderen Hunden anzulegen. Bei vorwiegend weißen Individuen kann Taubheit zu einem Problem werden.

Kurz-Info

Ursprungsland: Großbritannien
Entstehungszeit: 19. Jh.
Erste Verwendung: Austreiben von Füchsen, Kleinsäugertöten, Kaninchenjagd
Heutige Verwendung: Begleithund
Lebenserwartung: 13–14 Jahre
Gewicht:
7–8 kg
Widerristhöhe:
38,5–39,5 cm

RASSENGESCHICHTE Der inzwischen ausgestorbene Wire-haired Terrier aus den englischen Bergbaugebieten ist ein wahrscheinlicher Vorläufer des Drahthaar-Foxterriers, der den idealen Terriertyp verkörpert.

weiß

weiß/loh

weiß/schwarz

English Toy Terrier

Die an der Wurzel dicke Rute verjüngt sich zur Spitze hin, die fast das Sprunggelenk erreicht

Rücken vom Schulterende zur Kruppe leicht gebogen

Schmale, tiefe Brust und gerade, dünne Vorderläufe

Dieser selbst in seinem Ursprungsland releativ seltene Terrier stammt von kleinwüchsigen Manchester-Terriern ab. Vielleicht wurde das Italienische Windspiel eingekreuzt, um die Größe zu stabilisieren; das könnte den leicht gebogenen »Karpfenrücken« erklären, doch im Wesen handelt es sich um einen hundertprozentigen Terrier. Die Zucht verlief in mehreren Phasen, in denen jeweils die winzige Größe, der gebogene Rücken oder die »Kerzenflammen«-Ohren betont wurden. Die Zucht scheint heute stabil zu sein, doch international wird dieser muntere kleine Terrier wohl nie so populär werden wie der ähnliche Zwergpinscher. Er ist jedoch ein unterhaltsamer Hausgenosse und ideal geeignet für die Stadt.

Rassengeschichte Diese »Spielzeug«-Ausgabe des Manchester-Terriers war eine Sensation, als sie vor gut 100 Jahren erstmals vorgestellt wurde, doch dann litt sie lange Zeit unter allerlei Krankheiten. Seit den 1950er Jahren sind jedoch die Züchter bemüht, sowohl die Konstitution als auch das Erscheinungsbild zu verbessern.

Der keilförmige Kopf ist lang und schmal und hat einen flachen Hirnschädel

Gut gerundete Lendenpartie

Auffällige, spitze »Kerzenflammen«-Stehohren

Dickes, glattes Fell aus dichtem, kurzen, glänzenden Haaren

Zierliche und geschlossene Pfoten

Kurz-Info

Ursprungsland: Großbritannien
Entstehungszeit: 19. Jh.
Erste Verwendung: Ratten- und Kaninchenjagd
Heutige Verwendung: Begleithund
Lebenserwartung: 12–13 Jahre
Synonyme: Black-and-tan Toy Terrier, Toy Manchester Terrier
Gewicht: 3–4 kg
Widerristhöhe: 25–30 cm

Manchester-Terrier

Kleine, V-förmige Kippohren

Der keilförmige Fang läßt die Backenmuskeln nicht erkennen

Rassengeschichte Rattenjagende Schwarz-Loh-Terrier existierten in Großbritannien seit Jahrhunderten. John Hulme, ein Züchter aus Manchester, kreuzte im vorigen Jahrhundert angeblich solche Terrier mit dem Whippet und brachte so diesen geschmeidigen, wendigen und kräftigen Ratten- und Kaninchenjäger hervor. Die zeitweilig beliebte Rasse ist heute selten geworden.

Kurzer Rumpf mit gut gewölbten Rippen und leicht gebogenem Rücken

Diese geschmeidige, athletische Rasse erreichte den Höhepunkt ihrer Popularität vor rund 100 Jahren, als sie als »Terrier des englischen Gentleman« apostrophiert wurde. Sie wurde nach Nordamerika und Deutschland exportiert, und es hieß fälschlicherweise, sie habe ihr schwarz-lohfarbenes Fell in die Dobermannzucht eingebracht. Ihr Niedergang begann, als das Rattenbeißen aus der Mode kam. (Ein Manchester-Terrier namens Billy stellte einen Rekord auf: Er tötete in einer Kiste 100 Ratten in weniger als 7 Minuten.) Das Verbot des Ohrenkupierens tat ihrer Popularität weiteren Abbruch; die Züchter brauchten einige Zeit, um die V-förmigen Kippohren zu erzielen. Trotz ihres hitzigen Temperaments gibt sie einen schönen und robusten Begleithund ab.

Die kleinen, dunklen, funkelnden Augen stehen nicht vor

Das dicke, dichte, glatte und glänzende Fell fühlt sich nicht weich an

Gut proportionierte, gerade und lange Vorderläufe mit kleinen Pfoten

Kurz-Info

Ursprungsland: Großbritannien
Entstehungszeit: 16. Jh.
Erste Verwendung: Ratten- und Kaninchenjagd
Heutige Verwendung: Begleithund
Lebenserwartung: 13–14 Jahre
Synonym: Black-and-tan-Terrier
Gewicht: 5–10 kg
Widerristhöhe: 38–41 cm

PATTERDALE-TERRIER

Einst lebten in den isolierten nordenglischen Dörfern verschiedene Terrierschläge. Die Zucht nach den Standards des Kennel Club reduzierte zwar diese Vielfalt, aber in einigen entlegenen Regionen überdauerten nicht anerkannte Züchtungen. Eine davon ist der Patterdale-Terrier, manchmal auch Black Fell Terrier genannt. Er ist ein robuster, unabhängiger Jäger, der ausschließlich als Rattenbeißer und Jagdbegleiter gezüchtet wurde. Wegen seines Bullterrierbluts ist er zu wild für die Meutejagd, doch er ist ein hervorragender Wühler, der hartnäckig jedem Tier nachstellt, das sich unter der Erde versteckt hat. Sein Fortbestand ist durch das Engagement lokaler Züchter gesichert.

Kurz-Info

Ursprungsland: Großbritannien
Entstehungszeit: 18. Jh.
Erste Verwendung: Kaninchenjagd
Heutige Verwendung: Begleithund, Kaninchen-, Ratten- und Fuchsjagd
Lebenserwartung: 13–14 Jahre

Gewicht:
5–6 kg
Widerristhöhe:
29,5–30,5 cm

Welpe

Rassengeschichte Die außerhalb Großbritanniens kaum bekannte Rasse ist im Lake District und in Yorkshire allgemein verbreitet. Der als Ratten-, Fuchs- und Kaninchenjäger verwendete Patterdale-Terrier wird nicht auf Schönheit gezüchtet.

PLUMMER-TERRIER

Kurz-Info

Ursprungsland: Großbritannien
Entstehungszeit: 1980er Jahre
Erste Verwendung: Rattenjagd
Heutige Verwendung: Begleithund, Rattenjagd
Lebenserwartung: 13–15 Jahre
Gewicht:
5,5–7 kg
Widerristhöhe:
29–34 cm

Rassengeschichte Der adrette und attraktive Plummer-Terrier ist aus einer Kreuzung zwischen Terriern des Fell-Typs und solchen des Jack-Russell-Typs sowie einem amerikanischen Beagle hervorgegangen. Bullterrier- und Jack-Russell-Blut wurden später eingekreuzt. Die Rasse ist noch nicht formell anerkannt, doch ihr Erscheinungsbild hat sich inzwischen gefestigt.

Für diese kompakte und schneidige Rasse gibt es einen eigenen Zuchtverein und ein 10-Jahres-Zuchtprogramm, an dessen Ende wohl die Anerkennung durch den britischen Kennel Club stehen wird. Der Terrier ist ein hervorragender Schadtierbekämpfer. Seine Anhänger versichern, daß die Rasse den Weltrekord im Rattenabwürgen hält. Ihr Schöpfer Brian Plummer beschränkt die Zucht auf 3 Vereinsmitglieder. Dadurch hofft er den Körperbau, die Färbung und das Temperament der Rasse aufrechterhalten zu können. Der lebhafte, selbstbewußte und sogar arrogante kleine Hund verfügt über die Energie und Leidenschaft eines typischen Terriers.

Deutscher Jagdterrier

Kurz-Info

Ursprungsland: Deutschland
Entstehungszeit: 1920er Jahre
Erste Verwendung: Erdjagd
Heutige Verwendung: Erdjagd, Stöber- und Apportierhund; selten Begleithund
Lebenserwartung: 13–14 Jahre

Gewicht:
9–10 kg
Widerristhöhe:
um 40 cm

rot — braun/loh — schwarz/loh

Das Fell ist harsch und rauh, gelegentlich auch glatt anliegendes Stockhaar

Der Rücken ist mittellang, kräftig und gerade

Lange, muskulöse Hinterläufe mit tiefliegenden Sprunggelenken; die hinteren Pfoten sind kleiner als die vorderen

Rassengeschichte In den 1920er Jahren kreuzten 4 bayerische Züchter den Welsh Terrier mit dem alten englischen Black-and-tan-Terrier und brachten dann in diese Kreuzung den Foxterrier ein. So entstand diese scharfe und kraftvolle Rasse, die nach wie vor auf ihre bewährte Gebrauchstüchtigkeit gezüchtet wird.

Der robuste Unterkiefer ist ungewöhnlich groß bezahnt

Der als vielseitiger Jagdgebrauchshund gezüchtete Jagdterrier arbeitet willig über und unter der Erde, zu Land und im Wasser, als Stöberer und Apportierer. Er ist ein typischer schneidiger Terrier und ein guter Wachhund, der gern im Freien schläft und ohne Vorwarnung zuschnappen kann. Er fühlt sich nur wohl, wenn er körperlich und geistig gefordert wird. Hierzulande wird er fast ausschließlich von Jägern und Förstern gehalten. Als Begleithund taugt er wegen seiner Schärfe und seines unabhängigen Charakters nur sehr bedingt.

Český Terrier

rehbraun — blaugrau

Das Kopfhaar wird nicht geschoren, damit der markante Bart und die Brauen erhalten bleiben

Die dreieckigen Ohren sind mittellang und werden am Kopf anliegend getragen

Die Nase ist gut entwickelt und vorstehend

Rassengeschichte Weil der Genetiker Dr. František Horák aus Klanovice einen Hund wie den Deutschen Jagdterrier, aber mit kürzeren Läufen für eine effizientere Erdarbeit schaffen wollte, kreuzte er Sealyham- und Scottish und möglicherweise auch Dandie-Dinmont-Terrier.

Die derbe Rute wird in Ruhe hängend getragen

Das wellige Haar an den Läufen wird normalerweise nicht geschoren

Das unverwechselbare Aussehen hat den Český Terrier in seinen Heimatländern, der Tschechischen und der Slowakischen Republik, zu einem beliebten Begleithund gemacht. In den 1980er Jahren meinten tschechische und slowakische Züchter, die Rasse habe etwas von ihrer ursprünglichen Form und Funktion verloren, und kreuzten sie nochmals mit dem Sealyham-Terrier. Sie besitzt alle typischen Eigenschaften eines Erdhunds: Sie ist schneidig, hartnäckig, ausdauernd und furchtlos und zudem so kräftig, daß sie auch größere Tiere überwältigen kann. Das Fell muß regelmäßig geschoren werden. Die Český Terrier schnappen zwar gerne, sind aber ansonsten aufgeweckte, neugierige und liebenswerte Burschen.

Kurz-Info

Ursprungsland: Tschechische Republik
Entstehungszeit: 1940er Jahre
Erste Verwendung: Erdjagd
Heutige Verwendung: Begleit- und Jagdhund
Lebenserwartung: 12–14 Jahre
Synonyme: Tschechischer Terrier, Böhmischer Terrier
Gewicht:
5,5–8 kg
Widerristhöhe:
28–36 cm

KROMFOHRLÄNDER

RASSENGESCHICHTE Amerikanische Soldaten, die 1945 durch den Höhenzug »Krumme Furche« (plattdeutsch »Krom Fohr«) im Siegerland zogen, schenkten Ilse Schleifenbaum eine rehbraune Hündin, die sie fünfmal mit ihrem eigenen Hund, einem bretonischen Griffonrüden, verpaarte. Aus den reizvollen Welpen baute sie dann die Zucht auf.

Rauhhaariger Schlag

Kurzes, rauhes und etwas drahtiges Haarkleid mit dichter Unterwolle

Keine Afterkrallen an den leicht gewinkelten Hinterläufen

Die ovalen, mittelgroßen Augen sind dunkel und leicht schräg gestellt

Mittelgroßer, dunkler Nasenspiegel

Die straffen, schwarzen Lefzen dürfen nicht herabhängen

Das Fell ist mittellang, glatt und gerade

Glatthaariger Schlag

Kurz-Info

Ursprungsland: Deutschland
Entstehungszeit: 1940er Jahre
Erste Verwendung: Begleit- und Wachhund
Heutige Verwendung: Begleithund
Lebenserwartung: 13–14 Jahre
Gewicht: 11,5–12,5 kg
Widerristhöhe: 38–44 cm

Diese ausgewogene Rasse, die nach ihrer Herkunftsgegend benannt und bereits 1955 von der FCI anerkannt wurde, ist ziemlich selten geworden. Das ist schade, denn sie besitzt viele gute Eigenschaften. Sie verträgt sich mit anderen Hunden und mit Kindern, lernt leicht Gehorsam, ist nicht aggressiv und ein guter Wachhund. Das einzige bekannte Gesundheitsproblem ist die erbliche Hüftgelenksschwäche. Der Kromfohrländer ist ein wohlproportionierter Hund mit einem rauhen, drahtigen bis glatthaarigen Fell. Obwohl als Begleit- und Wachhund gezüchtet, ist er von Natur aus ein echter Terrrier.

JAPANISCHER TERRIER

RASSENGESCHICHTE Aus der Kreuzung zwischen kleinen Lokalschlägen mit dem Kurzhaar-Foxterrier, den die Holländer 1702 nach Japan brachten, ist diese Rasse hervorgegangen. Die systematische Zucht begann erst in den 1930er Jahren, und die Inzucht ist nach wie vor ein Problem.

Die hoch angesetzten, mittelgroßen Ohren sind natürlich gefaltet

Der mäßig lange Hals ist recht kräftig

Das vorwiegend weiße Fell ist unregelmäßig gefleckt

Die langen, schlanken, geraden Gliedmaßen haben kräftige Pfoten mit dicken Ballen und weißen Krallen

Die mittelgroßen, dunklen Augen passen exakt zur dunklen Gesichtsbehaarung

Der kleine Nasenspiegel ist stets schwarz; die Lefzen sind straff und nicht hängend

Der ziemlich kleine Kopf ist mit dunklem, kurzem und glänzendem schwarzen Haar bedeckt

Obgleich sich dieser kompakte und athletisch gebaute Hund als Apportierer zu Land und zu Wasser und als angenehmer Begleithund bewährt hat, geht sein Bestand zurück. Zum Glück haben besorgte japanische Tierärzte einen Verein zur Erhaltung der Rasse gegründet (der sich auch um andere vom Aussterben bedrohte heimische Rassen kümmert). Der vornehm und elegant wirkende Terrier hat anatomisch etwas von einem Windhund an sich. Man hat versucht, einen Zwergschlag zu züchten, doch die meisten Tiere haben die robuste Standardgröße beibehalten. Wegen ihres kurzen Fells ist die Rasse etwas kälteempfindlich.

Kurz-Info

Ursprungsland: Japan
Entstehungszeit: 18. Jh.
Erste Verwendung: Rattenjagd, Apportieren
Heutige Verwendung: Begleithund
Lebenserwartung: 12–14 Jahre
Synonyme: Nippon-Terrier, Nihon-Terrier

Gewicht: 4,5–6 kg
Widerristhöhe: 32,5–33,5 cm

Cairn-Terrier

Rassengeschichte Der Cairn-Terrier entstand wohl auf der schottischen Insel Skye, wo er mindestens seit der Zeit der Königin Maria Stuart Jagd auf die in den »Cairns« (Hügelgräbern) versteckten Füchse machte.

creme
weizenblond
rot
grau
schwärzlich

Kurz-Info

Ursprungsland: Großbritannien
Entstehungszeit: Mittelalter
Erste Verwendung: Fuchs- und Rattenjagd
Heutige Verwendung: Begleithund
Lebenserwartung: 14 Jahre

Gewicht:
6–7 kg
Widerristhöhe:
25–30 cm

Bis vor kurzem, bevor der West Highland Withe und der Yorkshire-Terrier ihn ausstachen, war dies der beliebteste Terrier in Großbritannien. Die älteren Züchter waren sehr darauf bedacht, das zottige Haarkleid, den stämmigen Körperbau und die Terriereigenschaften der Rasse zu erhalten. Sie ist auf dem Lande wie in der Stadt gleichermaßen zu Hause. Sie gibt einen guten Wachhund ab und läßt sich leichter als viele andere Terrier zum Gehorsam erziehen. Vor allem die Rüden können sehr selbstbewußt sein und sollten bei der ersten Begegnung mit Kindern beaufsichtigt werden. Die Kleinheit, gute Konstitution und Willigkeit machen die Rasse zu einem entzückenden Hausgenossen.

Norfolk-Terrier

Abgesehen von den Ohren, sind der Norfolk- und der Norwich-Terrier identisch, was Erscheinungsbild, Herkunft, Wesen und Funktion angeht. Der Norfolk ist ein reizender kleiner Hund, auch wenn er nach Terrierart instinktiv dazu neigt, jedes Nagetier, das er sieht, anzugreifen und abzuwürgen. Wie nahezu alle Terrier muß er sehr behutsam mit Katzen zusammengeführt werden. Die freundliche und robuste Rasse gibt einen ausgezeichneten Begleithund ab. Sie ist auch ein guter Wächter, der bei Fremden oder ungewohnten Geräuschen sofort anschlägt. Sie fühlt sich in der Stadt und auf dem Lande wohl – ein Garten bietet dem kurzläufigen Hund genügend Auslauf.

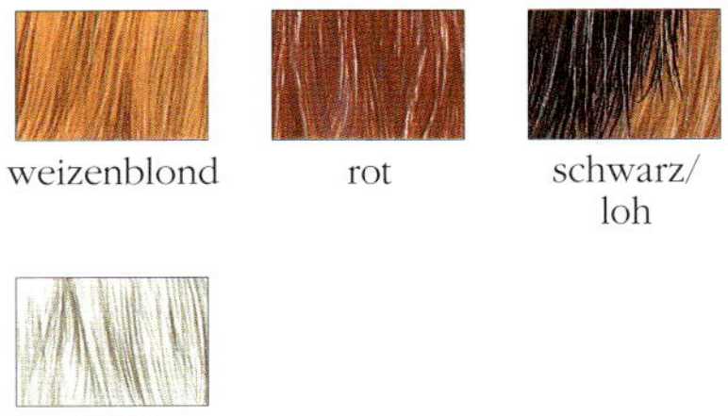

Kurz-Info

Ursprungsland: Großbritannien
Entstehungszeit: 19. Jh.
Erste Verwendung: Rattenbeißer
Heutige Verwendung: Begleithund
Lebenserwartung: 14 Jahre

Gewicht:
5–5,5 kg
Widerristhöhe:
24,5–25,5 cm

Rassengeschichte Seit seiner Anerkennung als Rasse bringt der Norwich-Terrier Welpen mit Steh- und Kippohren hervor. Dies führte dazu, daß der kippohrige Norfolk-Terrier 1965 als eigene Rasse anerkannt wurde.

Norwich-Terrier

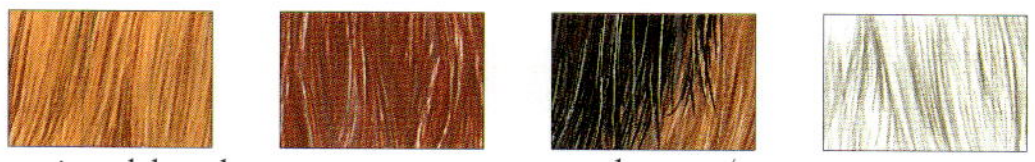

weizenblond rot schwarz/loh grau

Rassengeschichte Im 19. Jahrhundert existierten Meuten aus kleinen roten Terriern, die aus irischen Terriern hervorgegangen waren. Der Norwich könnte von diesen Hunden abstammen, vielleicht aber auch vom ausgestorbenen Trumpington-Terrier.

Kurz-Info

Ursprungsland: Großbritannien
Entstehungszeit: 19. Jh.
Erste Verwendung: Rattenbeißer
Heutige Verwendung: Begleithund
Lebenserwartung: 14 Jahre

Gewicht:
5–5,5 kg
Widerristhöhe:
25–26 cm

Den Norwich, einen der kleinsten Terrier überhaupt, gibt es in Ostengland seit mehr als 100 Jahren. Im späten 19. Jahrhundert diente er den Studenten von Cambridge als Maskottchen, doch als eigene Rasse wurde er erst 1935 ausgestellt. Er ist ein ausgesprochen selbstbewußter Terrier, der fest von seiner Bedeutung überzeugt ist, und ein idealer Familienhund, der mit älteren Kindern gut zurechtkommt. Er läßt sich leicht an Gehorsam und ans Haus gewöhnen und macht gern bei den wildesten Spielen mit. Die Rasse, die bis auf die Stehohren dem Norfolk-Terrier gleicht, ist kaum mit schweren Erbkrankheiten behaftet.

Die dick bemuskelte Hinterhand verleiht dem Hund große Schubkraft

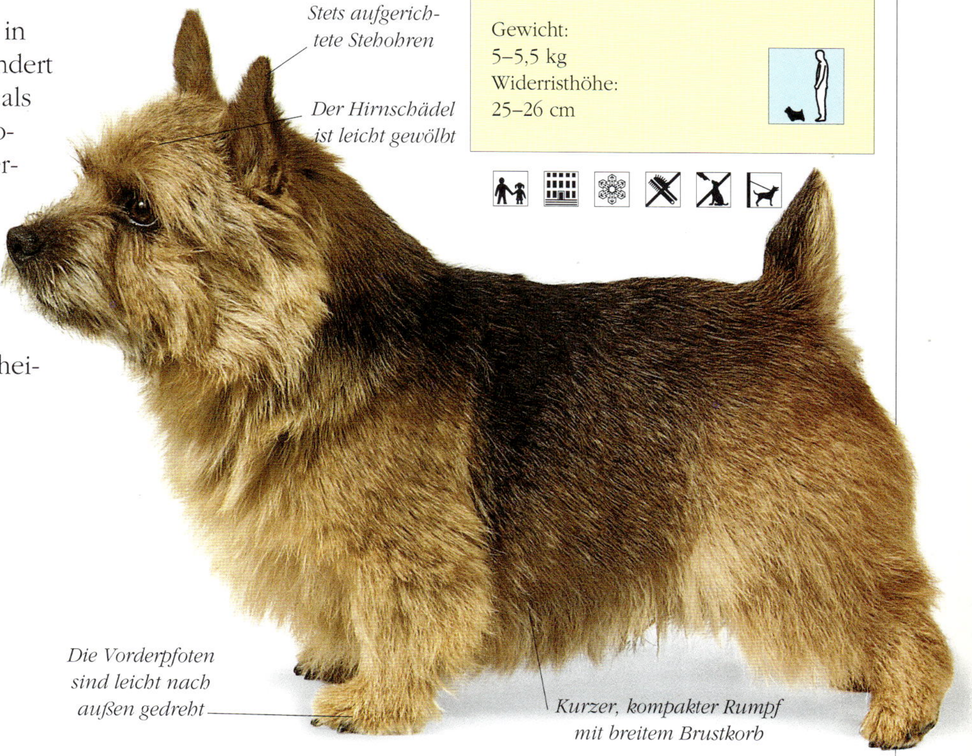

Stets aufgerichtete Stehohren

Der Hirnschädel ist leicht gewölbt

Die Vorderpfoten sind leicht nach außen gedreht

Kurzer, kompakter Rumpf mit breitem Brustkorb

West Highland White Terrier

Rassengeschichte Der Cairn-Terrier hatte vereinzelt weiße Nachkommen, die von der schottischen Familie Malcolm selektiv weitergezüchtet wurden. So entstand eine Rasse, die in der schottischen Moorlandschaft leicht auszumachen ist.

Die etwas tiefliegenden Augen stehen weit auseinander

Hartes Deckhaar über kurzer, weiche Unterwolle

Pfoten mit dicken, schwarzen Ballen und schwarzen Krallen

Der West Highland White und der Cairn-Terrier haben zwar gleiche Vorfahren, aber die Selektionszucht hat 2 Rassen mit recht unterschiedlichen Wesenseigenschaften hervorgebracht. Der »Westie«, wie der reizende kleine Terrier liebevoll genannt wird, ist in aller Welt als »Werbeträger« bekannt und beliebt geworden und gilt inzwischen fast als Modehund. Im übrigen ist Weiß bei Hunden so etwas wie eine Modefarbe, die Glück oder einfach Sauberkeit verheißt. Die Rasse leidet allerdings gehäuft unter allergischen Hauterkrankungen und hat ein reizbares Temperament. Sie braucht viel Zuwendung und regelmäßige körperliche Betätigung.

Der Kopf ist sehr dick behaart

Die kleinen Stehohren haben scharfe Spitzen

Kurz-Info

Ursprungsland: Großbritannien
Entstehungszeit: 19. Jh.
Erste Verwendung: Rattenbeißer
Heutige Verwendung: Begleithund
Lebenserwartung: 14 Jahre

Gewicht:
7–10 kg
Widerristhöhe:
25–28 cm

Scottish Terrier

Kurz-Info

Ursprungsland: Großbritannien
Entstehungszeit: 19. Jh.
Erste Verwendung: Kleinsäugerjagd
Heutige Verwendung: Begleithund
Lebenserwartung: 13–14 Jahre
Synonyme: Aberdeen-Terrier, Scotch Terrier (oft verwendet, aber nicht ganz korrekt)
Gewicht: 8,5–10,5 kg
Widerristhöhe: 25–28 cm

Dieser stabile, muskulöse, leise und oft etwas grimmig wirkende Hund ist in Nordamerika schon immer populärer gewesen als in seinem Ursprungsland. Der amerikanische Präsident F. D. Roosevelt reiste häufig mit seinem Scottie »Fala«, und Walt Disney hat das vornehme Image dieser Rasse in seinem Film »Lady and the Tramp« verewigt. Der Scottish Terrier wurde zwar für die Erdjagd auf kleine Säugetiere gezüchtet, ist aber heute vorwiegend Begleithund. Die reservierte und ein wenig hochmütige Rasse ist ein ausgezeichneter Schutzhund.

Auffallend lange Augenbrauen

Die Hinterhand ist ungewöhnlich kraftvoll

Harsches, dickes Deckhaar mit weicher Unterwolle

Spitze Stehohren

Die sich verjüngende dicke Rute wird hoch getragen

Rassengeschichte Die Rasse stammt vermutlich von Hunden der westschottischen Inseln ab und wurde um die Mitte des 19. Jahrhunderts in Aberdeen selektiv gezüchtet.

Skye-Terrier

Das reiche Deckhaar ist lang und gerade

Die Stehohren sind anmutig befedert

Langer Kopf mit kräftigen Kiefern

Die Leithaare sind im Gesicht kürzer als am Körper

Die großen Pfoten an den kurzen Läufen sind leicht nach außen gewendet

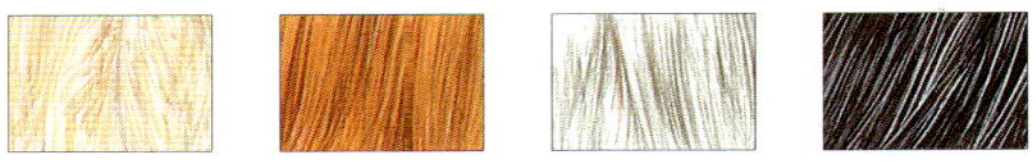

Kurz-Info

Ursprungsland: Großbritannien
Entstehungszeit: 17. Jh.
Erste Verwendung: Kleintierjagd
Heutige Verwendung: Begleithund
Lebenserwartung: 13 Jahre

Gewicht: 8,5–10,5 kg
Widerristhöhe: 23–25 cm

Rassengeschichte Der ungewöhnlich lang behaarte Terrier ist benannt nach der schottischen Hebrideninsel, von der er stammt. Früher wurde er extensiv für die Jagd auf Otter, Dachse und Wiesel verwendet. Heute ist er ein beliebter Begleithund, auch ideal für die Stadt.

Die Augen sind mit Haaren bedeckt

Schwarze Nase mit großen, weiten Nüstern

Der seit Jahrhunderten beliebte Skye-Terrier war einst der Liebling des schottischen und englischen Hofes. Schottlands berühmtester Hund, Greyfriars »Bobby«, soll ein Skye-Terrier gewesen sein. Noch 14 Jahre nach dem Tod seines Herrn, Mitte des vorigen Jahrhunderts, riß »Bobby« regelmäßig aus und besuchte bis zu seinem eigenen Tod Tag für Tag dessen Stammcafé. Eine Statue nahe der Greyfriar-Kirche in Edinburgh erinnert an diesen Hund. Der Skye-Terrier kann bissig werden, wenn er gereizt wird, und ist vielleicht kein idealer Kinderhund, zeichnet sich aber durch bedingungslose Treue aus.

SEALYHAM-TERRIER

Kurz-Info

Ursprungsland: Großbritannien
Entstehungszeit: 1870er Jahre
Erste Verwendung: Dachs- und Otterjagd
Heutige Verwendung: Begleithund
Lebenserwartung: 14 Jahre

Gewicht:
8–9 kg
Widerristhöhe:
25–30 cm

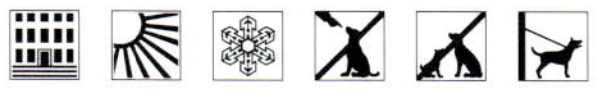

Der nicht mehr für die Jagd verwendete Sealyham-Terrier ist ein attraktiver, selbstbewußter und unabhängiger Begleithund, außerdem ein eindrucksvoller Ausstellungshund. Daß er es ursprünglich gern mit Dachsen und Ottern auf deren Territorium aufnahm, zeigt sich noch heute in seinem aggressiven Verhalten gegenüber Artgenossen. Auch nachdem er fast ein Jahrhundert lang als Begleithund gezüchtet worden ist, braucht er, vor allem als Rüde, noch immer eine feste Hand. In den 1930er Jahren war er ungewöhnlich populär, besonders in Nordamerika. Heute ist er außerhalb der englischsprechenden Länder fast unbekannt und selbst in seinem Ursprungsland recht selten.

RASSENGESCHICHTE Der Sealyham-Terrier wurde aus verschiedenen Terrierschlägen herausgezüchtet. So entstand ein hervorragender Dachs- und Otterjäger, der unter und über der Erde und im Wasser arbeitete.

DANDIE-DINMONT-TERRIER

Kurz-Info

Ursprungsland: Großbritannien
Entstehungszeit: 17. Jh.
Erste Verwendung: Dachs- und Rattenjagd
Heutige Verwendung: Begleithund
Lebenserwartung: 13–14 Jahre
Gewicht:
8–11 kg
Widerristhöhe:
20–28 cm

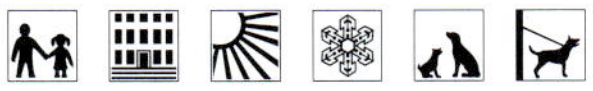

pfefferfarben

senffarben

RASSENGESCHICHTE Der nach einem Landedelmann in Sir Walter Scotts Roman »Guy Mannering« benannte Dandie Dinmont wurde, wie Gemälde belegen, schon Jahrhunderte vor seiner Namensgebung vom Adel gehalten. Er geht möglicherweise auf Zigeunerhunde in Südschottland zurück.

Ungeachtet der vielen Hypothesen, wonach der Dandie Dinmont vom Skye-, Bedlington- oder altstämmigem Scottish Terrier oder aber vom Otterhound oder flämischem Basset abstammen soll, steht eines unzweifelhaft fest: Er hat nicht die typische Draufgängermentalität der Terrier. Er ist auffallend brav, auch wenn er kräftig bellen kann und den Kampf nicht scheut, falls er gereizt wird. Weder rauflustig noch bissig, ist er ein angenehmer Hausgenosse, der die Gesellschaft von Erwachsenen und Kindern gleichermaßen liebt. Außerdem ist er ungewöhnlich treu und gibt einen guten Wachhund ab. Er tollt zwar gern umher, ist aber zufrieden, wenn er im Haus oder Garten spielen kann. Leider ist er wegen seines langen Rückens und der kurzen Läufe anfällig für Bandscheibenleiden.

YORKSHIRE-TERRIER

Kurz-Info

Ursprungsland: Großbritannien
Entstehungszeit: 19. Jh.
Erste Verwendung: Rattenbeißer
Heutige Verwendung: Begleithund
Lebenserwartung: 14 Jahre

Gewicht:
2,5–3,5 kg
Widerristhöhe:
22,5–23,5 cm

RASSENGESCHICHTE Der beliebteste Terrier der Welt entstand im frühen 19. Jahrhundert in der Gegend von West Riding in Yorkshire, wo Bergleute einen Rattenbeißer-Terrier, der so klein war, daß er in die Tasche gesteckt werden konnte, erzüchteten, indem sie wahrscheinlich schwarz-lohfarbene Terrier mit dem Paisley- und dem Clydesdale-Terrier kreuzten.

Das Band soll die Haare von den Augen fernhalten

Das lange Haarkleid braucht ständige Pflege

Das Haar wird entweder zur Seite gebürstet oder gekürzt

Die Körperbehaarung ist lang und gerade

Dieses schneidige Energiebündel stellt heute in Großbritannien die am häufigsten gehaltene Rasse dar. Im übrigen Europa und in Nordamerika ist der Hund fast ebenso beliebt, da er alle Vorzüge eines Terriers im Kleinformat verkörpert. Viele »Yorkies« werden schon vom Tag des Kaufs an so verhätschelt, daß sie nie ihre Lernfähigkeit beweisen können. Durch Überzüchtung fallen bei dieser Rasse nervöse und kümmerliche Individuen an, doch die sind in der Minderheit. Der typische Yorkshire-Terrier ist ein Dynamo, der seine Winzigkeit nicht wahrhaben will. Er spielt unermüdlich und hat eine schier unbegrenzte Energie. Die Zwergwüchsigkeit hat leider viele Gesundheitsprobleme zur Folge, unter anderem Zahnfleischerkrankungen und Lungenkollaps. Obwohl die Rasse zuweilen als ein modisches Accessoire betrachtet wird, bleibt sie ihren Ursprüngen treu – zäh und eigensinnig.

Die V-förmigen Stehohren wurden geschoren

Der tiefschwarze Nasenspiegel kann sich mit zunehmendem Alter aufhellen; der Nasenrücken ist sehr dünn behaart

Das lohfarbene Haar ist an der Wurzel am dunkelsten und an der Spitze am hellsten

Die geraden, dünnen Läufe sind unter dem langen Haarkleid des Ausstellungshundes völlig verborgen

Das sehr schmale Gesicht wirkt durch den buschigen Bart viereckig

Australian Silky Terrier

Kurz-Info

Ursprungsland: Australien
Entstehungszeit: um 1900
Erste Verwendung: Begleithund
Heutige Verwendung: Begleithund
Lebenserwartung: 14 Jahre
Synonym: Silky Terrier, Australischer Silky Terrier
Gewicht: 4–5 kg
Widerristhöhe: 22,5–23,5 cm

Der blau-lohfarbene »Australische Seidenterrier«, der dem Yorkshire-Terrier ähnelt, aber etwas schwerer ist, hat die USA und Kanada erobert, bevor er nach Europa gelangte. Es ist eine robuste Rasse, ebenso schneidig und territorial wie der Yorkie; das Auftauchen von Fremden zeigt er mit schrillem Gebell an. Trotz seiner Kleinheit ist der Hund durchaus imstande, kleinere Nagetiere zu töten. Er kann sich zu einem widerborstigen Renegaten entwickeln und muß deshalb früh zum Gehorsam erzogen werden. Der energische Kerl sträubt sich zuweilen gegen das Anfassen und gegen Fremde, falls er nicht schon im Welpenalter damit vertraut gemacht worden ist. Das Haarkleid verfilzt leicht und profitiert vom täglichen Bürsten. Da der Rasse eine dichte Unterwolle fehlt, behagt ihr kaltes Klima nicht sehr.

Rassengeschichte Die Ende des vorigen Jahrhunderts entstandene Rasse ist wahrscheinlich ein Kreuzungsprodukt aus Australian und Yorkshire-, vielleicht auch Skye-Terriern und wurde primär als Begleithund gezüchtet.

Die Haare fallen nicht über die Augen

Silbergraues Haar (in der Züchtersprache als »blau« bezeichnet) bedeckt den Körper bis zum Mittelfuß

Lohfarbene Haare wachsen von den Knien bis zu den Katzenpfoten hinab

Dünne, V-förmige Stehohren

Kräftige, muskulöse Keulen

Australian Terrier

Der zähe und kampflustige Australian Terrier war ein idealer Aussiedlerhund. Er räumte mit kleinem Raubzeug, einschließlich Schlangen, auf und schützte als hellhöriger Wachhund die einsamen Farmen vor Eindringlingen. Diese Eigenschaften hat er sich bis heute bewahrt – er geht keinem Streit mit Artgenossen aus dem Wege und läßt auch keine Katze in Frieden, sofern er nicht mit ihnen aufgewachsen ist. Er gibt jedoch einen unterhaltsamen Gefährten ab und kann Gehorsam lernen. Wie der Silky Terrier kam er nach dem Zweiten Weltkrieg mit Soldaten und Geschäftsleuten nach Nordamerika. Die Rasse ist zwar in Australien am häufigsten, aber inzwischen fast weltweit verbreitet.

blau/loh

sandfarben

Kurz-Info

Ursprungsland: Australien
Entstehungszeit: 19. Jh.
Erste Verwendung: Rattenbeißer, Wachhund
Heutige Verwendung: Begleithund
Lebenserwartung: 14 Jahre
Synonym: Australischer Terrier
Gewicht: 5–6 kg
Widerristhöhe: 24,5–25,5 cm

Lebhafte kleine, dunkle Augen

Kräftige, lange Kiefer

Die kleinen, geschlossenen Pfoten haben schwarze Krallen

Rumpf im Verhältnis zur Höhe ziemlich lang

Der lange, flache Schädel ist mit harten Haaren bedeckt

Rassengeschichte Diese robuste australische Rasse stammt von mehreren britischen Terriern ab, dem Cairn-, Yorkshire-, Skye- und möglicherweise auch dem Norwich-Terrier. Einwanderer brachten diese Rassen nach Australien mit, um daraus einen tüchtigen Rattenbeißer für ihre Farmen und Ranches zu erzüchten.

Amerikanischer Staffordshire-Terrier

Kurz-Info

Ursprungsland: USA
Entstehungszeit: 19. Jh.
Erste Verwendung: Bullenbeißer
Heutige Verwendung: Begleithund
Lebenserwartung: 12 Jahre
Synonym: Staffordshire-Terrier
Gewicht:
18–23 kg
Widerristhöhe:
43–48 cm

Die dunkelbraunen, ovalen Augen stehen weit auseinander

Die Backenmuskeln zeichnen sich unter dem breiten Schädel deutlich ab

Der kurze, muskelbepackte Hals geht in die kraftvolle Vorderhand über

Die Vorderläufe sind sehr lang und starkknochig

Die kräftigen Pfoten haben dickgepolsterte Ballen

alle Farben

Rassengeschichte Der ursprünglich mit dem englischen Staffordshire-Bullterrier identische Hund wurde gezielt auf mehr Schulterhöhe und Gewicht und einen massigeren Körperbau gezüchtet. Als eigene Rasse wurde er 1936 anerkannt.

Diese Ohren sind kupiert (in Deutschland verboten)

Wie sein englischer Vetter kann der Amerikanische Staffordshire-Terrier zu Erwachsenen und Kindern ausgesprochen freundlich sein, doch zugleich eine tödliche Gefahr für andere Hunde darstellen. Alle Vertreter dieser Rasse, insbesondere die Rüden, müssen früh mit anderen Tieren sozialisiert werden, damit ihr Aggressionstrieb nicht durchbricht. Die Hunde, deren Ohren meist nicht kupiert werden, sind fast immer treue und folgsame vierbeinige Familienmitglieder. Sie stammen freilich von Bullenbeißern und Kampfhunden ab und können mit ihren kraftvollen Kiefern furchtbare Wunden reißen.

Amerikanischer Pit-Bullterrier

alle Farben

Verhältnismäßig dünne Rute

Die Ohren wurden kupiert, damit der Hund gefährlicher wirkt (in Deutschland verboten)

Der Rücken ist im Verhältnis zur Körperhöhe lang

Markanter Stop zwischen Hirnschädel und Fang

Die massige, kraftvolle Backenmuskulatur ist deutlich sichtbar

Das Fell ist dick, hart, kurz und seidig, aber nicht glänzend

Kleine, ovale Augen mit ruhigem Ausdruck

Schon der Name dieser Rasse löst heute hysterische Reaktionen aus. In Schweden ist der Pit-Bullterrier verboten, in Großbritannien muß er kastriert werden, einen Maulkorb tragen und durch einen Mikrochip identifizierbar sein, in Nordamerika darf er bestimmte Gebiete nicht betreten, weil er ein Opfer der Medien und seiner Kampfhundvergangenheit geworden ist. Manche verantwortungslosen Halter, die sich seine natürliche Hartnäckigkeit und Kraft zunutze machen, richten Pitbulls auch weiterhin zu Kampfmaschinen ab, die auf jedes Tier und sogar auf Menschen losgehen. Wenn die Hunde jedoch frühzeitig dazu erzogen werden, Kommandos zu befolgen, erweisen sie sich zumeist als verträgliche und sogar anhänglich-unterwürfige Gefährten.

Rassengeschichte Überall auf der Welt sind Hunde früher als Kampfhunde gezüchtet worden. Diese Rasse stammt vom Staffordshire-Bullterrier ab, in den andere Kampfhunde, einschließlich des ausgestorbenen Kampf-Bulldogs, eingekreuzt wurden.

Kurz-Info

Ursprungsland: USA
Entstehungszeit: 19. Jh.
Erste Verwendung: Hundekämpfe
Heutige Verwendung: Begleithund
Lebenserwartung: 12 Jahre
Synonyme: Pit-Bullterrier, Pitbull

Gewicht:
14–36 kg
Widerristhöhe:
46–56 cm

AMERICAN TOY TERRIER

RASSENGESCHICHTE Die seit 1936 anerkannte Rasse ist aus Kreuzungen zwischen kleinwüchsigen Glatthaar-Foxterriern mit englischen Zwergterriern und Chihuahuas hervorgegangen.

Dieser robuste Terrier hat sich trotz seiner Winzigkeit das leidenschaftliche Temperament seiner Foxterrierahnen bewahrt. Er ist widerstandsfähig und intelligent, aber eigensinnig und fühlt sich auf einem Bauernhof ebenso wohl wie im obersten Stock eines Mietshauses. Gegebenenfalls erweist er sich als ausgezeichneter Rattenbeißer, doch meist wird er als Familienhund gehalten, der alle, die ihn kennenlernen, mit seinen lustigen Streichen zum Schmunzeln bringt. Er hat sich auch als tüchtiger »Hörhund« für Gehörlose bewährt; er kann beispielsweise dazu abgerichtet werden, eine behinderte Person zu einer Geräuschquelle, etwa dem Telefon, zu führen.

Kurz-Info

Ursprungsland: USA
Entstehungszeit: 1930er Jahre
Erste Verwendung: Rattenbeißen
Heutige Verwendung: Begleithund
Lebenserwartung: 13–14 Jahre
Synonyme: Amerikanischer Zwergterrier, Toy Fox Terrier, Amertoy
Gewicht:
2–3 kg
Widerristhöhe:
24,5–25,5 cm

BOSTON-TERRIER

RASSENGESCHICHTE Der durch Kreuzung von English Buldog, Bullterrier, Boxer und ausgestorbenem White Terrier entstandene Boston-Terrier wog ursprünglich über 20 kg und wurde dann kleiner gezüchtet.

Kurz-Info

Ursprungsland: USA
Entstehungszeit: 19. Jh.
Erste Verwendung: Rattenbeißer, Begleithund
Heutige Verwendung: Begleithund
Lebenserwartung: 13 Jahre
Synonym: Boston Bull
Gewicht:
4,5–11,5 kg
Widerristhöhe:
38–43 cm

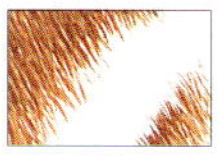
rot-gestromt

schwarz-gestromt

Der manierliche, kluge Hund aus Neuengland ist in Nordamerika von jeher beliebt, denn er gibt einen munteren, unterhaltsamen, aktiven und ausdauernden Hausgenossen ab. Ein Terrier ist er nur dem Namen nach, denn er hat den Hang zum Unheilstiften abgelegt und zieht die Gesellschaft von Menschen vor, obwohl die Rüden noch immer auf andere Hunde losgehen, die in ihr Revier eindringen wollen. Wie bei anderen großköpfigen Rassen ist auch hier manchmal ein Kaiserschnitt erforderlich, um die Jungen zur Welt zu bringen. Den Züchtern ist es jedoch gelungen, den Kopf zu verkleinern, ohne das unverwechselbare Erscheinungsbild des Hundes zu beeinträchtigen.

Zwergpinscher

Das kurze, dichte, glänzende Fell ist gleichmäßig über den Körper verteilt

Die Rute wurde sinnlos kupiert

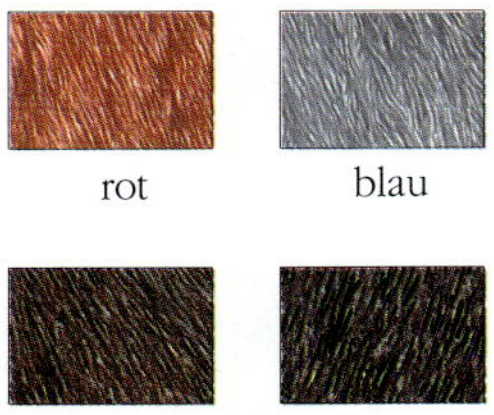

rot | blau | schokoladenbraun | schwärzlich

Geschlossene Pfoten mit gut gewölbten Zehen

Große, hoch angesetzte Stehohren

Die Hinterläufe stehen in natürlicher Haltung weit auseinander

Kurz-Info

Ursprungsland: Deutschland
Entstehungszeit: 19. Jh.
Erste Verwendung: Rattenbeißer
Heutige Verwendung: Begleithund
Lebenserwartung: 13–14 Jahre
Synonym: Rehpinscher (besonders die rote Farbspielart)

Gewicht: 4–5 kg
Widerristhöhe: 25–30 cm

Rassengeschichte Der aus dem Deutschen Pinscher hervorgegangene Zwergpinscher war ursprünglich ein robuster, unerschrockener Rattenbeißer. Sein heutiges zierliches Aussehen ist das Ergebnis der neueren Selektionszucht.

Der dem englischen Toy Terrier auffallend ähnliche Zwergpinscher hat sich aus völlig verschiedenen Blutlinien entwickelt, jedoch für den gleichen Verwendungszweck, die Nagetierbekämpfung. Und obgleich er wie ein stark verkleinerter Dobermann aussieht, ist er mit dieser Rasse allein durch dasselbe Ursprungsland verbunden. Heutzutage wird dieser schneidige kleine Pinscher (von englisch »pinch« = kneifen oder zwicken) ausschließlich als Begleithund gehalten, doch sein Rattenbeißertalent ist nicht verlorengegangen. Trotz seiner Winzigkeit legt er sich gern mit Hunden an, die zehnmal so groß sind wie er selber, und nach Terrierart schnappt er oft unverhofft zu.

Österreichischer Pinscher

Der Österreichische Pinscher, der früher auf das alte Österreich-Ungarn beschränkt war und auch heute nur selten außerhalb Österreichs anzutreffen ist, ist das schwerere Pendant des Deutschen Pinschers. Die als Bauernhund und niemals ausschließlich als Begleithund gezüchtete Rasse verträgt sich nicht gut mit anderen Hunden und neigt zur Bissigkeit. Zu vertrauten Menschen verhält sie sich jedoch freundlich. Der temperamentvolle Hund eignet sich hervorragend als Wachhund, der bei jedem verdächtigen Geräusch anschlägt.

Rassengeschichte Dieser traditionsreiche österreichische Bauernhund wurde als Arbeitshund gezüchtet, als Viehtreiber und Bewacher von Haus und Hof. Gemälde aus dem späten 18. Jahrhundert zeigen einen Hund, der mit der heutigen Rasse fast identisch ist.

Verschiedene Ohrenformen sind zulässig; hier sind es Rosenohren

Birnenförmiger Kopf mit breitem Schädel

Der relativ kurze Fang ist sehr kräftig

Ellbogen liegen dicht am Körper an

Geschlossene Pfoten mit gut gewölbten Zehen

Kurzes, hartes Deckhaar über einer ebenso kurzen, dichten Unterwolle

viele Farben

Kurz-Info

Ursprungsland: Österreich
Entstehungszeit: 18. Jh.
Erste Verwendung: Nagetierjäger, Wachhund
Heutige Verwendung: Begleithund
Lebenserwartung: 12–14 Jahre
Synonym: Österreichischer Kurzhaariger Pinscher
Gewicht: 12–16 kg
Widerristhöhe 35–50 cm

AFFENPINSCHER

Das ernsthafte und zugleich drollige Aussehen dieses Zwerghundes mit dem affenähnlichen Gesicht wird oft belächelt. Er gleicht einer Karikatur, doch in Wirklichkeit ist er noch immer ein furchtloser Rattenbeißer und ein ebenso tüchtiger Kaninchen- und Wachtelstöberer. Der eigensinnige und etwas hochmütige Affenpinscher spricht auf eine Gehorsamserziehung nicht gut an und neigt zum Schnappen. Gleichwohl gibt er einen munteren und amüsanten Hausgenossen ab. Heute ist die Rasse in Deutschland selten geworden; der größte Bestand hat in Nordamerika überdauert. Ein größerer Affenpinscherschlag ist zu Beginn des Jahrhunderts ausgestorben.

Das Gesicht ist mit derbem Haar bedeckt

Nach allen Seiten abstehender üppiger Bart

Die gut befederten Pfoten sind kurz und rund

Die breite Brust ist mit dichtem, trockenem Haar ohne Glanz bedeckt

Große, dunkle, vorstehende Augen mit buschigen Brauen

Die kurz behaarte Rute wird hoch getragen

Die mittellangen Läufe sind gerade und starkknochig

RASSENGESCHICHTE Die Geschichte dieser alten Rasse ist nicht genau bekannt. Die Anatomie läßt vermuten, daß sie aus Kreuzungen zwischen kleinen Pinscherlokalschlägen und mopsartigen Hunden aus Asien entstanden ist. Sie ist wahrscheinlich Vorläufer der belgischen Griffons und verwandt mit dem Zwergschnauzer.

Kurz-Info

Ursprungsland: Deutschland
Entstehungszeit: 17. Jh.
Erste Verwendung: Nagetierjäger
Heutige Verwendung: Begleithund
Lebenserwartung: 14–15 Jahre

Gewicht:
3–4 kg
Widerristhöhe:
25–28 cm

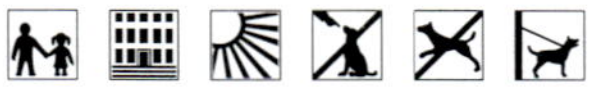

DEUTSCHER PINSCHER

rehbraun

schwarz/loh

dunkelbraun

Kupierte Ohren werden stehend getragen (in Deutschland verboten)

Die mittelgroßen Augen sind dunkel und oval

Das unnötige Kupieren der Rute kann eine Kreuzbeinarthritis nach sich ziehen

Robuster und gut bemuskelter Körper

Mit seiner geschmeidigen, ausgewogenen Erscheinung und seinem mittelgroßen Gebäude müßte der Pinscher eigentlich ein idealer Begleithund sein, doch aus unerfindlichen Gründen ist die Rasse selten geworden. Sie ist lebhaft, aber willig, anpassungsfähig, einigermaßen leicht zum Gehorsam zu erziehen und überdies ein guter, lautfreudiger Wachhund. Wie andere Pinscher und Terrier weicht sie keinem Streit mit anderen Hunden aus und braucht deswegen eine starke Hand.

Die natürlich gefalteten Ohren wirken aufmerksam und ausdrucksvoll

Langer Fang mit mittelgroßem, schwarzem Nasenspiegel

Das kurze Haarkleid ist fest, glatt und glänzend

RASSENGESCHICHTE Diese hochläufige Terrierrasse wurde traditionell als vielseitig verwendbarer Bauernhund gezüchtet. Er vertilgte Ratten und Mäuse, hütete und trieb das Vieh und diente als Wachhund. Er ist der Vorfahre des Zwergpinschers und spielte eine Rolle bei der Dobermannzucht.

Kurz-Info

Ursprungsland: Deutschland
Entstehungszeit: 18. Jh.
Erste Verwendung: Nagetierjäger
Heutige Verwendung: Begleithund
Lebenserwartung: 12–14 Jahre
Synonyme: Mittelschlagpinscher, Mittelpinscher, Standardpinscher
Gewicht:
11–16 kg
Widerristhöhe:
41–48 cm

BELGISCHE ZWERGGRIFFONS

Die Belgischen Zwerggriffons feierten die europäische Einigung, lange bevor die dazugehörigen Menschen den Wert der Zusammenarbeit erkannten. Sie sind klassische »Euro-Hunde«, entstanden durch die Vereinigung von Blutlinien aus verschiedenen Regionen zu dem Zweck, gutartige, unterhaltsame, aufgeweckte und zuverlässige Begleithunde zu schaffen. Einige Verwirrung herrscht über die Benennung dieser Hunde, die teils als eine einzige Rasse mit 3 Schlägen, teils als 3 verschiedene Rassen aufgefaßt werden. Auf dem Höhepunkt ihrer Beliebtheit zwischen den beiden Weltkriegen gab es allein in Brüssel Tausende von Zuchthündinnen. Heute hat ihnen einer ihrer Vorfahren, der Yorkshire-Terrier, den Rang abgelaufen. In Belgien sind die Zwerggriffons nach wie vor am populärsten.

schwarz/loh — schwarz

Griffon Belge

Lange, drahtige Haare bilden Fransen um das Gesicht

Die breite, tiefe Brust ist kurz behaart

Die kleinen, runden, geschlossenen Pfoten haben schwarze Ballen

Rassengeschichte Der Griffon Belge ist ein direkter Nachkomme des rattenjagenden, im Gesicht buschig behaarten Griffon d'Écurie. Diesen tüchtigen Terrier hat man im 19. Jahrhundert mit dem English Toy Spaniel gekreuzt, um den Körper zu verkleinern und den Fang zu verkürzen. Dabei hat er sein Rattenschärfe eingebüßt.

Griffon Bruxellois

Rassengeschichte Als wahrscheinliche Ausgangsrassen des Griffon Bruxellois gelten der holländische Smoushond, der deutsche Affenpinscher, der französische Barbet und der englische Yorkshire-Terrier.

Das drahtige Fell ist länger als beim Griffon Belge

Die geraden Hinterläufe sind wenig gewinkelt

Der kleine, schwarze Nasenspiegel sitzt tief zwischen den Augen

Der üppige rote Bart verleiht dem Gesicht einen weisen Ausdruck

Die Vorderläufe sind erstaunlich gut bemuskelt und starkknochig

rot — schwarz/loh — schwarz

Brabançon

Der große, vorspringende Unterkiefer überragt den Oberkiefer

Die Stirn ist stark gewölbt; diese Form ist mit einem erhöhten Epilepsierisiko gekoppelt

Die weit auseinandergestellten, großen, vorstehenden Augen sind schwarz umrandet

Die kleinen, ziemlich hoch angesetzten Ohren werden halb aufrecht getragen

Das Fell ist kurz und glatt wie beim Mops

Rassengeschichte Die Einkreuzung von Mopsblut zeigt sich im glatten Fell des Brabançon. In Belgien bedeutet »griffon« soviel wie rauhhaarig; deshalb trägt diese Varietät einen völlig anderen Namen. Gleichwohl wird sie allgemein zu den Belgischen Zwerggriffons gestellt.

Kurz-Info

Ursprungsland: Belgien
Entstehungszeit: 19. Jh.
Erste Verwendung: Nagetierjäger
Heutige Verwendung: Begleithund
Lebenserwartung: 12–14 Jahre
Synonyme: Belgischer Griffon, Brüsseler Griffon, Brabanter Griffon

Gewicht:
2,5–5,5 kg
Widerristhöhe:
21–28 cm

ZWERGSCHNAUZER

Der Zwergschnauzer, ein verkleinertes Abbild der größeren Schnauzer, war früher ein gefürchteter Rattenjäger und ist heute ein fast vollkommener Begleithund. Er ist weniger lautstark und schneidig als seine englische Terrierverwandtschaft und gehört in Nordamerika inzwischen zu den beliebtesten Stadthunden. Der friedfertige Zwergschnauzer lernt leicht Gehorsam und ist nicht bissig. Er verträgt sich gut mit Kindern und Artgenossen und fügt sich bereitwillig in die Menschenfamilie ein. Obwohl er kein Kläffer ist, gibt er einen guten Wachhund ab. Er haart sehr wenig, braucht aber ständige Fellpflege. Seine große Popularität hat zu einer unkontrollierten Massenzucht geführt, und so treten Erbkrankheiten relativ häufig auf, desgleichen eine Neigung zur Nervenschwäche.

schwarz/silber — hier: pfeffersalz — schwarz

Der Oberkopf ist falsch und bildet eine Linie mit dem Fang

Die Augen sind von buschigen, borstigen Brauen beschattet

Der dichte und üppige Bart erzeugt eine Aura von Seriosität

Die hoch angesetzte Rute wurde kupiert

Die gut gewinkelten Hinterläufe sorgen für große Spurtkraft

Das Deckhaar ist hart und derb, die Unterwolle weich

Unter dem getrimmten Fell kommen die katzenartigen Pfoten zum Vorschein

Kurz-Info

Ursprungsland: Deutschland
Entstehungszeit: 19. Jh.
Erste Verwendung: Rattenjäger
Heutige Verwendung: Begleithund
Lebenserwartung: 14 Jahre

Gewicht:
6–7 kg
Widerristhöhe:
30–36 cm

RASSENGESCHICHTE Der Zwergschnauzer geht auf die gleichen Vorfahren wie der Riesen- und Mittelschnauzer zurück; aus dem letzteren wurde er um 1900 als verkleinerte Ausgabe herausgezüchtet, unter Zugabe von Affenpinscher- und Zwergpinscherblut. Pudel haben bei der Entwicklung der Rasse wohl keine Rolle gespielt.

Die hoch angesetzten, kleinen Ohren hängen herab, wenn sie nicht kupiert sind

Die dunklen, ovalen Augen stehen nicht sehr vor

Der buschige Bart verschmutzt beim Fressen und muß regelmäßig gesäubert werden,

Kräftiger Fang mit voller, schwarzer Nasenkuppe

Die Vorderläufe sind, von allen Seiten gesehen, gerade; die Ellbogen liegen an der Brust an

GLEN OF IMAAL TERRIER

Dies ist der seltenste irische Terrier, und wie die anderen »Landrassen« der Insel zeichnet er sich durch besondere Hartnäckigkeit aus. Bevor seine Umgangsformen durch die Selektionszucht verbessert wurden, war er ein passionierter Fuchs- und Dachsjäger, der seine Beute unter der Erde verfolgte und abwürgte. Er wurde auch für Hundekämpfe eingesetzt, die in Irland, im Gegensatz zu Großbritannien, wo sie in geschlossenen Räumen stattfanden, im offenen Gelände ausgetragen wurden. Die moderne Rasse, die erstmals 1933 ausgestellt wurde, ist vergleichsweise friedfertig und gibt einen anhänglichen Begleithund ab, obwohl sie selten vor einer Rauferei zurückschreckt.

Rassengeschichte Diese alte Rasse unbekannter Herkunft ist nach dem Glen (Tal) of Imaal in der ostirischen Grafschaft Wicklow benannt. Die zähen, stämmigen und lernfähigen Hunde eigneten sich ideal für die Dachs- und Fuchsjagd im rauhen Terrain des Tals.

Kurz-Info

Ursprungsland: Irland
Entstehungszeit: 18. Jh.
Erste Verwendung: Dachs- und Fuchsjäger
Heutige Verwendung: Begleithund
Lebenserwartung: 13–14 Jahre
Gewicht: 15,5–16,5 kg
Widerristhöhe: 35,5–36,5 cm

Die ziemlich kleinen Rosenohren hängen herab, können aber auch halb aufgerichtet werden

Kräftiger Kopf mit ausgeprägtem Stop und keilförmigem Fang

Das untersetzte, langgestreckte Gebäude verrät Kraft und Beharrlichkeit

Rauhes, mittellanges und ordentliches Deckhaar über wärmender, weicher Unterwolle

Starke, leicht auswärts gerichtete Pfoten mit schwarzen Krallen und festen Ballen

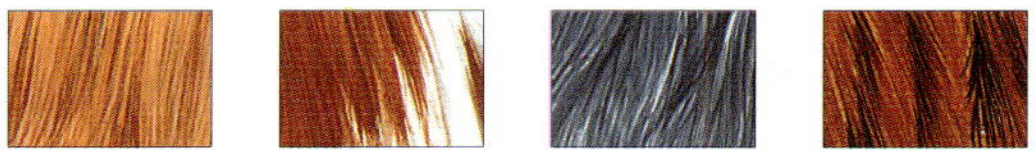

weizenblond · rotgestreift · blau · schwarzgestreift

SOFT-COATED WHEATEN TERRIER

Kurz-Info

Ursprungsland: Irland
Entstehungszeit: 18. Jh.
Erste Verwendung: Hütehund, Rattenjagd
Heutige Verwendung: Begleithund
Lebenserwartung: 13–14 Jahre
Gewicht: 16–20 kg
Widerristhöhe: 46–48 cm

Rassengeschichte Der »weichbehaarte Weizenterrier« ist mit dem Kerry Blue und dem Irish Terrier verwandt. Der aus den südirischen Grafschaften Kerry und Cork stammende Terrier war ein Allzweckhund: Wächter, Treib-, Hüte- und Jagdhund.

Das wellige, weiche Fell ist locker gelockt und hat die Farbe von reifendem Weizen

Die kleinen, dünnen, V-förmigen Ohren sind befranst

Mäßig langer, kräftiger Hals

Die ziemlich kleinen, geschlossenen Pfoten haben schwarze Krallen

Der wohl sanfteste irische Terrier ist neuerdings in Kanada und in den USA zu einem Modehund geworden. Seine berechtigte Beliebtheit beruht auf seiner Vielseitigkeit, die auf ein altes irisches Gesetz zurückzuführen ist, wonach Bauern die Haltung von Jagdhunden verboten war. Um diese Vorschrift zu umgehen, züchtete man den Wheaten Terrier, einen unverkennbaren »Bauernhund«. So entstand ein, nach Terriermaßstäben, einigermaßen folgsamer und leicht erziehbarer Begleithund.

Der ziemlich lange Kopf ist mit üppigem, weichem Haar bedeckt

Bedlington-Terrier

Der Kopf unter dem dicken Haarschopf (Topknot) ist lang, gerade und schmal

leberbraun

sandfarben

blau

Der Kopf sitzt auf einem langen, elegant geschwungenen Hals

Die funkelnden Augen blicken sanft, ja mild

Die Fransen aus weißem, seidigem Haar an den Ohrenspitzen bleiben ungeschoren

Rassengeschichte Die Zigeuner im Rothbury-Wald an der schottischen Grenze hielten früher gebrauchstüchtige, schnelle Arbeitsterrier, sogenannte Rothbury-Terrier. Der Bedlington-Terrier, der erstmals 1870 in Bedlington in Northumberland ausgestellt wurde, stammt wahrscheinlich von diesen Hunden ab.

Kurz-Info

Ursprungsland: Großbritannien
Entstehungszeit: 19. Jh.
Erste Verwendung: Ratten- und Dachsjagd
Heutige Verwendung. Begleithund
Lebenserwartung: 14–15 Jahre
Synonym: Rothbury-Terrier
Gewicht: 8–10 kg
Widerristhöhe: 38–43 cm

Der Legende zufolge sind Whippet, Otterhound und Dandie-Dinmont-Terrier die Vorfahren dieser unverwechselbaren Rasse. Die Hinterläufe und das Temperament des Bedlington deuten sicherlich auf den Zuchtanteil des Whippet hin. Der Such- und Tötungstrieb der Rasse verbirgt sich im Schafskleid: Der ungewöhnliche Hund sieht zwar wie ein Lämmchen aus, aber er braucht als Terrier geistige Anregung und kann sich destruktiv gebärden, wenn er nicht ausreichend beschäftigt wird.

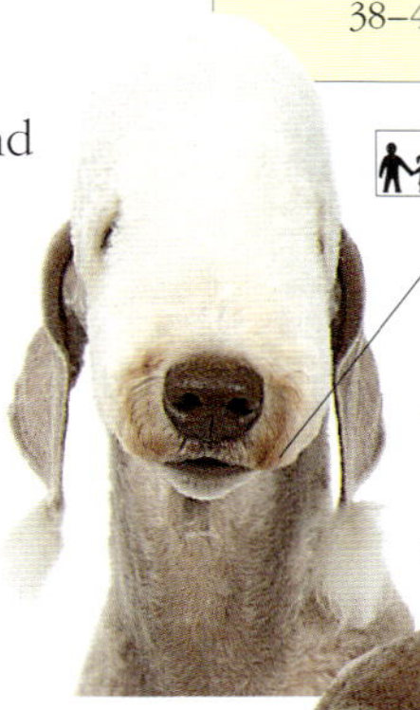

Die straffen Lefzen hängen nicht über

Das Fell ist zu gleichen Teilen aus Deckhaar und Unterwolle gemischt

Die muskulösen Hinterläufe gleichen denen des Whippet

Schwarzer Russischer Terrier

Der kräftige Kopf ist dicht mit schwerem Gesichtshaar bedeckt

hier: pfeffersalz

schwarz

Rassengeschichte Diese Rasse, die in den Zwingern der sowjetischen Armee aus Riesenschnauzer, Airedale-Terrier, Rottweiler und vielleicht noch weiteren Rassen erzüchtet wurde, fand in den 1940er Jahren formelle Anerkennung. Der Standard wurde 1993 revidiert.

Kurz-Info

Ursprungsland: Rußland
Entstehungszeit: 1940er Jahre
Erste Verwendung: Wachhund
Heutige Verwendung: Begleit- und Schutzhund
Lebenserwartung: 10–11 Jahre
Synonyme: Russischer Terrier, Schwarzer Terrier
Gewicht: 40–65 kg
Widerristhöhe: 63–75 cm

Die dunkelbraunen, runden Augen erinnern an den Schnauzer

Die Läufe sind mäßig befedert

Kurzhaariger Schlag

Dieser Terrier und eine weitere »sowjetische« Rasse, der massige Moskauer Wachhund (beide wurden in den Zwingern »Roter Stern« der Armee erzüchtet), haben eine Rolle in der sowjetischen Vererbungsforschung gespielt. Diese basierte auf der von Professor T. D. Lysenko aufgestellten, inzwischen verworfenen These, daß »erworbene Eigenschaften« vererbt und bis zu einem gewissen Grad in den nachfolgenden Generationen akkumuliert würden. Lysenko machte die sowjetischen Behörden glauben, er könne stabile Erbanlagen aufbrechen und »plastischer« gestalten und damit die Vererbung modifizieren. Lysenko schuf die beiden Rassen in dem Bestreben, die Richtigkeit seiner Theorie zu beweisen.

Das rauhe, dicke Fell bietet einen hervorragenden Wärmeschutz

Langhaariger Schlag

Parson-Jack-Russell-Terrier

Kurz-Info

Ursprungsland: Großbritannien
Entstehungszeit: 19. Jh.
Erste Verwendung: Jagdhund, Austreiben von Füchsen
Lebenserwartung: 13–14 Jahre

Gewicht:
5–8 kg

Wideristhöhe:
28–38 cm

Dies ist die weniger bekannte Spielart des beliebtesten englischen Landterriers, des Jack-Russell-Terrier. In den Niederlanden ist sie allerdings sehr populär, desgleichen in den USA. Der Parson-Jack-Russell-Terrier besitzt die vom Erstzüchter geforderten langen Läufe, die es dem Hund gestatteten, auf der Jagd mit den Pferden mitzuhalten. Der Geistliche, der die Rasse aufbaute, bevorzugte drahthaarige Tiere; heute sind draht- und glatthaarige Formen gleichermaßen zugelassen und beliebt. Der temperamentvolle und robuste Hund gibt einen guten Hausgenossen ab, der jedoch regelmäßig viel Bewegung braucht.

Rassengeschichte Jack Russell, der »Jägerpfarrer« aus Devon in Westengland und ein Mitbegründer des britischen Kennel Club, schuf diesen drahthaarigen Foxterriertyp, der so hochläufig war, daß er die berittenen Jäger begleiten, und so klein, daß er Füchse aus dem Bau treiben konnte.

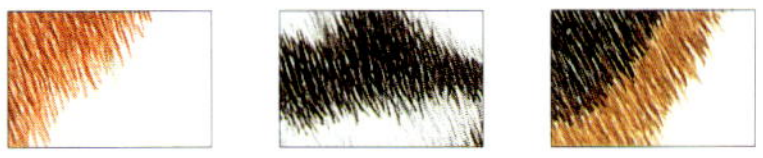

weiß/braun | weiß/schwarz | dreifarbig

Jack-Russell-Terrier

Kurz-Info

Ursprungsland: Großbritannien
Entstehungszeit: 19. Jh.
Erste Verwendung: Rattenjäger
Heutige Verwendung: Begleithund, Rattenjäger
Lebenserwartung: 13–14 Jahre
Gewicht:
4–7 kg
Widerristhöhe:
25–26 cm

Der schneidige, überschwengliche und unterhaltsame Jack-Russell-Terrier ist ein hyperaktives Muskelpaket. Dieser beliebte Stadt- und Landhund kann gegenüber allem, was sich bewegt (einschließlich Menschen), bissig und aggressiv werden, doch er ist ein lustiger Bursche, der seine Familie und auch Fremde zumeist mit Liebe überschüttet. Der am weitesten gereiste Jack Russell ist »Bothy«, der in den 1980er Jahren Sir Ranulf Fiennes zum Nord- und Südpol begleitete. Weil inzwischen alle Hunde aus der Antarktis verbannt sind, wird der Rekord von »Bothy«, der an beiden Enden der Welt Fußball gespielt hat, wohl nie gebrochen werden!

weiß/braun | weiß/schwarz | dreifarbig

Rassengeschichte Diese Rasse, die bis auf die kürzeren Läufe und ihr variableres Erscheinungsbild mit dem Parson-Jack-Russell-Terrier fast identisch ist, erfreut sich in Großbritannien größter Beliebtheit. Sie wurde ursprünglich als Rattenbeißer gezüchtet und hat ihren »Killerinstinkt« behalten.

STAFFORDSHIRE-BULLTERRIER

Kurz-Info

Ursprungsland: Großbritannien
Entstehungszeit: 19. Jh.
Erste Verwendung: Hundekämpfe, Rattenbeißen
Heutige Verwendung: Begleithund
Lebenserwartung: 11–12 Jahre

Gewicht: 11–17 kg
Widerristhöhe: 36–41 cm

Dieser Hund ist eine echte gespaltene Persönlichkeit, ein vierbeiniger Dr. Jekyll und Mr. Hyde. Es gibt kaum eine Rasse, die sich gegenüber ihrer Familie und oft auch gegenüber Fremden und sogar Tierärzten liebevoller benimmt als diese kinetische Masse aus starken Knochen und dicken Muskeln. Sie braucht Zärtlichkeit und setzt alles daran, von ihrer Menschenfamilie akzeptiert zu werden. Doch wenn sie einen Artgenossen – oder ein anderes Tier – erblickt, kann sie ganz plötzlich die andere Seite ihres Wesens offenbaren. Sie wird überwältigt von einem Tötungsdrang. Die seletive Zucht hat diese Neigung mit Erfolg abgeschwächt, aber nicht eliminiert. Die Rasse ist international beliebt, vor allem bei Männern, die sich gerne in der Aura dieses Kraftpakets sonnen. Der Bestand wird vermutlich weltweit noch zunehmen.

viele Farben

RASSENGESCHICHTE Die Ahnenreihe dieser stark bemuskelten und sehr anhänglichen Rasse, die ihren Ursprung im englischen Staffordshire hat, geht auf Kreuzungen zwischen wilden, muskulösen Bullenbeißern und agilen, geschmeidigen und schneidigen Terrierlokalschlägen zurück. Sie wurde als doppelt verwendbarer »Sportshund« gezüchtet, der an organisierten Rattenbeißerwettbewerben und Hundekämpfen teilnahm. Hundekämpfe wurden zwar 1835 in vielen Ländern verboten, aber die Rasse trat erst 1935 im Ausstellungsring auf.

Bullterrier

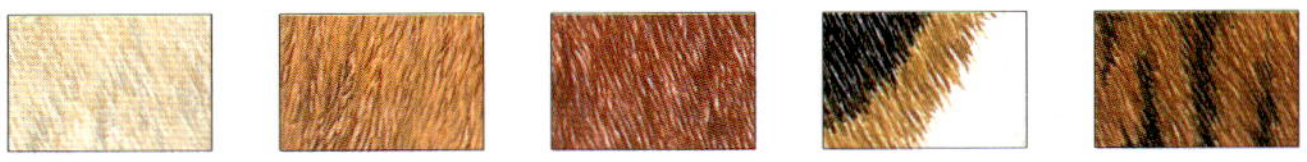

weiß · rehbraun · rot · dreifarbig · schwarz-gestromt

Die kleinen, dünnen Ohren stehen eng nebeneinander

Die kurze Rute wird mehr oder weniger waagerecht getragen

Die Schulterblätter sind flach und breit

Runde, geschlossene Pfoten mit zierlichen Zehen

Rassengeschichte Der Bullterrier wurde erzüchtet von James Hinks aus Birmingham, der den Bulldog mit dem inzwischen ausgestorbenen White English Terrier kreuzte, um einen Hund hervorzubringen, der die Zuschauer sowohl auf dem Hundekampfplatz als auch im Ausstellungsring beeindruckte. Als Fellfarbe bevorzugte er Weiß.

Kurz-Info

Ursprungsland: Großbritannien
Entstehungszeit: 19. Jh.
Erste Verwendung: Hundekämpfe, Begleithund
Heutige Verwendung: Begleithund
Lebenserwartung: 11–13 Jahre
Synonym: English Bull Terrier
Gewicht: 24–28 kg
Widerristhöhe: 53–56 cm

Der Kopf ist vom Scheitel bis zur Nasenspitze nach unten gebogen

Das Gebiß ist groß, kräftig und vollkommen regelmäßig

Im Bullterrier wurde die Kraft des Bulldog mit der Hartnäckigkeit des Terriers kombiniert, und so entstand der perfekte Kampfhund. James Hinks hatte eine Vorliebe für weiße Bullterrier, und diese waren und sind noch immer attraktive Begleithunde. Bei der Selektion dieser Farbe selektierte Hinks unwissentlich auch erbliche Taubheit, chronische Hautentzündungen und Herzkrankheiten. Bei andersfarbigen Tieren ist das Risiko dieser Beschwerden sehr viel kleiner, obwohl ein ererbtes jugendliches Nierenversagen mit verheerenden Folgen auftreten kann. Die Hunde sind jedoch menschenfreundlich und haben eine unterdurchschnittliche Neigung zum Schnappen und Beißen. Wenn sie aber zubeißen, entstehen beträchtliche Wunden, weil sie nicht so leicht loslassen.

Zwergbullterrier

Kurz-Info

Ursprungsland: Großbritannien
Entstehungszeit: 19. Jh.
Erste Verwendung: Hundekämpfe, Rattenbeißen
Heutige Verwendung: Begleithund
Lebenserwartung: 12–13 Jahre
Synonym: Miniature Bull Terrier
Gewicht: 11–15 kg
Widerristhöhe: 25–35 cm

Rassengeschichte Als man gezielt große Bullterrier zu züchten begann, entschieden sich einige Züchter für den entgegengesetzten Weg. So entstand der Zwergbullterrier, der eigentlich kein echter Zwerghund, sondern nur eine verkleinerte Ausgabe des Bullterriers ist.

Die steif aufgerichteten Ohren zeigen senkrecht nach oben

Stark bemuskelte Keulen und gut gewinkelte Sprunggelenke

Von vorn gesehen ist die Brust extrem breit

Verhältnismäßig kleine, geschlossene Katzenpfoten

Der Zwergbullterrier stammt direkt von kleinen Bullterriernachkommen ab, die in den 1930er Jahren geboren wurden. Diese wurden mit den Überlebenden eines erfolglosen Zuchtversuchs verpaart, der auf die Schaffung eines echten kleinen Bullterriers mit weniger als 4,5 kg Gewicht abgezielt hatte. Der Zwergbullterrier, der mehr Terriertemperament besitzt als der Bullterrier, gerät leicht in Wut. Er läßt sich Neckereien von Kindern nicht gefallen und sollte bei ersten Begegnungen mit Kindern stets beaufsichtigt werden. Die Rasse gibt einen guten Wachhund ab und eignet sich ideal für Stadtwohnungen.

Die tiefliegenden Augen sind schmal

Die Linie zwischen Brustkorb und Leistengegend ist leicht aufgebogen

Die Vorderläufe sind mäßig stark bemuskelt

weiß · rehbraun · rot · dreifarbig · schwarz-gestromt

SMOUSHOND

Mäßig langer Fang und kräftige Kiefer

Leicht gewölbter Schädel mit ausgeprägtem Stop

In Ruhe wird die Rute schlaff hängend getragen

Schwarzer Nasenspiegel und dunkle Augen

Langes, doppellagiges Fell aus schützenden Leithaaren und Daunenhaaren

Die muskulösen Hinterläufe sorgen für Spurtkraft

Die geschlossenen Katzenpfoten sind dicht mit langen Haaren bedeckt

Die Läufe sind struppig befedert

Kurz-Info

Ursprungsland: Niederlande
Entstehungszeit: 1890er/1970er Jahre
Erste Verwendung: Rattenbekämpfung in Ställen
Heutige Verwendung: Begleit- und Wachhund
Lebenserwartung: 12–15 Jahre
Synonyme: Holländischer Rattler, Stallgriffon
Gewicht: 9–10 kg
Widerristhöhe: 35–42 cm

Kleine, leuchtende Augen mit schwarz pigmentierten Lidern

Lange, gerade und drahtige Haare bilden einen Bart

Kleine, ovale Pfoten

RASSENGESCHICHTE Der Ursprung des Smoushond ist unbekannt, doch sein Aussehen läßt vermuten, daß er mit den Schnauzern verwandt ist. Im späten 19. Jahrhundert war er ein beliebter »Herrenhund«, aber am Ende des Zweiten Weltkriegs war er fast ausgestorben. Seit den 1970er Jahren hat Frau H. M. Barkman aus Drente die temperamentvolle Rasse durch sorgfältige Zucht erneuert.

Die Hinterläufe sind sehr flexibel

Die Vorderläufe sind fest, gerade und gut bemuskelt

Die kräftige Stirn ist leicht gerundet

Schwarze Lefzen mit dichtem Schnauzbart

Dieser robuste, quadratisch gebaute Hund, der seinen Namen dem struppigen Kopf verdankt, war Ende des 19. Jahrhunderts sehr beliebt, doch dann ging der Bestand zurück. Man versuchte, die Rasse zu retten, aber der Zweite Weltkrieg brachte sie an den Rand des Untergangs. In den 1970er Jahren begann Frau H. M. Barkman Informationen über den Smoushond zu sammeln, und indem sie Abbildungen und Stammbäume studierte und alte Preisrichter befragte, konnte sie ihn wiedererschaffen. Heute wird die kraftvolle, wachsame Rasse auf Typ und Temperament rein gezüchtet. Der typische Terrier ist ein passionierter Rattenfänger (Rattler) und ein guter Wachhund. Der Fortbestand der Rasse ist heute einigermaßen gesichert; im Jahr werden rund 125 Welpen registriert.

Die dreieckigen Ohren sind hoch angesetzt

DACHSHUND

Der international gebräuchliche Name Dachshund – bei uns sagt man jedoch meist Dackel oder Teckel – deutet auf den ursprünglichen Verwendungszweck der Rasse hin. In den letzten 100 Jahren wird er als »Erdhund« gezüchtet; der Standardschlag verfolgt bereitwillig Dachse und Füchse in ihrem Bau, während die kleineren Schläge auf Kaninchen angesetzt werden. Ausstellungstiere haben eine tiefe Brust und kurze Läufe, Arbeitshunde dagegen eine weniger starke Brust und höhere Läufe. In Deutschland, wo die robusten Hunde noch immer für die Jagd verwendet werden, klassifiziert man sie nach dem Brustumfang: Beim Kaninchenteckel mißt der Brustumfang bis 30 cm, beim Zwergteckel 30–35 cm und beim Standard- oder Normalschlag über 35 cm. Alle Dachshunde stammen von Laufhunden (Bracken) ab, doch wegen ihrer Funktion als bewährtester deutscher Erdhund werden sie hier zu den eigentlichen Erdhunden – den Terriern – gestellt. Heute werden die meisten Dackel als Begleit- und Familienhunde gehalten.

Kurzhaar-dackel (Normalschlag)

RASSENGESCHICHTE Altägyptische Skulpturen zeigen einen sitzenden Pharao mit 3 kurzläufigen Hunden. Die Vorfahren des Dachshunds könnten auf diese Zwerghunde zurückgehen. Der kurzhaarige Normalschlag ist möglicherweise der älteste Dachshund und wurde früher als Spürhund verwendet.

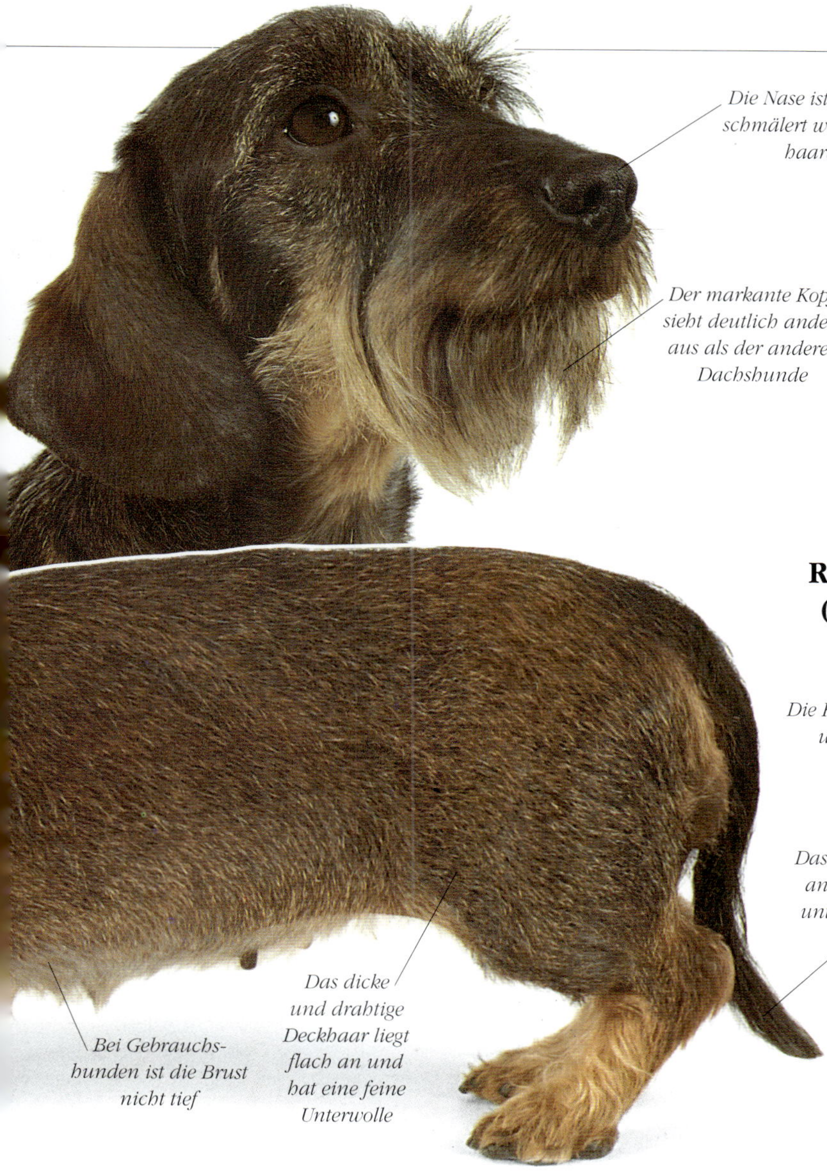

Die Nase ist nicht so verschmälert wie beim Kurzhaardackel

Der markante Kopf sieht deutlich anders aus als der anderer Dachshunde

Bei Gebrauchshunden ist die Brust nicht tief

Das dicke und drahtige Deckhaar liegt flach an und hat eine feine Unterwolle

Das Rauhhaar liegt flach an der Rute an, die bis unter das Sprunggelenk hinabreicht

Die Keulen sind gut gerundet und die Schenkel dick und kräftig

Kräftig ausgeprägte Augenbrauen über den klaren, freundlichen Augen

Das Haar auf den Ohren ist kürzer als auf dem Körper und fast glatt, doch immer noch passend zum übrigen Fell

Rassengeschichte Der Rauhhaardackel entstand aus einer Kreuzung zwischen Kurzhaardackeln und rauhhaarigen Pinschern. Das Ergebnis war ein Hund mit rauhem Fell, aber kleinem Kopf; durch die Einkreuzung von kurzläufigen Dandie-Dinmont-Terriern wurde der Kopf vergrößert und verlängert, während gleichzeitig die »Blutgier« des Dackels einen kleinen Dämpfer erhielt.

Rauhhaardackel (Zwergdackel)

viele Farben

Kurz-Info

Ursprungsland: Deutschland
Entstehungszeit: 19. Jh.
Erste Verwendung: Dachsaustreiben
Heutige Verwendung: Begleit- und Jagdhund
Lebenserwartung: 14–17 Jahre
Synonyme: Dackel, Teckel

Gewicht:
4–5 kg (Zwergdackel);
6,5–9 kg (Normalschlag)
Widerristhöhe:
etwa 20–27 cm (Normal- und Zwergschlag)

Der Fang ist nur wenig länger als der Schädel

Das lange, glatte, seidige Haar ist auf dem Rücken am kürzesten und an der Körperunterseite erheblich länger

Pfoten mit engstehenden Zehen

Der langgestreckte, elegante Kopf verschmälert sich gleichmäßig zum kleinen Nasenspiegel hin

Die Ohren sind etwas oberhalb der Augen angesetzt und mit üppigem Seidenhaar bedeckt

Der Rücken ist gerade, über den Lenden leicht gewölbt

Langhaardackel (Normalschlag)

Rassengeschichte Der Langhaardackel ist wahrscheinlich aus Kreuzungen zwischen dem Kurzhaardackel und niederläufigen Spaniels vom Typ Sussex- oder Field-Spaniel hervorgegangen und wurde dann auf Kleinheit gezüchtet. Der Langhaardackel hat ein liebevolles, freundliches Wesen, das dem der Spaniels ähnelt.

JAGDHUNDE

Seit Jahrtausenden begleiten Hunde, die mit den Augen oder der Nase jagen, den Menschen bei der Jagd auf Wild oder bei der sportlichen Jagd. Natürliche genetische Veränderungen, die die Felltextur, die Gliedmaßenlänge, das Witterungsvermögen und die Abrichtbarkeit betreffen, hat es schon immer gegeben, doch mit der Einführung der Feuerwaffen in die Jagd schenkten die Züchter diesen und anderen Merkmalen weit mehr Beachtung. Die Hundezucht machte daraufhin einen gewaltigen Sprung nach vorne und brachte äußerst gehorsame und zuverlässige Jagdgebrauchshunde hervor. Einige dieser Rassen zählen heute zu den beliebtesten Begleithunden.

Fang mit großer Riechschleimhaut, unentbehrlich für die Geruchswahrnehmung

English Springer Spaniel
Diese Rasse ist ein hervorragender Jagdhund, ein angenehmer Hausgenosse und ein erfolgreicher Ausstellungshund.

Die Läufe werden kräftig und starkknochig

Cocker-Spaniel-Welpe
Der Englische Cocker-Spaniel wurde in Südwestengland und Wales zum Aufstöbern von Waldschnepfen erzüchtet. Er wird noch immer für die Jagd verwendet, doch dank seiner Folgsamkeit und Anhänglichkeit ist er ein sehr beliebter Familienhund geworden.

Das Halsfell ist flach und gerade

Épagneul Picard
Der langhaarige Picard, eine sanfte, aktive und freundliche Rasse, ist ein ausgezeichneter Apportierer von Wassergeflügel.

Zucht auf Gebrauchstüchtigkeit

Die Jagd mit Augen oder Nase, die Erdarbeit, das Bewachen und Schwimmen gehören zu den natürlichen Verhaltensweisen des Hundes und brauchen kaum zusätzlich eingeübt zu werden. Doch wenn Hunde Wild aufspüren, dann absolut still dastehen oder dasitzen oder auf Befehl ins kalte Wasser springen und einen erlegten Vogel im Fang dem Jäger bringen sollen, müssen angeborene Fertigkeiten und Lernbereitschaft zusammenkommen. Im 18. und 19. Jahrhundert haben die Züchter über 50 Jagdhundrassen geschaffen, die sich willig abrichten ließen. Sie werden gewöhnlich in 5 Kategorien eingeteilt: Wasserhunde, Vorstehhunde, Setter, Stöberer und Apportierer. Die effiziente Wasserarbeit setzt ein dichtes, wasserabweisendes Fell und große Schwimmpassion voraus. Die portugiesischen und spanischen Wasserhunde, der französische Barbet, der ungarische Puli und der heute sehr seltene deutsche Schnürenpudel gehören zu den ältesten wasserliebenden Rassen. Der Irish Water Spaniel, der französische Épagneul de Pont-Audemer, der holländische Wetterhond, der amerikanische Chesapeake Bay Retriever und der englische Curly-coated Retriever sind allesamt Beispiele für regional erzüchtete Wasserhunde.

Vorstehhunde und Setter

Im 16. Jahrhundert, als Spanien auf dem Höhepunkt seiner politischen und kulturellen Macht stand, wurden die spanischen Jagdmethoden und die dazu verwendeten Hunderassen in ganz Europa und in der Neuen Welt Mode. Damals wurde wahrscheinlich der spanische Vorstehhund – ein Hund, der das Wild mit der Nase aufspürte und dann stocksteif vor ihm stehenblieb, bis die Jäger mit ihren Netzen eintrafen – nach Frankreich, Großbritannien und anderswohin exportiert. Er ist der Vorläufer der heutigen Vorstehhunde. Sie suchen das Wild lautlos, doch wenn sie es gefunden haben, widerspricht ihr Verhalten der Evolution. Statt sich leise an das Opfer anzupirschen, um es zu überwältigen, erstarren sie gleichsam, wobei sie oft einen Vorderlauf anheben und beugen, um auf die Beute hinzuweisen. Die Setter verfahren genauso, nur daß sie sich dabei »setzen«. Der Hund hat den natürlichen Drang, seine Beute zu packen; das Innehalten kurz vor dem Ziel setzt Einfühlungsvermögen und eine solide Ausbildung voraus.

Einstmals gab es in Spanien 2 Vorstehhundtypen, einen leicht gebauten, der dem heutigen Perdiguero de Burgos ähnelt, und einen schwereren, der dem modernen Bracco Italiano ähnlich war. Beide wurden nach Großbritannien ausgeführt und dort wahrscheinlich

Die robusten Läufe sind mit weichen, seidigen Haaren befedert

Koikerhond
Dieser geschmeidige Stöberhund hilft den holländischen Jägern dadurch, daß er mit dem buschigen Schwanz wedelt und damit neugierige Enten anlockt. Früher wurden die Enten mit Netzen gefangen und verspeist, heute werden sie meist nur beringt und wieder freigelassen.

Schnüre bilden sich nur selten im Gesicht des Pudels

Die Schnüre bedecken den Körper und bieten Schutz vor Raubfeinden

Schnürenpudel
Der Schnürenpudel gehört zu den seltenen Rassen mit einem Schnürenfell, in dem gleich lange Deckhaare, Leithaare und Unterwolle zu herabhängenden Schnüren verfilzen.

Das kurz behaarte Hinterteil erhöht die Beweglichkeit im Wasser

Portugiesischer Wasserhund
Dieser Freund der Fischer holte über Bord gegangene Gegenstände zurück und überbrachte Botschaften zwischen den Booten.

Keilförmiger Kopf mit relativ kleinen Behängen

Nova Scotia Duck Tolling Retriever
Dieser Jagdgehilfe lockt Enten in Schußweite des Jägers und apportiert sie dann aus dem Wasser.

mit Lauf- und Windhunden gekreuzt. Der altspanische Vorstehhund war auch an der Entwicklung der britischen Setter beteiligt. In Deutschland wurden auf ähnliche Weise Vorstehhunde erzüchtet, die jedoch mit dem Niedergang des Jagdsports nach der Revolution von 1848 nahezu verschwanden. Um 1890 wandten deutsche Jäger ihre Aufmerksamkeit wieder diesen alten Rassen zu, und in kürzester Zeit brachten kreative Züchter Vorstehhunde in 3 Fellvarianten hervor: den Weimaraner, den Münsterländer und – in den deutschsprachigen Teilen der Tschechoslowakei – den Český Fousek.

Spaniels und Retriever
Geschickte britische Züchter schufen eine andere Gruppe von Jagdhunden, die stöbernden Spaniels, die sich durch das dichte Unterholz hindurcharbeiteten und das Federwild in Richtung der Jäger aufscheuchten. Gleichzeitig schufen britische Züchter, ausgehend von den Wasserhunden aus Neufundland, die Retriever (»Apportierer«). Diese Entwicklung basierte auf lern- und gehorsamsbereiten Hunden mit der naturgegebenen Fähigkeit, die Beute sanft im Maul zu tragen und dem Jäger zu bringen.

Regionale Entwicklungen
Während Dänemark einen eigenen Vorstehhund hervorbrachte, züchteten die Holländer einige schöne kleine Apportierhunde, etwa den Drentse Patrijshond, und die Ungarn den eleganten Vizsla. Französische Züchter schufen eine ganze Reihe von hervorragenden Jagdhunden, die nach ihrem Felltyp benannt wurden – die Braques sind kurzhaarige Vorstehhunde, die Épagneuls langhaarige Stöberhunde und die Griffons rauhhaarige Vorstehhunde. Neuerdings interessiert man sich verstärkt für einige der ältesten Jagdhundrassen, beispielsweise für den portugiesischen Perdiguero und den italienischen Spinone. In Spanien züchten die Jäger weiterhin ihre eigenen Rassen, die außerhalb der Iberischen Halbinsel nie zu sehen sind. In der Slowakei nimmt die Zahl der Slowakischen Drahthaarigen Vorstehhunde zu, und in Deutschland nehmen sich engagierte Züchter des Pudelpointers an.

Hervorragende Eigenschaften
Die Jagdhunde lassen sich durchweg leichter erziehen und abrichten als alle anderen Hundegruppen. Sie sind fast unterschiedslos kinderfreundlich, neigen weniger als andere Hunde zu Kämpfen mit Artgenossen und befolgen Befehle zumeist bereitwillig.

Ungarischer Vizsla
Diese ungarische Vorstehhundrasse, ein athletischer und sanftmütiger Gefährte des Weidmanns, war bis zu den 1930er Jahren auf Mitteleuropa beschränkt.

Schlanker, langgestreckter und eleganter Kopf

Curly-coated Retriever
Dieser älteste englische Retriever ist anhänglich, treu und ein harter Arbeiter.

Das Gesicht ist kurz behaart

Die abgerunde[ten] Behänge sind lan[g] und lappenförmig

Weimaraner
Dieser vielseitige deutsche Jagdhund ist Spür-, Vorsteh- und Apportierhund zugleich. Er gibt auch einen robusten Hausgenossen ab.

Der elegante Kopf ist mit kurzem, feinem Haar bedeckt

Braque de l'Ariège
Die ursprüngliche Braque d'Ariège war vermutlich eine Kreuzung zwischen dem altspanischen Vorstehhund und einem Hund, der dem Bracco Italiano ähnelte. Die heutige Rasse ist eine Neuschöpfung des 20. Jahrhunderts.

Épagneul de Pont-Audemer
Diese Rasse entstand im 17. Jahrhundert in der Gegend von Pont-Audemer in der Normandie und dient als Stöber- und Apportierhund.

Der Haarschopf umrahmt das Gesicht wie ein Heiligenschein

Das Fell ist wetterfest und wasserabstoßend

Die markante Nase mit den großen Nüstern ist oft braun oder sogar loh gefärbt

Slowakischer Vorstehhund
Diese Gebrauchshundrasse wurde im Zweiten Weltkrieg arg dezimiert, doch tschechische und slowakische Züchter haben sie durch Einkreuzung von Deutsch-Drahthaar- und Deutsch-Kurzhaar-Blut erneuert.

Puli

Der aufgeweckte, gehorsame Puli (ungarisch für »Führer«) mit seinem wasserdichten Fell ist mit ziemlicher Sicherheit der Vorfahre des Pudels. Bis weit in unser Jahrhundert hinein haben ihn die ungarischen Hirten sorgfältig auf Gebrauchstüchtigkeit gezüchtet. Der Zweite Weltkrieg legte die ungarische Hundezucht nahezu lahm, doch inzwischen hatte sich der Puli zum Begleithund gewandelt. Eine Gruppe von Ungarn nahmen ihre Hunde ins Ausland mit und machten ihn dort bekannt. Der anpassungsfähige Hund ist ein eifriger Schafhüter und läßt sich leicht zum Apportieren aus dem Wasser abrichten.

Kurz-Info

Ursprungsland: Ungarn
Entstehungszeit: Mittelalter
Erste Verwendung: Schafhüten
Heutige Verwendung: Begleit- und Apportierhund
Lebenserwartung: 12–13 Jahre

Gewicht:
10–15 kg
Widerristhöhe:
37–44 cm

Rassengeschichte Der Puli kam wahrscheinlich mit den alten Magyaren nach Ungarn. Die heutigen Pulis entstammen größtenteils einem Zuchtprogramm des 20. Jahrhunderts.

Cão de Agua Português

Kurz-Info

Ursprungsland: Portugal
Entstehungszeit: Mittelalter
Erste Verwendung: Fischerhund
Heutige Verwendung: Begleit-, Schutz- und Apportierhund
Lebenserwartung: 12–14 Jahre
Synonym: Portugiesischer Wasserhund

Gewicht:
16–25 kg
Widerristhöhe:
43–57 cm

Diese alte Fischerhunderasse wird seit langem dazu verwendet, Netze einzuholen und Nachrichten schwimmend von Boot zu Boot zu überbringen; an Land benutzte man sie auch für die Kaninchenjagd. Der Hund ist kraftvoll, treu und von Natur aus etwas mißtrauisch. Das Fell wurde ursprünglich in einer bestimmten Form geschoren, damit es sich an der Hinterhand nicht vollsog und die Brust vor einem Kälteschock im kalten Wasser geschützt war.

Rassengeschichte Der Vorläufer der Rasse kam entweder im 4. Jahrhundert mit den Westgoten aus Mitteleuropa oder im 7. Jahrhundert mit den Mauren aus Nordafrika nach Portugal.

Perro de Aguas

Rassengeschichte Die mit dem Cão de Agua Português und vielleicht auch dem Pudel verwandte Rasse ist außerhalb Spaniens nahezu unbekannt. Die Vielzweckhunde waren schon immer Helfer der Hirten, Jäger und Fischer.

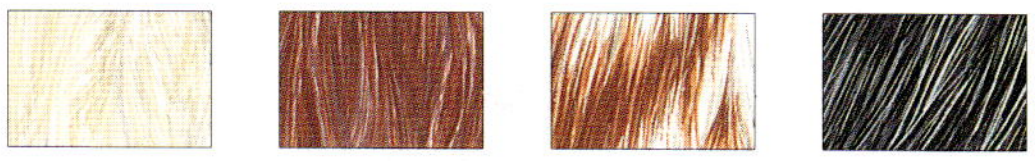

weiß | kastanienbraun | weiß/braun | schwarz

Das Dauerfell bildet zottige Schnüre

Die gut bemuskelten Hinterläufe befähigen zu ausdauerndem Schwimmen

Der schwere Haarschopf bedeckt die Augen

Das Haarkleid bleicht in der Sonne aus

Kurz-Info

Ursprungsland: Spanien
Entstehungszeit: Mittelalter
Erste Verwendung: Fischerhund, Ziegenhüten, Jagdhund
Heutige Verwendung: Begleit- und Jagdhund
Lebenserwartung: 10–14 Jahre
Synonym: Spanischer Wasserhund
Gewicht: 12–20 kg
Widerristhöhe: 38–50 cm

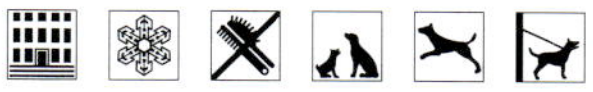

Die Rasse stößt bei professionellen Züchtern auf wenig Interesse, was zur Folge hat, daß Fellfarbe und Körpergröße beträchtlich variieren. Außerdem sind Erbdefekte seltener als bei anderen Rassen, die selektiver gezüchtet werden. Man trifft die Hunde zwar an der spanischen Nordküste an, doch die meisten leben im Süden, wo sie heute vorwiegend für das Hüten der Ziegenherden, aber auch für das Apportieren von Enten verwendet werden. Die Rasse lernt leicht Gehorsam und ist nicht bissig, verträgt sich aber nicht immer mit Kindern.

Pfoten mit Zwischenzehenhäuten

Irish Water Spaniel

Kurz-Info

Ursprungsland: Irland
Entstehungszeit: 19. Jh.
Erste Verwendung: Apportieren von Wassergeflügel
Heutige Verwendung: Begleithund, Wasserjagd
Lebenserwartung: 12–14 Jahre
Synonyme: Irischer Wasserspaniel, Parti-coloured Setter
Gewicht: 20–30 kg
Widerristhöhe: 51–58 cm

Großer, leberbrauner Nasenschwamm

Die mittelbraunen Augen sind leuchtend und aufmerksam

Rassengeschichte Portugiesische Fischer haben möglicherweise ihren Wasserhund nach Irland gebracht. Zu den Vorfahren könnte jedoch auch der Pudel gehören.

Der lange, lockige Haarschopf hängt oft unmittelbar über den Augen

Die sehr langen, tief angesetzten Behänge liegen an den Wangen an und sind mit Ringellocken bedeckt

Kräftige Oberschenkelmuskeln

Die starkknochigen Vorderläufe stehen gerade unter der Schulter

Die großen, rundlichen Pfoten sind reich behaart

Diese unverwechselbare Spanielrasse hat die 3 Wasserspanielschläge, die früher in Irland heimisch waren, überdauert. Die große Ausdauer, das hervorragende Schwimmvermögen und das nahezu wasserdichte Fell machen den Hund zu einem idealen Apportierer, vor allem im Winter in den kalten irischen Flußmündungen. Er ist zwar ein freundlicher, treuer und anhänglicher Begleithund und ein ausgezeichneter Jagdhund, aber als Hausgenosse nie populär geworden. Er eignet sich jedoch gut als Wandergefährte.

Langer, gebogener Hals

Tief angesetzte, gerade und spitz zulaufende Rute

GROSSPUDEL

RASSENGESCHICHTE Bilder von Künstlern wie Albrecht Dürer bezeugen, daß der Pudel ursprünglich ein Wasserhund war. Seine heutige »Modefrisur« basiert auf der historischen Schur, die den Wasserwiderstand bei der Arbeit reduzieren sollte.

Kurz-Info

Ursprungsland: Deutschland
Entstehungszeit: Mittelalter
Erste Verwendung: Wasserjagd
Heutige Verwendung: Begleit- und Schutzhund
Lebenserwartung: 11–15 Jahre
Synonym: Königspudel

Gewicht:
um 30 kg
Widerristhöhe:
45–55 (60) cm

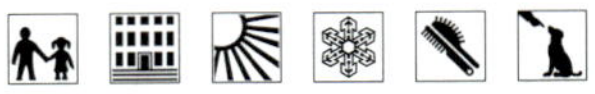

Der Pudel ist nicht bloß ein modischer Luxushund, sondern ein aufgeweckter, lernfähiger und zuverlässiger Begleit-, Schutz- und Apportierhund. Die Rasse leidet unterdurchschnittlich häufig an Hautkrankheiten, und da sie das Fell nicht wechselt, eignet sie sich ideal für Menschen mit Allergien. Der anhängliche und ruhige Großpudel, der sich nicht so hysterisch gebärdet wie manche seiner kleineren Vettern (siehe S. 282), ist im Grunde ein Arbeitshund geblieben. Sein deutscher Name leitet sich von »Pfudel« (Pfuhl, Pfütze) her; die Franzosen nennen ihn »Caniche«, was soviel wie Entenhund bedeutet.

alle einheitlichen Farben

BARBET

Dieser entschlossene Vorsteh- und Apportierhund ist zweifellos eine alte Rasse. Er ähnelt dem ausgestorbenen English Water Dog und hat wahrscheinlich eine Rolle bei der Entwicklung jüngerer Rassen, etwa des Briard und der französischen Griffons, gespielt. Nach der Fülle der Hinweise und Abbildungen zu schließen, war er einst der häufigste Wasserhund Europas. Das wasserdichte Fell des Barbet – ähnlich dem des Irish Water Spaniel, der vermutlich von ihm abstammt – bietet selbst im eisigsten Wasser hervorragenden Wärmeschutz. Als Hausgenosse wird er selten gehalten, vielleicht weil die Fellpflege zu zeitaufwendig ist.

RASSENGESCHICHTE Der Barbet, einer der ältesten europäischen Wasserhunde und möglicherweise ein Vorläufer des Pudels, hatte ursprünglich die Aufgabe, sowohl verschossene Pfeile als auch erlegtes Wassergeflügel aus dem Wasser zu apportieren.

Kurz-Info

Ursprungsland: Frankreich
Entstehungszeit: Mittelalter
Erste Verwendung: Wasserjagd
Heutige Verwendung: Vorsteh- und Begleithund
Lebenserwartung: 12–14 Jahre

Gewicht:
15–25 kg
Widerristhöhe:
46–56 cm

Wetterhond

Der heute ziemlich seltene, quadratisch gebaute Wetterhond (»Wasserhund«) entstand gleichzeitig mit dem Stabyhond in Friesland. Er war spezialisiert auf das Abwürgen von Ottern, den Konkurrenten der Fischer. Als die Otter in Nordholland seltener geworden waren, verwendete man die Rasse für die Jagd auf Kleinsäuger, etwa Iltisse, und als Bewacher der Bauernhöfe. Da sie noch immer einen starken Willen und Beschützerinstinkt besitzt, muß sie von klein auf streng erzogen werden. Der Wetterhond ist ein derber, wohlproportionierter und tüchtiger Jagdhund, geeignet für die Stöber- und Apportierarbeit zu Lande und zu Wasser.

Kurz-Info

Ursprungsland: Niederlande
Entstehungszeit: 17. Jh.
Erste Verwendung: Otterjagd
Heutige Verwendung: Begleit- und Jagdhund
Lebenserwartung: 12–13 Jahre
Synonym: Friesisches Lockenhaar

Gewicht: 15–25 kg
Widerristhöhe: 53–58 cm

leber/weiß

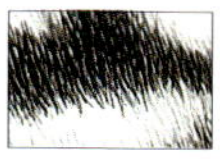
schwarz/weiß

leberbraun

schwarz

Die vorstehenden Augen blicken aufmerksam und durchdringend

Das derbe, dicke, lockige Haar bedeckt den gesamten Körper mit Ausnahme des Kopfes

Kraftvolle, gerade Vorderläufe

Rassengeschichte Diese seltene Rasse, die vor mindestens 400 Jahren von tüchtigen Züchtern in der holländischen Provinz Friesland geschaffen wurde, ist außerhalb ihrer Heimat kaum anzutreffen.

Die Sprunggelenke liegen tiefer als bei anderen Wasserhunden

Die sehr breite Brust bewirkt, daß die Vorderläufe weit auseinanderstehen

Runde und ziemlich große Pfoten mit auffallend dicken Ballen

Épagneul de Pont-Audemer

leber/weiß

leberbraun

Dieser sanfte, anstellige und tüchtige Stöber- und Apportierhund ist recht selten geworden, obwohl sich eine Gruppe von aktiven Züchtern in Frankreich um seinen Fortbestand kümmert. Er braucht eine echte Aufgabe und findet sich vorwiegend in der Hand von Jägern. Die Arbeit in Sümpfen und Marschen macht ihm Freude, und dort verwandelt sich sein ruhiges und zurückhaltendes Wesen sogleich in überschwenglichen Eifer. Es ist erstaunlich, daß der Pont-Audemer nicht populärer ist. Er gibt einen zuverlässigen und gelehrigen Begleiter ab und verträgt sich gewöhnlich gut mit anderen Hunden. Das Fell braucht regelmäßige Pflege, ist aber nicht so ölig oder so aufwendig zu bearbeiten wie das des Barbet oder Pudels.

Kurz-Info

Ursprungsland: Frankreich
Entstehungszeit: 17. Jh.
Erste Verwendung: Stöbern, Apportieren aus dem Wasser
Heutige Verwendung: Begleit- und Jagdhund
Lebenserwartung: 12–14 Jahre

Gewicht: 18–24 kg
Widerristhöhe: 51–58 cm

Die Läufe sind lang und gerade

Rassengeschichte Die mit alten französischen Spaniels, dem Barbet und wahrscheinlich dem Irish Water Spaniel verwandte Rasse starb im Zweiten Weltkrieg nahezu aus. Sie wurde nach 1945 durch die Einkreuzung des Irish Water Spaniel erneuert.

Kleine, sanft blickende Augen

Das üppige, glänzende Haarkleid ist nicht ölig

Tief angesetzte Behänge mit langen Fransen

CHESAPEAKE BAY RETRIEVER

RASSENGESCHICHTE Der Überlieferung zufolge stammt die Rasse von zwei kleinwüchsigen Neufundländerwelpen ab, die ein gewisser Mr. George Law von einem britischen Hauptmann erhielt. Diese Hunde wurden mit lokalen Laufhundschlägen verpaart und brachten so den Chesapeake Bay Retriever hervor.

Obwohl der Chesapeake Bay Retriever vielleicht auf die kleinen Wasserhunde Neufundlands zurückzuführen ist, steht er in Form und Funktion dem Curly-coated Retriever verblüffend nahe. Das läßt vermuten, daß neben dem Neufundländerblut auch das Blut des English oder Irish Water Spaniel oder des Otterhound in die Zucht eingegangen ist. An der entenreichen Küste der Chesapeake Bay, aber auch überall in den USA, in Kanada, Skandinavien und Großbritannien hat sich dieser unermüdliche Arbeitshund als Apportierer bestens bewährt. Er ist widerstandsfähiger und schärfer als der Labrador-Retriever. Wie andere Retriever ist er kinderlieb und freundlich gegenüber Fremden. Der treue Begleithund fühlt sich auf dem Lande am wohlsten.

Kurz-Info

Ursprungsland: USA
Entstehungszeit: 20. Jh.
Erste Verwendung: Apportieren von Wassergeflügel
Heutige Verwendung: Begleit- und Jagdhund
Lebenserwartung: 12–13 Jahre

Gewicht: 25–34 kg
Widerristhöhe: 53–66 cm

strohfarben

rotgolden

braun

CURLY-COATED RETRIEVER

Dieser »kraushaarige Apportierhund«, ein klassischer Wasserhund, ist von allen Retrievern am seltensten, obgleich er früher sehr populär war und für die Wasserjagd in ganz Großbritannien ausgiebig verwendet wurde. Er besitzt ein hervorragendes Wasserhundfell, bestehend aus harten, dichten und kleinen wasserabweisenden Locken. Hüftgelenksdysplasie kann bei dieser Rasse vorkommen, und auch Entropium (Einwärtsstülpung des unteren Augenlids) tritt überdurchschnittlich häufig auf. Gleichwohl haben wir es mit einer sympathischen urtümlichen Rasse zu tun – ruhig und ausgeglichen, aber ungemein energisch bei der Arbeit.

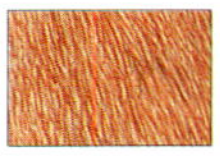
leberbraun

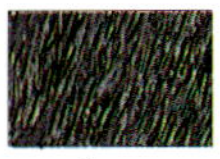
schwarz

Kurz-Info

Ursprungsland: Großbritannien
Entstehungszeit: 19. Jh.
Erste Verwendung: Apportieren von Wassergeflügel
Heutige Verwendung: Jagd- und Begleithund
Lebenserwartung: 12–13 Jahre
Gewicht: 32–36 kg
Widerristhöhe: 64–69 cm

RASSENGESCHICHTE
Dies ist die älteste britische Retrieverrasse, die vermutlich bereits 1803 existierte. Sie stammt wahrscheinlich vom ausgestorbenen English Water Spaniel und kleinen Neufundländern ab, die Kabeljaufischer nach England brachten.

SCHNÜRENPUDEL

Kurz-Info

Ursprungsland: Deutschland
Entstehungszeit: 15. Jh.
Erste Verwendung: Apportieren aus dem Wasser
Heutige Verwendung: Begleithund
Lebenserwartung: 15 Jahre

Gewicht:
21–32 kg
Widerristhöhe:
über 38 cm

RASSENGESCHICHTE Der Ursprung der Pudel bleibt wohl ewig im dunkeln. Sie könnten nahe Verwandte des französischen Barbet sein, doch aus historischen Dokumenten geht hervor, daß Pudel im 15. Jahrhundert von Deutschland nach Frankreich gelangt sind – nicht umgekehrt. Manche Fachleute meinen, die Vorläufer der Rasse seien inzwischen ausgestorbene russische Laufhunde.

Durch sein Schnürenfell unterscheidet sich dieser Pudel deutlich von seinen Vettern. Die Schnüre entstehen, wenn sich Deckhaar und Unterwolle ineinander verfilzen, und bieten Schutz sowohl vor unwirtlicher Witterung als auch vor Raubtieren. Dieser Felltyp entwickelte sich durch natürliche Selektion bei Rassen, die in rauhen Klimazonen die Herden bewachten. Der Schnürenpudel steht vermutlich dem Schafpudel sehr nahe, aber während dieser weiterhin als Schafhüter verwendet wurde, züchtete man den Schnürenpudel eher für die Wasserarbeit und schließlich ausschließlich als Begleithund. Leider ist der Schnürenpudel heute extrem selten geworden – nur wenige Exemplare haben überdauert, vor allem in Frankreich. Im Wesen ähnelt er den anderen, populären Pudeln, und sein Fell braucht viel weniger Pflege, wenn es einmal richtige Schnüre ausgebildet hat.

MAGYAR VIZSLA

Kurz-Info

Ursprungsland: Ungarn
Entstehungszeit: Mittelalter/19. Jh.
Erste Verwendung: Jagd, Beizjagd
Heutige Verwendung: Begleit- und Jagdhund
Lebenserwartung: 14–15 Jahre
Synonym: Ungarischer Vorstehhund

Gewicht:
22–30 kg
Widerristhöhe:
57–64 cm

Der elegante und freundliche, aber energische Vizsla hätte den Zweiten Weltkrieg nicht überdauert, wenn nicht ungarische Patrioten ihre Lieblinge mitgenommen hätten, als sie in den 1930er Jahren in andere europäische Länder und in die USA emigrierten. Zu den beiden ursprünglichen Verwendungszwecken des Vizsla, Vorstehen und Apportieren, ist in den letzten 20 Jahren noch ein dritter hinzugekommen: der eines allgemein bewunderten Familienhundes, der folgsam, zuverlässig und gesund ist. Die Rasse wird jetzt in Ungarn immer beliebter, doch darüber geriet ihre ursprüngliche Bestimmung nicht in Vergessenheit. Sie hat eine gute Nase, verfolgt Wildfährten mit großem Eifer und bringt das Wild – oder einen geworfenen Tennisball – voller Begeisterung zum Herrn.

RASSENGESCHICHTE Der Name wurde erstmals 1510 verwendet, und zwar für das Kreuzungsprodukt des ausgestorbenen Pannonischen Laufhunds und des Gelben Türkischen Hundes. Um 1850 hatte sich der heutige kurzhaarige Jagdhund etabliert. Der rauhhaarige Schlag entstand in den 1930er Jahren.

Labrador-Retriever

Haselnußbraune, mittelgroße Augen mit sanftem Ausdruck

Die Vorderläufe sind starkknochig und von der Schulter bis zum Boden gerade

Die mittellange Rute ist dick mit dichtem Haar bedeckt, aber nicht befedert (»Otterschwanz«)

Kurz-Info

Ursprungsland: Großbritannien
Entstehungszeit: 19. Jh.
Erste Verwendung: Jagdhund
Heutige Verwendung: Begleit-, Jagd- und Diensthund
Lebenserwartung: 12–14 Jahre

Gewicht: 25–34 kg
Widerristhöhe: 54–57 cm

Kräftige, mittellange Kiefer, die bei der Arbeit geschickt eingesetzt werden

Die am Ansatz sehr dicke Rute verjüngt sich zur Spitze hin

Brust von guter Breite und Tiefe mit gut gewölbten Rippen

gelb

mittel-braun

schwarz

Rassengeschichte Der Labrador-Retriever, eine der beliebtesten Rassen der Welt, hat seinen Ursprung in der Gegend von St. John's im kanadischen Neufundland. Dort wurde er »Kleiner Wasserhund« genannt, im Unterschied zum größeren Neufundländer. Durch den Handel mit gepökeltem Kabeljau gelangte die Rasse in die Hafenstadt Poole im englischen Dorset, wo Grundbesitzer einige Exemplare erwarben und daraus einen edlen Jagdhund erzüchteten.

Der breite Kopf hat einen ausgeprägten Stop, so daß Hirnschädel und Nase nicht auf einer Linie liegen

Wasserdicht, wasserliebend, freundlich, gesellig, familienbezogen – diese guten Eigenschaften schreibt man einem der beliebtesten Familienhunde der Welt zu. Einst arbeitete der Labrador vor den Küsten der felsigen Buchten Neufundlands, wo er die Korkschwimmer der Fischernetze apportierte und an Land brachte, damit die Fischer den Fang einholen konnten. Heute gilt die Rasse als Inbegriff eines angenehmen vierbeinigen Familienmitglieds. Leider werden jedoch viele Individuen ihrem Idealbild nicht ganz gerecht. Manche leiden an erblich bedingtem Grauem Star, Hüft- und Ellbogenarthritis und sogar an Wesensschwäche. Gleichwohl gehört der Labrador zu den treuesten und zuverlässigsten Rassen überhaupt.

Die Pfoten sind rund und ziemlich kompakt

Flat-coated Retriever

Mittelgroße, dunkle Augen mit aufmerksamem, fragendem Ausdruck

Kurz-Info

Ursprungsland: Großbritannien
Entstehungszeit: 19. Jh.
Erste Verwendung: Apportieren von Wild
Heutige Verwendung: Begleit- und Jagdhund
Lebenserwartung: 12–14 Jahre

Gewicht:
25–35 kg
Widerristhöhe:
56–61 cm

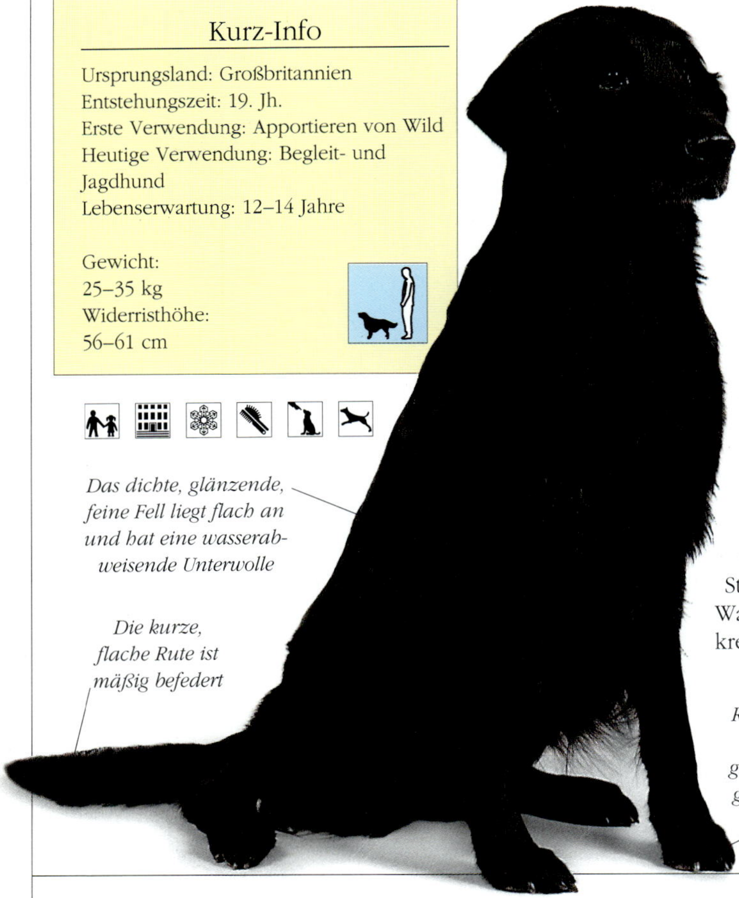

Das dichte, glänzende, feine Fell liegt flach an und hat eine wasserabweisende Unterwolle

Die kurze, flache Rute ist mäßig befedert

Der in Großbritannien aus importierten Neufundländerstämmen herausgezüchtete Flat-coated (glatthaarige) Retriever war um die Jahrhundertwende der Lieblingshund der englischen Wildhüter. Doch dann wurde die Rasse durch den Labrador- und Golden Retriever verdrängt, so daß sie am Ende des Zweiten Weltkrieges praktisch ausgestorben war. Die schöne, fröhliche Rasse von heute, als Jagdhund wieder in Mode, ist ein hervorragender Stöber- und Apportierhund. Ihre Beliebtheit wird sicherlich noch wachsen, obgleich sie überdurchschnittlich häufig an Knochenkrebs leidet.

Der sanfte Stop setzt den Hirnschädel vom Fang ab

Rassengeschichte Aus Kreuzungen zwischen dem Neufundländer und kleineren Gebrauchshunden aus der Region von St. John's in Neufundland ging der Wavy-coated Retriever hervor. Die Einkreuzung von Settern ergab dann den temperamentvollen Flat-coated Retriever.

Runde, starke Pfoten mit geschlossenen, gut gewölbten Zehen

leberbraun

schwarz

Die kräftigen, geraden Vorderläufe sind mit langen Haaren gut befedert

Pointer

Rassengeschichte Die Herkunft des Pointer ist nicht genau geklärt, doch er wurde auf jeden Fall in Großbritannien erzüchtet. In einem bestimmten Stadium wurden wahrscheinlich altspanische Vorstehhunde eingekreuzt.

Der ursprüngliche Verwendungszweck des sanften, folgsamen und ernsthaften Pointer entsprach nicht dem natürlichen Hundeverhalten. Wenn er einen Hasen erblickte, blieb er stehen und »zeigte« (englisch: »point«) ihn an, damit die ihn begleitenden Windhunde die Beute hetzen und packen konnten. Die Selektionszucht hat ein ungemein gehorsames, vornehmes und freundliches Tier hervorgebracht, das allerdings äußerst sensibel ist. Sein liebenswertes Wesen macht es zu einem idealen Hausgenossen.

Der ausgeprägte Stop trennt den gewölbten Hirnschädel vom Fang

Feines, glattes, hartes Haarkleid mit gutem Glanz

Eine gerade Linie verläuft von den langen, abfallenden Schultern bis zum Vordermittelfuß

Die Keulen sind trocken und gut bemuskelt

zitrone/ weiß

orange/ weiß

leber/ weiß

schwarz/ weiß

Ovale Pfoten mit gewölbten Zehen und gut gepolsterten Ballen

Kurz-Info

Ursprungsland: Großbritannien
Entstehungszeit: 17. Jh.
Erste Verwendung: Stöberhund
Heutige Verwendung: Begleit- und Jagdhund
Synonym: English Pointer

Gewicht:
20–30 kg
Widerristhöhe:
61–69 cm

Die hoch angesetzten Ohren hängen herab, auch wenn der Hund aufmerkt

Golden Retriever

Gelassen und aufgeweckt, ruhig und wachsam, sensibel und würdevoll ist der Golden Retriever, ein in vieler Hinsicht idealer Familienhund. Diese liebebedürftige, anpassungsfähige, leicht erziehbare und attraktive Rasse scheint in Nordamerika, Skandinavien und Deutschland beliebter zu sein als in ihrer englischen Heimat. Der zum Apportieren von Wassergeflügel erzüchtete Hund hat einen sanften Fang, der nur selten schnappt oder beißt; besonders geduldig erweist er sich gegenüber Kindern. Verschiedene Zuchtlinien sind für unterschiedliche Aufgaben entstanden. Eine Varietät wird für die Jagd verwendet, eine andere für Geländewettbewerbe, während die größte Gruppe die Ausstellungs- und Familienhunde stellt. Eine vierte Zuchtlinie bringt Tiere hervor, die ausschließlich als vierbeinige Helfer von Blinden und Behinderten abgerichtet werden. Die große Popularität der Rasse hat leider in manchen Zuchtlinien Erbdefekte zur Folge gehabt, etwa Hautallergien, Augenerkrankungen und sogar Bissigkeit.

Die dunklen und dunkel gesäumten Augen blicken freundlich

Gut bemuskelte Hinterhand mit dicker Haut und dichtem Haarkleid

Die Katzenpfoten sind zwischen den Ballen üppig behaart

Kurz-Info

Ursprungsland: Großbritannien
Entstehungszeit: 19. Jh.
Erste Verwendung: Apportieren von Wild
Heutige Verwendung: Begleit-, Jagd- und Behindertenhund
Lebenserwartung: 13–15 Jahre

Gewicht: 27–36 kg
Widerristhöhe: 51–61 cm

Flach anliegendes oder leicht gewelltes Deckhaar mit dichter, wasserabweisender Unterwolle

Die Vorderläufe sind reich befedert

Kräftiger Fang mit großem, schwarzem Nasenspiegel

Die gut proportionierten, mittelgroßen Ohren hängen leicht gefaltet herab

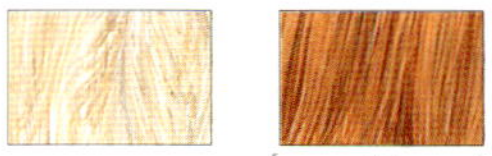

creme golden

Rassengeschichte Zeugnisse belegen, daß die Rasse im späten 19. Jahrhundert entstanden ist, und zwar aus einer Kreuzung zwischen einem hellen Flat-coated Retriever und dem ausgestorbenen Tweed Water Spaniel. Die ersten Exemplare wurden 1908 ausgestellt.

Trockener, muskulöser Hals mit locker aufliegender Haut

Die Fellfarbe variiert von Creme bis Golden und wird im Alter heller

Die dunklen Unterlefzen hängen leicht herab

Nova Scotia Duck Tolling Retriever

Der Kopf ist trocken und leicht keilförmig

Die dreieckigen Behänge sind hoch und hinten angesetzt

Dieser Hund hat die etwas ungewöhnliche Aufgabe, die sein Name umschreibt: Er lockt (»toll«) Enten (»ducks«) und Gänse an und apportiert (»retrieve«) dann die erlegten Vögel aus dem Wasser. Der Jäger wirft aus einem Versteck einen Stock parallel zum Ufer ins Wasser, den der Hund mit großen Eifer, aber lautlos apportiert. Oft sind Dutzende von Würfen nötig, bis die Enten oder Gänse neugierig werden und ans Ufer schwimmen. Sobald sie in Schußweite sind, ruft der Jäger seinen Hund zurück, richtet sich auf, um die Vögel aufzuscheuchen, und schießt. Dann betätigt sich der Hund als tüchtiger Apportierer.

Kurz-Info

Ursprungsland: Kanada
Entstehungszeit: 19. Jh.
Erste Verwendung: Wasserjagd
Heutige Verwendung: Jagd- und Begleithund
Lebenserwartung: 12–14 Jahre
Synonyme: Little River Duck Dog, Yarmouth Toller
Gewicht: 17–23 kg
Widerristhöhe: 43–53 cm

Das dichte Fell kommt in verschiedenen Rot- und Orangetönen vor

Die tiefe Brust ist für den Aufenthalt im kalten Wasser gut isoliert

Rassengeschichte Es ist wahrscheinlich, daß Red Decoy Dogs (»rote Lockhunde«) ihre Herren von Großbritannien nach Nova Scotia (Neuschottland) begleiteten. Sie wurden mit Apportierhunden und Jagdspaniels gekreuzt und brachten die seit 1945 anerkannte Rasse hervor.

Kräftiges, kompaktes und gut bemuskeltes Gebäude auf stämmigen Läufen

Koikerhond

Rassengeschichte Die Rasse war bereits bekannt, als Wilhelm von Oranien lebte, danach aber nahezu erloschen, bis sie zwischen den beiden Weltkriegen von Baronin v. Hardenbroek van Ammerstool erneuert wurde.

Schädel und Fang sind gleich lang

Die Behänge haben stets charakteristische schwarze »Ohrgehänge«

Der historische Koikerhond arbeitete ähnlich wie der inzwischen ausgestorbene englische Red Decoy Dog. Mit seinen Kapriolen und dem buschigen weißen Schwanz lockte er Enten und Gänse in Netze oder in Schußweite. Die Hunde werden noch immer zum Anlocken von Enten verwendet, die jedoch heute zwecks Beringung in Fallen aus Schilfmatten geraten. Nur 25 dieser wasserfreudigen Hunde haben den Zweiten Weltkrieg überlebt. Sie sind die Vorfahren der rund 500 Welpen, die jetzt alljährlich registriert werden. Wegen des kleinen Genpools sind Erbkrankheiten nicht selten. Dennoch gibt dieser freundliche, ausgeglichene Hund einen sehr angenehmen Hausgenossen ab.

Kurz-Info

Ursprungsland: Niederlande
Entstehungszeit: 18. Jh.
Erste Verwendung: Anlocken und Apportieren von Wassergeflügel
Heutige Verwendung: Begleit- und Jagdhund
Lebenserwartung: 12–13 Jahre
Gewicht: 9–11 kg
Widerristhöhe: 35–41 cm

Unter dem schweren, üppigen Deckhaar verbirgt sich eine isolierende Schicht aus Dunenhaaren

Der Körper ist fast quadratisch gebaut

Die mäßig tiefe Brust ist mit einer Schutzschicht aus wasserabweisenden Haaren bedeckt

English Springer Spaniel

Die Wangen sind flach, und die Oberlefzen hängen über den Unterkiefer herab

Die lappenförmigen Behänge sind dicht behaart und in Augenhöhe angesetzt

Rassengeschichte Unverkennbare Vertreter dieser Rasse, die vielleicht den Grundstock aller Jagdspaniels bildet, sind auf Gemälden aus der Mitte des 17. Jahrhunderts abgebildet. Erst im späten 19. Jahrhundert wurden Springer- und Cocker-Spaniels als eigene Rassengruppen voneinander getrennt.

schwarz/weiß

leber/weiß

Das gerade Haarkleid ist fest, aber nicht derb und lang befedert

Der Springer-Spaniel ist ein unermüdlicher Jagdhund, der sich körperlich betätigen muß, indem er entweder Wild in sumpfigem Gelände aufstöbert oder Tennisbälle im Park apportiert. Der hochläufige und kräftige Hund braucht ständig geistige und körperliche Aufgaben; wenn er sie nicht bekommt, kann er recht destruktiv werden. Heute ist er in Großbritannien der beliebteste Jagdspaniel, auch wenn seine Befähigung zur Federwildjagd zuerst in den USA geschätzt wurde. Er ist ein ausgezeichneter Begleithund, doch obgleich es für Gebrauchs- und Ausstellungstiere separate Zuchtlinien gibt, behält er selbst in der Großstadt seine jagdlichen Eigenschaften bei.

Kurz-Info

Ursprungsland: Großbritannien
Entstehungszeit: 17. Jh.
Erste Verwendung: Stöber- und Apportierhund
Heutige Verwendung: Begleit- und Jagdhund
Lebenserwartung: 12–14 Jahre
Gewicht: 22–24 kg
Widerristhöhe: 48–51 cm

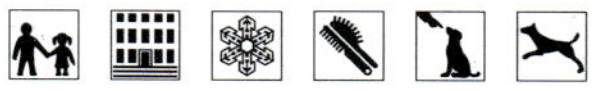

Welsh Springer Spaniel

Der mittellange Fang ist gerade und fast vierkantig

Die Behänge sind kleiner als beim englischen Vetter

Der arbeitsame, wasserfreudige, ungemein ausdauernde und vielseitige Welsh Springer ist ein hervorragender Begleit- und Jagdgebrauchshund. In Wales und anderswo wurde er auch als Viehtreiber und Schafhüter verwendet. Am besten versteht er sich darauf, Federwild durch »Springen« aufzuscheuchen. Im Unterschied zum English Springer gibt es keine getrennten Zuchtlinien für Arbeits- und Ausstellungshunde, obwohl er für beide Verwendungszwecke gleich beliebt ist. Wie alle Jagdhunde spricht er auf eine Gehorsamkeitserziehung gut an.

Dunkle, mittelgroße Augen

Der lange, muskulöse Hals geht elegant in die lange, abfallende Schulterpartie über

Das dicke, gerade, seidige Deckhaar ist nie gekräuselt

Kurz-Info

Ursprungsland: Großbritannien
Entstehungszeit: 17. Jh.
Erste Verwendung: Stöber- und Apportierhund
Heutige Verwendung: Begleit- und Jagdhund
Lebenserwartung: 12–14 Jahre
Gewicht: 16–20 kg
Widerristhöhe: 46–48 cm

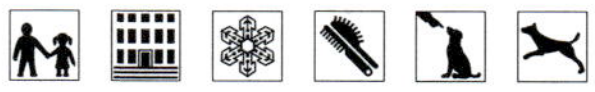

Rassengeschichte Diese liebenswerte Rasse, die erstmals im 17. Jahrhundert auf Bildern erscheint, wurde früher zusammen mit dem Welsh Cocker ausgestellt und erst 1902 als eigene Rasse anerkannt.

FIELD-SPANIEL

RASSENGESCHICHTE Der ursprünglich als Varietät des Cocker-Spaniels eingestufte Field-Spaniel wurde 1892 als Ausstellungsrasse anerkannt. Die Zucht von Schautieren führte leider zu einer Verkümmerung der Gebrauchstüchtigkeit. Am Ende des Zweiten Weltkriegs wäre der Bestand fast ausgestorben, doch bis 1969 hat er sich wieder erholt.

Wie im Falle des Amerikanischen Cocker-Spaniels veränderte sich auch beim Field-Spaniel das Erscheinungsbild drastisch, nachdem er als eigene Rasse anerkannt und von seinem Vorfahren, dem Englischen Cocker-Spaniel, unterschieden worden war; die Folgen waren katastrophal. Zu Beginn des Jahrhunderts züchtete man selektiv auf langen Rücken und kurze, starkknochige Läufe. Doch dann büßte der Field-Spaniel alle jagdlichen Eigenschaften ein. In den 1960er Jahren wurde die Rasse mit Englischen Cocker- und Springer-Spaniels aufgefrischt, und es entstand der anhängliche Haushund von heute.

Kurz-Info

Ursprungsland: Großbritannien
Entstehungszeit: 19. Jh.
Erste Verwendung: Apportierhund
Heutige Verwendung: Begleithund
Lebenserwartung: 12–13 Jahre

Gewicht:
16–23 kg
Widerristhöhe:
51–58 cm

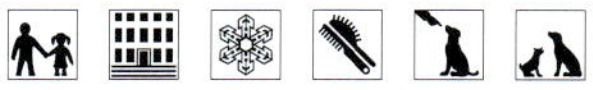

SUSSEX-SPANIEL

RASSENGESCHICHTE Die nächsten Verwandten des Sussex-Spaniels wurden für die Jagd im dichten Unterholz gezüchtet, doch er selber ist wahrscheinlich die Schöpfung eines Züchters aus der Grafschaft Sussex, dessen Zuchtziel ein Gebrauchs- und Begleithund war. Die Rasse hat sich nie wirklich durchgesetzt und ist selbst in ihrer Heimat selten.

Kurz-Info

Ursprungsland: Großbritannien
Entstehungszeit: 19. Jh.
Erste Verwendung: Stöberhund
Heutige Verwendung: Begleithund
Lebenserwartung: 12–13 Jahre

Gewicht:
18–23 kg
Widerristhöhe:
38–41 cm

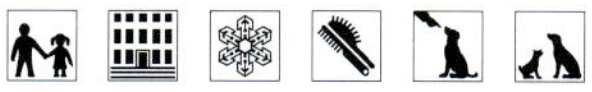

Diese schwere, kompakte Rasse mit dicker Haut und tief angesetzten Behängen könnte aus Hunden hervorgegangen sein, die für die langsame Sucharbeit in schwierigem Gelände gezüchtet worden waren. Wenn der tüchtige Gebrauchshund eine Duftspur verfolgt, gibt er gewöhnlich Laut, und der erfahrene Jäger kann an der Stimmlage des Spurlauts erkennen, um welches Wild es geht. Besonders attraktiv ist das reiche leberbraune Haarkleid; aber weil es so dunkel und dicht ist, eignet sich die Rasse kaum für ein feuchtwarmes Klima. Die Selektionszucht hat leider Ektropium (Ausstülpung des unteren Lidrands) und hängende Unterlefzen nach sich gezogen.

CLUMBER-SPANIEL

RASSENGESCHICHTE Benannt ist die Rasse nach Clumber Park, dem Wohnsitz des Duke of Newcastle in Nottinghamshire. Zu ihren Vorfahren gehören wohl der Basset Hound, von dem sie den langen Rücken hat, und der Bernhardiner, dem sie den massigen Kopf verdankt.

Kurz-Info

Ursprungsland: Großbritannien
Entstehungszeit: 19. Jh.
Erste Verwendung: Stöber- und Apportierhund
Heutige Verwendung: Begleit- und Stöberhund
Lebenserwartung: 12–13 Jahre
Gewicht: 29–36 kg
Widerristhöhe: 48–51 cm

Der Legende zufolge waren die Vorfahren der Rasse Treibjagd- und Apportierhunde aus dem Besitz des Duc de Noailles. Während der Französischen Revolution schickte er aus Sicherheitsgründen eine Reihe seiner Hunde nach England zum Duke of Newcastle. Bei der Jagd arbeiten die Clumber-Spaniels im Team; sie gehen methodisch und gemächlich vor und treiben das Wild den Jägern zu. Heute führen die meisten Hunde ein geruhsames Leben in Hausgärten, wo sie systematisch Insekten und welkes Laub aufstöbern und apportieren. Gelangweilte Individuen der gemütlich wirkenden Rasse können recht aggressiv werden.

WACHTELHUND

RASSENGESCHICHTE In den 1880er Jahren beschloß eine Gruppe von engagierten deutschen Weidmännern, den alten »Stöber«, den spursicheren Hund der Waldjäger, der bereits 1719 erwähnt wird, neu erstehen zu lassen. Indem sie Überlebende dieses Typs mit Englischen Cocker- und anderen Jagdspaniels kombinierten, entstand der Deutsche Wachtelhund.

Kurz-Info

Ursprungsland: Deutschland
Entstehungszeit: 1880er Jahre
Erste Verwendung: Wachteljagd
Heutige Verwendung: Jagd- und Begleithund
Lebenserwartung: 12–14 Jahre
Synonym: Deutscher Wachtelhund

Gewicht: 20–30 kg
Widerristhöhe: 45–54 cm

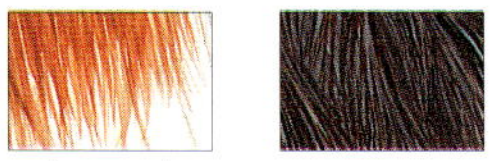

Es ist verwunderlich, daß diese Vielzweckrasse so selten ist. Der Wachtelhund, der außerhalb Deutschlands kaum bekannt ist und auch in seiner Heimat nur von Jägern und Förstern gehalten wird, hat das eifrige Naturell des English Springer Spaniel. Er ist ein passionierter Stöber- und Spürhund mit der Ausdauer eines Bloodhound. Trotz seines Namens ist er ein vielseitig verwendbarer Jagdgebrauchshund, der mühelos auch das Apportieren aus dichtem Unterholz oder aus dem Wasser erlernt. Als reiner Begleit- oder Familienhund eignet er sich nicht.

Amerikanischer Cocker-Spaniel

Kurz-Info

Ursprungsland: USA
Entstehungszeit: 19. Jh.
Erste Verwendung: Apportieren von Niederwild
Heutige Verwendung: Begleithund
Lebenserwartung: 13–14 Jahre
Gewicht: 11–13 kg
Widerristhöhe: 36–38 cm

viele Farben

Dieser anhängliche Cocker, die beliebteste amerikanische Rasse überhaupt, stammt vom jagdlich verwendeten Englischen Cocker-Spaniel ab. Obwohl man versucht hat, den Amerikaner ebenfalls als Jagdhund einzusetzen, und er seinen Jagdtrieb nicht ganz eingebüßt hat, beruht seine Popularität darauf, daß er ein so sanfter, anschmiegsamer Hausgenosse ist. Seine Schönheit und sein Charme werden in Nord-, Mittel- und Südamerika geschätzt, ebenso in Japan. Leider wird die Rasse von allerlei Krankheiten, einschließlich Epilepsie, heimgesucht, doch ihr liebenswürdiges Wesen entschädigt für alle körperlichen Defekte.

Rassengeschichte Angeblich kamen die ersten Spaniels 1620 mit den Pilgervätern der »Mayflower« nach Amerika. Ursprünglich wurden alle Spaniels als eine Einheit aufgefaßt, doch schließlich wurde der Amerikanische Cocker auf erwünschte Merkmale gezüchtet und 1946 als eigenständige Rasse anerkannt.

Englischer Cocker-Spaniel

Leuchtende, wachsame, braune Augen mit freundlichem Ausdruck

Der Hirnschädel ist nicht so stark gewölbt wie beim Amerikanischen Cocker-Spaniel

Straffer, viereckiger Fang mit deutlichem Stop

Die langen, seidigen Haare auf den Behängen geraten leicht in den Futternapf

Der Englische Cocker-Spaniel ist ein tüchtiger Gebrauchshund und zugleich ein überaus beliebter Familienhund in Ost- wie Westeuropa und in den Ländern des englischen Commonwealth. Leider ist er wie sein amerikanischer Vetter mit allerlei Erbkrankheiten behaftet: Augenleiden, verschiedene Hautkrankheiten, Nieren- und Verhaltensprobleme und, bei einfarbigen Tieren, eine Anfälligkeit für Tollwut. Man sollte deshalb vor der Anschaffung eines Cockers dessen »Familiengeschichte« überprüfen. Die Rasse wird zwar vorwiegend als Begleithund gezüchtet, bewährt sich aber auch bei Wettbewerben im Gelände.

Die Befederung verhüllt nicht den Körperumriß

Stark befederte Läufe mit festen, runden Katzenpfoten

Kurz-Info

Ursprungsland: Großbritannien
Entstehungszeit: 19. Jh.
Erste Verwendung: Apportieren von kleinem Wild
Heutige Verwendung: Begleithund
Lebenserwartung: 13–14 Jahre
Synonym: Cocker-Spaniel
Gewicht: 13–15 kg
Widerristhöhe: 38–41 cm

Die übertriebene Kopfwölbung des Welpen bildet sich nach und nach zurück

Die Rute ist unter der Rückenlinie angesetzt

Welpe

Der Rücken ist nicht so kurz wie beim amerikanischen Pendant

Das leicht wellige Haarkleid ist gut befedert und hat eine dichte, schützende Unterwolle

Die Vorderläufe sind starkknochig, kräftig und kurz genug für eine rasche Kraftentfaltung

Rassengeschichte Um 1800 wurden die kleinen Landspaniels in 2 Kategorien eingeteilt, in »Starters«, die das Wild durch Springen aufscheuchten, und in »Cockers«, die dazu dienten, Waldschnepfen (»woodcock« – daher der Name) aus der Deckung zu treiben und zu apportieren. Der Englische Cocker stammt von Hunden ab, die in Wales und Südwestengland gezüchtet wurden.

Der elegante Kopf mit der gut entwickelten und weit geöffneten Nase garantiert ein hervorragendes Witterungsvermögen

viele Farben

KLEINER MÜNSTERLÄNDER

Diese gutartige Rasse ist das Produkt einer sowohl natürlichen wie geplanten Evolution. Ganz zu Anfang wurde sie im Verein mit Beizvögeln und Netzen als Vogelhund verwendet, doch bis zu ihrer »Wiederentdeckung« zu Beginn unseres Jahrhunderts hing ihr Fortbestand davon ab, daß sie sich dank ihrem freundlichen Wesen als Hausgenosse eignete. Durch gezielte Zucht wurden dann Merkmale wie Abrichtbarkeit, fröhliches, unbekümmertes Wesen, Apportierlust, Arbeits- und Spielfreude verfestigt.

RASSENGESCHICHTE Der Kleine Münsterländer wurde aus Restbeständen alter Beizjagdhunde erzüchtet, die man mit anderen europäischen Vorstehhunden kreuzte. Die attraktive Rasse verdient die wachsende Anerkennung, die sie auch außerhalb Deutschlands genießt.

Kurz Info

Ursprungsland: Deutschland
Entstehungszeit: Mittelalter/20. Jh.
Erste Verwendung: Stöber-, Vorsteh- und Apportierhund
Heutige Verwendung: Jagd- und Begleithund
Lebenserwartung: 13–14 Jahre
Synonyme: Kleiner Münsterländer Vorstehhund, Heidewachtel
Gewicht: 14,5–15,5 kg
Widerristhöhe: 48–56 cm

GROSSER MÜNSTERLÄNDER

Kurz-Info

Ursprungsland: Deutschland
Entstehungszeit: 19. Jh.
Erste Verwendung: Stöber-, Vorsteh- und Apportierhund
Heutige Verwendung: Jagd- und Begleithund
Lebenserwartung: 12–13 Jahre
Synonym: Großer Münsterländer Vorstehhund
Gewicht: 25–29 kg
Widerristhöhe: 58–62 cm

RASSENGESCHICHTE Die von den amorphen deutschen Vogelhunden abstammende Rasse begann ihre Geschichte als schwarz-weißer Farbschlag des braun-weißen Deutsch-Langhaar. Der zuständige Rassezuchtverein wurde 1919 gegründet. Wie sein kleiner Vetter wird der Große Münsterländer außerhalb seiner Heimat immer beliebter.

Die Rassenentwicklung stand eher unter negativen als positiven Vorzeichen. Als der Bestand des Deutsch-Langhaar zurückging, bemühte sich ein Züchterverein um den Erhalt der Rasse; der Standard ließ nur braun-weiße Tiere zu. Doch in den Würfen fielen immer wieder schwarz-weiße Welpen an, und Weidmänner im Münsterland züchteten diese schwarz-weißen Hunde weiter. Sie gründeten einen Rasseklub, als es notwendig wurde, ihre Hunde vom Kleinen Münsterländer abzugrenzen.

Drentse Patrijshond

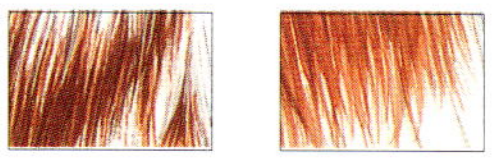

rot/weiß braun/weiß

Kurz-Info

Ursprungsland: Niederlande
Entstehungszeit: Mittelalter
Erste Verwendung: Rebhuhnjagd
Heutige Verwendung: Begleit- und Jagdhund
Lebenserwartung: 12–13 Jahre

Gewicht:
21–23 kg
Widerristhöhe:
55–63 cm

Wenn man diese Rasse genauer anschaut, erkennt man in ihr den Grundstock der jüngeren Spaniels und Setter. Die Vorfahren der im vorigen Jahrhundert erzüchteten Vorstehhunde müssen dieser Zwischenform von Spaniel und Setter ähnlich gesehen haben. Die Rasse ist sehr vielseitig verwendbar, als Vorsteh-, Apportier-, Begleit- und Wachhund. Der sanfte, leichtführige und wasserliebende Hund hat sich inzwischen gut etabliert, obwohl jährlich nur etwa 500 Welpen geboren werden. Bei einfühlsamer Erziehung gibt er einen ausgezeichneten Begleiter ab. Der einzige beobachtete Erbdefekt ist eine Augenkrankheit (fortschreitende Netzhautatrophie) in einigen Zuchtstämmen. Außerhalb der Niederlande ist die Rasse nur selten anzutreffen.

Die bernsteinfarbenen Augen stehen weit auseinander und haben den für Jagdhunde typischen sanften Ausdruck

Die hoch angesetzten Behänge liegen an den Wangen an

Das dichte, mittellange Haarkleid ist an Hals und Brust am längsten

Die Rückenlänge ist größer als die Schulterhöhe

Die Vorderläufe sind gerade und muskulös, und die Ellbogen liegen dicht am Körper an

Rassengeschichte Die alte Rasse aus der einst isolierten holländischen Provinz Drente oder Drenthe stammt von alten Hühnerhunden ab, die im Mittelalter zum Fang von Rebhühnern (»patrijs«), Fasanen und Birkhühnern unter dem Netz verwendet wurden. Ihr Erscheinungsbild hat sich seit mindestens 400 Jahren nicht verändert.

Stabyhond

Obwohl der Stabyhond erst im frühen 19. Jahrhundert im Schrifttum erwähnt wird, stammt er vermutlich von Hühnerhunden ab, die die spanischen Besatzer im 16. Jahrhundert in die Niederlande gebracht haben. Heute ist er außerhalb seines Ursprungslandes kaum anzutreffen, und auch dort ist er ziemlich selten (nur rund 200 Welpen pro Jahr). Das ist schade, denn in vieler Hinsicht ist er ein idealer Hausgenosse. Er ist zwar ein guter Jagdhund, der ausgezeichnet vorsteht und behutsam apportiert, aber er fühlt sich genauso wohl, wenn er im Park oder Garten Tennisbälle apportieren kann. Der ruhige, geduldige und zuverlässige Hund ist kinderlieb und stets darauf bedacht, seiner Familie zu gefallen.

Rassengeschichte Der seit Jahrhunderten in der nordholländischen Provinz Friesland gezüchtete Stabyhond steht sowohl dem Drentse Patrijshond als auch den Vorläufern des Kleinen Münsterländers sehr nahe. Wie andere Vielzweckhunde verlor er an Beliebtheit, als im 19. Jahrhundert die Vorstehhunde und Setter an Boden gewannen.

Kurz-Info

Ursprungsland: Niederlande
Entstehungszeit: 16. Jh.
Erste Verwendung: Jagd- und Bauernhund
Heutige Verwendung: Begleit-, Jagd- und Wachhund
Lebenserwartung: 12–14 Jahre
Gewicht:
15–20 kg
Widerristhöhe:
48–53 cm

Schädel und Fang, getrennt durch einen geringen Stop, sind gleich lang

Der Fang verschmälert sich zur Nase hin, ist aber nicht spitz

Die kellenförmigen Behänge sind ziemlich tief angesetzt

Langes, glattes Deckhaar, im Winter mit dichter Unterwolle

Die lange, gut befederte Fahnenrute reicht bis zu den Sprunggelenken hinab

orange braun schwarz

Épagneul Breton

Der Épagneul Breton, in Frankreich die beliebteste heimische Rasse und – als Brittany – ein unverwüstlicher Gefährte der nordamerikanischen Jäger, ist ein prachtvoller, mittelgroßer Hund. Die Rasse wird vielfach als Spaniel aufgefaßt und bezeichnet, sehr zum Verdruß ihrer Bewunderer. Was die Körpergröße angeht, ist sie ein Spanieltyp, doch ihrer Funktion nach ist sie ein klassischer Vorstehhund – wahrscheinlich der einzige Vorstehhund mit Stummelrute überhaupt. Der robuste, reaktionsschnelle Hund gibt einen zuverlässigen, gehorsamen und kinderfreundlichen Hausgenossen ab.

Runder Kopf mit deutlichem Stop

Das Körperfell ist fein und dicht und spärlich befedert

Die gut bemuskelte Hinterhand ist niedriger als der Widerrist

Kurz-Info

Ursprungsland: Frankreich
Entstehungszeit: 18. Jh.
Erste Verwendung: Apportierhund
Heutige Verwendung: Apportier- und Begleithund
Lebenserwartung: 13–14 Jahre
Synonyme: Bretonen-Spaniel, Brittany-Spaniel
Gewicht: 13–15 kg
Widerristhöhe: 46–52 cm

Lebhafte, ausdrucksvolle, bernsteinfarbene Augen

Die Lefzen sind straffer als bei den gängigen Spaniels

Rassengeschichte
Der ursprüngliche Épagneul Breton, wie er in alten Berichten und Abbildungen dargestellt wurde, wäre zu Beginn unseres Jahrhunderts beinahe ausgestorben, als der französische Züchter Arthur Enaud die Rasse erneuerte. Der beliebte, anhängliche Begleithund kann auch stöbern, vorstehen und apportieren.

leber/weiß — dreifarbig — schwarz/weiß

Hoch angesetzte, kurze und leicht abgerundete Behänge

Épagneul Bleu de Picardie

Der Blaue Pikarde, der Abbildungen des frühen Gordon-Setters auffallend ähnelt, entstand in Nordostfrankreich als Jagdhelfer, der die Aufgabe hatte, Schnepfen aus Sümpfen zu apportieren. Dieser liebenswerte, fröhliche und freundliche Bursche ist zwar ein arbeitsfreudiger Jagdhund, gibt aber auch einen eleganten Begleithund ab. Die in Aussehen und Wesen setterähnliche Rasse ist sehr ausdauernd und braucht reichlich körperliche Betätigung. Sie ist jedoch nicht sehr lautfreudig und hat einen schwach ausgebildeten angeborenen Territorialtrieb, so daß sie sich als Wachhund nicht besonders gut eignet. Dafür ist sie ein echter Kinderfreund, der viel Zuwendung verlangt.

Die ovalen, weit auseinanderstehenden, dunkelbraunen Augen blicken aufmerksam und ausdrucksvoll

Die tief angesetzten Behänge sind mit welligem, seidigem Haar bedeckt

Der mittelgroße Kopf ist nicht so lang wie bei den gewöhnlichen Settern und etwas breiter

Die tiefe Brust mit den langen, flexiblen Rippen bietet der Lunge reichlich Platz

Das schimmernde, schwere Fell ist überwiegend schwarz (vielfach als blau bezeichnet) und kräftig weiß gestichelt

Rassengeschichte Dieser gutmütige Jagdhund ist aus einer Kreuzung zwischen dem blau-gelb gefleckten English Setter und dem wiederhergestellten Épagneul Picard hervorgegangen. Wie der Épagneul Breton gleicht auch diese Rasse eher einem Setter als einem Spaniel.

Kurz-Info

Ursprungsland: Frankreich
Entstehungszeit: 20. Jh.
Erste Verwendung: Vorsteh- und Apportierhund
Heutige Verwendung: Jagd- und Begleithund
Lebenserwartung: 13 Jahre
Synonym: Blauer Pikarde
Gewicht: 19,5–20,5 kg
Widerristhöhe: 56–61 cm

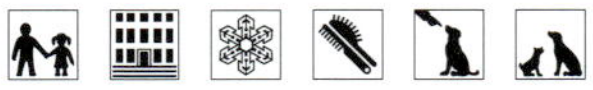

ÉPAGNEUL PICARD

RASSENGESCHICHTE Die Rasse stammt möglicherweise vom ausgestorbenen Chien d'Oysell und von den spanischen Spaniels des 14. Jahrhunderts ab. Sie wäre fast ausgestorben, wurde aber zu Beginn unseres Jahrhunderts in der Normandie und Picardie erneuert.

Kurz-Info

Ursprungsland: Frankreich
Entstehungszeit: 18. Jh.
Erste Verwendung: Apportieren von Wassergeflügel
Heutige Verwendung: Jagd- und Begleithund
Lebenserwartung: 13–14 Jahre
Gewicht: 19,5–20,5 kg
Widerristhöhe: 56–61 cm

Die sanfte, leichtführige, aber fast unbekannte Rasse gehört zu den unterschätzten Leistungen der französischen Hundezucht. Der gelehrige und anspruchslose Hund, den man außerhalb Frankreichs und der Beneluxländer selten oder nie antrifft, ist von erstaunlicher Ausdauer. Als Vorsteh- und Apportierhund bewährt er sich in den kalten Sumpfgebieten und im offenen Tiefland Nordfrankreichs. Wie sein naher Verwandter, der Épagneul Bleu de Picardie, ist er ein ausgezeichneter Begleithund, der viel Zuwendung, aber nicht allzuviel Bewegung braucht.

ÉPAGNEUL FRANÇAIS

Der robust wirkende Épagneul Français, der dem Kleinen Münsterländer und dem Drentse Patrijshond nahesteht und als elegantester fanzösischer Vorstehhund gilt, ist relativ groß und kräftig gebaut. Der in Form und Funktion eher einem Setter als einem Spaniel gleichende Hund spürt Federwild auf und apportiert es. Da er sich leicht einschüchtern läßt, muß er behutsam abgerichtet werden. Als typischer Jagdgebrauchshund ist er lernfähig und bewegungsfreudig, verträgt sich mit anderen Hunden und bellt selten. Die außerhalb Frankreichs kaum anzutreffende Rasse wird als Begleithund immer beliebter.

Kurz-Info

Ursprungsland: Frankreich
Entstehungszeit: 17. Jh.
Erste Verwendung: Stöber- und Apportierhund
Heutige Verwendung: Jagd- und Begleithund
Lebenserwartung: 13–14 Jahre
Synonym: Französischer Spaniel
Gewicht: 19,5–20,5 kg
Widerristhöhe: 56–61 cm

RASSENGESCHICHTE Einer Theorie zufolge hat die Rasse ihren Ursprung an der Berberküste; von dort soll sie nach Spanien und dann nach Frankreich gelangt sein. Eine entgegengesetzte Auffassung besagt, sie sei skandinavischer (wahrscheinlich dänischer) Herkunft.

ENGLISH SETTER

Leuchtende, sanfte, dunkel haselnußbraune Augen

Der anmutige, elegante und aufmerksame English Setter versteht sich prächtig mit Kindern, ist leicht erziehbar und ein guter, folgsamer Arbeitshund im Feld. Bei einigen wenigen Tieren besteht eine angeborene Anfälligkeit für Blindheit, verursacht durch eine Netzhautablösung. Die vorwiegend weiße Varietät leidet überdurchschnittlich häufig an Hautallergien. Dieser kraftvolle Hund besitzt große Ausdauer und braucht viel Bewegung.

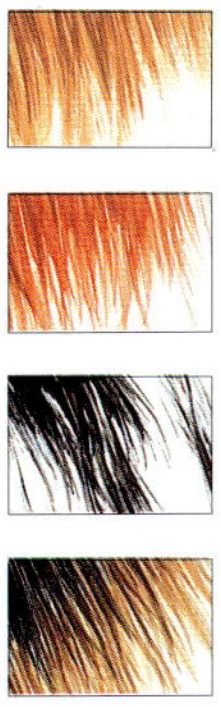

gelb/weiß

leber/weiß

schwarz/weiß

dreifarbig

Der Fang ist mäßig tief und fast rechteckig

Die schön gefalteten Behänge liegen eng an

Viereckige, nicht zu sehr herabhängende Lefzen

Die Befederung zieht sich an der Brust entlang

Die gerade Fahnenrute endet in einer feinen Spitze

Die kompakten, zwischen den Zehen behaarten Pfoten neigen dazu, Grassamen einzufangen

Das Deckhaar ist leicht gewellt, lang und seidig, die Unterwolle vliesähnlich

Die tiefe Brust garantiert Ausdauer

Kurz-Info

Ursprungsland: Großbritannien
Entstehungszeit: 19. Jh.
Erste Verwendung: Apportieren von Federwild, Vorstehhund
Heutige Verwendung: Begleit- und Apportierhund
Lebenserwartung: 14 Jahre
Gewicht: 25–30 kg
Widerristhöhe: 61–69 cm

RASSENGESCHICHTE Die Setter sind aus Spaniels hervorgegangen. Die Zucht des modernen English Setter begründete Edward Laverack 1825.

GORDON-SETTER

RASSENGESCHICHTE Schwarz-lohfarbene Setter existierten in Großbritannien schon im 17. Jahrhundert. Den heutigen Standard begründete im 18. Jahrhundert der Duke of Richmond and Gordon auf seinem Schloß im schottischen Banffshire.

Trockener, gebogener Hals

Breiter, schwarzer Nasenspiegel mit großen Nüstern

Die ziemlich kurze Rute ist gerade und gut befedert

Kurz-Info

Ursprungsland: Großbritannien
Entstehungszeit: 17. Jh.
Erste Verwendung: Vorstehhund bei der Federwildjagd
Heutige Verwendung: Begleit- und Jagdhund
Lebenserwartung: 13 Jahre
Gewicht: 25–30 kg
Widerristhöhe: 62–66 cm

Langer Kopf mit gut ausgeprägtem Stop

Trockene Lefzen

Die tiefe Brust bietet Herz und Lunge ausreichend Platz

Pfoten mit gut gewölbten Zehen und kräftigen Ballen

Die leuchtenden, dunkelbraunen Augen blicken gelassen, aber aufmerksam

Dies ist die stärkste, schwerste und langsamste Setterrasse. Sie wurde nie so allgemein beliebt wie die anderen Setter. Vor der Einführung des Jagdgewehrs spürte der Hund das Wild auf und blieb dann still vor ihm sitzen (daher der Name Setter), bis der Jäger eintraf. Diese Fähigkeit hat zum freundlichen und gelassenen Naturell der Rasse beigetragen. Sie ist treu und gehorsam und gibt einen angenehmen Begleithund ab. Sie braucht allerdings täglich ausgiebig Bewegung.

IRISH SETTER

Der im Gälischen früher schlicht als »Modder rhu« (roter Hund) bezeichnete Irish Setter wurde auch »Roter Spaniel« genannt. Der rassige, aktive Hund fühlt sich nur wohl, wenn er sich viel bewegen kann. Er ist schneller als die meisten anderen Begleithunde und fordert gern seine Artgenossen zum Herumtoben auf, weil es ihm offensichtlich Spaß macht, sie in hohem Tempo zu umkreisen. Der Irish Setter ist überschwenglich extrovertiert. Wegen seiner spät eintretenden Geschlechtsreife und seiner Lebensfreude steht er in dem unverdienten Ruf, unbeständig und unerregbar zu sein.

Ovale Augen mit sanftem Ausdruck

Der Nasenspiegel ist schwarz oder schokoladenbraun

Die dünnen Ohren sind tief angesetzt und hängen in losen Falten dicht am Kopf

Dünne und straffe Oberlefzen

Die Fahnenrute wird waagerecht oder hängend getragen

Die Vorderhand ist mit geraden, langen Haaren verschwenderisch befedert

Die Vorderläufe sind gerade und sehnig, die Pfoten klein mit festen, geschlossenen Zehen

RASSENGESCHICHTE Der altspanische Vorstehhund (außerhalb Spaniens unbekannt), Setter-Spaniels und frühe schottische Setter gehören zu den Ahnen des Irish Setter.

Kurz-Info

Ursprungsland: Irland
Entstehungszeit: 18. Jh.
Erste Verwendung: Vorsteh- und Apportierhund
Heutige Verwendung: Begleithund
Lebenserwartung: 13 Jahre
Synonyme: Irish Red Setter, Red Setter

Gewicht: 27–32 kg
Widerristhöhe: 64–69 cm

Langes, seidiges Haarkleid; bei kaltem Wetter üppige Unterwolle

IRISH RED-AND-WHITE SETTER

Kurz-Info

Ursprungsland: Irland
Entstehungszeit: 18. Jh.
Erste Verwendung: Apportier- und Vorstehhund
Heutige Verwendung: Begleit- und Jagdhund
Lebenserwartung: 13 Jahre
Synonym: Parti-coloured Setter
Gewicht: 27–32 kg
Widerristhöhe: 58–69 cm

Die gut befederte Fahnenrute wird in Rückenhöhe oder tiefer getragen

Der Fang ist mäßig tief

Die Brust ist tief und schmal

Die geschlossenen Pfoten sind kompakt und zwischen den Zehen behaart

RASSENGESCHICHTE Der jagdlich verwendete Irish Setter war ursprünglich überwiegend kastanienbraun oder rot und weiß, doch eine Zeitlang selektierten die Züchter nur die rote Farbe. Der rot-weiße Setter wäre beinahe ausgestorben, erlebt aber heute eine Renaissance.

Die aufmerksamen Augen blicken freundlich

Die geraden, starkknochigen Vorderläufe sind dicht befedert

Der Stop ist gut ausgeprägt

Die dreieckigen Behänge sind kurz behaart

Wie sein Verwandter, der Irish Setter, benötigt der Rot-weiße Setter ein aufwendigeres Gehorsamstraining als die meisten anderen Jagdhunde, doch wenn er einmal abgerichtet ist, erweist er sich als zuverlässiger Gefährte. Seine Lebenslust, vor allem im Jugendalter, hat zur Folge, daß er sich häufiger verletzt als ruhigere Rassen. Wegen seiner tiefen Brust ist dieser Setter anfällig für die lebensbedrohliche Magendrehung. Die Rasse hat eine sehr feine Nase und gibt einen tüchtigen und passionierten Jagdhund ab.

Deutsche Vorstehhunde

Deutsch-Drahthaar

Rassengeschichte Als Reaktion auf die Spezialisierung im Jagdhundewesen wurde durch eine Kombination von französischen Griffons, Pudelpointer, kurz- und rauhhaarigen Vorstehhunden dieser vielseitige, auf dem Boden und im Wasser verwendbare Stöber-, Vorsteh- und Apportierhund geschaffen. In Deutschland wurde er erstmals 1870 anerkannt.

Die heutigen deutschen Vorstehhunde bilden eine heterogene Gruppe von Rassen unterschiedlicher Herkunft, aber alle sind das Ergebnis intensiver Zuchtarbeit, die in Deutschland in der zweiten Hälfte des vorigen Jahrhunderts betrieben wurde. Unter Verwendung heimischer Zuchtstämme, aber auch durch Einführung französischer und britischer Zuchtlinien brachten die deutschen Jäger und Züchter 3 verschiedene Vorstehhunde mit unterschiedlichen Eigenschaften hervor. Der Deutsch-Drahthaar ist ein robuster Gebrauchshund und zugleich ein angenehmer Familienhund. Hüft- und Ellbogenarthritis sind bekannte Erbdefekte der Rasse, die jedoch durch sorgfältige Zuchtwahl vermieden werden können. Der Deutsch-Langhaar bleibt in erster Linie ein Jagdgebrauchshund. Manche Individuen können etwas scheu sein, aber praktisch alle geben ausgezeichnete Begleit- und erstaunlich gute Wachhunde ab. Der Deutsch-Kurzhaar kann ebenfalls etwas scheu sein, und plötzliche Anfälle sind in einigen Zuchtlinien zu einem Problem geworden. Andererseits hat diese Rasse eine höhere Lebenserwartung als die meisten anderen Rassen gleicher Größe. Alle deutschen Vorstehhunde gehören fast ausschließlich in die Hand des Weidmanns.

Rassengeschichte Der Deutsch-Langhaar verdankt sein Aussehen und Wesen teils dem Épagneul Français, teils anderen langhaarigen Vogelhunden Kontinentaleuropas. Die Einkreuzung von Irish und Gordon-Setter ergab eine rot-schwarze Fellfarbe, die jedoch in der Regel nicht zugelassen ist. Der Deutsch-Langhaar wurde erstmals 1879 in Hannover öffentlich vorgestellt.

Deutsch-Langhaar

Rassengeschichte Bis ins 19. Jh. waren die deutschen Vorstehhunde schwer, ruhig und langsam. Die Kreuzung zwischen diesen Hunden, die einen Rückensattel und Kaninchenpfoten besaßen, und dem leichteren Englischen Pointer brachte die schlanke, athletische und reaktionsschnelle Rasse von heute hervor. Der Deutsch-Kurzhaar ist zu einem Favoriten der Freizeitjäger in Deutschland und Großbritannien und der Hundesportfreunde in Nordamerika geworden.

Deutsch-Kurzhaar

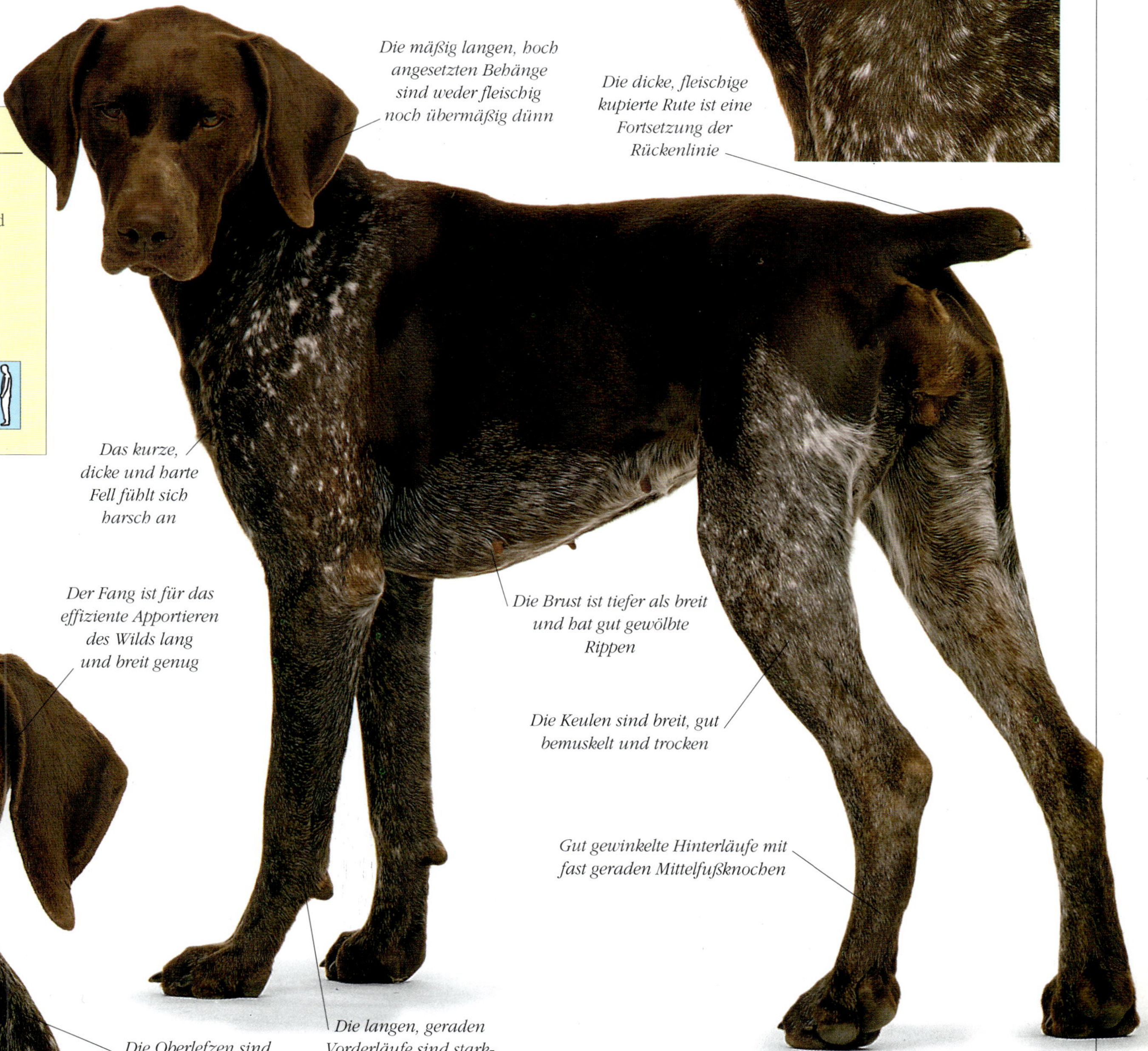

Kurz-Info

Ursprungsland: Deutschland
Entstehungszeit: 19. Jh.
Erste Verwendung: Allzweckjagdhund
Heutige Verwendung: Jagd-, selten Begleithund
Lebenserwartung: 12–14 Jahre

Gewicht:
27–32 kg
Widerristhöhe:
60–70 cm

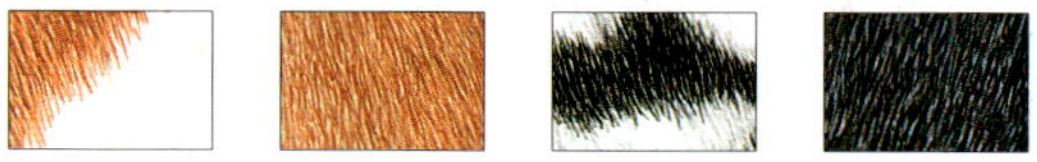

leber/weiß | leberfarben | schwarz/weiß | schwarz

Český Fousek

Kurz-Info

Ursprungsland: Tschechische Republik
Entstehungszeit: 19. Jh.
Erste Verwendung: Vorstehhund
Heutige Verwendung: Vorsteh- und Begleithund
Lebenserwartung: 12–13 Jahre
Synonyme: Tschechischer Vorstehhund, Böhmischer Rauhbart
Gewicht: 22–34 kg
Widerristhöhe: 58–66 cm

braun/weiß

braun

Rassengeschichte Möglicherweise wurden die Vorfahren des Český Fousek schon im 15. Jahrhundert auf Federwild angesetzt. In unserem Jahrhundert wurde die Rasse durch Einführung von Deutsch-Drahthaar- und Deutsch-Kurzhaar-Blut erneuert.

Dieser leichtführige Hund gehört zu den beliebtesten böhmischen Jagdhunden. Der vielseitige Gebrauchshund arbeitet als Vorsteh- und Apportierhund zu Lande und zu Wasser. Er fühlt sich auch im Haus wohl und ist durchweg kinderlieb. Zwischen den Geschlechtern besteht oft ein gewaltiger Größenunterschied: Die größten Rüden können fast um die Hälfte größer sein als die kleinsten Hündinnen. Manche Individuen sind sehr eigenwillig und brauchen eine feste Hand. Bei regelmäßigem Auslauf gibt die Rasse einen attraktiven, angenehmen Begleithund ab, der sich allerdings am besten für das Land eignet. Sie wurde erstmals im späten 19. Jahrhundert nach einem festgelegten Standard gezüchtet und verdient auch außerhalb ihrer Heimat Anerkennung.

Griffon à Poil Dur

Kurz-Info

Ursprungsland: Frankreich
Entstehungszeit: 1860er Jahre
Erste Verwendung: Vorsteh- und Apportierhund
Heutige Verwendung: Jagd- und Begleithund
Lebenserwartung: 12–13 Jahre
Synonyme: Griffon, Korthals-Griffon
Gewicht: 23–27 kg
Widerristhöhe: 56–61 cm

Rassengeschichte Dieser Allzweckgebrauchshund, ein klassischer »Euro-Hund«, wurde von dem Holländer Eduard Korthals, der in Holland und Deutschland lebte, aus niederländischen, belgischen, deutschen, französischen und möglicherweise englischen Vorstehhunden herausgezüchtet. Die Rasse ist sowohl in Europa als auch in Nordamerika wenig verbreitet.

Eduard Korthals hat nie verraten, welche Ausgangsrassen er für die Zucht dieses drahthaarigen Griffons verwendet hat, doch man darf davon ausgehen, daß der Münsterländer, der Deutsch-Kurzhaar und französische Griffons dabei eine Rolle gespielt haben. Dieser Allzweck- und Allwetter-Vorsteh- und Apportierhund war der erste europäische Jagdgebrauchshund, der in den USA formell anerkannt wurde. Er ist wirklich sehr vielseitig, denn er läßt sich für Nagetiere und Füchse ebenso verwenden wie für Federwild. Wesensmäßig ist er ein typischer Vorstehhund: aufgeweckt und gehorsam, kinderlieb, nicht bissig oder reizbar und gewöhnlich verträglich mit anderen Hunden; Rüden können allerdings aggressiv werden.

WEIMARANER

Die hoch angesetzten Behänge sind leicht gefaltet

Straffe, mäßig überfallende Lefzen und brauner Nasenschwamm

Kurzhaariger Schlag

Aristokratischer Kopf mit langem Fang und Schädel

Die ziemlich leichte Rute wird bei Gebrauchshunden kupiert, doch sonst behält sie ihre natürliche Länge

Hinterhand mit gut gewinkelten Kniegelenken, geraden Sprunggelenken und kompakten Pfoten

Rassengeschichte Die Ursprünge der nach dem Hof des Großherzogs Karl August von Weimar benannten Rasse sind nicht genau geklärt. Sie könnte jedoch auf den ausgestorbenen Leithund zurückgehen. In der Selektionszucht des 19. Jahrhunderts entwickelte sich der heutige Standard.

Dieser muskulöse, ungewöhnlich gefärbte Jagdhund ist als Gebrauchs- wie als Begleithund gleichermaßen beliebt; der letztere Verwendungszweck hat inzwischen Vorrang vor der Doppelfunktion als Spür- und Vorstehhund. Der Weimaraner hat in der Regel ein aufgewecktes, gehorsames und furchtloses Wesen, obwohl eine gewisse Wesensschwäche vorkommt und für einige Zuchtlinien typisch zu sein scheint. Sowohl der populäre kurzhaarige als auch der seltenere langhaarige Schlag sind zuverlässige Arbeiter – bei Gelände- und Gehorsamsübungen ebenso wie bei der Jagd. Dank seiner Veranlagung und Kraft ist der Weimaraner auch ein zuverlässiger Wachhund. Die Rasse ist elegant, schnell und ausdauernd, und vor allem hat sie »Starqualitäten«. Die bernsteinfarbenen, lebhaften Augen und das schimmernde stahlgraue Fell verleihen dem Hund eine eindrucksvolle Würde. Seine anmutige Erscheinung wird allgemein bewundert und sichert ihm eine beständige weltweite Popularität. Der leichtführige Hund fühlt sich in der Stadt fast genauso wohl wie auf dem Lande.

Kurz-Info

Ursprungsland: Deutschland
Entstehungszeit: 17. Jh.
Erste Verwendung: Spürhund für großes Wild
Heutige Verwendung: Jagd- und Begleithund
Lebenserwartung: 12–13 Jahre
Gewicht:
etwa 30 kg
Widerristhöhe:
57–70 cm

Die markanten, faszinierenden Augen haben eine ungewöhnliche Farbe

Das Haarkleid ist eng anliegend, glatt und kurz

Tiefe Brust mit gut gewölbten Rippen und kräftigen Schultern

Die Vorderläufe sind gerade und stark

Langhaariger Schlag

Das leicht hervortretende Hinterhauptbein ist ein Merkmal des edlen Kopfes

Das langhaarige Fell ist an den Behängen am ausgeprägtesten

Merkmale wie etwa der Nasenschwamm sind ähnlich wie beim kurzhaarigen Schlag

Perdiguero de Burgos

Vorstehende Brauenwülste schützen die dunklen, melancholischen Augen

Faltige Kehlwamme

Der Stop befindet sich in der Mitte zwischen dem Hinterhauptbein und dem großen Nasenspiegel

Das Fell kann farbige Platten aufweisen

Sehr muskulöse, kräftige Schulterpartie und lange, gerade Läufe

Die langen, breiten, weichen und hoch angesetzten Behänge fallen faltig herab

Rassengeschichte Diese Rasse, ein relativ »neuer« spanischer Vorstehhund, entstand wahrscheinlich aus Kreuzungen zwischen alten Vorstehhunden, etwa dem Perdiguero Navarro, und leichtknochigen Vorstehhunden.

Kurz-Info

Ursprungsland: Spanien
Entstehungszeit: 16. Jh.
Erste Verwendung: Hirschjagd, Vorsteh- und Apportierhund
Heutige Verwendung: Begleit- und Jagdhund
Lebenserwartung: 13–14 Jahre
Synonym: Perdiguero Burgalés, Burgos-Hühnerhund

Gewicht: 25–30 kg
Widerristhöhe: 65–75 cm

Die Iberische Halbinsel ist möglicherweise das Herkunftsland vieler europäischer Vorstehhundrassen. Dieser schöne Hund wurde früher fast ausschließlich für die Jagd auf Hochwild, etwa Hirsche, verwendet, doch heute dient er hauptsächlich als Vorsteh- und Apportierhund für kleines Wild, zum Beispiel Hasen und Rebhühner. Der arbeitsfreudige Gebrauchshund eignet sich gleich gut für die Wasser- und Bodenjagd. Sein Aussehen verrät die enge Verwandtschaft mit Spürhunden, und als Jagdhund hat er sich ein ausgezeichnetes Witterungsvermögen bewahrt. Der anpassungsfähige und leichtführige Hund ist kinderlieb und verträgt sich gut mit anderen Hunden. Er schnappt oder beißt kaum, sofern er nicht gereizt wird. Die Rasse läßt sich leicht zum Gehorsam erziehen und ist beständig in ihrem Verhalten.

Perdigueiro Português

Dieser vielseitige und stets gehorsame Vorstehhund ist vermutlich der Vorläufer des englischen Pointer und traf wahrscheinlich im frühen 18. Jahrhundert in Großbritannien ein. Der wesensfeste, sanfte und ungemein anhängliche Hund ist wegen seines hervorragenden Charakters und seiner Gebrauchstüchtigkeit in seiner Heimat zu Recht beliebt. Er ist kinderlieb und verträglich mit anderen Hunden, von Natur aus ernsthaft und leicht erziehbar, aber kein besonders guter Wachhund. Sein Fell muß nur hin und wieder abgerieben werden, aber sein Körper braucht regelmäßig viel Bewegung.

Unverwechselbares »Schüsselgesicht«, ähnlich wie beim englischen Pointer

Kräftige Vorderhand mit langen, abfallenden Schultern

Lange, breite Keulen mit festem Fell

gelb

kastanienbraun

Gut gewölbte Zehen mit gleichen Zwischenräumen

Rassengeschichte Die alte Rasse, einst als Beizjagdhund verwendet, stammt vielleicht von dem ausgestorbenen spanischen Vorstehhund Podengo Mastra ab. Ihr Name enthält das portugiesische Wort für Rebhuhn, ihre Lieblingsbeute. Der Rassetyp liegt seit Jahrhunderten fest.

Kurz-Info

Ursprungsland: Portugal
Entstehungszeit: Mittelalter
Erste Verwendung: Jagdhund
Heutige Verwendung: Begleit- und Jagdhund
Lebenserwartung: 12–14 Jahre
Synonym: Portugiesischer Hühnerhund
Gewicht: 16–27 kg
Widerristhöhe: 52–56 cm

BRACCO ITALIANO

Die kraftvolle, sensible, aber leicht eigensinnige Rasse war im Italien der Renaissance überaus beliebt, doch dann büßte sie ihre Popularität ein. Sie wurde erst vor kurzem »wiederentdeckt«, zuerst von italienischen Züchtern und anschließend von Züchtern in anderen Ländern der Europäischen Union. Heute ist der gut proportionierte Hund auf großen europäischen Hundeausstellungen häufig zu sehen. Mit seinem ernsten, aber sanften Wesen gibt er einen einfühlsamen Begleithund ab. Er ist zugleich ein passionierter Spür-, Vorsteh- und Apportierhund zu Lande und zu Wasser.

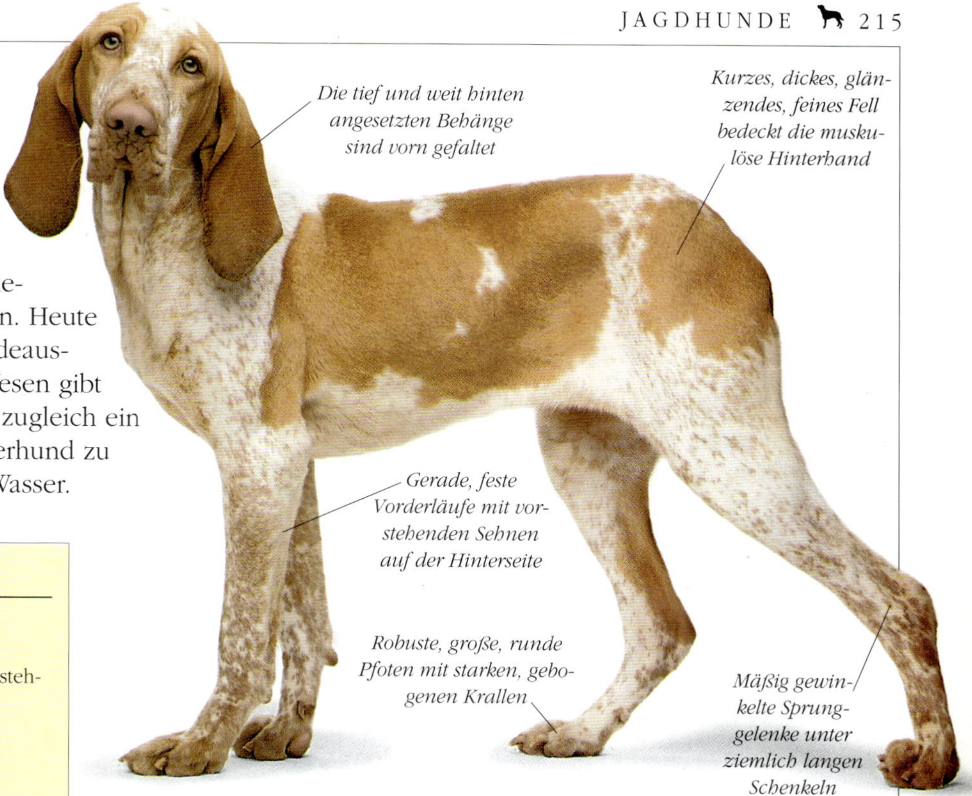

Kurz-Info

Ursprungsland: Italien
Entstehungszeit: 18. Jh.
Erste Verwendung: Spür-, Vorsteh- und Apportierhund
Heutige Verwendung: Begleit- und Jagdhund
Lebenserwartung: 12–13 Jahre
Synonym: Italienische Bracke
Gewicht:
25–40 kg
Widerristhöhe:
56–67 cm

RASSENGESCHICHTE Diese Rasse entstand im Piemont und in der Lombardei. Für einige ist sie ein Kreuzungsprodukt von Segugio und einer alten asiatischen Dogge, für andere ein Abkömmling des St.-Hubertus-Hundes.

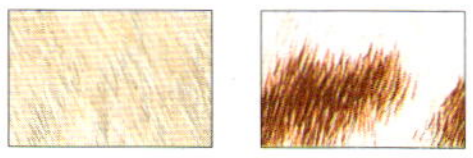

weiß — weiß/orange, weiß/kastanienbraun

SPINONE

RASSENGESCHICHTE Der Spinone könnte vom Segugio oder vielleicht auch von alten Griffons abstammen. Seine heutige Form entstand im Piemont und in der Lombardei und bildete sich bereits im 13. Jahrhundert heraus. Die Rasse mit dem attraktiven Charakter und Aussehen dürfte immer beliebter werden.

Kurz-Info

Ursprungsland: Italien
Entstehungszeit: Mittelalter
Erste Verwendung: Apportierhund
Heutige Verwendung: Begleit- und Jagdhund
Lebenserwartung: 12–13 Jahre

Gewicht:
32–37 kg
Widerristhöhe:
61–66 cm

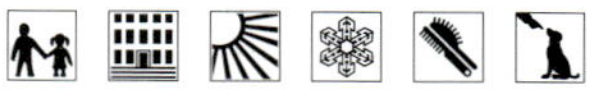

weiß — weiß/orange, weiß/kastanienbraun

Der Spinone erfreut sich neuerdings auch außerhalb seiner Heimat wachsender Beliebtheit, in Nordamerika, Skandinavien, Großbritannien und anderen europäischen Ländern. Das ist gut so. Er produziert zwar etwas mehr zähen Speichel, als manchen Leuten lieb ist, und er verströmt einen ziemlich strengen Hundegeruch, aber ansonsten ist er ein gemütvoller, ruhiger und folgsamer Hund, der sich eine echte Aufgabe wünscht, sei es nun Jagen, Geländeübungen oder das Apportieren von Hundespielzeug. Obwohl der Spinone würdevoll, reserviert und weise wirkt, ist er ein verspielter, ja rauhbauziger Bursche.

Braque Français de Gascogne

Rassengeschichte Dieser hochläufige Hund, eine alte Jagdhundrasse aus der südfranzösischen Gascogne, stammt von spanischen und italienischen Vorstehhunden ab, den Vorläufern fast aller heutigen Vorstehhunde und Setter. Die Rasse wurde um die Jahrhundertwende von zwei Züchtern, Dr. Castets und M. Senac-Langrange, vor dem Untergang gerettet.

Die gelbbraunen Augen sind tief eingesetzt und haben einen sanften Ausdruck

Breiter, brauner Nasenspiegel mit gut geöffneten Nüstern

Ziemlich dickes, glattes Fell, das auf dem Rücken rauher ist als am Kopf

Kurz-Info

Ursprungsland: Frankreich
Entstehungszeit: 17. Jh.
Erste Verwendung: Spür- und Vorstehhund
Heutige Verwendung: Begleit- und Jagdhund
Lebenserwartung: 12–14 Jahre
Synonyme: Braque Français, Französische Bracke
Gewicht: 20–32 kg
Widerristhöhe: 56–69 cm

Die Oberschenkel sind robust und recht gerade

Die Vorderläufe sind gerade, sehr lang, ziemlich breit und gut bemuskelt

Dieser hochläufige Jagdhund ist ein eifriger Spürhund, der eine Fährte mit tiefer und hoher Nase verfolgt, am liebsten jedoch mit hoher. Er gibt aber auch einen angenehmen Hausgenossen ab. Wie fast alle Vorstehhunde ist er sensibel und am besten nach modernen sanften Methoden abzurichten. Er braucht viel Bewegung und freut sich über die Gesellschaft von Artgenossen und Menschen. Der Bestand ist zwar gering, aber die passionierte Rasse wird von so vielen französischen Jägern gehalten, daß ihr Fortbestand gesichert ist.

Der Hirnschädel ist nahezu flach

Braque Français des Pyrénées

Kurz-Info

Ursprungsland: Frankreich
Entstehungszeit: 17. Jh.
Erste Verwendung: Spür- und Vorstehhund
Heutige Verwendung: Begleit- und Jagdhund
Lebenserwartung: 12–14 Jahre
Synonyme: Braque Français de petite taille, Französische Kleinbracke
Gewicht: 20–32 kg
Widerristhöhe: 47–58 cm

Rassengeschichte Diese eleganter wirkende Version des Braque Français des Gascogne hat etwa 12 cm kürzere Läufe als diese. Sie entstand in den französischen Pyrenäen unweit der spanischen Grenze und stammt vom altspanischen Vorstehhund und dem ausgestorbenen südlichen Laufhund ab.

Die Behänge sind höher angesetzt als bei dem großen Braque Français und kaum gefaltet

Die tiefe Brust reicht bis in Ellbogenhöhe hinab

Die Rasse ist ungemein wendig und arbeitet hervorragend in dichter Vegetation. Wie ihr Vetter jagt sie instinktiv mit hoher Nase; sie wendet den Kopf himmelwärts, wenn sie eine Wildfährte verfolgt. Manchmal stellt sich der Hund auf die Hinterläufe und schnüffelt intensiv, bis er die Duftspur wittert, und nimmt dann die Verfolgung auf. Er gibt einen guten Hausgenossen ab, der sich in der Stadt und auf dem Lande wohl fühlt. Er lernt schnell zu gehorchen und kommt mit Kindern und anderen Hunden gut zurecht. Das Fell braucht außer einer gelegentlichen Abreibung kaum Pflege. Die zahlenmäßig kleine Rasse ist außerhalb Frankreichs nur selten anzutreffen.

Leicht herabfallende Lefzen und vorstehende braune Nase

Der lange, gut bemuskelte Hals hat keine Kehlwamme.

Das Haarkleid ist feiner und kürzer als beim Braque Français de Gascogne

Braque Saint-Germain

Leicht gewölbter Schädel

Die dünnen Lefzen hängen über den Kiefer herab

Rassengeschichte Ein Gemälde aus der Zeit Ludwigs XV., das im Louvre hängt, zeigt einen Vorstehhund mit der Färbung dieser Rasse – ein Hinweis auf das hohe Alter des Braque Saint-Germain. Nachdem der Bestand in der Französischen Revolution stark zurückgegangen war, erneuerten engagierte Züchter die Rasse durch die Einkreuzung von englischen Pointern und Braques Français.

Kurz-Info

Ursprungsland: Frankreich
Entstehungszeit: 1830er Jahre
Erste Verwendung: Vorsteh- und Apportierhund
Heutige Verwendung: Begleit- und Jagdhund
Lebenserwartung: 12–14 Jahre
Synonym: Saint-Germain-Bracke
Gewicht: 18–26 kg
Widerristhöhe: 54–62 cm

Der vorwiegend weiße, mit orangefarbenen Abzeichen versehene Hund wirkt wie eine hochläufige Spielart des englischen Pointers. Er ist gelehrig, gehorsam und treu, doch seine zuweilen nervöse Veranlagung erinnert daran, daß er teilweise von Pointern abstammt. Als Gebrauchs- wie als Begleithund muß er behutsam erzogen werden. Der hervorragende Spürhund und Apportierer läßt sich leicht abrichten und gibt in der Stadt und auf dem Lande einen angenehmen Haushund ab.

Die Behänge sind dünn, geschmeidig und länger als beim Pointer

Die in Rückenlinie angesetzte Rute ist am Ansatz dick und verjüngt sich zur Spitze hin

Das kurze, feine Fell ist nicht harsch und hat nur wenig Unterwolle

Die Schultern sind lang, kräftig, gut bemuskelt und leicht schräggestellt

Braque du Bourbonnais

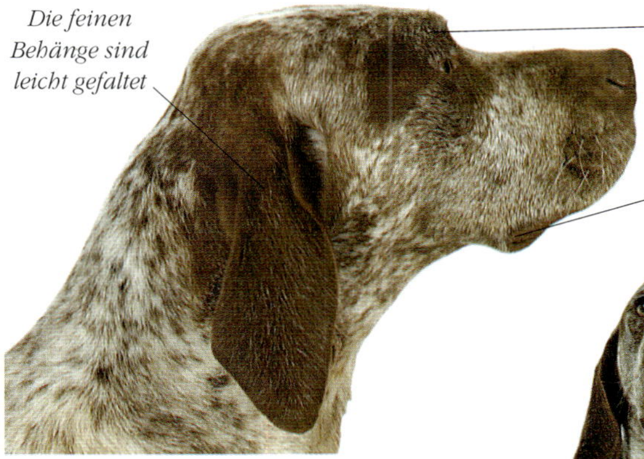

Die feinen Behänge sind leicht gefaltet

Der Schädel ist recht lang und durch einen markanten Stop vom Fang getrennt

Die schweren Lefzen hängen über den Kinnrand herab

Der kompakte und robuste Braque du Bourbonnais wird oft schwanzlos oder mit einer rudimentären Rute geboren. Als Jagdgebrauchshund ist er sehr vielseitig: Er stöbert, steht vor und apportiert auf dem Boden, im Sumpf und im Wasser. Wesensmäßig ist er die vielleicht ausgeglichenste französische Bracke. Die Rasse büßte im 19. Jahrhundert an Beliebtheit ein, doch um die Jahrhundertwende kam sie als Jagdgefährte wieder in Mode. In den Weltkriegen wäre sie beinahe untergegangen, aber neuerdings wurde sie als Vielzweck-Jagdhund wiederentdeckt.

Kurz-Info

Ursprungsland: Frankreich
Entstehungszeit: 16. Jh.
Erste Verwendung: Jagdhund
Heutige Verwendung: Begleit- und Jagdhund
Lebenserwartung: 12–14 Jahre
Synonym: Bourbonnaiser Bracke
Gewicht: 18–26 kg
Widerristhöhe: 55,5–56,5 kg

Rassengeschichte Diese Rasse hat von allen französischen Vorstehhunden die längste dokumentierte Geschichte; sie wurde erstmals 1598 von einem Italiener beschrieben, der durch das Bourbonnais in Mittelfrankreich reiste. Die unkontrollierte Zucht beeinträchtigte im frühen 20. Jahrhundert ihre jagdlichen Eigenschaften, doch sie wurde neuerdings regeneriert.

Die Sprunggelenke sind gerade und breit

Das dichte Fell ist oft ziemlich ölig, aber nicht glänzend

Tiefe, breite Brust mit langen, vorstehenden Rippen

Altdänischer Vorstehhund

Rassengeschichte Wahrscheinlich waren an der frühen Zucht im 18. Jahrhundert Lokalschläge mit Bloodhound-Vorfahren und spanische Vorstehhunde beteiligt, die aus den Niederlanden kamen, die damals unter spanischer Herrschaft standen. Ein allgemeiner Bestandsrückgang in unserem Jahrhundert und die geringe Zuchttätigkeit im Zweiten Weltkrieg hätten fast zum Erlöschen der Rasse geführt.

Kurz-Info

Ursprungsland: Dänemark
Entstehungzeit: 18. Jh.
Erste Verwendung: Spür- und Vorstehhund
Heutige Verwendung: Geländewettbewerbe, Begleithund
Lebenserwartung: 12–13 Jahre
Synomym: Gammel Dansk Honsehund
Gewicht: 18–24 kg
Widerristhöhe: 51–58 cm

Tiefer, vergleichsweise kurzer Kopf mit breitem Fang

Die langen Behänge sind an der Spitze abgerundet

Langer Hals mit breiter Brust und ausgeprägter Kehlwamme

Breite, kräftige Keulen über geraden Sprunggelenken

Das Fell ist kurz und dicht und hat eine schützende Unterwolle

Kraftvolle Vorderhand mit geraden Läufen

Dieser stämmige Vorstehhund, der außerhalb seines Heimatlandes kaum zu finden ist, wurde nach dem Zweiten Weltkrieg vor dem Untergang gerettet. Heute ist er in Dänemark einer der beliebtesten Sport- und Jagdhunde. Dank seiner feinen Nase hat der ausgezeichnete Apportierhund zusätzliche Aufgaben übernommen: Er wird als Schweißhund und als Suchhund für Munition und Drogen verwendet. Der Altdänische Vorstehhund ist ein angenehmer Begleithund; er versteht sich im allgemeinen gut mit Kindern und paßt sich bereitwillig an ein Leben in der Stadt an.

Pudelpointer

Rassengeschichte Aus dem Ausgangsmaterial von 7 Pudeln und knapp 100 verschiedenen Pointern hat der deutsche Weidmann und Kynologe Graf von Zedlitz eine Rasse mit idealen Spürhund-, Vorsteher- und Apportiereigenschaften herauszuzüchten versucht. Die Rasse ist auch in Deutschland selten geblieben.

Aus unerfindlichen Gründen ist der Pudelpointer, eine ausgezeichnete Rasse ohne größere Schwächen, in Deutschland und in anderen Ländern nie richtig populär geworden. In Deutschland muß sich jedes Tier vor der Registrierung strengen Prüfungen für die Feld- und Wasserarbeit unterziehen. Der schöne, wetterfeste Hund gehört ausschließlich in die Hand des Jägers.

leberbraun | kastanienbraun | schwarz

Augenbrauen aus buschigem, derbem Haar

Große, dunkle Nase mit gut geöffneten Nüstern

Rute bei diesem Gebrauchshund kupiert; sonst Fahnenrute

Kräftige Lenden über kraftvollen, geraden Hinterläufen

Das Fell ist kurz, rauh, wasserabstoßend und eng anliegend

Die Vorderläufe sind stämmig und kräftig

Die Zehenzwischenräume sind behaart

Kurz-Info

Ursprungsland: Deutschland
Entstehungszeit: 19. Jh.
Erste Verwendung: Spür-, Vorsteh- und Apportierhund
Heutige Verwendung: Jagd-, selten Begleithund
Lebenserwartung: 12–14 Jahre
Gewicht: 20–30 kg
Widerristhöhe: 55–65 cm

Braque de l'Ariège

Der Braque de l'Ariège ist ein harter und schneller Gebrauchshund. Er stammt zwar von schwerfälligen, beharrlichen Spürhunden ab, aber die heutige Rasse legt einen flotten Trab vor, wenn sie eine Fährte verfolgt und das Wild aufstöbert. Sie braucht regelmäßig geistige und körperliche Beschäftigung; ein eingesperrter Hund kann destruktiv werden und vielleicht unaufhörlich heulen. Wenn man sich einen Begleithund aus dieser Rasse wählt, sollte man ihn als Welpe erwerben, der von klein auf mit dem Leben, das ihn erwarter, vertraut gemacht wird. Die Rasse eignet sich nicht besonders gut als Wachhund, doch mit ihrer Größe wirkt sie abschreckend.

Kurz-Info

Ursprungsland: Frankreich
Entstehungszeit: 19. Jh.
Erste Verwendung: Vorsteh- und Apportierhund
Heutige Verwendung: Jagd- und Begleithund
Lebenserwartung: 12–14 Jahre
Synonym: Ariège-Bracke
Gewicht: 25–30 kg
Widerristhöhe: 60–67 cm

Rassengeschichte Die Rasse war früher ein schwererer und langsamerer Vorstehhund, ein Nachkomme der »weißen Hunde des Königs«, die auf den Bildern von Oudry in Versailles zu sehen sind; der heutige schnellere und schlankere Hund entstand zu Beginn des Jahrhunderts durch Einkreuzung von feingliedrigen Zuchtstämmen des Braque Saint-Germain. Die Rasse stellt einen der schwersten und stärksten französischen Vorstehhunde dar.

Slowakischer Vorstehhund

Rassengeschichte Die Zucht begann nach dem Zweiten Weltkrieg mit der Kreuzung von Český Fousek und Deutsch-Drahthaar. Die Nachkommen wurden dann mit dem Weimaraner gekreuzt. Die Rasse wurde 1975 in der Tschechoslowakei und 1983 von der Fédération Cynologique Internationale anerkannt.

Diese junge, eindrucksvolle Rasse ist ein hervorragendes Beispiel für die hochstehende Jagdhundezucht, wie sie in den letzten 40 Jahren in der Tschechei und Slowakei betrieben wurde. Der leichtführige Allwetterhund eignet sich gleichermaßen für angehende und erfahrene Jäger, Hundesportler, und Heimtierhalter. Farblich ähnelt er dem Weimaraner, doch er besitzt den zusätzlichen Schutz eines derben, drahtigen Deckhaars und einer flaumigen Unterwolle. Die Rasse ist außerhalb der Tschechischen und Slowakischen Republik sehr selten anzutreffen, doch einige Tiere sind in die Schweiz gelangt, wo sie als Lawinen- und Rettungshunde ausgebildet wurden. Wegen ihres guten Aussehens und ihrer guten Eigenschaften kann man der Rasse eine große Zukunft voraussagen.

Kurz-Info

Ursprungsland: Slowakei
Entstehungszeit:: 1950er Jahre
Erste Verwendung: Vorstehhund
Heutige Verwendung: Jagd- und Begleithund
Lebenserwartung: 12–14 Jahre
Synonyme: Slowakischer Drahthaariger Vorstehhund, Slovensky Hruborsty Stavac
Gewicht: 25–35 kg
Widerristhöhe: 56–68 cm

HIRTEN- UND HÜTEHUNDE

Den Lagerplatz oder die Behausung von Menschen zu bewachen entspricht dem natürlichen Verhalten des Hundes. Im Mündungsgebiet von Tigris und Euphrat, also im heutigen Irak, wo sich unsere Ahnen von Jägern in Ackerbauern und Viehzüchter verwandelten, wurde die Bewacherfunktion der Hunde auf das Beschützen des Viehs ausgedehnt. Die Hirten erkannten, daß Hunde, die zusammen mit Schafen, Ziegen oder Rindern aufwuchsen, diese Tiere wie Mitglieder des eigenen Rudels beschützten. Die Beschützer machten sich schon bald unentbehrlich.

Das Fell kommt in verschiedenen Farben und Texturen vor

Pyrenäenschäferhund
Schafe sind stets von zwei Hundetypen betreut worden, von Beschützern und Hüte- oder Treibhunden. In den Pyrenäen treibt dieser wendige Berger des Pyrénées die Schafherden im Sommer vom Flachland in die Hochtäler.

Die Läufe bekommen dicke Muskeln

Berner Sennenhundwelpe
Diese beliebteste schweizerische Sennenhundrasse stammt aus dem Kanton Bern.

Mastino Napolitano
Der Napolitano stammt wahrscheinlich von altrömischen Kampfhunden (Molossern) ab.

Uralte Wurzeln

Ursprünglich waren die Viehherden klein, und während die Weidetiere zusammen ruhten oder grasten, wurden sie von Hunden vor Wölfen und Dieben geschützt. Als sich jedoch die Herden vergrößerten, mußte verhindert werden, daß sich einzelne Tiere von der Herde entfernten. Kleine, flinke Hunde dienten dazu, versprengte Herdentiere zurückzutreiben – so entstanden die Hütehunde. Als die Hirten begannen, mit ihren Herden weit umherzuziehen, entwickelte sich eine andere Gruppe von Hunden – die Treibhunde. Sie beschützten das Vieh und trieben es gleichzeitig voran. Schwergewichtige Treibhunde wurden für die Rinder, kleiner und behendere für die Schafe und Ziegen gezüchtet. Diese kleineren Treibhunde waren die Vorläufer der modernen Schäferhunde.

Die durch gezielte Zucht entstandenen Doggen gingen einen getrennten, aber ähnlichen Weg. Die Militärstrategen erkannten das Potential dieser Hunde, Molosser genannt, und machten aus ihnen »Kriegswaffen«. Sie beschützten nicht nur die Herden und den Nachschub der umherziehenden Armeen, sondern übernahmen auch bereitwillig die Angriffstaktik ihrer Herren. Diese massigen Hunde breiteten sich in ganz Europa und Asien aus, und vom Schlachtfeld wechselten sie schließlich in die Sportarenen über, wo sie zunächst mit anderen Tieren und dann miteinander kämpften.

Viele heutige Gebirgshunde stammen von den Doggen ab. Die genaue Herkunft der Doggen ist unbekannt, doch es ist wahrscheinlich, daß primitive Hunde aus Südwestasien in das Gebiet des heutigen Tibet gelangten, wo sie an Größe zunahmen. Soldaten und Händler nahmen sie dann weiter östlich nach China und Japan mit, wo sie sich mit spitzartigen Hunden vermischten; diese waren die Vorfahren des Shar Pei, Chow-Chow, Akita und Tosa Inu von heute. Andere wanderten nach Westen – die englischen, französischen, spanischen, neapolitanischen und sizilianischen Doggen sind allesamt direkte Nachkommen dieser tibetischen Riesenhunde. Den umtriebigen Phöniziern wird nachgesagt, sie hätten diese Riesen in Europa eingebürgert, doch es waren die römischen Heere, die sie tatsächlich im Römischen Reich verbreitet haben. Rinderhütende Doggen begleiteten die römischen Legionen vor rund 2000 Jahren über die Alpen in die Schweiz und hinterließen dort die Vorfahren der Schweizer Sennenhunde und des Bernhardiners. In Rom kämpften Doggen gegeneinander oder gegen andere Tiere in den Arenen der Gladiatoren.

Berger Picard
Diese alte Schäferhundrasse, etwa so groß wie ein Deutscher Schäferhund, ist außerhalb seiner französischen Heimat nur selten anzutreffen.

Die Stehohren sind auf dem langen Kopf weit auseinandergestellt

Breiter Kopf auf dickem Hals

Welpen des Australian Cattle Dog
Dieser australische Viehtreiber wird auch Heeler genannt, weil er zurückbleibende Tiere durch einen Biß in die Ferse (»heel«) vorantreibt.

Der collieähnliche Kopf ist schmal und kantig

Shetland Sheepdog
Der meist Sheltie genannte Hund hatte ursprünglich die Aufgabe, auf den Shetland-Inseln die Schafe am Grasen in Gärten zu hindern.

Der Sheltie ist etwas kleiner als der Collie

Die Ohren sind mit dichtem, mäßig hartem Haar bedeckt

Der Fang läuft spitz zu

Pumi
Der kleine, aufgeweckte und energische ungarische Pumi ist ein alter Rinderhüter und Wachhund. Er gilt als notorischer Kläffer.

Ihre Nachfahren wurden Bullen- und Bärenbeißer und Kampfhunde, obwohl ihre Hauptaufgabe der Schutz von Haus und Hof blieb. Bullmastiffs, Bulldoggen, Deutsche Dogge und Boxer haben hier ihren Ursprung. Nach Südamerika exportierte Kampfhunde bildeten das Ausgangsmaterial für die gewaltigen argentinischen und brasilianischen Doggen, während in Iberien aus ihnen der Ca de Bou und der Ca de Bestiar hervorgingen.

Wächter und Hüter

Das Hüten der Herden blieb ein Hauptverwendungszweck der doggenartigen Hunde, aber auch Rinder- und Schweinezüchter und Metzger brauchten robuste und agile Hunde zum Schutz und zum Treiben des Viehs. Der Bobtail war früher ein ausgezeichneter Viehtreiber. Das gleiche gilt für den Corgi und den schwedischen Västgötaspets. In Deutschland übernahmen der Riesen- und Mittelschnauzer sowie der Rottweiler diese Rolle, während sich im heutigen Frankreich der Bouvier des Flandres als Rindertreiber bewährt. In Australien arbeiten der Kelpie und verschiedene Heeler noch immer mit großen Rinderherden. Andere, mehr defensiv eingestellte Hütehundrassen breiteten sich von Asien nach Europa und Afrika aus. Auf dem Balkan entstanden die furchtlosen griechischen, albanischen, Illyrischen und Istrianer Schäferhunde, während in Ungarn der Komondor nach wie vor die Herden beschützt. Weiter westlich sind andere schwere Hirtenhunde tätig. Kuvasz, Čuvač, Maremmaner und Pyrenäen- und Podhalenhund, die stets weiß sind, damit sie sich von marodierenden Wölfen unterscheiden; sie beschützen die Herden, hüten sie aber nicht. Als Helfer bei ihren großen Herden benutzten die Hirten Hütehunde wie Puli, Pumi, Mudi, Kroatischen Schäferhund, Bergamasker Hirtenhund und Polnischen Niederungshütehund. In Portugal ist der Cão da Serra da Estrêla noch immer als Herdenbewacher aktiv, während die portugiesischen Schäferhunde für die Hütearbeit zuständig sind. Im europäischen Flachland entwickelten sich die eigentlichen Hütehunde, wahrscheinlich aus Herdenbewachern. In Großbritannien entstanden so die tüchtigen Collies. In Belgien, Holland, Frankreich und Deutschland erzüchtete man echte Schäferhunde. Berger Picard, Beauceron, Briard, Nederlandse Herdershond, Schapendoes, der Deutsche Schäferhund und die belgischen Schäferhunde sind allesamt Produkte einer selektiven Zucht auf Hüteeigenschaften und Gehorsam.

Die Ohren haben eine breite Basis

Der lange Rücken ist dicht behaart

Saarloos-Wolfshund
Diese zurückhaltende Rasse, eine Neuzüchtung des Holländers Leendert Saarloos, versucht man immer wieder durch die Einkreuzung von Wolfsblut zu »verbessern«.

Shar Pei
Mit seinem Borstenfell und der faltigen Haut sieht der Shar Pei sehr ungewöhnlich aus. Er wurde als Kampfhund gezüchtet und kann sich immer noch aggressiv gebärden.

Zahlreiche lockere Hautfalten

Welsh Corgi Cardigan
Der Corgi, ein traditionsreicher Viehtreiber, ist niedrig gebaut, damit er nicht von den Hufen der Rinder getroffen wird, die er gern in die Fersen zwickt.

Diese Rasse besitzt ein ungewöhnlich üppiges Haarkleid

Bearded Collie
Im Erscheinungsbild und Verwendungszweck besteht eine auffallende Ähnlichkeit zwischen dem schottischen Bearded Collie und dem Polnischen Niederungshütehund.

Das Fell wird gewöhnlich im Frühling geschoren

Komondor
Der Komondor, eine der wenigen Rassen mit einem natürlichen Schnürenfell, beschützt in Ungarn seit Jahrhunderten die Schafherden. Heute wird er in Nordamerika auch als Schutz vor Kojoten verwendet.

Deutscher Schäferhund

Der Kopf ist ziemlich schmal und zwischen den Ohren mäßig breit

Schwarzer langhaariger Schlag

Leuchtendes, langes, schwarzes Deckhaar und nur wenig kürzere Unterwolle

Im Sitzen wird die Rute leicht gebogen aufgelegt

Rassengeschichte Die weltweit häufigste Rasse entstand im Rahmen einer hervorragenden Zuchtprogramms, das Max von Stephanitz Ende des vorigen Jahrhunderts einleitete. Unter Verwendung von lang-, kurz- und rauhhaarigen Schäferhundlokalschlägen aus Württemberg, Thüringen und Bayern schufen von Stephanitz und andere engagierte Züchter den eleganten, intelligenten, gehorsamen und stattlichen Deutschen Schäferhund. Bis 1915 wurden sowohl langhaarige (»altdeutsche«) als auch rauhhaarige Schläge ausgestellt. Heute ist in den meisten Ländern nur die stock- bzw. kurzhaarige Form als Ausstellungshund zugelassen.

Die Stehohren sind mit hellbraunen Haaren befedert

Das gerade Haarkleid liegt nicht eng am Körper an

Brauner langhaariger Schlag

Rückenlänge größer als Widerristhöhe

Langer Fang und nur leicht gewölbter Schädel

Cremefarbener langhaariger Schlag

Die Rute reicht über die Sprunggelenke hinab

Die Vorderläufe sind mit langem Haar gut befedert

Der römische Geschichtsschreiber Tacitus berichtet von einem »wolfsähnlichen Hund im Land am Rhein«. Es ist gut möglich, daß der Deutsche Schäferhund und die nah verwandten holländischen und belgischen Schäferhunde schon seit Jahrtausenden weitgehend in der heutigen Gestalt existierten. Zu Beginn des Ersten Weltkriegs war der Schäferhund in ganz Deutschland beliebt, und er breitete sich rasch auch im Ausland aus. Die Massenzucht hat jedoch leider physische und Verhaltensprobleme geschaffen. Arthritis der Gelenke, Augenleiden, Magen-Darm-Beschwerden und andere Krankheiten treten deutlich gehäuft auf. Ebenso häufig sind Wesensschwäche, Ängstlichkeit und Aggressivität gegenüber anderen Hunden. Das Resultat ist, daß die individuelle Qualität der Tiere erheblich schwankt. Bei sorgfältiger Zucht haben wir es indes mit einer hervorragenden Rasse zu tun – ruhig, zuverlässig, gelehrig und gehorsam. Sie ist vielseitig verwendbar als Begleit-, Schutz-, Polizei-, Sanitäts-, Spür-, Blindenführhund usw.

Die mittelgroßen Stehohren sind am Ansatz breit

Kräftiges, korrektes Scherengebiß

Die Rute ist buschig behaart

Brauner langhaariger Schlag

Die leicht schräggestellten mandelförmigen Augen stehen nicht vor

viele Farben

Fellfarben und -längen
Schwarz und braun, schwarz und grau sowie einfarbig schwarz sind bei Schautieren zugelassene Farben. Gelb, creme und weiß werden in den meisten Ländern nicht akzeptiert, ebensowenig ein langhaariges Fell, obgleich alle diese Varietäten nach wie vor routinemäßig gezüchtet werden.

Die hoch angesetzten Stehohren wirken wachsam und aufgeweckt

Der obere Kopfteil verschmältert sich allmählich von den Augen bis zum Nasenspiegel

Die dunkle Nase verbreitert sich zu einer abgeflachten Spitze

Große Würfe

Beim Deutschen Schäferhund sind die Würfe groß. Das spätere Verhalten der Nachkommen hängt von den ererbten Genen ab, ferner von der Art und Weise, wie sie von ihren Müttern und von den Menschen behandelt werden, und von allen anderen frühen Erfahrungen.

Der große, runde Kopf ist typisch für die meisten jungen Säugetiere

Das Welpenfell besteht größtenteils aus feinem Dunenhaar

Das Haar ist an der Rute am längsten und üppigsten

Kurz-Info

Ursprungsland: Deutschland
Entstehungszeit: Ende 19. Jh.
Erste Verwendung: Schäferhund
Heutige Verwendung: Begleit-, Schutz-, Dienst- und Blindenhund
Lebenserwartung: 12–13 Jahre

Gewicht:
34–45 kg
Widerristhöhe:
55–65 cm

Die Brust ist tief und der Bauch nur mäßig aufgezogen

Breite, kräftig bemuskelte Keulen mit ziemlich langen Oberschenkeln

Gewölbte, kleine, rundliche und gut geformte Pfoten mit großen Ballen

Schwarz-gelber stockhaariger Schlag

Im Stehen werden die Sprunggelenke gewinkelt

Der mittellange Hals ist kräftig bemuskelt und hat keine Kehlwamme

Der Fang macht die halbe Kopflänge aus

Die spitzen Stehohren sind hoch angesetzt und sehr beweglich und werden nach vorn gestellt

Die straffen Lefzen sind dunkel pigmentiert

Weißer stockhaariger Schlag

In der Ruhe wirkt der Hund kraftvoll, gelassen und wachsam

Gerade Vorderläufe; die Ellbogen liegen nicht zu eng am Körper an

GROENENDAEL

Kurz-Info

Ursprungsland: Belgien
Entstehungszeit: Mittelalter/19. Jh.
Erste Verwendung: Viehhüten
Heutige Verwendung: Begleit- und Wachhund
Lebenserwartung: 13–14 Jahre
Synonyme: Belgischer Schäferhund, Berger Belge
Gewicht: 27,5–28,5 kg
Widerristhöhe: 56–66 cm

Die Einteilung der belgischen Schäferhunde ist nicht einfach, weil sich die nationalen Zuchtverbände nicht über die Namen einigen können. 1891 führte Professor Adolphe Reul von der belgischen tierärztlichen Hochschule eine Bestandsaufnahme aller in Belgien lebenden Schäferhunde durch, und daraufhin wurden vier Rassen im Land anerkannt. In vielen Ländern, auch in Deutschland, werden diese jedoch nur als Schläge einer Rasse des Belgischen Schäferhunds klassifiziert. In den USA ist der Groenendael der Belgische Schäferhund, während der Malinois und der Tervueren getrennt und der Laekenois überhaupt nicht anerkannt werden. Alle vier sind ungewöhnlich starke Hundepersönlichkeiten, die von klein auf erzogen werden müssen.

RASSENGESCHICHTE Gegen Ende des vorigen Jahrhunderts begannen die Züchter, sich intensiv für die heimischen Schäferhunde zu interessieren; sie stellten Standards auf, die möglichst wenige Rassen vorsahen. Belgien anerkannte ursprünglich 8 Rassen, darunter den Groenendael, der von dem belgischen Züchter Nicholas Rose entwickelt wurde.

LAEKENOIS

Dieser Hund ist zwar ebenso energisch und eigenwillig wie seine drei Vettern, neigt aber weniger zum Schnappen und Beißen. Die relative Seltenheit des Laekenois ist unverständlich – er ist ebenso fruchtbar und als Arbeitshund genauso tüchtig wie die anderen belgischen Schäferhunde; vielleicht schreckt sein derbes Aussehen manche Züchter ab. Der stets wachsame und sehr aktive Hund spricht gut auf die Gehorsamserziehung an und gibt einen guten Wächter ab. Er kommt gut mit Kindern aus, wenn er früh mit ihnen vertraut wird, kann aber manchmal bei anderen Hunden Ärger machen.

Kurz-Info

Ursprungsland: Belgien
Entstehungszeit: Mittelalter/19. Jh.
Erste Verwendung: Hüten und Beschützen der Viehherden
Heutige Verwendung: Begleit- und Wachhund
Lebenserwartung: 12–14 Jahre
Synonyme: Berger de Laeken, Belgischer Schäferhund (s. unter Groenendael)
Gewicht: 27,5–28,5 kg
Widerristhöhe: 56–66 cm

RASSENGESCHICHTE Der derbe, zottig wirkende Laekenois, heute der seltenste der vier belgischen Schäferhunde war der Lieblingshund der belgischen Königin Marie Henriette und wurde nach dem Château de Laeken benannt, auf dem sie oft residierte. Die dem Hollandse Herdershond ähnliche »Rasse« wurde 1897 erstmals anerkannt.

MALINOIS

Kurz-Info

Ursprungsland: Belgien
Entstehungszeit: Mittelalter/19. Jh.
Erste Verwendung: Viehhüter
Heutige Verwendung: Begleit-, Schutz- und Diensthund
Lebenserwartung: 12–14 Jahre
Synonyme: Mechelaar, Belgischer Schäferhund (s. unter Groenendael)
Gewicht: 27,5–28,5 kg
Widerristhöhe: 56–66 cm

RASSENGESCHICHTE Der Malinois war der erste belgische Schäferhund mit festgelegtem Typ und wurde so zum Maßstab für die anderen. Benannt ist er nach der belgischen Stadt Malines (Mechelen), in deren Umgebung er besonders häufig war. Im Erscheinungsbild steht er dem Deutschen Schäferhund am nächsten.

grau rehbraun rot

Der Fang ist ein wenig länger als der flache, mittelbreite Schädel

Bei entspannter Haltung hängt die Rute schlaff herab und ist im letzten Viertel leicht aufgebogen

Die Brust ist nicht breit, aber tief und geräumig

Die Oberarme liegen eng am Körper an

Der Malinois hat ein ähnliches Fell wie der kurzhaarige Nederlandse Herdershond, doch im Wesen entspricht er dem Laekenois – aktiv und achtsam mit ausgeprägtem Beschützertrieb. Nach dem Lakenois ist er der am wenigsten populäre belgische Schäferhund, obwohl die beiden vielleicht weniger bissig sind als der Groenendael und der Tervueren. Seine Seltenheit könnte daran liegen, daß er den sehr ähnlichen Deutschen Schäferhund zum Konkurrenten hat. Er ist jedoch ein robuster Hund, der immer häufiger als Polizeihund eingesetzt wird.

Das kurze, harte Fell ist schwarz gestichelt

Trockene, flache Wangen und mittelgroße Nase mit großen Nüstern

TERVUEREN

RASSENGESCHICHTE Der Tervueren, der äußerlich und wesensmäßig dem Groenendael am nächsten steht (in Groenendaelwürfen fallen gelegentliche Tervuerenwelpen an), geht auf denselben Stamm wie der Groenendael zurück. Er wäre am Ende des Zweiten Weltkriegs beinahe ausgestorben, erfreut sich aber neuerdings wieder großer Wertschätzung, vor allem als Drogenhund.

grau rehbraun rot

Dank seiner Abrichtbarkeit und Konzentrationsfähigkeit eignet sich der Tervueren hervorragend für Geschicklichkeitsprüfungen, als Polizei- und Schutzhund und als Helfer von Blinden und Behinderten. In den letzten Jahren hat er sich erfolgreich als Spürhund bewährt, der illegale Drogen an den Landesgrenzen erschnüffelt. Sein langes, doppelt pigmentiertes Fell, in dem die hellen Einzelhaare eine schwärzliche Spitzenfärbung aufweisen, trägt zu seiner Attraktivität bei und erklärt zum Teil seine wachsende Beliebtheit. Wie alle belgischen Schäferhunde braucht auch der Tervueren eine feste, aber einfühlsame Hand.

Das dunkle Gesichtshaar ist viel kürzer als das Körperfell

Die sich verjüngende Rute ist mit dicken Leithaaren bedeckt

Die spitzen Stehohren wirken wachsam

Die lange Halskrause verhüllt die dichte Unterwolle aus feinen, schwarzen Haaren

Die langen, athletischen Hinterläufe sind befedert

Runde Pfoten mit harten, schwarzen Krallen

Kurz-Info

Ursprungsland: Belgien
Entstehungszeit: Mittelalter/19. Jh.
Erste Verwendung: Viehhüten
Heutige Verwendung: Begleit-, Schutz- und Diensthund
Lebenserwartung: 12–14 Jahre
Synonym: Belgischer Schäferhund (s. unter Groenendael)

Gewicht: 27,5–28,5 kg
Widerristhöhe: 56–66 cm

BORDER-COLLIE

Der Border-Collie, in Großbritannien und Irland nach wie vor der beliebteste diensttuende Schäferhund, kann ein anhänglicher, aber etwas schwieriger Hausgenosse sein, vor allem in der Stadt. Tiere, die aus Gebrauchshund-Zuchtlinien stammen, haben einen starken »Raubtierinstinkt«, der durch Zucht und Abrichtung zu hervorragenden Hüteeigenschaften umfunktioniert wird. Wird der Hund nicht ständig gefordert, schlägt sein Arbeitseifer in negatives Verhalten um, etwa in Bissigkeit oder die Neigung, andere Hunde oder Menschen zu »treiben«.

RASSENGESCHICHTE Obwohl die Schäfer im hügeligen schottischen Grenzland (border = Grenze) schon seit langer Zeit Collies verwendet haben, erhielt diese Rasse erst 1915 ihren heutigen Namen.

Kurz-Info

Ursprungsland: Großbritannien
Entstehungszeit: 18. Jh.
Erste Verwendung: Schaf- und Rinderhüten
Heutige Verwendung: Begleit- und Schäferhund
Lebenserwartung: 12–14 Jahre
Gewicht: 14–22 kg
Widerristhöhe: 46–54 cm

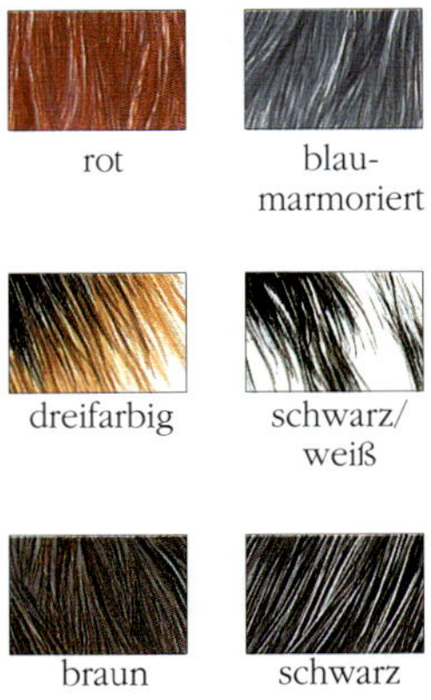

LANGHAARIGER COLLIE

Die elegante Schönheit des Collies faszinierte zuerst die Züchter und dann das Publikum. Nachdem Königin Viktoria einen Collie als Gefährten gewählt hatte, stieg seine Beliebtheit, aber erst als Hollywood ihn für die Lassie-Filme entdeckte, waren seine internationale Anerkennung und Popularität gesichert. Der Erfolg der Rasse im Ausstellungsring überschattet ihre ursprünglichen guten Hüteeigenschaften. Der Collie ist ein ausgezeichneter Hausgenosse, leicht erziehbar, sehr kinderlieb und ein guter Wachhund. Da sein prachtvolles langes Haarkleid leicht verschmutzt und verfilzt, muß es täglich gebürstet werden.

Kurz-Info

Ursprungsland: Großbritannien
Entstehungszeit: 19. Jh.
Erste Verwendung: Schafhüten
Heutige Verwendung: Begleithund
Lebenserwartung: 12–14 Jahre
Synonyme: Collie, Rough Collie, Scottish Collie
Gewicht: 18–30 kg
Widerristhöhe: 51–61 cm

RASSENGESCHICHTE Der Langhaarige Collie, der seinen Ursprung im kalten Nordschottland hat, hatte als Gebrauchshund kürzere Läufe und eine kürzere Nase als die elegante Rasse von heute.

Kurzhaariger Collie

Rassengeschichte Der Kurzhaarige Collie kann auf einen dreifarbigen Welpen namens »Trefoil« zurückgeführt werden, der 1873 geboren wurde. In seiner Ahnenreihe könnte jedoch auch eine Spur Windhundblut enthalten sein.

Kurz-Info

Ursprungsland: Großbritannien
Entstehungszeit: 19. Jh.
Erste Verwendung: Schafhüten
Heutige Verwendung: Begleithund
Lebenserwartung: 12–14 Jahre
Synonym: Smooth Collie
Gewicht:
18–30 kg
Widerristhöhe:
51–61 cm

Meist wird der Kurzhaarige Collie als Schlag des Langhaarigen aufgefaßt, weil in seinen Würfen vereinzelt langhaarige Welpen anfallen. Im Wesen haben sich die beiden Formen jedoch auseinanderentwickelt, vielleicht weil der Genpool der kurzhaarigen kleiner ist. Sie ist nicht so beliebt wie der Langhaarige Collie und außerhalb Großbritanniens sehr selten anzutreffen. Der Kurzhaarige Collie ist zurückhaltender und schnappt eher einmal zu. Er gibt jedoch einen guten Gefährten ab und paßt sich auch an das Leben in der Stadt an.

Die Spitzen der Stehohren hängen herab, wenn der Hund aufmerkt

Langer Fang mit schwarzem Nasenspiegel

Das Fell ist kurz und dicht

Die Vorderläufe sind lang und schlank

Muskulöse Keulen und lange, sehnige Hinterläufe

braungrau/weiß

blaumarmoriert

dreifarbig

Sheltie

braungrau | blaumarmoriert | dreifarbig | schwarz/weiß | schwarz/loh

Der Kopf verjüngt sich elegant von den Ohren zur Nasenspitze

Der Hals ist verschwenderisch behaart

Die kleinen Kippohren stehen eng zusammen

Dunkelbraune Augen mit sanftem Ausdruck

Der Sheltie zählt in Japan permanent zu den beliebtesten Rassen, ist aber auch in anderen Ländern populär. Er wird zwar nur noch selten als Gebrauchshund verwendet, hat sich aber seinen Beschützer- und Hütetrieb bewahrt und ist bereit, das Haus seines Besitzes energisch zu verteidigen. Er ist eine Art Miniaturausgabe der großen schottischen Schäferhunde, insbesondere des Collies. Die Verkleinerung hat allerdings ein erhöhtes Frakturrisiko der langen, dünnen Gliedmaßenknochen und ein gehäuftes Auftreten von erblich bedingten Verdauungs- und Augenbeschwerden mit sich gebracht.

Rassengeschichte Diese Rasse könnte aus Kreuzungen zwischen importierten Langhaarigen Collies und Hunden von den schottischen Shetland-Inseln hervorgegangen sein.

Krause aus langen Haaren

Langes, harsches Deckhaar

Kurz-Info

Ursprungsland: Großbritannien
Entstehungszeit: 18. Jh.
Erste Verwendung: Schafhüten
Heutige Verwendung: Begleit- und Schäferhund
Lebenserwartung: 12–14 Jahre
Synonym: Shetland Sheepdog
Gewicht: 6–7 kg
Widerristhöhe: 35–37 cm

Bearded Collie

Die mittelgroßen, hängend getragenden Ohren verschwinden unter dem langen Haar

Die Vorderläufe sind mit langem, zottigem Haar bedeckt

Überschwenglichkeit ist die Haupteigenschaft dieser alten Rasse. Nachdem sie als Gebrauchshund praktisch verschwunden war, wurde sie 1944 erneuert, als Mrs. Willison, die Besitzerin von »Jeannie«, den Rüden »Bailie« erwarb, den sie an einem Strand bei Hove in Sussex hatte spielen sehen. Fast alle heutigen Bearded Collies stammen von diesen beiden Hunden ab. Die temperamentvollen, freundlichen Kerle brauchen ständig geistige und körperliche Beschäftigung und sind ideal geeignet für Menschen, die viel Zeit und Energie haben.

Kurz-Info

Ursprungsland: Großbritannien
Entstehungszeit: 16. Jh.
Erste Verwendung: Schafhüten
Heutige Verwendung: Begleithund
Lebenserwartung: 12–13 Jahre
Synonym: Beardie

Gewicht:
18–27 kg
Widerristhöhe:
51–56 cm

Tief angesetzte, lange Rute mit üppiger Befederung

Langes Gebäude mit geradem Rücken, auf dem das Fell von Natur aus in der Mitte gescheitelt ist

Rassengeschichte Der Legende zufolge stammt die Rasse von Polnischen Niederungshütehunden ab. Nachdem sie die Britischen Inseln erobert hatte, breitete sie sich erfolgreich in Nordamerika und auf dem europäischen Kontinent aus.

grau, rehbraun, blau, braun, schwarz

Bobtail

Kurz-Info

Ursprungsland: Großbritannien
Entstehungszeit: 19. Jh.
Erste Verwendung: Schafhüten
Heutige Verwendung: Belgeithund
Lebenserwartung: 12–13 Jahre
Synonyme: Old English Sheepdog, Altenglischer Schäferhund
Gewicht:
29,5–30,5 kg
Widerristhöhe:
56–61 cm

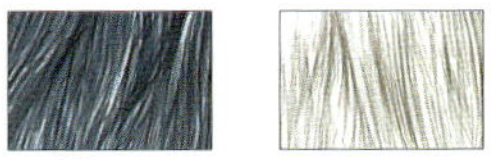

blau, grau

Rassengeschichte Der Bobtail (»Stummelschwanz«) geht vermutlich auf kontinentale Schäferhunde zurück, etwa den Briard. Die Auslesezucht begann in den 1880er Jahren.

Fast quadratischer Kopf mit langen starken, viereckigen Kiefern

Ein englischer Farbenhersteller machte 1961 Werbung im Fernsehen und benutzte dazu einen Bobtail als Symbol. Daraufhin ging der Verkauf dieser Hunde und der Farben gleichermaßen in die Höhe. Sein alter Aggressionstrieb bricht gelegentlich durch – eine frühe Erziehung ist jedoch vor allem notwendig, um sein intensives Werben um Zuwendung einzudämmen. Obwohl sich der wuschlige Bursche manchmal wie der sprichwörtliche Elefant im Porzellanladen benimmt, ist er ein ausgezeichneter Wach- und Schutzhund.

Welpe

Die geraden Vorderläufe sind mit üppigem, hartem Deckhaar und wasserabstoßender Unterwolle bedeckt

Das weiche Welpenfell wird härter und zottiger

Der Widerrist liegt tiefer als die Kruppe

Welsh Corgi Cardigan

Rassengeschichte Manche Fachleute meinen, diese Rasse sei vor mehr als 3000 Jahren mit den Kelten nach England gelangt. Andere behaupten, sie sei entfernt mit kontinentalen Bassets verwandt und vor etwas mehr als 1000 Jahren auf die Insel gekommen. Im 18. Jahrhundert wurden durch Kreuzungen mit dem Welsh Corgi Pembroke die Unterschiede zwischen den beiden Rassen verringert.

Die dunklen, mittelgroßen, leicht schräggestellten Augen stehen weit auseinander

Das glatte, schützende Deckhaar fühlt sich harsch an und bedeckt eine weiche, wärmende Unterwolle

Der Kopf wirkt fuchsähnlich

Der Fang macht weniger als 40 % der Kopflänge aus

Kräftiger, leicht gebogener Hals auf abfallenden Schultern

Der fuchsartige, buschige Schwanz ist länger als der des Pembroke

Kurz-Info

Ursprungsland: Großbitannien
Entstehungszeit: Mittelalter (?)
Erste Verwendung: Viehtreiber
Heutige Verwendung: Begleithund, Viehtreiber
Lebenserwartung: 12–14 Jahre

Gewicht: 11–17 kg
Widerristhöhe: 27–32 cm

alle Farben

Achten Sie auf Ihre Füße, wenn ein Corgi in der Nähe ist. Dieser robuste Arbeitshund ist ein geborener »Fersenzwicker«, denn ursprünglich trieb er das Vieh voran, indem er es in die Fersen zwickte; er ist so niedrig gebaut, daß er vor den ausschlagenden Hufen sicher war. »Cur« bedeutete früher soviel wie bewachen, und »gi« bezeichnet im Altwalisischen den Hund. Der Corgi wird seinem Namen gerecht: Er ist ein wachsamer, bissiger Beschützer und Schaf- und Rindertreiber. Er gibt auch einen munteren Hausgenossen ab.

Welsh Corgi Pembroke

Kurz-Info

Ursprungsland: Großbritannien
Entstehungszeit: 10. Jh.
Erste Verwendung: Viehtreiber
Heutige Verwendung: Begleithund, Viehtreiber
Lebenserwartung: 12–14 Jahre

Gewicht: 10–12 kg
Widerristhöhe: 25–31 cm

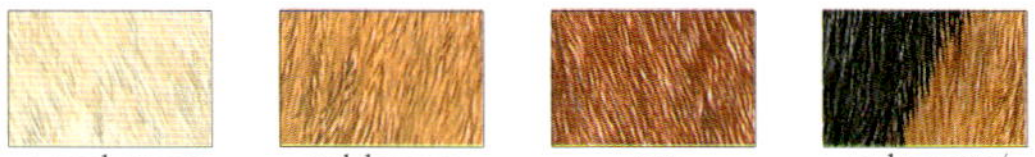

graubraun · rehbraun · rot · schwarz/loh

Rassengeschichte Aus alten Quellen geht hervor, daß der Pembroke seit mindestens 920 n. Chr. in Großbritannien heimisch ist. In einem Bericht heißt es, die Rasse habe flämische Weber begleitet, die Heinrich I. nach England holte.

Feste, mittelgroße Stehohren mit abgerundeter Spitze

Die mittelgroßen, ovalen, braunen Augen stehen etwas schräg

Der Fang ist trocken und kompakt

Die Stummelrute ist ein Erbmerkmal

Der Welsh Corgi Pembroke sieht dem schwedischen Västgötaspets ähnlich. Möglicherweise haben die Wikinger Vorfahren dieses schneidigen kleinen Treibhunds aus ihren Niederlassungen in Britannien nach Skandinavien mitgenommen. Bis zum 19. Jahrhundert wurden solche Hunde überall auf den Britischen Inseln dazu benutzt, das Rindvieh zu den Märkten zu treiben. Wegen seiner Ausdauer und Tüchtigkeit wurden die Vorläufer des Pembroke zu begehrten Gebrauchshunden. Die Rasse wird heute zwar noch immer als Viehtreiber eingesetzt, aber die meisten Tiere werden als Begleithunde gehalten. Den Züchtern ist es nur halbwegs gelungen, der Rasse die Bissigkeit auszutreiben.

Das Gebäude ist deutlich kürzer als das des Cardigan

Australian Kelpie

Dieser kompakte, robuste und arbeitsfreudige Hund ist der beliebteste und erfolgreichste australische Hütehund, der in seinem Ursprungsland in mehr als 100 000 Exemplaren verbreitet ist. Da er alle Vieharten, Rinder, Schafe, Ziegen und sogar Geflügel, mit Hingabe und Ausdauer hütet, entstand die Legende, daß er Dingoblut führen müsse. Zuverlässige Berichte über die Abrichtbarkeit des Kelpies sprechen jedoch dagegen. Benannt wurde er nach einem »Kelpie« (Wassergeist), der in dem Roman »Kidnapped« des schottischen Schriftstellers R. L. Stevenson vorkommt. Für ein Leben in der Stadt ist der lebhafte Hund kaum geeignet.

Rassengeschichte Die Rasse entstand aus der Verpaarung eines Collies aus Nordengland mit einer schwarz-lohfarbenen Hündin namens »Kelpie« aus Neusüdwales in Australien.

Kurz-Info

Ursprungsland: Australien
Entstehungszeit: 1870er Jahre
Erste Verwendung: Viehhüten
Heutige Verwendung: Begleit- und Hütehund
Lebenserwartung: 12 Jahre
Synonyme: Kelpie, Barb

Gewicht: 11–20 kg
Widerristhöhe: 43–51 cm

Australian Cattle Dog

Kurz-Info

Ursprungsland: Australien
Entstehungszeit: 19. Jh.
Erste Verwendung: Viehhüten
Heutige Verwendung: Hüte- und Begleithund
Lebenserwartung: 12 Jahre
Synonyme: (Australischer) Heeler, Blue Heeler, Hall's Heeler, Queensland-Heeler

Gewicht: 16–20 kg
Widerristhöhe: 43–51 cm

In Großbritannien wurde der inzwischen ausgestorbene Blue Heeler, der das Vieh in die Fersen (»heels«) zwickte, in den Häfen dazu benutzt, Schafe und Rinder auf die Schiffe zu treiben. Obwohl der Australian Cattle Dog einen völlig anderen Ursprung hat, gleicht er diesem Blue Heeler. Der australische Siedler Thomas Smith Hall wünschte sich einen ähnlichen Hund, der aber robust genug war, um die strapaziöse Arbeit des Viehtreibens im Australien des 19. Jahrhunderts zu bewältigen. Indem Hall das Verhalten des Dingos erforschte, der sich lautlos an die Beute anschleicht, bevor er zubeißt, erzüchtete er einen Hund, der dem heutigen Cattle Dog sehr ähnlich sah. Die Rasse ist von Natur aus mißtrauisch und muß deshalb schon früh mit anderen Tieren und Menschen vertraut gemacht werden.

Rassengeschichte Der vielseitige und furchlose Cattle Dog ist das Resultat einer sechzigjährigen Kreuzungszucht. Ausgangsrassen waren der Red Bobtail, der schottische blaumarmorierte Collie und der Dingo.

Australian Shepherd Dog

Der außerhalb der USA kaum bekannte Hund, der trotz seines Namens ein Amerikaner ist, wird wegen seines gehorsamen und willigen Wesens und seines guten Aussehens immer beliebter. Er wurde ursprünglich als Hütehund gezüchtet, der sich für das durchwachsene Klima Kaliforniens eignete, doch er hat sich inzwischen hervorragend an das Leben in der Familie und an die Arbeit als Diensthund, insbesondere als Such- und Rettungshund, angepaßt. Die Rasse ähnelt im Wesen dem Golden und Labrador-Retriever. Sie ist anhänglich und verspielt, hat sich aber ihren Arbeitstrieb bewahrt. Es ist noch kein »Designer-Hund«, obwohl einige Züchter eine Verkleinerung des Gebäudes anstreben.

Rassengeschichte Die Rasse entstand im 19. Jahrhundert in Kalifornien, doch zu ihren Vorfahren gehören Schäferhunde aus Neuseeland und Australien.

Kurz-Info

Ursprungsland: USA/Australien
Entstehungszeit: 20. Jh.
Erste Verwendung: Schäferhund
Heute Verwendung: Begleit- und Schäferhund
Lebenserwartung: 12–13 Jahre
Gewicht:
16–32 kg
Widerristhöhe:
46–58 cm

Lancashire-Heeler

Mit dem Aufkommen der modernen Transportmittel wurden die alten Viehtreiber überflüssig. In England starben der Yorkshire- und Norfolk-Heeler, der Drover's Cur und der Londoner Smithfield-Collie aus. Der heutige Lancashire-Heeler ist zwar in der Färbung (schwarz mit lohfarbenen Abzeichen) und in der Größe fast identisch mit seinem gleichnamigen Vorgänger, wird aber nur selten als Hütehund verwendet und hat das Hüten auch nicht gelernt. Seine Aufgewecktheit und seine Vorliebe für die Ratten- und Kaninchenjagd hat er von seinen Terriervorfahren, doch er gibt einen angenehmen Hausgenossen ab.

Kurz-Info

Ursprungsland: Großbritannien
Entstehungszeit: 17. Jh./1960er Jahre
Erste Verwendung: Rinderhüten
Heutige Verwendung: Begleithund
Lebenserwartung: 12–13 Jahre
Synonym: Ormskirk-Heeler

Gewicht:
3–6 kg
Widerristhöhe:
25–31 cm

Rassengeschichte Heelers, die das Vieh durch »Fersenzwicken« vorantrieben, waren überall häufig, wo Rinder zum Markt geschafft werden mußten. Der Lancashire-Heeler starb zu Beginn unseres Jahrhunderts aus. Die heutige Rasse, eine Neuzüchtung der 1960er Jahre, ist in der Hauptsache ein Kreuzungsprodukt von Welsh Corgi und Manchester-Terrier.

PUMI

Rassngeschichte Der Pumi ist aus Kreuzungen zwischen dem schnürenfelligen Puli und glatter behaarten Deutschen Spitzen hervorgegangen. Sein Name tauchte erstmals 1815 auf, doch erst in den 1920er Jahren wurde er als eigene Rasse anerkannt. Seine Funktion war eher die eines Viehtreibers als eines Hütehunds.

Kurz-Info

Ursprungsland: Ungarn
Entstehungszeit: 19. Jh.
Erste Verwendung: Viehtreiber
Heutige Verwendung: Schutz- und Begleithund
Lebenserwartung: 12–13 Jahre

Gewicht:
10–15 kg
Widerristhöhe:
33–48 cm

Ungarn hat eine Reihe von Hütehunden hervorgebracht. Der Pumi ist eine der weniger bekannten Rassen, vielleicht wegen seiner zottigen Erscheinung. Er ist ein typischer Viehtreiber mit hitzigem Temperament und wachsamem Wesen. Als Gebrauchshund erfüllt er viele Aufgaben: Er hütet und treibt Rinderherden, vertilgt Schadtiere und bewacht Haus und Hof. Als Wachhund ist er ein ausdauernder Kläffer. Pumis haben sich in Europa und Nordamerika durchgesetzt, doch außerhalb Ungarns ist ihre Zahl gering.

KOMONDOR

Das Schnürenfell schützte den Komodor früher sowohl vor den Unbilden des Wetters als auch vor Wölfen, wenn er in Ungarn die Schafe und Rinder bewachte. Sein ausgeprägter Beschützertrieb wird heute genutzt, um in Nordamerika Schafe vor Kojoten zu schützen. Der Hund wächst vom Welpenalter an mit seiner Schafherde auf und wird gleichzeitig mit den Schafen geschoren. Er gibt einen angenehmen Begleithund ab; allerdings muß sein Fell ständig gepflegt werden, damit die Schnüre nicht zu Platten verfilzen

Kurz-Info

Ursprungsland: Ungarn
Entstehungszeit: Altertum
Erste Verwendung: Schafhüten
Heutige Verwendung: Viehhüter, Begleithund
Lebenserwartung: 12 Jahre

Gewicht:
36–60 kg
Widerristhöhe:
65–90 cm

Rassengeschichte Man vermutet, daß dieser größte ungarische Hirtenhund die Magyaren begleitet hat, als sie sich vor über 1000 Jahren in Ungarn niederließen. Sein Name wird erstmals 1544 erwähnt, doch erst 1910 hat sich der Komondor als moderne Rasse fest etabliert.

Kuvasz

Rassengeschichte Manche Experten glauben, dieser große, weiße Hirtenhund sei im 12. Jahrhundert mit den Kumanen, einem nomadischen türkischen Hirtenvolk, nach Ungarn gekommen. Der Hund wird erstmals im 17. Jahrhundert erwähnt; sein Name leitet sich vom türkischen »kavas« oder »kawasz« her, was bewaffneter Wächter bedeutet – und das trifft auf den Kuvasz voll zu.

Spitze schwarze Nase

Das Fell ist rauh, wellig und steif

Die Ohren sind hoch angesetzt und stehen weit auseinander

Keulen und Hinterläufe sind sehr muskulös, mit breiten, langen Hintermittelfüßen

Die hinteren Läufe sind länger als die vorderen, aber genauso kräftig

Obwohl es in ungarischen Geschichtsbüchern heißt, König Matthias I. habe den Kuvasz im 15. Jahrhundert für die Wildschweinjagd verwendet, ist dieser Hund kein geborener Jagdhund. Er ist ein ausgesprochener Wächter, der lieber bei seiner Herde bleibt, als auf die Jagd zu gehen. Sein Ursprung geht wahrscheinlich auf die alten asiatischen Schäferhunde zurück, die von umherziehenden Soldaten und Hirtennomaden nach Europa gebracht wurden. Der Kuvasz ist ein kraftvoller Hund, der sein Territorium bedingungslos verteidigt und in die Hand eines erfahrenen Halters gehört. Er gibt jedoch einen treuen Begleithund ab und hat in der Regel einen zuverlässigen Charakter.

Kurz-Info

Ursprungsland: Ungarn
Entstehungszeit: Mittelalter
Erste Verwendung: Herdenbewacher
Heutige Verwendung: Begleit- und Schutzhund
Lebenserwartung: 12–14 Jahre

Gewicht: 30–52 kg
Widerristhöhe: 66–75 cm

Slovensky Čuvač

Kurz-Info

Ursprungsland: Slowakei
Entstehungszeit: Mittelalter
Erste Verwendung: Herdenbewacher
Heutige Verwendung: Begleit- und Schutzhund
Lebenserwartung: 12 Jahre
Synonyme: Čuvač, Tchouvatch Slovaque

Gewicht: 30–45 kg
Widerristhöhe: 55–70 cm

Der ruhige, kraftvolle Čuvač, ein furchtloser Verteidiger seines Territoriums und Rudels, ähnelt sehr seinem Nachbarn, dem Kuvasz. Internationale Anerkennung erhielt die Rasse 1969, und heute ist sie ein beliebter Begleithund. Die Auslesezucht hat einen Hund mit ausgeglichenem Wesen und zuweilen fast übertriebener Anhänglichkeit hervorgebracht. Das dicke Haarkleid braucht jedoch regelmäßige Pflege – für einen gepflegten Haushalt kommt der Čuvač also nicht in Frage.

Rassengeschichte Dieser Gebirgshirtenhund, der einen ähnlichen Ursprung hat wie der größere Kuvasz, war nahezu ausgestorben, als Dr. Antonin Hruza von der Tierärztlichen Hochschule in Brünn nach dem Ersten Weltkrieg ein erfolgreiches Zuchtprogramm einleitete.

Dicht behaarte Rute

Der kraftvolle Hals ist ebenso lang wie der Kopf

Sehr muskelstarke Hüfte und Oberschenkel

Breite Brust mit gut gewölbten Rippen

Dickes, weißes Deckhaar über dichter Unterwolle

RIESENSCHNAUZER

Tiefschwarzer Nasenspiegel

Langer, harter Bart

Einst war der Riesenschnauzer ein verbreiteter Hütehund in Süddeutschland, doch wegen seines sehr großen Futterbedarfs verlor er in schlechten Zeiten an Bedeutung. Gegen Ende des vorigen Jahrhunderts erfreute er sich als Metzger- und Schutzhund wieder großer Beliebtheit. Obwohl widerstandsfähig und robust, neigt die Rasse zu Schulter- und Hüftarthritis. Da sie nicht übermäßig viel Auslauf braucht, eignet sie sich auch für die Stadt. Sie schreckt jedoch nicht davor zurück, ihre gewaltige Kraft für die Verteidigung ihres Territoriums einzusetzen.

Die robusten, kräftigen Vorderläufe stehen nicht zu eng

hier: pfeffersalz

schwarz

Kurz-Info

Ursprungsland: Deutschland
Entstehungszeit: Mittelalter
Erste Verwendung: Viehtreiber
Heutige Verwendung: Begleit-, Schutz- und Diensthund
Lebenserwartung: 11–12 Jahre

Gewicht:
35–50 kg
Widerristhöhe:
60–70 cm

RASSENGESCHICHTE Dieser kraftvollste Schnauzer wurde durch »Vergrößerung« des Mittelschnauzers erzüchtet. Als er 1909 in München zum erstenmal ausgestellt wurde, trug er noch den Namen »rußiger (schwarzer) Bärenschnauzer«.

SCHNAUZER

Die hoch angesetzte Rute wurde kupiert

Die halb stehenden Ohren fallen anmutig herab

Mit seinem langen Fang und Bart wirkt der Hund zugleich würdevoll und drollig

Gut bemuskelte Schenkel und kurze, runde Katzenpfoten

Dieser schneidige Hund verkörpert die ursprüngliche Rasse, aus der später der Zwerg- und Riesenschnauzer hervorgegangen sind. Albrecht Dürer hat Hunde dieses Typs gemalt, ebenso Rembrandt. Möglicherweise ist die alte Rasse eine Mischung aus Spitzen und Wachhunden. Der Schnauzer wird heute zwar primär als Begleithund gehalten, bleibt aber ein ausgezeichneter Viehhüter. Er lernt ziemlich leicht Gehorsam und kann zum Apportieren auf dem Boden und im Wasser abgerichtet werden.

hier: pfeffersalz

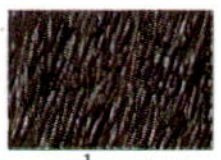

schwarz

Der lange, kräftige Kopf verschmälert sich allmählich von den Ohren bis zur Nase

Die Vorbrust ist breit und reicht bis unter die Ellbogen

Hartes, rauhes und dichtes Deckhaar und noch dichtere Unterwolle

Kurz-Info

Ursprungsland: Deutschland
Entstehungszeit: Mittelalter
Erste Verwendung: Rattenfänger, Wachhund
Heutige Verwendung: Begleithund
Lebenserwartung: 12–14 Jahre
Synonym: Mittelschnauzer
Gewicht:
15–18 kg
Widerristhöhe:
45–50 cm

RASSENGESCHICHTE Diese Rasse, die früher Rattenbeißer und Wachhund zugleich war, wird vielfach als Terrier eingestuft. Ihren Ursprung hat sie in Süddeutschland in den Nachbarregionen der Schweiz und Frankreichs; ursprünglich hieß sie Schnauzer-Pinscher.

MUDI

Der Rücken ist gerade, aber ziemlich kurz

Die Hinterläufe stehen ungewöhnlich weit auseinander

Der Mudi, der wohl am wenigsten bekannte ungarische Hund, dient als Wildschweinjäger, Hütehund, Wächter von Haus und Hof und Begleithund. Sein Typ festigte sich zu Beginn unseres Jahrhunderts, und sein Standard wurde gemäß diesen ursprünglichen Merkmalen festgeschrieben. Merkwürdigerweise, doch vielleicht teilweise wegen seiner undefinierbaren Herkunft und seines derben Aussehens, existiert der Mudi nur in geringer Zahl, und ohne die Bemühungen engagierter Züchter wäre er vom Aussterben bedroht. Trotz seiner Tüchtigkeit und Anpassungsfähigkeit ist er außerhalb Ungarns kaum anzutreffen. Er ist ein gehorsamer und verspielter, aber zuweilen etwas lauter Hausgenosse, der sich auf dem Lande und in der Stadt gleichermaßen wohl fühlt.

RASSENGESCHICHTE Die ungarischen Hirtenhunde wurden bis zu den 1930er Jahren alle in einen Topf geworfen; dann trennte man den Mudi vom Puli und Pumi ab. Diese Allzweck-Landrasse ist offenbar nicht das Produkt einer Auslesezucht und selbst in Ungarn selten.

Das dichte, lange, wellige und glänzende Haar bildet Wirbel

viele Farben

Kurz-Info

Ursprungsland: Ungarn
Entstehungszeit: 19. Jh.
Erste Verwendung: Bewachen und Hüten der Herden, Wildschweinjagd
Heutige Verwendung: Begleit- und Schutzhund, Niederwildjagd
Lebenserwartung: 13–14 Jahre
Synonym: Ungarischer Schäferhund

Gewicht:
8–13 kg
Widerristhöhe:
36–51 cm

KROATISCHER SCHÄFERHUND

Relativ langer Kopf mit trockenem Fang

Dieser »unverbildete« Vierbeiner ist ein unkomplizierter Schutz- und Wachhund. Er ist im nördlichen Kroatien aus heimischen Schäferhunden hervorgegangen, die ihrerseits Nachkommen von Hunden waren, welche aus anderen Balkanregionen oder aus Griechenland und der Türkei dorthin gelangten. Er ist etwas größer als sein ungarisches Pendant, der Mudi, und auf dem Lande in Kroatien häufiger anzutreffen. Anders als der Mudi, der in vielen Farben vorkommt, ist der Kroatische Schäferhund stets schwarz; nur an den Pfoten kann etwas Weiß auftreten. Der geborene Hütehund ist Fremden gegenüber mißtrauisch, doch bei früher Sozialisierung spricht er auf eine Gehorsamserziehung gut an.

Kurz-Info

Ursprungsland: Kroatien
Entstehungszeit: 19. Jh.
Erste Verwendung: Herdenbeschützer
Heutige Verwendung: Hüte-, Schutz-, selten Begleithund
Lebenserwartung: 13–14 Jahre
Synonym: Hrvatski Ovčar
Gewicht:
13–16 kg
Widerristhöhe:
40–51 cm

RASSENGESCHICHTE Dieser Hund, der in den nordkroatischen Regionen Bačka und Baranja an der ungarischen Grenze als Schäferhund verwendet wird, ist nicht nach einem Standard gezielt gezüchtet worden, sondern vielmehr das Resultat von Zufallspaarungen.

Die dreieckigen Stehohren sind etwas seitlich angesetzt

Das dicke, weiche, lange, wellige Fell ist gewöhnlich 8–13 cm lang

Leicht abfallende, muskulöse und breite Kruppe

Ziemlich kleine und lange Pfoten mit geschlossenen Zehen

Appenzeller Sennenhund

Dieser vielseitige, imposante und trittsichere Hund ist seit dem Mittelalter ein treuer Freund der schweizerischen Bergbauern. Früher wurde er vor Karren gespannt, um an den Markttagen landwirtschaftliche Produkte in die Stadt zu befördern. Er ist ein ausgezeichneter Hütehund, der willig Rinder-, Schaf- oder Ziegenherden zusammenhält. Mit seiner Größe, Kraft und Stimme schreckt er potentielle Raubtiere und Diebe ab. Im 19. Jahrhundert ging die Zahl der Appenzeller zurück, und obwohl sie vor dem Untergang gerettet wurden, sind sie außerhalb der Schweiz recht selten anzutreffen.

Der Ringelschwanz ist bei den Sennenhunden einmalig

Rassengeschichte Obschon die genaue Herkunft unbekannt ist, gilt es als wahrscheinlich, daß die Rasse von Kriegshunden (Molossern) abstammt, die die römischen Legionen zurückließen, als sie vor 2000 Jahren durch die Schweiz zogen. Die Ringelrute läßt auf Spitzblut in der Ahnenreihe schließen.

Kurz-Info

Ursprungsland: Schweiz
Entstehungszeit: Altertum/20. Jh.
Erste Verwendung: Ziegenhüten
Heutige Verwendung: Schutz- und Begleithund
Lebenserwartung: 12–13 Jahre

Gewicht: 25–32 kg
Widerristhöhe: 48–58 cm

Die Pfoten sind für einen so großen und robusten Hund ziemlich klein

Das Fell ist kurz, dick und glänzend und hat eine dichte Unterwolle

Die kleinen, runden Augen haben bei Jungtieren einen besonders lebhaften Ausdruck

Der Fang verjüngt sich gleichmäßig zur Nasenkuppe hin

Berner Sennenhund

Rassengeschichte Diese sehr alte Rasse wäre im späten 19. Jahrhundert beinahe untergegangen, als der Züchter Franz Schertenleib, der die Geschichte der Schweizer Sennenhunde erforschte, in der Region Bern mehrere gute Exemplare entdeckte. Ihren heutigen Namen erhielt die Rasse 1908.

Kurz-Info

Ursprungsland: Schweiz
Entstehungszeit: Altertum/20. Jh.
Erste Verwendung: Ziehhund
Heutige Verwendung: Begleithund
Lebenserwartung: 10–12 Jahre
Synonym: Dürrbächler

Gewicht: 40–44 kg
Widerristhöhe: 58–70 cm

Langer Fang mit mittelgroßer Nase

Das glänzende, schwarze Fell ist üppig, lang und glatt

Weiße Abzeichen auf der Brust, ebenso an Kopf, Pfoten und Rutenspitze

Welpe

Die Popularität des Berner Sennenhundes nimmt in Europa und Nordamerika rasch zu. In den 1930er Jahren züchteten viele Züchter auf größere Körpermaße und Schutzhundeigenschaften, was in einigen Zuchtlinien zu einer gewissen Wesensschwäche führte, die eine Neigung zu unprovozierter Aggressivität zur Folge hat. Die Zucht mit einem kleinen Genpool hat auch bestimmte Gesundheitsprobleme geschaffen, insbesondere Schulterlähme. Als Arbeitshund, der zum Hüten und Ziehen von Karren abgerichtet wurde, lernt der Berner bereitwillig Gehorsam. Der Riesenkerl ist oft von rührender Anhänglichkeit, gehört aber am besten in die Hand eines erfahrenen Halters.

Die buschig behaarte Rute wird nicht geringelt

Robuste Vorderläufe

ENTLEBUCHER SENNENHUND

RASSENGESCHICHTE Die Ursprünge dieses kleinsten Schweizer Sennenhundes sind ungeklärt. Seine Doggengestalt deutet darauf hin, daß er von den Kampf- und Schutzmolossern der römischen Legionen abstammt. Benannt ist die liebenswerte Rasse nach der Landschaft Entlebuch im Kanton Luzern.

Kurz-Info

Ursprungsland: Schweiz
Entstehungszeit: Altertum/20. Jh.
Erste Verwendung: Viehtreiber
Heutige Verwendung: Hüte- und Begleithund
Lebenserwartung: 11–13 Jahre

Gewicht: 25–30 kg
Widerristhöhe: 40–50 cm

Massiger Kopf mit kleinen, lebhaften braunen Augen

Kleine, hoch angesetzte Hängeohren

Rundliche, geschlossene Pfoten

Kraftvolle, schön geformte, lange Kiefer mit komplettem Scherengebiß

Kurzes, hartes, dickes und glänzendes Deckhaar über dichter, feiner Unterwolle

Die muskulösen Keulen sind mit dicker Haut und noch dickerem Fell bedeckt

Die Sprunggelenke sind gut gewinkelt

Der in der Schweiz beliebte, aber im Ausland ziemlich seltene, kompakte und muskulöse Hund gehört zu den Rassen, die von Franz Schertenleib »gerettet« worden sind. Aus Erzählungen seines Vaters wußte dieser Züchter, daß es in den schweizerischen Gebirgstälern verschiedene Sennenhundformen gab. Im späten 19. Jahrhundert durchforschte Schertenleib zusammen mit dem Kynologen Professor Albert Heim das Land nach Sennenhunden, um sie vor dem Aussterben zu bewahren. Der stets gefällige Entlebucher gibt einen guten Hausgenossen ab.

GROSSER SCHWEIZER SENNENHUND

Kurz-Info

Ursprungsland: Schweiz
Entstehungszeit: Altertum/20. Jh.
Erste Verwendung: Ziehhund
Heutige Verwendung: Begleithund
Lebenserwartung: 10–11 Jahre

Gewicht: 59–61 kg
Widerristhöhe: 60–70 cm

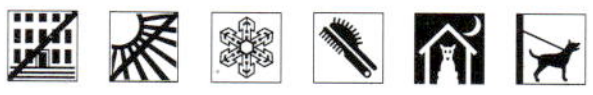

In Ruhe wird die kräftige Rute bis zu den Sprunggelenken herabhängend getragen

Hartes Deckhaar über voller Unterwolle

Robuster Kopf mit leichter Mittelfurche auf dem Fang

Die kräftigen, breiten, gut bemuskelten Keulen sorgen für Ausdauer

Kurze, runde Pfoten mit gewölbten Zehen

Neben dem Berner ist dies der größte Schweizer Sennenhund, möglicherweise auch der älteste. Jahrhundertelang war er ein geschätzter Ziehhund in den Dörfern und auf den Bauernhöfen: Er zog die Milchkarren zum Markt und half den Metzgern beim Viehtreiben. Als Franz Schertenleib (s.o.) Albert Heim den einzigen Hund zeigte, den er auf einem abgelegenen Hof gefunden hatte, forderte Heim die schweizerischen Hundefreunde auf, weitere Tiere ausfindig zu machen. Es wurden genügend Exemplare zur Erneuerung der Rasse entdeckt. Der Große Schweizer Sennenhund ist menschenfreundlich, kann aber zuweilen mit Artgenossen in Streit geraten.

RASSENGESCHICHTE Diese Rasse, ein weiterer mutmaßlicher Abkömmling der großen römischen Molosser, wurde zu Beginn des Jahrhunderts von Franz Schertenleib »entdeckt«. Er stellte seine Entdeckung Albert Heim vor, der die Rasse für erloschen hielt. Sie steht dem Appenzeller Sennenhund sehr nahe und wurde unter ihrem heutigen Namen 1910 anerkannt.

Mittelgroße Augen mit gut schließenden, straffen Lidern

Keine Kehlwamme, aber Hautfalte über dem Kehlkopf

Ca de Bou

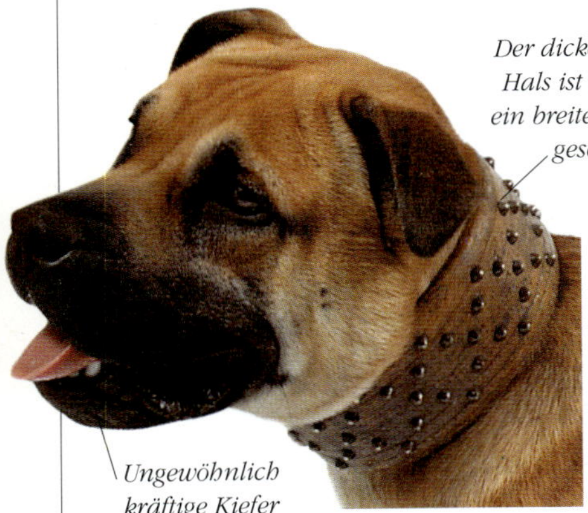

Der dicke, kraftvolle Hals ist hier durch ein breites Halsband geschützt

Ungewöhnlich kräftige Kiefer

Der Kopf ist massig und breit, schon beim Welpen

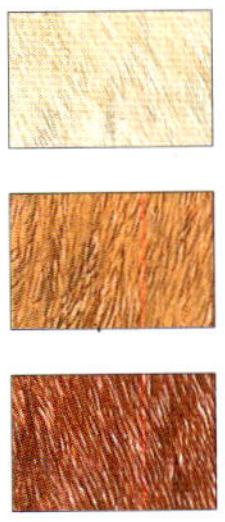

gelb

löwen-golden

lohfarben

Die Hüfte ist höher als die Schulter

Das Fell gleicht dem des Boxers: kurz, hart und glatt, ohne Unterwolle

Kurz-Info

Ursprungsland: Baleareninseln
Entstehungszeit: 17. Jh.
Erste Verwendung: Bullenbeißer, Hundekämpfe
Heutige Verwendung: Begleithund
Lebenserwartung: 10–12 Jahre
Synonym: Perro de Presa Mallorquín
Gewicht: um 36 kg
Widerristhöhe: 56–58 cm

Jahrhundertelang maß dieser doggenartige Hund seine Kräfte mit Bullen oder anderen Hunden. Hundekämpfe waren ein beliebter Volkssport in den Hafengegenden der Balearen, und der Ca de Bou, der sonst Stiere hütete, war dabei der Champion. Als das Bullenbeißen und die Hundekämpfe verboten wurden, nahm die Zahl der Hunde ab, doch die Rasse wurde durch Züchter auf dem Festland gerettet, die sie auf spanischen Hundeausstellungen zeigten. Durch die Zucht für den Ausstellungsring wurde aus ihr ein friedlicherer und anhänglicher Hausgenosse, der aber die Kraft und die Schärfe seiner Bullenbeißerahnen beibehalten hat.

Rassengeschichte Dieser kampffreudige Bullenbeißer entwickelte sich auf den Balearen in der Epoche des katalanischen Einflusses, also zwischen 1270 und 1570. Als die Briten Menorca besetzten (1708–1802), waren Bullenbeißen und Hundekämpfe ein populärer Sport, der erst in unserem Jahrhundert aufgegeben wurde.

Die vorderen Läufe sind etwa 2,5 cm kürzer als die hinteren

Ca de Bestiar

Die an der Wurzel dicke Rute verjüngt sich zur Spitze hin, die bis zu den Sprunggelenken hinabreicht

Der lange, kraftvolle Rücken ist mit glattem, kurzem, hartem Haar bedeckt

Mittelbreiter Fang mit tiefschwarzem Nasenspiegel

Kompakte Pfoten mit dicken Ballen und harten, dunklen Krallen

Rassengeschichte Dieser Hirten- und Schutzhund entstand auf den Balearen aus unbekannten Hunden, die vom europäischen Festland gekommen waren. Er entwickelte sich nach den Bedürfnissen der heimischen Schafhirten, die nur auf Funktion und nicht auf Schönheit züchteten.

Kurz-Info

Ursprungsland: Baleareninseln
Entstehungszeit: 18. Jh.
Erste Verwendung: Hofwächter
Heutige Verwendung: Begleit- und Schutzhund
Lebenserwartung: 11–13 Jahre
Synonym: Perro de Pastor Mallorquín
Gewicht: 35–40 kg
Widerristhöhe: 62–73 cm

Diese leidenschaftlich mutige und unabhängige Rasse sieht ziemlich derb aus, weil sie nie auf Schönheit gezüchtet wurde. Sie ist unkompliziert, urtümlich und selbstlos, geistig und körperlich gesund. Es ist zwar ungewöhnlich, daß ein schwarzer Hund Hitze gut verträgt, aber diese Rasse hält auch hohe Temperaturen aus – deswegen wurden einige Tiere nach Südamerika exportiert, wo sie zum Schutz von privaten Anwesen eingesetzt werden. Weil der Ca de Bestiar imstande ist, in großer Hitze zu arbeiten und sich bei kaltem Wetter ein dickes Fell zuzulegen, ist er auch ein guter Kandidat für die Kojotenbekämpfung auf nordamerikanischen Schaffarmen.

Die oberen Lefzen überlappen leicht die unteren und umschließen ein regelmäßiges, mittelgroßes Gebiß

Die Augen blicken eher furchtsam, obwohl die Rasse robust und selbstbewußt ist

KANARISCHE DOGGE

rehbraun

rotgestromt

schwarz-gestromt

Einst waren Hundekämpfe ein verbreitetes und beliebtes Volksvergnügen in den meisten Ländern Europas, und man züchtete dazu Hunde auf Zähigkeit und Ausdauer. In einigen Ländern, etwa Irland, fanden die Kämpfe auf freiem Feld statt, doch häufiger – so auch auf den Kanarischen Inseln – wurden sie in Arenen oder Gruben veranstaltet. Die Kanarische Dogge ist ein typischer Kampfhund: dickhäutig, starkknochig, muskulös und mit einem massigen Kopf und ungewöhnlich kräftigen Kiefermuskeln.

Die Kruppe ist leicht erhöht

Die tiefe, breite Brust verrät große Kraft

Breiter Fang

Der kraftvolle, vierkantige Kopf ist fast ebenso breit wie lang

Dicker, muskelstarker Hals

RASSENGESCHICHTE Diese Rasse wurde speziell für Hundekämpfe gezüchtet. Zur Ahnenreihe gehört wahrscheinlich der Bardino Majero, ein inzwischen ausgestorbener Lokalschlag, der mit importierten englischen Mastiffs gekreuzt wurde. In den 1960er Jahren wäre die Rasse fast ausgestorben, wurde aber durch den amerikanischen Tierarzt Dr. Carl Semencic wiederbelebt.

Kurz-Info

Ursprungsland: Kanarische Inseln
Entstehungszeit: 19. Jh.
Erste Verwendung: Hundekämpfe
Heutige Verwendung: Begleithund
Lebenserwartung: 9–11 Jahre
Synonym: Perro de Presa Canario

Gewicht:
38–48 kg
Widerristhöhe:
55–65 cm

GOS D'ATURA

RASSENGESCHICHTE Der Standard der Rasse, die vermutlich dem Portugiesischen und dem langhaarigen Pyrenäen-Schäferhund nahesteht, wurde 1929 aufgestellt und basiert auf dem Rüden »Tac« und der Hündin »Iris«.

Die hoch angesetzten, spitzen Hängeohren sind lang behaart

Die dunkel bernsteinfarbenen, ausdrucksvollen Augen stehen dicht zusammen

Der Körper ist mit langem, welligem Haar bedeckt

Die ovalen Pfoten sind seidig behaart

Kurz-Info

Ursprungsland: Spanien
Entstehungszeit: 18. Jh.
Erste Verwendung: Hüter und Beschützer der Herden
Heutige Verwendung: Begleithund
Lebenserwartung: 12–14 Jahre
Synonyme: Katalonischer Hirtenhund, Perro de Pastor Catalán
Gewicht: 17,5–18,5 kg
Widerristhöhe: 46–51 cm

Der Gos d'Atura mit seinem auffälligen Kinn- und Schnauzbart, seinem munteren Wesen und seinem Lernvermögen wird zu Recht innerhalb und außerhalb Kataloniens immer beliebter. Der kurzhaarige Schlag dieses Schäferhundes, der Gos d'Atura Cerda (Perro de Pastor Catalán de Pelo Corto), ist heute so selten, daß er auszusterben droht. Dank ihrer Größe und Anpassungsfähigkeit ist die Rasse ein guter Hausgenosse, obwohl manche Tiere, vor allem Rüden, recht eigenwillig und einige Zuchtlinien für Hüftgelenksdysplasie anfällig sind.

Nasenspiegel, Lefzen und harter Gaumen sind schwarz

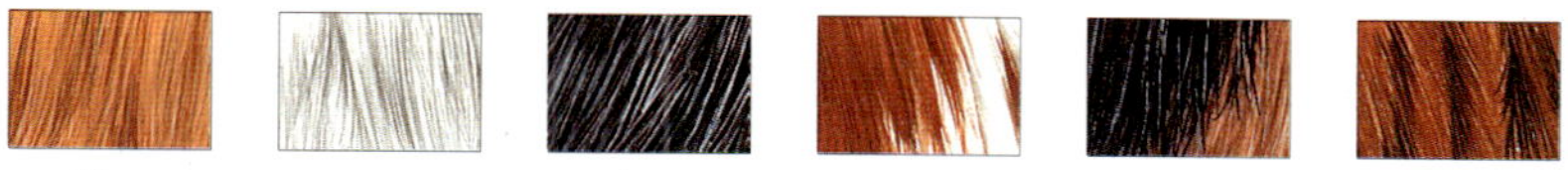

rehbraun | grau | schwarz | rot-gefleckt | schwarz/loh | schwarz-gefleckt

Cão da Serra da Estrêla

Jahrhundertelang hat dieser Hund die Herden gehütet und vor Wölfen geschützt, wenn er mit den Hirten in die Erstrêla-Berge in Mittelportugal zog. Das dichte doppelte Fell, vor allem beim langhaarigen Schlag, bietet Schutz vor der Kälte. Er wird noch immer als Hütehund eingesetzt, aber auch als Begleithund gehalten, denn er ist ruhig, jedoch von Natur aus dominant. Außerhalb Portugals hat er die meisten Anhänger in Großbritannien, wo er oft in Ausstellungen auftritt. Trotz Neigung zur Hüftgelenksdysplasie ist die Rasse durchweg gesund, braucht aber eine feste Hand.

Dicke, starkknochige Vorderläufe

Das üppige Deckhaar ist dunkler als die ebenso dicke Unterwolle

rehbraun

rotgefleckt

schwarz-gefleckt

Die ovalen, mittelgroßen Augen stehen horizontal

Kurz-Info

Ursprungsland: Portugal
Entstehungszeit: Mittelalter
Erste Verwendung: Herdenbeschützer
Heutige Verwendung: Begleit- und Hütehund
Lebenserwartung: 11–13 Jahre
Synonym: Portugiesischer Schäferhund

Gewicht: 30–50 kg
Widerristhöhe: 62–72 cm

Rassengeschichte Diese beliebteste portugiesische Rasse zählt zu den ältesten der Iberischen Halbinsel. Sie stammt von uralten asiatischen Doggen ab, die in den Westen gelangten, und ist verwandt mit der Spanischen Dogge. Nachdem sie zu Beginn des Jahrhunderts durch die Einkreuzung von Deutschen Schäferhunden gelitten hat, wird sie jetzt wieder rein gezüchtet.

Cão do Castro Laboreiro

Dieser Hund wirkt zwar rustikal, ist aber keine Unschuld vom Lande. Mit seiner einzigartigen Stimme, die sich von einem leisen Knurren zu einem scharfen Dauergebell steigert, seiner imposanten Größe und seiner Neigung, ohne Vorwarnung anzugreifen, beschützt er auch weiterhin Schafe und Rinder vor Wölfen und anderen gefährlichen Räubern, auch den zweibeinigen. Wegen seines Beschützertriebs gibt er auch einen ausgezeichneten Wachhund ab. Die Rasse ist nicht leicht zu kontrollieren und braucht deshalb eine sachkundige Ausbildung und eine feste Hand.

Rassengeschichte In der Umgebung der Stadt Castro Laboreiro zwischen den Peneda- und Suajo-Bergen entstand dieser muskulöse und mutige Berghund aus Doggen und anderen Lokalschlägen.

rehbraun

grau

rotgefleckt

schwarz

schwarz-gefleckt

Die mittelgroßen, mandelförmigen Augen blicken streng

Mittelgroße Ohren

Die lange, dicke Rute reicht bis zu den Sprunggelenken hinab

Das schwere, harte Fell ist glatt und üppig

Runde Pfoten mit großen, gut gewölbten Zehen und dicken, harten Ballen

Stämmige Vorderhand mit schwerer Schultermuskulatur und festen Knochen

Kurz-Info

Ursprungsland: Portugal
Entstehungszeit: 16. Jh.
Erste Verwendung: Beschützen und Hüten von Rinderherden
Heutige Verwendung: Hüte-, Begleit- und Schutzhund
Lebenserwartung: 12–13 Jahre
Synonym: Portugiesischer Treibhund

Gewicht: 23–34 kg
Widerristhöhe: 51–61 cm

Rafeiro do Alentejo

gelb | grau | rot | rotgefleckt | schwarz | schwarz-gefleckt

Der Rafeiro, der das Gebäude eines Bernhardiners, aber einen schmaleren Kopf hat, war ein Lieblingshund des Prinzen Don Carlos, der ihn als Jagdhund verwendete. Heute ist der seiner Familie treu ergebene Hund in Portugal ein unerschrockener Beschützer von Haus und Hof. Wegen seiner Schärfe hat man versucht, ihn in den USA zum Schutz der Schaffarmen vor Kojoten einzusetzen, doch andere Hütehundrassen haben sich als brauchbarer erwiesen als dieser aggressive und unabhängige Hund. In ihrer angestammten Rolle als Hirtenhund leistet die bodenständige Gebrauchshundrasse jedoch Erstaunliches.

Die lange, breite, muskulöse Hinterhand wirkt stämmig

Die hoch angesetzte gut befederte Rute wird mit aufgebogener Spitze hängend getragen

Kraftvolle, muskulöse, gut entwickelte Schulterpartie und tiefe, breite Brust

Das kurze bis mittellange Haarkleid ist gleichmäßig über den Körper verteilt

Afterkrallen, zuweilen doppelt, an den Hinterläufen

Pfoten mit kaum gewölbten, starken Zehen, weißen Krallen und dicken, festen Ballen

Rassengeschichte Die sehr alte Rasse entstand vermutlich im südportugiesischen Alentejo aus dem Cão da Serra da Estrêla, der Spanischen Dogge und Lokalschlägen. Dieser größte portugiesische Hund wird noch immer als Bewacher von Haus und Hof verwendet.

Kurz-Info

Ursprungsland: Portugal
Entstehungszeit: Mittelalter
Erste Verwendung: Hirtenhund
Heutige Verwendung: Hirten-, Begleit- und Schutzhund
Lebenserwartung: 11–13 Jahre

Gewicht: 43–50 kg
Widerristhöhe: bis 76 cm

Die ziemlich kleinen, dreieckigen Ohren werden herabfallend getragen

Cão da Serra de Aires

Rassengeschichte Dieser zottige, vielseitige Hüte-, Treib- und Wachhund aus Südportugal stammt vielleicht von Briards ab, die der Graf de Castro Guimaraes eingeführt und dann mit Berghundlokalschlägen oder auch dem Gos d'Atura, dem Katalonischen Hirtenhund, verpaart hat.

gelb | rehbraun | grau | braun | schwarz

Welpe

Die mittelgroßen Ohren fallen auf die Wangen herab

Kurz-Info

Ursprungsland: Portugal
Entstehungszeit: 19. Jh.
Erste Verwendung: Hütehund
Heutige Verwendung: Begleit- und Hütehund
Lebenserwartung: 12–13 Jahre

Gewicht: 12–18 kg
Widerristhöhe: 41–56 cm

Dunkle Augen

Langes Haar bedeckt die festen, symmetrischen Vorderläufe

Noch in unserem Jahrhundert war dies der Hütehund der armen Schäfer in Südportugal, doch in den 1970er Jahren wäre er beinahe ausgestorben. Glücklicherweise wurden Züchter auf die Rasse mit dem schönen Fell und dem anschmiegsamen Wesen aufmerksam, und heute ist ihr Überleben durch das Interesse der portugiesischen Hundeliebhaber gesichert. Die vorzügliche Rasse ist leicht erziehbar, kinderlieb und verträglich mit anderen Hunden und nicht bissig, solange sie nicht gereizt wird. Der etwas ungepflegt wirkende Hund ist außerhalb seiner Heimat kaum bekannt, verdient aber mehr internationale Aufmerksamkeit.

Kräftige Läufe mit dichtem, etwas harschem Fell

Der Bart wirkt würdevoll

BRIARD

RASSENGESCHICHTE Der Ursprung des Briard ist unbekannt, doch er wurde früher als »ziegenhaarige« Varietät des Beauceron aufgefaßt. Man vermutet, daß er durch Kreuzungen zwischen dieser Rasse und dem Barbet entstanden ist. Der nach der Landschaft Brie benannte Briard wird in ganz Frankreich als aufmerksamer Schäferhund verwendet.

Hoch angesetzte, kurze Ohren mit üppigem, langem Haar

Langes, flexibles, trockenes Haarkleid, wie bei einer Ziege

rehbraun

schwarz

Viereckiger, nicht runder Fang mit schwarzer Nasenkuppe

Langer, kräftiger Kopf mit ausgeprägtem Stop zwischen dem gewölbtem Schädel und der Nasenspitze

Kurz-Info

Ursprungsland: Frankreich
Entstehungszeit: Mittelalter/19. Jh.
Erste Verwendung: Hüte- und Treibhund
Heutige Verwendung: Begleit- und Schutzhund
Lebenserwartung: 11–13 Jahre
Synonym: Berger de Brie
Gewicht: um 34 kg
Widerristhöhe: 57–69 cm

Große, horizontal stehende Augen mit sanftem Ausdruck

Ausgeprägter, markanter Bart

Amerikanische Soldaten führten diesen zottigen, muskelstarken Hund nach dem Ersten Weltkrieg in die USA ein, doch er brauchte 50 Jahre, um sich dort durchzusetzen. In Frankreich ist er heute einer der beliebtesten Begleithunde, aber erst in den 1970er Jahren nahmen sich die Züchter des Problems der Wesensschwäche und des Angstbeißens innerhalb der Rasse an. Ein Hund aus einer guten Zucht paßt sich seiner Familie bestens an, bewahrt sich aber seinen hervorragenden Hüte- und Beschützertrieb. Die Rasse gibt auch einen ausgezeichneten Hirtenhund ab, der durch sein dickes Fell vor den Unbilden des Wetters geschützt ist.

Breite, tiefe Brust mit ausreichend Platz für ein leistungsfähiges Herz und große Lungenkapazität

BEAUCERON

RASSENGESCHICHTE Der aus der Landschaft Brie stammende Beauceron steht dem Briard sehr nahe: Beide haben hinten doppelte Afterkrallen. Die Anatomie dieser Rasse, im Erscheinungsbild eine Mischung von Mastiff und Dobermann, ähnelt auffallend den 2000 Jahre alten Skelettfunden aus Ostfrankreich.

Diese eigenwillige, aktive Rasse braucht eine feste Hand und sehr viel Bewegung – als Gegenleistung erhält man lebenslang Anhänglichkeit und Schutz. Der physisch unkomplizierte Hund hat einen wendigen, kraftvollen Körper. Die Gehorsamkeitserziehung ist zuweilen schwierig, und die ersten Begegnungen mit adulten Artgenossen sollte nur unter Aufsicht geschehen. Doch wie der Briard ist der Beauceron fast immer ein verläßlicher und pflichtbewußter Familien- und Gebrauchshund. Auch als Ausstellungshund wird er in Europa immer beliebter.

Langer Kopf mit flachem, aber leicht gewölbtem Schädel

Das rauhe, kurze, dichte und eng anliegende Fell ist höchstens 3 cm lang

Lange, gerade Vorderläufe mit runden Pfoten und schwarzen Krallen

Doppelte Afterkrallen an den Hinterläufen

schwarz/loh

schwarz

harlekin

Kurz-Info

Ursprungsland: Frankreich
Entstehungszeit: Mittelalter
Erste Verwendung: Wildschweinhüten und -jagd
Heutige Verwendung: Begleithund
Lebenserwartung: 11–13 Jahre
Synonym: Berger de Beauce, Bas Rouge

Gewicht: 30–39 kg
Widerristhöhe: 64–71 cm

Die Farbe der horizontal stehenden Augen variiert je nach Fellfarbe

Berger Picard

Diese solide, zuverlässige Rasse hat sich von den Verheerungen des Ersten Weltkrieges noch immer nicht erholt. Da sich ihre Population auf die Bauernhöfe in Nordostfrankreich konzentrierte, wurde sie durch den Grabenkrieg an der Somme arg dezimiert. Seither wurde dieser schlanke Hütehund unregelmäßig von einzelnen Züchtern und Bauern gezüchtet, erlangte aber nie Popularität auf französischen Ausstellungen oder im Ausland. Das ist bedauerlich, denn der »pikardische Schäferhund« besitzt ein dichtes, wetterfestes Fell und ein selbstbewußtes Wesen, das gut auf eine Gehorsamkeitserziehung anspricht, und er ist ein zuverlässiger, anhänglicher Familienhund. Außerdem ist er ein guter Schaf- und Rinderhüter und ein treuer Bewacher von Haus und Hof.

Rassengeschichte Dies ist der wohl älteste französische Schäferhund, der um 800 mit den Kelten in die Picardie und den Pas de Calais gelangte. Die beiden Weltkriege haben die Rasse an den Rand des Untergangs gebracht, und sie ist auch heute noch sehr selten.

rehbraun grau

Kurz-Info

Ursprungsland: Frankreich
Entstehungszeit: Mittelalter
Erste Verwendung: Schafhüter und -beschützer
Heutige Verwendung: Hüte-, Begleit- und Schutzhund
Lebenserwartung: 12–13 Jahre
Synonym: Berger de Picardie

Gewicht: 23–32 kg
Widerristhöhe: 55–66 cm

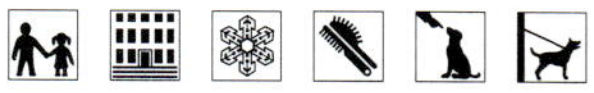

Schapendoes

Obwohl der Schapendoes von jeher ein tüchtiger Hütehund ist, ist sein Bestand in unserem Jahrhundert stark geschrumpft, bedingt durch die Kriege und die massenhafte Einfuhr von Border-Collies in die Niederlande. Nach dem Zweiten Weltkrieg haben holländische Züchter die Rasse regeneriert und dabei mit Erfolg eine Augenkrankheit (progressive Netzhautatrophie) eliminiert, die in einigen Zuchtlinien auftrat. Die Zahl ist jedoch klein geblieben – nur etwa 250 Welpen werden jährlich geboren. Heute wird die Rasse fast ausschließlich als Begleithund gehalten.

Rassengeschichte Die Ursprünge der Rasse sind nicht dokumentiert. Sie steht dem inzwischen ausgestorbenen norddeutschen Schafpudel sehr nahe. Beide Rassen sind vermutlich mit dem ungarischen Puli, dem Bergamasker Hirtenhund und dem Polnischen Niederungshütehund verwandt.

Kurz-Info

Ursprungsland: Niederlande
Entstehungszeit: Mittelalter/1940er Jahre
Erste Verwendung: Schäferhund
Heutige Verwendung: Schäfer- und Begleithund
Lebenserwartung: 13–15 Jahre
Synonyme: Nederlandse Schapendoes, Niederländischer Schafpudel
Gewicht: um 15 kg
Widerristhöhe: 40–51 cm

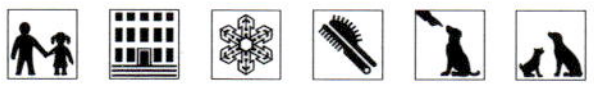

alle Farben

TSCHECHISCHER WOLFSHUND

Eskimohunde haben von der gelegentlichen, ungeplanten Einführung von Karpatenwolfblut profitiert; eingedenk dieser Tatsache schufen tschechische Züchter diese kompakte wolfsähnliche Rasse. Das Experiment ist nicht ganz gelungen: Der Tschechische Wolfshund braucht für die Erziehung eine extrem feste, geduldige Hand. Er schließt sich gut an seinen Halter an, aber nicht an andere Personen, und eignet sich nicht für die Polizeiarbeit. Manche Individuen haben Angst vor Fremden. Gleichwohl ist dieser Wolfshund eine lebhafte Rasse mit einem recht angenehmen Geheul (und einem weniger angenehmen Winseln).

Kurz-Info

Ursprungsland: Tschechische und Slowakische Republik
Entstehungszeit: 1980er Jahre
Erste Verwendung: Zuchtverbesserung
Heutige Verwendung: Begleithund
Lebenserwartung: 10–12 Jahre
Synonym: Československy Vlcak

Gewicht:
20–35 kg
Widerristhöhe:
60–75 cm

RASSENGESCHICHTE Die Beziehung zwischen Haushund und Wolf hat die Züchter von jeher fasziniert. 1955 begann die Kreuzungszucht von Deutschem Schäferhund und Karpatenwolf mit dem Ziel, die Gebrauchstüchtigkeit des Deutschen Schäferhundes zu verbessern. So entstand der Tschechische Wolfshund, der 1982 anerkannt wurde.

SAARLOOS-WOLFSHUND

Diese ungewöhnliche holländische Rasse ist leichter zu erziehen, für das Leben in der Stadt geeigneter und anhänglicher als der Tschechische Wolfshund. Das ist zum Teil vermutlich auf die längere Auslesezucht zurückzuführen, aber auch darauf, daß der rudelorientierte kanadische Timberwolf und nicht der einzeln jagende Karpatenwolf eingekreuzt wurde. Der Hund zeigt jedoch ein wölfisches Mißtrauen und kann, wie sein tschechisches Gegenstück, scheu sein.

RASSENGESCHICHTE Der holländische Züchter Leendert Saarloos begann 1921 mit seinen lebenslangen Versuchen, die Gebrauchstüchtigkeit des Deutschen Schäferhunds durch die Einführung von Wolfsblut zu verbessern. Obwohl dieses Ziel nicht erreicht wurde, erhielt die Rasse 1975 ihre Anerkennung.

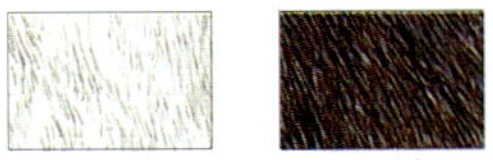

wolfsgrau   wolfsbraun

Kurz-Info

Ursprungsland: Niederlande
Entstehungszeit: 1920er Jahre
Erste Verwendung: Zuchtverbesserung
Heutige Verwendung: Begleithund
Lebenserwartung: 10–12 Jahre

Gewicht:
36–41 kg
Widerristhöhe:
60–75 cm

Nederlandse Herdershond

Relativ kleine, steife Stehohren

Während die verwandten belgischen Schäferhunde in Europa und den USA allgemein bekannt sind, hat dieser ausgezeichnete Gebrauchshund außerhalb der Niederlande kaum Anhänger gefunden. Selbst dort ist der Bestand begrenzt; nur etwa 400 Hunde werden pro Jahr registriert. Der vielseitige Bauern-, Treib-, Zieh- und Hütehund ähnelt sehr seinen belgischen Verwandten, führt aber wohl mehr Blut des Deutschen Schäferhunds in seiner Ahnenreihe. Er ist ein sehr tüchtiger Arbeitshund, ein ausgezeichneter Schäfer-, Wach-, Polizei-, Schutz- und Begleithund. Auch in Geländewettbewerben ist er sehr erfolgreich. Daß er so selten ist, liegt an der Vormachtstellung des Deutschen Schäferhunds und an der Schwierigkeit, das Erscheinungsbild der Rasse zu standardisieren.

Am Kopf fehlt die Unterwolle

Auf dem ganzen Körper gleichmäßiges hartes Fell

Glatthaariger Schlag

viele Farben

Hartes, drahtiges Haarkleid mit anliegender, dichter Unterwolle

Rauhhaariger Schlag

Harte Schnauz- und Kinnbarthaare

Feste, muskulöse und starkknochige Hinterläufe mit mäßiger Winkelung

Rassengeschichte Diese Rasse mit den verschiedenen Felltypen entstand im frühen 19. Jahrhundert in den südlichen Niederlanden, insbesondere in Brabant, und im benachbarten Belgien, das damals noch zu den Niederlanden gehörte. Die Einteilung nach Fellschlägen begann auf den ersten Hundeausstellungen vor 100 Jahren. Die Rasse hat einen ähnlichen Ursprung wie die belgischen Schäferhunde und der Deutsche Schäferhund.

Das lange, ziemlich steife Haar liegt an

Fester Rumpf mit tiefer Brust und nicht zu stark aufgezogenem Bauch

Keine Afterkrallen an den relativ kleinen Pfoten mit gut gewölbten Zehen, schwarzen Krallen und schwarzen Ballen

Kurz-Info

- Ursprungsland: Niederlande
- Entstehungszeit: 19. Jh.
- Erste Verwendung: Viehhüten
- Heutige Verwendung: Begleit- und Schutzhund
- Lebenserwartung: 12–14 Jahre
- Synonyme: Hollandse Herdershond, Niederländischer Schäferhund
- Gewicht: um 35 kg
- Widerristhöhe: 55–63 cm

Der Hals ist reich mit glänzendem, langem Haar bedeckt, das weder wellig noch lockig ist

Schützendes Haar zwischen den Zehen

Langhaariger Schlag

Bergamasker Hirtenhund

Kurz-Info

Ursprungsland: Italien
Entstehungszeit: Altertum
Erste Verwendung: Viehbeschützer
Heutige Verwendung: Begleit- und Schutzhund
Lebenserwartung: 11–13 Jahre
Synonyme: Bergamasco, Cane da Pastore Bergamasco

Gewicht: 26–38 kg
Widerristhöhe: 55–63 cm

Rassengeschichte Vor 2000 Jahren beschrieben römische Schriftsteller den idealen Schäferhund: nicht so schnell wie der Laufhund und nicht so stark wie der Bauernhund, sondern wendig und mutig, so daß er den Wolf vertreiben und verfolgen konnte. Der heutige Bergamasker, benannt nach der Region Bergamo in Norditalien, entspricht diesen altrömischen Forderungen.

Hasenpfoten mit schmalen Ballen und schwarzen Krallen

Welpe

Im Welpenfell noch keine »Flocken«

Das weiche, lange Haar bildet kräftige, wellige »Flocken«

Im Aussehen und Wesen ähnelt dieser widerstands- und anpassungsfähige Hund auffallend dem Briard. Doch während der Briard in Frankreich und im Ausland populär ist, blieb der Bergamasker innerhalb und außerhalb seines Heimatlandes ziemlich unbekannt, und er war des öfteren vom Aussterben bedroht. Der ungewöhnlich tüchtige Gebrauchshund legte sich sein unverwechselbares Schnürenfell zu, um vor den Unbilden des Wetters und den ausschlagenden Hufen der Rinder geschützt zu sein. Der anhängliche, mutige und treue Bergamasker gibt einen guten Begleit- und Schutzhund ab, eignet sich jedoch kaum für die Stadt.

Maremmaner Hirtenhund

Dies ist ein klassischer europäischer Hirtenhund, wahrscheinlich ein naher Verwandter der großen, weißen Schäferhunde des Ostens, die sich vor mehr als 1000 Jahren allmählich in Europa ausbreiteten. Der Karabash- und Akbash-Schäferhund der Türkei, der Čuvač der Slowakei, der Kuvasz und Komondor Ungarns und der Pyrenäenberghund Frankreichs sind allesamt Glieder dieser Wanderbewegung. Die Vorfahren des Maremmaners gerieten kleiner als ihre Hirtenhundvettern, behielten aber die ererbte Unabhängigkeit und Würde bei. Die Rasse ist heute in Großbritannien regelmäßig anzutreffen, ist aber sonst außerhalb Italiens noch immer selten. Sie ist eigenwillig und nicht leicht zum Gehorsam zu erziehen, doch sie gibt einen guten Schutzhund ab.

Rassengeschichte Der heutige Maremmaner Hirtenhund ist der Nachfahre des kürzer behaarten Maremmaner Schäferhundes und des langgestreckten Abruzzen-Berghundes.

Die tief angesetzte Rute ist dick und dicht befedert

Der tiefe, gut gerundete Brustkorb erstreckt sich bis zu den Ellbogen

Kurz-Info

Ursprungsland: Italien
Entstehungszeit: Altertum
Erste Verwendung: Herdenbeschützer
Heutige Verwendung: Begleit- und Schutzhund
Lebenserwartung: 11–13 Jahre
Synonyme: Maremmen-Abruzzen-Schäferhund, Cane da Pastore Maremmano-Abruzzese
Gewicht: 30–45 kg
Widerristhöhe: 60–73 cm

Spitze, ziemliche kleine, V-förmige Hängeohren

Das sehr üppige, lange und harsche Haarkleid ist leicht gewellt

Der schwarze Nasenspiegel verfärbt sich im Alter oft braunrosa

ISTRIANER SCHÄFERHUND

RASSENGESCHICHTE Der Istrianer Schäferhund ist heute in Slowenien häufiger anzutreffen, doch anderswo selten, obwohl er gelegentlich auf europäischen Hundeausstellungen auftaucht. Er steht dem Illyrischen Schäferhund sehr nahe und schützt seit Jahrhunderten die Herden im nördlichen Karstgebiet.

Kurz-Info

Ursprungsland: Balkan/Slowenien
Entstehungszeit: Mittelalter
Erste Verwendung: Herdenbeschützer
Heutige Verwendung: Hüte- und Begleithund
Lebenserwartung: 12–13 Jahre
Synonyme: Krasky Ovčar, Karst-Schäferhund
Gewicht: 26–40 kg
Widerristhöhe: 51–61 cm

Die säbelförmige Rute ist mittellang, reicht bis zu den Sprunggelenken hinab und ist mit langem Haar reich bedeckt

Der Kopf ist in Augenhöhe breit und verschmälert sich gleichmäßig zur Nase hin

Helles Haar bildet Ringe um die Augen

Die Kiefer sind ungewöhnlich kräftig

Kompakte, runde Pfoten mit gut gewölbten Zehen

Leicht schräggestellte Augen mit offenem Ausdruck

Große, schwarze Nase an der Spitze des Kopfes mit dunkler Gesichtsmaske

Die politischen Umwälzungen auf dem Balkan haben sich drastisch auf die Hunderassen im ehemaligen Jugoslawien ausgewirkt. Die relative Sicherheit in Slowenien und das gewachsene Nationalbewußtsein haben das Interesse an den heimischen Rassen neu geweckt. Eine Folge davon ist, daß der Istrianer Schäferhund in Slowenien eine Renaissance erlebt. Es ist eine ruhige, selbstbewußte Rasse mit einem dichten doppellagigen Fell, das im harten Winter ihrer Heimat einen idealen Schutz bietet.

ILLYRISCHER SCHÄFERHUND

RASSENGESCHICHTE Dieser zurückhaltende Hirtenhund, den man für älter hält als den Istrianer Schäferhund (er ist allerdings nicht so alt wie der Griechische Schäferhund oder der türkische Akbash), existiert in ausreichender Zahl in Albanien und Mazedonien. Der 1930 erstmals als eigene Rasse anerkannte Illyrische Schäferhund wird neuerdings zur Kojotenbekämpfung in die USA exportiert.

Kurz-Info

Ursprungsland: Balkan/Mazedonien
Entstehungszeit: Mittelalter
Erste Verwendung: Schäferuhund
Heutige Verwendung: Hüte- und Schutzhund
Lebenserwartung: 11–13 Jahre
Synonym: Sar Planina
Gewicht: 25–37 kg
Widerristhöhe: 56–61 cm

Die Rute wird in Ruhe leicht gebogen getragen

Der Vorderlauf ist starkknochig, gut bemuskelt und fast senkrecht

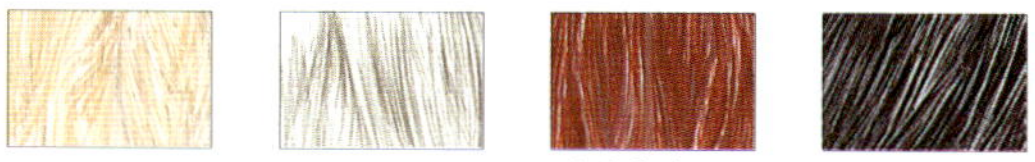

weiß grau lohfarben schwarz

Mandelförmige, dunkle Augen mit melancholischem Ausdruck

Das Chaos in Bosnien hat die Population dieser Rasse in ihrem ehemaligen Kerngebiet reduziert, doch ab 1975 ist sie in die USA und nach Kanada exportiert worden, wo nun ihr Fortbestand gesichert ist. Der unauffällige Illyrische Schäferhund ist eine unabhängige »Persönlichkeit«. Seine Arbeit nimmt er jedoch sehr ernst: Wenn er Schafe hütet, untersucht er alles, was ihm vor die Augen kommt, und er schreckt nicht davor zurück, sich mit Gegnern anzulegen, die größer sind als er selbst.

Die Nasenkuppe ist recht groß, aber nicht vorstehend

Das Fell ist 10 cm lang, dicht und gleichmäßig verteilt

Argentinische Dogge

Rassengeschichte Die Argentinische Dogge, eine der wenigen typisch südamerikanischen Rassen, ist das Ergebnis eines Zuchtprogramms, das der argentinische Züchter D. Antonio Nores Martinez in Angriff nahm, um einen Puma- und Jaguarjäger zu schaffen.

Massiger Schädel und kraftvolle, zähe Kiefer

Diese eindrucksvolle Rasse wurde anfangs für die Meutejagd gezüchtet. Dr. Martinez verwendete einen spanischen Kampfhund alten Typs, die Spanische Dogge, die Deutsche Dogge, einen alten Bullterrierschlag, den Bulldog und den Boxer, um einen bulligen, mutigen Jagdhund zu erzüchten, mit großer Ausdauer und einem hellen Fell, das die Hitze abstrahlt und nicht absorbiert. Die Rasse fand sofort Anklang bei den Veranstaltern und Freunden von Hundekämpfen, die in vielen Gegenden Südamerikas und andernorts noch immer populär sind. Diese weiße Dogge, die erste reingezüchtete Rasse Argentiniens, muß früh mit andern Tieren sozialisiert werden; sie braucht auch eine frühe Gehorsamkeitserziehung und viel Bewegung.

Die Ohren wurden kupiert, um den Hund aggressiver erscheinen zu lassen

Die Brust ist ziemlich schmal

Das Fell ist kurz, glänzend, dick, glatt und stets weiß

Kurz-Info

Ursprungsland: Argentinien
Entstehungszeit: 1920er Jahre
Erste Verwendung: Jagd, Hundekämpfe
Heutige Verwendung: Begleithund
Lebenserwartung: 11–13 Jahre
Synonym: Dogo Argentino

Gewicht:
36–45 kg
Widerristhöhe:
61–69 cm

Fila Brasileiro

Rassengeschichte Diese kraftvolle Dogge, eine der beiden in Brasilien erzüchteten Rassen (die andere ist der Brasilianische Windhund), ist aus spanischen und portugiesischen Doggen und Bloodhounds hervorgegangen und wurde für das Bewachen der Herden und das Aufspüren von großem Wild verwendet.

Der massig und einschüchternd wirkende Fila Brasileiro ist ein mutiger Hund, freundlich innerhalb seiner Familie, aber Fremden gegenüber oft mißtrauisch. Seine Bloodhoundabstammung verrät sich in seinem langen Fang, der faltigen Haut und der hervorragenden Spursicherheit. Wenn er seine Beute aufgespürt hat, greift er sie nicht an, sondern hält sie so lange in Schach, bis der Jäger eintrifft. Diese ungewöhnliche Fähigkeit wurde in den Zeiten des brasilianischen Sklavenhandels hoch geschätzt, denn er konnte entsprungene Sklaven unverletzt ihren Besitzern wiederbeschaffen. Die imposante Rasse hat in Nordamerika und Europa neue Anhänger gefunden, doch wegen ihrer Größe und potentiellen Aggressivität ist sie in einigen Ländern verboten.

Ungewöhnlich dicker Hals mit Kehlwamme

Der kräftige, gerade Rücken steigt zur Hinterhand leicht an

Das Fell ist kurz, dicht, glatt und weich

viele Farben

Die schweren, hängenden Oberlefzen sind ein typisches Doggenmerkmal

Kurz-Info

Ursprungsland: Brasilien
Entstehungszeit: 19. Jh.
Erste Verwendung: Spürhund, Großwildjagd
Heutige Verwendung: Begleit- und Schutzhund
Lebenserwartung: 10–12 Jahre
Synonyme: Cão de Fila, Brasilianische Dogge
Gewicht: 41–50 kg
Widerristhöhe: 61–76 cm

Mastín Espãnol

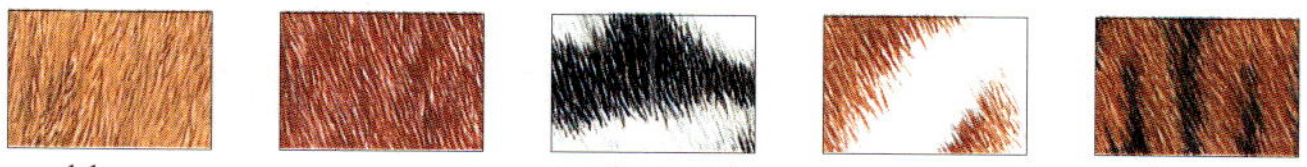

rehbraun | rot | schwarz/weiß | rot-gestromt | schwarz-gestromt

Kurz-Info

Ursprungsland: Spanien
Entstehungszeit: Altertum
Erste Verwendung: Bewachen des Viehs
Heutige Verwendung: Begleit- und Schutzhund
Lebenserwartung: 10–11 Jahre
Synonym: Spanische Dogge
Gewicht: 55–70 kg
Widerristhöhe: 72–82 cm

Diese sehr alte Rasse, einer der großen »Sabberer« unter den Hunden, beschützt schon seit Jahrhunderten die Schafe. Der spanische Schäferverband Mesta dokumentiert, daß der massige Bursche mindestens seit dem 15. Jahrhundert die Herden gegen Wölfe verteidigt. Heute werden einige Tiere als Begleithunde gehalten; sie brauchen nicht viel Bewegung und können an der Leine ausgeführt werden, aber wegen ihrer schieren Größe werden sie wohl nie populäre Hausgenossen. Der Mastín Espãnol ist ein leidlich gehorsamer Schutzhund, doch er neigt zum Schnappen, und die Rüden vertragen sich nicht immer mit anderen Hunden.

Rassengeschichte Der Ursprung dieses Hirtenhunds ist unbekannt, aber wie die anderen Doggen der Iberischen Halbinsel stammt er vermutlich von Hunden ab, die die Phönizier und Griechen vor etwa 2000 Jahren nach Spanien gebracht haben. In Spanien wird er als Beschützer des Viehs und des Hauses geschätzt.

Mastino Napoletano

grau | blau | rot-gestromt | schwarz-gestromt | braun | schwarz

Die Beschreibung des vollkommenen Hausbeschützers, die wir dem römischen Schriftsteller Columella verdanken, könnte sich auf diese gewichtige Rasse bezeichnen, die vor 50 Jahren von dem engagierten Züchter Piero Scanziani vor dem Vergessen gerettet wurde. Der sabberfreudige Mastino muß früh sozialisiert und zum Gehorsam erzogen werden; die Rüden benehmen sich oft dominant. Er braucht nicht viel Auslauf, aber seine schlechten Tischmanieren und seine Größe erschweren die Haltung in der Wohnung. Die Rasse ist bei einem erfahrenen Hundehalter am besten aufgehoben.

Rassengeschichte Der in der mittelitalienischen Campagna seit der Antike gehaltene, aber erst 1947 erstmals ausgestellte Mastino Napoletano stammt wahrscheinlich von römischen Kampf-, Kriegs- und Zirkusmolossern ab. Diese gelangten nach Rom über Griechenland, wohin sie Alexander d. Gr. aus Asien geholt hatte.

Kurz-Info

Ursprungsland: Italien
Entstehungszeit: Altertum
Erste Verwendung: Beschützen der Herden, Kampfhund
Heutige Verwendung: Begleit- und Schutzhund
Lebenserwartung: 10–11 Jahre
Synonym: Italienische Dogge
Gewicht: 50–68 kg
Widerristhöhe: 65–75 cm

Bulldog

Rassengeschichte Als die Bullenkämpfe in den 1830er Jahren in Großbritannien verboten wurden, drohte diese unerschrockene, zähe Rasse auszusterben. Doch der Züchter Bill George modelte sie zu ihrer heutigen Form um und dämpfte ihr aggressives Wesen.

Nur wenige Rassen haben sich in Form, Funktion und Wesen so radikal verändert wie der Bulldog. Der Name »bulldog« bezog sich im 17. Jahrhundert auf einen Hund, der eine Kreuzung war zwischen Doggen, die als Bärenbeißer, und zähen Terriern, die für die Jagd verwendet wurden. Der kraftvolle und entschlossene Bulldog eignete sich ideal für Bullenkämpfe, denn er ließ von seinem Widersacher nicht ab, auch wenn er selbst noch so sehr verletzt wurde. Der heutige sanfte Bulldog wird ausschließlich für den Ausstellungsring gezüchtet, was ihm allerlei Gesundheitsprobleme eingebracht hat. Das ist sehr schade, denn die Rasse hat ein reizendes Wesen und gibt einen liebenswerten Gefährten ab.

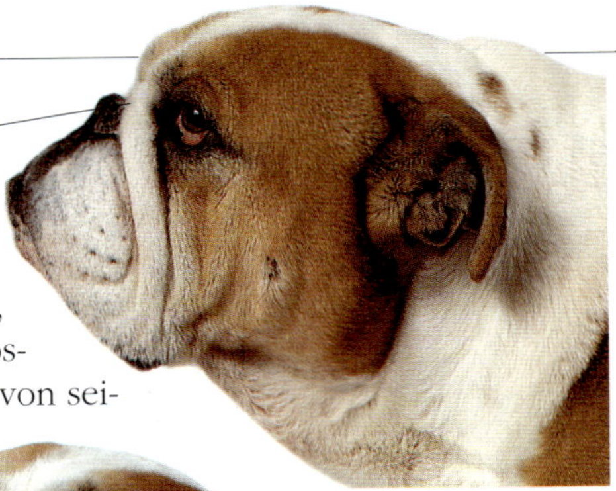

Kurz-Info

Ursprungsland: Großbritannien
Entstehungszeit: 19. Jh.
Erste Verwendung: Bullenkämpfe
Heutige Verwendung: Begleithund
Synonyme: English Bulldog, Englische Bulldogge

Gewicht: 23–25 kg
Widerristhöhe: 31–36 cm

viele Farben

Bullmastiff

Theoretisch müßte der Bullmastiff einer der beliebtesten Schutzhunde der Welt sein. Seine Schnelligkeit, Kraft und Ausdauer wurden so entwickelt, daß er Eindringlinge einholen und ergreifen konnte, ohne sie zu zerfleischen oder zu töten. Der stattliche und kraftvolle Hund ist in allen Erdteilen verbreitet, doch er hat nie die Popularität seines deutschen Pendants, des Rottweilers, erreicht. Der Grund liegt wohl darin, daß er sehr eigensinnig und erziehungsverhärtet sein kann und seine Menschenfamilie übertrieben zu beschützen versucht.

Rassengeschichte Das Ausgangsmaterial des Bullmastiff besteht zu 60 Prozent aus Mastiffs und zu 40 Prozent aus Bulldogs. Er wurde als Helfer der Wildhüter geschaffen, mit der Fähigkeit, Wilddiebe zu verfolgen und zu stellen.

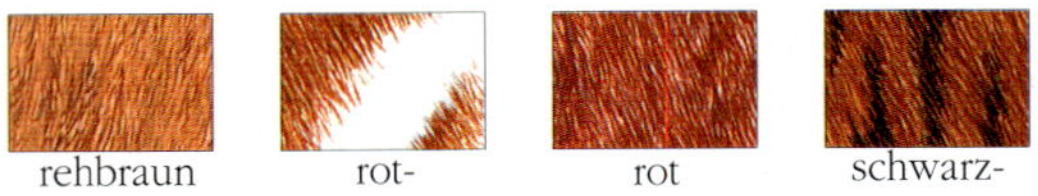
rehbraun | rotgestromt | rot | schwarzgestromt

Kurz-Info

Ursprungsland: Großbritannien
Entstehungszeit: 19. Jh.
Erste Verwendung: Schutzhund
Heutige Verwendung: Begleit- und Schutzhund
Lebenserwartung: 10–12 Jahre

Gewicht: 41–59 kg
Widerristhöhe: 64–69 cm

MASTIFF

RASSENGESCHICHTE Den Mastiff gab es auf den Britischen Inseln schon vor 2000 Jahren, und er wurde als Kriegs- und Kampfhund nach Rom exportiert. Er könnte mit phönizischen Kaufleuten aus Asien über das Mittelmeer oder mit anderen Händlern über den Ural und Nordeuropa nach England gelangt sein.

Die am Ansatz breite Rute verjüngt sich zur Spitze hin

Die Vorderläufe sind gerade, starkknochig und stehen auseinander

Die kleinen, dicken Ohren sind sehr hoch angesetzt

Die dunklen Augen stehen gut auseinander; der Stop ist markant, aber nicht abrupt

Kurzes, anliegendes, aber nicht zu feines Deckhaar über schützender Winterunterwolle

Große, runde Pfoten mit gut gewölbten Zehen und schwarzen Krallen

Kurz-Info

Ursprungsland: Großbritannien
Entstehungszeit: Altertum
Erste Verwendung: Schutzhund
Heutige Verwendung: Begleit- und Schutzhund
Lebenserwartung: 10–12 Jahre
Synonym: English Mastiff
Gewicht: 79–86 kg
Widerristhöhe: 70–76 cm

In seiner langen Geschichte hat der Mastiff zur Entstehung vieler Rassen beigetragen, auch des Bullmastiffs. Der Name leitet sich vermutlich vom angelsächsischen »masty« her, was soviel wie kraftvoll bedeutet – Urkunden des englischen Hofes von 1590 verzeichnen den Kauf eines »masty dogge«. Der Mastiff ist heute nur noch selten in seiner Heimat und im Ausland anzutreffen. Als einer der größten Hunde der Welt braucht er sehr viel Platz und riesige Futtermengen. Er ist durchweg leichtführig, kann aber einen übertriebenen Beschützerinstinkt entwickeln. Er verlangt eine einfühlsame Hand, weil er ungewöhnlich stark und zuweilen schwer zu bändigen ist.

apricot-rehbraun

silber-rehbraun

dunkel rehbraun-gestromt

BORDEAUXDOGGE

Die tief angesetzte, dicke Rute ist nicht befedert

Der massige Schädel ist breit und kurz, der Stop stark ausgeprägt

Die kleinen Hängeohren sind an der Basis leicht gerundet

Markante Furchen zwischen den ovalen, weit auseinanderstehenden Augen

RASSENGESCHICHTE Jahrhundertelang unterstand die Region Bordeaux den englischen Königen. Die großen Schutzhunde in dieser Gegend wurden höchstwahrscheinlich mit dem englischen Mastiff und mit ähnlichen Hunden aus Spanien gekreuzt. So entstand diese kraftvolle und früher sehr aggressive Dogge.

golden-rehbraun

mahagoni

Diese sehr alte Rasse, die dem jüngeren Bullmastiff mehr ähnelt als dem alten Mastiff, wurde in Südfrankreich ursprünglich für die Wildschwein- und Bärenjagd und dann als Viehtreiber verwendet. Der furchtlose Hund trat auch in der Arena bei Hunde- und anderen Tierkämpfen auf. Erst nachdem er 1989 in einem Film mit Tom Hanks mitgewirkt hatte, fand er außerhalb Frankreichs Beachtung. Doch im Gegensatz zu dem lässigen Star in »Turner and Hooch« besitzt die echte Bordeauxdogge einige furchterregende Eigenschaften: schier unbezwingliche Kraft, Mißtrauen gegenüber Fremden und die Neigung, Menschen Angst einzujagen.

Der riesige, gefurchte Kopf wirkt aggressiv

Kurz-Info

Ursprungsland: Frankreich
Entstehungszeit: Altertum
Erste Verwendung: Schutz- und Jagdhund
Heutige Verwendung: Begleit- und Schutzhund
Lebenserwartung: 10–12 Jahre
Synonym: Dogue de Bordeaux
Gewicht: 36–45 kg
Widerristhöhe: 58–69 cm

BOXER

Kurz-Info

Ursprungsland: Deutschland
Entstehungszeit: 1850er Jahre
Erste Verwendung: Schutzhund, Bullenbeißer
Heutige Verwendung: Begleithund
Lebenserwartung: 12 Jahre
Synonym: Deutscher Boxer

Gewicht: 25–32 kg
Widerristhöhe: 53–63 cm

RASSENGESCHICHTE Der Urahne des Boxers, der alte Bullenbeißer, wurde in Deutschland und Holland für die Wildschwein- und Hirschjagd verwendet. Der heutige Boxer entstand durch Kreuzungen des Danziger und Brabanter Bullenbeißers mit anderen bayerischen und ausländischen Rassen.

Der freundliche, selbstbewußte Boxer ist einer der großen Erfolge der Hochleistungszucht, wie sie vor 100 Jahren in Deutschland betrieben wurde. Heute schwankt zwar die Größe des Hundes von Land zu Land, aber sein Wesen ist gleich geblieben: aktiv, anhänglich, energisch und verspielt. Der Boxer ist in vieler Hinsicht ein idealer Familienhund, doch weil er zeitlebens sein welpenhaftes Verhalten beibehält, sehr schnell reagiert und relativ groß ist, kann er ungewollt Unheil stiften. Dank seiner muskelstarken und einschüchternden Erscheinung ist er ein ausgezeichneter Schützer des Hauses; zugleich benimmt er sich Kindern gegenüber lammfromm.

rehbraun

gestromt

DEUTSCHE DOGGE

rehbraun | schwarz | blau | gestromt | schwarz-weiß (»Tigerdogge«)

Die vornehme, aber liebevolle Deutsche Dogge ist so etwas wie ein deutscher Nationalhund. Ihre Ursprünge lassen sich ziemlich sicher auf jene Hunde zurückführen, die die Alanen, ein Skythenvolk aus dem asiatischen Rußland, nach Europa gebracht haben. Diese Kampfdoggen wurden wahrscheinlich mit Windhunden gekreuzt und brachten die elegante, würdevolle und sanfte Rasse von heute hervor. Die Körpergröße der Dogge kann Gesundheitsprobleme zur Folge haben, unter anderem ein gehäuftes Auftreten von Ellbogen- und Hüftarthritis und Knochentumoren.

Straffe Haut auf dem elegant geschwungenen Hals

Die Spitze der langen, sich verjüngenden Rute ist anfällig für Verletzungen

Kurzes, dichtes Fell bedeckt die muskulösen Keulen

Kurz-Info

Ursprungsland: Deutschland
Entstehungszeit: Mittelalter/19. Jh.
Erste Verwendung: Kriegshund, Hochwildjagd
Heutige Verwendung: Begleit- und Schutzhund
Lebenserwartung: 10 Jahre

Gewicht:
45–60 kg
Widerristhöhe:
70–90 cm

Ziemlich tiefliegende, mittelgroße Augen

Die dicken, festen Lefzen hängen symmetrisch herab

RASSENGESCHICHTE Die Deutsche Dogge geht auf den massigen Alaunt zurück, der bei Chaucer im 13. Jahrhundert erwähnt wird.

Breite, stumpfe, schwarze Nase mit rassetypischem breitem Rücken

Sehr tiefe, V-förmige Brust mit gut gewölbten Rippen

ROTTWEILER

Der Rottweiler mit dem kraftvollen Gebäude und Gebiß gibt einen ehrfurchtgebietenden Schutzhund ab. Heute ist diese eindrucksvolle Rasse, Nachkomme alter »Saupacker«, in der ganzen Welt sowohl als Familien- wie als Schutzhund beliebt. Er lernt zwar leicht Gehorsam, kann aber aus der Rolle fallen; diese Untugend haben die Züchter vor allem in Skandinavien abgeschwächt.

Die hinteren Läufe sind länger als die vorderen

Die hoch angesetzten und weit auseinanderstehenden Ohren sind verhältnismäßig klein

Der leicht gebogene Hals ist stark, rund und sehr kräftig bemuskelt

Die Rute wird nur aus »ästhetischen« Gründen meist kupiert

Derbes, anliegendes Deckhaar

Die Schenkel sind oben gut bemuskelt und unten sehniger

Kräftige Kiefer mit komplettem Scherengebiß

Schwarzer Nasenspiegel mit relativ großen Nüstern

Die Vorderläufe sind starkknochig

RASSENGESCHICHTE Die Rasse wurde im 19. Jahrhundert als imposanter Zieh- und Schutzhund im schwäbischen Rottweil erzüchtet.

Kurz-Info

Ursprungsland: Deutschland
Entstehungszeit: 1820er Jahre
Erste Verwendung: Treib- und Schutzhund
Heutige Verwendung: Begleit-, Polizei- und Schutzhund
Lebenserwartung: 11–12 Jahre
Gewicht:
35–50 kg
Widerristhöhe:
55–68 cm

Shar Pei

Rassengeschichte Der seit langem in der südchinesischen Provinz Guangdong heimische Shar Pei scheint von doggen- und spitzartigen Hunden abzustammen. Er steht dem Chow-Chow recht nahe. Die durch das Hundeverbot in China fast zum Aussterben verdammte Rasse wurde von Matgo Law, einem Züchter in Hongkong, gerettet.

Der Fang ist gut »gepolstert« und bildet eine Aufwölbung am Nasenansatz

Der Kopf ist groß im Verhältnis zum Körper

creme · rehbraun · rot · schwarz

Kurz-Info

Ursprungsland: China
Entstehungszeit: 16. Jh.
Erste Verwendung: Kampf-, Hirten- und Schutzhund
Heutige Verwendung: Begleithund
Lebenserwartung: 11–12 Jahre
Synonym: Chinesischer Kampfhund
Gewicht:
16–20 kg
Widerristhöhe:
46–51 cm

Das Haarkleid hat »Übergröße« und bildet Fellwülste

Abfallende Schulterpartie und starkknochige Läufe

Keine andere Hunderasse sieht so aus wie der Shar Pei. In seinem chinesischen Standard wird er blumig beschrieben: Muschelschalenohren, Schmetterlingsnase, Melonenkopf, großmütterliches Gesicht, Wasserbüffelhals, Pferdehinterteil und Drachenbeine. Die ersten Shar Peis, die aus Hongkong in die USA exportiert und dort weitergezüchtet wurden, litten unter Augenkrankheiten, die wiederholt operiert werden mußten. Die Weiterzucht hat diese Beschwerden verringert, aber die sehr häufigen Hautleiden nicht reduziert. Der Shar Pei kann manchmal aggressiv werden und eignet sich für Leute, die nicht allergisch auf Hunde reagieren und bereit sind, ihre Tiere häufig zu baden.

Die kleinen Ohren liegen eng an den Wangen an

Tosa Inu

Kurz-Info

Ursprungsland: Japan
Entstehungszeit: 19. Jh.
Erste Verwendung: Kampfhund
Heutige Verwendung: Begleithund
Lebenserwartung: 11–12 Jahre
Synonyme: Tosa-Kampfhund, Japanischer Kampfhund

Gewicht:
30–40 kg
Widerristhöhe:
62–65 cm

Hundekämpfe haben die Menschen in vielen Weltgegenden immer wieder fasziniert. Die japanischen Hundekampfregeln des vorigen Jahrhunderts schrieben vor, daß die Hunde lautlos und ohne Zögern kämpfen sollten, und der Tosa kämpfte nach diesen Regeln – unerbittlich und schweigend. Hundekämpfe sind zwar heute in Europa, Nordamerika und Japan verboten, aber in ländlichen Gegenden Japans finden solche Kämpfe insgeheim nach wie vor statt, in denen der Tosa – der dort kleiner gezüchtet wird als im Westen – eingesetzt wird. Er verkörpert eine zuweilen gefährliche Rasse; vor allem die Rüden müssen früh gut sozialisiert und erzogen werden. Wegen seiner Größe und Vergangenheit ist der Tosa in vielen Ländern nicht zugelassen.

Die Ohren sind klein und erstaunlich dünn

Tiefe, breite Brust mit ungewöhnlich stark gewölbten Rippen

Außerordentlich kraftvoller Hals, in der Regel mit Kehlwamme

Breiter Schädel mit mittellangem Fang

Das kurze, dichte Fell verteilt sich gleichmäßig über den ganzen Körper

Die Keulen sind gut bemuskelt und die Sprunggelenke nur leicht gewinkelt

rehbraun · rot · trübschwarz

Rassengeschichte
Die ursprünglich in der Präfektur Kotschi aus heimischen Shikoku-Kampfhunden, importierten Doggen, Bulldoggen und Bullterriern erzüchtete Rasse wurde anfangs Japanische Dogge genannt.

Tibetischer Kyi Apso

Der Kyi Apso, der früher von den tibetischen Nomaden als Beschützer ihrer Schafe und Zelte verwendet wurde, stammt von Hunden ab, die auf den entlegenen Hochebenen des Berges Kailish heimisch waren. Sein schweres doppellagiges Fell bietet ausgezeichneten Schutz vor dem wohl strengsten Klima, dem Hunde jemals ausgesetzt waren. Er ähnelt der Tibetdogge, unterscheidet sich aber in der Fellbeschaffenheit und der Ohren- und Schwanzform. Die attraktive, liebenswerte, aufgeweckte und selbstbewußte Rasse hat sich ihre hervorragenden Beschützereigenschaften bewahrt.

Rassengeschichte Der Kyi Apso, der erst vor kurzem in kleiner Zahl in die USA und nach Kanada gelangte, wurde als Gebrauchshund erzüchtet – als Beschützer der Behausungen und Herden im tibetischen Hochland. Der als eigene Rasse anerkannte Hund hat einen rührigen Rasseklub.

Die Ohren sind ziemlich lang

Die dunklen Augen mit den dunklen Lidern blicken entspannt und konzentriert

Gesicht mit gutem Deck- und Unterhaar

Gut befederte Ringelrute

Gut entwickelter Bart

Längere Läufe als bei der Tibetdogge

Kurz-Info

Ursprungsland: Tibet
Entstehungszeit: Altertum
Erste Verwendung: Schutzhund
Heutige Verwendung: Begleit- und Schutzhund
Lebenserwartung: 12 Jahre

Gewicht: 32–41 kg
Widerristhöhe: 63–71 cm

Tibetdogge

Einst beschützte die Tibetdogge die Herden im Himalaja und in Tibet, heute ist sie ein in Europa gezüchteter Ausstellungshund, zwar noch immer selten, aber in ganz Europa vertreten. Dieser massige Hund mit den starken Knochen und dem großen Kopf gilt als die Stammform der Berg-, Hirten- und Kampfhunde Europas, Amerikas und sogar Japans. Der urtümliche, würdevolle Hund schaut dem Treiben der Welt gern zu, zögert aber nicht, seinen Wohnbereich furchtlos zu verteidigen.

Kurz-Info

Ursprungsland: Tibet
Entstehungszeit: Altertum
Erste Verwendung: Viehbeschützer
Heutige Verwendung: Begleit- und Schutzhund
Lebenserwartung: 11 Jahre
Synonym: Do-Kyi
Gewicht: 64–82 kg
Widerristhöhe: 61–71 cm

Der Rumpf mit den gut gewölbten Rippen ruht auf starkknochigen Läufen

Langes, gerades Haarkleid mit dicker, schwerer Unterwolle

Breiter, massiger Kopf mit kurz behaartem Gesicht

Rassengeschichte Die im vorigen Jahrhundert von englischen Züchtern vor dem Aussterben bewahrte Rasse gilt als Urahne der meisten europäischen Doggen. Der ursprünglich als Beschützer der Herden und der Häuser verwendete Hund war berühmt für seinen Mut und seine imposante Größe.

grau – golden – schwarz/loh – braun – schwarz

Hovawart

Starker, breiter Kopf mit gewölbter Stirn, die in den geraden Fang übergeht

Die gut proportionierten, dreieckigen Ohren sind hoch angesetzt und liegen flach an den Wangen an

Gerade, kräftige, gut befederte Vorderläufe mit mittelgroßen Pfoten

Langes, leicht welliges, dichtes Deckhaar mit ebenso dichter Unterwolle

Der Hovawart ist ein klassisches Beispiel für die Leistungen der neueren deutschen Hundezucht. Um den großen Hofhund (»Hofwart«, mittelhochdeutsch »Hovawart«) des Mittelalters neu zu schaffen, verwendeten engagierte Züchter ausgewählte Bauernhunde aus dem Schwarzwald und Harz, vielleicht auch den ungarischen Kuvasz, den Deutschen Schäferhund und den Neufundländer. So entstand dieser elegante Gebrauchshund, der erstmals 1936 anerkannt wurde. Der Hovawart ist ein zurückhaltender, aber freundlicher Familienhund; allerdings neigen einige Zuchtstämme zum Angstbeißen, und andere sind ziemlich scheu. Er läßt sich jedoch leicht zum Gehorsam erziehen und kommt mit Kindern und anderen Hunden gut zurecht.

Rassengeschichte Der »Hofwart« wird erstmals 1220 in Eike von Repgows »Sachsenspiegel« erwähnt. In Berichten und Bildern des 15. Jahrhunderts erscheint die Rasse als Aufspürer von Dieben. Der heutige Hovawart ist eine Neuzüchtung dieses alten Hof- und Bauernhundes, die im 20. Jahrhundert entstand.

Kurz-Info

Ursprungsland: Deutschland
Entstehungszeit: Mittelalter/20. Jh.
Erste Verwendung: Hirten- und Hofhund
Heutige Verwendung: Begleit- und Schutzhund
Lebenserwartung: 12–14 Jahre
Gewicht: 25–40 kg
Widerristhöhe: 55–70 cm

Die gut befederte Fahnenrute wird herabhängend getragen und reicht bis dicht unter das Sprunggelenk

Leonberger

Das mittelweiche bis derbe Haarkleid ist leicht gewellt, verhüllt aber nicht den Körperumriß

Kurz-Info

Ursprungsland: Deutschland
Entstehungszeit: 19. Jh.
Erste Verwendung: Begleithund
Heutige Verwendung: Begleithund
Lebenserwartung: 11 Jahre

Gewicht: 34–50 kg
Widerristhöhe: 65–80 cm

gelb, golden | rotbraun

Mittelgroße, braune Augen mit freundlichem Ausdruck

Die buschige Rute wird hängend oder »halbmast« getragen

Die Vorderläufe sind hinten gut befedert und nicht zu eng gestellt

Rassengeschichte Heinrich Essig, Stadtrat in Leonberg, wünschte sich einen Hund, der dem Löwen im Wappen seiner Heimatstadt ähnlich sehen sollte. Er verwendete den Landseer, Neufundländer, Bernhardiner und Pyrenäenhund, um diese prachtvolle Rasse zu schaffen.

Die Ohren sind ebenso breit wie lang

Große, runde Pfoten mit Zwischenzehenhäuten, die das Schwimmen erleichtern

Dieser gutmütige Riese wäre im Zweiten Weltkrieg beinahe ausgestorben, doch in den letzten Jahrzehnten hat er sich in seinem Heimatland und im Ausland wieder gut behauptet. Als der Leonberger erstmals ausgestellt wurde, tat man ihn als bloßes »Rassengemisch« ab, was er ja auch tatsächlich ist. Er ist jedoch ein auffallend schöner Hund. Er schwimmt leidenschaftlich gern und geht auch bei größter Kälte ins Wasser. Wegen seiner Größe eignet er sich kaum als Stadthund. Wie bei vielen »neugeschaffenen« Rassen kann auch hier die Hüftgelenksdysplasie zu einem Problem werden.

LANDSEER

Massiger, vornehm wirkender Kopf mit gut entwickelten Wangen

Der im Querschnitt leicht ovale Hals ist muskulös und dick

Das lange, glatte, weiche Haarkleid ist nicht so dicht wie beim Neufundländer

In Ruhe wird die Rute im leichten Bogen herabhängend getragen

Kurz-Info

Ursprungsland: Kanada
Entstehungszeit: 19. Jh.
Erste Verwendung: Fischer- und Begleithund
Heutige Verwendung: Begleithund
Lebenserwartung: 11 Jahre
Synonym: Landseer-Neufundländer
Gewicht:
50–60 kg
Widerristhöhe:
66–72 cm

Rassengeschichte Bevor der Standard des Neufundländers festgelegt war, kam er sowohl gefleckt als auch einfarbig vor. Schwarz und braun wurden schließlich als Farben akzeptiert, doch eine Gruppe von Züchtern brachte weiterhin größere weiße Tiere mit schwarzen Platten hervor, aus denen am Ende der Landseer wurde.

Die mäßig tiefliegenden, braunen Augen sind mandelförmig umrandet

Die großen Pfoten sind fast bis zu den Spitzen mit Zwischenzehenhäuten versehen

Wir wissen nicht, wie die ersten Hunde nach Neufundland gekommen sind, doch zu der Zeit, als baskische und portugiesische Fischer ihre Wasserhunde und Doggen zu den größten Fischgründen der Welt mitnahmen, lebten dort schon Hunde bei den Ureinwohnern. Aus dieser »Ursuppe« ging der Greater St. John's Dog hervor, der schlankere Vorläufer des Neufundländers und Landseers. In Nordamerika und Großbritannien wird der Landseer als Farbschlag des Neufundländers eingestuft. Anderswo gilt dieser anschmiegsame Freudenspender als eigene Rasse. Benannt wurde er nach dem englischen Maler Sir Edwin Landseer (1802–1873), der ihn mehrfach auf Gemälden verewigt hat.

BERNHARDINER

Die Spitze der breiten, kräftigen Rute ist leicht aufgebogen

Weiche, dreieckige Ohren

orange

rotgescheckt

braun-gestromt

Kurz-Info

Ursprungsland: Schweiz
Entstehungszeit: Mittelalter
Erste Verwendung: Zieh- und Begleithund
Heutige Verwendung: Begleithund
Lebenserwartung: 11 Jahre
Synonym: St. Bernhardshund
Gewicht:
75–85 kg
Widerristhöhe:
über 70 cm

Rassengeschichte Der Bernhardiner, ein Nachfahre von Berghunden, die die durchziehenden römischen Legionen in die Schweiz gebracht haben, war ursprünglich ein aggressives, kurzhaariges Tier. In der Vergangenheit wäre die Rasse beinahe ausgestorben, doch sie wurde regeneriert, vielleicht durch die Einkreuzung von Neufundländern und Deutschen Doggen. Der Name der Rasse kam 1865 allgemein in Gebrauch.

Ob der Bernhardiner tatsächlich jemals von Lawinen verschüttete Bergsteiger gerettet hat, ist umstritten, doch dieser Ruhm haftet ihm unauslöschlich an. Im Hospiz auf dem Großen St. Bernhard werden die freundlichen Hunde seit etwa 1660 gezüchtet; die Mönche benutzten sie als Zugtiere und priesen potentiellen Käufern gegenüber deren große Zugkraft. Die Hunde wurden auch dazu benutzt, Pfade durch den Neuschnee zu bahnen. Der heutige Bernhardiner ist ein gutmütiger, muskelbepackter Riese, der wegen seiner Körpermaße kaum für die Wohnungshaltung in Frage kommt.

Die dunkelbraunen, freundlichen Augen sind nach vorn gerichtet

Die Unterlefzen hängen nur leicht herab

Deckhaar und Unterwolle sind sehr dicht

NEUFUNDLÄNDER

braun

schwarz

Der Neufundländer, einer der freundlichsten Hunde überhaupt, wurde ursprünglich von den Dorschfischern der kanadischen Insel Neufundland zum Einholen der Netze und zum Ziehen der Boote eingesetzt. Heute sind in Frankreich Teams dieser Hunde als Helfer im Seenotrettungsdienst beschäftigt. An Land bewährt sich der arbeitswillige Neufundländer als Zieh- und Traghund. Wenn dieser gutmütige, fröhliche Hund überhaupt einen Verhaltensfehler hat, dann möchte er am liebsten jeden Menschen aus dem Wasser retten, ob er will oder nicht. Er neigt zwar ein wenig zum Sabbern, ist aber ein anhänglicher, aufgeweckter und treuer Gefährte.

Breiter, massiger Kopf mit kurzem, viereckigem Fang

Das Deckhaar ist flach, dicht, etwas derb und ölig

Große, schön geformte Pfoten mit Zwischenzehenhäuten

Kleine, dunkle und ziemlich tiefliegende Augen

Die ziemlich dicke Rute ist reich behaart

Rassengeschichte Diese große, wasserfreudige Rasse, die vom ausgestorbenen Greater St. John's Dog abstammt, wird seit mehr als 100 Jahren nach dem heutigen Standard gezüchtet. Zu ihren Vorfahren gehören vielleicht auch bodenständige nordamerikanische Wikinger- und iberische Hunde.

Kurz-Info

Ursprungsland: Kanada
Entstehungszeit: 18. Jh.
Erste Verwendung: Fischerhund
Heutige Verwendung: Begleit- und Rettungshund
Lebenserwartung: 11 Jahre
Gewicht:
50–68 kg
Widerristhöhe:
66–71 cm

BERGER DES PYRÉNÉES

rehbraun · grau · rotgestromt · blau · schwarzgestromt

Rassengeschichte Dieser zierliche, kleine Verwandte des Katalonischen Hirtenhundes kommt in mehreren Schlägen vor: lang-, ziegen- und glatthaarig. Die wendige, ausdauernde Rasse entstand in der Pyrenäenregion zwischen Lourdes und Gavarnie und entspricht den Anforderungen der Bergschäfer.

Schwarzgesäumte, ausdrucksvolle, dunkelbraune Augen

Das lange Haar auf dem Kopf und den Wangen wird nach hinten gebürstet

Langhaariger Schlag

Kurz-Info

Ursprungsland: Frankreich
Entstehungszeit: 18. Jh.
Erste Verwendung: Schäferhund
Heutige Verwendung: Begleit-, Hüte- und Schutzhund
Lebenserwartung: 12 Jahre
Synonym: Pyrenäenschäferhund, Labrit

Gewicht:
8–15 kg
Widerristhöhe:
38–56 cm

Das Gesichtshaar ist kurz und fein

Glatthaariger Schlag

Diese temperamentvolle Rasse ist auf Schnelligkeit, Ausdauer und ein aktives Leben ausgelegt. Die verschiedenen Felltypen sind ein sicheres Zeichen dafür, daß die Hunde für spezielle Klimabedingungen und nicht für Schauzwecke gezüchtet werden. In ihrer Bergheimat arbeiteten die Hunde früher eng mit dem Pyrenäenhund zusammen; sie hüteten und trieben die Herden, während der Pyrenäenhund sie vor Wölfen beschützte. Das Fell des langhaarigen Schlags ist ein ausgezeichneter Wetterschutz, selbst im strengen Winter. Die Rasse gibt wegen ihrer relativen Kleinheit und Lernfähigkeit einen guten Hausgenossen ab.

Schlanke, sehnige Vorderläufe

PYRENÄENHUND

RASSENGESCHICHTE Diese prächtige Rasse, einer der großen weißen Hirtenhunde, die sich in Europa ausbreiteten, steht wahrscheinlich dem Maremmaner Hirtenhund, dem ungarischen Kuvasz, dem slowakischen Čuvač und dem türkischen Karabash nahe. Sie lebte hauptsächlich in Andorra, bevor sie zu Beginn unseres Jahrhunderts »entdeckt« wurde.

Kurz-Info

Ursprungsland: Frankreich
Entstehungszeit: Altertum
Erste Verwendung: Schäferhund
Heutige Verwendung: Begleit- und Schutzhund
Lebenserwartung: 11–12 Jahre
Synonyme: Pyrenäenberghund, Chien des Pyrénées

Gewicht:
45–60 kg
Widerristhöhe:
65–80 cm

Die ersten Pyrenäenhunde, die als Hausgenossen gehalten wurden, hatten ein ziemlich selbstbewußtes, aggressives Wesen. In den letzten 20 Jahren ist es den Züchtern gelungen, dieses Merkmal abzuschwächen und zugleich die anderen, guten Eigenschaften – Geduld, Würde und Mut – zu bewahren. Dieser Hund geht aber nach wie vor in die Defensive, wenn jemand in sein Territorium eindringt. Zu Beginn des Jahrhunderts wäre die Rasse beinahe erloschen, doch inzwischen ist sie in Großbritannien, Nordamerika und vor allem Frankreich fest etabliert. Wegen ihrer Größe ist sie für die Stadt ungeeignet, wenn man ihr nicht viel Auslauf in freiem Gelände bieten kann.

Die kleinen, dreieckigen Ohren sind in Augenhöhe angesetzt und liegen am Kopf an

Die Pfoten sind ziemlich klein und kompakt

Die kleinen, schräggestellten, bernsteinfarbenen Augen blicken gelassen

Das Deckhaar besteht aus üppigen, anliegenden, langen, weißen Haaren

An den Vorderläufen bildet die wollige Befederung »Hosen«

MASTÍN DE LOS PIRINEOS

weiß/ schwarz

weiß/ rehbraun, weiß/ orange

RASSENGESCHICHTE Die phönizischen Händler kauften Doggen in Assyrien und Sumerien und verkauften sie in Spanien, wo sie als Arbeitshunde weitergezüchtet wurden. Der Mastín de los Pirineos gleicht sehr einer Kreuzung zwischen dem Pyrenäenhund und dem Mastín Espãnol. Alle gehen letztlich auf die großen asiatischen Doggen zurück.

Großer, langer, kräftiger Kopf mit leicht gewölbtem Schädel

Geschmeidiger, kräftiger Hals mit lockerer Haut und Kehlwamme

Die Vorderpfoten sind nicht sehr groß oder lang, die Zehen geschlossen und gut gewölbt

Jahrhundertelang haben die Schäfer in jedem Frühjahr ihre großen Herden aus der Ebene unterhalb der Pyrenäen zum Weiden auf die saftigen Bergwiesen der Hochtäler getrieben. Diese Hunde halfen ihnen beim Auftrieb und bei der Bewachung der Herden; 4 oder 5 Hunde betreuten oft 1000 Schafe. Der Hirtenhund verteidigte sie gegen Wölfe, und als Halsschutz trug er eine »carlanca«, einen Stachelkragen. Der robuste Hund mit dem mächtigen Hals und der symmetrischen Gesichtszeichnung wurde gegen Ende des vorigen Jahrhunderts als eigene Rasse anerkannt. Er gibt einen verläßlichen, gehorsamen Begleit- und Schutzhund ab.

Das dicke, dichte, rauhe Fell ist an Kehle und Nacken etwas länger

Kurz-Info

Ursprungsland: Spanien
Entstehungszeit: Altertum
Erste Verwendung: Schäferhund
Heutige Verwendung: Begleit- und Schutzhund
Lebenserwartung: 11–12 Jahre
Synonym: Pyrenäenhund

Gewicht:
55–75 kg
Widerristhöhe:
71–80 cm

Polnischer Niederungshütehund

Rassengeschichte Wahrscheinlich wurde dieser mittelgroße, robuste Schäferhund aus alten schnürenfelligen Hütehundschlägen des ungarischen Tieflands herausgezüchtet, die man mit anderen kleinen, langhaarigen Berghunden kreuzte. Im Zweiten Weltkrieg wäre die Rasse beinahe ausgestorben.

Anhänger dieser Rasse betrachten den Polnischen Niederungshütehund als ein wichtiges Bindeglied zwischen antiken schnürenfelligen Hirtenhunden, die vor mehr als 1000 Jahren aus Asien nach Europa kamen, und jüngeren, zottigen Hütehunden, etwa dem Bearded Collie und dem Schapendoes. Die Rasse wurde durch tüchtige polnische Züchter nach dem Zweiten Weltkrieg regeneriert. Sie ist in Polen und im Ausland beliebt und wird gewöhnlich als Begleithund gehalten, obwohl sie eine hervorragende Hüterasse geblieben ist.

Der Rücken ist gerade und ziemlich breit

Die Lenden sind gut bemuskelt und breit

Langes, dichtes, zottiges Haarkleid bedeckt den ganzen Körper

Breite, gut bemuskelte Keulen

Stirn, Wangen und Kinn sind üppig behaart

Tiefe Brust mit mäßig gewölbten Rippen

Die Läufe sind mit dichtem, harschem Haar bedeckt

alle Farben

Kurz-Info

Ursprungsland: Polen
Entstehungszeit: 16. Jh.
Erste Verwendung: Jagdhund
Heutige Verwendung: Begleit- und Hütehund
Lebenserwartung: 13–14 Jahre
Synonym: Polski Owczarek Nizinny
Gewicht: 14–16 kg
Widerristhöhe: 40–52 cm

Podhalenhund

Kurz-Info

Ursprungsland: Polen
Entstehungszeit: 17. Jh.
Erste Verwendung: Viehhüten
Heutige Verwendung: Hüte- und Begleithund
Lebenserwartung: 11 Jahre
Synonyme: Owczarek Podhalanski, Podhalaner, Tatrahund, Goralenhund

Gewicht: 45–69 kg
Widerristhöhe: 60–70 cm

Der schwer bemuskelte Podhalenhund mit dem herrlichen Fell, das selbst dem schlimmsten Wetter trotzt, ist ein klassischer Gebirgshütehund. Obwohl er als Ziehhund verwendet wurde und die Nordamerikaner ihn sogar als Polizei- und Militärhund abzurichten versuchten, bleibt er ein aufmerksamer, aber reservierter Hirtenhund, der bei seiner Herde lebt, mit ihr umherzieht und sogar zusammen mit ihr geschoren wird. Wenn Gefahr von einem vier- oder zweibeinigen Räuber droht, erweist er sich als unbestechlicher Beschützer. Er hat ein unabhängiges Wesen, gibt aber einen liebenswerten Hausgenossen ab.

Die schwarze Nase kontrastiert mit dem fast schneeweißen Gesicht

Der gut proportionierte Rücken hat die richtige Länge für die Läufe und das Körpergewicht

Starkknochige, kräftig bemuskelte Läufe

Die Rute ist nur mäßig lang

Das dicke, dichte Fell ist cremigweiß

Der gut bemuskelte Hals hat eine dicke Haut

Rassengeschichte Dieser Hirtenhund, ein naher Verwandter des Kuvasz und Čuvač und vermutlich ebenfalls verwandt mit den anderen großen Berghütehunden Europas, etwa dem Bergamasker Hirtenhund, stammt von den großen asiatischen Doggen ab, die vor über 1000 Jahren nach Europa kamen.

MITTELASIATISCHER SCHÄFERHUND

Vom Ural bis Sibirien und überall in den Zentralasiatischen Republiken Turkmenistan, Usbekistan, Kirgisien, Tadschikistan und Kasachstan beschützt diese unabhängige und selbstbewußte Rasse seit vielen Jahrhunderten die Hirtennomaden und deren Herden. Ähnliche Hunde haben vielleicht die Mongolen begleitet, als sie in Ost- und Mitteleuropa einfielen, und bildeten wahrscheinlich den Grundstock der europäischen Hirtenhunde. Die Rasse ist außerhalb der Zentralasiatischen Republiken selten; in Rußland ist der Bestand rückläufig, weil der Kaukasische Schäferhund in der Gunst höher steht. Als Begleithund eignet sich der Mittelasiatische Schäferhund kaum.

RASSENGESCHICHTE Dieser unerschrockene und resolute Hirtenhund, wahrscheinlich ein Nachfahre asiatischer Doggen, hütet und bewacht in Zentralasien seit Jahrhunderten, vielleicht seit Jahrtausenden die Herden. Er steht dem größeren und heute weiter verbreiteten Kaukasischen Schäferhund sehr nahe. Er kommt in einem lang- und einem kurzhaarigen Schlag vor.

Kraftvoller, mäßig langer, breiter Rücken

Dichtes Deckhaar über dichter Unterwolle

Langhaariger Schlag

Langer Fang

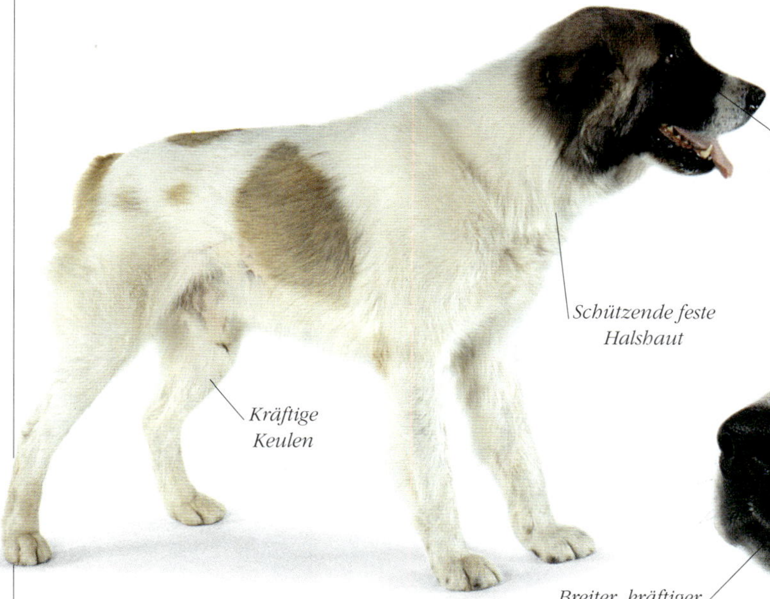

Die Gesichtshaut ist dick und kann Furchen bilden

Schützende feste Halshaut

Kräftige Keulen

Die herabhängenden, kurzen Ohren sind in Augenhöhe angesetzt

Breiter, kräftiger Fang, ausgeprägter Stop und mäßig flacher Hirnschädel

Traditionsgemäß werden die Ohren oft kupiert

Kurzhaariger Schlag

Das Deckhaar ist kurz, ziemlich hart und sehr dicht

Starkknochige Vorderläufe und kräftige Schultermuskulatur

viele Farben

Kurz-Info

Ursprungsland: Rußland und Zentralasiatische Republiken
Entstehungszeit: Mittelalter
Erste Verwendung: Herdenbeschützer
Heutige Verwendung: Herdenbeschützer
Lebenserwartung: 11 Jahre
Synonym: Mittelasiatischer Oftscharka

Gewicht:
37–50 kg
Widerristhöhe:
60–71 cm

Kaukasischer Schäferhund

Dieser robuste und kraftvolle Hirtenhund, der beliebteste »Oftscharka« (Schäferhund) Rußlands, ist regelmäßig auf Hundeausstellungen in Rußland und anderen Teilen der ehemaligen Sowjetunion zu sehen. In Polen, Ungarn und in der Tschechischen und Slowakischen Republik sorgen großangelegte Zuchtprogramme dafür, daß seine Popularität erhalten bleibt, obgleich sein ursprünglicher Verwendungszweck als Schafwächter rückläufig ist. Kaukasische Schäferhunde trafen in den späten 1960er Jahren in Ostdeutschland ein, um als Grenzerhunde zu fungieren, vor allem an der Berliner Mauer. Als die Mauer 1989 fiel, wurden die 7000 Tiere umfassenden Hundestaffeln aufgelöst. Viele dieser Hunde erhielten ein neues Zuhause in Deutschland. Die sorgfältige Weiterzucht in Deutschland sichert den Fortbestand dieses scharfen und unabhängigen Hundes. Wenn seine Beliebtheit noch steigt, wird man vermutlich selektiv auf ein umgänglicheres Wesen züchten.

Rassengeschichte Schon seit Jahrhunderten ziehen Schafherden durch den Kaukasus, das Bergland zwischen Schwarzem und Kaspischem Meer, das an die Türkei und Iran angrenzt. Ähnliche Hunde wie dieser ausgezeichnete Hirtenhund beschützen die Schafe seit mindestens 600 Jahren vor vier- und zweibeinigen Räubern.

Die tiefliegenden Augen sind dunkel und mittelgroß

Die großen Pfoten sind zwischen den Zehen behaart, oval und kompakt

Die Kruppe erhebt sich ein wenig über die Rückenlinie

Das Fell ist dick, dicht und üppig befedert

Die Rute ist buschig mit langem, schwerem Haar befedert

Die Vorderläufe sind lang, gerade und starkknochig

Die schweren Pfoten sorgen für sicheren Halt in rauhem Gelände

Die meist kurz kupierten Ohren sind dicht mit wärmeisolierenden Haaren bedeckt

Die tiefliegenden Augen garantieren ein ausgezeichnetes räumliches Sehen

Schwarze, vorstehende Nasenkuppe mit gut geöffneten, großen Nüstern

Das Welpenfell ist feiner als das adulte Haarkleid

Die Beinknochen des Welpen sind noch nicht vollständig verkalkt

Kurz-Info

Ursprungsland: Rußland, Kaukasische Republiken
Entstehungszeit: Mittelalter
Erste Verwendung: Herdenbeschützer
Heutige Verwendung: Herdenbeschützer, Schutzhund
Lebenserwartung: 10–11 Jahre
Synonym: Kaukasischer Oftscharka
Gewicht: 45–70 kg
Widerristhöhe: 64–72 cm

viele Farben

KARABASH

Die türkischen Schafhirten haben Hunde nie zum Hüten, sondern nur zur Verteidigung ihrer Herden gegen Raubtiere verwendet. Diese Hirtenhunde wurden pauschal als »coban kopegi« zusammengefaßt, doch in den 1970er Jahren untersuchten die Züchter die verschiedenen Typen und entdeckten mehrere regionale Unterschiede. Schäferhunde des Karabash-Typs finden sich in der Zentraltürkei und ähneln sehr den Schäferhunden im Osten des Landes. In seiner Heimat bleibt der Karabash ein Hirtenhund, der die Herden vor Wölfen, Bären und Schakalen schützt. Der eigenwillige und unabhängige Hund ist kein idealer Hausgenosse, obwohl er sich bei gründlicher Sozialisierung einigermaßen an das Leben in der Familie anpassen kann.

Kurz-Info

Ursprungsland: Türkei
Entstehungszeit: Mittelalter
Erste Verwendung: Schafschützer
Heutige Verwendung: Schafschützer
Lebenserwartung: 10–11 Jahre
Synonyme: Coban Kopegi, Karabas, Kangal-Hund, Anatolischer Schäferhund
Gewicht: 41–64 kg
Widerristhöhe: 71–81 cm

Die dreieckigen Ohren werden hoch getragen, wenn der Hund aufmerkt

Leicht herabhängende, schwarze Lefzen

Die langen, geraden Vorderläufe stehen weit auseinander

Starke Pfoten mit kurzen Krallen und gut gewölbten Zehen

Anliegendes, kurzes und dichtes Fell mit dicker Unterwolle

Dicker, kraftvoller, muskulöser Hals

viele Farben

RASSENGESCHICHTE Vor rund 1000 Jahren drangen die Turkvölker nach Kleinasien vor und besetzten das Gebiet der heutigen Türkei. Sie brachten große Hirtenhunde mit, von denen der Karabash abstammt.

AKBASH

Kurz-Info

Ursprungsland: Türkei
Entstehungszeit: Mittelalter
Erste Verwendung: Schafschützer
Heutige Verwendung: Schafschützer
Lebenserwartung: 10–11 Jahre
Synonyme: Coban Kopegi, Akbas

Gewicht: 41–55 kg
Widerristhöhe: 71–86 cm

RASSENGESCHICHTE Die türkischen Schafhirten züchteten gezielt weiße Hirtenhunde, vielleicht um sie von Raubtieren besser unterscheiden zu können. Der Akbash aus der westlichen Türkei ist wahrscheinlich mit den anderen großen weißen Hirtenhunden Europas verwandt, mit dem Komondor, Kuvasz, Podhalenhund und sogar dem Pyrenäenhund.

Der breite Schädel ist leicht gerundet

Gerader Fang

Deckhaar und Unterwolle sind dick und wetterfest

Die Augen sind mandelförmig

Die V-förmigen Ohren sind an der Spitze leicht abgerundet.

Das geschmeidige Gebäude und die scharfen Augen des Akbash lassen vermuten, daß seine Vorfahren Windhundblut führten. Die Rasse wird seit den 1970er Jahren in die USA exportiert, und dort ist ihre Zukunft gesichert. Sie scheint sich in den westlichen USA gut zu bewähren, wo sie Schafe und Ziegen vor Kojoten schützt. Wie der Karabash ist der Akbash ein vorzüglicher Herdenbeschützer. Der ruhige und fast hochnäsig wirkende Hund ist ziemlich reserviert und mißtrauisch gegenüber Fremden und braucht eine solide Sozialisierung.

Bouvier des Flandres

Rassengeschichte Mit Ausnahme des fast ausgestorbenen Bouvier des Ardennes ist dies die einzige überlebende Rasse der einst weit verbreiteten belgischen Bouviers (»Rinderhunde«). Sie könnte aus Griffons und dem Beauceron alten Typs herausgezüchtet worden sein.

Dieser robuste, als Viehtreiber und Zugtier verwendete Bauernhund existierte bis 1965, als der heute gültige Standard aufgestellt wurde, in vielen Fell- und Farbvarietäten. Im Ersten Weltkrieg diente der Bouvier im Sanitätskorps des französischen Heeres, doch kurz darauf ging der Bestand drastisch zurück. Nur durch das Eingreifen der belgischen Union Cynologique konnte die Rasse vor dem Untergang gerettet werden. Der kraftvolle und meist freundliche Hund kann recht aggressiv werden – ein Erbteil seiner Treibhundvergangenheit – und gibt einen hervorragenden Schutzhund ab. In seiner Heimat ist er beliebt, und auch in Nordamerika wird er als Begleit- und Farmhund sehr geschätzt.

Die Kopfgröße wird durch den Schnauz- und Kinnbart betont

Flauschige, feine Unterwolle

viele Farben

Die hoch angesetzten Ohren sind recht klein

Die Brust reicht bis in Ellbogenhöhe hinab

Der Rücken ist kurz, breit und kräftig

Das Fell ist harsch, trocken und matt

Kurze, runde, kompakte Pfoten

Kurz-Info

Ursprungsland: Belgien/Frankreich
Entstehungszeit: 17. Jh.
Erste Verwendung: Rinderhüten
Heutige Verwendung: Begleit- und Schutzhund
Lebenserwartung: 11–12 Jahre

Gewicht: 27–40 kg
Widerristhöhe: 58–69 cm

Västgötaspets

Rassengeschichte Dieser vielseitige Viehtreiber, Wachhund und Rattenbeißer, der im Aussehen und Wesen sehr dem Welsh Corgi Pembroke ähnelt, gelangte wahrscheinlich nach Skandinavien mit den Wikingern, die vorher in Pembrokeshire in Wales gesiedelt hatten. Der Fortbestand der Rasse wurde in den 1940er Jahren durch den schwedischen Züchter von Rosen gesichert.

Der energische, kurzläufige Hirtenhund wird in Schweden als rein skandinavische Rasse aufgefaßt, doch wahrscheinlich stammt er, wie der Welsh Corgi, von den kontinentaleuropäischen Bassets ab. Der zähe und ausdauernde Västgötaspets ist arbeitsfreudig und schneidig wie alle typischen »Fersenzwicker«. Der Vielzweck-Bauernhund bewacht und treibt das Vieh, schützt Haus und Hof und räumt mit schädlichen Nagetieren auf. Für den erfahrenen Hundehalter ist er ein vorzüglicher Gefährte, aber seinen Hang zum Zwicken verliert er nie ganz. Werden mehrere Hunde gemeinsam gehalten, sind Raufereien fast unvermeidlich.

Die steifen, spitzen Stehohren sind fein behaart

Hartes, dichtes, mittellanges Haarkleid mit feiner, dichter Unterwolle

grau

rotgelb

rotbraun

graubraun

Fang und Schädel sind durch einen ausgeprägten Stop voneinander getrennt

Langer Hals mit sehr muskulösem Nacken

Kräftige Läufe und kurze, ovale Pfoten mit runden Ballen

Kurz-Info

Ursprungsland: Schweden
Entstehungszeit: Mittelalter
Erste Verwendung: Viehtreiber und -hüter, Rattenbeißer
Heutige Verwendung: Begleit-, Hüte-, Schutzhund, Rattenbeißer
Lebenserwartung: 12–14 Jahre
Synonyme: Svensk Vallhund, Schwedischer Schäferspitz

Gewicht: 11–15 kg
Widerristhöhe: 33–40 cm

CANE CORSO

RASSENGESCHICHTE Diese Dogge, eine Neuschöpfung des alten italienischen Hirtenhundes Cane di Macellaio, kam auf dem italienischen Festland nicht vor, sondern wurde in Sizilien gezüchtet. Er trieb früher das Vieh zum Metzger und hat wohl auch an Hundekämpfen teilgenommen.

Der Corso ist eine klassische Dogge, jedoch ohne die lockere Haut von geographisch nahestehenden Doggenrassen wie dem Mastino Napolitano. Es ist ein robuster Hund, der allerdings unter den für große Hunde typischen Gelenk- und Knochenproblemen leidet. Die relativ straffe Haut an der Schnauze bewirkt, daß er weniger sabbert als die Doggen mit schlafferen Lefzen. Die Rasse kann Fremden gegenüber aggressiv werden und verlangt deshalb eine erfahrene Hand und eine sorgfältige Sozialisation. Ein wohlerzogener Corso gibt jedoch einen angenehmen Begleithund ab, der im Freien gehalten werden kann und regelmäßige Bewegung braucht.

Dicker, kraftvoller Hals, wie er für alle Doggen typisch ist

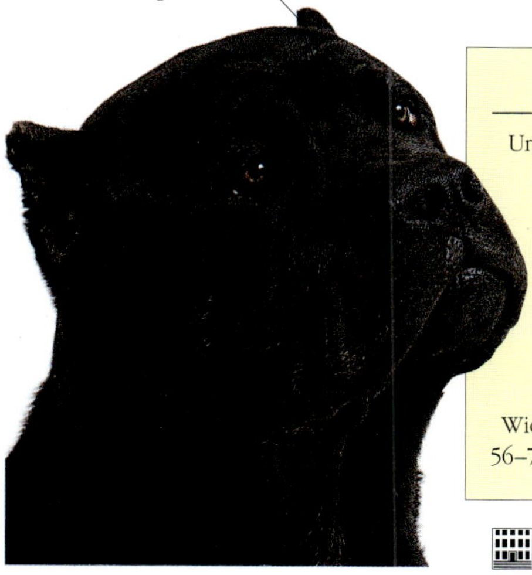

Die Ohren werden nur aus »ästhetischen Gründen« kupiert

Kurz-Info

Ursprungsland: Italien (Sizilien)
Entstehungszeit: 17. Jh.
Erste Verwendung: Viehtreiber
Heutige Verwendung: Begleit- und Schutzhund
Lebenserwartung: 10–11 Jahre
Synonym: Cane di Macellaio

Gewicht: 36–63 kg
Widerristhöhe: 56–70 cm

Die Muskulatur der Hinterhand ist weniger ausgeprägt als die der Vorderhand

Dickes, kurzes, harsches Fell auf dicker Haut

viele Farben

AIDI

Kurz-Info

Ursprungsland: Marokko
Entstehungszeit: Mittelalter
Erste Verwendung: Hirten- und Jagdhund
Heutige Verwendung: Hirten- und Begleithund
Lebenserwartung: 10–11 Jahre
Synonyme: Chien de l'Atlas, Berger de l'Atlas, Marokkanischer Schäferhund

Gewicht: 23–25 kg
Widerristhöhe: 53–61 cm

In vieler Hinsicht ähnelt der Aidi den türkischen Hirtenhunden, dem Akbash und Karabash. Seit Jahrhunderten wird er von Nomaden dazu verwendet, die Schaf- und Ziegenherden im marokkanischen Atlasgebirge zu beschützen; dabei erträgt er die sengende Tageshitze und die Frosttemperaturen der Nacht. Im Verein mit dem schnellen Sloughi wird er auch für die Jagd eingesetzt. Der Aidi spürt mit seiner feinen Nase das Wild auf, das der Sloughi dann überwältigt. Der Hirtenhund gibt auch einen hervorragenden Wachhund ab, doch an ein Leben als Hausgenosse hat er sich noch nicht richtigt angepaßt.

RASSENGESCHICHTE Dieser mittelgroße Hirtenhund ist ein typischer Gebirgshund und vermutlich verwandt mit den großen, weißen Berghunden, die sich vor Jahrhunderten von Osten aus in Europa ausgebreitet haben. Der marokkanische Zuchtverband bemüht sich um die Erhaltung dieser widerstandsfähigen, energischen Rasse.

Schlanker, aber gut bemuskelter Körper mit derbem, isolierendem Fell

weiß

lohfarben

schwarz/weiß

rot

schwarz

Der Schädel ist breit und mäßig gewölbt

Die sehr tiefe Brust reicht bis unter die Ellbogen hinab

Südrussischer Schäferhund

Die von der alten Sowjetarmee als Wachhund bevorzugte Rasse wird auch von der russischen Armee zuweilen noch für diesen Zweck verwendet. Ihr Ursprung liegt vermutlich in den tibetischen Doggen, und sie gelangte vor Jahrhunderten, vielleicht schon vor Jahrtausenden mit asiatischen Wandervölkern nach Osteuropa. Neuerdings wurden einige Hunde aus Rußland in den Westen exportiert und dort weitergezüchtet. Der widerstandsfähige, elegante und würdevolle Schäferhund erweist sich als gut erziehbar, wenn er im Welpenalter sozialisiert wird.

Kurz-Info

Ursprungsland: Rußland/Ukraine
Entstehungszeit: Mittelalter/19. Jh.
Erste Verwendung: Viehschützer
Heutige Verwendung: Hüte-, Schutz- und Begleithund
Lebenserwartung: 10–11 Jahre
Synonym: Südrussischer Oftscharka

Gewicht: 55–75 kg
Widerristhöhe: 65–90 cm

Rassengeschichte Jahrhundertelang haben weiße Hirtenhunde die Herden im europäischen Rußland und in der Ukraine beschützt. Vor etwa 200 Jahren kamen, zusammen mit Merinoschafen aus Spanien, kleinere Schäferhunde in diese Region. Der heutige Südrussische Schäferhund ist ein Kreuzungsprodukt dieser beiden Rassen.

Alapaha Blue Blood Bulldog

Wie der Plott Hound ist auch diese Rasse die Schöpfung einer einzigen amerikanischen Familie, und ihr Überleben hängt davon ab, wie viele Anhänger sie findet. Sie wurde aus dem English Bulldog herausgezüchtet und zeigt einen beträchtlichen Größenunterschied zwischen den Geschlechtern. Rüden können fast doppelt so schwer werden wie die kleinsten Hündinnen. Ihre Vorfahren dienten als Rinder- und Schweinetreiber, aber der Alapaha wird ausschließlich als Schutz- und Begleithund gezüchtet. Wegen des kleinen Genpools können Krankheiten wie etwa Entropium auftreten.

viele Farben

Rassengeschichte Dieser seltene bulldogähnliche Schutzhund, der über drei Generationen von der Familie Lane in Georgia gezüchtet wird, stammt von Buck Lanes Hund »Otto« ab. Lanes Enkelin Lana Lou Lane führt das Zuchtprogramm weiter.

Kurz-Info

Ursprungsland: USA
Entstehungszeit: Ende 19. Jh.
Erste Verwendung: Schutzhund
Heutige Verwendung: Schutz- und Begleithund
Lebenserwartung: 11–13 Jahre
Gewicht: 23–41 kg
Widerristhöhe: 51–63,5 cm

Neuseeländischer Huntaway

Rassengeschichte Die meisten der nach Neuseeland eingeführten britischen Schäferhunde arbeiteten lautlos, doch die Schäfer sahen es gern, wenn die Hunde beim Schaftreiben gelegentlich Laut gaben. Die selektive Zucht auf bellende Schäferhunde erwies sich als erfolgreich und erbrachte den Huntaway, der die Schafe mit seiner Stimme vorantreibt.

Der muskulöse Hals ist mäßig lang

Halb herabhängende samtige Ohren

Die große, schwarze Nase ist eine symmetrische Fortsetzung des langen Fangs

Das effektive Bellen kommt tief aus der Brust

Die neuseeländischen Schafhirten haben fast ein Jahrhundert lang Auswahlzucht betrieben, um einen Hund hervorzubringen, der mit seiner Stimme die Schafherden dirigiert. Der Hund lernt, die Herde zusammenzuhalten und mit Gebell weiterzutreiben. Für diese Schäferhunde wurden spezielle Wettbewerbe veranstaltet, die »Huntaways« hießen und der Rasse schließlich den Namen gaben. Obwohl sie noch von keinem Dachverband, auch nicht vom neuseeländischen, anerkannt wurde, wird sie für den genannten Verwendungszweck rein gezüchtet. Sie ist nach Großbritannien eingeführt worden, wo sie als Schäferhund arbeitet und an Wettbewerben teilnimmt. Als Begleithund wird sie immer beliebter.

Der Rücken ist lang und robust

Überwiegend schwarzes Fell mit lohfarbenen Abzeichen

Die kraftvollen Schenkel sorgen für die Schnelligkeit, die zum Zusammenhalten der großen Herden notwendig ist

Die festen, geraden Vorderläufe sind sehr trittsicher

Die Ohren stehen weit auseinander

Runde, aufmerksame Augen

Die Läufe sind schlanker als beim Labrador-Retriever, aber muskulöser als beim Border-Collie

Die Rute ist dick und gut befedert

Kurz-Info

Ursprungsland: Neuseeland
Entstehungszeit: 20. Jh.
Erste Verwendung: Schafhüten
Heutige Verwendung: Hüte- und Begleithund
Lebenserwartung: 12–14 Jahre
Synonym: Neuseeländischer Schäferhund
Gewicht: 18–29, 5 kg
Widerristhöhe: 51–61 cm

Begleithunde

Alle Hunde sind unsere Begleiter – sie scheinen unsere Gefühle zu verstehen. Die meisten betrachten die Menschen, mit denen sie zusammenleben, als Mitglieder ihrer eigenen Familie; selbst der wildeste Schutzhund verhält sich den vertrauten Personen gegenüber wie ein Teddybär. In fast allen Kulturen der Welt werden Heimtiere, vor allem Hunde, nur zu dem Zweck gehalten, den Menschen Gesellschaft zu leisten. Manche Rassen sind nur deshalb entstanden, um uns zu wärmen, zu begleiten und zu unterhalten. Das waren in der Regel kleine Rassen, die ursprünglich die Frauen erfreuten.

Cavalier King Charles Spaniel (Welpe)
Dieser liebevolle und anschmiegsame Hund, der vor Jahrhunderten aus Arbeitsterriern hervorgegangen ist, verkörpert eine sehr beliebte Begleithundrasse.

Labradoodle
Der Labradoodle ist das Ergebnis eines Zuchtversuchs, bei dem die Folgsamkeit des Labrador-Retrievers mit dem Dauerfell des Pudels kombiniert werden sollte.

Das Fell haart nicht ab und muß regelmäßig getrimmt werden

Tibet-Spaniel
Der von tibetischen Mönchen ausschließlich als Gesellschafter gezüchtete Tibet-Spaniel steht dem Pekinesen sehr nahe.

Dunkles Haar umgibt die ebenfalls dunkle Nase

Kleine Anfänge

Archäologische Belege aus China und Mitteleuropa bezeugen, daß bei primitiven Hunden Zwergwuchs, gekennzeichnet durch gewölbte und relativ große Schädel, verkürzte Gliedmaßenknochen und verdickte Gelenke, auf natürliche Weise entstanden ist. Diese Zwerghunde wurden wahrscheinlich wegen ihrer Kuriosität gehalten und sind die Vorläufer der heutigen kurzläufigen Rassen, der Dackel und Bassets. Es gibt noch eine andere Form der Größenreduzierung, die proportionale Verkleinerung oder Zwergwüchsigkeit, bei der alle Teile des Skeletts gleichmäßig kleiner geworden sind. Beide Prozesse fanden zuweilen gleichzeitig statt, und so entstanden Rassen wie der Pekinese, der älteste bekannte Begleithund und der »Ärmelhund« der chinesischen Kaiserinnen vor mehr als 2000 Jahren.

Der Pekinese ist vermutlich verwandt mit dem Shi Tzu und den kleinen tibetischen Arbeitshunden – dem Lhasa Apso, dem Tibet-Terrier und dem Tibet-Spaniel. Sie alle waren Hüte- und Wachhunde; der Tibet-Spaniel diente daneben auch den Reisenden als Glücksbringer. Heute sind diese Rassen robuste vierbeinige Freunde, deren Beliebtheit wächst, schneller als die der meisten anderen Begleithundrassen. Auf der Suche nach neuen und nützlichen Hundetypen züchteten die alten Chinesen den Nackthund, der ursprünglich sicherlich nur ein Kuriosum war, später dann als wärmespendende »Bettflasche« diente.

Hochgeschätzte Gefährten

In Japan übernahm der Japan-Chin die Aufgabe als Elitehund des Adels, die der Pekinese am chinesischen Kaiserhof erfüllte. Auf der anderen Seite des Globus spielte ein ähnlicher Hund, ein Zwergspaniel, die gleiche Rolle am englichen Hof. Diese Rasse wurde mit dem König so stark identifiziert, daß er den Namen King Charles Spaniel erhielt. Wie sein nächster Verwandter, der Cavalier King Charles Spaniel, arbeitete er nie im Gelände, sondern erfreute den König und dessen Günstlinge durch seine Anhänglichkeit und Treue.

Der englische König war jedoch nicht der einzige, der kleine Hunde als Gesellschafter hielt. Im übrigen Europa waren kleine Bichons die Lieblinge des Hofstaats. Vorläufer des Bichon Frisé, Löwchen, Malteser und Bologneser erscheinen auf Porträts hochgestellter Persönlichkeiten in Portugal, Spanien, Frankreich, Italien und Deutschland. Der Coton de Tuléar begleitete die Gemahlinnen der französischen Verwaltungsbeamten nach Madagaskar, während der Havaneser zum Schmusetier wohlhabender Italiener in Argentinien und später Kuba wurde. Die Chihuahuas sind einzigartige Hausgenossen und temperamentvolle Wachhunde. Sie sind niemals als

Zwergpudel
Der Zwergpudel, einst eine der beliebtesten Rassen überhaupt, ist eine verkleinerte Ausgabe des Großpudels, eines ehemaligen Gebrauchshundes. Er gibt einen ausgezeichneten Wachhund ab.

Die Hängeohren sind dicht behaart

Der Pudel wird für Ausstellungszwecke geschoren

Dalmatiner
Früher war der Dalmatiner ein Kutschenhund, der Reisende begleitete und beschützte, heute ist er ein anhänglicher und wachsamer Hausgenosse.

Dank seiner langen Läufe konnte er mit den Pferdekutschen Schritt halten

Französische Bulldogge
Die Vorfahren dieser verkleinerten Dogge waren Bullenbeißer, doch die Kleinausgabe taugt nicht mehr für diesen Beruf.

Rattenbeißer verwendet worden, obwohl die größeren Exemplare dafür wie geschaffen wären. Ein größeres Format haben der Mops, die Französische und die Amerikanische Bulldogge, allesamt verkleinerte Ausgaben von Gebrauchshunden. Das gleiche gilt für die Zwerg- und Kleinpudel, die ausschließlich als Begleithunde gehalten werden. Einmalig unter den Begleithunden ist der Dalmatiner. Sein Körperbau verrät die Abkunft von Laufhunden, aber die Zucht auf das dekorative schwarzgefleckte Fell hat alle Spürhundinstinkte verkümmern lassen. Sein überschwengliches Wesen macht ihn zu einem robusten, unterhaltsamen Begleithund.

Kurzhaariger Chihuahua
Den Namen verdankt der Chihuahua dem gleichnamigen mexikanischen Staat, aber ob die Rasse dort ihren Ursprung hat, ist unbekannt.

Neue Rassen

Der Hund als Gefährte steht heute hoch im Kurs, und so entstehen immer wieder neue Rassen. Der Moskauer Toy-Terrier, den der ehemalige sowjetische Dachverband 1966 anerkannte, ist eine Kreuzung zwischen Zwergterriern und kleinen Mischlingshunden. In Nordamerika werden häufig kleine Pudel mit anderen Rassen gekreuzt; so entstanden Begleithunde mit dem Namen Cockerpoo und Pekepoo. Sie sind so populär geworden, daß sie möglicherweise als eigene Rasse anerkannt werden. Anderswo, besonders im australischen Bundesstaat Victoria, wurde der Großpudel mit dem Labrador-Retriever gekreuzt, und das Ergebnis ist der Labradoodle. Einige dieser Neuzüchtungen kennen keinen Fellwechsel und werden als Führhunde für Blinde eingesetzt, die allergisch gegen haarende Hunde sind. Es ist möglich, zwei Rassen fast beliebig zu mischen. Die Kombination von Staffordshire-Bullterrier und Boxer ergibt ein hübsches und robustes Tier und die Kreuzung zwischen einem Yorkshire-Terrier und einem Bichon einen temperamentvollen Begleithund. Der Markiesje, ein Hundezwerg, der schon bald vom niederländischen Dachverband anerkannt werden wird, ist ein Kreuzungsprodukt von kontinentalen Zwergspaniels und Zwergpudeln. Während durch Verkleinerung neue Rassen wie der North American Shepherd und der Zwerg-Shar-Pei entstehen, bringt die Vergrößerung andere Formen hervor, etwa den Shiloh-Shepherd, einen großen Deutschen Schäferhund mit geradem Rücken, der auf HD-Resistenz und höheres Gewicht gezüchtet wird. Seine Rolle ist die eines Begleithundes. Einige »neue« Züchtungen sind in Wahrheit sehr alte Rassen, die nie offiziell anerkannt wurden. Der Thai Ridgeback lebt in ländlichen Gebieten Thailands schon seit Jahrhunderten, tauchte aber erst vor kurzem im Westen auf.

Olde English Bulldogge
Die von dem Amerikaner David Leavitt erzüchtete Neuschöpfung der Bulldogge des 18. Jahrhunderts ist schneidig und mutig, aber nicht übermäßig aggressiv.

Pražský Krysavik
Diese noch nicht offiziell anerkannte Rasse ist noch sehr selten und existiert nur in der Tschechischen und Slowakischen Republik.

Shih Tzu
Der chinesische Shih Tzu wird manchmal mit dem tibetischen Lhasa Apso verwechselt, hat aber ein dichteres Fell und ein sanfteres Wesen.

Japan-Chin
Dieser Zwerghund war im alten Japan ein beliebtes »Ärmelhündchen« der vornehmen Damen und gilt auch bei uns als Luxustier.

Mischlingshunde

Mischlinge stellen die Mehrheit der Hunde in aller Welt. Weil sie nicht durch Inzucht entstehen, sind Erbdefekte bei ihnen sehr viel seltener als bei rassereinen Hunden. Mischlinge werden jedoch von manchen Leuten als »Wegwerfhunde« angesehen, weil sie keinen sozialen oder kommerziellen Wert darstellen. Sie bleiben gleichwohl die beliebtesten Begleit- und Familienhunde der Welt und erfreuen die Menschen überall durch ihre Fröhlichkeit und Anhänglichkeit.

Bichon Frisé

Kurz-Info

Ursprungsland: Mittelmeerraum
Entstehungszeit: Mittelalter
Erste Verwendung: Begleithund
Heutige Verwendung: Begleithund
Lebenserwartung: 14 Jahre
Synonyme: Bichon à Poil Frisé, Téneriffe

Gewicht:
3–6 kg
Widerristhöhe:
23–30 cm

Die tiefschwarze Nase ist bei der Geburt rosa

Die runden, dunklen Augen sind ebenso dunkel umrandet

Das Haar der Rute fällt ohne Druck auf den Rücken

Der Kinnbart (französisch »barbiche«) könnte der Rasse den Namen geben haben

Die Krallen sind gewöhnlich weiß, obgleich die Züchter schwarze vorziehen

Die Hängeohren sind kleiner als beim Pudel

In entspannter Position hängt die Rute schlaff herab

Der attraktive, gelehrige, fröhliche, mutige und lebhafte Bichon hat viele Freunde gefunden, seitdem er in den späten 1970er Jahren aus der Versenkung aufgetaucht ist. Er ist nicht nur ein modischer Hausgenosse, sondern auch robust und zäh – norwegische Bauern haben kürzlich festgestellt, daß er sich sogar zum Schafhüten abrichten läßt. Regelmäßige Fellpflege ist unerläßlich. Auch Gebiß und Zahnfleisch verdienen Aufmerksamkeit, da eine Neigung zu Zahnsteinbildung und Zahnfleischentzündungen besteht. Obwohl viele weiße Rassen unter chronischen Hauterkrankungen leiden, ist der Bichon frei von allergischen Hautbeschwerden.

Rassengeschichte Die Ursprünge dieser lebhaften und anhänglichen Rasse sind nicht genau bekannt. Im 14. Jahrhundert haben Seeleute sie auf die Insel Teneriffa gebracht, und im 15. war sie ein Favorit der Könige.

Malteser

Rassengeschichte Phönizische Kaufleute haben die Vorgänger der alten Rasse vermutlich vor über 2000 Jahren nach Malta gebracht. Der heutige Malteser ist möglicherweise ein Kreuzungsprodukt von Zwergspaniel und Zwergpudel.

Die Ohren sind mit langen Haaren reich befedert

Das glänzende Haarkleid ist schwer und sehr lang

Kurz-Info

Ursprungsland: Mittelmeerraum
Entstehungszeit: Altertum
Erste Verwendung: Begleithund
Heutige Verwendung: Begleithund
Lebenserwartung: 14–15 Jahre
Synonym: Bichon Maltais

Gewicht:
2–3 kg
Widerristhöhe:
20–25 cm

Die großen, runden, dunklen Augen stehen leicht vor

Unter dem Gewicht des üppigen Haars biegt sich die Rute zur Seite

Diese gutmütige, liebenswürdige, zuweilen etwas empfindliche Rasse stößt ihr Haar nicht ab und entwickelt ein langes, luxuriöses Fell. Es neigt zum Verfilzen, vor allem im Alter von acht Monaten, wenn das Jugendfell durch das adulte Haarkleid ersetzt wird. Tägliches Bürsten ist unbedingt notwendig. Der Hundezwerg ist fast immer kinderlieb. Er tollt gern herum, doch wenn er dazu keine Gelegenheit hat, findet er sich auch mit einem ruhigeren Leben ab.

Mit der Haarschleife kann der Malteser besser sehen

Das Haar ist reinweiß, mit einem Anflug von Elfenbein- oder Zitronengelb

HAVANESER

creme golden silber blau schwarz

Die ziemlich spitzen Ohren sind dicht behaart und fallen leicht gefaltet herab

Kurz-Info

Ursprungsland: Mittelmeerraum/Kuba
Entstehungszeit: 18.–19 Jh.
Erste Verwendung: Begleithund
Heutige Verwendung: Begleithund
Lebenserwartung: 14–15 Jahre
Synonym: Bichon Havanais

Gewicht: 3–6 kg
Widerristhöhe: 28–32 cm

RASSENGESCHICHTE Der Havaneser könnte entweder von Kreuzungen zwischen Bologneser und kleinen Pudeln oder von in Spanien heimischen Maltesern abstammen.

Die Rute ist mit langem, seidigem Haar bedeckt

Die großen, dunklen Augen sind mit Haaren bedeckt

Der Körper ist reich befedert

Gerade Vorderläufe mit schlanken Zehen

Revolutionen bekommen Hunden selten gut. Neue Regimes betrachten Rassehunde oft als Attribute des verflossenen Regimes. Nach der Französischen, Russischen und Kubanischen Revolution hat man die geliebten Vierbeiner der vormals herrschenden Klasse aktiv oder passiv eliminiert. Der heute in Kuba seltene Havaneser erlebt heute eine Renaissance in den USA. Die manchmal scheue und stets sanftmütige Rasse ist ein geborener Begleithund, der sich eng an seine Menschenfamilie anschließt und sehr kinderlieb ist. Das üppige, weiche Fell ist wellig bis lockig.

BOLOGNESER

Der Bologneser ähnelt sehr dem Malteser und spielte eine ähnliche Rolle in den Herrscher- und Adelshäusern der italienischen Renaissance, vor allem am Hof der Medici, Gonzaga und d'Este. Der heute selbst in Italien seltene Bologneser ist etwas reservierter und scheuer als sein beliebterer Vetter, der Bichon Frisé. Mit seinem weißen, baumwollartigen Haarkleid eignet er sich für warme Klimazonen. Er liebt den Umgang mit Menschen und schließt sich eng an seinen Besitzer an.

RASSENGESCHICHTE Der Bologneser ist zwar nach der norditalienischen Stadt Bologna benannt, aber seine Vorfahren waren vermutlich die Bichons aus Süditalien. Beschreibungen der Rasse sind seit dem 13. Jahrhundert belegt.

Kurz-Info

Ursprungsland: Italien
Entstehungszeit: Mittelalter
Erste Verwendung: Begleithund
Heutige Verwendung: Begleithund
Lebenserwartung: 14–15 Jahre
Synonym: Bichon Bolognais

Gewicht: 3–4 kg
Widerristhöhe: 25–30 cm

Die Nasenkuppe ist in den ersten drei Monaten rosa und verfärbt sich dann schwarz

Das Haar fällt in Büscheln herab

Die weit auseinanderstehenden Ohren lassen den Kopf quadratisch erscheinen

Die Haare an den Lefzen sind etwas kürzer als das übrige Körperfell

In Ruhe hängt die Rute schlaff herab; sie ringelt sich auf dem Rücken, wenn der Hund aufmerkt

Kleine, kompakte Pfoten mit rosigen oder schwarzen Krallen

Die Läufe sind büschelig lang behaart; Unterwolle fehlt völlig

CHIHUAHUA

RASSENGESCHICHTE Der Ursprung des Chihuahua ist von Geheimnissen umgeben. Experten vermuten, kleine Hunde seien 1519 mit den spanischen Eroberern unter Hernando Cortés nach Amerika gelangt. Eine andere Theorie besagt, Chinesen seien vor den Ankunft der Europäer nach Amerika gereist und hätten Zwerghunde mitgebracht. Die Rasse wurde erstmals in den 1850er Jahren in die USA ausgeführt

Kurzhaariger Schlag

Der Chihuahua ist zwar klein und zerbrechlich, aber aufgeweckt und schneidig. Benannt ist er nach dem gleichnamigen mexikanischen Staat, aus dem er zunächst in die USA und dann in alle Welt exportiert wurde. Legenden ranken sich um diese Rasse; ihr aztekischer Name Xoloitzcuintli ist offenbar irreführend – er bezeichnet tatsächlich ein anderes, viel größeres mittelamerikanisches Tier. Andere Legenden, wonach Hündchen mit blauem Fell für heilig gehalten und solche mit rotem Fell bei aztekischen Totenverbrennungen rituell geopfert wurden, sind ebenso umstritten. Unbestritten ist jedoch, daß der Chihuahua ein Schoßhund par excellence ist. Er bibbert beim leisesten Windstoß und fühlt sich am wohlsten auf dem Schoß seines Herrchens oder Frauchens. Sowohl der kurzhaarige als auch der weniger kälteempfindliche langhaarige Schlag sind unterhaltsame und anhängliche Gefährten.

Kurz-Info

Ursprungsland: Mexiko
Entstehungszeit: 19. Jh. (?)
Erste Verwendung: Begleithund
Heutige Verwendung: Begleithund
Lebenserwartung: 12–14 Jahre

Gewicht:
1–3 kg
Widerristhöhe:
15–23 cm

alle Farben

Langhaariger Schlag

KYI LEO

Der Fang ist mäßig lang

RASSENGESCHICHTE Die Geschichte dieser Rasse begann in den 1950er Jahren mit der Zufallspaarung eines Lhasa Apso mit einem Malteser in San Francisco. Die Reinzucht wurde im kalifornischen San José fortgesetzt, wo Harriet Linn für die Wahl des Namens und die Aufstellung des Standards verantwortlich war.

Kurz-Info

Ursprungsland: USA
Entstehungszeit: 1972
Erste Verwendung: Begleithund
Heutige Verwendung: Begleithund
Lebenserwartung: 12–14 Jahre

Gewicht:
6–7 kg
Widerristhöhe:
23–28 cm

alle Farben

Der Kopf ist vollständig mit langem Haar bedeckt

Üppiger Bart

Die Rute wird auf dem Rücken eingerollt, wenn der Hund aufmerkt

Die Vorderläufe sind lang und gerade

Dieser hübsche Hund ist das Ergebnis eines Zufalls, dem sich eine gezielte Auswahlzucht anschloß. Aus der Kreuzung zwischen einem Lhasa Apso und einem Malteser ist ein temperamentvoller, lautstarker und energischer Begleithund hervorgegangen. Die Rasse ist ungemein anschmiegsam und stets darauf bedacht, seinem Besitzer zu gefallen. Gleichwohl ist er Fremden gegenüber etwas mißtrauisch, so wie die meisten Lhasas, und eigensinnig wie viele Kleinhunde. Das gewöhnlich schwarz-weiße Seidenhaar wird mit der Zeit oft silbergrau – ein elegantes Zeichen der Reife.

PEKINESE

RASSENGESCHICHTE Die Rasse war einst exklusives Eigentum des chinesischen Hofes und eng mit dem Buddhismus verbunden. Die ersten Pekinesen kamen 1860 in den Westen.

Große, klare, leuchtende Augen

Das üppige Doppelfell verhüllt die krummen Beine

Das Atmen durch den Mund dient der Wärmeabfuhr

Kurz-Info

Ursprungsland: China
Entstehungszeit: Altertum
Erste Verwendung: Begleithund
Heutige Verwendung: Begleithund
Lebenserwartung: 12–13 Jahre
Synonyme: Pekingese, Peking-Palasthund

Gewicht:
15–25 kg
Widerristhöhe:
15–23 cm

alle Farben

Die Nase ist zwischen den Augen plattgedrückt

Schwere Mähne und Krause aus langem, derbem Haar

Nach den Vorschriften der chinesischen Kaiserwitwe Tzi Hsi sollte der Pekinese kurze krumme Beine haben, damit er nicht weit davonlaufen konnte, ferner einen Pelzkragen als Zeichen der Vornehmheit und empfindliche Geschmacksknospen, damit er wählerisch wirkte. Sie vergaß weitere auffallende Eigenschaften zu erwähnen, etwa den Eigensinn eines Esels, das herablassende Gehabe und das Schneckentempo. Der Pekinese ist eine Freude für jeden, dem die Gesellschaft eines amüsanten, ruhigen, unabhängigen Hundes gefällt. Der chinesischen Legende zufolge ist er die Frucht einer Verbindung zwischen Löwe und Affe, welche die Würde des ersteren mit der Anmut des letzteren vereint – eine zutreffende Charakterisierung.

JAPAN-CHIN

RASSENGESCHICHTE Diese Rasse ähnelt zwar in mancher Hinsicht dem Pekinesen, aber sie ist wahrscheinlich aus dem Tibet-Spaniel hervorgegangen. Sie gelangte erstmals im 17. Jahrhundert nach Europa, als portugiesische Seefahrer der Prinzessin Katharina von Braganza einige Chins zum Geschenk machten.

Die großen, dunklen Augen, in denen etwas Weiß sichtbar ist, stehen weit auseinander

Die kleinen V-förmigen Ohren sind leicht nach vorn gerichtet

schwarz/weiß

rot/weiß

Großer Kopf mit sehr kurzem, breitem und weichem Fang

Die gut befederte Rute wird auf dem Rücken getragen

Das lange, üppige Haarkleid ist gerade und frei von Locken

Britische Züchter kreuzten diese Rasse vermutlich mit ihren eigenen Zwergspaniels, was die Ähnlichkeit zwischen dem Chin und dem King Charles Spaniel von heute erklärt. Wie bei anderen Rassen mit flachem Gesicht leiden auch hier manche Individuen an Atem- und Herzbeschwerden. Der freche kleine Chin ist robust und unabhängig. Wie in Japan, wo diese Hündchen von vornehmen Damen gehalten wurden, gelten sie auch in Europa und Nordamerika als Luxusgeschöpfe.

Kurz-Info

Ursprungsland: Japan
Entstehungszeit: Mittelalter
Erste Verwendung: Begleithund
Heutige Verwendung: Begleithund
Lebenserwartung: 12 Jahre
Synonym: Chin

Gewicht:
2–5 kg
Widerristhöhe:
23–25 cm

KING CHARLES SPANIEL

RASSENGESCHICHTE Schon im frühen Mittelalter fielen in vereinzelten Würfen Spaniels unterschiedlicher Größe an. Bis zum 17. Jahrhundert hatte die Auswahlzucht der kleinsten Exemplare einen Zwergspaniel hervorgebracht, der nach einem seiner größten Bewunderer King Charles Spaniel genannt wurde.

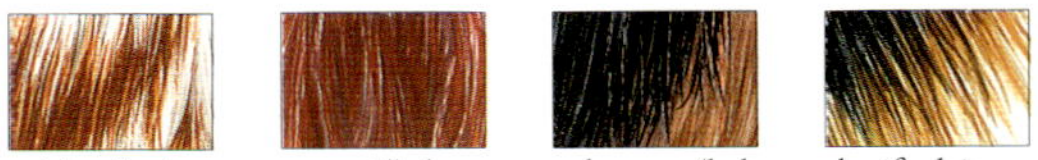

blenheim

rot/loh

schwarz/loh

dreifarbig

Welpe

Die langen, gut befederten und tief angesetzten Ohren liegen an den Wangen an

Große, weit auseinandergestellte, dunkle Augen mit freundlichem Ausdruck

Die Nase ist nach oben gedreht

Das lange, seidige Haarkleid kann gerade oder wellig sein

Gerade Vorderläufe mit kompakten, gut befransten Pfoten

Samuel Pepys und andere englische Chronisten berichten, daß König Karl II. offenbar seinen Spaniels mehr Zeit widmete als den Staatsgeschäften. Seine Hunde waren größer und hatten eine längere Nase als die heutige Rasse, doch die Mode verlangte, daß Hund und Nase zu den Proportionen schrumpften, die dem modernen Standard entsprechen. Möglicherweise hat die Einkreuzung des Japan-Chin diese Veränderung zustande gebracht. Die liebenswerte, anhängliche Rasse gibt einen vorzüglichen Stadthund ab.

Kurz-Info

Ursprungsland: Großbritannien
Entstehungszeit: 17. Jh.
Erste Verwendung: Begleithund
Heutige Verwendung: Begleithund
Lebenserwartung: 12 Jahre
Synonym: English Toy Spaniel

Gewicht:
4–6 kg
Widerristhöhe:
25–27 cm

Cavalier King Charles Spaniel

Rassengeschichte In den 1920er Jahren setzte der Amerikaner Roswell Eldridge auf der Cruft's Dog Show in London ein Preisgeld aus für jeden King Charles Spaniel mit langer Nase, so wie sie van Dyck auf seinem Porträt Karls II. und dessen Spaniels dargestellt hatte. In den 1940er Jahren wurden diese Hunde als neue Rasse anerkannt und durch den Zusatz »Cavalier« von ihren Vorfahren unterschieden.

Der freundliche. anhängliche und energische Cavalier ist in den letzten Jahren ungewöhnlich populär geworden. Er ist in vieler Hinsicht ein idealer Vierbeiner für die Stadt, der sich bei schlechtem Wetter gern auf dem Sofa zusammenrollt, aber ebenso gern kilometerweit läuft, wenn sich ihm die Gelegenheit bietet. Die wachsende Beliebtheit der Rasse hat zu einer intensiven Inzucht geführt, was eine starke Zunahme von lebensbedrohlichen Herzkrankheiten zur Folge hatte. Die Folge davon ist wiederum, daß die Lebenserwartung der betroffenen Tiere von 14 auf nur 9–10 Jahre zurückgegangen ist. Dies ist ein sehr hoher Anteil von Erbkrankheiten, vielleicht das höchste schwere Gesundheitsrisiko bei allen Rassen überhaupt. Wer sich einen solchen Hund aussucht, sollte unbedingt die medizinische Vorgeschichte über mehrere Generationen hinweg prüfen.

Blenheim

rotbraun

schwarz/loh

dreifarbig

Kurz-Info

Ursprungsland: Großbritannien
Entstehungszeit: 1925
Erste Verwendung: Begleithund
Heutige Verwendung: Begleithund
Lebenserwartung: 9–14 Jahre

Gewicht:
5–8 kg
Widerristhöhe:
31–33 cm

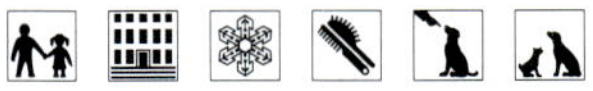

TIBET-TERRIER

Der Tibet-Terrier ist kein echter Terrier – er wurde nie für die Arbeit unter der Erde gezüchtet. Tibetische Mönche hielten ihn früher als Begleit- und zugleich als sehr lautfreudigen Wachhund. Die aufgeweckte und neugierige Rasse, die der englische Arzt Dr. Greig in den Westen holte, ist nicht so beliebt geworden wie ihr naher Verwandter, der Lhasa Apso. Sie gibt jedoch einen liebevollen Gefährten ab, braucht nicht viel Auslauf und läßt sich relativ leicht zum Gehorsam erziehen. Mißtrauisch gegenüber Fremden und von Haus aus sehr wachsam, schlägt sie bei der geringsten Provokation lautstark an.

Kompakter und kraftvoller Körperbau

Die großen Pfoten verstecken sich unter dem üppigen feinen Haar

viele Farben

Der Kopf ist verschwenderisch behaart

Mittelgroßer, ziemlich schmaler Kopf

RASSENGESCHICHTE Der Tibet-Terrier war einst ein geschätztes Gastgeschenk. Es heißt, daß buddhistische Mönche den Nomadenstämmen solche Hunde als Glücksbringer überreichten. Die Rasse wurde in den 1930er Jahren nach Großbritannien eingeführt.

Kurz-Info

Ursprungsland: Tibet
Entstehungszeit: Mittelalter
Erste Verwendung: Wachhund
Heutige Verwendung: Begleithund
Lebenserwartung: 13–14 Jahre
Synonym: Dholi Apso

Gewicht:
8–14 kg
Widerristhöhe:
36–41 cm

TIBET-SPANIEL

Die gut befederten Hängeohren sind ziemlich tief angesetzt

Die buschige Ringelrute wird auf dem Rücken getragen

Die Rasse, nur dem Namen nach ein Spaniel, wurde nie für die Jagd verwendet. Der Überlieferung zufolge diente sie in Tibet als »Gebetshund«, der zum Drehen der Gebetsmühlen abgerichtet wurde. Sie ist zweifellos seit Jahrhunderten ein Klosterhund, der wahrscheinlich auch als Wachhund fungierte. Anatomisch steht sie dem Pekinesen nahe, ist aber hochläufiger und langköpfiger und leidet viel weniger unter Atem- und Rückenbeschwerden. Der unabhängige und selbstbewußte Hund eignet sich recht gut als Hausgenosse.

Das seidige Doppelfell bildet eine leichte Halskrause

Dunkler Fang mit schwarzem Nasenspiegel

Die Vorderbeinknochen sind leicht gekrümmt

RASSENGESCHICHTE Hunde, die dieser Rasse glichen, gab es schon im 8. Jahrhundert in Korea, aber ob sie aus China oder aus Tibet dorthin gelangten, ist ungewiß. Der Tibet-Spaniel könnte zu den Ausgangsrassen des Japan-Chin gehören.

alle Farben

Kurz-Info

Ursprungsland: Tibet
Entstehungszeit: Altertum
Erste Verwendung: Klosterhund
Heutige Verwendung: Begleithund
Lebenerwartung: 13–14 Jahre

Gewicht:
4–7 kg
Widerristhöhe:
24–28 cm

Chinesischer Schopfhund

Die Ohren sind im Verhältnis zum Kopf recht groß; zwischen ihnen der namengebende »Schopf«

Die Kopfform ähnelt sehr der des Yorkshire-Terriers

Rassengeschichte Historisch gesehen, gelten die Chinesen als die erfolgreichsten »Domestikatoren« der Welt, die ungewöhnliche und unverwechselbare Haustierformen schufen, doch es gibt keinen Beweis dafür, daß der Chinesische Schopfhund in China entstanden ist. Einiges deutet vielmehr darauf hin, daß Nackthunde in Afrika erzüchtet und dann von Händlern nach Asien und Amerika gebracht wurden.

Die Ähnlichkeit zwischen dem Chinesischen Schopfhund und afrikanischen Nackthunden läßt vermuten, daß diese Rassen entfernt miteinander verwandt sind. Nackthunde lassen sich nicht sehr erfolgreich züchten – sie haben gewöhnlich Gebiß- und Krallendefekte. Aus Paarungen zwischen unbehaarten (»hairless«) Individuen gehen jedoch vielfach behaarte Welpen hervor, sogenannte »Powder-puffs« (Puderquasten). Die Verpaarung von »Hairless« und »Powder-puffs«, die genetisch gesünder sind, sichert den Fortbestand dieser ausgefallenen Rasse. Der Schopfhund ist munter und anhänglich und gibt einen angenehmen Hausgenossen ab, doch er muß vor kaltem und heißem Wetter gleichermaßen geschützt werden.

Die Stehohren sind mit langen, schwarzen Haarfransen bedeckt

Schlanker Körper mit geradem Rücken und ziemlich schmalem Brustkorb

Die einfarbige oder gefleckte Haut hellt sich im Sommer auf

Hairless-Schlag

Die Brust ist nicht besonders tief

Der Körper ist größtenteils unbehaart, doch die Rute trägt eine lange Fahne

Die zierlichen Katzenpfoten sind mit mäßig langem Haar bedeckt

Kurz-Info

Ursprungsland: China/Afrika
Entstehungszeit: Altertum
Erste Verwendung: Begleithund, Bettwärmer
Heutige Verwendung: Begleithund
Lebenserwartung: 12–13 Jahre
Synonym: Chinese Crested Dog
Gewicht: 2–5,5 kg
Widerristhöhe: 23–33 cm

Dreieckiger Kopf mit spitz zulaufendem Fang

Die Ohrenbehaarung ist fast 12 cm lang

Powder-puff-Schlag

Die Ohren hängen unter dem Gewicht des feinen, üppigen Haares herab

Die tiefe Brust ist gegen Kälte gut isoliert

Der schlanke, elegante Körper ist lang behaart

Die lange Rute ist mit feinem Haar gut befedert

Die Stehohren werden durch die Haare nicht herabgezogen

viele Farben

Französische Bulldogge

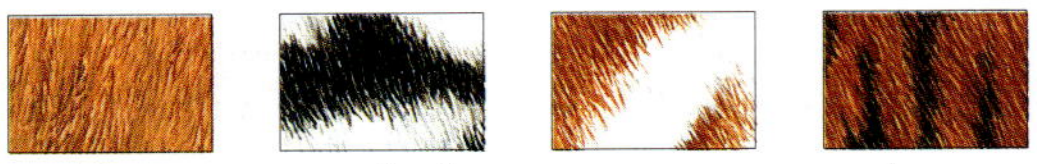

rehbraun | gescheckt | rot-gestromt | schwarz-gestromt

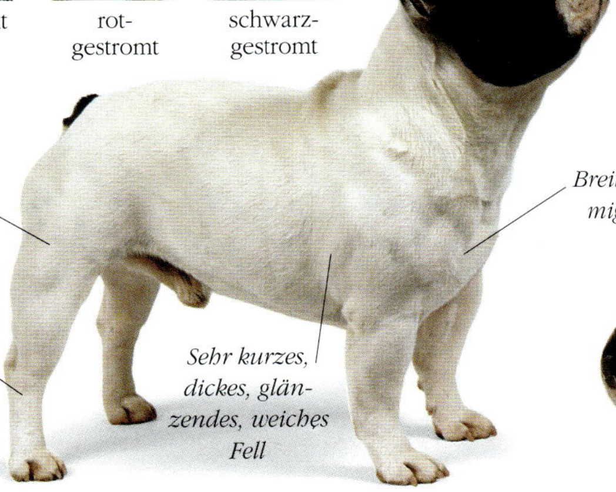

Rassengeschichte In den 1860er Jahren importierten französische Züchter kleine Bulldogs aus England und kreuzten sie mit Terriern. Um die Jahrhundertwende war die Bulldogge ein beliebter Metzger- und Kutscherhund in Paris.

Obwohl es immer wieder heißt, die Französische Bulldogge stamme von einem spanischen Bullenbeißer ab, gibt es überzeugende Belege dafür, daß dieser oft eigensinnige kleine Hund ein Nachkomme von kleinwüchsigen Bulldogs aus Großbritannien ist. Kurioserweise wurde die Rasse nicht in Frankreich oder Großbritannien, sondern in den USA erstmals anerkannt. Ursprünglich wurde das Muskelpaket als Rattenfänger gezüchtet, doch dann wurde es zu einem modischen Attribut der Arbeiterklasse von Paris. Die Französische Bulldogge, inzwischen seltener geworden, ist die soziale Leiter hochgestiegen und lebt heute eher in wohlhabenderen Haushalten.

Kurz-Info

Ursprungsland: Frankreich
Entstehungszeit: 19. Jh.
Erste Verwendung: Rattenbeißer
Heutige Verwendung: Begleithund
Lebenserwartung: 11–12 Jahre
Synonym: Bouledogue Français

Gewicht: 10–13 kg
Widerristhöhe: 25–34 cm

Mops

Der Mops ist gewöhnungsbedürftig, doch wer sich einmal an ihn gewöhnt hat, schwört auf ihn. Dieser streitlustige und individualistische Kleinhund ist ungemein hartnäckig und eigensinnig. Er weiß, was er will, und gibt nicht eher nach, bis er sein Ziel erreicht hat. Der muskulöse, gedrungene Körperbau, das flache Gesicht und der starre Blick verleihen ihm eine starke Präsenz und Persönlichkeit. Obgleich er eigenwillig und energisch ist, wird er nur selten aggressiv. Er schließt sich eng an seine Menschenfamilie an und gibt einen amüsanten, angenehmen Hausgenossen ab.

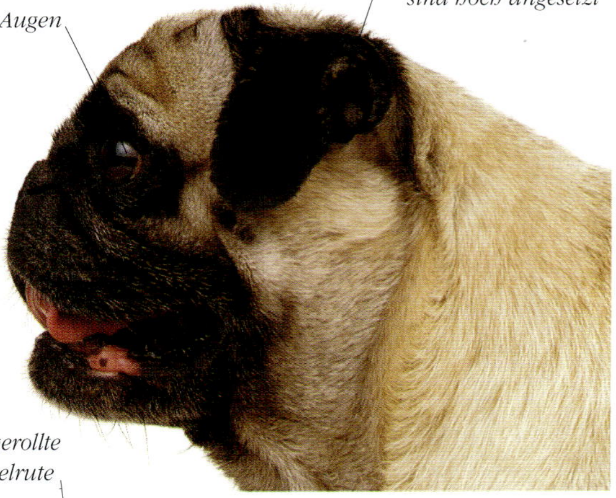

Rassengeschichte Die Mopsvorfahren, die im Fernen Osten vor mindestens 2400 Jahren aus Doggen herausgezüchtet wurden, waren einst Gefährten buddhistischer Priester. Der im 16. Jahrhundert durch die Niederländische Ostindische Gesellschaft nach Holland eingeführte Mops wurde dann zum Begleithund von Aristokraten und Königen.

Kurz-Info

Ursprungsland: China
Entstehungszeit: Altertum
Erste Verwendung: Begleithund
Heutige Verwendung: Begleithund
Lebenserwartung: 13–15 Jahre

Gewicht: 6–8 kg
Widerristhöhe: 25–30 cm

silbern | apricot, rehbraun | schwarz

American Bulldog

Obwohl der American Bulldog typgerecht gezüchtet wird, ist er noch von keinem großen Zuchtverband in den USA anerkannt und nicht zu Ausstellungen zugelassen. Der mutige und lebhafte Hund ist in Größe und Färbung sehr variabel; er gleicht dem ursprünglichen englischen Bulldog, der im 18. Jahrhundert als Bullenbeißer verwendet wurde. Das robuste, muskelstarke Tier spricht jene an, die sich einen kraftvollen Begleithund wünschen. Manierliches Benehmen setzt eine erfahrene Hand und eine gründliche Sozialisierung im Jugendalter voraus.

Rassengeschichte Im 19. Jahrhundert nahmen viele Emigranten ihre Hunde mit in die USA. Darunter befanden sich auch Bulldoggen, von denen viele als Farmhunde arbeiteten; von diesen stammt der American Bulldog ab.

Hoch und weit hinten angesetzte Ohren

Rüde mit typischem großen und muskulösen Gebäude

Kurz-Info

Ursprungsland: USA
Entstehungszeit: 18. Jh.
Erste Verwendung: Schutz- und Kampfhund
Heutige Verwendung: Begleithund
Lebenserwartung: 11–12 Jahre
Synonyme: Old Country Bulldog, Amerikanische Bulldogge
Gewicht: 30–58 kg
Widerristhöhe: 48–71 cm

Breiter, vierkantiger Kopf mit weit auseinanderstehenden Augen

Die kurze, sich verjüngende Rute ist normal dick

Dicke, muskulöse, breite Schulterpartie

Kurzes, dichtes, glänzendes Fell

Schwerknochige Hinterläufe mit harter, kraftvoller Muskulatur

viele Farben

Olde English Bulldogge

Die kleinen Ohren sind hoch und weit hinten angesetzt

Kurzer, breiter Fang mit mäßig herabhängenden Lefzen und ausgeprägtem Stop

Der Kopf ist groß im Verhältnis zum Körper

Rassengeschichte Um den Bulldog alten Typs (daher die altmodische Schreibung des Namens) wiederherzustellen, erzüchtete David Leavitt aus Pennsylvania diese Rasse, indem er English Bullog, American Bulldog, Bullmastiff und American Pit-Bullterrier miteinander kreuzte.

viele Farben

Kurzes, eng anliegendes Fell

Schwerknochige, gerade Vorderläufe

Dieser Hund ist das Ergebnis eines Zuchtversuchs, der auf die Erneuerung des altenglischen Bulldog ohne dessen Aggressivität abzielte. Indem der Züchter den freundlichen modernen English Bulldog mit dem schärferen Pit-Bullterrier, dem Bullmastiff und dem American Bulldog kombinierte, konnte er die Atmungsprobleme und Rutendefekte des English Bulldog ausmerzen und gleichzeitig die Hartnäckigkeit der anderen Rassen abschwächen. Die Rasse hat jedoch ein aggressives Wesen behalten und ist deshalb mit Vorsicht zu genießen.

Der Hals hat den gleichen Umfang wie der Kopf

Auffallend breite Brust

Kurz-Info

Ursprungsland: USA
Entstehungszeit: 20. Jh.
Erste Verwendung: Begleithund
Heutige Verwendung: Begleithund
Lebenserwartung: 11–12 Jahre
Gewicht: 30–48 kg
Widerristhöhe: 51–64 cm

PUDEL

Kurz-Info

Ursprungsland: Frankreich
Entstehungszeit: 16. Jh.
Erste Verwendung: Begleithund
Heutige Verwendung: Begleithund
Lebenserwartung: 14–17 Jahre
Synonym: Caniche

Gewicht:
bis 5 kg (Toy-Pudel);
bis 14 kg (Zwergpudel);
bis 19 kg (Kleinpudel)

Widerristhöhe:
25–28 cm (Toy-Pudel);
28–35 cm (Zwergpudel);
35–45 cm (Kleinpudel)

alle einheitlichen Farben

Toy-Pudel

RASSENGESCHICHTE Großpudel (siehe S. 190) gelangten wahrscheinlich vor mindestens 500 Jahren von Deutschland nach Frankreich. Zu jener Zeit hatte man den Pudel sicherlich bereits auf das Format des heutigen Toy-Pudels (»Spielzeugpudel«) verkleinert.

Zwergpudel

RASSENGESCHICHTE Diese Miniaturausgabe des Großpudels war in den 1950er und 1960er Jahren ungeheuer beliebt. Der Zwergpudel ist etwas größer als der Toy-Pudel und trat früher regelmäßig im Zirkus auf.

Vor 50 Jahren war der Pudel der beliebteste Hund der Welt – ein modisches Accessoire in jeder Großstadt. Die Popularität hatte eine wahllose Massenzucht zur Folge. Physische Defekte und Verhaltensstörungen machten sich in dieser intelligenten und gelehrigen Rasse breit; sie fiel in Ungnade und wurde vom Deutschen Schäferhund und vom Yorkshire-Terrier verdrängt, den fortan weltweit beliebtesten großen und kleinen Rassen. Heute sind die kleineren Pudel, von fachkundigen Leuten gezüchtet, wieder zuverlässige Begleithunde. Die Verkleinerung bringt zuweilen eine welpenhafte Abhängigkeit von den Menschen mit sich, doch bei den Pudeln behalten wesensfeste Individuen einen ausgesprochen unabhängigen Charakter. Pudel sind ungewöhnlich lernfreudige, folgsame und anhängliche Hausgenossen.

Klein- oder Mittelpudel

RASSENGESCHICHTE Der Kleinpudel ist zwar in Deutschland, aber sonst noch nicht überall formell anerkannt; in einigen Ländern gilt er sogar als eigenständige Rasse. Er steht größenmäßig zwischen dem Zwerg- und dem Großpudel und hat die gleichen Eigenschaften wie seine Vettern.

DALMATINER

Der Dalmatiner wird heute ausschließlich als Begleithund gehalten, doch jahrhundertelang war er ein hervorragender Gebrauchshund. Er war Meute-, Apportier- und Vogelhund. Er hütete Schafe und vertilgte Schadtiere. In neuerer Zeit arbeitete er auch als Zirkusartist. Vor der Motorisierung wurde er als Kutschenhund verwendet. Er lief neben den Pferdekutschen her und machte in bewohnten Gebieten die Straße für sie frei. Im 19. Jahrhundert benutzten ihn amerikanische Feuerwehren dazu, die Pferde der Löschwagen zu dirigieren. Heute ist dieser lauffreudige Vierbeiner nur noch Begleithund. Er ist zwar durchweg freundlich, aber manche Rüden gebärden sich anderen Rüden gegenüber aggressiv. Der Dalmatiner ist übrigens die einzige Hunderasse, die unter Harnsäuresteinen leiden kann.

Kurz-Info

Ursprungsland: Balkan/Indien
Entstehungszeit: Mittelalter
Erste Verwendung: Jagd- und Kutschenhund
Heutige Verwendung: Begleithund
Lebenserwartung: 12–14 Jahre
Gewicht: 23–25 kg
Widerristhöhe: 50–61 cm

RASSENGESCHICHTE Auf 4000 Jahre alten griechischen Friesen sind Jagdhunde abgebildet, die dem Dalmatiner ähneln. Obwohl Dalmatien an der Adriaküste als Heimat dieser edlen Rasse angegeben wird, gibt es überzeugende Belege dafür, daß sie ihren Ursprung in Indien hat und von indischen Kaufleuten ins antike Griechenland gebracht wurde.

Labradoodle

viele Farben

Der Körperbau ist etwas schwerer als beim Pudel

Die Vorderläufe sind kräftig bemuskelt

Der geschorene Schopf betont das pudelähnliche Aussehen des Kopfes

Das dicht gelockte Fell wird nicht abgestoßen

Die Ohren sind etwas über Augenhöhe angesetzt

Der Fang ist etwas schmaler als beim Labrador-Retriever

Rassengeschichte 1989 begann Wally Conron aus Kew in Australien damit, Labrador-Retriever und Großpudel zu kreuzen, um einen Führhund für Blinde zu schaffen, die allergisch gegen Hundehaare sind.

Kurz-Info

Ursprungsland: Australien
Entstehungszeit: 1980er Jahre
Erste Verwendung: Führhund
Heutige Verwendung: Führ- und Begleithund
Lebenserwartung: 13–15 Jahre
Gewicht: 25–35 kg
Widerristhöhe: 54–65 cm

Dies ist ein klassisches Beispiel für eine systematische, geplante Kreuzungszucht, deren Ziel die Schaffung einer neuen »Rasse« mit den besten Eigenschaften der Ausgangsrassen war. Ob diese spezielle Kreuzung zwischen Labrador-Retriever und Pudel gelungen ist, läßt sich noch nicht beurteilen. Wally Conrons Zuchtziel ist ein Blindenführhund, der keinen Fellwechsel kennt. Labradoodle-Führhunde sind in Australien und Hawaii mit Erfolg abgerichtet worden, aber das Pudelmerkmal des fehlenden Haarwechsels ist noch nicht verfestigt. Was das Wesen angeht, scheint es sich um eine sehr gelungene Kombination zu handeln.

Bichon/Yorkie

Die leuchtenden Augen sind von dichtem Haar umgeben

Rassengeschichte Die Nachkommen aus einer Zufallspaarung zwischen einem Yorkshire-Terrier und einem Bichon Frisé waren so attraktiv, daß man sie gezielt weitergezüchtet hat. Bis jetzt wurde noch kein Versuch gemacht, einen Standard festzulegen.

Die Ohren sind hoch angesetzt und üppig behaart

Kurz-Info

Ursprungsland: Großbritannien
Entstehungszeit: 1980er Jahre
Erste Verwendung: Begleithund
Heutige Verwendung: Begleithund
Lebenserwartung: 13–15 Jahre
Gewicht: 3–6 kg
Widerristhöhe: 23–31 cm

Das Gesicht ist kürzer als beim Yorkie

Dichtes, weiches Deckhaar mit wärmeisolierender Unterwolle

Die Läufe sind länger als beim Bichon

viele Farben

Wenn Rassen extrem populär werden, wie im Fall des Yorkshire-Terriers geschehen, treten vielfach Erbdefekte gehäuft auf. Die Massenzucht kann auch zu einer Wesensverschlechterung führen. Weil Defekte am ehesten vorkommen, wenn beide Eltern die unerwünschten Gene weitergeben, verringern Kreuzungszuchten wie diese das Risiko von Erbschäden. Beim Bichon/Yorkie sind Kniescheibenluxation und Beibehaltung des Welpengebisses weniger wahrscheinlich als beim Yorkie (diese Probleme können freilich auch beim Bichon auftreten). Die reizvolle Neuzüchtung ist zäh und widerstandsfähig wie der Yorkshire-Terrier und zugleich wetterfest wie der Bichon.

Cockerpoo

viele Farben

Kurz-Info

Ursprungsland: USA
Entstehungszeit: 1960er Jahre
Erste Verwendung: Begleithund
Heutige Verwendung: Begleithund
Lebenserwartung: 13–15 Jahre

Gewicht:
9–11 kg
Widerristhöhe:
35–38 cm

Rassengeschichte Kreuzungen zwischen Zwergpudel und Amerikanischem Cocker-Spaniel gibt es seit mehr als 30 Jahren. Der Cockerpoo ist inzwischen in Nordamerika so verbreitet, daß er wohl schon bald einen Rassestandard und die formelle Anerkennung erhalten wird.

Der Cockerpoo, eine Kreuzung zwischen dem Amerikanischen Cocker-Spaniel und dem Zwergpudel, ist in Nordamerika sehr begehrt. Wie in anderen Fällen waren auch hier die ersten Hunde das Resultat einer Zufallspaarung, doch neuerdings werden bei steigender Individuenzahl die Cockerpoos gezielt miteinander verpaart. Den Pudel erkennt man sowohl im Gesicht und der Felltextur als auch im Wesen dieser Neuzüchtung. Wie der Pudel ist der Cockerpoo ein aufmerksamer Beobachter, der sich nicht so hyperaktiv gebärdet wie viele Amerikanische Cocker-Spaniels. Ein weiterer Pluspunkt ist, daß der Cockerpoo viel weniger unter Hautkrankheiten leidet als der Cocker.

Bull-Boxer

Die Nachkommen aus dieser Kreuzung zwischen Boxer und Staffordshire-Bullterrier besitzen Eigenschaften, die denen ihrer Eltern in mancher Beziehung überlegen sind. Während Boxer ihr Welpenverhalten selten vor dem dritten Lebensjahr ablegen, reifen Bull-Boxer schneller heran. Und während die Bullterrier oft kleine Tiere hetzen, neigt die Neuzüchtung weniger dazu; außerdem hat sie das gesellige Wesen des Bullterriers geerbt. Möglicherweise reduziert diese Kreuzungszucht auch die Anfälligkeit des Boxers für Hautkrebs und die des Bullterriers für Herzkrankheiten.

Kurz-Info

Ursprungsland: Großbritannien
Entstehungszeit: 1990er Jahre
Erste Verwendung: Begleithund
Heutige Verwendung: Begleithund
Lebenserwartung: 12–13 Jahre

Gewicht:
17–24 kg
Widerristhöhe:
41–53 cm

Rassengeschichte Auch bei dieser Zufallspaarung zwischen einem Boxer und einem Staffordshire-Bullterrier war der Nachwuchs so attraktiv, daß man sich zur Weiterzucht entschlossen hat.

viele Farben

NORTH AMERICAN SHEPHERD

Kurz-Info

Ursprungsland: USA
Entstehungszeit: 1968
Erste Verwendung: Begleithund
Heutige Verwendung: Begleithund
Lebenserwartung: 12–13 Jahre
Synonym: Miniature Australian Shepherd

Gewicht:
7–13,5 kg
Widerristhöhe:
33–46 cm

Der North American Shepherd ist das Produkt eines speziellen Zuchtprogramms, dessen Ziel ein kleiner Begleithund für Stadtmenschen war. Die Züchter haben sich bemüht, die angenehmen Wesenseigenschaften des Australian Shepherd, der Ausgangsrasse, zu erhalten und ihn zugleich zu »verkleinern«. Der vorzügliche Begleithund arbeitet auch gern mit kleinen Herden.

Der Oberkopf ist ziemlich flach und trocken

RASSENGESCHICHTE Ein Zuchtprogramm mit zwei kleinen Australian Shepherds wurde 1968 eingeleitet. 1980 war der Typus fixiert, und 1993 erhielt die neue Rasse ihren Namen.

Das leicht wellige Haarkleid ist mittellang

Die hinteren Läufe sind ebenso lang wie die vorderen

Die Lefzen fallen nicht über den Unterkiefer

Die Pfoten sind oval und kompakt

viele Farben

HIMALAJA-SCHÄFERHUND

RASSENGESCHICHTE Die sehr alte Rasse ist wahrscheinlich nah verwandt mit den Vorläufern der großen Berghunde, die sich von Nordindien aus über Zentralasien in die Türkei und dann nach Europa ausgebreitet haben.

Die tiefliegenden Augen stehen ziemlich eng zusammen

Die abgerundeten Ohren sind hoch angesetzt und mittellang

Der Stop trennt den Fang vom breiten Schädel

Kurz-Info

Ursprungsland: Indien
Entstehungszeit: Altertum
Erste Verwendung: Hüter und Beschützer der Herden
Heutige Verwendung: Hütehund
Lebenserwartung: 10–11 Jahre
Synonyme: Himalayan Sheepdog, Bhotia, Banjara
Gewicht: 23–41 kg
Widerristhöhe:
51–66 cm

Der mittelgroße Kopf ist oben abgeflacht

Die buschige, mittellange, hoch angesetzte Rute wird locker eingerollt

Tiefe, starke Brust mit gut gewölbten Rippen

Mittelgroße, kompakte Katzenpfoten

Starkknochige, gerade Vorderläufe

Der Kynologe Professor Panwar von der Universität Lucknow erzählt davon, wie er unter diesen kraftvollen Hirtenhunden aufgewachsen ist. Er meint, daß der indische Banjara und Bhotia im Grunde eine Rasse bilden, die unter dem Namen Himalayan Sheepdog zusammengefaßt wird. Der Hund ist ein tüchtiger Beschützer und Hüter der Herden und wird in Zukunft vermutlich hauptsächlich als Begleithund gehalten werden.

Dickes, harsches Deckhaar

Der kräftige Rücken ist mäßig lang

viele Farben

Thai Ridgeback

Kurz-Info

Ursprungsland: Thailand
Entstehungszeit: Mittelalter
Erste Verwendung: Wach- und Jagdhund
Heutige Verwendung: Begleit- und Wachhund
Lebenserwartung: 12–13 Jahre
Synonym: Mah Thai
Gewicht: 23–34 kg
Widerristhöhe: 58–66 cm

silbern
blau
kastanien-braun
schwarz

Rassengeschichte Der erst kürzlich von westlichen Hundehaltern »entdeckte« Thai Ridgeback wird im östlichen Thailand schon seit Jahrhunderten rein gezüchtet. Wegen der geographischen Isolierung kam es nur selten oder nie zu Kreuzungen mit europäischen Rassen.

In Thailand wurden isolierte Hundepopulationen über Jahrhunderte hinweg rein gezüchtet. Diese einzigartige Rasse ist außerhalb Ostthailands relativ unbekannt, wurde aber vor kurzem in Bangkok zufällig von dem amerikanischen Hundeliebhaber Jack Sterling entdeckt, der mehrere Exemplare nach Kalifornien holte. Dieser Ridgeback (»Gratrücken«), der in seiner Heimat einfach Mah Thai (Thai-Hund) genannt wird, hat jahrhundertelang als Hüter von Haus und Hof und als Jagdhelfer gedient. Sein Körperbau ist typisch für eine Kreuzung zwischen einem spitzartigen Hund und einem Primitivhund. Ein thailändischer Zuchtverband bemüht sich inzwischen um die Erhaltung dieser ungewöhnlichen Rasse.

Dänischer Bauernhund

Allzweckhunde gibt es überall, wo die Bauern vierbeinige Helfer zur Bekämpfung von Schadtieren und zum Viehtreiben brauchen. Der Dänische Bauernhund ist eine Reliktrasse aus Dänemark und Südschweden, die fast völlig vergessen war, bis skandinavische Züchter sie vor kurzem regenerierten. Sie ist zwar noch von keinem nationalen oder internationalen Zuchtverband anerkannt, aber gelegentlich auf regionalen Ausstellungen zu sehen.

viele Farben

Kurz-Info

Ursprungsland: Dänemark/Schweden
Entstehungszeit: 18. Jh.
Erste Verwendung: Viehtreiber
Heutige Verwendung: Begleithund
Lebenserwartung: 12–13 Jahre
Gewicht: 12–14 kg
Widerristhöhe: 26–30 cm

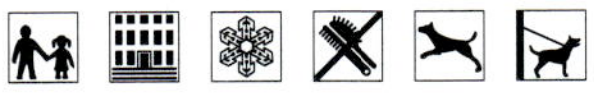

Rassengeschichte Mittelgroße Hunde aus Deutschland, Frankreich und Großbritannien gelangten vor Jahrhunderten nach Dänemark und wurden als Rattenjäger und Viehtreiber verwendet. Der Dänische Bauernhund begleitete die Dänen, als sie Südschweden eroberten.

Lucas-Terrier

Ähnlich wie der international anerkannte Český Terrier ist diese seltene britische Neuzüchtung im Typ etwas variabel. Der Lucas-Terrier ist jedoch ein anpassungsfähiger und freundlicher Hund, nicht aggressiv und kinderlieb, aber wie viele Terrier schnappt er gern einmal »unbewußt« zu. Seine Zukunft ist nach wie vor ziemlich ungewiß.

viele Farben

Rassengeschichte Weil Sir Jocelyn Lucas meinte, der Sealyham-Terrier sei für die effiziente Meutearbeit zu groß, verpaarte er Sealyham-Hündinnen mit Norfolk-Terrier-Rüden und schuf so die »Rasse«, die seinen Namen trägt. Sie ist noch nicht formell anerkannt.

Kurz-Info

Ursprungsland: Großbritannien
Entstehungszeit: 1950er Jahre
Erste Verwendung: Meutejagd
Heutige Verwendung: Begleit- und Meutehund
Lebenserwartung: 14–15 Jahre
Gewicht: 4,5–6 kg
Widerristhöhe: 25–30 cm

Shiloh Shepherd

Der Hund wirkt insgesamt ziemlich schwer

Der Rücken ist breit, kräftig und fest

Rassengeschichte Die Amerikanerin Tina Barber, enttäuscht über die beim Deutschen Schäferhund häufig auftretende Nervenschwäche, begann ihn auf Größe, gesunde Hüftgelenke und Wesensfestigkeit zu züchten. So entstand der Shiloh Shepherd, der 1990 offiziell anerkannt wurde.

Kurz-Info

Ursprungsland: USA
Entstehungszeit: 1980er Jahre
Erste Verwendung: Begleithund
Heutige Verwendung: Begleithund
Lebenserwartung: 11–12 Jahre
Synonym: Shiloh-Schäferhund
Gewicht: 36–73 kg
Widerristhöhe: 66–76 cm

Die Stehohren sind mäßig zugespitzt

Der Fang ist sehr lang, fast wie beim Collie

Ober- und Unterschenkel sind gut bemuskelt

Die herabhängend getragene buschige Rute ist dick mit dichtem Deckhaar bedeckt

In den USA ist der Shiloh inzwischen als eigene Rasse anerkannt. Die Züchter achten besonders auf die Größe, das Wesen und gesunde Hüften. Der Rasseklub veranstaltet Wesensprüfungen und stellt Zertifikate für solche Hunde aus, die weder ängstliche Scheu noch dominante Aggressivität zeigen. Die Rasse ist noch ziemlich unbekannt, gibt aber einen angenehmen Begleithund ab.

Prašký Krysavik

Der außerhalb der Tschechischen und Slowakischen Republik nur selten anzutreffende Pražký Krysavik (»schöner Prager Hund«) wird gezielt als Stadthund gezüchtet. Obwohl es weniger als 600 Exemplare gibt, die meisten davon in Prag, ist der Typ dieses hübschen Hundezwergs bereits gefestigt, und er wird inzwischen auf europäischen Hundeschauen vorgestellt.

Die Brust ist breit, aber keineswegs tief und reicht nur teilweise bis zu den Ellbogen hinab

Der schlanke, zierliche Körper ist mit dünner Haut bedeckt

Der mäßig lange, schlanke Hals trägt einen zierlichen Kopf

Kurz-Info

Ursprungsland: Tschechische Republik
Entstehungszeit: 1980er Jahre
Erste Verwendung: Begleithund
Heutige Verwendung: Begleithund
Lebenserwartung: 12–14 Jahre
Gewicht: 1–3 kg
Widerristhöhe: 19,5–20,5 cm

Schmaler, fuchsähnlicher Fang mit enger Bezahnung

Sehr kurzes, dünnes, glänzendes Fell

Die feinknochigen Läufe sind verletzungsanfällig

Rassengeschichte Der Pražký Krysavik wurde von Tschechen und Slowaken erzüchtet, die einen ausgesprochenen »Luxushund« schaffen wollten. Die graziöse, zartgliedrige Rasse ist wahrscheinlich der jüngste Begleithund, der in Mitteleuropa entstanden ist.

Mischlingshunde

Die oft als »Promenadenmischung« bespöttelten Mischlingshunde haben alle eines gemeinsam: Sie wurden und werden nie auf einen bestimmten Verwendungszweck hin gezüchtet und sind deshalb weit weniger anfällig für die zahlreichen Erbkrankheiten (Blindheit, Herzleiden, Hüftgelenksdysplasie usw.), mit denen gewisse Rassehunde erschreckend oft behaftet sind. Andererseits sind Mischlinge billig zu haben und reichlich vorhanden. Infolgedessen werden sie von der Gesellschaft nicht so hoch bewertet wie rassereine Hunde, obgleich sie mindestens ebenso gute Hausgenossen abgeben.

Aufmerksamer Wächter
Alle Hunde, gleich welcher Abstammung, verteidigen ihr heimisches Territorium. Dieser kurzläufige Mischling warnt seine Familie, wenn er ein ungewohntes Geräusch vernimmt.

Genetische und Umwelteinflüsse

Das Wesen eines Hundes wird durch viele Faktoren bestimmt; die wichtigsten sind das Erbgut und die Umweltbedingungen in der frühen Jugend. Die Vererbung hat einen tiefgreifenden Einfluß: Bei der Paarung von Hunden mit ähnlichem Wesen entstehen eher wesensgleiche Nachkommen als bei der Paarung von Tieren mit beliebigen Eigenschaften. Darauf beruht natürlich die Auswahlzucht; wer eine bestimmte Rasse erwirbt, bekommt mit größerer Wahrscheinlichkeit einen Hund mit bekannten Wesenszügen, als wenn er sich einen Mischling anschafft.

Das Erbgut bestimmt jedoch nicht das gesamte Wesen. Entscheidend ist auch das Milieu, in dem ein Hund aufwächst. Mischlingswelpen, die in einer Familie richtig erzogen werden, wachsen zu zuverlässigen Partnern heran. Leider sind Mischlinge vielfach das Resultat einer ungewollten Trächtigkeit, und sie werden deshalb von ihren Besitzern bisweilen vernachlässigt oder gar ausgesetzt. Bei solchen Tieren sind angstbedingte Verhaltensstörungen häufig.

Erwerb eines Welpen
Wenn Sie einen Mischling im Welpenalter erwerben, brauchen Sie wahrscheinlich nicht mit den allbekannten Verhaltensproblemen zu rechnen.

Verwilderte und streunende Hunde

Verwilderte Hunde sind Mischlinge, die sich außerhalb des Hauses ernähren, fortpflanzen und durchschlagen, aber zum Überleben auf die Abfälle des Menschen angewiesen sind. Verwilderte Hunde sind in Nordamerika und Mitteleuropa selten, aber häufig in Mittel- und Südamerika, in Teilen des Balkans und der ehemaligen Sowjetunion, in der Türkei und im Nahen Osten sowie in Afrika und Asien. Obwohl sie sich beliebig paaren, bleiben die Nachkommen oft dem Typ treu – würde ihre Vermehrung vom Menschen gesteuert, könnten regional begrenzte Populationen schließlich als Rassen eingestuft werden.

Streuner werden, im Gegensatz zu verwilderten Hunden, im Haus aufgezogen und kehren oft dorthin zurück, nachdem sie den Tag über umhergestreunt sind. Der Hang zum Streunen ist jedoch bei Mischlingen nicht stärker ausgeprägt als bei Rassetieren. Schuld an diesem Verhalten ist die Verantwortungslosigkeit der Menschen.

Die Anschaffung eines Mischlings

Am besten erwirbt man einen Mischlingswelpen von einem Nachbarn oder Freund. Dort kann man die Wesenseigenschaften der Hundemutter, vielleicht auch die des Vaters, studieren. Mit der Wahl eines Welpen eliminiert man die unbekannten Variablen des frühen Lernprozesses, der die Wesensentwicklung so entscheidend prägt. Mischlingshunde sind in Skandinavien relativ selten, doch in fast allen anderen Ländern stellen sie die Mehrheit der Haushunde. Auf jeden Fall sind sie die Mehrheit in

Gute Gefährten
Anfangs war diesen beiden Tierheimhunden die eigene Gesellschaft lieber als die der Menschen. Doch inzwischen sind sie angenehme Hausgenossen.

Warten auf einen guten Platz
In Tierheimen gibt es fast immer mehr Mischlinge als Rassehunde. Verhaltensstörungen treten bei diesen Tieren häufiger auf, nicht weil sie dazu veranlagt sind, sondern weil man sie abgegeben oder ausgesetzt hat.

Die kräftige Schenkelmuskulatur ermöglicht dem Hund das Überspringen von Hindernissen

Das Fell ist kurz, dicht, hart und glänzend

Der massige, breite Kopf ist ein Hinweis auf die Doggenherkunft dieses Hundes

Angespannt blickende Augen

Die Brust ist tief und kraftvoll und bietet viel Platz für Herz und Lunge

Körperliche Betätigung
Dieser Hund ist ein idealer Gefährte für sportliche Leute. Manche Mischlinge brauchen nur wenig Auslauf, andere dagegen sehr viel.

Fellpflege
Das Haarkleid von Mischlingen ist sehr unterschiedlich – kurz oder lang, fein oder dicht, glatt oder drahtig. Dieses rauhhaarige Fell muß regelmäßig gepflegt werden, um nicht zu verfilzen. Das gilt auch für den Bart.

Der struppige Bart läßt das Gesicht würdevoll erscheinen

den Tierheimen, wo stets ein Überschuß an Hunden auf einen guten Platz im Haus tierfreundlicher Menschen wartet. Es ist sicherlich nicht die schlechteste Lösung, sich nach sorgfältiger Prüfung einen Hund aus einem Tierheim zu holen.

Wie groß ein Mischlingswelpe einmal werden wird, läßt sich oft schwer voraussagen; die Größe kann selbst bei Wurfgeschwistern erheblich schwanken. Das gleiche gilt für die Länge und Textur des Fells. Rasselose Hunde kosten weniger als Rassehunde, und das kann sich verhängnisvoll auf ihren Gesundheitszustand auswirken. Wer viel Geld für einen Rassehund ausgegeben hat, wird diese »Investition« in der Regel vor Schaden bewahren. Deswegen wird dieser Hund wahrscheinlich regelmäßig tierärztlich betreut werden. Mischlingshunde sind zwar genauso anfällig für Infektionen, aber da sie billig sind, wird ihnen nicht immer die gleiche Fürsorge zuteil. Deshalb verlangen gute Tierheime einen angemessenen Preis für abgegebene Mischlingshunde, und außerdem schauen sie sich den potentiellen Käufer etwas genauer an.

Erziehungsarbeit
Dies ist offensichtlich ein Rottweilermischling, dem ein Gehorsams- und Geschicklingkeitstraining gut bekommt.

Der athletisch gebaute Hund braucht regelmäßig Bewegung

Dieser Mischlingstyp ist durch die »Benji«-Filme populär geworden

Wesensprüfung

Ohne Zweifel sind Fundhunde, die in einem Tierheim oder Tierasyl untergebracht sind, stärker mit Wesens- und Verhaltensschwächen behaftet als Hunde, die in einem soliden Haushalt leben. In der Praxis bedeutet das, daß bei Mischlingen gehäuft Probleme wie Zerstörungssucht, Angstbeißen, übermäßiges Kläffen oder »schlechte Manieren« auftreten. Wenn Sie sich einen Fundhund ins Haus holen möchten, erkundigen Sie sich im Tierheim, ob er sich einer Wesensprüfung unterzogen hat. Vergewissern Sie sich, daß die Größe, der Bewegungsdrang und die Futteransprüche des Tiers mit Ihren Lebensgewohnheiten und Wohnverhältnissen vereinbar sind. Wenn keine Wesensprüfung durchgeführt worden ist, sollten Sie sie selbst vornehmen und sich dabei auf die Punkte konzentrieren, die Sie persönlich betreffen.

Durch einfache Tests können Sie den Charakter eines jeden Mischlings recht zuverlässig einschätzen. Die Bereitschaft, Ihnen Anhänglichkeit und Zuneigung entgegenzubringen oder etwaige Einbrecher zu verbellen, ist bei Mischlingen durchweg genauso groß wie bei jedem Rassehund. Und an Vitalität lassen sie sich von keinem übertreffen.

Verhaltensprobleme
Dieser Hund weicht ängstlich zurück, wenn man sich ihm nähert – eine typische Verhaltensstörung bei Hunden, die mißhandelt worden sind.

Sechstes Kapitel

RICHTIGE HUNDEHALTUNG

Als der Mensch damit begann, Hunde für seine eigenen Zwecke zu züchten, übernahm er auch die Verpflichtung, für sie zu sorgen. Heute ist der Hund ein integrierender Bestandteil der menschlichen Gesellschaft, der ganz auf uns angewiesen ist. Als erstes sind wir dafür verantwortlich, daß wir den richtigen Hund wählen, der zu unseren Lebensumständen paßt. Dann müssen wir dafür sorgen, daß er geistig und körperlich fit bleibt, gut ernährt und gepflegt wird und möglichst nicht erkrankt. Die meisten Hundehalter übernehmen diese Pflichten gern, denn sie sind die Basis für ein glückliches Zusammenleben von Mensch und Hund.

DIE WAHL DES RICHTIGEN HUNDES

Bei Haushunden ist die Auswahl riesig, und deshalb ist es so wichtig, daß wir die richtige Wahl treffen, die sich an unseren Interessen, Gewohnheiten sowie gegenwärtigen und künftigen Lebensumständen orientiert. Bedenken Sie den Unterschied zwischen der Aufzucht eines Welpen und dem Erwerb eines erwachsenen Hundes. Bedenken Sie auch die Vor- und Nachteile der beiden Geschlechter und das Für und Wider einer Kastration. Machen Sie sich dann Gedanken über die Größe des Tiers – große Hunde brauchen nicht unbedingt mehr Auslauf als kleine, doch mehr Platz und Futter. Die nächste Frage ist, ob Sie einen Mischling oder einen Rassehund wollen. Schließlich sollten Sie Ihren Hund von der bestmöglichen Quelle beziehen.

Heute niedlich, morgen unerwünscht
Ein Welpe sieht immer knuddelig aus, doch wenn er so groß wird wie diese Bordeauxdogge, verliert er vielleicht etwas von seinem Reiz. Bedenken Sie die Eigenschaften des ausgewachsenen Hundes, und lassen Sie sich nicht von der Kleinheit des 8 Wochen alten Welpen irreführen.

Hängende Lefzen neigen dazu, unschöne Speichelfäden zu ziehen

Die losen Hautfalten um die Augen können Augenbeschwerden verursachen

Ein ausgefallener Modehund
Hunde als Statussymbole sind der Mode unterworfen. Eine kürzlich »wiederbelebte« Rasse wie der Shar Pei erregt Aufsehen, weil sie so ungewöhnlich und selten ist. Bei ihr treten allerdings gehäuft Krankheiten auf, deren Behandlung sehr viel kosten kann.

WELPE ODER AUSGEWACHSENER HUND?

Der Erwerb eines ausgewachsenen Hundes hat vor allem den Vorteil, daß das Tier normalerweise stubenrein ist. Sonst gibt es nur wenige Vorteile. Vielleicht kommen Sie mit dem Hund bestens zurecht, aber möglicherweise leidet er an verborgenen Verhaltensstörungen, etwa an einer Abneigung gegen Kinder. Wenn Sie einen erwachsenen Hund anschaffen wollen, sollten Sie ein paar einfache Tests durchführen, um sein Wesen zu prüfen. Beobachten Sie sein Verhalten, wenn Sie sich ihm nähern; leinen Sie ihn an, und gehen Sie mit ihm unter Leute. Führen Sie ihn an einem fremden Hund und einem fremden Kind vorbei. Spannen Sie in seiner Gegenwart einen Schirm auf, um festzustellen, ob er erschrickt. Befehlen Sie ihm, sich hinzusetzen. Lassen Sie ihn 10 Minuten lang mit einem Spielzeug allein. Durch diese und ähnliche Tests können Sie sein Wesen ungefähr einschätzen und etwaige Probleme voraussagen. Welpen befinden sich noch in der prägenden Frühlernphase, doch selbst 8 Wochen alte Wurfgeschwister haben bereits ihren eigenen Charakter. Die ängstlichsten Hündchen klammern sich an ihre Mutter oder drücken sich in die Ecken, während die kühnsten selbstbewußt nach vorne kommen, um Sie zu inspizieren. So extrem können die Wesensunterschiede innerhalb eines Wurfes sein. Richten Sie sich bei Ihrer Wahl nach dem, was Sie von ihrem Hund erwarten.

Begleit- oder Gebrauchshund?
Ein Rassehund ist nicht immer ein idealer Gefährte. Der English Foxhound wird primär für die Meutejagd gezüchtet. Bis jetzt hat man ihn noch nicht speziell als Begleithund gezüchtet. Erkundigen Sie sich bei der Wahl eines Rassetiers nach seiner individuellen Ahnenreihe und danach, ob es aus einem Gebrauchs- oder Begleithundzuchtstamm kommt.

Der Körperbau ist robust und erfordert regelmäßig ausgiebiges Bewegungstraining

RÜDE ODER HÜNDIN?

Schon vor der Geschlechtsreife zeigen sich geschlechtsspezifische Verhaltensunterschiede. Männliche Welpen haben ein »vermännlichtes« Gehirn infolge eines Testosteronschubs unmittelbar vor der Geburt. Die Weibchen bleiben bis zur Pubertät verhaltensmäßig »neutral«. Später treten die Verhaltensunterschiede deutlich zutage. Rüden neigen dazu, ihren Besitzer zu dominieren, sich anderen Hunden gegenüber aggressiv zu gebärden, ihr Territorium zu verteidigen und überhaupt aktiver zu sein. Bis zu einem gewissen Grade sind sie verspielter, destruktiver und eher bissig gegenüber Kindern. Hündinnen kann man leichter Gehorsam und Stubenreinheit beibringen. Sie verlangen aber mehr Zuwendung. Was Reizbarkeit, nervöses oder defensives Bellen angeht, so besteht kein Unterschied zwischen den Geschlechtern. Rüden tendieren eher dazu, ihr Territorium mit Duftmarken zu versehen und umherzustreunen, Hündinnen werden zweimal im Jahr läufig und hinterlassen dann etwa eine Woche lang einen mit Blut vermischten Scheidenausfluß.

GROSS ODER KLEIN?

Kleine Hunde haben einen kleinen Appetit, sind aber manchmal beim Fressen besonders mäkelig. Deshalb verlangen sie womöglich ein hochwertiges, teures Futter. Die Futterhersteller haben sich darauf eingestellt und produzieren für die Kleinen eine Reihe von besonders wohlschmeckenden Futtersorten. Kleine Hunde brauchen fast immer genausoviel Auslauf wie große, doch sie begnügen sich mit einem kleineren Terrain. Manche Kleinhunde, etwa Terrier, verlangen mehr und regelmäßiger Bewegung als einige große Rassen, wie Bernhardiner oder Irish Wolfhound. Obwohl viele kleine Rassen ausschließlich als Begleithunde erzüchtet worden sind, erweisen sie sich nicht alle als gleich »gesellschaftsfähig«. Aggressivität bei kleinen Hunden wirkt

Vorfahren unbekannt
Mischlingshunde sind weniger mit Erbkrankheiten behaftet als Rassetiere. Andererseits läßt sich das Wesen des ausgewachsenen Hundes meistens kaum vorhersagen. Weil Mischlinge sich häufig in Tierheimen wiederfinden, leiden sie nicht selten unter Trennungsängsten.

oft drollig, doch einige kleine Rassen, insbesondere Terrier und der Chihuahua, können so aggressiv sein wie jeder andere Hund, vielleicht noch aggressiver. Kleinhunde eignen sich ideal für Appartements oder kleinere Wohnungen, aber dennoch brauchen sie täglich körperliche und geistige Betätigung und Stimulation. Kläffen und Bellen eines kleinen Hundes sind zwar ein gutes Abschreckungsmittel gegen Einbrecher, aber ein großer Hund wirkt doch eindrucksvoller. Dies ist einer der Hauptgründe, warum größere Hunde so populär sind. Andererseits benötigt ein großes Tier mehr Platz in der Wohnung. Große Hunde fressen mehr, sind jedoch vielfach nicht so heikel, was das Futter angeht. Die Körpergröße sagt nichts über das Wesen aus. Große Rassen wie der Dobermann oder der Deutsche Schäferhund wirken zuweilen welpenartiger als kleinere Rassen wie etwa der Foxterrier. Große Hunde, vor allem solche mit dichtem, langem Fell, eignen sich schwerlich für einen gepflegten Haushalt. Die Wahl der Fellbeschaffenheit richtet sich danach, wo Sie leben und wie gerne Sie sich der Fellpflege widmen wollen. Hunde mit dunklem, dickem und dichtem Haarkleid taugen nicht für ein heißes, sonniges Klima. Dagegen bietet ein dünnes, kurzes, glattes Fell in einem feuchtkalten Klima keinen ausreichenden Schutz. Ein kurzes Haarkleid, etwa das des Boxers, braucht nur ab und zu ein wenig Pflege. Ein üppiges, dichtes Fell wie das des Afghanen muß dagegen täglich gebürstet und gekämmt werden. Hunde, die wie die Pudel ihr Fell nicht abstoßen, sind am besten für Leute mit einer Tierhaarallergie geeignet.

Gehobene Ansprüche
Bestimmte Rassen brauchen mehr Auslauf und Pflege als andere. Dieser langhaarige, weiße Deutsche Schäferhund benötigt von beidem sehr viel. Manche Züchter glauben, daß das weiße Fell mit einer Nervenschwäche gekoppelt ist.

Der robuste Hund braucht viel freien Platz, um sich austoben zu können

Abgestorbene Haare müssen regelmäßig aus dem schweren Fell ausgebürstet werden

Körpertraining leichtgemacht
Dackel sind zwar sehr aktiv, brauchen aber wegen ihrer kurzen Beine für ihre körperliche Betätigung weniger freies Gelände als viele andere Rassen. Sie leiden überdurchschnittlich häufig an Bandscheibenschäden (Dackellähme).

Kurze Beine reduzieren das Tempo und den Platzbedarf

Mit seinem Schnauzbart wirkt dieser Hund einschmeichelnd attraktiv

Rassehund oder Mischling?

Ob man einen reinrassigen oder rasselosen Hund nehmen soll, ist ebenso eine Frage des Geschmacks wie eine praktische Frage. Für ein rassereines Tier sprechen viele Gründe. Es gibt Hunderte von Rassen mit unterschiedlichen geistigen und körperlichen Eigenschaften. Die Auswahl ist gewaltig, aber bei sorgfältiger Überlegung finden Sie bestimmt eine Rasse, die zu ihren Lebensansprüchen und -gewohnheiten am besten paßt. Am wichtigsten ist, daß Sie sich eine »bekannte Größe« ins Haus holen. In jeder Rasse gibt es eine gewisse Verhaltensspannweite, aber statistisch gesehen steht fest, daß sich der Hund einer bestimmten Rasse mehr oder weniger normgemäß entwickeln wird. Sie kennen seine Eigenschaften, seine Vorzüge und Mängel, ja sogar seine voraussichtliche Lebenserwartung. Der Hauptnachteil der Rassehunde besteht darin, daß bei der Reinzucht einer Rasse ungewollt auch die unerwünschten Gene weitergegeben werden und sich kumulieren können. Die Folge ist eine relativ hohe Anfälligkeit für Erbkrankheiten. Ein Mischlingshund leidet gerade wegen der Zufälligkeit der Fortpflanzung wahrscheinlich weniger an Erbkrankheiten als ein Rassehund. Seine Anlagen, seine adulte Größe, seine Futter- und Pflegeansprüche und seine Wesenseigenschaften sind jedoch unbekannt.

Die Anschaffung eines Hundes

Hunde bekommt man von Züchtern, in Tierhandlungen und Tierheimen, von Freunden, durch Vermittlung eines Tierarztes oder einfach auf der Straße. Nicht alle Quellen sind gleich gut. Fachkundige Züchter wissen meist mehr als jeder andere über die Wesenseigenschaften ihrer Rasse. Sie äußern sich im allgemeinen offen über die Vor- und Nachteile der Rasse, auch wenn manche gern die potentiellen rassetypischen Probleme etwas beschönigen. Kommerzielle Zuchtbetriebe, für die der Hundeverkauf vor allem ein Geschäft ist, sind hier weniger vertrauenswürdig als Züchter, die einem Rassezuchtverein angeschlossen sind.

Gute Züchter lassen ihre Hunde vorsorglich vom Tierarzt untersuchen, impfen und von etwaigen Parasiten befreien. Tierheime und -asyle führen vielfach medizinische Untersuchungen, Kastrationen und Wesensprüfungen durch und kümmern sich um das Vorleben der von ihnen aufgenommenen Tiere. Freunde und Bekannte sind eine ausgezeichnete Bezugsquelle, vor allem, wenn Sie den Hund oder dessen Eltern länger kennen. Das gleiche gilt für Tierärzte, die in der Regel über die Vorgeschichte und das Verhaltensrepertoire des Hundes informiert sind.

Notwendiges Zubehör

Die Grundausstattung des Hundes ist einfach. Er muß sich »ausweisen« können, zuverlässig unter Kontrolle bleiben, sicher untergebracht, nährstoffreich gefüttert und geistig und körperlich aktiv und fit gehalten werden. Wählen Sie Halsband, Führ- und Übungsleine nach dem Gewicht, der Kraft und dem Temperament Ihres Hundes aus. In manchen Fällen ist ein Kopf- oder Brustgeschirr erforderlich. Der Hund braucht ein eigenes Bett – das ist sein privater Bereich. Hunde fühlen sich zumeist wohl in einer Drahtbox, sofern sie von klein auf daran gewöhnt sind. Verwenden Sie stabile, hygienische Freß- und Trinknäpfe, und beschaffen Sie ein paar hundegerechte Spielsachen, mit denen er allein oder mit Ihnen spielen kann.

Lederhalsband

Welpenhalsband mit Adreßanhänger

Halsband für einen kleinen Welpen

Mittelgroßes verstellbares Halsband

Messinganhänger

Halsbänder und Adreßanhänger (links)
Preiswerte, weiche Nylonhalsbänder, die leicht zu reinigen sind, eignen sich sehr gut für Welpen und können durch ein größeres Modell ersetzt werden, wenn der Hund heranwächst. Rundgearbeitete Lederhalsbänder schädigen das Halsfell weniger als flache. Befestigen Sie am Halsband einen Adreßanhänger mit Ihrer Telefonnummer.

Leinen (unten)
Benutzen Sie eine starke, kurze Leine, wenn Sie Ihren Hund ausführen. Während der Ausbildung sorgt eine lange Übungsleine dafür, daß der Hund veranlaßt wird, Ihre Befehle zu befolgen. Wenn dem nicht angeleinten Hund nicht zu trauen ist, verwenden Sie die lange Leine beim Gassigehen.

Geflochtene Lederleine

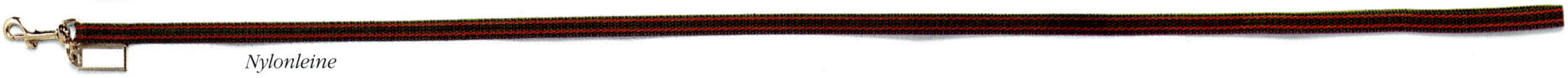

Nylonleine

Zwei-Meter-Gurtleine

Geschirre und Maulkörbe
Ein Kopfgeschirr eignet sich hervorragend für kräftige, stürmische Hunde. Bei einem sehr kurzläufigen Hund sollten Sie es jedoch nicht verwenden – seine Nase würde zu tief herabgezogen, wenn er nach vorne drängt. Ein Brustgeschirr verringert den Druck auf den Hals, zumal im Bereich der Luftröhre. Mit einem gutsitzenden Maulkorb kann man Aasfressen verhindern und das Beißrisiko verringern.

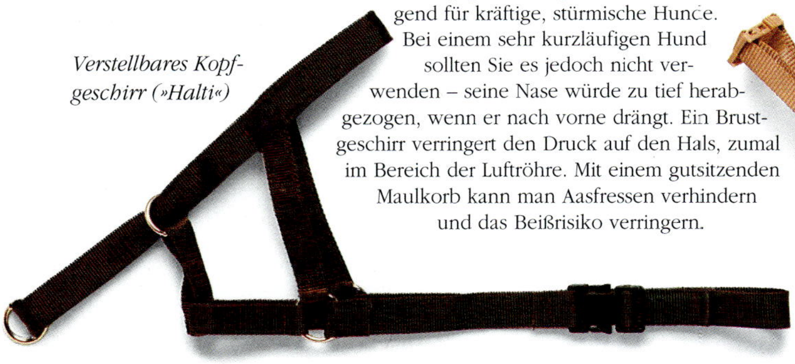

Verstellbares Kopfgeschirr (»Halti«)

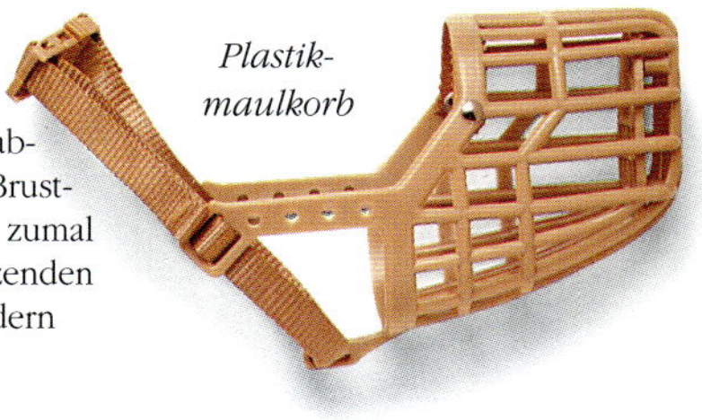

Plastikmaulkorb

Brustgeschirr

Ledermaulkorb

Erstausstattung

Die Anschaffung von Qualitätszubehör lohnt sich. Es geht nicht so schnell kaputt und hält lange. Die Erstausstattung eines neuerstandenen Hundes umfaßt Freß- und Trinknapf, ein Bett, ein Halsband, eine Leine und einen Adreßanhänger mit Ihrer Telefonnummer. Aus hygienischen und praktischen Gründen sollten Sie für den Hund nicht Ihr Tafelgeschirr benutzen. Kaufen Sie stabile, bruch- und rutschfeste Näpfe. Stellen Sie sie möglichst auf eine Matte, die das beim Trinken verspritzte Wasser auffängt. Angebracht ist auch der Kauf von speziellen Dosenöffnern, Messern und Gabeln für die Zubereitung der Hundemahlzeiten.

Das Hundelager sollte bequem und leicht zu reinigen sein. Körbe sehen gut aus, werden aber gern zerknabbert, vor allem von Welpen, und lassen sich nur sehr schwer säubern. Ein Schaumstoffbett ist dagegen leicht sauberzuhalten. Es gefällt dem Hund, weil es eine schützende »Wand« hat, an der er sich ausstrecken kann. »Bohnensackbetten« finden Hunde sehr attraktiv, denn sie bieten sowohl Bequemlichkeit als auch Wärmeschutz. Die Matratzenhülle läßt sich in der Regel abziehen und in der Maschine waschen. Ein praktisches Welpenzubehör ist schließlich eine Drahtbox, in der sich der Hund geborgen fühlt.

Halsband, Leinen und Geschirr

Bei der Wahl der richtigen Halsbänder und Leinen spielen die Größe und das Temperament Ihres Hundes eine wichtige Rolle. Für draußen brauchen Sie eine weiche, leichte Übungsleine, die meist aus Gurtstoff oder

Ein Hundebett aus Kunststoff ist stabil, hygienisch und leicht zu reinigen

Ein Kissen, das sich dem Körper anpaßt, hält warm

Bett und Bettzeug
Der Schlafplatz ist der persönliche Bereich des Hundes. Ein Korb (ganz oben) ist stabil und hat eine feste Wandung, an die sich der Hund anschmiegen kann. Waschbare, paßgerechte Kissen sind eine bequeme und hygienische Unterlage. Ein »Bohnensack« (oben) ergibt ein luxuriöses Hundebett.

Freß- und Trinknäpfe
Diese Schüsseln für Futter und Wasser sind standfest, hygienisch und robust. Der Keramiknapf ist schwer, während der leichtere Edelstahlnapf auf einem breiten Gummiring steht, der das Rutschen verhindert. Reinigen Sie den Freßnapf nach jeder Mahlzeit. Der Trinknapf wird täglich ausgewaschen und wieder aufgefüllt.

Nylon gefertigt ist. Solche Leinen sind in verschiedenen Längen erhältlich und können der Größe und dem Ausbildungsstand Ihres Hundes angepaßt werden. Beginnen Sie mit einer Zwei-Meter-Leine, und benutzen Sie sie drinnen und draußen, um dem Hund die Befolgung von Befehlen beizubringen. Für Übungszwecke kann bei Rassen mit empfindlicher Luftröhre, etwa beim Yorkshire-Terrier, oder mit kräftigem Hals, etwa beim Mops, ein Brustgeschirr angebracht sein. Ein Kopfgeschirr (Marke »Halti«) erweist sich als äußerst praktisch, wenn ein großer, ungestümer junger Hund unter Kontrolle gehalten werden soll. Wenn der Hund nach vorne drängt, zieht sich das Geschirr zusammen und drückt die Schnauze nach unten. Bei diesem »Schnauzengriff« hört der Hund sofort auf zu zerren. Hunde sollten auch an das Tragen eines Maulkorbs gewöhnt werden.

Hundespielzeug

Geknotetes Seil oder »Knuddel«

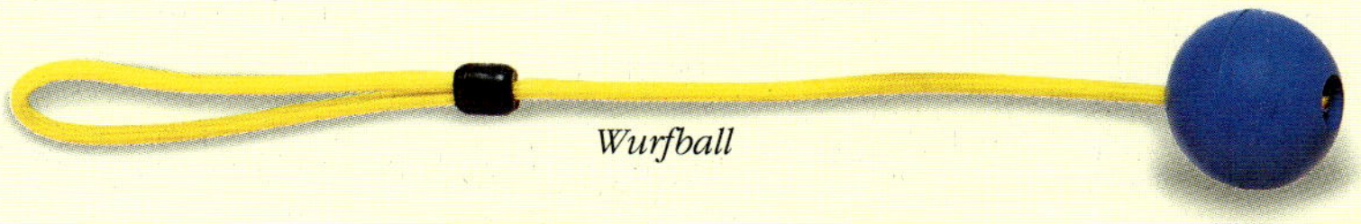

Wurfball

Spielball »Kong« mit Leine

Spielball »Kong«

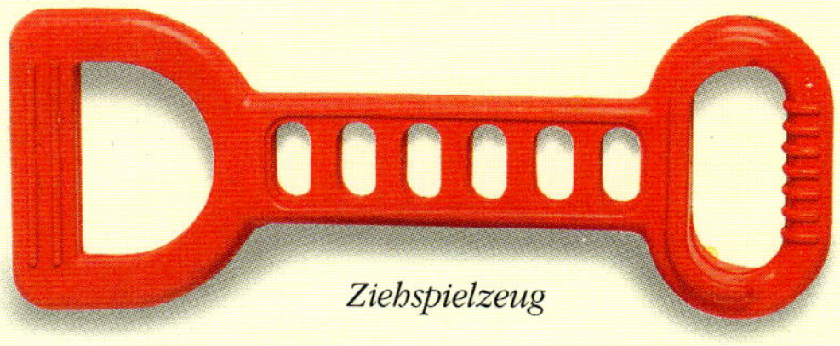

Ziehspielzeug

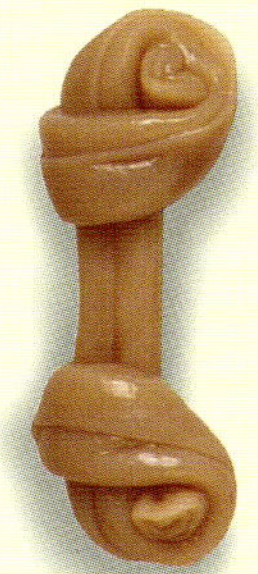

Kauknochen aus Büffelhaut

Frisbeescheibe

Plastikkauknochen

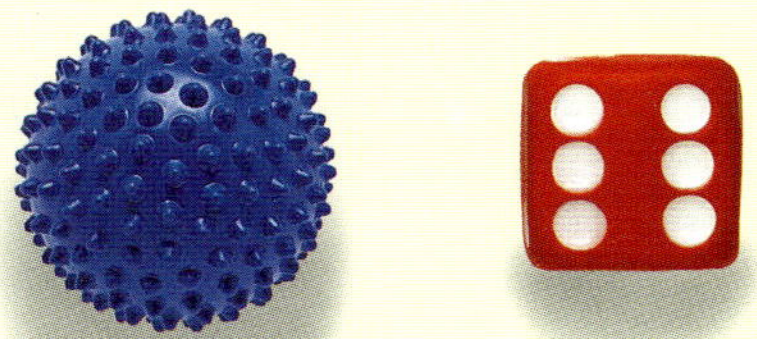

Quietschspielsachen

Gutes Spielzeug befriedigt den natürlichen Hetz-, Kau- und Zerrtrieb des Hundes. Meiden Sie Billigware, die schnell entzweigeht oder verschluckt werden kann. Gummi- und Ziehspielsachen eignen sich für die meisten Hunde, mit denen Sie im Haus spielen wollen. Frisbeescheiben und Wurfbälle sind wunderbar für Spiele im Freien und für Apportierübungen. Hunde lernen, die Flugbahn der Scheiben und das gleichmäßige Aufspringen eines Balls vorauszuahnen. Der seltsam geformte Spielball »Kong« springt unberechenbar auf und ist deshalb für Geschicklichkeitsübungen besonders geeignet. Eine kleine Auswahl an Kauspielzeugen bietet Hunden, die einige Zeit allein gelassen werden, eine ausgezeichnete Beschäftigungsmöglichkeit. Geben Sie den Spielsachen Ihren Eigengeruch bei, indem Sie ausgiebig befummeln – dadurch wird es noch attraktiver. Ein mit Käse gefüllter hohler »Kong«-Ball unterhält Ihren Hund während Ihrer Abwesenheit.

Drahtbox und Laufstall

Welpendrahtbox

Sichere Unterkunft
Eine Drahtbox ist eine ideale Hundeunterkunft. Ein Welpe begreift schnell, daß sie einen bequemen Schlafplatz und ein sicheres privates »Territorium« darstellt. Ist der Welpe daran gewöhnt, in einer Box zu fressen, zu spielen und zu schlafen, bleibt er auch auf Reisen oder bei anderen Gelegenheiten gern in seiner »Höhle«. Durch die Gewöhnung an die Box können Sie diversen Verhaltensproblemen vorbeugen.

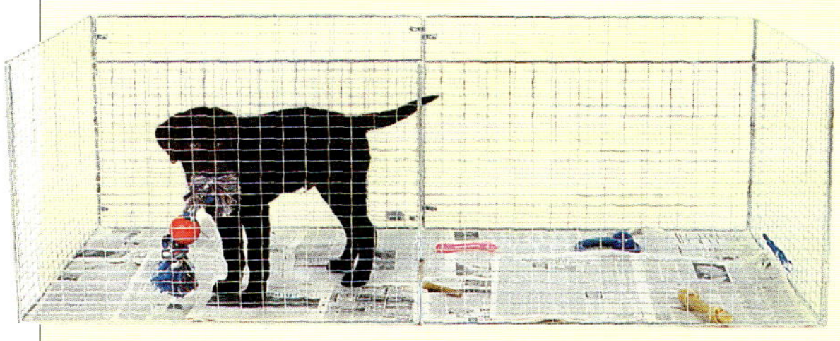

Praktisches Spielgelände
Der »Laufstall« ist eine vergrößerte Drahtbox – eine praktische Einrichtung für Welpen, die noch nicht stubenrein sind. Verschmutzung der Wohnung durch einen zeitweilig unbeaufsichtigten Welpen wird verhindert, wenn er in dem mit Zeitungen ausgelegten Laufstall bleibt. Boxen und Laufställe dürfen nie als Strafmittel eingesetzt werden; der Aufenthalt in ihnen soll dem Hund Spaß machen.

Welpenlaufstall

Gesundheit und Sicherheit

Das leibliche und seelische Wohl eines Hundes ist von uns abhängig. Ihm nur Kost und Logis zu geben genügt nicht. Überprüfen Sie beim täglichen Umgang mit ihm seinen Gesundheitszustand. Entwurmen Sie ihn regelmäßig, und lassen Sie ihn einmal im Jahr vom Tierarzt untersuchen und vorbeugend gegen Infektionskrankheiten impfen. Sorgen Sie in der Wohnung für Sicherheit, indem Sie alle Gefahrenquellen wie Haushaltschemikalien oder Giftpflanzen aus der Reichweite des Hundes entfernen. Lassen Sie ihn nie frei laufen, wenn er Menschen oder Tieren gefährlich werden kann. Bringen Sie ihm den Grundgehorsam bei: Führen Sie ihn an der Leine aus, und räumen Sie hinter ihm auf, wenn er sich in der Öffentlichkeit einmal »vergessen« hat.

Gesundheitsprüfung

Es empfiehlt sich, den Gesundheitszustand des Hundes regelmäßig zu überprüfen. Beobachten Sie sein Verhalten, wenn Sie mit ihm spielen. Testen Sie seine Aktivität, aber nehmen Sie auch eine einfache körperliche Untersuchung vor. Betasten Sie seinen Körper, schauen Sie ihm in die Ohren (Ausfluß, Geruch oder Entzündung?), in die Augen (Rötung oder Ausfluß?) und ins Maul (Zahn- oder Zahnfleischschäden, übler Geruch?). Sehen Sie nach, ob sich am Körper oder zwischen den Zehen Pflanzenteile verfangen oder verfilzte Haare oder Schwellungen gebildet haben. Beenden Sie die Untersuchung mit einem Belohnungshappen.

Eine Futterbelohnung ist ein wirksames Mittel, einen gesunden Hund zum Stillsitzen zu bewegen

Ein offensichtlich gesunder Hund konzentriert sich völlig auf den Leckerbissen

Gesundheitsfürsorge

Beobachten Sie Ihren Hund routinemäßig auf irgendwelche Krankheitssymptome, führen Sie ihn aber trotzdem einmal jährlich dem Tierarzt vor. Bei einer Routineuntersuchung überprüft der Arzt die gesamte Anatomie des Hundes, hört mit dem Stethoskop Herz und Lunge ab und tastet den Unterleib und die Körperoberfläche nach etwaigen Anomalien ab. Der Arzt erkundigt sich nach dem Futter und der Kotbeschaffenheit des Tiers und bittet Sie vielleicht darum, eine Kotprobe in die Praxis zu bringen, damit er sie auf Wurmeier untersuchen kann. Vorbeugende Impfungen schützen vor Hundekrankheiten, die in Ihrer Gegend auftreten könnten. Dazu gehören Staupe, Hundeseuche, Zwingerhusten, Hepatitis und Tollwut. Der Tierarzt wird je nach den Risiken in Ihrer Umgebung eine entsprechende Wurmkur verordnen. Maßnahmen gegen Spulwürmer dienen nicht nur dem Wohlbefinden des Hundes, sondern auch der menschlichen Gesundheit. Spulwürmer wer-

Tierärztliche Betreuung

Die alljährliche Untersuchung Ihres Hundes durch den Tierarzt ist eine weise Maßnahme. Etwaige Erkrankungen werden im Frühstadium erkannt, wenn Behandlung und Heilung sehr viel einfacher und billiger sind. Im späteren Hundeleben, wenn altersbedingte Beschwerden auftreten können, sollte man den Tierarzt auf dessen Anraten häufiger aufsuchen. Es gibt übrigens Krankenversicherungen für Hunde, die die zuweilen erheblichen Kosten für technisch aufwendige Diagnosen und Behandlungen abdecken.

Der wohlerzogene Cavalier King Charles Spaniel steht ruhig da

Der Arzt führt eine komplette körperliche Untersuchung durch; dabei werden auch die Herztöne abgehört

Optische Befehle sind eine sinnvolle Ergänzung der verbalen

Der Hund konzentriert sich gehorsam auf die gesprochenen und optischen Kommandos

Gehorsamkeitserziehung

Dem Hund die Befolgung einfacher Befehle beizubringen ist ebenso wichtig wie die Überprüfung seines Gesundheitszustands. Dieser wohlerzogene Hund reagiert sowohl auf das verbale als auch das optische Kommando »Sitz!« Einen zum Gehorsam erzogenen Hund haben sie ständig unter Kontrolle. Selbst wenn er frei umherläuft, gehorcht er Ihren Befehlen, sobald eine potentiell gefährliche Situation entsteht.

den vielfach schon im Mutterleib auf die Welpen übertragen. Kinder, insbesondere solche, die an Allergien leiden, können vom Hundespulwurm befallen werden, was gelegentlich zu Sehschäden führt. Wegen des komplizierten Lebensablaufs der Spulwürmer sollte man Hunde regelmäßig, etwa viermal im Jahr, entwurmen, um das Haus und öffentliche Plätze vor einer Verseuchung zu schützen.

Sicherheit im Haus

Sorgen Sie dafür, daß Ihr Hund nicht durch Türen oder Fenster entweichen kann und daß der Gartenzaun »ausbruchsicher« ist. Hunde tollen gern draußen umher und sollten so oft wie möglich Auslauf haben; sie dürfen aber nicht sich selbst überlassen bleiben und Passanten oder Nachbarn anbellen und belästigen.
Gelangweilte Hunde versuchen oft, Zäune zu überspringen oder sich unter ihnen hindurchzuwühlen. Der Zaun muß so tief in den Boden hinabreichen, daß der Hund keinen Tunnel graben kann. Gartenhäuschen und Schwimmbecken sind für Hunde tabu. In einem Gartenhaus werden wohlschmekkende, aber häufig giftige Substanzen aufbewahrt. In einen Swimmingpool kommt ein Hund sehr leicht hinein, aber oft nicht wieder heraus. Mähen Sie nie den Rasen, wenn Ihr Hund in der Nähe ist, und verstecken Sie alle wunderbar riechenden Angelgeräte vor ihm.
Alle Welpen und viele erwachsene Hunde knabbern gern. Geben Sie Ihrem Hund höchstens 3 verschiedene Kauspielzeuge, und achten Sie darauf, daß sie sich von allen beknabberbaren Gegenständen, etwa Schuhen, Socken oder Kissen, deutlich unterscheiden. Lassen Sie einen Hund, der gerne knabbert und nagt, nie in einem Raum mit elektrischen Leitungen allein. Ziehen Sie vorsichtshalber die Stecker heraus. Achten Sie auf giftige Zimmer- und Gartenpflanzen. Manche, so die Giftige Dieffenbachie, haben einen giftigen Saft, der für Hunde besonders gefährlich ist. Wenn Ihr Hund Schränke und Schubladen öffnen kann, sollten Sie diese sichern oder alle Chemikalien und Reinigungsmittel in Küche und Bad aus seiner Reichweite entfernen.

Das unsichere Haus
Unsere scheinbar so sicheren Häuser bergen für neugierige oder gelangweilte Hunde große Gefahren. Vor allem Welpen beknabbern gern gummiartige Gegenstände wie etwa ein Stromkabel. Hunde sind Allesfresser, die sich über alle möglichen Pflanzen hermachen, und wenn ihnen saftiges Gras fehlt, kauen sie auch an Zierpflanzen herum. Sie probieren bereitwillig fast alles, besonders wenn es auf dem Boden steht und sich in einem leicht zu zerknabbernden Kunststoffbehälter befindet.

Das sichere Haus
Hier sind die Gefahrenquellen beseitigt. Die Dieffenbachie enthält einen giftigen Saft – verzichten Sie auf alle giftigen Zierpflanzen! Das Elektrokabel wurde aus der Steckdose gezogen und außerdem aufgerollt, damit der Hund das Bügeleisen nicht vom Regal herunterziehen kann. Der gefährliche WC-Reiniger ist außer Reichweite. Bringen Sie alle gefährlichen oder giftigen Substanzen in Sicherheit, aber geben Sie Ihrem Hund stets etwas Geeignetes zum Knabbern und Kauen.

Pflichten gegenüber der Allgemeinheit

Als wir Menschen den Hund domestizierten, übernahmen wir die Verantwortung für sein Überleben. Aus der Hundeperspektive war dies ein überaus erfolgreiches Unternehmen. Haushunde sind sehr viel zahlreicher als alle anderen Arten der Familie Canidae. Wir sind verantwortlich für ihr Wohlergehen und für das Wohl der Gesellschaft, in der sie leben. Alle Hunde sollten zum Grundgehorsam erzogen werden, also auf Befehl kommen, sich hinsetzen, sitzen bleiben und sich hinlegen. Die meisten Hunde können diese Befehle lernen. Die beste Zeit für die Gehorsamserziehung ist die prägende Frühlernphase des Welpen. Welpenkurse für Hunde unter 16 Wochen sind eine ideale »Grundschule«, doch Hunde aller Altersstufen lassen sich zum Gehorsam erziehen. Nach Ausbildern und Terminen kann man sich bei Hundesportvereinen und Tierärzten erkundigen. Hundegebell kann zu einem öffentlichen Ärgernis werden. Auch dies läßt sich durch richtiges Training abstellen. Ein Hund muß lernen, sich angeleint in der Öffentlichkeit zu bewegen, und der Besitzer sollte Hundehäufchen in Anlagen und auf dem Bürgersteig sofort beseitigen. Selbst der sanfteste Hund neigt dazu, vor Wut, Angst oder Schmerz zu schnappen oder zu beißen. Lassen Sie nie Kleinkinder mit einem Hund allein. Verhindern Sie Hundebisse, indem Sie Ihren Hund an den Maulkorb gewöhnen, und legen Sie ihm einen Maulkorb an, wenn er zum erstenmal mit Kindern zusammenkommt. Nehmen Sie den Maulkorb erst dann ab, wenn keine Gefahr mehr besteht.

Risikovermeidung
Dieser Hund hat gelernt, draußen einen Maulkorb zu tragen, der ihn vom Aas- oder Kotfressen abhält und vor Magen-Darm-Krankheiten bewahrt. Alle Hunde, selbst sehr anhängliche und freundliche wie dieser Cavalier King Charles Spaniel, haben die Anlage zu beißen. Hunde sollte man nie mit Kleinkindern allein lassen. Wenn sie mit fremden Kindern zusammenkommen, sollten sie einen Maulkorb tragen, bis sich die Beziehung gefestigt hat. Jeder potentiell aggressive Hund braucht einen Maulkorb, wenn er sich in der Öffentlichkeit bewegt. Ein bequemer, gut sitzender Maulkorb ist für den Hund keine Belastung.

Der richtig sitzende Maulkorb ist leicht und bequem

Die Plastikschaufel ist mit einem biologisch abbaubaren Plastikbeutel ausgestattet

Hundehygiene
Ein verantwortungsbewußter Hundehalter weiß, daß Hundekot unästhetisch und ein Gesundheitsrisiko ist. Die Krankheitsübertragung ist dabei das geringere Problem. Schlimmer ist der unschöne Anblick von Hundehaufen, vor allem auf öffentlichen Plätzen in der Stadt. Machen Sie hinter Ihrem Hund sofort sauber. Benutzen Sie dazu eine speziell hergestellte Schaufel, die hier gezeigte oder einfach eine Tüte aus recycelbarem Material. Werfen Sie den Dreck in einen Abfallbehälter oder spülen Sie ihn die Toilette hinab.

Ernährung

Wenn Hunde die freie Wahl haben, verhalten sie sich wie Raubtiere, die am liebsten frisches Fleisch fressen. Doch im Unterschied zum »echten« Raubtier Katze, das ohne Fleisch nicht überleben kann, ernährt sich der Hund im Grunde eher wie ein Mensch – ein Allesfresser –, und so verspeist und verdaut er die verschiedensten Futtersorten, sogar Obst und Gemüse. Die Tierfutterhersteller bieten eine Vielzahl von Hundefutter unterschiedlicher Zusammensetzung, Geschmacksrichtungen und Energiegehalte an. Dieses Futter, richtig dosiert und mit frischem Wasser verabreicht, enthält alles, was der Hund für sein Wohlbefinden braucht: Eiweiß, Fett, Kohlenhydrate, Mineralstoffe und Vitamine. Wenn Sie Ihren Hund vernünftig füttern, beugen Sie Ernährungs- und Verhaltensstörungen vor.

Dosenfutter
Angesehene Futtermittelfirmen in aller Welt bieten eine Fülle von nahrhaften und wohlschmeckenden Dosenfuttersorten an, die Hund und Hundehalter gleichermaßen ansprechen. Nährstoffgehalt und Zusammensetzung des Dosenfutters sind unterschiedlich. Das energiereichste Futter wird für Welpen und Gebrauchshunde hergestellt, kalorienarme Kost für wenig aktive Hunde.

Halbfeuchte Vollnahrung
Vollnahrung enthält weniger Feuchtigkeit als Dosenfutter und, bezogen auf das Gewicht, dreimal soviel Kalorien. Diese Nahrung ist oft sehr kohlenhydrat- und zuckerreich. Sie eignet sich für Hunde, die nicht sehr schnell alles auffressen, sondern immer wieder an den Freßnapf gehen, und ist ungeeignet für zuckerkranke Tiere.

Eine ausgewogene Ernährung

Eiweiß oder Protein, das aus Aminosäuren besteht, ist das Baumaterial für tierisches Gewebe. Fleisch liefert hochwertiges, leicht verdauliches Protein, aber Hunde können auch pflanzliches Protein, etwa Soja, verwerten. Gutes und gut verdauliches Protein ist auch in Käse und Eiern enthalten. Kohlenhydrate in Form von Getreide, Brot, Teigwaren, Reis und Kartoffeln versorgen den Hund mit Energie. Die Kohlenhydrate werden in Glukose umgewandelt, den lebenswichtigen »Brennstoff«.

Fett besteht aus Fettsäuren. Diese werden zum Teil in energiespendende Glukose umgewandelt; andere kommen verschiedenen Körperfunktionen zugute. Bestimmte Fettsäuren sind außerdem notwendig, um Haut und Fell in erstklassigem Zustand zu erhalten. Vitamine und Mineralien werden für vielerlei Aufgaben benötigt, etwa für die Bildung von Zähnen, Knochen und neuen Blutzellen, für die Absorption von Nährstoffen aus dem Darm und für die Gewebeneubildung. Um gesund zu bleiben, braucht der Hund eine ausgewogene Mischung dieser Nahrungsbestandteile. Ein Übermaß kann ebenso schädlich sein wie eine Unterversorgung. Sorgen Sie dafür, daß der Hund täglich ein gutes Mischfutter bekommt, nicht nur die richtige Kalorienmenge. Oder verabreichen Sie ein Fertigfutter, das von einer angesehenen Firma stammt.

Lassen Sie nie altes oder gar verdorbenes Futter stehen, und stellen Sie immer einen Napf mit frischem, sauberem Wasser bereit. Servieren Sie das Futter mit Zimmertemperatur, nie direkt aus dem Kühlschrank, und werfen Sie Dosenfutter weg, wenn es nicht sofort verzehrt wird. Weiches, feuchtes Futter darf einige Stunden im Napf bleiben, Trockenfutter sogar den ganzen Tag. Geben Sie dem Hund niemals splitternde Knochen. Hunde schlingen ihre Nahrung hinunter und verschlucken dabei leicht scharfe Bruchstücke von Geflügel- oder Lammknochen.

Gemischte Kost
Für Menschen bestimmte Nahrung eignet sich sehr gut für Hunde, muß aber gut eingeteilt auf die Ernährungsansprüche des Tiers abgestimmt werden. Eine Mischung, die je zur Hälfte aus Fleisch und Gemüse besteht, enthält wahrscheinlich alle Bestandteile einer nährstoffreichen Hundekost.

Nahrhaftes Hühnerfleisch
Hühnerfleisch ist leicht verdaulich und hat etwas weniger Kalorien als anderes Fleisch. Hunde mögen Fleisch, aber Fleisch allein ergibt noch kein ausgewogenes Futter. Mischen Sie Fleisch stets mit Trockenfutter, Teigwaren, Reis oder Gemüse, damit die Zufuhr von Vitaminen und Mineralstoffen gesichert ist.

Bekömmlicher Reis
Gekochter Reis wird vom Hund leicht verdaut und stellt ein ausgezeichnetes Futter dar, vor allem für vierbeinige Rekonvaleszenten mit Magen-Darm-Beschwerden. Weißer und brauner Reis sind gleichermaßen geeignet, doch brauner Reis enthält mehr Ballaststoffe als weißer.

Sauberes Wasser
Frisches Trinkwasser sollte immer bereitstehen. Hunde, die Trockenfutter bekommen, trinken mehr als andere. Auch bei heißem Wetter und nach körperlicher Anstrengung wird mehr getrunken. Nimmt der Trinkwasserbedarf aus anderen Gründen zu, ist ein Besuch beim Tierarzt angezeigt.

Trockenfutter für Welpen

Kalorienarmes Trockenfutter

Trockene Vollnahrung
Die Verfahren zur Herstellung von wohlschmeckender und gehaltvoller Trockenvollnahrung für Hunde haben gewaltige Fortschritte gemacht. Sie ist für alle Rassen geeignet. Spezialtrockenfutter wird für Tiere mit bestimmten Krankheiten hergestellt.

Kalorien und Mengen

Der Eiweiß-, Fett- und Kaloriengehalt von Fleisch ist sehr unterschiedlich. Kutteln sind beispielsweise in allen 3 Punkten wenig gehaltvoll (9 % Protein, 3 % Fett und 63 Kalorien pro 100 g), während Lammfleisch erheblich gehaltvoller ist (20 % Protein, 8,8 % Fett und 162 Kalorien pro 100 g). Der Nährstoffgehalt von Hühner- und Rindfleisch ist ähnlich (20 % Protein, 4,3–4,6 % Fett und 122 Kalorien pro 100 g), aber Hunde können Hühnerfleisch offenbar leichter verdauen als Rindfleisch. Einiges deutet auch darauf hin, daß ein hoher Anteil von rotem Fleisch bei manchen Hunden zu Hautreizungen führt. Berechnen Sie sorgfältig den Kalorienbedarf Ihres Hundes. Ein Yorkshire-Terrier, der 5 kg wiegt, braucht täglich etwa 210 Kalorien, ein 35 kg schwerer Golden Retriever dagegen rund 1500. Ein Riese wie der Berner Sennenhund, der 80 kg schwer ist, benötigt sogar 2800 Kalorien pro Tag. Diese Angaben sind nur Richtwerte – die Bedürfnisse sind individuell verschieden. Wenn Sie Ihrem Hund Dosenfutter geben, halten Sie sich an die Herstellerangaben auf dem Etikett, doch verändern Sie die Portionen, falls Ihr Hund entweder zunimmt oder abnimmt.

Die richtige Ernährung

Der Mensch bestimmt, was sein Hund frißt, Hunde verstehen es jedoch meisterhaft, ihren Besitzer zu manipulieren, indem sie ihn davon überzeugen, daß sie mehr Futter oder spezielle Futtersorten brauchen. Die meisten Ernährungsprobleme gehen auf falsches Verhalten des Hundehalters zurück. Hunde können infolge einer Unterfunktion der Schilddrüse übergewichtig werden, doch das ist selten. 30 Prozent aller Begleithunde sind zu fett, weil sie zu viele Kalorien bekommen. Ein Hund verweigert vielleicht die Nahrungsaufnahme, weil er weiß, daß er etwas Besseres erhält, wenn er sich nur lange genug weigert. Die Futterhersteller kennen diesen Trick und produzieren deshalb besonders wohlschmeckende Futtersorten. Eine perverse Folge davon ist, daß die Tiere weiter fressen, wenn ihr Hunger gestillt ist, nur weil es ihnen so gut schmeckt. Die Hersteller erzeugen eine Vielzahl von Spezialfuttermischungen, etwa solche mit wenig Kalorien für die Gewichtskontrolle und andere mit geringem Eiweißgehalt für nierenkranke Hunde. Gute Futtermittelhersteller kaufen überschüssiges Fleisch auf, das für den menschlichen Verzehr bestimmt war, und verwandeln es in solides Hundefutter.

Der Welpe frißt ein Futter, das auf seinen Nährstoffbedarf abgestimmt ist

Getrennte Näpfe, getrennte Mahlzeiten
Das Futter ist für Hunde sehr wichtig. Manche gebärden sich sehr futterneidisch. Jeder Hund sollte seinen eigenen Freßnapf haben und so gefüttert werden, daß ein Artgenosse ihm beim Fressen nicht zuschauen kann. Um jedoch einen kranken Hund anzuregen, soll man ihn zusehen lassen, wie ein anderer Hund frißt. Wählen Sie ein Futter aus, das für Ihren Vierbeiner am besten geeignet ist. Ein Welpe hat einen größeren Kalorienbedarf als ein ausgewachsener Wohnungshund.

Dieser Hund bekommt eine kalorienarme Kost für wenig aktive Tiere

Leckerbissen und Knabberzeug

Rindfleischhappen

Knabberriegel

Knochenförmige Leckerbissen

Kauknochen aus Büffelhaut

Fressen macht Hunden riesigen Spaß. Die Tierfutterhersteller bieten eine große Palette von Leckerbissen und Knabberzeug an. Damit kann man den Hund beim Training belohnen oder ihm eine Freude machen, wenn er allein gelassen wird. Hundebiskuits sind fett- und kohlenhydratreich. Berücksichtigen Sie diese Kalorien, wenn Sie den täglichen Futterbedarf Ihres Hundes berechnen.

Futterverweigerung
Dieser Hund ist beim Fressen sehr wählerisch, und er verschmäht sogar völlig einwandfreies Futter. Das ist oft ein erworbenes Verhalten. Hunde sind von Natur aus so beschaffen, daß sie alles Freßbare hinunterschlingen, wenn sie Gelegenheit dazu haben, und sie können tagelang hungern, ohne Schaden zu nehmen. Durch ein großes Futterangebot erziehen wir oft unsere Hunde zu mäkeligen Fressern.

Das gehaltvolle Futter wird verschmäht, weil der Hund zuwenig Bewegung hat

KÖRPERPFLEGE

Alle Tiere putzen sich, doch gesellig lebende Arten wie der Hund betreiben auch gegenseitig Körperpflege, um die Bindung untereinander zu festigen. Hunde sind bei der Säuberung des eigenen Körpers recht tüchtig, doch die durch die Selektionszucht herbeigeführten Veränderungen haben auch hier ihre Abhängigkeit von uns verstärkt. Zum Glück akzeptieren die Hunde im allgemeinen unsere einfachen Pflegemaßnahmen oder genießen sie sogar, solange sie nicht mit Unbehagen verbunden sind. Zu den Routinemaßnahmen gehören die Säuberung des Gesichts, die Überprüfung der Krallen und die Pflege des Fells, die sich nach dessen Dichte und Länge richtet. Sie umfaßt das Abreiben, Bürsten, Kämmen und Scheren des Haarkleids oder das Baden.

PFLEGEUTENSILIEN

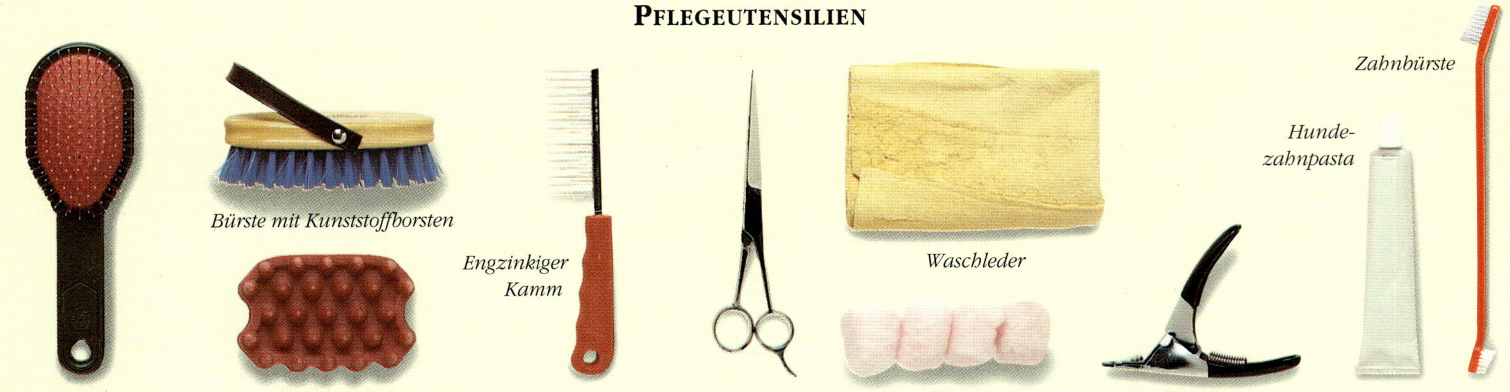

Die Pflegegeräte müssen auf die Felldichte, die Hautbeschaffenheit und die Empfindlichkeit des Hundes abgestimmt sein. Eine Gummibürste und ein Waschleder genügen für ein kurzes, glattes Fell wie das des Boxers, während für ein langes, feines Haarkleid, etwa das des Yorkshire-Terriers, eine weiche Nadelbürste und ein weitzinkiger Kamm erforderlich sind. Rassen mit dichtem Fell werden mit Nadelbürste und Kamm und außerdem mit einer guten, festen Borstenbürste bearbeitet. Feuchte Watte oder besser noch ein angefeuchtetes weiches Läppchen ist ideal für die Reinigung der Augenwinkel. Mit einer Schere werden überschüssige Haare in der Aftergegend und zwischen den Zehen abgeschnitten oder die Befederung der Läufe und der Rute ausgedünnt. Die Krallen müssen gegebenenfalls gekürzt werden, und außerdem braucht der Hund eine eigene Zahnbürste.

Der Hund sitzt ruhig da; er hat gelernt, daß die Fellpflege Spaß macht und mit einem Leckerbissen belohnt wird

Eine Doppelbürste mit weichen Nadeln auf der einen und festen Borsten auf der anderen Seite

Hautmassage
Eine feste, aber elastische Gummibürste durchdringt das Fell und stimuliert sanft die Haut. Sie lockert und löst Hautschuppen und Schmutzteilchen, die dann ausgebürstet werden. Viele Hunde empfinden diese Pflegemaßname als angenehm.

Beim Kämmen der Ohrenbehaarung ist große Vorsicht angezeigt

Sanftes Bürsten
Mit einer elastischen Bürste werden tote Haare aus dem Fell entfernt. Die Borsten haben keine scharfen Spitzen, die die relativ dünne und empfindliche Haut dieses Hündchens zerkratzen, beschädigen oder reizen könnten. Die meisten Hunde haben es gern, wenn sie auf dem Kopf und dem Rücken gebürstet werden. Empfindlich sind sie an den Pfoten und vor allen in der Schwanz- und Analregion.

Entwirrung von Haarzotteln
Zum Abschluß wird der Chihuahua gekämmt. Der Kamm beseitigt die feinsten Haarzotteln und wird erst eingesetzt, nachdem man mit der Bürste alle größeren Verfilzungen aufgelöst hat. Das Kämmen ist der heikelste Teil der Fellpflege. Achten Sie darauf, daß die Haut dabei nicht zerkratzt, gezerrt oder sonstwie geschädigt wird. Die Körperpflege sollte stets Vergnügen und nicht Schmerz bereiten und am Ende immer mit einem Häppchen belohnt werden.

Krallenschneiden

Ein wohlerzogener Hund läßt sich bereitwillig die Krallen schneiden. Inspizieren Sie bei jeder Fellpflege auch die Pfoten. Spreizen Sie die Zehen, um festzustellen, ob sich dort Schmutz oder verfilzte Haare angesammelt haben. Sind die Krallen zu lang geworden, werden sie vorsichtig gekürzt, wobei man auf keinen Fall in das durchblutete Gewebe, das »Leben«, einschneiden darf. Lassen Sie sich vom Tierarzt zeigen, wie Sie dabei zu verfahren haben. Hinterher ist wieder eine Belohnung fällig.

Mit dem Krallenclipper werden die Krallen geschnitten und nicht zerquetscht; das empfindliche lebende Gewebe wird nicht verletzt

Man hebt die Lefzen an, um die Zahnzwischenräume zu säubern

Zahn- und Zahnfleischpflege

Schauen Sie Ihrem Hund jeden Tag ins Maul, und achten Sie auf »Mundgeruch«, Entzündungen und Nahrungsreste. Gewöhnen Sie ihn schon früh daran, daß ihm Zähne und Zahnfleisch mit einer weichen Bürste und mit stark verdünntem Salzwasser oder einer speziellen Hundezahnpasta gesäubert werden. Benutzen Sie keine Menschenzahnpasta, denn die meisten Hunde mögen deren Geschmack und Schaumbildung nicht.

Die eingetrocknete Tränenflüssigkeit wird entfernt, ohne daß das Läppchen mit dem Auge selbst in Berührung kommt

Gesichtspflege

Schauen Sie sich täglich die Augen Ihres Hundes an, und wischen Sie mit einem feuchten Läppchen oder Wattebausch den Schleim weg, der sich in den Augenwinkeln gebildet hat. Heben Sie die Ohren an, und achten Sie auf Ohrenschmalz, üblen Geruch und Entzündungen. Stochern Sie nie mit Wattestäbchen im Ohr herum, denn Sie könnten dabei unsichtbares Ohrenschmalz oder Schmutz auf das Trommelfell drücken. Wenn Ihr Hund Gesichtsfalten oder stark gerunzelte Lefzen hat, sollten Sie eine Geruchsprobe machen und festgesetzten Schmutz entfernen.

Fellpflege und Baden

Am pflegeleichtesten ist ein glattes, kurzhaariges Fell wie das des Boxers. Ein- oder zweimal wöchentlich fährt man mit einer Gummibürste gegen den Strich über das Fell, um oberflächlichen Schmutz und tote Haare zu lockern, und anschließend werden diese Partikel mit einer Borstenbürste entfernt. Mit einem Haarglanzmittel kann man dem Fell noch mehr Glanz verleihen, doch im allgemeinen tut es auch ein Waschleder. Regelmäßige Pflege brauchen Kurzhaarrassen mit dichter Unterwolle, etwa der Labrador-Retriever; Verfilzungen werden mit Bürste und Kamm beseitigt. Ein langes Fell mit dichter Unterwolle, wie es der Bernhardiner besitzt, muß behutsam, aber kräftig und häufig gebürstet werden.

Manchmal ist es unumgänglich, daß der Hund gebadet wird, vor allem wenn sein Fell mit öligen oder übelriechenden Substanzen behaftet ist. Medizinische Shampoos sind das Mittel der Wahl bei einer Vielzahl von Hautkrankheiten. Baden Sie den Hund in einer Schüssel oder Wanne, vorzugsweise im Freien, wenn das Wetter es zuläßt. Verstopfen Sie die Ohren mit Wattepfropfen, damit kein Wasser eindringen kann, und legen Sie eine Gummimatte auf den Boden der Badewanne, auf der das Tier gut stehen kann. Verwenden Sie warmes, kein heißes oder kaltes Wasser. Schäumen Sie den Hund gut ein, doch achten Sie darauf, daß kein Shampoo in die Körperöffnungen gelangt. Gründliches Abspülen ist sehr wichtig, besonders zwischen den Läufen, wo sich Shampoo ansammeln und die Haut reizen kann. Auf das Resultat werden Sie stolz sein, doch der Hund wird sich wahrscheinlich gleich wieder auf dem Boden wälzen, um sich mit natürlichen Umweltgerüchen zu imprägnieren.

Inspektion der Hinterpartie

Die Aftergegend sollte auf verklebten Kot oder Entzündungen hin untersucht werden. Wenn Ihr Hund auf dem Teppich oder im Gras »schlittenfährt«, sind wahrscheinlich die Analdrüsen übermäßig gefüllt und müssen entleert werden. Der Tierarzt zeigt Ihnen, wie man das macht. Schneiden Sie regelmäßig überschüssige Haare um den After ab, um unnötiger Verschmutzung vorzubeugen.

Der wohlerzogene Hund läßt die Inspektion der Afterregion zu und wird hinterher für sein Wohlverhalten belohnt

Auf Reisen und in der Hundepension

Als »Ehrenmitglieder« der menschlichen Familien gehen Hunde oft mit uns auf Reisen. Viele Stadthunde werden regelmäßig zwecks Auslauf ins Grüne kutschiert. Manche Hunde begleiten ihre Besitzer in den Urlaub oder werden mit dem Wagen in eine Hundepension gebracht. Probleme wie Übelkeit oder Übererregtheit werden gemindert, wenn der Hund früh und häufig ans Autofahren gewöhnt wird. Etwaige Zwischenfälle lassen sich durch die Verwendung einer Transportbox reduzieren. Sie sollten Ihren Hund niemals allzu großer Hitze aussetzen und eine Fahrt, die länger als 2 Stunden dauert, öfter unterbrechen. Beachten Sie die örtlichen Vorschriften für Hundehalter, die beispielsweise das Tragen eines Maulkorbs oder das Anleinen betreffen.

Gewöhnung an die Box
Dieser Junghund ist schon früh mit seiner Box vertraut gemacht worden und betrachtet sie nun als seinen persönlichen Wohnbereich. Er fühlt sich in ihr sicher und geborgen. Die Gewöhnung an eine solche Drahtbox ist die einfachste Methode, dem Hund das Reisen zu erleichtern. Im späteren Leben kann das tragbare Heim ihn überallhin begleiten.

Der kleine Hund sucht gern seine Box auf, die er als seine private »Höhle« betrachtet

Sicheres Reisen
Autos mit großer Heckklappe und Kombiwagen sind ideale Beförderungsmittel für Hunde. Achten Sie darauf, daß die Transportbox gut gesichert ist. Oder bringen Sie ein Sicherheitsnetz oder -gitter an, das verhindert, daß der Hund in den Passagierraum springt. Legen Sie eine waschbare Matte unter.

Wählen Sie eine Transportbox, die dem ausgewachsenen Hund genügend Platz bietet und zugleich in den Kofferraum paßt

Die Sonnenblende schützt den Hund vor allzu großer Hitze, verhindert aber nicht, daß das Auto für ihn zum Glutofen wird

Vermeidung eines Hitzestaus
Am Autofenster ist eine Sonnenblende angebracht, die das Risiko eines Hitzestaus verringert. Bei starker Sonneneinstrahlung kann die Körpertemperatur rapide ansteigen. Ein Hitzschlag kann innerhalb von Minuten zum Tode führen.

Beachtung der örtlichen Vorschriften
Dieser brave Hund geht normalerweise ohne Leine bei Fuß, doch zu seiner eigenen Sicherheit und mit Rücksicht auf die jeweils geltenden Bestimmungen wird er angeleint, wenn er fern seiner Heimat ausgeht. Beachten Sie die Verbotsschilder in Parkanlagen und an Stränden, wenn Sie mit ihrem Hund auf Reisen sind.

So kann dem Hund im Urlaub nichts passieren

Fahrten mit dem Auto

Manche Hunde fahren gern Auto. Andere empfinden die schnelle Bewegung als sehr unangenehm, treten ständig von einem Bein aufs andere oder bellen aufgeregt. Das Autofahren ist für den Hund eine unnatürliche Form der Fortbewegung. Er muß erst lernen, sich dabei so zu benehmen, wie Sie es sich wünschen. Am sichersten reist er in einem geeigneten Behälter.

Hunde, die schon als Welpen an die Drahtbox gewöhnt worden sind (siehe S. 306/307), fühlen sich auch auf langen Fahrten in ihrem Behältnis sicher und geborgen. Auf kurzen Fahrten ist der Hund hinter einem Sicherheitsnetz auf dem Rücksitz oder im Heck eines Kombis gut aufgehoben. Ansonsten sollte er auf dem Rücksitz einen speziellen Sicherheitsgurt tragen. Einen kleinen Hund kann man in einem richtig geformten Plastikschlafkorb unterbringen, der natürlich so gesichert werden muß, daß er beim plötzlichen Bremsen nicht wegrutscht.

Üben Sie vor einer längeren Reise mit Ihrem Hund, und machen Sie alle 2 Stunden eine Pause, damit er frische Luft schnappen und seinen Durst stillen kann. Lassen Sie ihn bei heißem Wetter nie im Wagen zurück, auch nicht im Halbschatten und bei leicht geöffnetem Fenster. Im Vergleich zum Menschen kann der Hund seine Körpertemperatur kaum regulieren. Er kann nämlich nicht schwitzen. Jedes Jahr verenden Tausende von Hunden an einem Hitzschlag. Verhalten Sie sich verantwortungsbewußt, wenn Sie am Ziel angekommen sind. Wenn Hunde einen Park oder Strand nicht betreten dürfen, dann meiden Sie solche Plätze. Leinen Sie den Hund sicherheitshalber an, und lassen Sie ihn nur dort frei laufen, wo es ungefährlich und erlaubt ist. Vermerken Sie auf dem Adreßanhänger eine zusätzliche Telefonnummer, unter der Sie in der Fremde zu erreichen sind.

Öffentliche Verkehrsmittel

Flug-, Zug- und Busreisen können für Hunde zu einer Tortur werden, weil sie dann oft von ihrem Besitzer getrennt werden. Ist Ihr Hund an die Drahtbox gewöhnt, fühlt er sich während der Reise in seiner »Höhle« eher geborgen. Gehen Sie vor Antritt der Reise mit ihm Gassi, und geben Sie ihm 6 Stunden vorher nichts zu fressen. Besorgen Sie für ihn ein ungefährliches und vertrautes Kauspielzeug. Vom Tierarzt erfahren Sie, ob Ihr Hund ein Beruhigungsmittel oder ein Medikament gegen Übelkeit braucht.

Beschaffen Sie vor Auslandsreisen alle notwendigen Dokumente. Dazu gehören in der Regel ein Impfpaß, in dem eine kürzlich erfolgte Tollwutimpfung eingetragen ist, und

Krankheitsvorsorge
Dieser Cavalier King Charles Spaniel wird mit einem Nasenspray gegen Zwingerhusten geimpft. Befolgen Sie den Rat Ihres Tierarztes oder des Personals, damit er während seines Pensionsaufenthalts keine Infektionskrankheiten aufschnappen oder weitergeben kann.

Der Impfstoff wird in die Nase eingespritzt

Der Hundehalter erkundigt sich nach den Einrichtungen, der Sicherheit und den Kosten der Hundepension

Der Tierarzt gibt Auskunft über die verschiedenen Hundepensionen

Die Wahl der richtigen Hundepension
Lassen Sie sich von einem Fachmann beraten, welche Pension für Ihren Hund am besten ist. Besuchen Sie dann möglichst verschiedene Pensionen, um festzustellen, ob die Einrichtungen und das Personal Ihren Vorstellungen entsprechen. Gute Pensionen verlangen vorbeugende Impfungen und gestatten eine gründliche Inspektion.

eine tierärztliche Bescheinigung, daß das Tier reisefähig und frei von Infektionen und ansteckenden Krankheiten ist. In einigen Ländern, etwa Japan, Australien und Großbritannien, wo es keine Tollwut gibt, kommen Hunde für längere Zeit nach der Einreise in Quarantäne, so daß es unsinnig ist, den Hund dorthin in den Urlaub mitzunehmen. Andere, etwa Norwegen und Schweden, lassen Hunde einreisen, sofern sie durch eine Tätowierung oder einen eingepflanzten Microchip individuell gekennzeichnet, gegen Tollwut geimpft und durch Laboruntersuchung als krankheitsfrei ausgewiesen sind. Erkundigen Sie sich bei der Botschaft oder einem Konsulat des Bestimmungslandes nach den geltenden Vorschriften.

Hundepensionen

Der Aufenthalt in einer Hundepension ist für viele Hunde eine große Belastung, zumal für solche, die sehr an ihrem Besitzer hängen. Deswegen sollte man das Tier schon früh mit dieser Art der Unterbringung vertraut machen. Wenn ein Hund einmal eine solche Erfahrung gemacht hat, weiß er, daß der Aufenthalt nur vorübergehend ist und daß er zu seiner Familie zurückkehren wird. Hundepensionen sind sehr unterschiedlich. Allgemein gilt: je teurer, desto mehr wird geboten. Billige Pensionen garantieren meist nur eine sichere Unterbringung und einfache Verpflegung. Alle guten Pensionen gestatten eine persönliche Inspektion. Sie verlangen auch eine neuere Impfbescheinigung, um die Einschleppung von Ansteckungskrankheiten zu verhindern. Suchen Sie die Pension nach Möglichkeit auf, bevor Sie sich entscheiden. Andernfalls sollten Sie sich eine solche Einrichtung von Bekannten oder von Ihrem Tierarzt empfehlen lassen.

Die Qualität einer Hundepension hängt letztlich von der Qualität ihrer Mitarbeiter ab. Vergewissern Sie sich, daß das Personal seine Arbeit wirklich liebt. Schauen Sie sich die dort untergebrachten Hunde an. Fragen Sie nach, ob die Tiere ausgeführt und gepflegt werden und ob Ihr Hund mit verträglichen Artgenossen zusammengesetzt wird.

Eine Alternative ist die Engagierung eines »Hunde-Sitters«. Es gibt inzwischen Agenturen, die zuverlässige Personen vermitteln, welche in Ihrer Abwesenheit das Haus mitsamt den Vierbeinern hüten.

Der gesunde Reisende

Die Verbreitung vieler Hundekrankheiten ist von Ort zu Ort verschieden. Halten Sie die Schutzimpfungen Ihres Hundes auf dem laufenden. Vor Antritt einer Flugreise sollten Sie eine zusätzliche Impfung gegen die ansteckende Flugkrankheit erwägen. Hautparasiten sind regional noch unterschiedlicher verbreitet als Virusinfektionen. Wild- und Haustierschmarotzer wie etwa Zecken finden offenbar Stadthunde besonders attraktiv. Wenn Sie mit Ihrem Hund in Feld und Wald oder an einem Naturstrand spazierengehen, sollten Sie ihn hinterher gründlich auf solche Blutsauger untersuchen. Der Tierarzt kann Sie mit einem wirksamen Floh- und Zeckenschutzmittel versorgen. Gleich nach der Ankunft an Ihrem Bestimmungsort sollten Sie sich für alle Fälle nach der Adresse der nächsten Tierarztpraxis erkundigen.

Fahrtunterbrechungen
Behalten Sie auch auf Reisen nach Möglichkeit die gewohnte Routine bei. Legen Sie auf langen Fahrten alle 2 Stunden eine Pause ein, damit sich der Hund angeleint die Beine vertreten und sich erleichern kann. Wo das Gelände ungefährlich und übersichtlich ist und kein Verbot dagegensteht, sollten Sie mit dem Hund spielen, um ihn geistig und körperlich anzuregen. Ein Hund wird durch neue Eindrücke und Gerüche stimuliert.

Ein aktiver Hund freut sich über ein Apportierspiel während einer Fahrtunterbrechung

VERHALTENSSTÖRUNGEN

Hunde, die sich selbst überlassen sind, benehmen sich wie Hunde. Innerhalb eines Rudels schwingt sich ein Hund zum Rudelführer auf, der die anderen Rudelmitglieder dominiert. Das Rudel überlebt, indem es Beutetiere jagt, tötet und verzehrt oder Aas aufstöbert. Die Mitglieder des Rudels markieren ihr Territorium mit Urin und Kot, und sie verständigen sich untereinander durch Geheul. Wenn Hunde nicht mit Artgenossen, sondern mit Menschen zusammen leben, entstehen zuweilen Probleme. Der Mangel an frühen Erfahrungen kann bei einer Konfrontation mit neuen Situationen zur Nervosität führen. Das Alleinsein kann Angst zur Folge haben, die der Hund durch Heulen oder Knabbern abzubauen versucht. Viele Verhaltensstörungen lassen sich verhindern.

Nervosität
Der Mangel an frühen Lernerfahrungen oder unangenehme frühe Erlebnisse können Angst vor erwachsenen Menschen zur Folge haben. Oft richtet sie sich nur gegen ein Geschlecht. Ein direkter Blickkontakt zwischen dem riesigen Zweibeiner und dem Hund könnte auf das Tier einschüchternd wirken. Doch der Halter hat den Hund unter Kontrolle und belohnt dessen angstfreies Verhalten mit beruhigenden Worten.

Aggressivität gegen Hunde
Diese beiden Hunde werden von den Besitzern kontrolliert, doch wenn eines der beiden Tiere aggressiv wird, sind Erziehungsmaßnahmen notwendig. Der Hund sollte belohnt werden, wenn er keine Aggressivität zeigt, zuerst auf Distanz zu dem anderen Hund. Im Laufe einiger Wochen sollte der Abstand verringert werden; der Hund bekommt jedesmal eine Belohnung, wenn er ruhig bleibt.

Angst vor Kindern
Dieser Hund, der aus einem Tierheim stammt, wird behutsam mit einem Kind zusammengeführt, damit man seine Reaktion steuern kann. Dem Kind wurde gesagt, den Hund nicht anzustarren. Wenn der Hund Angst oder Aggressivität zeigt, braucht er eine Lektion, bei der er für freundliches Verhalten gegenüber dem Kind belohnt und für Fehlverhalten getadelt wird.

Angst vor Lärm
Bei diesem Hund wird die Reaktion auf ein lautes Geräusch getestet. Er senkt den Kopf und die Rute und duckt sich – das sind Anzeichen von Nervosität. Er kann lernen, laute Geräusche hinzunehmen, indem er ihnen unter Aufsicht ausgesetzt wird; man beginnt dabei mit mildem Lärm und steigert nach und nach die Lautstärke. Der Hund erhält jedesmal eine Belohnung, wenn er entspannt bleibt.

VORBEUGEMASSNAHMEN

Vorbeugen ist stets leichter als Heilen. Mit einer frühen Gehorsamkeitserziehung können Sie die Aktivitäten Ihres Hundes kontrollieren. Jeder Hund hat seinen eigenen, unverwechselbaren Charakter, doch vielfach bestehen Charakterübereinstimmungen zwischen den Angehörigen einer Rasse. Wieviel Erziehung ein Hund braucht, ist abhängig vom Individuum, aber auch von der Rasse. Manche Rassen lassen sich leichter erziehen als andere. Wöchentliche Kurse sind zwar eine ausgezeichnete Einübung in die Hundeerziehung, aber die Erziehung findet größtenteils daheim statt. Ein Hund erfaßt sehr genau Ihre Einstellung zu ihm, und beim Gehorsamkeitstraining spielt Ihre Einstellung eine ebenso große Rolle wie die Übungen selbst. Beugen Sie Verhaltensstörungen vor, indem Sie dem Hund so früh wie möglich die Kommandos »Komm!«, »Steh!«, »Sitz!« und »Platz!« beibringen. Verteilen Sie am Anfang großzügig Belohnungen in Form von Leckerbissen, Streicheleinheiten und Lob, und begleiten Sie diese Belohnungen mit den entsprechenden Befehlen, die der Hund schließlich lernt. Schon nach kurzer Zeit reichen verbale Belohnungen aus. Nachdem Sie ihm den Grundgehorsam beigebracht haben, üben Sie mit ihm das Gehen bei Fuß und an der Leine. Bringen Sie ihm bei, Gegenstände zu apportieren und – ebenso wichtig – auf Befehl fallen zu lassen. Führen Sie schließlich Ihren Hund, noch bevor er 12 Wochen alt ist, an möglichst viele Aktivitäten heran. Dadurch reduzieren Sie die Wahrscheinlichkeit, daß er später vor neuen Situationen Angst bekommt.

AGGRESSIVITÄT

Unterschiedliche Aggressionsformen erfordern unterschiedliche Gegenmaßnahmen. Wenn ein Rüde gegen andere Rüden aggressiv wird, kann eine Kastration dieses Verhalten wahrscheinlich abschwächen. Wenn Ihr Hund sein Futter, sein Spielzeug oder seinen Schlafplatz aggressiv verteidigt, Sie anknurrt, wenn Sie ihm einen Befehl geben, oder eifersüchtigt wird, wenn Sie einen anderen Hund (oder ein Kind) anreden oder streicheln, schafft die Kastration keine Abhilfe. Dann sollten Sie ihn nicht mehr mit Leckerbissen verwöhnen und ihm klarmachen, daß nur noch gutes Benehmen belohnt wird. Die Gehorsamkeitserziehung ist in solchen Fällen sehr wichtig. Hunde, die aus Angst aggressiv sind, müssen sanfter behandelt werden. Sie

Trennungsangst
Testen Sie die Trennungsangst Ihres Hundes, indem Sie ihn mit seinem Bett und einem Spielzeug im Zimmer allein lassen. Wenn er heult oder destruktiv wird, kann man seine Fütterungs- und Auslaufzeiten verändern und ihm beibringen, sich mit anregenden Spielsachen zu beschäftigen.

Der Hund bleibt aufmerksam, aber gelassen

sollten Ihrem Hund die Angst vor bestimmten Situationen nehmen, indem Sie ihn behutsam und kontrolliert diesen Situationen aussetzen und ihn belohnen, wenn er sich ruhig verhält. Das Hetzen von Tieren ist das am schwersten zu behebende Fehlverhalten; hier brauchen Sie professionellen Beistand.

Angst

Nahezu alle Probleme, die mit Ängsten verbunden sind, haben ihren Ursprung entweder in Langeweile oder in übermäßiger Menschenabhängigkeit. Hunde zeigen ihre Angst vor dem Alleinsein, indem sie ständig bellen und ihre Blase oder ihren Darm in der Wohnung entleeren, mitunter an ungewöhnlichen Stellen, etwa auf dem Bett oder Sofa. Manche werden übertrieben destruktiv und knabbern Teppiche, Türen und Wände an. Andere Hunde wühlen wie besessen. Um angstbesetzte Aktivitäten zu unterbinden, sollten Sie zunächst prüfen, ob Ihr Hund sich so verhält, weil er sich langweilt oder weil er sich in Ihrer Abwesenheit fürchtet. Beruht das Problem auf seiner emotionalen Abhängigkeit von Ihnen, sollten Sie diese abbauen, indem sie ihn nicht mehr so oft belohnen. Kühlen Sie die Beziehung ab. Lassen Sie jemand anders Ihren Hund füttern oder ausführen. Reduzieren Sie den Körperkontakt mit ihm. Ist dagegen Langeweile die Ursache seiner Zerstörungslust, sollten Sie sich mehr mit ihm beschäftigen. Geben Sie ihm, wenn Sie ihn allein lassen, einen interessanten Gegenstand. Bedenken Sie jedoch, daß ein Hund nie lange Zeit allein bleiben darf.

Nervenschwäche

Die Angst vor Fremden, Kindern, Uniformen, lauten Geräuschen, unerwarteten Gegenständen wie etwa Regenschirmen oder Kinderwagen, fremden Hunden ist in einigen Rassen häufiger anzutreffen als in anderen. Oft ist sie die Folge begrenzter früher Lernerfahrungen. Die ersten 12 Wochen im Leben eines Welpen sind entscheidend für seine weitere Entwicklung. Besprechen Sie mit dem Tierarzt die Lösung des Interessenkonflikts zwischen dem Bestreben, den Welpen vor Krankheiten zu schützen, und dem Bedürfnis, ihn in dieser Prägephase möglichst viele Erfahrungen machen zu lassen. Bringen Sie Ihrem Hund mit Futterbelohnungen die Befolgung der Befehle »Sitz!« und »Platz!« bei. Setzen Sie ihn im Laufe weniger Wochen nach und nach den Situationen aus, die ihn nervös machen, etwa lauten Geräuschen oder bestimmten Örtlichkeiten, und belohnen Sie ihn stets für sein Wohlverhalten.

Fachmännische Hilfe

Selbst der anhänglichste und gehorsamste Hund neigt gelegentlich zu Verhaltensweisen, die Ihnen, Ihrer Familie oder anderen nicht gefallen. Den Hund einem Ausbilder zu überlassen ist für Sie vielleicht eine einfache Lösung, aber dadurch wird ein Verhaltensproblem nicht notwendigerweise behoben. Die frühe Teilnahme an einem Welpenkurs ist der beste Weg zur Verringerung potentieller Schwierigkeiten. Benutzen Sie ein gutes, praxisnahes Buch über Hundeerziehung, und beziehen Sie die ganze Familie mit ein. Ältere Hunde und deren Besitzer können von wöchentlichen Gehorsamkeitskursen profitieren. Hunde sprechen am besten auf eine belohnungsgestützte Ausbildung an, und körperliche Disziplinarmaßnahmen sind nur selten notwendig. Durch richtige Erziehung wird die Freiheit des Hundes nicht eingeschränkt; durch sie lernt er vielmehr, aus seinem Leben das Beste zu machen.

Der Hund zeigt keinerlei Aggressivität, wenn man ihm sein Futter wegnimmt

Besitzeifer
Manche Hunde hüten sehr eifersüchtig ihre Spielsachen, ihren Futternapf oder ihren Schlafplatz. Bei einem unbekannten Hund können Sie dieses Verhalten testen, inden Sie ihm während des Fressens den Napf wegnehmen. Besitzgier ist oft eine Form der dominanzgeprägten Aggression; sie nimmt ab, wenn der Halter dem Tier klarmacht, daß er der Herr ist.

Beide Tiere sind weder ängstlich noch besorgt

Begegnung mit anderen Tieren
Diese beiden sind zusammen mit anderen Hunden und Katzen aufgewachsen und zeigen weder Angst noch Raubgelüste. Frühe Erfahrungen prägen entscheidend das Verhältnis zu anderen Tieren. Führen Sie Hund und Katze unter Aufsicht zusammen, und erlauben Sie dem alteingesessenen Tier, den Neuling zu inspizieren.

Der Hund zeigt keine Angst, wenn er mit neuen Eindrücken konfrontiert wird

Unerwartete Eindrücke
Manche Hunde reagieren unerwartet auf ungewöhnliche alltägliche Situationen, etwa beim Anblick eines Regenschirms, eines Bartes oder eines Hutes. Die Reaktion eines neu angeschafften Hundes kann man testen, indem man ihn unter Aufsicht mit neuen Eindrücken konfrontiert. Zeigt er sich ängstlich oder nervös, kann er unter kontrollierten Bedingungen lernen, seine Furcht abzulegen.

GLOSSAR

Abrichtung: Weiterführende Ausbildung, vor allem von Gebrauchshunden.
Abzeichen: Regelmäßige oder unregelmäßige Flecken im Fell.
adult: Ausgewachsen, erwachsen, geschlechtsreif.
Afterkralle, Afterklaue: Verkümmerte erste Zehe, gewöhnlich an der Innenseite des Vordermittelfußes.
Angstbeißen: Verhaltensschwäche von furchtsamen, schlecht sozialisierten Hunden, die aggressiv zubeißen, wenn sie sich in die Enge getrieben fühlen.
Ärmelhündchen: Zwerghunde, die vor allem im Fernen Osten von vornehmen Damen oder Höflingen im weiten Ärmel des Gewandes umhergetragen wurden.
aufgezogen: Fachausdruck für eine nach hinten übermäßig ansteigende Bauchwandlinie.

Befederung: Lange Haarfransen an Ohren, Läufen, Rute oder Körper.
Behang: Hängeohren, vor allem bei Jagdhunden.
Blaumerle: Schwarz marmorierte blaue und graue Fellfarbe.
Blenheim: Farbbezeichnung für Kastanienbraun und Weiß.
Blesse: Symmetrische Streifen aus weißen Haaren auf der Stirn.

Caniden: Hundeartige Raubtiere der Famile Canidae.

Domestikation: Haustierwerdung, Umwandlung von Wildtieren in Haustiere.
Doppelfell: Doppellagiges Fell aus warmer, wasserabweisender Unterwolle und wetterfestem Deckhaar.

Ektropium: Ausstülpung des (unteren) Augenlids als rassetypisches Merkmal oder als Defekt infolge einer Nervenlähmung.
Entropium: Krankhafte Einwärtsstülpung des oberen Lidrandes.

Fang: Schnauze, Vorderteil des Gesichtsschädels.
FCI: Abkürzung von Fédération Cynologique Internationale (Internationaler Dachverband für das Hundewesen).
Flanke: Körperseite zwischen der letzten Rippe und der Hüfte.

Gebäude: Körperbau.
Gen: Träger des Erbguts in den Chromosomen.
genetisch: Die Vererbung betreffend.
Genpool: Gesamtheit des Erbguts innerhalb einer Gruppe oder Rasse.

Hängen: Die oft sehr lang andauernde Vereinigung von Rüde und Hündin bei der Paarung.
Hasenpfote: Lange, schmale Pfote mit nicht zu stark gewölbten Zehen.
HD: Abkürzung von Hüftgelenksdysplasie.
Hinterhand: Die gesamte Hintergliedmaße, bestehend aus Becken, Keulen und Hinterbeinen.
Hinterhauptbein: Hintere Fortsetzung des Scheitelkamms.
Hinterhauptstachel: Das stark ausgeprägte Ende des Hinterhauptbeins.
Hüftgelenksdysplasie (HD): Krankhafte, meist genetisch begingte Verformung des Hüftgelenks, bei der die Gelenkpfanne des Beckens und der Kopf des Oberschenkels stark abgeflacht sind.

Inzucht: Verpaarung von blutsverwandten Tieren.

Katzenpfote: Kurze, runde, geschlossene Pfote mit gewölbten Zehen.
Keulen: Oberschenkel.
Kniescheibenluxation: Abgleiten der Kniescheibe infolge gerissener oder geschwächter Haltebänder.
Kreuzung: Paarung bzw. Nachkommen von zwei Tieren mit unterschiedlichen Erbanlagen.
Kruppe: Hinterteil des Rumpfs zwischen Kreuzbein und Schwanzwurzel.
Kupieren: Die Kürzung von Ohren (in Deutschland seit 1987 verboten) und/oder Rute.
Kynologie: Wissenschaftliche Hundekunde (von griech. »kynos« = Hund und »logos« = Lehre).

Läufe: Beine, Gliedmaßen.
Lefzen: Lippen.

Mantel: Bei zwei- oder mehrfarbigen Hunden die betonte Färbung des Rumpffells.
Maske: Auffällig abweichend gefärbter Gesichtsteil.
Merle: Farbbezeichnung für Blaugrau mit schwarzen Tupfen.
Meute: Eine Schar Jagdhunde für die Hetzjagd.
Mischling: Nachkomme verschiedener Rassen, rasseloser Hund.
Molosser: Doggenartiger Haushund der Antike, benannt nach Moloss, einer Region auf dem Boden des heutigen Albanien.
Mutation: Spontan auftretende oder künstlich herbeigeführte Veränderung von Erbmerkmalen.

Nasenspiegel, Nasenschwamm: Die unbehaarte, in der Regel feuchte Außenhaut der Nase rings um die Nasenlöcher oder Nüstern.

Platten: Größere zusammenhängende Farbflecken im Fell.
Population: Bevölkerung; Gesamtheit der Angehörigen einer Art oder Rasse in einer bestimmten Region.

Rasse: Durch menschliche Eingriffe in das Fortpflanzungsgeschehen (künstliche Selektion) entstandene einheitliche Gruppe innerhalb einer Art; alle Haushundrassen stammen von der Art *Canis lupus* (Wolf) ab und werden wissenschaftlich unter der Bezeichnung *Canis lupus* f. familiaris (f. bedeutet lat. »forma« = Form, Haustierform) zusammengefaßt.
Rassehund: Rassereiner, reinrassiger oder rein gezüchteter Hund, dessen Eltern derselben Rasse angehören.
rezent: Heute lebend, modern.
Rute: Schwanz.
Sattel: Kleinere, auf den Mittelrumpf beschränkte Form des Mantels.
Scheitelkamm: Höchster Knochenrand des Schädels.
Scherengebiß: Normale Gebißform der meisten Hunde, bei der die oberen Schneidezähne beim Kieferschluß knapp über die unteren greifen, so daß eine Scherenwirkung entsteht.
Schlag: Gruppe von Tieren innerhalb einer Rasse mit gemeinsamen Merkmalen (Größe, Färbung, Felltyp usw.).
Selektion: Auslese, im Zuchtwesen soviel wie künstliche Auslese der zu verpaarenden Tiere, Auswahlzucht.
solitär: Einzeln lebend, im Gegensatz zu gesellig.
Sozialisierung, Sozialisation: Einordnung in und Prägung durch das soziale Umfeld, vor allem beim Welpen.
Spurlaut: Lautäußerung eines Jagdhundes bei der Verfolgung einer Spur (Wildfährte).
Stammbaum: Ahnentafel; Abstammungsnachweis eines Hundes.
Standard: Rassestandard; formelle Zusammenstellung der (idealen) Merkmale und Eigenschaften einer bestimmten Rasse.
Stockhaar: Ursprüngliches Haarkleid des Hundes, bestehend aus dichter Unterwolle und schlichtem, meist mittellangem Deckhaar.
Stop: Stirnabsatz, Einbuchtung zwischen Nasenbein und Stirn.

Territorium: Eigenbezirk oder Lebensbereich eines Tiers oder einer Gruppe von Tieren; gleichbedeutend mit Revier.
Topknot: Englischer Fachbegriff für Haarschopf auf dem Oberkopf.
Toy: Englisches Wort mit der Bedeutung Spielzeug; Bezeichnung für sehr kleine Rassen oder Schläge.
Trimmen: Das Ausrupfen toter Haare aus dem Fell; auch für das Kürzen, Schneiden oder Scheren gesunder Haare verwendet.
trocken: Fachbezeichnung für dünne, gut anliegende Haut ohne Fett und Falten, unter der sich Sehnen, Muskeln und Knochenvorsprünge abzeichnen.
Vorderhand, Vorhand: Die Vordergliedmaße, bestehend aus Schultern, Oberarmen und Vorderbeinen.
Vorstehen: Charakteristische Verhaltensweise des Vorstehhundes, der versteckte Wild anzeigt, indem er unbeweglich und lautlos vor ihm stehenbleibt und dabei meist eine Vorderpfote hebt.

Wamme: Lockere Hautfalte an der Kehle.
Welpe: Junger Hund bis zum Alter von etwa 2 Monaten.
Widerrist: Der vorderste, nach hinten abfallende Teil des Rückens; die Widerristhöhe, oft auch Schulterhöhe genannt, ist der Abstand vom Boden bis zum höchsten Punkt des Widerrists.
Winkelung: Winkelposition der Gelenke der Vorder- und Hinterhand.
Witterung: Wahrnehmung des Geruchs von Wild oder dieser Geruch selbst.
Wurf: Gesamtzahl der Welpen aus einer Geburt.

REGISTER

Danksagungen

Dank des Autors
In den 25 Jahren meiner Tätigkeit als Tiermediziner habe ich eine ganze Reihe von Hunden kennengelernt. Ich hatte auch das Glück, von tierärztlichen Vereinigungen und Universitäten in mehr als 20 Ländern zu Vorträgen vor Studenten und praktizierenden Veterinären eingeladen worden zu sein. Ich habe Hundeausstellungen und Tierheime in 4 Kontinenten besucht, und dennoch waren mir viele Rassen neu, die in dieser Enzyklopädie enthalten sind. Meine Wissenslücken habe ich mit Hilfe von Tierärzten, Züchtern und Preisrichtern ausgefüllt. Diese Experten haben für mich Informationen zu den Ursprüngen, den Verwendungszwecken, den Beständen und den Verhaltensweisen vieler seltener Rassen zusammengetragen und übersetzt. Sie versorgten mich mit Anekdoten, Geschichten, Abbildungen und persönlichen Kommentaren. Mein besonderer Dank gilt Dr. Walter Poduschka (Österreich); Elizabeth Dunn (Kanada); Roger Abrantes (Dänemark); Dr. Tina Toomet (Estland) Dr. Isabelle Park (Frankreich); Binke Durr, Dr. Ulrich Durr und Dr. Hellmuth Wachtel (Deutschland); Professor Imre Bode und Pal Rafai (Ungarn); Ashley MacManus (Irland); Dr. Keitaro Kurabayashi und Keiko Yamazaki (Japan); Dr. Simon Roos und Joop Lamers (Niederlande); Torhild Aabergsbotten und Professor Jorunn Grondalen (Norwegen); Isabel Reinhards (Portugal); Miss Elena Mychko und Professor Eugene Yerusalimsky (Rußland); Peter Heidinger und Pavol Galo (Slowakei); Marjan Kocbek (Slowenien); Dr. Antonio Prats und Dr. Jaume Camps (Spanien); Professor Ake Hedhammer (Schweden); Pamela Harrow (Großbritannien) und Dr. I. Lehr Bribin (USA).
Wie immer haben mir die Mitarbeiter der Bibliothek des Royal College of Veterinary Surgeons das von mir angeforderte Quellenmaterial beschafft. Dank auch den Mitarbeitern des Verlags. Und schließlich bedanke ich mich bei meiner Frau und meinen Kindern dafür, daß sie mich in der eigentlich ihnen zustehenden Zeit an dieser Enzyklopädie haben arbeiten lassen, und bei meinen Praxishelferinnen für ihre Bereitschaft, zusätzliche Aufgaben zu übernehmen.

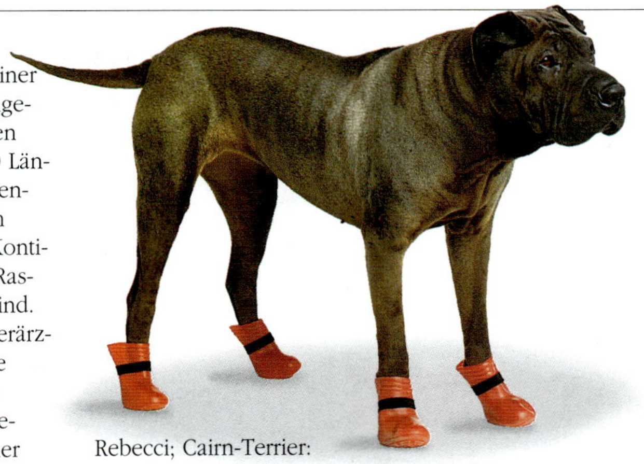

Dank des Verlages
Der Verlag ist den hier genannten Hundebesitzern, die ihre Hunde eigens für die Enzyklopädie fotografieren ließen, zu großem Dank verpflichtet: Alapaha Blue, Blood Bulldog: J. Otterbein; Alpenländische Dachsbracke: W. Lehmann; American Staghound: R. Mullens; American Water Spaniel: A. Raas; Ariège-Bracke: A. Bostyn; Ariégeois: R. Caujolle; Österreichischer Pinscher: P. Hansen und B. Strate; Azawakh: A. Hellblom, Heaney; Beagle-Harrier: G. Thomas; Bergamasker-Welpe: M. Andreoli; Berner Laufhund: R. Luchtmeijer; Berner Niederlaufhund: M. Deucher, W. Rüedi; Berner Laufhund: A. Klepper, Bichon Yorkie: C. Ravden; Schweizer Elchhund: K. Bonaunet; Schwarzer Russischer Terrier: J. Kielan, Szczepanscys, A. Bostyn; Bull-Boxer: Rebecci; Cairn-Terrier: S. Dolan; Cavalier King Charles Spaniel: S. Webb, A. Schofield; Cockerpoo: C. Ravden; Schnürenpudel: S. Maurette; Tschechischer Wolfshund: J. Jedlicka, L. Krivanek; Dänischer Bauernhund: M. Merling; J. Meenderng; Hollandse Herdershond (Drahthaar); Smoushond: Zuydeweg-Roxs; English Foxhound: M. de Rothschild; English Springer Spaniel: P. Grimshaw, B. Lancaster, Français Blanc et Noir: Ralley Saintongeais; Français Tricolore: P. Gervreau; Bordeauxdogge: C. Steiner; Deutsch-Langhaar: H. Schmid, R. Aeberhard; Deutscher Schäferhund: S. Moore, G. Elliott, S. Bergh-Roose, S. Mann; Grand Anglo-Français Blanc et Noir: M. Aviat, M. Conquard; Grand Anglo-Français A. Dauchez; Harrier: D. Christopher, G. Hughes; Balearen-Laufhund: F. Benecke; Istrianer Bracken: J. Ryzek; Jack Russell: G. Elliot; Jindo: J. und T. Rabinowitz; Labradoodle (Guide Dog Training Centre): J. Taylor; Großspitz (schwarz): M. Vongehr; Luzerner Laufhund: M. Mervaille; Luzerner Niederlaufhund: W. Schirmer; Mittelpudel: B. und L. Warming; Mexikanischer Nackthund (Zwerg u. Toy): S. Corrone, L. Woods; Zwergpinscher: A. Coull; Zwergschnauzer: M. Roloff; Huntaway: F. und R. Banfield; Noth American Shepherd: J. Aldrow; Petit Griffon Bleu de Gascogne: R. Gaychet; Plummer-Terrier: G. Welby; Podengo Canario: Jesus F. Melian Lorenzo; Poitevin: Jean François Lescop de Moy; Polnischer Niederungshütehund (Welpe): J. Cole; Pražsky Krysavik: H. Janková; Pudelpointer: D. Lengronne; Schweizer Laufhund: Bonslet; Schweizer Niederlaufhund: A. Egli; Shar Pei: Sommeryns Demoor, Shiloh Shepherd: P. und J Dawson; Sloughi: Karen Schirmer; Slowakischer Vorstehhund: M. Kern, L. Geffroy, Småland-Stövare: K. Skolmi; Südrussischer Schäferhund: M. Valle; Perro de Aguas: Marisol Alvarez; Steirische Rauhhaarige Hochgebirgsbracke: J. Vester; Thai Ridgeback: J. Sterling; Kyi Apso: Jesse Taylor Ide; Ungarische Bracke: D. Solymosi.
Ein besonderer Dank gilt den Hunderten von Hundeliebhabern in aller Welt, die ihre wertvolle Zeit geopfert haben, damit von ihren Vierbeinern Aufnahmen für die Enzyklopädie angefertigt werden konnten.

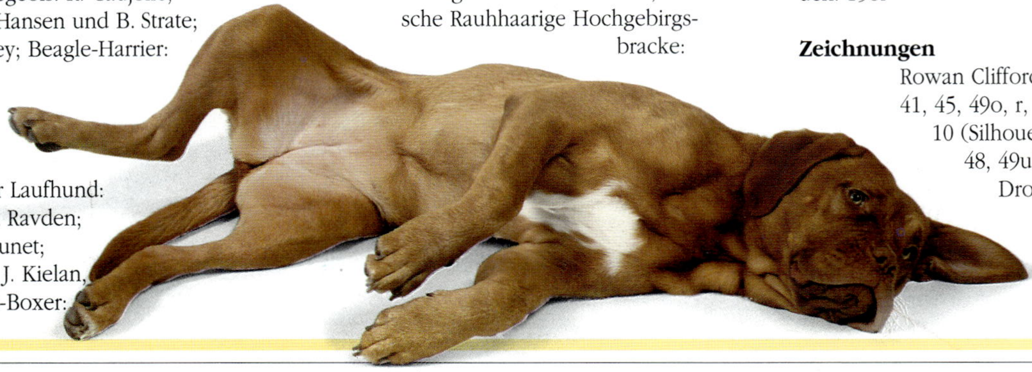

Bildnachweis
Abkürzungen: l = links, r = rechts, o = oben, u = unten, M = Mitte
Alle Fotos stammen von Tracy Morgan, ausgenommen die folgenden:
BFI Stills, Posters, and Design: 29Ml; The Bridgeman Art Library; 21ul; Christies, London: 21M; Bonhams, London: 21ur; Grosvenor Estate: 22M; The British Library: 22 ul; Galleria Palatina, Florence: 22ur; Courtesy of Board of V and A: 23ol; Roy Miles Gallery: 23oM (Detail); Louvre, Paris: 23ul, The British Museum, London: 22o; © The Brontë Society: 26o; Burton, J: 35ol, 53M, 56, 57–58o, M, 60u, 62o, u, 290ul, Ml, 291ol; Jean-Loup Charmet: 27M; Christie's Images: 25M; Bruce Coleman Ltd.: Stephen J Krasemann; 12o; Rod Williams: 13M; Gerald Cubitt: 13 uM; Bob und Clara Calhoun: 14M; Hans Reinhard: 31 r, Uwe Walz: 61or; J. Cunliffe/C. A. Johnson: 68u, 69ol; G. D'Aoust: 93o, 286uM; C. M. Dixon; 20Mr, 21ol, 23ur, 24o; E. T. Archive: 24ur; 25ol, 26uM, 30M; Mary Evans Picture Library: 27ul, ur, 30o, u, 32o, Ml, u, 68or; © Elizabeth Banks: 26Ml; N. Fletcher: 113o, u; L. Gardiner: 114il, 266ul, 287; N. Goodall: 5 (Briefmarken), 25or, ul, 308u, 309o 288u; Ronald Grant Archive: 28ul, ur, 29ur; Hearing Dogs for the Deaf: 33Ml; P. Heidinger: 121u; M. Henrie: 100u, 101o, 104o; © Hush Puppies/British Shoe Corporation: 29ul; The Image Bank/Grafton Marshall Smith: 24uM; Images Colour Library: 20oM, ol, uM, 27ul; K. Jamazaki: 152ul; D. King: 40l, 76ul, or, 84Ml, 86or, 95ul, 159ur, 175ur, 182o, 257u, 290r, 291ul, or; M. Kochek: 123o, 235ur, The Mansell Collection: 27oM,; NHPA: Stephen J. Krasemann: 12Ml, 14or; Orion Press: 12ul; John Shaw: 14u; OSF: Richard Packwood: 14o; Eyal Bartov: 15u; Popperfoto: 33ol; Rex Features Ltd./Tatiner/Sipa-Press: 33M; T. Ridley: 7ur, 291ur, 31ur, 34, 53o, 61u, 65Mr, 290o, 296–303, 304u, ol, 305–306; S. Russell: 110, 111o, 112u, 144u, 235; Sporting Pictures (UK): 31ol, ul; © 1988 Universal Studios Inc: 29o; D. Ward: 4, 40r, 60o, M, 61ol, 62M, 63o, ur, 64 65o, u, 291Mr, 304or; © D. Watkins: 25or, ul, 309o; J. Young: 10–11, 12ur, 13ol, u, 15or, M, 74o; Zefa Pictures: E. und P. Bauer: 14ur; Minden: 15ol

Zeichnungen
Rowan Clifford: 15; Samantha Elmhurst: 41, 45, 49o, r, 51o, r; Janos Marffy: 10 (Silhouetten), 18, 38, 40, 43, 44, 46, 48, 49ul, 52, 53, 71; YAK El Droubie (Karten): 11, 14–15; Amanda Williams: 10 (Caniden), 39, 42, 47, 51ul, 53o